浙江省
中小学教师招聘考试专用教材
数学

山香教师招聘考试命题研究中心　主编

首都师范大学出版社
CAPITAL NORMAL UNIVERSITY PRESS

图书在版编目(CIP)数据

浙江省中小学教师招聘考试专用教材. 数学 / 山香教师招聘考试命题研究中心主编. -- 北京:首都师范大学出版社, 2022.9

ISBN 978-7-5656-7161-6

Ⅰ. ①浙… Ⅱ. ①山… Ⅲ. ①数学课 - 教学法 - 中小学 - 教师 - 聘用 - 资格考试 - 教材 Ⅳ. ①G451.1

中国版本图书馆 CIP 数据核字(2022)第 168050 号

浙江省中小学教师招聘考试专用教材

SHUXUE

数学

山香教师招聘考试命题研究中心 主编

策划编辑 张文强

责任编辑 杨林玉 曹亮亮　　封面设计 山香教育

首都师范大学出版社出版发行

地　　址 北京市西三环北路 105 号

邮　　编 100048

咨询电话 010 - 68418523(总编室)　010 - 68982468(发行部)

网　　址 http://cnupn.cnu.edu.cn

印　　刷 河南黎阳印务有限公司

经　　销 全国新华书店

版　　次 2022 年 9 月第 1 版

印　　次 2022 年 11 月第 1 次印刷

开　　本 889mm × 1194mm 1/16

印　　张 26

字　　数 495 千

定　　价 59.00 元

近年来，教师招聘考试难度越来越大。一方面，随着教师招聘考试的“火热”及考生对招教考试不断探索，笔试分数的差距不断缩小；另一方面，教师招聘考试试题的难度和灵活性在不断增强。获得一套实用性强的教辅显得尤为重要。

学科专业知识作为浙江省各地市教师招聘考试的必考内容，其具有内容多、复习难、要求高的特点。鉴于此，山香教育结合多年研究成果和教学反馈，深入分析制约考生得高分的因素，对教材进行精心编排，旨在帮助考生通过阅读和学习能够收到理想的备考效果。

3大特色 破解学科专业知识

特色1 立足真题考情 归纳核心考点

考情最能体现命题人的思想。通过对考情与真题的分析梳理，整理出各部分的考点分布规律、命题特点和解题方法，以此作为教材的核心内容，做到“考什么，讲什么”。再对教材内容进行分析整理，通过文字、表格等的结合，知识结构清晰明了，同时通过“考点再拔高”，整个知识体系成为一个闭环，帮助考生快速高效学习，做到真正的“字斟句酌，精益求精”。

特色2 融合教学经验 传授解题技法

考生要想在选拔性考试中顺利“圆梦”，途径只有一个：考高分。每一道题的正误都决定着笔试是否能够通过。在这样的情形下，考生只有掌握每一道题的核心知识和答题方法，才能从众多竞争者中脱颖而出，顺利“吃面”。

本书的编写摈弃了简单枯燥的说教模式，倡导大家进行互动式学习，融合山香老师多年教学经验，通过“考法大揭秘”“小香有话说”“真题面对面”等多模块设计，做到“有讲、有解、有练”，讲学练相结合，帮助考生快速掌握知识。

特色3 微课视频助学 强化巩固提升

鉴于文字讲解的局限性，本书针对重难点知识配备了微课视频，由山香名师进行视频讲解，实现“读”和“讲”的完美结合。同时，本书设置“达标测评”栏目，甄选典型试题，探索考试真谛，即学即测，实现图书与考试的零距离。

愿诸君能够善用山香图书这件“利器”，在即将到来的教师招聘考试中打好有准备之战。预祝大家在有限的时间内选择最恰当、最有效的方法备考，早日走上心目中的三尺讲台！

山香图书研发部

说　明

★：标星的考点为重要考点，星星越多重要程度越高，最高为三颗星。

黑体字：知识点中需要重点掌握的词语。

波浪线：复习时需要重点掌握的句子。

红色句子：比画波浪线的句子更重要，需要着重掌握。

使用图解

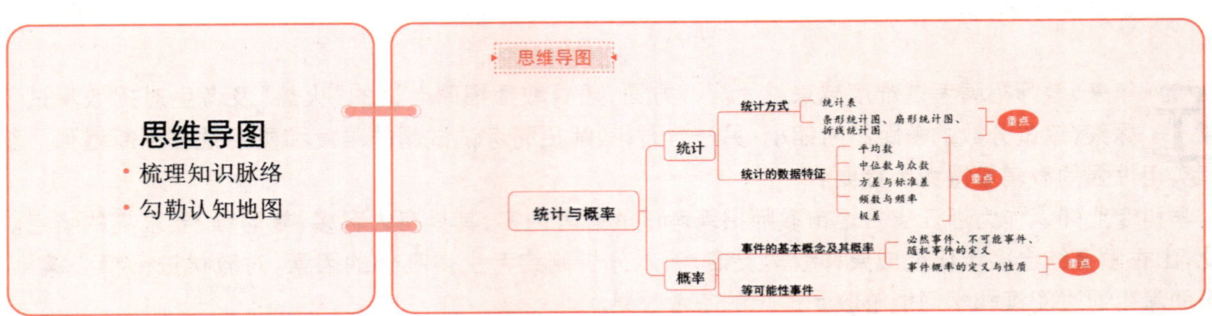

浙江考向

本章属于小学数学的基础章节，也是浙江省教师招聘考试中常考的章节，需要识记和理解性知识较多。在考试中常以单项选择题、填空题的形式考查。现对本章浙江考向分析如下：

高频考点	常考题型	能力要求	考查热度
三种常见统计图的定义与特点	单选、填空	识记	★
统计的数据特征	单选、填空	理解	★
事件概率的计算	单选、填空	掌握	★★

浙江考向
- 探究命题规律
- 精准预测考向

核心考点
- 立足真题考情
- 归纳核心考点

核心考点

一、数列的概念及通项公式

考点 1　数列的定义

按照一定顺序排列的一列数称为数列，数列中的每一个数叫作这个数列的项。

考点 2　数列的通项公式

1. 通项公式

如果数列$\{a_n\}$的第n项与序号n之间的关系可以用一个公式$a_n=f(n)$来表达，那么这个公式叫作这个数列的通项公式。

达标测评

建议用时	实际用时	测评总分	实际得分
40 分钟	____分钟	75 分	____分

一、单项选择题（每小题 3 分，共 36 分）

1. 已知一个小数的小数点分别向右和向左移动一位，所得的两个数之差是 10.89，则原小数为（　　）

A. 1.01　　B. 1.1　　C. 10.1　　D. 11

达标测评
- 精准模拟真题
- 详解答题思路
- 测评学习结果

真题面对面

- 再现历年真题
- 还原考场体验

真题面对面

[2022 年 6 月杭州(中小学),单,3 分]已知$(-1,y_1)$,$(1,m)$,$(2,y_2)$,$(3,n)$,$(4,y_3)$在二次函数$y=x^2+ax$(a为常数)的图象上,若$mn<0$,则(　　)

A. $y_2<y_1<y_3$　　B. $y_2<y_3<y_1$　　C. $y_3<y_2<y_1$　　D. $y_1<y_2<y_3$

答案:A。$\because y=x^2+ax$(a为常数),$\therefore$二次函数图象的开口向上,对称轴为直线$x=-\frac{a}{2}$,且经过原点,

$\because$点$(1,m)$,$(3,n)$在二次函数$y=x^2+ax$(a为常数)的图象上,且$mn<0$,$\therefore m<0,n>0$,$\frac{1}{2}<-\frac{a}{2}<\frac{3}{2}$,

$\because$点$(2,y_2)$到对称轴的距离最近,点$(4,y_3)$到对称轴的距离最远,$\therefore y_2<y_1<y_3$。

四、基本不等式

考点 1 均值不等式　【单选、填空】 ★★

定理 1:如果$a,b\in\mathbf{R}$,那么$a^2+b^2\geqslant 2ab$,当且仅当$a=b$时,等号成立。

定理 2:如果$a,b>0$,那么$\frac{a+b}{2}\geqslant\sqrt{ab}$,当且仅当$a=b$时,等号成立。

定理 3:如果$a,b,c\in\mathbf{R}_+$,那么$\frac{a+b+c}{3}\geqslant\sqrt[3]{abc}$,当且仅当$a=b=c$时,等号成立。

易错点提示

利用基本不等式求函数最值时,注意前提"一正、二定、三相等",如果没有满足前提,则应根据题目创设情境。基本不等式有放缩功能,如果多处用到,请注意每处取等号的条件是否一致。

小香有话说

- 重难点解读
- 易错点提示
- 易混点辨析

记忆有妙招

- 编写速记口诀
- 强化联想记忆

记忆有妙招

口诀:奇变偶不变,符号看象限。其中奇偶是指$\frac{\pi}{2}$的奇偶数倍,变与不变是指三角函数名称的变化,若变,则是正弦变余弦,正切变余切;根据角的范围以及三角函数在四个象限的正负,判断新三角函数的符号。(将α看作锐角)

考法大揭秘

浓度问题的解题技巧

1. 溶剂增加或减少引起的浓度变化。解题关键是溶质是不变的。

2. 溶质增加引起的浓度的变化。解题关键是溶剂是不变的。

3. 两种或几种不同浓度的溶液配比问题。解题关键是混合前各溶液的溶质的质量和与混合后溶液的溶质质量相等。

具体解答浓度问题的时候,通常会按照基本公式或使用十字相乘法、列方程等方法求解。

考法大揭秘

- 掌握解题方法
- 明晰思路技巧

视频二维码

- 山香名师录播
- 助力视频学习

六、浓度问题　【单选、填空、解答】 ★★

浓度问题

与溶质、溶剂、溶液、浓度有关的问题,统称为浓度问题,这是小学数学应用题中的一个重要内容。对于任何溶液,它有四个量:溶质质量、溶剂质量、溶液质量以及浓度,这四个量由其中任两个量确定。

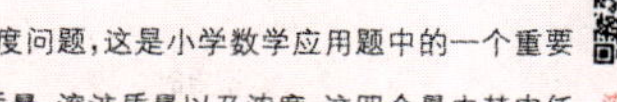

溶质、溶剂、溶液及浓度满足以下基本的关系式:

溶质质量+溶剂质量=溶液质量;

目 录

高效备考从扫码开始……

扫码听讲的4个理由

1 海量真题免费刷!

2 参加模考体验佳!

3 时政打卡天天有!

4 备考咨询专业答!

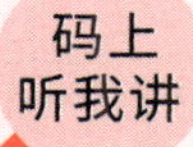

考情分析与解读

第一部分 小学数学知识

第二部分　小学奥数

第三部分　中学数学(附高等数学)知识

第四部分　数学教学理论与技能

索 引

考法大揭秘索引

专家微课视频索引

（扫描正文中下列知识点处的二维码，即可获取专家微课视频）

浙江省教师招聘考试
考情分析与解读

考情分析

浙江省教师招聘考试是为教育行政部门招聘教师而进行的选拔性考试，具有较高的信度、效度、区分度和适当的难度。数学科目的考试既考查数学的教学内容，也考查数学专业知识，还考查数学教材教法的有关知识，将素质、知识和能力融为一体，综合检测考生对数学教学内容的掌握程度、对数学本质的理解水平以及从事数学教育工作的基本潜能与基本素质。

浙江省各地区教师招聘考试中对数学学科专业的考查有较明显的差异。其中杭州、丽水等地小学数学专业知识的考查占比较重；金华、诸暨、宁波等地中学数学（附高等数学）知识的考查占比较重；而台州、绍兴等地小学、中学、高等数学知识均有所考查，考生需要结合历年考试真题有针对性地进行复习。

在对浙江省各地市数学教师招聘考试真题研究的基础上，针对数学专业部分的考试内容，本书从小学数学知识、小学奥数、中学数学（附高等数学）知识及数学教学理论与技能四个方面进行了深入讲解，并给出了相应的解题方法，以帮助考生进行备考。

内容解读

一、小学数学知识

在浙江省教师招聘考试中，小学数学知识部分要求考生系统掌握小学数学知识的基本概念和解题方法，能够运用基本概念和解题方法分析、判断和解决有关问题。

近5年浙江省各地市招教考试命题规律如下：

	考查内容	命题特点	考查热度
数与代数	数的读法与写法；小数、分数的运算；整除；带余除法；最大公因数和最小公倍数；比和比例；估计与估算；常见的量	命题角度多变，且考试占比较重。注重对基础知识的理解与应用	★★★
空间与图形	三角形、四边形的性质与周长、面积计算；轴对称图形；正方体的性质与表面展开图	注重对基本定理与性质的综合考查	★★★
统计与概率	统计图；统计的数据特征；概率的计算	多以单选、填空的形式考查，题目整体较为基础	★★

真题示例 »

［2022年6月杭州（中小学）］计算一组数据的平均数和方差时，若将原数据每一个数都减去某个相同

的正数，然后对所得的新数据进行统计分析，新数据与原数据相比（　　）

A. 平均数不变，方差减小　　B. 平均数增加，方差增加

C. 平均数减小，方差不变　　D. 平均数减小，方差减小

［答案］C。将一组数据中每个数据的值都减去同一个正数，这组数据的波动大小不变，故方差和标准差都不变，但平均数也要减去同一个正数，故选 C。

二、小学奥数

在浙江省教师招聘考试中，部分地区（如杭州）的考试会涉及大量小学奥数的题目，要求考生了解小学奥数的题型分类，系统掌握小学奥数题目类型的对应解题策略，能够运用基础专业知识和解题技巧分析、判断和解决有关问题。

本部分内容罗列了二十八种常见的小学奥数类型，包括：分数的计算、分数的大小比较、巧算分数的和、繁分数、分数和百分数应用题、浓度问题、利润与利息问题、植树与方阵问题、工程问题、行程问题、比和比例问题、圆的周长与面积、扇形、圆柱和圆锥、加法、乘法原理和容斥原理、探索规律问题、逻辑推理问题、钟面上的数学问题、上楼梯问题、同余问题、抽屉原理、不定方程的应用、最大与最小、从整体看问题、反过来考虑、规划与统筹问题、进位制问题、染色问题。

真题示例

［2022 年 6 月杭州（中小学）］有一个破表，每小时比标准时间快 4 分钟，在标准时间中午 12 点时将这只破表校准，那么这只破表指向 16 点时，标准时间是（　　）

A. 15:44　　B. 15:45　　C. 15:42　　D. 16:16

［答案］B。由题意可知，标准时间与破表时间的比为 60:64，故将破表校准后，当其指向 16 时的时候，实际时间经过了$(16-12)\times\frac{60}{64}=4\times\frac{15}{16}=\frac{15}{4}$（时）= 3 时 45 分，则此时标准时间是 12 时 + 3 时 45 分 = 15 时 45 分。

三、中学数学（附高等数学）知识

在浙江省教师招聘考试中，中学数学（附高等数学）知识部分要求考生系统掌握中学数学（附高等数学）知识的基本概念，相关知识的性质、定理和解题方法，能够运用基本概念，相关知识的性质、定理和解题方法分析、判断和解决有关问题。

近 5 年浙江省各地市招教考试命题规律如下：

	考查内容	命题特点	考查热度
代数式与方程	代数式的运算；二次根式；一元一次方程；二元一次方程（组）；一元二次方程；分式方程	题型多样，但题目整体较为基础	★★
数列	等差数列的性质；等比数列的性质；数列的通项公式与求和	注重对数列概念与性质的理解与应用，题目的综合性较强	★★★
不等式	均值不等式；解一元一次不等式组；解一元二次不等式；线性规划	多以单选、填空的形式考查，侧重于对考生运算能力的考查	★
平面解析几何	直线与圆的方程；椭圆、双曲线、抛物线的图形与性质；直线与圆锥曲线的综合应用	题型多样、命题角度多变，且题目一般较难，注重对椭圆、双曲线、抛物线图象与性质的综合应用	★★★
直线、平面与简单几何体	立体图形的体积；球；线、面平行的证明；线、面垂直的证明；异面直线所成角、二面角的计算	考查方式多变，注重对立体图形性质定理与判定定理的识记、理解与应用，综合性较强	★★★
计数原理与概率统计	随机事件及其概率；简单随机抽样；排列与组合；二项式定理	多以单选、填空的形式考查，侧重于对相关公式的理解与应用	★★
集合与简易逻辑	集合的运算；命题的判定；充分条件与必要条件	多以判断、单选、填空的形式考查，题目整体较为基础	★
函数	函数的定义域与值域；分段函数、复合函数、反函数的运算；函数的单调性、最值与奇偶性；二次函数的应用；指数函数与对数函数的运算；三角函数的图象与性质；解三角形；函数的应用	题型多样，注重对函数图象与性质的综合应用	★★★
极限与连续	极限的计算；无穷小量；函数的连续性；间断点的判断	多以单选、填空的形式考查，知识点较难，但考查的题目较为基础	★

续表

	考查内容	命题特点	考查热度
导数、微分与积分	导数的性质；导数的几何意义；函数的单调性与极值；不定积分的概念与运算；定积分的计算；定积分的应用	命题角度多变，导数侧重于综合应用能力的考查，积分侧重于公式与性质的应用，以及计算能力的考查	★★★
向量与复数	平面向量的线性运算；空间向量的运算；复数的运算	多以判断、单选、填空的形式考查，题目整体较为基础	★

真题示例

[2022 年 6 月杭州(中小学)]已知 A,B,C 为球 O 的球面上的三个点，圆 O_1 为 $\triangle ABC$ 的外接圆，若圆 O_1 的面积为 4π，$AB=BC=AC=OO_1$，则球 O 的表面积为(　　)

A. 64π　　B. 48π　　C. 36π　　D. 32π

[答案]A。如图，圆 O_1 的面积为 4π，则圆 O_1 的半径为 $r=2$，因为 $AB=BC=AC$，所以 $\triangle ABC$ 是等边三角形，所以 $\angle ACB=60°$，由正弦定理得 $\frac{AB}{\sin 60°}=2r\Rightarrow AB=\sqrt{3}r=2\sqrt{3}\Rightarrow OO_1=2\sqrt{3}\Rightarrow OA=\sqrt{OO_1{}^2+r^2}=\sqrt{(2\sqrt{3})^2+2^2}=4$，则球的表面积 $S=4\pi R^2=4\pi(OA)^2=64\pi$。

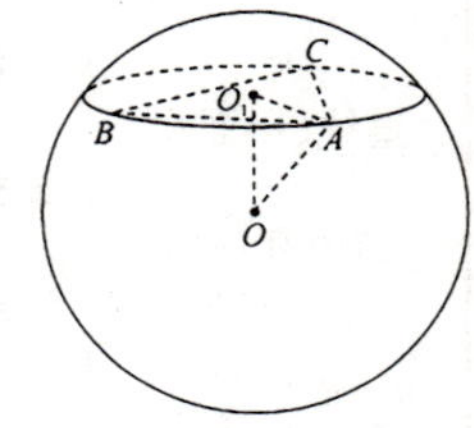

四、数学教学理论与技能

在浙江省教师招聘考试中，数学教学理论与技能知识要求考生掌握《义务教育数学课程标准》(2022 年版)(节选)、《义务教育数学课程标准》(2011 年版)(节选)、《普通高中数学课程标准》(2017 年版 2020 年修订)(节选)、数学教学知识、数学教学设计与技能、数学教学评价的基本理论知识，能够综合运用理论知识分析、判断和解决有关问题。

近 5 年浙江省各地市招教考试命题规律如下：

	考查内容	命题特点	考查热度
《义务教育数学课程标准》(2011 年版)(节选)	四基；数感、空间观念、几何直观、数据分析观念、推理能力、应用意识、模型思想	注重对课程标准的识记与理解	★★
《普通高中数学课程标准》(2017 年版 2020 年修订)(节选)	数学学科核心素养	注重对课程标准的识记与理解	★★
数学教学知识	数学概念学习的基本形式；小学数学计算教学	侧重于数学概念与规则的学习	★

续表

	考查内容	命题特点	考查热度
数学教学设计与技能	教材编写意图;教学目标设计;教学过程的设计	注重对教学实践能力的考查	★★★
数学教学评价	错因分析	注重对学生发现问题、解决问题能力的考查	★★

真题示例 »

[2022 年 6 月杭州(中小学)]以下是李老师在教学二年级《克与千克》“建立 1 克的质量标准”时的教学环节,分析此环节的教学目标、设计意图和教法特点。

建立 1 克的质量标准

1. 自主探究

师:生活中你们见过重约 1 克的物品吗?

生:纽扣、羽毛、铅笔。

师:老师带来了一些东西,1 克到底可以是哪些物品,让我们一起用天平来发现这里的 1 克吧。(课中出示以下活动内容和要求)

活动一:使用天平,发现 1 克。

学习任务:1 克可以是……

学习材料:2 分硬币、一小盒黄豆、回形针、小面包、橡皮泥(学生每组都有)。

学习方法:称一称,说一说,贴一贴(把重 1 克的物品粘贴在作业单上)。教师给大家 4 分钟时间。

2. 汇报交流

师:同学们称出了这么多“1 克”,请把这些“1 克”介绍给同学听一听。

学生上台展示以下作业单并介绍。

师:这些“1 克”有什么相同和不同的地方?

生:它们都很轻,都是 1 克。

生:它们的大小和数量不一样。

师:刚才我们称出了这么多“1 克”,老师这里还有很多生活中的物品,你能快速找到这些材料里的“1 克”吗? 可以用刚才称出的“1 克”去掂一掂,感受一下,每组挑两个最有手感的同学上来,带着你称出的“1 克”来找“1 克”。

师:请找对的最强手感王介绍一下经验!

生：我一手拿着2分硬币，一手拿着2粒花生，掂了掂发现差不多重。

寻找1 g		
2分硬币		1个
黄豆		5粒
回形针		2枚
小面包		部分
橡皮泥		1块

[参考答案]根据材料内容，此环节的教学目标是：在具体生活情境中，学生动手操作，初步感知“1克”的质量，进而培养学生自主探究的意识。

“自主探究”环节设计意图：通过实践活动，学生体会到数学与生活的密切联系，学会独立探索并与他人合作交流，增强学习数学的兴趣。

“汇报交流”环节设计意图：小组活动后的交流讨论，培养学生表达能力的同时，引导学生总结个人经验，归纳数学方法。

教法方面：材料中教师创设了学生比较熟悉的生活情境，用“称一称”“说一说”“贴一贴”的方法来估计物体的轻重，容易激发学生学习数学的兴趣，调动学生的学习自主性和能动性。在教授“1克”质量的过程中，层层递进的提问，小组合作与动手操作等环节的设置，充分调动学生的多种感官参与学习活动，让其深刻感受1克质量的大小，有利于1克概念的形成。整个教学环节中，为学生提供了充分的活动时间和体验空间，丰富学生的真实体验和触觉感知，深化了对“克”的认识，加快概念的建立，最终达到良好的教学效果。

备考攻略

1. 做好备考计划，合理划分备考阶段

复习时间或长或短，总会有一定的时间段，为此，必须将其划分成不同阶段，反复进行复习，并针对不同阶段的特点安排复习任务，制订复习计划，按部就班，有条不紊，确保备考顺利进行。随着参加教师招聘考试人数的增加，竞争压力也越来越大，要想在教师招聘考试中脱颖而出，制订有效的备考计划是很有必要的，根据备考计划提高复习效率，合理规划时间，确保顺利圆梦。

2. 结合个人实际，对薄弱环节有所侧重

教师招聘考试是具有竞争力的考试，对数学学科专业知识素养要求较高。对于考生来说，最好是能拿到高分，如何在有效的时间里拿到高分，就要根据自己的实际情况，有针对性地进行复习，对于自己比较模糊、忘记的知识模块进行着重复习，节约时间，提高复习效率。

3. 合理利用时间，强化训练

根据考试时间，整体复习规划精确到月份，对于数学科目的考试，要掌握解题方法，强化训练，熟悉方法和知识点的运用，合理利用时间，提高做题效率和正确率。

第一部分

小学数学知识

内容导学

浙江省教师招聘考试小学数学知识部分，共三章。

第一章主要是数与代数的主要内容，一般考查基本概念的理解与基本运算的应用，题型多为单项选择题、填空题、解答题。

第二章主要是空间与图形的基础内容，内容丰富，考查题型多为判断题、单项选择题、填空题、解答题。

第三章主要是统计与概率的基础内容，内容简单，考查题型多侧重于单项选择题、填空题。

考生要重点掌握第一章与第二章的内容，并结合历年考试真题有针对性地进行复习。

第一章　数与代数

思维导图

- 数与代数
  - 数的认识
    - 整数
      - 整数的分类：正整数、0、负整数
      - 大数的认识（重点）
    - 小数
      - 小数的性质
      - 小数的读法和写法（重点）
      - 小数的分类
    - 分数
      - 分数的分类：真分数、假分数
      - 约分、通分（重点）
      - 分数的大小比较（重点）
      - 分数和小数的互化（重点）
    - 百分数
      - 百分数的意义
      - 百分数和小数的互化
      - 百分数和分数的互化
      - 百分数和分数的区别与联系
    - 实数及有关概念
      - 绝对值
      - 相反数
      - 倒数
      - 数的开方
      - 数轴
      - 科学计数法（重点）
  - 数的基本运算及性质
    - 四则运算
    - 整除（重点）
      - 整除的性质
      - 能被2~11整除的数的规律
    - 带余除法（重点）
      - 概念
      - 性质
    - 最大公因数和最小公倍数（重点）
      - 因数和倍数的基本概念
      - 分解质因数与算术基本定理
      - 最大公因数和最小公倍数
    - 比和比例
      - 比和比例的概念
      - 比的化简（重点）
      - 正比例和反比例
    - 估计与估算（重点）
      - 整数的近似数
      - 小数的近似数
  - 常见的量
    - 时间单位（重点）
    - 长度单位（重点）
    - 面积单位（重点）
    - 体积单位（重点）
    - 质量单位

第一部分

浙江考向

本章属于小学数学的重要章节，也是浙江省教师招聘考试考查的重点章节，内容较为琐碎，需要理解与掌握的知识较多。在考试中常以单项选择题、填空题、解答题的形式考查。现对本章浙江考向分析如下：

高频考点	常考题型	能力要求	考查热度
数的读法与写法	单选、填空	理解	★
小数、分数的运算	单选、填空、解答	理解与应用	★★
数的运算	单选、填空	掌握	★★
整除	单选、填空、解答	掌握	★★★
带余除法	单选、填空	掌握	★★
最大公因数和最小公倍数	单选、填空	理解与应用	★★★
比和比例	单选、解答	掌握	★
估计与估算	单选、填空	掌握	★★
常见的量	单选、填空	掌握	★★

第一部分

核心考点

一、数的认识 【单选、填空、解答】 ★★

考点1 整数

1. 整数的分类

自然数：0和正整数统称为自然数。

整数是负整数和自然数的集合，也可分为奇数和偶数。

$$\text{整数}\begin{cases}\text{正整数：大于 0 的整数，如 } 1,2,3,\cdots,n;\\ 0\text{：既不是正整数也不是负整数；}\\ \text{负整数：小于 0 的整数，如 } -1,-2,-3,\cdots,-n\text{。}\end{cases}$$

数0的意义：①表示占位；②表示没有；③表示起点；④表示分界点。

2. 大数的认识

（1）十进制计数法

一（个）、十、百、千、万、十万、百万、千万、亿、……都叫作计数单位。其中，“一”是计数的基本单位。10个1是10，10个10是100，……，每相邻两个计数单位之间的进率都是十。这种计数方法叫作十进制计数法。计数单位按照一定的顺序排列，它们所占的位置叫作数位。

整数数位顺序表

数级		亿级				万级				个级			
数位	…	千亿位	百亿位	十亿位	亿位	千万位	百万位	十万位	万位	千位	百位	十位	个位
计数单位	…	千亿	百亿	十亿	亿	千万	百万	十万	万	千	百	十	一

(2)大数的读法与写法

①读法

从高位起,一级一级地读;读亿级或万级时,要按照个级的读法来读,在个级的后边加"亿"字或"万"字;每级末尾的"0"都不读,其他数位有一个"0"或连续几个"0"都只读一个"零"。

例如:780 000 050 000,读作:七千八百亿零五万。

②写法

从高位起,一级一级地往下写;数位上一个单位也没有,就在这个数位上写0。

例如:两千八百三十万七千五百,写作:28 307 500。

根据以上读法和写法可知,比较两个整数的大小,关键看它们的数位,若数位相同,则相同数位上的数大的那个数就大;若数位不同,则数位多的那个数就大。

真题面对面

[2021 绍兴,填空,3 分]上虞区的陆地面积是 14 亿零 168 万平方米,写作________平方米;把亿之后的数省掉,写作________亿平方米。

答案:1 401 680 000;14。14 亿零 168 万写作:1 401 680 000。根据四舍五入法,把亿之后的数省略掉,写作 14 亿。

(3)大数的改写

一是整万(或整亿)的数的改写,直接把万位(或亿位)后的 4 个(或 8 个)"0"省略掉,换成一个"万"字(或一个"亿"字)。二是非整万、整亿的数的改写,先用四舍五入法找出它的近似数,再按照整万、整亿的数的改写方法去改写。究竟是"舍"还是"入",就要看省略的尾数部分的最高位,如果省略的尾数部分的最高位小于 5,就要把尾数部分全部舍去,改写成 0;如果省略的尾数部分的最高位等于或大于 5,就要向前一位进 1,再把尾数部分全舍去,改写成 0。

(4)奇偶分析法

通过分析整数的奇偶性来解决问题的方法称为**奇偶分析法**。

整数中,能被 2 整除的数是**偶数**,不能被 2 整除的数是**奇数**。偶数可以用 $2k$ 表示,奇数可以用 $2k+1$ 表示,其中 k 是整数。

奇数和偶数的性质如下:

①两个连续整数中必有一个奇数和一个偶数;

②奇数个奇数的和是奇数,偶数个奇数的和是偶数,任意多个偶数的和仍是偶数;

③两个奇(偶)数的差是偶数,一个偶数与一个奇数的差是奇数;

④若 a,b 为整数,则 $a+b$ 与 $a-b$ 有相同的奇偶性,即 $a+b$ 与 $a-b$ 同为奇数或同为偶数;

⑤n 个奇数的乘积是奇数,n 个偶数的乘积是 2^n 的倍数,n 个整数(若有一个是偶数)相乘,则乘积是偶数。

第一部分

真题面对面

[2020 年 1 月杭州(小学),填空,3 分]一个三角形的三条边长是三个两位的连续偶数,它们的末位数字的和是 7 的倍数,这个三角形的最大周长等于________。

答案:264。三角形三边是三个连续的偶数,末位数字和是 7 的倍数,即个位数字和是 7 的倍数,则和只能为 7 或 14。又因为三个偶数的个位数字只能是 0,2,4,6,8,所以和只能是 14,则 0,6,8 符合条件。故三角形三条边最大可能是 86,88,90,那么周长最大为 $86+88+90=264$。

考点 2 小数

小数实质上是十进制分数的另一种表示形式,其依据是十进制位值原则。小数由三部分组成:整数部分、小数点和小数部分。整数部分不是零的小数叫作带小数,否则称为纯小数。一个小数中左边位置的位值是相邻右边位置的位值的十倍。小数可以看作单位小数的合成,如 0.52 是 52 个单位小数“0.01”合成的结果;还可以用位值概念来理解小数,如 0.52 是 5 个“0.1”和 2 个“0.01”合成的结果。

1. 小数的性质

在小数的末尾添上零或者去掉零,小数的大小不变。一定要注意两个地方:末尾和大小不变,而且必须是大小不变,不可以是性质不变。

小数点向左移动一位、两位、三位,这个数就缩小到原来的$\frac{1}{10}$,$\frac{1}{100}$,$\frac{1}{1000}$;小数点向右移动一位、两位、三位,原来的数就扩大 10 倍、100 倍、1000 倍。

2. 小数的读法和写法

(1)读法

读小数时,整数部分按照整数的读法来读(整数部分是“0”的读作“零”),小数点读作“点”,小数部分顺次读出每一个数位上的数字。

例如,150.083,读作:一百五十点零八三。

(2)写法

整数部分按照整数的写法来写(整数部分是“零”的写作“0”),小数点写在个位的右下角,小数部分依次写出每一个数位上的数字。

例如,四点三九,写作:4.39。

3. 小数的分类

小数的分类

<table>
<tr><td rowspan="2">按整数部分来分</td><td colspan="3">纯小数：整数部分是零的小数</td></tr>
<tr><td colspan="3">带小数：整数部分不是零的小数</td></tr>
<tr><td rowspan="4">按位数来分</td><td colspan="3">有限小数：小数部分的位数是有限的</td></tr>
<tr><td rowspan="3">无限小数：小数部分的位数是无限的</td><td rowspan="2">循环小数</td><td>纯循环小数：循环节从小数部分第一位开始的</td></tr>
<tr><td>混循环小数：循环节不是从小数部分第一位开始的</td></tr>
<tr><td>非循环小数</td><td>无限不循环小数：一个数的小数部分，数字排列无规律且位数无限</td></tr>
</table>

一个小数，从小数部分的某一位起，一个数字或几个数字依次不断地重复出现，这个数叫作**无限循环小数**。依次不断重复出现的数字，叫作这个循环小数的**循环节**。

例如，2.555 5…的循环节是5；2.434 343…的循环节是43。分别写作$2.\dot{5}$，$2.\dot{4}\dot{3}$。

如果循环节中的数是三个或者三个以上，只需要在循环节的第一个和最后一个数上面点点。

例如，3.143 414 341 434…的循环节是1434，写作$3.\dot{1}43\dot{4}$。

真题面对面

1. [2021 绍兴，单，3 分] 计算1.68÷0.3，下列各式与原式结果不相等的是（　　）

A. 168÷3　　　　B. 168÷30

C. 16.8÷3　　　　D. 0.168÷0.03

答案：A。A 选项与原式相比被除数乘100，除数乘10，因此商会乘10，与原式的答案不相等。

2. [2020 年 1 月杭州（小学），填空，3 分] 求得7个自然数的平均数是一个无限循环小数，已知这个平均数保留两位小数是20.71，这7个自然数的和是________。

答案：145。由题意，这7个自然数的平均数保留两位小数是20.71，则设这7个自然数的和为x，得$\frac{x}{7}\approx 20.71$，故x除以7后，商为20且余数为5，则$x=20\times 7+5=145$。

考点 3 分数

把单位"1"平均分成若干份，表示这样的一份或者几份的数，叫作**分数**。

其中表示一份的数，叫作**分数单位**，即分子是1，分母是正整数的分数，又叫作**单位分数**，记为$\frac{1}{n}$（$n\in \mathbf{N}_{+}$）。

1. 分数的分类

按照分数值和1的比较，分数可以分为真分数和假分数。真分数小于1。假分数大于等于1。

带分数是假分数的一种，带分数就是将一个假分数写成一个非零的整数加上一个真分数的形式。

2. 约分、通分

(1)分数的基本性质

分数的分子和分母同时乘或除以相同的数(0 除外),分数的大小不变。

(2)约分

把一个分数化成同它相等但是分子、分母都较小的分数的过程,叫作约分。通常用分子和分母的公约数(1 除外)同时去除分子、分母来约分。

最简分数:分子与分母是互质数的分数,叫作最简分数。

(3)通分

几个分母不同的分数叫作异分母分数。把异分母分数分别化成和原来分数相等的同分母分数的过程,叫作通分。

通分的方法:先求出原来几个分母的最小公倍数,然后把各分数都化成用这个最小公倍数作分母的分数。

3. 分数的大小比较

分数的大小一般用“一个性质、三种情况”来比较。

一个性质就是分数的基本性质。三种情况如下:

(1)同分母分数,分子大的分数比较大。

(2)同分子分数,分母小的分数比较大。

(3)一般异分母分数,先通分,再按照同分母分数的情况来比较大小。

真题面对面

1. [2022 年 6 月杭州(中小学),单,3 分]下面算式中,结果最大的是( )

A. $\frac{1}{7}+\frac{1}{13}$　　B. $\frac{1}{17}+\frac{1}{29}$　　C. $\frac{1}{31}+\frac{1}{37}$　　D. $\frac{1}{41}+\frac{1}{47}$

答案:A。通过计算可知,$\frac{1}{7}+\frac{1}{13}$最大。

2. [2021 绍兴,单,3 分]一根绳子剪成两段,第一段占全长的$\frac{1}{4}$,第二段绳子是$\frac{1}{4}$米,那么( )

A. 第一段长　　B. 第二段长　　C. 两段一样长　　D. 无法比较

答案:B。第一段绳子占全长的$\frac{1}{4}$,第二段绳子占全长的$1-\frac{1}{4}=\frac{3}{4}$,所以第二段绳子更长。

4. 分数和小数的互化

(1)分数化小数

①分母是 10,100,1000,…的分数,可以直接去掉分母,看分母中 1 后面有几个 0,就在分子中从最后一位起向左数出几位点上小数点。

②分母不是 10,100,1000,…的分数,可以用分母去除分子;除不尽的,可以根据需要按四舍五入法保留几位小数。

(2)小数化分数

原来有几位小数,就在 1 后面写几个 0 作分母,把原来的小数去掉小数点作分子,化成分数后,能约分的要约分。

考点 4 百分数

1. 百分数的意义

表示一个数是另一个数的百分之几的数，叫作百分数，也叫百分率或百分比。百分数反映的是两个数的倍数关系，它的单位是1%，读法与分数相同，例如，54%读作：百分之五十四。

2. 百分数和小数的互化

把小数化成百分数，只需把小数点向右移动两位，同时在后面添上百分号；反之，把百分数化成小数，只需把百分号去掉，同时把小数点向左移动两位。

3. 百分数和分数的互化

把分数化成百分数，通常先把分数化成小数(除不尽时，通常保留三位小数)，再把小数化成百分数；把百分数化成分数，先把百分数改写成分母是100的分数，能约分的再约成最简分数。

4. 百分数和分数的区别与联系

	百分数	分数
区别	①只能表示两个数之间的倍数关系，不能表示一具体的数量，其后不能带单位； ②常用于调查、统计、分析与比较； ③分母是固定的数且为100，百分数不能约分； ④分子可以是自然数，也可以是小数	①可表示两数之间的倍数关系，也可表示一定的数量，其后可带单位； ②常常在测量、计算得不到整数的结果时使用； ③分母不固定，分子与分母之间可约分； ④分子只能是自然数，表示形式有真分数、假分数、带分数，且结果一定是最简分数
联系	都可表示两个量之间的倍比关系	

真题面对面

[2021 绍兴，填空，3分]已知有下列四个数3.4%，$\frac{1}{3}$，0.33，$\frac{3}{10}$，其中最大的数是________，最小的数是________。

答案：$\frac{1}{3}$；3.4%。3.4% = 0.034，$\frac{1}{3}=0.\dot{3}$，$\frac{3}{10}=0.3$，则$\frac{1}{3}>0.33>\frac{3}{10}>3.4\%$，所以最大的数是$\frac{1}{3}$，最小的数是3.4%。

考点 5 实数及有关概念

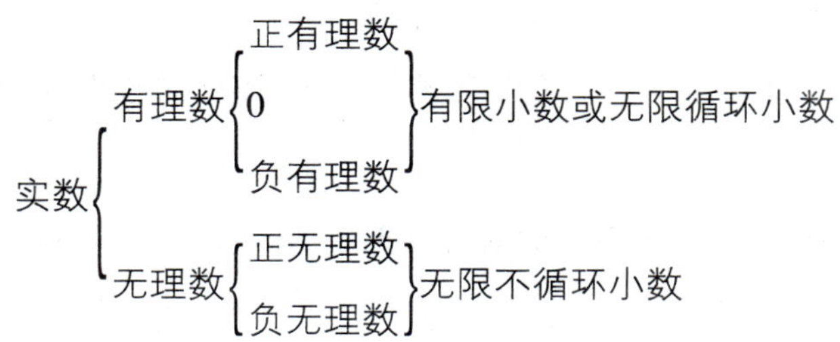

1. 绝对值

在数轴上，一个数的绝对值就是表示该数的点与原点间的距离。

正数的绝对值是它本身，负数的绝对值是它的相反数，0 的绝对值是 0。

2. 相反数

绝对值相等，且只有符号不同的两个数互为相反数，0 的相反数是 0。从数轴上看，互为相反数的两个数所对应的点关于原点对称。

3. 倒数

如果实数 a 与 b 互为倒数，则有 $ab=1$（a,b 都不为 0），反之亦成立。

倒数等于其本身的数是 1 与 -1，0 没有倒数。

4. 数的开方

	平方根	算术平方根	立方根
定义	如果一个数的平方等于 a，那么这个数叫作 a 的平方根	一般地，如果一个正数 x 的平方等于 a，那么这个正数 x 叫作 a 的算术平方根	如果一个数的立方等于 a，那么这个数叫作 a 的立方根（三次方根）
符号表示	$\pm\sqrt{a}\,(a\geqslant 0)$	$\sqrt{a}\,(a\geqslant 0)$	$\sqrt[3]{a}$
性质	一个正数有两个平方根，它们互为相反数；0 的平方根是 0；负数没有平方根	一个正数有一个算术平方根；0 的算术平方根是 0；负数没有算术平方根	正数有一个正的立方根；负数有一个负的立方根；0 的立方根是 0

真题面对面

[2021 宁波，填空，2 分]已知 $|2m+1-n|+\sqrt{m+n+5}=0$，则 $(m-n)^{2015}=$ ________。

答案：1。$\because |2m+1-n|+\sqrt{m+n+5}=0$，$\therefore |2m+1-n|=0$，$\sqrt{m+n+5}=0$，解得 $m=-2$，$n=-3$，则 $m-n=1$，故 $(m-n)^{2015}=1$。

5. 数轴

规定了**原点**、**正方向**和**单位长度**的直线叫作数轴，原点、正方向和单位长度是数轴的三要素。

数轴上两点的距离，就是这两点对应数的差的绝对值。

6. 科学计数法

一般地，把一个绝对值大于 10（或小于 1）的实数表示成 $a\times 10^{n}$ 的形式，其中 $1\leqslant |a|<10$，n 是整数，这种计数的方法叫作科学计数法。

注：a 的整数位上必须只有一位数；当原数的绝对值大于 10 时，10 的幂指数 = 原数的整数位数 -1；负数用科学计数法表示时，不能忘了“$-$”。

真题面对面

[2020 绍兴(三区),单,3 分]正在建设中的北京大兴国际机场规划建设面积约 1 400 000 平方米的航站楼,数据 1 400 000 用科学计数法应表示为(　　)

A. 0.14×10^{7}　　B. 14×10^{5}　　C. 1.4×10^{6}　　D. 都正确

答案:C。$1\ 400\ 000=1.4\times10^{6}$,故选 C。

二、数的基本运算及性质 【单选、填空、解答】★★★

考点 1 四则运算

	整数和小数	分数
加法	相同数位对齐,从低位加起,满十进一	同分母分数,分母不变,分子相加(减);异分母分数,先通分,再相加(减)
减法	相同数位对齐,从低位减起,哪一位不够减,从高位退一当十再减	
乘法	用其中一个因数每一位上的数去乘另一个因数,用哪一位上的数去乘,得数的末位就和哪一位对齐,最后把积相加,因数是小数的,积的小数位数与两位因数的小数位数之和相同	分子相乘的积作分子,分母相乘的积作分母。能约分的先约分,结果要化简
除法	除数有几位,就先看被除数的前几位(不够就多看一位),除到被除数的哪一位,商就写到哪一位上。除数是小数时,先化成整数再除,商中的小数点与被除数的小数点对齐	甲数除以乙数(0 除外),等于甲数乘乙数的倒数
运算顺序	只有加、减或只有乘、除,从左往右依次计算;既有加、减又有乘、除的,先乘除、后加减,有括号的先算括号内的	

真题面对面

[2021 年 1 月杭州(小学),填空,3 分] $(0.5+0.25+0.125)\div(0.5\times0.25\times0.125)\times\dfrac{\frac{7}{18}\times\frac{9}{2}+\frac{1}{6}}{13\frac{1}{3}-\frac{15}{4}\times\frac{16}{5}}=$______。

答案:$80\frac{1}{2}$。原式$=\left(\frac{1}{2}+\frac{1}{4}+\frac{1}{8}\right)\div\left(\frac{1}{2}\times\frac{1}{4}\times\frac{1}{8}\right)\times\dfrac{\frac{7}{4}+\frac{1}{6}}{13\frac{1}{3}-12}=\frac{7}{8}\times2\times4\times8\times\dfrac{\frac{23}{12}}{\frac{4}{3}}=56\times\frac{23}{16}=80\frac{1}{2}$。

考点 2 整除

一般地,设 a,b 为整数,且 $b\neq0$,如果存在整数 q,使得 $a=bq$,那么称 b 整除 a,或者 a 能被 b 整除,记作 $b|a$,并且称 b 是 a 的因数,a 是 b 的倍数。如果这样的整数 q 不存在,就称 b 不整除 a,记作 $b\nmid a$。

第一部分

1. 整除的性质

(1) $a|b, b|c \Rightarrow a|c$;

(2) $a|b, a|c \Rightarrow a|(b+c)$;

(3) $a|b, c \in \mathbf{Z} \Rightarrow a|bc$;

(4) $a|b_i, c_i \in \mathbf{Z}(i=1,2,\cdots,n) \Rightarrow a|(b_1c_1+\cdots+b_nc_n)$;

(5) 每一个整数都可以被 1 和 −1 整除;

(6) 每一个整数都可以被它自己和它的相反数整除;

(7) $a|b$,且 $b|a \Rightarrow b=a$ 或 $b=-a$;

(8) 若 $a \neq b$,n 是自然数,则 $(a-b)|(a^n-b^n)$;

(9) 若 $a \neq -b$,n 是正偶数,则 $(a+b)|(a^n-b^n)$;

(10) 若 $a \neq -b$,n 是正奇数,则 $(a+b)|(a^n+b^n)$。

易混点辨析

(1)注意区分"除"和"除以":①a 除以 b:$a \div b(b \neq 0)$;②a 除 b:$b \div a(a \neq 0)$;③a 能被 b 整除:$a \div b$ 的结果为整数。

(2)"整除"是整数范围内的除法,而"除尽"则不限于整数范围,只要求余数为零。"整除"也可以称作"除尽",但是"除尽"不一定是"整除"。

2. 能被 2~11 整除的数的规律

整除数	特征
能被 2 整除	个位是 0,2,4,6,8 的数
能被 5 整除	个位是 0 或者 5 的数
能被 2 和 5 同时整除	个位是 0 的数
能被 2,3,5 同时整除	个位是 0,且各数位上的数字的和是 3 的倍数或能被 3 整除的数
能被 3(或 9)整除	各个数位上数字的和能被 3(或 9)整除
能被 6 整除	能同时被 2 和 3 整除
能被 4(或 25)整除	末两位的数字所组成的数能被 4(或 25)整除
能被 7(或 11、或 13)整除	末三位上数字所组成的数与末三位前面的数字所组成的数之差(大数减小数)能被 7(或 11、或 13)整除
能被 8(或 125)整除	末三位的数字所组成的数能被 8(或 125)整除

真题面对面

[2020 丽水缙云县,单,2 分]从 1 到 3998 这 3998 个自然数中,有(　　)个数能被 4 整除。

A. 1000　　B. 999　　C. 500　　D. 498

答案:B。3998 ÷ 4 = 999……2,故有 999 个数能被 4 整除。

考点 3 带余除法

1. 概念

带余除法:一般地,设 a 为整数,b 为正整数,则存在唯一的一对整数 q 和 r,使得 $a=bq+r(0 \leqslant r<b)$。这里我们把带余除法中的唯一的 q 和 r 分别叫作 a 除以 b 的商和余数。如果 $r \neq 0$,则商 q 也叫作不完全商。

带余除式还可以表示成:$a \div b = q \cdots\cdots r(0 \leqslant r<b)$。

2. 性质

(1)在有余数的除法里,如果被除数和除数都能被同一非零自然数整除,那么余数也能被这个非零自然数整除。例如,$60\div25=2\cdots\cdots10$,$5|60$,$5|25$,那么一定有$5|10$。

(2)在有余数的除法里,如果除数和余数能被同一非零自然数整除,那么被除数也能被这个非零自然数整除。

(3)一个自然数被另一个自然数$n(n\neq0)$除时,余数可能且只能是$0,1,2,\cdots,(n-1)$中的数,即余数小于除数。

(4)如果两个整数被n除时(n为整数),余数相同,则这两个整数的差必定能被n整除。例如,$65\div3=21\cdots\cdots2$,$20\div3=6\cdots\cdots2$,则有$3|(65-20)$。

(5)如果整数a_1和b_1除以同一个自然数$m(m\neq0)$,所得的余数相同;a_2和b_2除以同一个自然数$m(m\neq0)$,所得的余数也相同,那么a_1+a_2,b_1+b_2除以$m(m\neq0)$所得的余数也相同。

(6)如果整数a和b除以自然数$m(m\neq0)$所得的余数相同,那么a^n和b^n(n是整数)除以$m(m\neq0)$所得的余数也相同。

考点4 最大公因数和最小公倍数

1. 因数和倍数的基本概念

名称	定义
因数与倍数	设a,b为整数,如果a能被$b(b\neq0)$整除,那么a就是b的倍数,b就是a的因数
质数(素数)	只有1和它本身两个约数的数
合数	除了1和它本身还有别的约数的数
质因数	任何一个大于1的整数,总存在一个质数因数,通常把这个正整数的质数因数叫作这个数的质因数
公因(约)数	如果一个整数同时是几个整数的约数,称这个整数为它们的公约数
公倍数	如果一个整数同时是几个整数的倍数,称这个整数为它们的公倍数

注:1不是质数也不是合数,自然数除了0和1外,不是质数就是合数。

真题面对面

[2021 绍兴,单,3分]3和6的公因数有(　　)个。

A. 1　　B. 2　　C. 3　　D. 无数

答案:B。3和6的公因数为1和3,共2个。

2. 分解质因数与算术基本定理

(1)分解质因数

每一个合数都可以写成几个质数相乘的形式,这几个质数叫作这个合数的质因数。把一个合数用质因数连乘的形式表示出来,叫作分解质因数。如把60分解质因数得:$60=2\times2\times3\times5=2^2\times3\times5$,这时,2,3,5都是60的质因数。

注:①被分解的合数写在等号左边;②分解出来的因数中不能出现合数;③不要把1作为因数写进去。

(2)算术基本定理

分解质因数有下面一个重要的定理:

算术基本定理　每个大于 1 的正整数均可分解成有限个质数的积，如果不计质因数在乘积中的次序，则其分解方式是唯一的，即 $n=p_1^{\alpha_1}p_2^{\alpha_2}\cdots p_k^{\alpha_k}$，其中，$p_i$ 为质数，$\alpha_i\in\mathbf{N}_+(i=1,2,\cdots,k)$。算术基本定理也称作唯一分解定理。

整数的约数个数公式：一个大于 1 的整数，约数的个数等于它的质因数分解式中，每个质因数的个数（指数）加 1 的连乘积。

3. 最大公因数和最小公倍数

当 a,b 不全为零时，在有限个公因数中最大的一个叫作 a,b 的**最大公因数**，记作 (a,b)。此时存在一对整数 m,n，使得 $(a,b)=am+bn$。

如果 a,b 的最大公因数为 1，那么称 a,b 是互素的。若 $a|bc$，且 $(a,b)=1$，则 $a|c$。

我们把 a,b 的最小的公倍数叫作 a,b 的**最小公倍数**，记作 $[a,b]$。

最小公倍数与最大公因数之间的关系：$(a,b)[a,b]=ab$。

特殊情况下几个数的最大公因数和最小公倍数：如果几个数中，较大数是较小数的倍数，较小数是较大数的约数，则较大数是它们的最小公倍数，较小数是它们的最大公因数。

如果几个数两两互质，则它们的最大公因数是 1，最小公倍数是这几个数连乘的积。

考法大揭秘

求最大公因数和最小公倍数的方法

1. 最大公因数的求法，一般有以下几种：

(1) 分解质因数法。先把各数分解质因数，再把各数公有的一切质因数连乘起来，就是所求的最大公因数。例如，求 2940，756 和 168 的最大公因数。$\because 2940=2^2\times3\times5\times7^2$，$756=2^2\times3^3\times7$，$168=2^3\times3\times7$，$\therefore(2940,756,168)=2^2\times3\times7=84$。

(2) 检验公约数法。“检验公约数法”即“试除法”或“短除法”。例如，求 42 和 63 的最大公因数与最小公倍数。

$$\begin{array}{r|rr}3 & 42 & 63\\ \hline 7 & 14 & 21\\ \hline & 2 & 3\end{array}$$

则 42 和 63 的最大公因数是 $3\times7=21$，最小公倍数是 $3\times7\times2\times3=126$。

(3) 辗转相减法。用大数减小数，如果减得的差与较小的数不相等，便再以大减小求差，直到出现两数相等为止。这时，相等的数就是这两个数的最大公因数。例如，求 792 和 594 的最大公因数。$\because(792,594)=(792-594,594)=(198,594)=(198,594-198)=(198,396)=(198,396-198)=(198,198)=198$，$\therefore(792,594)=198$。

用辗转相减法求两个数的最大公因数，可以推广到求 n 个数的最大公因数，具体做法：可以不拘次序地挑选最方便的，从较大的数里减去较小的数，……，这样逐次做下去，直到所得的差全部相等为止。这个相等的差，就是这些数的最大公因数。

(4) 辗转相除法。用辗转相除法求两个数的最大公因数，步骤如下：先用较小数去除较大的数，得到第一个余数；再用第一个余数去除较小的数，得到第二个余数；再用第二个余数去除第一个余数，得到第三个余数，……，这样逐次用后一个余数去除前一个余数，直到余数是0为止。这时，余数“0”前面的那个余数，便是这两个数的最大公因数。

2. 最小公倍数的求法，一般有以下几种：

(1)分解质因数法。先把各数分解质因数，在所有相同的质因数中，每一个取出指数最大的，与所有不同的质因数连乘起来，就是所求的最小公倍数。例如，求120，330和525的最小公倍数。$\because 120=2^3\times3\times5,\ 330=2\times3\times5\times11, 525=3\times5^2\times7, \therefore [120,330,525]=2^3\times3\times5^2\times7\times11=46\ 200$。

(2)检验公因数法(同上)。

(3)先求最大公因数法。由于两个数的乘积等于这两个数的最大公因数与最小公倍数的乘积，所以，两个数的最小公倍数可由这两个数的乘积除以这两个数的最大公因数来求得。

真题面对面

[2021年5月杭州(小学)，填空，3分]已知 a,b 是两个自然数，分解质因数后得到 $a=2^2\times3\times m$，$b=3\times7\times m$，如果 a,b 的最小公倍数是924，那么 a,b 的最大公因数是________。

答案：33。$a=2^2\times3\times m, b=3\times7\times m$，则 a 和 b 的最小公倍数是 $2^2\times3\times7\times m$，最大公因数是 $3m$，已知最小公倍数是924，代入方程可得 $924=2^2\times3\times7\times m$，解得 $m=11$，则最大公因数是 $3m=33$。

考点5 比和比例

比和比例

1. 比和比例的概念

	定义	各部分名称	基本性质	比率
比	两个数相除，又叫作这两个数的比	比号前面的数叫作比的前项，比号后面的数叫作比的后项，比的后项不能为0	比的前项和后项都乘或者除以相同的数(0除外)，比值不变	比的前项除以比的后项所得的商叫作比值，比值也叫作比率
比例	表示两个比相等的式子叫作比例	组成比例的四个数，叫作比例的项。两端的两项叫作比例的外项，中间的两项叫作比例的内项	在一个比例里，两个外项的积等于两个内项的积	要想判断两个比式能不能组成比例，要看它们的比值是不是相等

2. 比的化简

整数比化简：比的前项和后项同时除以它们的最大公约数使前项和后项互质。

小数比化简：一般是把前项、后项的小数点向右移动相同的位数(位数不够补0)，使它成为整数比，再用整数比化简的方法化简。

分数比化简：一般先把比的前项、后项同时乘分母的最小公倍数，使它成为整数比，再用整数比化简的方法化简。

真题面对面

1. [2021 台州(天台、仙居、三门、临海),单,1.6 分]甲数的$\frac{5}{6}$等于乙数的$\frac{5}{12}$,则甲数与乙数的比是(　　)

A. 1∶2　　B. 2∶1

C. 5∶12　　D. 6∶5

答案:A。设甲数为 x,乙数为 y,由题意可得$\frac{5}{6}x=\frac{5}{12}y$,解得$\frac{x}{y}=\frac{1}{2}$,故本题选 A。

2. [2021 绍兴,解答,5 分]解比例:$\frac{1}{4}:x=4:1$。

答案:比例的外项之积等于内项之积,则$\frac{1}{4}\cdot 1=4x$,解得 $x=\frac{1}{16}$。

3. 正比例和反比例

(1)正比例

两种相关联的量,一种量变化,另一种量也随着变化,如果这两种量中相对应的两个数的比值(也就是商)一定,这两种量就叫作成正比例的量,它们的关系叫作**正比例关系**。两种量成正比例关系必须具备:$\frac{y}{x}=k$(k 为定值且不为 0)。

(2)反比例

两种相关联的量,一种量变化,另一种量也随着变化,如果这两种量中相对应的两个数的积一定,这两种量就叫作成反比例的量,它们的关系叫**作反比例关系**。两种量成反比例关系必须具备:$x\cdot y=k$(k 为定值且不为 0)。

考点 6　估计与估算

1. 整数的近似数

求一个整数的近似数,要看所省略的尾数的左起第一位上的数是不是满 5,如果不满 5,就把尾数舍去;如果满 5,把尾数舍去后,再在它的前一位加 1。这种求近似数的方法,叫作**四舍五入法**。

2. 小数的近似数

求小数的近似数同求整数的近似数相似,只需用四舍五入法保留一定的小数位数。在表示近似数的时候,小数末尾的零不能按照小数的性质去掉,因为它表明了取近似值时对小数精确度的要求。如果把末尾的零去掉,近似值的大小不变,但其精确度不同了。例如,3.997 保留一位小数是 4.0,保留两位小数是 4.00。4.0 和 4.00 表示的近似值的精确度不同。

精确度的形式有两种:(1)精确到哪一位;(2)保留几位有效数字。

真题面对面

[2021年5月杭州(小学),单,3分]王老师为班级里学习进步的学生买了4件奖品,其中最贵的一件是26元,最便宜的一件是22元,估一估这4件奖品总价大约在(　　)元之间。

A. 70~80　　B. 80~90　　C. 90~100　　D. 100~110

答案:C。最便宜的是22元,则4件商品的价格最低是22×3+26=92元,价格最高是26×3+22=100元,因此这4件奖品总价格在90~100元之间。

三、常见的量 【单选、填空】 ★★

用作计量标准的量叫作计量单位。常用的计量单位有时间、长度、面积、体积、质量单位5种。

量	单位	进率	备注
时间	年、月、日;时、分、秒;世纪	1世纪=100年(通常指连续的100年) 1日=24小时 1小时=60分 1分=60秒 1年=12月	平年365天,闰年366天;一、三、五、七、八、十、十二月每月31天;四、六、九、十一月,每月30天;二月平年28天,闰年29天
长度	千米(公里)、米、分米、厘米、毫米	1千米=1000米 1米=10分米=100厘米 1分米=10厘米 1厘米=10毫米 1毫米=1000微米 1微米=1000纳米	国际单位制中,长度的标准单位是"米",用符号"m"表示
面积	平方千米、平方米、平方分米、平方厘米、公顷	1平方千米=100公顷 1公顷=10 000平方米 1平方米=100平方分米 1平方分米=100平方厘米 1平方厘米=100平方毫米	面积单位是用来测量物体的表面或平面图形大小的单位;计算地积时,一般常用平方千米、公顷、平方米等
体积	立方米、立方分米、立方厘米、升、毫升	1立方米=1000立方分米 1立方分米=1000立方厘米 1立方厘米=1000立方毫米 1升=1000毫升=1立方分米 1毫升=1立方厘米	体积是用来测量物体所占空间大小的单位。容积是指容器所能容纳物体的体积,一般用升、毫升作单位
质量	吨、千克、克、毫克、公斤、斤	1吨=1000千克 1千克=1000克=1公斤 1公斤=2斤 1克=1000毫克	日常生活中也称为"重量"

注：时间记法分为十二时制和二十四时制，其中十二时制把一日分为两个时段，上午（中午之前）和下午；二十四时制不分时段。

真题面对面

1. [2021 绍兴，单，3 分]大拇指指甲盖的面积约为 2（　　）

A. 平方米　　B. 平方分米　　C. 平方厘米　　D. 平方毫米

答案：C

2. [2021 绍兴，填空，3 分]0.7 平方厘米 = ________平方毫米，5030 千克 = ________吨。

答案：70；5.03。平方毫米与平方厘米之间的进率是 100，$0.7\times100=70$（平方毫米）；千克与吨之间的进率是 1000，$5030\div1000=5.03$（吨）。

第一部分

达标测评

建议用时	实际用时	测评总分	实际得分
40 分钟	______分钟	75 分	______分

一、单项选择题（每小题 3 分，共 36 分）

1. 已知一个小数的小数点分别向右和向左移动一位，所得的两个数之差是 10.89，则原小数为（　　）

A. 1.01　　B. 1.1　　C. 10.1　　D. 11

2. 在等式 $a\times1\frac{3}{4}=b$ 中，a，b 都是由三个数字 1，4，7 组成的带分数，这两个带分数的和是（　　）

A. $11\frac{4}{11}$　　B. $5\frac{25}{28}$　　C. $11\frac{1}{11}$　　D. $11\frac{11}{28}$

3. 估算下面 4 个算式的计算结果，最大的是（　　）

A. $888\times\left(1+\frac{1}{9}\right)$　　B. $888\times\left(1-\frac{1}{9}\right)$　　C. $888\div\left(1+\frac{1}{9}\right)$　　D. $888\div\left(1-\frac{1}{9}\right)$

4. 下列各分数不能化成有限小数的是（　　）

A. $\frac{3}{25}$　　B. $\frac{7}{8}$　　C. $\frac{14}{35}$　　D. $\frac{4}{15}$

5. 一罐可口可乐的容积大约是 335（　　）

A. 升　　B. 立方分米　　C. 毫升　　D. 立方米

6. 已知 $A\times15\times1\frac{1}{99}=B\times\frac{2}{3}\div\frac{3}{4}\times15=C\times15.2\div\frac{4}{5}=D\times14.8\times\frac{73}{74}$，则 A，B，C，D 四个数中最大的是（　　）

A. A　　B. B　　C. C　　D. D

7. 一堆围棋棋子黑白两种颜色，拿走 15 枚白棋子后，黑子与白子的个数之比为 2∶1，再拿走 45 枚黑棋子后，黑子与白子的个数比为 1∶5，开始时黑棋子有（　　）枚。

A. 18　　B. 25　　C. 40　　D. 50

8. 有一个四位数，它的个位数字与千位数字之和为 10，且个位数字既是偶数又是质数，去掉个位数字和千位数字，得到一个两位数的质数，又知道这个四位数能被 72 整除。则这个四位数是(　　)

A. 8082　　B. 8262　　C. 8352　　D. 8712

9. 甲、乙、丙、丁四个人去图书馆借书，甲每隔 5 天去一次，乙每隔 11 天去一次，丙每隔 17 天去一次，丁每隔 29 天去一次。在某星期二，四个人恰好在图书馆相遇，则下一次相遇在星期(　　)

A. 四　　B. 五　　C. 六　　D. 日

10. 书法兴趣小组的 72 名同学每人都买了一本相同的字帖，共计 $A85.B$ 元。则每本字帖(　　)元。(无分币)

A. 9.6　　B. 12.3　　C. 13.2　　D. 14.6

11. 有甲、乙两个容器，一个容器中的水是另一个容器中水的 2 倍，如果从每个容器中都倒出 8 升水，那么一个容器中的水是另一个容器中水的 3 倍，有较少水的容器中原有水(　　)升。

A. 8　　B. 16　　C. 24　　D. 36

12. 由四舍五入得到的近似数 6.208×10^4，(　　)

A. 精确到千分位，有 4 个有效数字　　B. 精确到千分位，有 3 个有效数字

C. 精确到十位，有 4 个有效数字　　D. 精确到十位，有 3 个有效数字

二、填空题(每小题 3 分，共 27 分)

13. $\frac{1993\times1994-1}{1993+1992\times1994}=$______。

14. 有一个自然数，用它分别去除 63，90，130 都有余数，3 个余数的和是 25。这 3 个余数中最大的一个是______。

15. 有一个三位数，百位数字是最小的质数，十位数字是算式 $0.3+\pi\times13$ 的结果中的小数点后第 1 位数字，个位数字是三位数中能被 17 整除的最小数的个位数字，则这个三位数是______。(π 取 3.14)

16. 有一串数，任何相邻的 4 个数之和等于 25。已知第 1 个数是 3，第 6 个数是 6，第 11 个数是 7。则这串数中第 24 个数是______，前 77 个数的和是______。

17. 有一张长 48 厘米、宽 36 厘米的长方形纸，如果要裁成若干同样大小的正方形而无剩余，裁成的小正方形的边长最大是______厘米。

18. 算式 $\frac{9}{10}+\frac{99}{100}+\frac{999}{1000}+\cdots+\frac{999\,999}{1\,000\,000}$ 结果的整数部分是______。

19. 自然数的平方按由小到大的顺序排成 14 916 253 649…。则这串数的第 346 个位置上的数字是______。

20. 一年级某班 42 名同学围成一圈做游戏，由班长起从 1 开始按顺序报数，谁报到 100 就给同学们讲一个故事，然后再由这名同学开始报数。那么第一个讲故事的同学与第二个讲故事的同学中间隔着______个同学。

21. 一个四位数 $\overline{xxyy}$，使它恰好等于两个相同自然数的乘积，则这个四位数是______。

三、解答题(每小题 6 分，共 12 分)

22. 某学校同学们做操，把学生分为 10 人一组，14 人一组，18 人一组，都恰好分完，这个学校至少有多少个学生？

23. 某高速公路收费站对于过往车辆的收费标准是：大客车 30 元，小客车 15 元，小轿车 10 元。某日通过该收费站的大客车和小客车数量之比是 5∶6，小客车与小轿车数量之比是 4∶11，收取小轿车的通行费比大客车多 210 元。求这天三种车辆通过的数量各是多少？

参考答案及解析

一、单项选择题

1. B　[解析]设原小数为 x，则由题意可知 $10x-0.1x=10.89$，解方程得 $x=1.1$。

2. D　[解析]由题意可得，由 1,4,7 这三个数字组成的带分数 a,b 有 $1\frac{4}{7},4\frac{1}{7},7\frac{1}{4}$，因为 $4\frac{1}{7}\times1\frac{3}{4}=7\frac{1}{4}$，所以 $a=4\frac{1}{7},b=7\frac{1}{4},a+b=4\frac{1}{7}+7\frac{1}{4}=11\frac{11}{28}$。

3. D　[解析]A 项，原式可化为 $888\times\frac{10}{9}$；B 项，原式可化为 $888\times\frac{8}{9}$；C 项，原式可化为 $888\times\frac{9}{10}$；D 项，原式可化为 $888\times\frac{9}{8}$，4 个算式同时除以 888，即可通过比较 $\frac{10}{9},\frac{8}{9},\frac{9}{10},\frac{9}{8}$ 的大小，来比较原算式的大小。四个分数大小关系满足 $\frac{9}{8}>\frac{10}{9}>\frac{9}{10}>\frac{8}{9}$，所以 D 项计算结果最大。

4. D　[解析]A、B、C 三项均能化成有限小数，$\frac{4}{15}$ 不能化成有限小数。

5. C　[解析]一罐可口可乐的容积应该使用容积单位，根据生活经验，选 C 最合理。

6. B　[解析]A,B,C,D 中最大的应是 $15\times1\frac{1}{99},\frac{2}{3}\div\frac{3}{4}\times15,15.2\div\frac{4}{5},14.8\times\frac{73}{74}$ 中最小的。将上面四个数整理后分别为 $15\times\frac{100}{99},15\times\frac{8}{9},15.2\times\frac{5}{4},\frac{74}{5}\times\frac{73}{74}$，显然，$15\times\frac{8}{9}$ 最小，所以 B 最大。

7. D　[解析]拿走 15 枚白棋子后，黑子∶白子 $=2:1=10:5$，再拿走 45 枚黑棋子后，黑子∶白子 $=1:5$，则减少的 45 枚黑棋子对应的就是 $(10-1)$ 份，则每份的棋子个数是 $45\div(10-1)=5$(枚)，原有白色棋子共有 $5\times5+15=40$(枚)，故原有黑色棋子 $5\times10=50$(枚)。

8. D　[解析]根据个位数既是偶数又是质数，确定个位上的数是 2，又根据个位数字与千位数字之和为 10，可知千位上的数是 8；这个四位数又能被 72 整除，$72=8\times9$，所以这个四位数各个数位上的数的和必须是 9 的倍数，十位和百位上的数的和必须是 8 或 17。(1) 如果和是 17，则符合条件的四位数有：8982，8892，验证都不能被 72 整除；(2) 如果和是 8，则符合条件的四位数有：8082，8172，8262，8352，8442，8532，8622，8712，8802，验证其中 8352 和 8712 都能被 72 整除，再根据题意去掉个位数字和千位数字，得到一个两位质数，所以 8352 不符合此要求，符合条件的数只有 8712。

9. D　[解析]所谓每隔 n 天去一次的含义是每 $(n+1)$ 天去一次，因此题目的条件可以变为“甲每 6 天去一次，乙每 12 天去一次，丙每 18 天去一次，丁每 30 天去一次”。由于 6，12，18，30 四个数的最小公倍数为 180，因此再过 180 天四个人才能够再在图书馆相遇。$180\div7=25\cdots\cdots5$，即再过 25 周余 5 天四人再次相遇，相遇那天为星期日。

10. B　[解析]72 名同学共买了 72 本字帖，共计$A85.B$元，即 $A85B$ 角，则 $A85B$ 一定能被 72 整除。因为 $72=8\times9$，而 8 和 9 互质，所以 $A85B$ 一定能被 8 和 9 同时整除，则根据能被 8 整除的数的特征，知 $85B$ 应是 8 的倍数，即 $B=6$，又根据能被 9 整除的数的特征，知 $A+8+5+6=A+19$ 是 9 的倍数，即 $A=8$，所以买字帖的总钱数为 885.6 元，每本字帖的价格为 $885.6\div72=12.3$ 元。

11. B　[解析]由这两个容器里面水的差不变可得，这个差是原来小容器水的 $2-1=1$ 倍，也是现在小容器水的 $3-1=2$ 倍，那么原来小容器的水是现在的 $2\div1=2$ 倍，根据差倍公式可得，小容器现在有水 $8\div(2-1)=8$（升），小容器原来有水 $8\times2=16$（升）。

12. C　[解析]$6.208\times10^4=62\ 080$，数字 8 在十位上，故 6.208×10^4 精确到十位，有 4 个有效数字。

二、填空题

13. 1　[解析]原式 $=\dfrac{(1992+1)\times1994-1}{1993+1992\times1994}=\dfrac{1992\times1994+1994-1}{1993+1992\times1994}=\dfrac{1992\times1994+1993}{1993+1992\times1994}=1$。

14. 20　[解析]设这个除数为 M，设它除 63，90，130 所得的余数依次为 a,b,c，商依次为 A，B，C，则 $a+b+c=25$，则 $(63+90+130)-(a+b+c)=(A+B+C)\times M$，即 $283-25=258=(A+B+C)\times M$，所以 M 是 258 的约数，$258=2\times3\times43$，显然当除数 M 为 2，3，6 时，3 个余数的和为 1，1，7，所以均不满足；而当除数 M 为 43×2，43×3，$43\times2\times3$ 时，它除 63 的余数均是 63，所以也不满足；那么除数 M 只能是 43，它除 63，90，130 的余数依次为 20，4，1，余数的和为 25，符合题意。显然这 3 个余数中最大的数为 20。

15. 212　[解析]依题意，最小的质数是 2，则这个三位数的百位数字是 2；$0.3+\pi\times13=41.12$，则这个三位数的十位数字是 1；三位数中能被 17 整除的最小数是 102，其个位数字是 2。故所求的三位数是 212。

16. 9；478　[解析]如下表，因为相邻的 4 个数的和等于 25，∴ ②+③+④+⑤=③+④+⑤+⑥，得②=⑥=6，依次类推，①=⑤=⑨=3，②=⑥=⑩=6，③=⑦=⑪=7，④=25−3−6−7=9，这串数为 3，6，7，9，3，6，7，9，…，即这串数按照 3，6，7，9 的顺序循环出现。则第 24 个数与第 4 个数相同，是 9。由 $77\div4=19\cdots\cdots1$ 知，前 77 个数中有 19 个周期零 1 个数，其和为 $25\times19+3=478$。

①	②	③	④	⑤	⑥	⑦	⑧	⑨	⑩	⑪	…
3					6					7	…

17. 12　[解析]把 48 和 36 分解质因数：$48=2\times2\times2\times2\times3$，$36=2\times2\times3\times3$，则 48 和 36 的最大公因数是 $2\times2\times3=12$，故裁成的小正方形的边长最大是 12 厘米。

18. 5　[解析]$\dfrac{9}{10}+\dfrac{99}{100}+\dfrac{999}{1000}+\cdots+\dfrac{999\ 999}{1\ 000\ 000}=(1+1+1+1+1+1)-(0.1+0.01+0.001+0.000\ 1+0.000\ 01+0.000\ 001)=6-0.111\ 111=5.888\ 889$，所以原算式结果的整数部分为 5。

19. 9　[解析]1～3 的平方都是一位数，有 3 个数字；4～9的平方都是两位数，有 $2\times6=12$ 个数字；10～31的平方都是三位数，有 $3\times22=66$ 个数字；32～99 的平方都是四位数，有 $4\times68=272$ 个数字。所以 1～99 的平方共有 $3+12+66+272=353$个数字，$353-346=7$，因此第 346 个数是$98^2=9604$的千位上的数，即 9。

20. 14　[解析]由 $100\div42=2\cdots\cdots16$ 可知，每人报数两次后的第 16 人第一次报数到 100，然后以此人当第一个报数的人，同理可得在这人后的第 16 个人第二次报数到 100，故两人之间间隔 $16-2=14$ 人（“2”是指第 1 个讲故事的人和第 2 个讲故事的人他们 2 个)。

21. 7744 [解析] $\overline{xxyy}=1000x+100x+10y+y=11(100x+y)$,可知所求数是 11 的倍数,又因为它是两个相同自然数的乘积,从而 $\overline{xxyy}$ 必为 $11^2=121$ 的倍数,先从 1210 到 9999 找出 121 的倍数,共 73 个,即 $121\times10,121\times11,121\times12,\cdots,121\times81,121\times82$,再由 $\overline{xxyy}=121\times k(k\in\mathbf{N}_+)$ 是完全平方数,知 k 也为两相同自然数的乘积,则 k 只能取 16,25,36,49,64,81,经验算,得所求四位数是 $7744=121\times64=(11\times8)\times(11\times8)$。

三、解答题

22. [解析] $10=2\times5,14=2\times7,18=2\times9$,它们的最小公倍数是 $2\times5\times7\times9=630$,说明最少有 630 人。

答:这个学校至少有 630 个学生。

23. [解析] 大客车:小客车 = 5:6,小客车:轿车 = 4:11,则大客车:小客车:轿车 = 10:12:33,

大客车钱:小客车钱:轿车钱 = $(10\times30):(12\times15):(10\times33)=10:6:11$,

1 份钱 $=210\div(11-10)=210$(元),

大客车:$210\times10\div30=70$(辆),

小客车:$210\times6\div15=84$(辆),

轿车:$210\times11\div10=231$(辆)。

答:大客车 70 辆,小客车 84 辆,轿车 231 辆。

测评结果建议

亲爱的考生:

利用阶段测试,可以巩固复习成果,同时起到查漏补缺的效果,实现高效备考的目标。针对不同的测评成绩及时调整备考策略,是我们探索出的一套行之有效的备考方法。

以下应对方案适用于各章末尾的“达标测评”,期望您“对号入座”,科学备考。假如您的正确率在 70% 以下,说明目前您的基础知识还不达标,掌握得不太全面,建议您静下心来,保持空杯心态,若能结合山香教育“基础精讲班”系列网课协同复习,会为您的考编打下更加坚实的基础;假如您的正确率在 70% 到 90% 之间,建议您再抓一下关键考点,若能结合山香教育全能备考“提升篇”系列图书协同复习,会使您的学习效率事半功倍;假如您的正确率在 90% 以上,那么恭喜您测评基本达标,建议您保持学霸的学习模式,开启下一章的学习。小香祝您早日圆梦!

——山香教育

第二章 空间与图形

思维导图

- 空间与图形
  - 几何初步的基本概念
    - 角
      - 角的定义
      - 余角、补角和对顶角
      - 角的平分线
    - 相交线与平行线
      - 相交线、垂直、垂线、垂线段的定义
      - 相交线的相关定理
      - 平行线的公理、判定定理、性质定理
      - 平行线分线段成比例定理（重点）
  - 多边形
    - 三角形
      - 三角形的基本概念
      - 三角形的分类
      - 三角形的性质
      - 等腰三角形、等边三角形、直角三角形的定义、性质与判定
      - 三角形全等的判定（重点）
      - 三角形相似的判定及性质（重点）
    - 四边形
      - 平行四边形、菱形、矩形、正方形、梯形的定义、性质与判定
      - 平行四边形、菱形、矩形、正方形之间的关系
      - 四边形的周长与面积公式（重点）
    - 多边形的基本概念及性质
      - n边形的定义
      - n边形的性质
  - 圆
    - 圆的基本概念
      - 圆、等圆、等弧、圆周角、扇形的定义
      - 点与圆、直线和圆的位置关系
    - 圆的相关定理和公式（重点）
      - 垂径定理及其逆定理
      - 切线长定理
      - 弦切角定理
      - 相交弦定理
      - 切割线定理
      - 圆的周长、弧长、面积公式
    - 三角形的外接圆与内切圆
  - 图形与变换
    - 图形变换的概念
      - 轴对称
      - 中心对称
      - 平移
      - 旋转
    - 图形变换的性质
    - 常见的轴对称图形和中心对称图形
  - 长方体与正方体（重点）
    - 基本概念
    - 正方体的表面展开图

第一部分

浙江考向

本章属于小学数学的基础章节，也是浙江省教师招聘考试考查的重点章节，内容较为琐碎，需要理解和应用性知识较多。在考试中常以判断题、单项选择题、填空题、解答题的形式考查。现对本章浙江考向分析如下：

高频考点	常考题型	能力要求	考查热度
三角形、四边形的性质	单选、填空	掌握	★★★
三角形、四边形的周长、面积问题	判断、单选、填空、解答	理解与应用	★★★
多边形的性质	单选、填空	理解	★
圆的相关定理和公式	单选、填空、解答	理解与应用	★★
图形变换的性质	单选、填空、解答	理解与应用	★★
长方体与正方体	单选、填空	理解	★
正方体的表面展开图	单选、填空	掌握	★★★

核心考点

一、几何初步的基本概念

考点 1 角

1. 角的定义

(1)角、平角、周角

角是由两条具有公共顶点的射线组成的图形，角也可以看成是由一条射线绕着它的顶点旋转而成的图形。

平角：一条射线绕它的顶点旋转，当终边与始边成一条直线时所成的角叫作平角。

周角：终边继续旋转，当它又和始边重合时所成的角叫作周角。

(2)角度的换算

规定周角的$\frac{1}{360}$为 1 度的角，用度作为单位来度量角的单位制叫作角度制，1 度记作“$1°$”。

$1°$的$\frac{1}{60}$为 1 分，记作“$1'$”，即 $1°=60'$。

$1'$的$\frac{1}{60}$为 1 秒，记作“$1''$”，即 $1'=60''$。

真题面对面

[2020 丽水缙云县，填空，1 分] 如果用一个 5 倍的放大镜看一个 12 度的角，那么看到的角是________度。

答案：12。用放大镜看角，是将角整体放大，角的度数是不变的。

2. 余角、补角和对顶角

名称	定义	性质
余角	如果两个角的和等于90°,那么这两个角互为余角,即其中一个角是另一个角的余角	同角或等角的余角相等
补角	如果两个角的和等于180°,那么这两个角互为补角,即其中一个角是另一个角的补角	同角或等角的补角相等
对顶角	两条直线相交所得的四个角中没有公共边的两个角叫作对顶角	对顶角相等

3. 角的平分线

从角的顶点引出的一条射线,把这个角分成两个相等的角,这条射线叫作这个角的角平分线。角平分线上的点到这个角的两边的距离相等。

判定定理　到角的两边距离相等的点在这个角的平分线上。

第一部分

考点 2　相交线与平行线

在同一平面内,两条直线的位置关系:**相交**或**平行**。

1. 相交线

(1)与相交线相关的概念

相交线:同一平面内,两条直线有唯一的公共点,称这两条直线相交。

垂直:两条相交线所成的四个角中,有一个角为90°时,称这两条直线互相垂直。

垂线:两条直线互相垂直,其中一条直线叫作另一条直线的垂线,交点叫作垂足。

垂线段:从直线外一点引一条直线的垂线,这点与垂足之间的线段叫作垂线段。

(2)相交线的相关定理

①过一点有且只有一条直线与已知直线垂直;

②连结直线外一点与直线上各点的所有线段中,垂线段最短。

注:①对于垂线的性质,必须强调"在同一平面内",否则,在空间里,经过一点与已知直线垂直的直线有无数条;②"过一点"包括直线上一点和直线外一点,"有"表示存在,"只有"表示唯一。

2. 平行线

(1)定义

同一平面内,不相交的两条直线叫作**平行线**。

(2)定理与性质

①平行线的相关性质

公理	判定	性质
a. 经过直线外一点,有且只有一条直线与这条直线平行 b. 如果两条直线都与第三条直线平行,那么这两条直线互相平行	a. 同位角相等,两直线平行 b. 内错角相等,两直线平行 c. 同旁内角互补,两直线平行	a. 两直线平行,同位角相等 b. 两直线平行,内错角相等 c. 两直线平行,同旁内角互补

②平行线分线段成比例定理

三条平行线截两条直线,所得的对应线段成比例。

推论 平行于三角形一边的直线截其他两边(或两边的延长线),所得的对应线段成比例。

二、多边形

考点 1 三角形 【单选、填空、解答】 ★★★

1. 三角形的基本概念

三角形:不在同一条直线上的三条线段首尾顺次相连所组成的平面图形。

三角形的**角平分线**:三角形的一个角平分线与这个角的对边相交,顶点和交点之间的线段叫作三角形的角平分线。

三角形的**中线**:在三角形中,顶点和它对边中点相连的线段叫作三角形的中线。

三角形的**中位线**:连结三角形两边的中点的线段叫作三角形的中位线。三角形的中位线平行于第三边,并且长度等于第三边长度的一半。

三角形的**重心**:三角形三条边上的中线交于一点,这个点就是三角形的重心,重心与一边中点的连线的长是对应中线长的$\frac{1}{3}$。

三角形的**高**:从三角形的一个顶点向它的对边作垂线,顶点和垂足间的线段叫作三角形的高。三角形三条高线的交点叫垂心。

三角形的**外角**:三角形的一条边与另一条边的反向延长线组成的角叫作三角形的外角。

2. 三角形的分类

- 三角形
  - 按角分
    - 锐角三角形
    - 直角三角形
    - 钝角三角形
  - 按边分
    - 不等腰三角形
    - 等腰三角形

3. 三角形的性质

(1)三角形的两边的和一定大于第三边,由此可证明三角形的两边的差一定小于第三边。

(2)三角形内角和等于180°。

(3)三角形的外角等于与其不相邻的两个内角之和。

(4)一个三角形的3个内角中最少有2个锐角。

(5)三角形的三条角平分线交于一点,三条高线所在直线交于一点,三条中线交于一点。

(6)三角形的外角和是360°。

(7)等底等高的三角形面积相等。

(8)底相等的三角形的面积之比等于其高之比,高相等的三角形的面积之比等于其底之比。

(9)三角形三条中线的长度的平方和等于它的三边的长度的平方和的$\frac{3}{4}$。

(10)$\triangle ABC$恒满足$\tan A\tan B\tan C=\tan A+\tan B+\tan C$。

(11)三角形的一个外角大于任何一个与它不相邻的内角。

(12)在三角形中至少有一个角大于等于60°,也至少有一个角小于等于60°。

真题面对面

[2020 丽水缙云县,单,2 分]将长为 12 的线段截成长度为整数的三段,使它们成为一个三角形的三边,则构成的三角形(　　)

A. 不可能是等腰三角形　　B. 不可能是直角三角形

C. 不可能是等边三角形　　D. 不可能是钝角三角形

答案:D。将长为 12 的线段截成长度为整数的三段,使它们成为一个三角形的三边,则有(2,5,5)(3,4,5)(4,4,4)这三种截法,三边长为 2,5,5 时,是一个三个角都为锐角的等腰三角形;三边长为 3,4,5 时,是一个直角三角形;三边长为 4,4,4 时,是一个等边三角形。故选 D。

4. 特殊的三角形

特殊的三角形

名称	定义	性质	判定
等腰三角形	有两边相等的三角形叫作等腰三角形	①等腰三角形是轴对称图形,顶角的平分线、底边上的高、底边上的中线所在的直线(三线合一)是对称轴 ②等腰三角形的两底角相等,即等边对等角	①等角对等边 ②两底角相等
等边三角形	三边相等的三角形叫作等边三角形	①等边三角形的三边相等,三内角相等,并且每个内角都为 60° ②顶角的角平分线、底边上的中线、底边上的高互相重合(三线合一)	①三个内角或三个对应位置的外角都相等的三角形是等边三角形 ②有一个角等于 60°的等腰三角形是等边三角形
直角三角形	有一个角是直角的三角形叫作直角三角形	①在直角三角形中两锐角互余 ②在直角三角形中,斜边上的中线等于斜边的一半(即直角三角形的外心位于斜边的中点) ③直角三角形的两直角边的乘积等于斜边与斜边上高的乘积 ④直角三角形两直角边的平方和等于斜边的平方(勾股定理)	①如果三角形的三边长 a,b,c 满足关系 $a^2+b^2=c^2$,那么这个三角形是直角三角形(勾股定理逆定理) ②直角三角形中,斜边上的高是两直角边在斜边上射影的比例中项。每条直角边是这条直角边在斜边上的射影和斜边的比例中项

真题面对面

[2021 年 5 月杭州(小学),填空,3 分]如图,$\triangle ABC$,$\triangle DEC$ 都是等腰直角三角形,四边形 $EFGH$ 是正方形,且 $S_{\triangle ABC}=54$,则$S_{\triangle DEC}=$________。

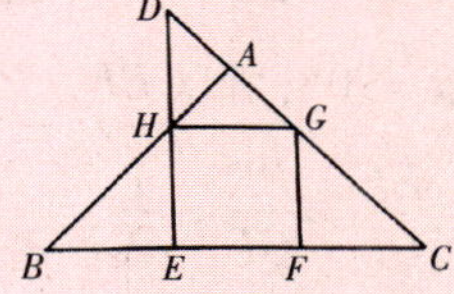

答案:48。设正方形 $HEFG$ 的边长为 a,由题意知,$AB=\sqrt{a^2+a^2}+\frac{\sqrt{2}}{2}a=\frac{3\sqrt{2}}{2}a$,$S_{\triangle ABC}=\frac{1}{2}\times\left(\frac{3\sqrt{2}}{2}a\right)^2=\frac{9}{4}a^2=54$,解得 $a^2=24$,$\because DH=HG$,$\therefore DE=2a$,$S_{\triangle DEC}=\frac{1}{2}\times 4a^2=48$。

5. 三角形全等的判定

(1)如果两个三角形的两边及其夹角分别对应相等,那么这两个三角形全等(SAS)。

(2)如果两个三角形的两个角及其夹边分别对应相等,那么这两个三角形全等(ASA)。

(3)如果两个三角形的两个角和其中一个角的对边分别对应相等,那么这两个三角形全等(AAS)。

(4)如果两个三角形的三条边分别对应相等,那么这两个三角形全等(SSS)。

(5)如果两个直角三角形的斜边和一条直角边分别对应相等,那么这两个直角三角形全等(HL)。

6. 相似三角形

相似图形:具有相同形状的图形。相似图形的对应边成比例,对应角相等。

相似三角形:对应角相等、对应边成比例的两个三角形叫作相似三角形。

(1)相似三角形的判定

两角对应相等,两三角形相似;

两边对应成比例且夹角相等,两三角形相似;

三边对应成比例,两三角形相似。

(2)相似三角形的性质

相似三角形的对应角相等,对应边成比例,且对应边之比等于相似比;

相似三角形的对应高之比,对应角平分线之比,对应中线之比都等于相似比;

相似三角形的周长之比等于相似比,面积比等于相似比的平方。

真题面对面

[2018 年 1 月杭州(中学),单,3 分]已知在$\triangle PQR$中,$\angle R=90°$,$\angle QPR=60°$,$PR=1$,点 D 在 QR 上,点 E 在 PQ 上,使$\triangle PDE$为等腰直角三角形,$\angle PDE=90°$,则 QE 的长为(　　)

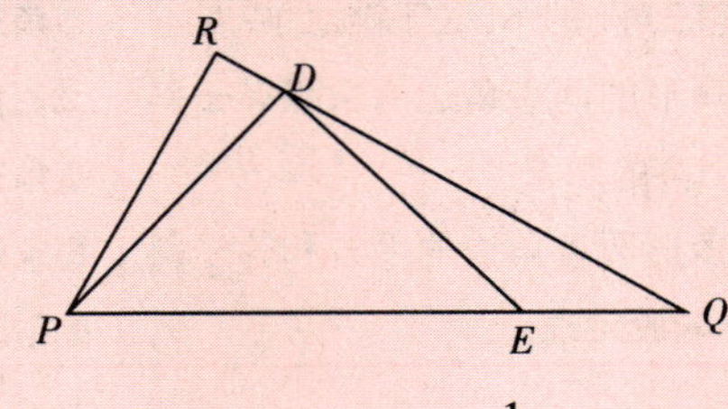

A. $4-2\sqrt{3}$　　B. $2-\sqrt{3}$　　C. $\frac{1}{2}(\sqrt{3}-1)$　　D. $\sqrt{3}-1$

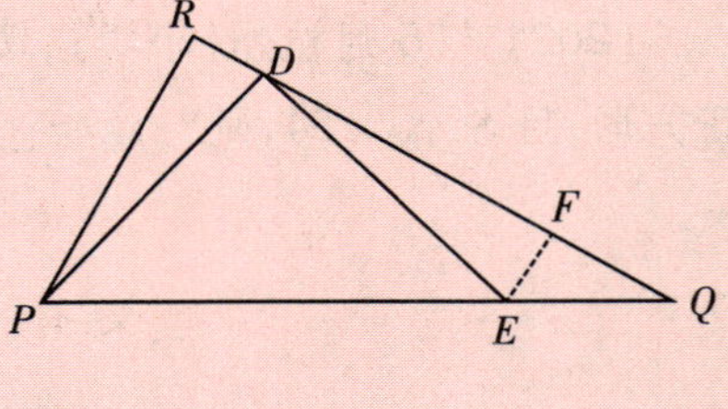

答案:A。如图,过点 E 作 $EF\perp RQ$ 于点 F,因为$\angle PDE=90°$,所以$\angle EDF+\angle PDR=90°$,又$\because\ \angle R=90°$,所以$\angle DPR+\angle PDR=90°$,所以$\angle EDF=\angle DPR$,又$\because\ \angle DFE=\angle R=90°$,$DP=DE$,所以$\triangle PRD\cong\triangle DFE$,所以$DF=PR=1$。因为$\angle R=\angle EFQ=90°$,所以$EF/\!/PR$,所以$\frac{EF}{PR}=\frac{QE}{QP}$,即$\frac{EF}{QE}=\frac{PR}{QP}$,又$\because\ \angle QPR=60°$,所以$\frac{EF}{QE}=\frac{PR}{QP}=\frac{1}{2}$,设 $EF=x$,则 $QE=2x$,$PE=2-2x$,$DE=\frac{\sqrt{2}}{2}(2-2x)=\sqrt{2}(1-x)$。在 Rt$\triangle DEF$ 中,$DF^2+EF^2=DE^2$,即 $1+x^2=[\sqrt{2}(1-x)]^2$,整理得 $x^2-4x+1=0$,解得 $x=2\pm\sqrt{3}$,又 $0<x<1$,所以 $x=2-\sqrt{3}$,故 $QE=2x=4-2\sqrt{3}$。

考点2 四边形 【判断、单选、填空、解答】 ★★★

1. 四种特殊四边形

名称	定义	判定	性质
平行四边形	两组对边分别平行的四边形叫作平行四边形	(1)两组对边分别平行 (2)两组对边分别相等 (3)两组对角分别相等 (4)两条对角线互相平分 (5)一组对边平行且相等 (6)一组对角相等且一组对边平行	(1)对角相等,邻角互补 (2)两组对边平行且相等 (3)两条对角线互相平分
菱形	一组邻边相等的平行四边形叫作菱形	(1)有一组邻边相等的平行四边形 (2)两条对角线互相垂直的平行四边形 (3)四条边都相等的四边形	(1)具有平行四边形的一切性质 (2)四条边都相等 (3)对角线互相垂直,每条对角线平分一组对角 (4)既是轴对称图形,又是中心对称图形
矩形	有一个角是直角的平行四边形叫作矩形	(1)有一个角是直角的平行四边形 (2)对角线相等的平行四边形 (3)有三个角是直角的四边形	(1)具有平行四边形的一切性质 (2)四个角都是直角 (3)对角线相等 (4)既是轴对称图形,又是中心对称图形
正方形	有一个角是直角的菱形或有一组邻边相等的矩形叫作正方形	(1)有一组邻边相等的矩形 (2)有一个角是直角的菱形 (3)有一组邻边相等且有一个角是直角的平行四边形 (4)对角线互相垂直平分且相等的四边形	(1)具有平行四边形、矩形、菱形的一切性质 (2)对角线互相垂直平分且相等 (3)既是轴对称图形,又是中心对称图形

2. 梯形

梯形	定义	只有一组对边平行的四边形叫作梯形
	面积公式	$S=lh$(其中 l 为梯形的中位线,h 为梯形的高)
	中位线	定义:连结梯形两腰中点的线段叫作梯形的中位线
		性质:梯形的中位线平行于梯形的两底边,并且等于两底和的一半
	直角梯形	定义:有一个角是直角的梯形叫作直角梯形
	等腰梯形	定义:两腰相等的梯形叫作等腰梯形
		性质:等腰梯形同一底边上的两个内角相等;等腰梯形的两条对角线相等
		判定:两腰相等的梯形是等腰梯形;两条对角线相等的梯形是等腰梯形

真题面对面

1. [2021 年 4 月金华、诸暨, 单, 3 分] 如图, 已知点 E 在正方形 $ABCD$ 的边上, 且 $DE=5$, 直线 $MN\perp DE$, 若正方形的边长为 $\frac{3\sqrt{10}}{2}$, 则 MN 的长为(　　)

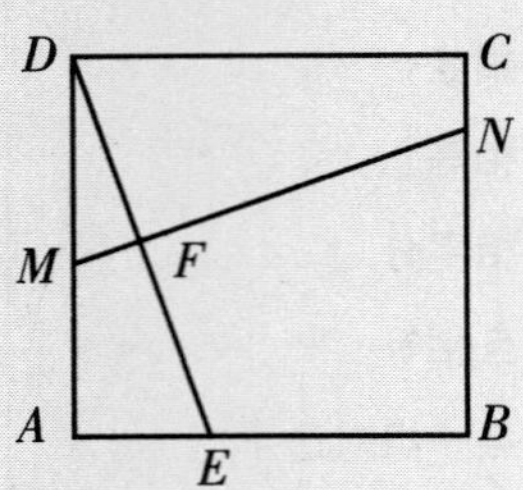

A. 4　　B. $3\sqrt{10}$　　C. $2\sqrt{10}$　　D. 5

答案: D。过点 N 作 $NH\perp AD$ 于点 H, 所以在正方形 $ABCD$ 中, $NH=DC=AD$。因为 $MN\perp DE$, 所以 $\angle A=\angle DFM=\angle NHM=90°$, 因为 $\angle ADE+\angle DFM+\angle DMN=\angle ADE+\angle A+\angle AED=180°$, 所以 $\angle DMN=\angle AED$, 而 $\angle A=\angle DFM=\angle NHM=90°$, $NH=AD$, 所以 $\triangle ADE\cong\triangle HNM$ (AAS), 所以 $MN=DE=5$。

2. [2021 宁波, 单, 2 分] 已知 $ABCD$ 是平行四边形, E 是线段 AD 的中点, 延长 BC 到点 F, 使 $BC=2CF$, $\sin B=\frac{4}{5}$, $AB=5$, $AD=8$, 则 DF 的长度是(　　)

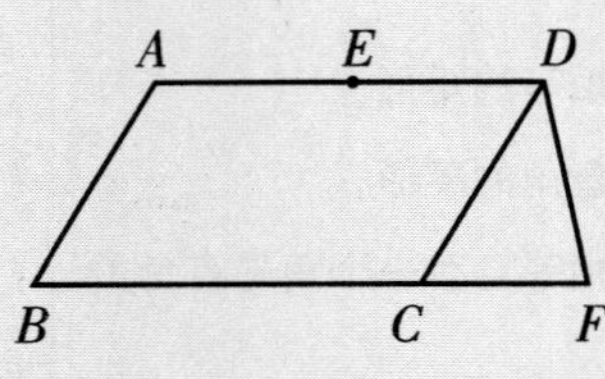

A. $\sqrt{10}$　　B. $\sqrt{15}$　　C. $\sqrt{17}$　　D. $2\sqrt{5}$

答案: C。如图, 过点 C 作 $CH\perp AD$ 于点 H。在平行四边形 $ABCD$ 中, $\angle B=\angle ADC$, $AB=CD=5$, $AD/\!/BC$, 且 $AD=BC=8$, $\because$ E 是 AD 的中点, $\therefore DE=\frac{1}{2}AD$, 又 $\because CF:BC=1:2$, $\therefore DE=CF$, 且 $DE/\!/CF$, $\therefore$ 四边形 $CFDE$ 是平行四边形, $\therefore CE=DF$, 又 $\because \sin B=\frac{4}{5}$, $\therefore \sin\angle CDH=\frac{CH}{CD}=\frac{CH}{5}=\frac{4}{5}$, $\therefore CH=4$, 在 Rt$\triangle CDH$ 中, $DH=\sqrt{CD^2-CH^2}=3$, 则 $EH=4-3=1$, $\therefore$ 在 Rt$\triangle CEH$ 中, $EC=\sqrt{EH^2+CH^2}=\sqrt{1^2+4^2}=\sqrt{17}=DF$。

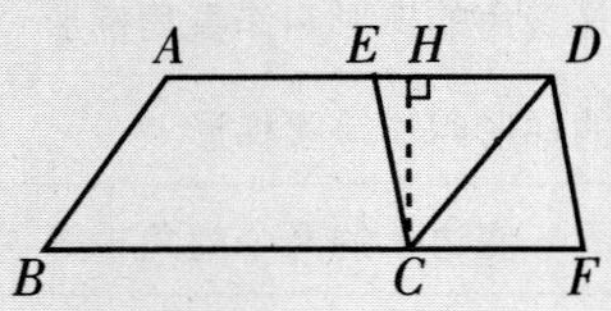

3. 特殊四边形之间的关系

(1)平行四边形、(2)菱形、(3)矩形、(4)正方形四者之间的关系:

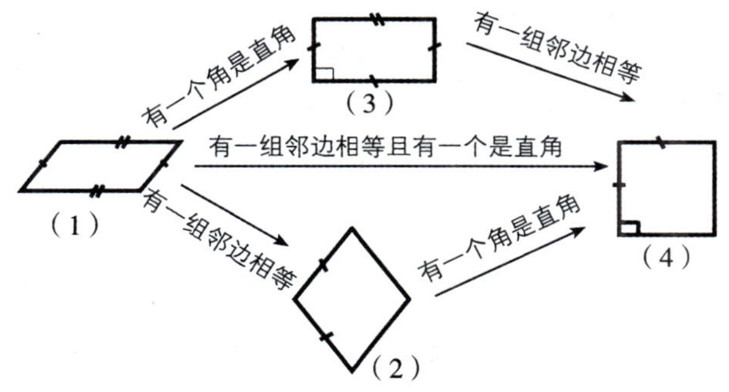

4. 四边形的周长与面积公式

图形	周长公式	面积公式
长方形	$C=2(a+b)$	$S=ab$(长×宽)
正方形	$C=4a$	$S=a^2$(边长×边长)
平行四边形	$C=2(a+b)$	$S=ah$(底×高)
梯形	$C=a+b+c+d$(a,b为上、下底)	$S=(a+b)h\div2$[(上底+下底)×高÷2]

真题面对面

1. [2021 宁波,判断,1 分]已知第一象限上有点$P(-m,m+4)$,过点P作$PA\perp x$轴于点A,作$PB\perp y$轴于点B,则四边形$PAOB$的周长为8。 (　　)

答案:√。由题意知,四边形$PAOB$为长方形,∵点$P(-m,m+4)$在第一象限上,则$-m>0$,$m+4>0$,∵$PA\perp x$轴于点A,∴$PA=m+4$,又∵$PB\perp y$轴于点B,则$PB=-m$,故四边形$PAOB$的周长为$2\times(-m+m+4)=8$。

2. [2021 年 1 月杭州(小学),单,3 分]如图所示,在平行四边形$ABCD$中,P为BC的中点,过点P作BD的平行线交CD于点Q,连结PA,PD,QA,QB,则图中与$\triangle ABP$面积相等的三角形的个数为(　　)

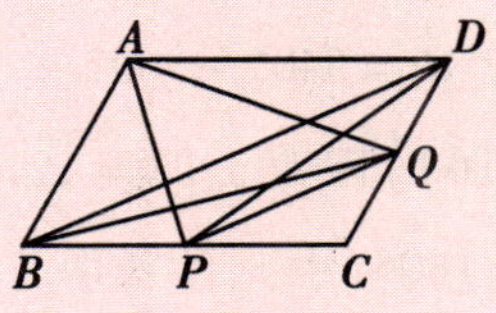

A. 3　　B. 4　　C. 5　　D. 6

答案:C。∵$PQ/\!/BD$,P为BC的中点,∴Q为CD的中点,$BP=PC$。∵四边形$ABCD$是平行四边形,∴$AD/\!/BC$,$AB/\!/CD$,∴点A与点D到BC的距离相等。∴$S_{\triangle DBP}=S_{\triangle ABP}=S_{\triangle DPC}=\frac{1}{4}S_{\square ABCD}$。又∵$Q$为$CD$的中点,∴$CQ=DQ$,∴$S_{\triangle ADQ}=S_{\triangle BCQ}=S_{\triangle DBQ}=\frac{1}{4}S_{\square ABCD}$。综上所述,与$\triangle ABP$面积相等的三角形有$\triangle DBP$,$\triangle DPC$,$\triangle ADQ$,$\triangle BCQ$,$\triangle DBQ$,一共有5个。

第一部分

考点 3 多边形的基本概念及性质 【单选、填空】 ★

1. n 边形的定义

一般地,由 $n(n\geqslant 3,n\in \mathbf{N}_+)$ 条不在同一直线上的线段首尾顺次连结组成的平面图形,记为 n 边形,又称多边形。一个 n 边形有 n 个内角,有 $2n$ 个外角。如果 n 边形的各边都相等,各内角也都相等,则称为正 n 边形,如正三角形、正四边形(正方形)、正五边形等。

2. n 边形的性质

(1)从 n 边形的一个顶点出发,分别连结这个顶点与其余各顶点,可以把 n 边形分成 $(n-2)$ 个三角形。

(2)从 n 边形的一边上的一个点出发(顶点除外),分别连结这个点与其余各顶点,可以把 n 边形分成 $(n-1)$ 个三角形。

(3)从 n 边形内部的一个点出发,分别连结这个点与其余各顶点,可以把 n 边形分成 n 个三角形。

(4)连结 n 边形不相邻的两个顶点的线段叫作 n 边形的对角线,从 n 边形的一个顶点引对角线,可以引 $(n-3)$ 条,n 边形共有 $\frac{n(n-3)}{2}$ 条对角线。

(5) n 边形的内角和等于 $(n-2)\cdot 180°$。

(6)任意 n 边形的外角和均为 $360°$。

真题面对面

[2021 年 1 月杭州(小学),单选,3 分]如图,标有记号的十个角度数之和是(　　)度。

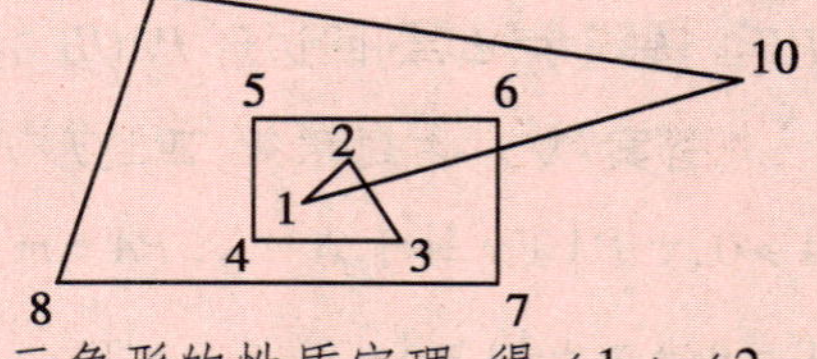

A. 540　　B. 720

C. 900　　D. 1080

答案:B。连结∠3 和∠12 的顶点,∠7 和∠10 的顶点,如图,根据三角形的性质定理,得∠1 + ∠2 = ∠11 + ∠12;根据五边形的内角和是 540°,得∠3 + ∠11 + ∠4 + ∠5 + ∠6 + ∠12 + ∠13 = ∠1 + ∠2 + ∠3 + ∠4 + ∠5 + ∠6 + ∠13 = 540°;根据四边形的内角和是 360°,得∠7 + ∠8 + ∠9 + ∠10 = 360° − ∠15 − ∠16。所以∠1 + ∠2 + ∠3 + ∠4 + ∠5 + ∠6 + ∠7 + ∠8 + ∠9 + ∠10 = 540° − ∠13 + 360° − ∠15 − ∠16 = 540° + 360° − (∠13 + ∠15 + ∠16) = 900° − (∠13 + ∠15 + ∠16),因为∠13 = ∠14,所以∠13 + ∠15 + ∠16 = ∠14 + ∠15 + ∠16 = 180°,由此代入即可求出这 10 个角的度数之和为 720°。

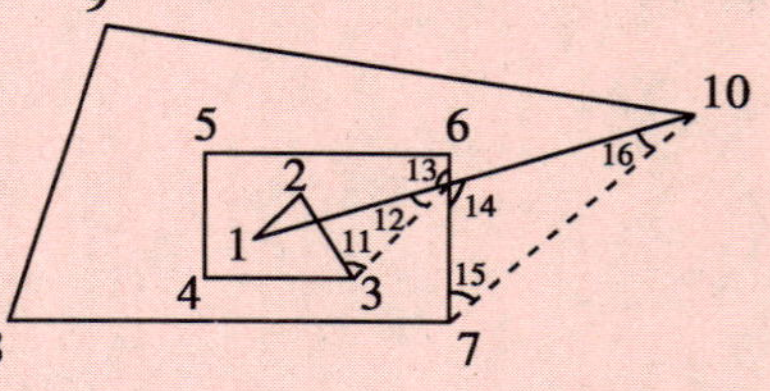

三、圆 【单选、填空、解答】 ★★

考点 1 圆的基本概念

1. 定义

圆:到定点的距离等于定长的点的集合。

等圆:能够重合的两个圆。

等弧：在同圆或等圆中能够完全重合的两段弧。

圆周角：顶点在圆上，并且两边都和圆相交的角。半圆或直径所对的圆周角都等于90°；一条弧所对的圆周角等于该弧所对的圆心角的一半；等弧所对的圆周角相等；反之，在同圆或等圆中，度数相等的圆周角所对的弧相等。

扇形：一条弧和经过这条弧两端的两条半径所围成的图形叫作扇形（半圆与直径的组合也是扇形）。

2. 点与圆、直线和圆的位置关系

点和圆的位置关系：点在圆内、点在圆上、点在圆外。

直线和圆的位置关系：相交、相切、相离。

圆与圆的位置关系：外离、外切、相交、内切、内含。

两圆相交的性质：两相交圆的连心线垂直平分两圆的公共弦。

两圆相切的性质：如果两圆相切，那么切点一定在连心线上。

考点 2 圆的相关定理和公式

1. 垂径定理及其逆定理

垂径定理 垂直于弦的直径平分这条弦，并且平分弦所对的两条弧。

逆定理 平分非直径的弦的直径垂直于弦且平分弦所对的弧；平分弦所对的一条弧的直径垂直平分弦，弦的垂直平分线经过圆心。

2. 切线长定理

切线：经过半径的外端并且垂直于这条半径的直线是圆的切线，切线与圆的交点称为切点，圆的切线垂直于经过切点的半径。

推论 经过圆心且垂直于切线的直线必经过切点；经过切点且垂直于切线的直线必经过圆心。

切线长：经过圆外一点作圆的切线，这点和切点之间线段的长，叫作这点到圆的切线长。

切线长定理 从圆外一点引圆的两条切线，它们的切线长相等，圆心和这一点的连线平分两条切线的夹角。如图，PA，PB 为从 P 点引出的圆 O 的两条切线，A，B 为对应的切点，则 $PA=PB$，OP 平分 $\angle APB$。

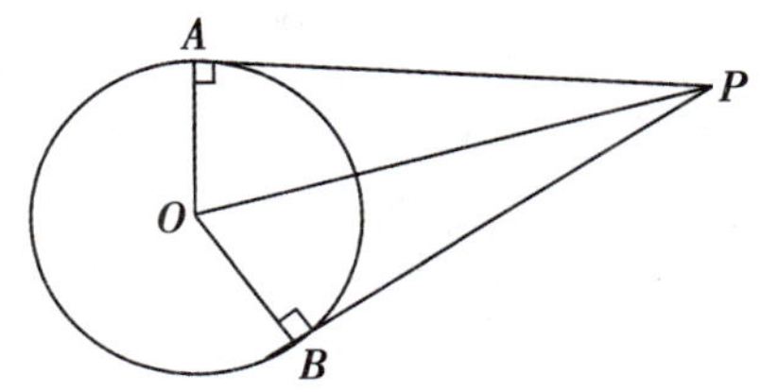

3. 弦切角定理

弦切角的度数等于它所夹的弧的圆心角度数的一半。（弦切角就是切线与弦所夹的角）

4. 相交弦定理

圆内的两条相交弦，被交点分成的两条线段长的积相等。如图，圆内的两条弦 AB，CD 相交于 E 点，则 $EA \cdot EB=EC \cdot ED$。

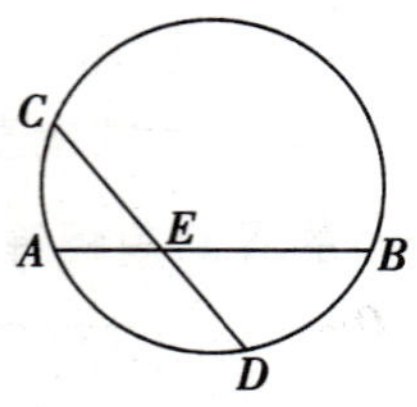

5. 切割线定理

从圆外一点引圆的切线和割线，切线长是这点到割线与圆交点的两条线段长的比例中项。

推论 从圆外一点引圆的两条割线，这一点到每条割线与圆的交点的两条线段长的积相等。

如图，从点 P 向圆 O 引出切线 PA，割线 PB，PC，则 $PA^2=PB\cdot PD=PC\cdot PE$。

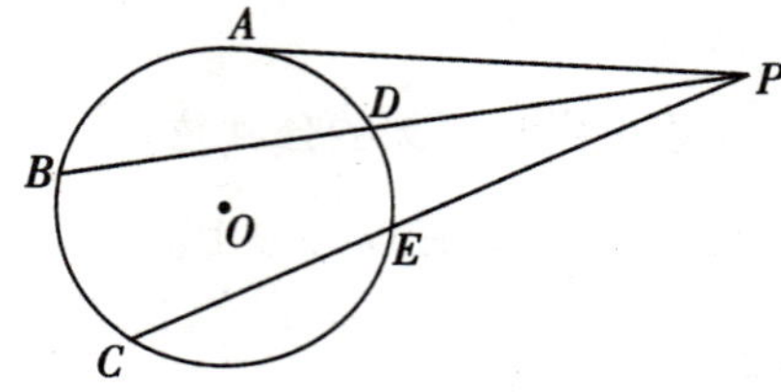

注：相交两圆的连心线垂直平分两圆的公共弦；相切两圆的连心线经过切点；两圆的两条外公切线的长相等，两圆的两条内公切线的长相等。

6. 圆的相关公式

圆周长公式：$C=2\pi R$（R 为圆的半径）。

弧长公式：$l=\dfrac{n\pi R}{180}$（n 为弧所对的圆心角度数，R 为圆的半径）。

圆的相关公式

圆的面积：$S=\pi R^2$（R 为圆的半径）。

注：所有周长相等的 n 边形，正 n 边形的面积最大；周长相等的所有四边形中，正方形的面积最大；在周长一定的所有封闭图形中，圆的面积最大。

真题面对面

1. [2020 年 1 月杭州（小学），填空，3 分] 在下图中，三角形是等腰直角三角形，阴影部分的面积是________平方厘米。（圆周率取 3.14）

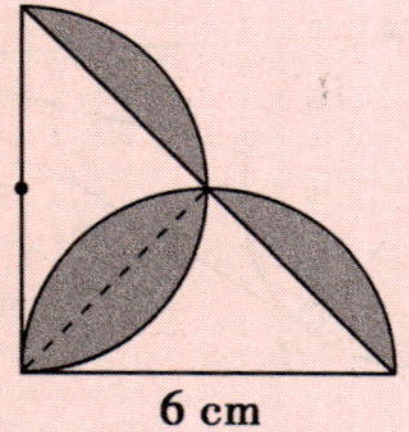

答案：10.26。如图，$\triangle ABD$ 为等腰直角三角形，且 $AB=BD=6$ 厘米，$BC=BD\cdot\sin\angle BDC=6\cdot\dfrac{\sqrt{2}}{2}=3\sqrt{2}$ 厘米。故 $S_{阴影}=2\times(S_{半圆O}-S_{\triangle ABC})=2\times\left(\dfrac{\pi\times3^2}{2}-\dfrac{1}{2}\times3\sqrt{2}\times3\sqrt{2}\right)=9\pi-18\approx10.26$ 平方厘米。

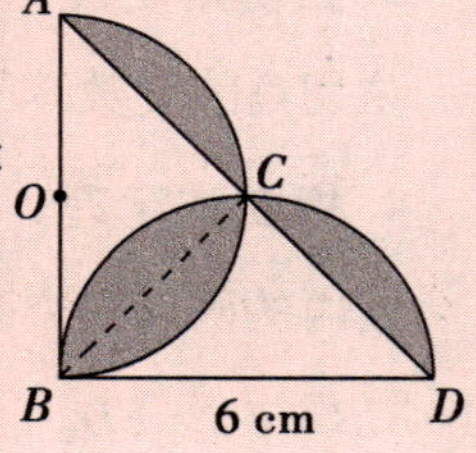

2. [2021 年 1 月杭州(小学),解答,6 分]如图,圆的周长是 18.84 厘米,圆的面积等于长方形的面积,则阴影部分的周长是多少厘米?(π 取3.14)

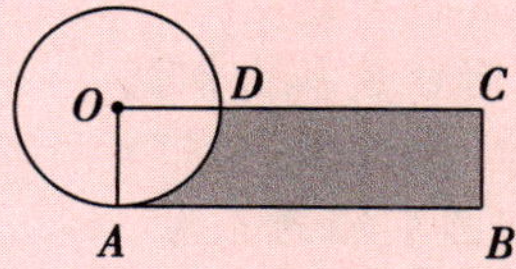

答案:设圆的半径为 r cm,由题意得长方形的宽也等于 r cm,因为圆的面积等于长方形的面积,所以 $\pi r^2=OA\cdot AB=r\cdot AB$,则 $AB=\pi r$,阴影部分的周长 $=AB+BC+CD+$ 圆的周长的 $\frac{1}{4}=\pi r+r+\pi r-r+(18.84\div4)=2\pi r+4.71\approx18.84+4.71=23.55$ cm。所以阴影部分的周长为 23.55 厘米。

考点 3 三角形的外接圆与内切圆

	三角形的外接圆	三角形的内切圆
定义	经过三角形各顶点的圆,以三角形各边垂直平分线的交点为圆心,交点到顶点的线段长度为半径	与三角形各边相切的圆,以各角的角平分线交点为圆心,交点到各边的垂线段长度为半径
圆心的确定	作两边的垂直平分线	作两角的角平分线
基本性质	圆心到三角形三个顶点的距离相等	圆心到三角形三边的距离相等
图示	A, O, B, C	A, O, B, D, C

真题面对面

[2021 年4 月金华、诸暨,单,3 分]如图,Rt$\triangle ABC$ 中,两条直角边分别为 6 和 8,则$\triangle ABC$ 的外接圆的半径与内切圆的半径的差为(　　)

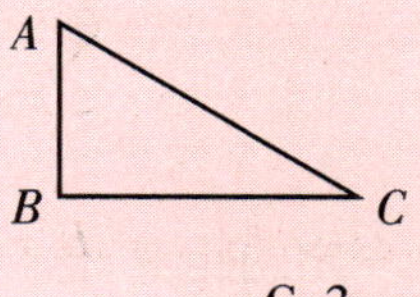

A. 1　　B. 2　　C. 3　　D. 4

答案:C。分别作 Rt$\triangle ABC$ 的外接圆$\odot O$ 和内切圆$\odot O'$,设内切圆半径为 r,外接圆半径为 R,因为在 Rt$\triangle ABC$ 中,$AB=6$,$BC=8$,所以 $AC=\sqrt{6^2+8^2}=10$,因为 $\angle ABC=90°$,所以 AC 为$\odot O$ 的直径(圆周

角等于90°的角所对的弦为圆的直径)，所以⊙O的半径R为5。因为$S_{\triangle ABC}=6\times8\times\frac{1}{2}=24$，所以$r\times(6+8+10)\times\frac{1}{2}=24$(含内切圆的三角形面积是其内切圆半径与三角形周长乘积的一半)，所以$r=2$，$R-r=3$，所以$\triangle ABC$的外接圆半径与内切圆半径的差为3。

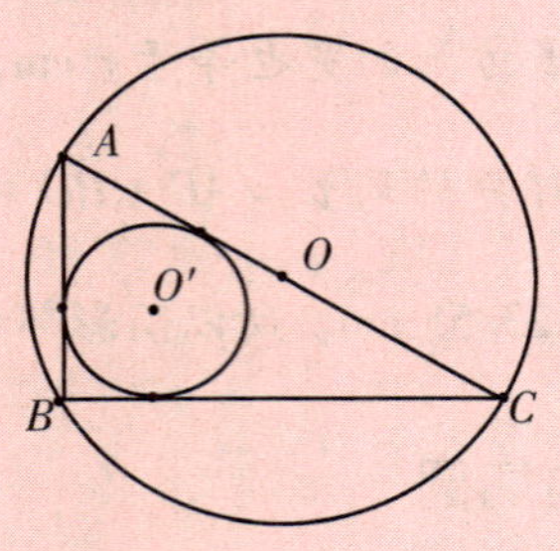

第一部分

四、图形与变换 【单选、填空、解答】 ★★

考点 1 图形变换的概念

1. 对称

(1)轴对称

轴对称图形:一个图形沿一条直线折叠后，直线两旁的部分能够互相重合，那么这个图形叫作轴对称图形，这条直线叫作对称轴。

轴对称:对于两个图形，如果沿一条直线对折后，它们能够完全重合，那么这两个图形成轴对称，这条直线就是对称轴。

(2)中心对称

中心对称图形:在平面内，一个图形绕某个点旋转180°，如果旋转前后的图形互相重合，那么这个图形叫作中心对称图形，这个点叫作对称中心。

中心对称:在平面内一个图形绕某个点旋转180°后，如果它能与另一个图形重合，那么这两个图形关于这个点成中心对称，这个点叫作对称中心。

2. 平移

在平面内，将一个图形沿着某个方向移动一定的距离，这样的图形运动叫作平移。

3. 旋转

在平面内，将一个图形绕一个定点沿某个方向转动一个角度，这样的图形运动叫作旋转。这个定点称为旋转中心，转动的角称为旋转角。

考点 2 图形变换的性质

名称	图形	性质
轴对称	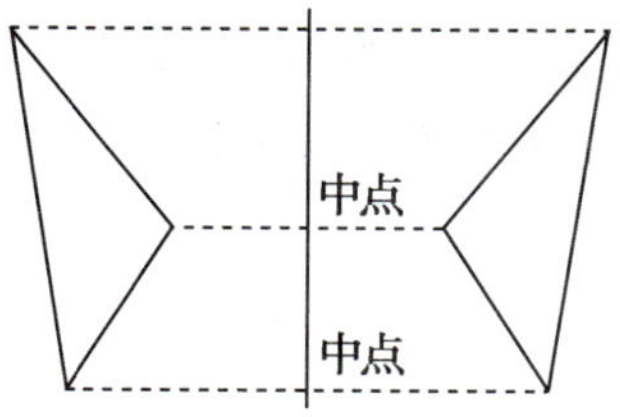 中点 中点	①轴对称图形中对应点所连的线段被对称轴**垂直平分**；轴对称图形的**对应线段相等**，**对应角相等** ②成轴对称的两个图形一定是**全等形**；全等的两个图形不一定成轴对称
中心对称	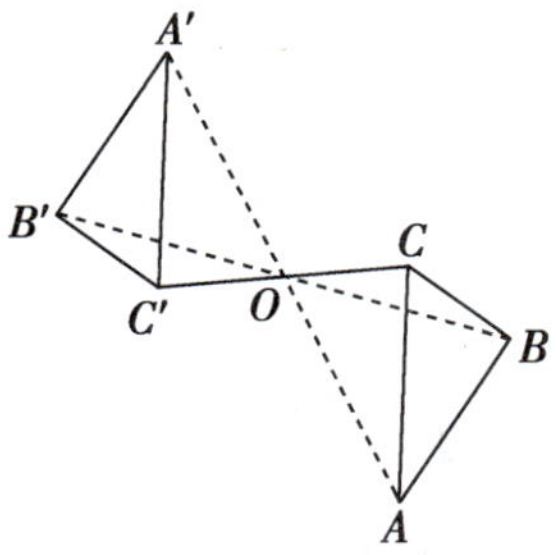 A′ B′ C C′ O B A	①中心对称图形上的每一对对应点所连成的线段都被对称中心**平分** ②关于中心对称的两个图形是**全等形**；关于中心对称的两个图形，对称点连线都经过对称中心，并且被对称中心平分；关于中心对称的两个图形，对应线段平行（或者在同一直线上）且相等
平移	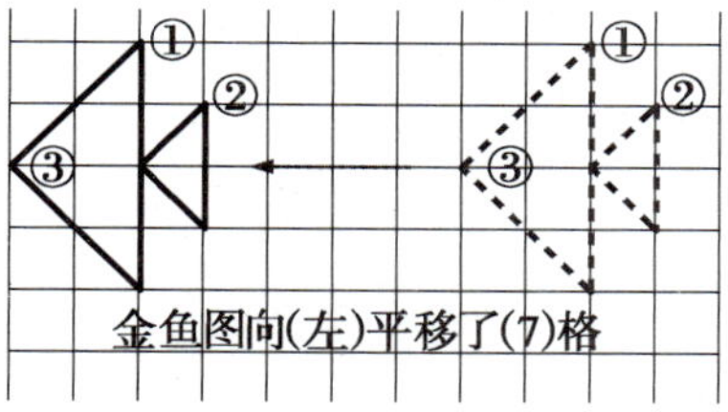 ① ② ③ ① ② ③ 金鱼图向(左)平移了(7)格	平移前后的两个图形对应点所连的线段平行且相等，**对应线段平行且相等**，对应角相等
旋转	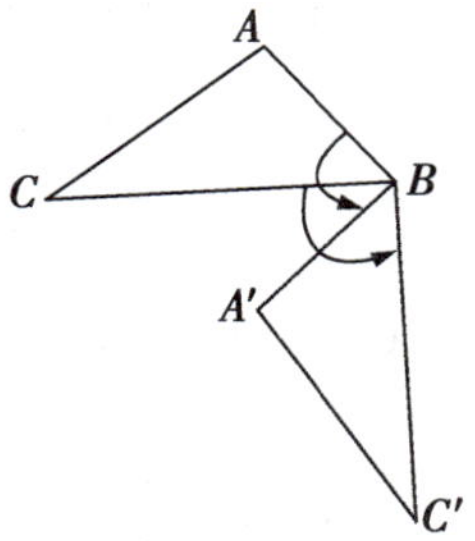 A C B A′ C′	经过旋转，图形上每一个点都绕旋转中心沿相同方向转动了相同的角度，任意一对对应点与旋转中心的连线所成的角都是旋转角，对应点到旋转中心的距离相等

考点 3 常见的轴对称图形和中心对称图形

(1)**轴对称图形**：线段、角、等腰三角形、等边三角形、菱形、矩形、正方形、等腰梯形、圆。

(2)**中心对称图形**：线段、平行四边形、菱形、矩形、正方形、圆。

(3)**既是轴对称图形又是中心对称图形**：线段、菱形、矩形、正方形以及圆。

五、长方体与正方体

考点 1 基本概念 【单选、填空】 ★

	长方体	正方体
定义	由6个长方形（特殊情况有两个相对的面是正方形）围成的立体图形	由6个完全相同的正方形围成的立体图形

续表

	长方体	正方体
性质	①长方体有 6 个面,每组相对的面完全相同;②长方体有 12 条棱,相对的四条棱长度相等;③长方体有 8 个顶点,每个顶点连结三条棱	①正方体有 8 个顶点,每个顶点连结三条棱;②正方体有 12 条棱,每条棱长度相等;③正方体有 6 个面,每个面面积相等
棱长和	(长+宽+高)×4	棱长×12
表面积	(长×宽+宽×高+长×高)×2	棱长×棱长×6
体积	长×宽×高	棱长×棱长×棱长

第一部分

真题面对面

[2021 年 5 月杭州(小学),填空,3 分]如图,正方体 $ABCD-EFGH$ 中距离最远的两个顶点之间的距离为 a,已知 AF 上有一点 M,$AM=2MF$,BG 上有一点 N,$GN=2BN$,则 $MN=$________。

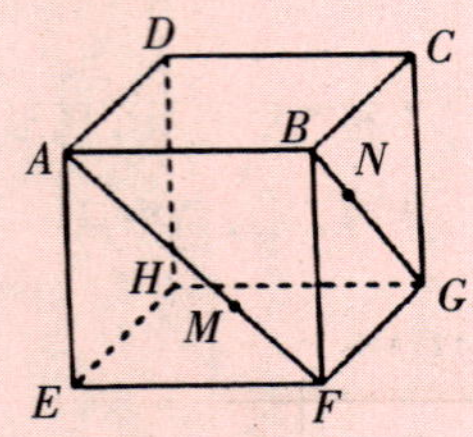

答案:$\frac{a}{3}$。以点 H 为坐标原点,HE 为 x 轴,HG 为 y 轴,HD 为 z 轴建立空间直角坐标系。因为正方体中距离最远的两个顶点之间的距离为 a,则正方形的边长为 $\frac{\sqrt{3}}{3}a$。$AM=2MF$,$GN=2BN$,则 $M\left(\frac{\sqrt{3}}{3}a,\frac{2\sqrt{3}}{9}a,\frac{\sqrt{3}}{9}a\right)$,$N\left(\frac{2\sqrt{3}}{9}a,\frac{\sqrt{3}}{3}a,\frac{2\sqrt{3}}{9}a\right)$,则 $MN=|\overrightarrow{MN}|=\sqrt{\left(\frac{\sqrt{3}}{3}a-\frac{2\sqrt{3}}{9}a\right)^2+\left(\frac{2\sqrt{3}}{9}a-\frac{\sqrt{3}}{3}a\right)^2+\left(\frac{\sqrt{3}}{9}a-\frac{2\sqrt{3}}{9}a\right)^2}=\sqrt{\frac{a^2}{9}}=\frac{a}{3}$。

考点 2 正方体的表面展开图 【单选、填空】★★★

1. 不构成正方体的情况

凡是由 6 个小正方形组成的平面图形中,出现以下几种情形,必不是正方体的表面展开图:①“一”字型;②“7”字型;③“田”字型;④“凹”字型。

2. 正方体的表面展开图的 11 种情况

(1)“一四一”型。展开图中最长的一行(或列)有 4 个正方形,“直线”相连,其余 2 个正方形分别在“直线”两旁,位置任意,如图。

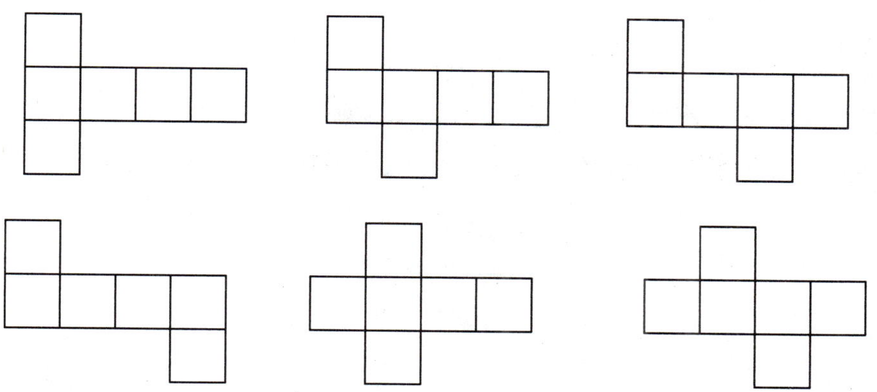

(2)“二三一”型。展开图中，最长的一行(或列)有 3 个正方形，“三”所在的行(或列)必须在中间，“二”“一”所在的行(或列)分属两边(前后不分)，如图。

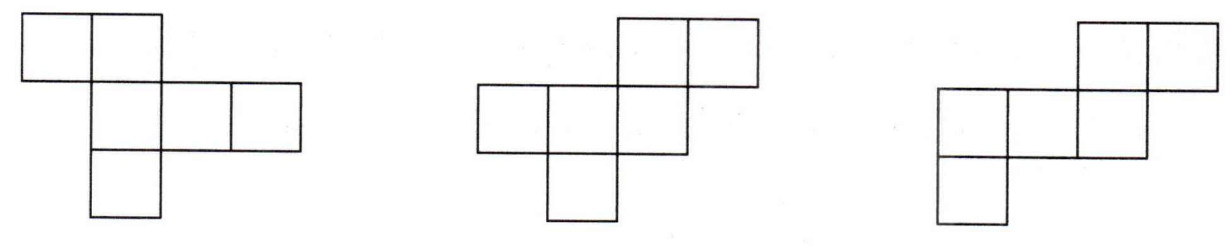

(3)“两个三”型。展开图的相对面：面 A 对面 C，面 B 对面 E，面 D 对面 F。

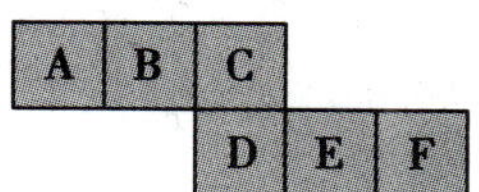

(4)“三个二”型。展开图的相对面：面 A 对面 D，面 B 对面 E，面 C 对面 F。

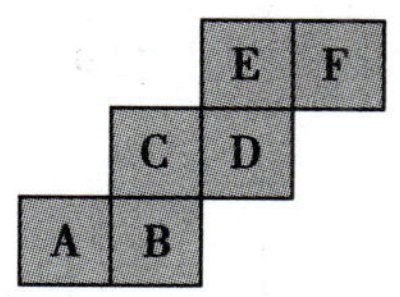

注：相间的两个小正方形(中间隔着一个小正方形)是正方体的一组相对的面；展开图中呈“Z”字型的两端处的小正方形是正方体的一组相对的面；如果一行(或列)的正方形最多有 2 个，那么相邻一行(或列)的不相连的正方形就是一组相对的面。中间隔着两个小正方形或拐角型的三个面是正方体的邻面。

记忆有妙招

正方体展开有规律，十一种类看仔细；中间四个成一行，两边各一无规矩；二三紧连错一个，三一相连一随意；两两相连各错一，三个两排一对齐。一条线上不过四，田七和凹要放弃；相间之端是对面，间二拐角面相邻。

真题面对面

[2020 丽水缙云县,单,2 分]如果用□表示一个立方体,用▨表示两个立方体叠加,用■表示三个立方体叠加,那么下图是由 8 个立方体叠加的几何体,从正面观察,可画出的平面图形是(　　)

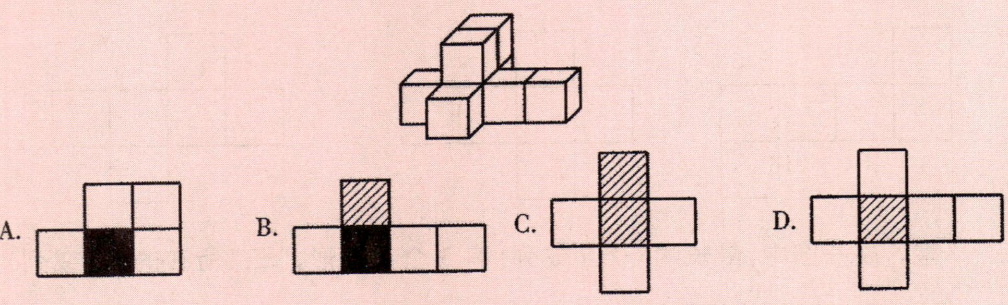

答案:B。从正面观察,该几何体下层从左到右分别是由一个正方体、三个正方体、一个正方体、一个正方体组成。第二层有两个正方体。

达标测评

建议用时	实际用时	测评总分	实际得分
40 分钟	______分钟	75 分	______分

一、单项选择题(每小题 3 分,共 39 分)

1. 如图,是由若干个相同的小立方体搭成的几何体的俯视图和左视图,则小立方体的个数可能是(　　)

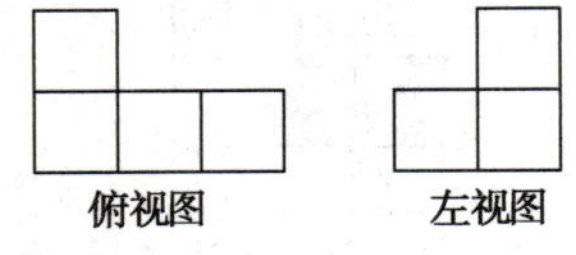

A. 5 或 6　　　　B. 5 或 7

C. 4 或 5 或 6　　　　D. 5 或 6 或 7

2. 平行四边形 $ABCD$ 中,AC,BD 是两条对角线,下列说法错误的是(　　)

A. 若 $\angle ABC=90°$,则四边形 $ABCD$ 为矩形

B. 若 $AC\perp BD$,则四边形 $ABCD$ 为矩形

C. 若 $AB=BC$,则四边形 $ABCD$ 为菱形

D. 若 $AC\perp BD$,且 $AC=BD$,则四边形 $ABCD$ 为正方形

3. 如图,在 Rt$\triangle ABC$ 中,$\angle C=90°$,$AB=5$,$BC=4$,点 P 是边 AC 上一动点,过点 P 作 $PQ /\!/ AB$ 交 BC 于点 Q,

D 为线段 PQ 的中点，当 BD 平分 $\angle ABC$ 时，AP 的长度为（　　）

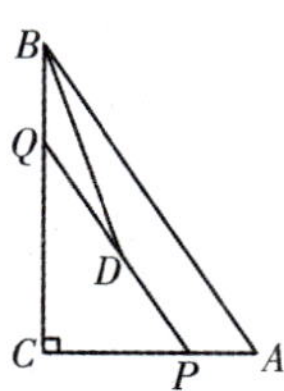

A. $\frac{8}{13}$　　　　B. $\frac{15}{13}$　　　　C. $\frac{25}{13}$　　　　D. $\frac{32}{13}$

4. 如图，一个几何体上半部分为正四棱锥，下半部分为立方体，且有一个面涂有颜色，下列图形中，是该几何体的表面展开图的是（　　）

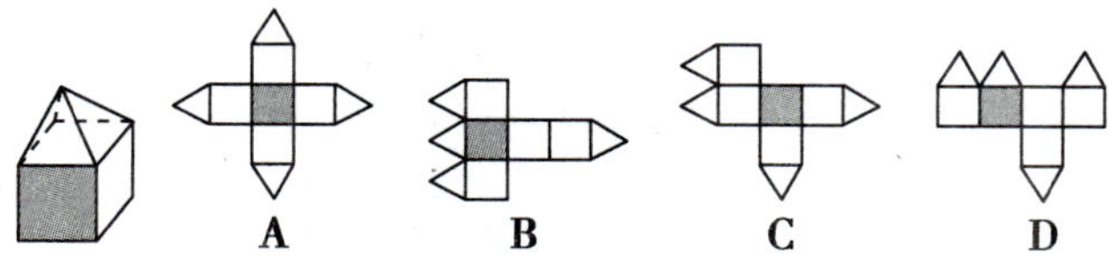

5. 如图所示，点 P 是圆 O 外一点，PA，PB 是圆 O 的两条割线，已知 $\frac{PA}{PD}=2$，$\frac{PB}{PC}=4$，则 $S_{\triangle PCD}$：$S_{四边形ABCD}=$（　　）

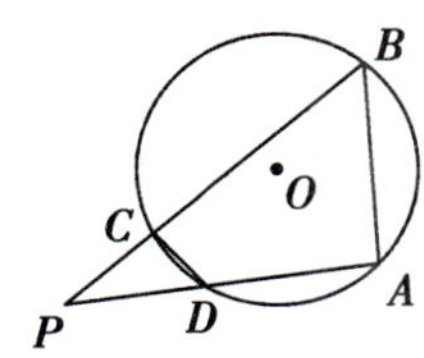

A. 2∶7　　　　B. 1∶7　　　　C. 1∶8　　　　D. 1∶4

6. 如图，将矩形 $ABCD$ 分成15 个大小相等的正方形，E，F，G，H 分别在 AD，AB，BC，CD 边上，且都是某个小正方形的顶点，若四边形 $EFGH$ 的面积为 1，则矩形 $ABCD$ 的面积为（　　）

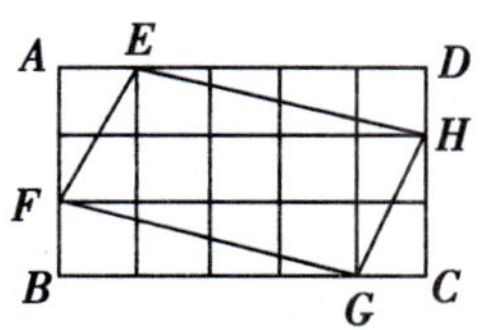

A. 2　　　　B. $\frac{4}{3}$　　　　C. $\frac{3}{2}$　　　　D. $\frac{5}{3}$

7. 如图，某数学兴趣小组将边长为 3 的正方形铁丝框 $ABCD$ 变形为以 A 为圆心，AB 长为半径的扇形（忽略铁丝的粗细），则所得的扇形 DAB 的面积为（　　）

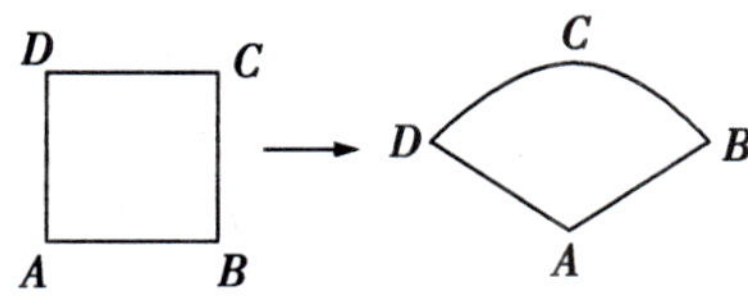

A. 6　　　　B. 7　　　　C. 8　　　　D. 9

第一部分

8. 如图,在$\triangle OAB$和$\triangle OCD$中,$OA=OB$,$OC=OD$,$OA>OC$,$\angle AOB=\angle COD=40^{\circ}$,连结$AC$,$BD$交于点$M$,连结$OM$。下列结论:①$AC=BD$;②$\angle AMB=40^{\circ}$;③$OM$平分$\angle BOC$;④$MO$平分$\angle BMC$。其中正确结论的个数为(　　)

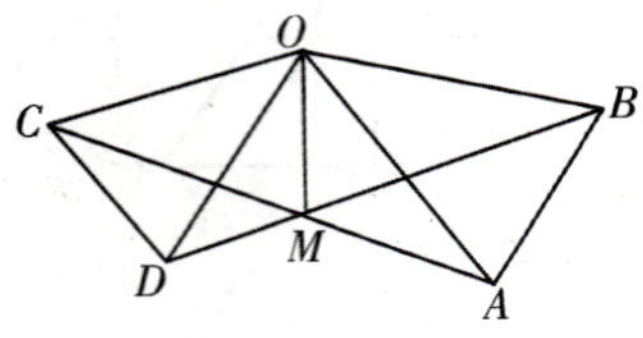

A. 4　　B. 3　　C. 2　　D. 1

9. 7张如图1的长为a、宽为b的小长方形纸片,按照图2的方式不重叠地放在矩形$ABCD$内,未被覆盖的部分(两个矩形)用阴影表示。设左上角与右下角的阴影部分的面积的差为S,当BC的长度变化时,按照同样的放置方式,S始终保持不变,则a,b满足(　　)

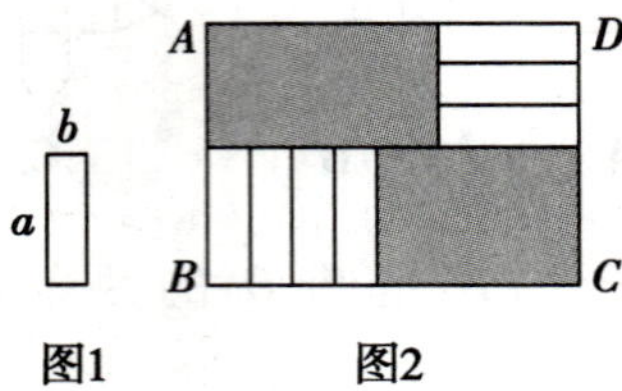

图1　　图2

A. $a=\frac{5}{2}b$　　B. $a=3b$　　C. $a=\frac{7}{2}b$　　D. $a=4b$

10. 如图,由等边三角形、正方形、圆组成的轴对称图案中,等边三角形与三个正方形的面积和的比值为(　　)

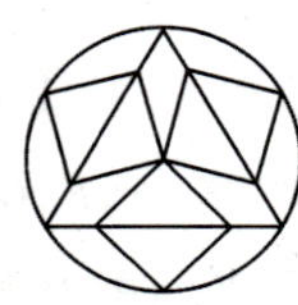

A. $\frac{\sqrt{3}}{2}$　　B. 1

C. $\sqrt{3}$　　D. $\frac{3\sqrt{3}}{2}$

11. 如图,直线l和圆O相交于A,B两点,M,N是圆O上的两个动点,且分别在直线l的两侧。若圆O的半径为2,$\angle AMB=45^{\circ}$,则四边形$MANB$面积的最大值为(　　)

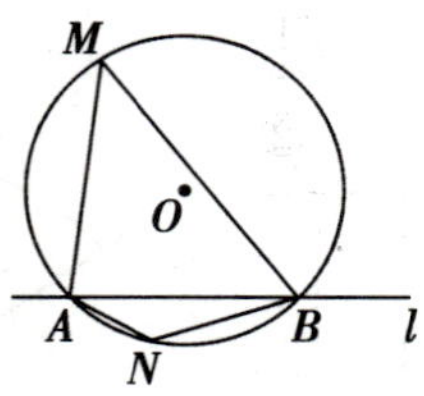

A. $2\sqrt{2}$　　B. $2\sqrt{3}$　　C. $4\sqrt{2}$　　D. $3\sqrt{3}$

12. 如图,是一个用若干个相同的小立方块搭成的几何体的三视图,则组成这个几何体的小立方块的个数是(　　)

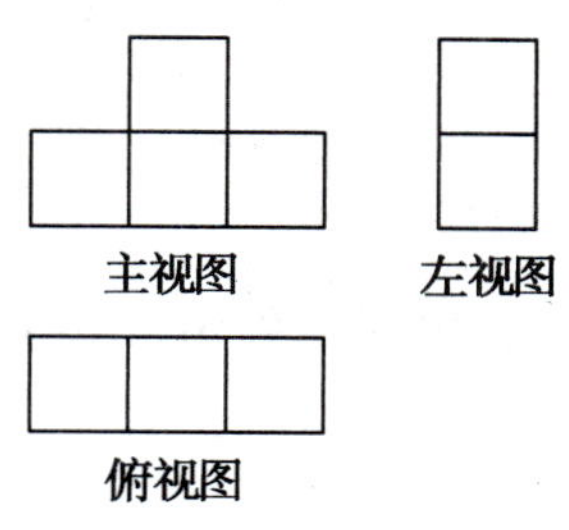

A. 2　　B. 3　　C. 4　　D. 5

13. 如图所示是某公园设置的一休闲区,$\angle AOB=90°$,弧 AB 的半径 OA 的长是 6 米,C 是 OA 的中点,点 D 在弧 AB 上,$CD /\!/ OB$,则图中休闲区(阴影部分)的面积是(　　)平方米。

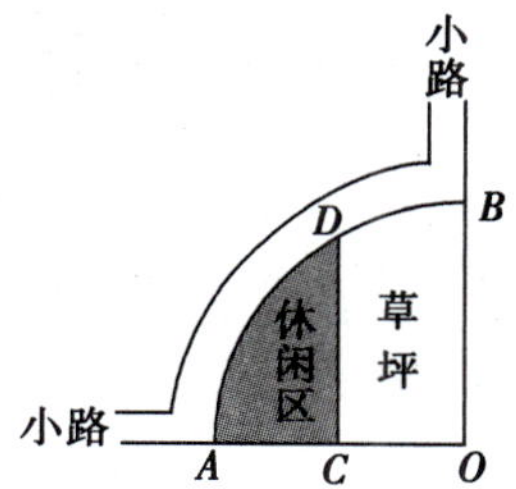

A. $10\pi-\frac{9\sqrt{3}}{2}$　　B. $\pi-\frac{9\sqrt{3}}{2}$

C. $6\pi-\frac{9\sqrt{3}}{2}$　　D. $6\pi-9\sqrt{3}$

二、填空题(每小题 3 分,共 12 分)

14. 如图,$\triangle ABC$ 是等腰直角三角形,$\angle ACB=90°$,$AC=BC=2$,把 $\triangle ABC$ 绕点 A 按顺时针方向旋转 45°后得到 $\triangle AB'C'$,则线段 BC 在上述旋转过程中所扫过部分(阴影部分)的面积是________。

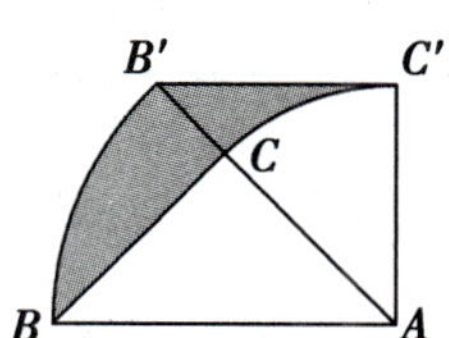

15. 如图,有 3 个长方形,长方形①的长为 16 厘米、宽是 8 厘米;长方形②的长、宽分别是长方形①长、宽的一半;长方形③的长、宽分别是长方形②长、宽的一半,则这个图形的周长是________厘米。

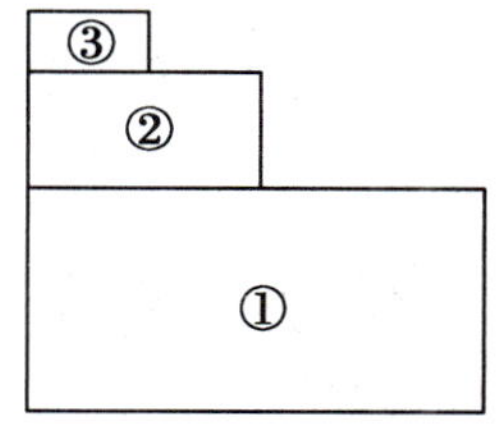

16. 如图所示,已知 $AC /\!/ BE$,$\angle B=27°$,$\angle ACF=87°$,则 $\angle ADC=$________。

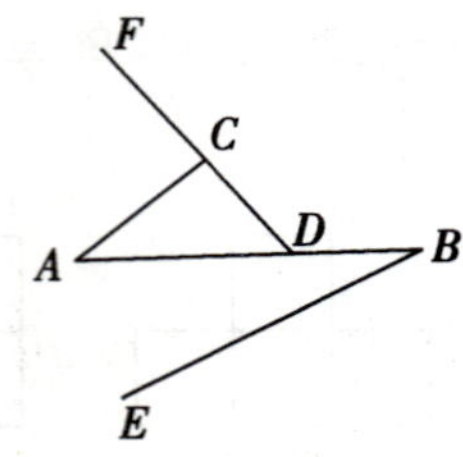

17. 如图，把 Rt$\triangle ABC$ 绕点 A 逆时针旋转 44°，得到 Rt$\triangle AB'C'$，点 C' 恰好落在边 AB 上，连结 BB'，则 $\angle BB'C'=$________。

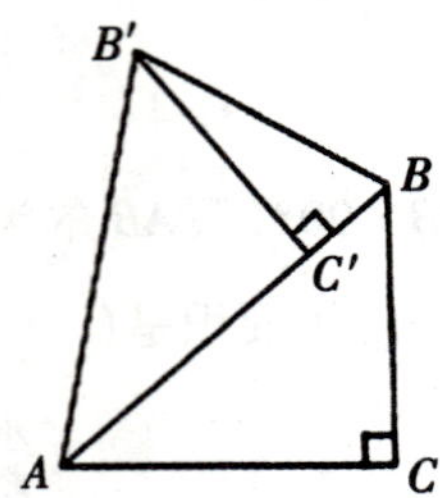

三、解答题（每小题 6 分，共 24 分）

18. 如图，在$\triangle ABC$ 中，$BE=2CE$，$AE\perp BC$，F 是 CD 的中点，$\triangle ABC$ 的面积是 1 平方厘米，那么阴影部分的面积是多少？

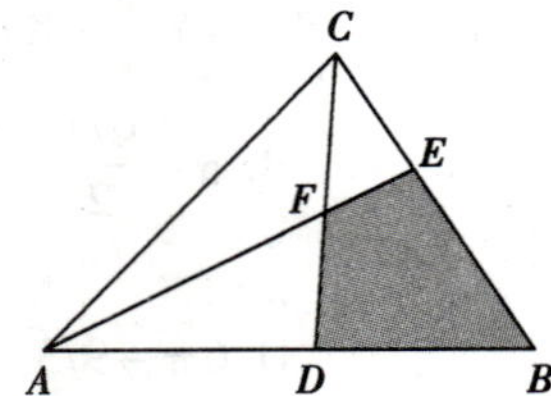

19. 如图，E，F 分别是矩形 $ABCD$ 的边 AD，AB 上的点，若 $EF=EC$，且 $EF\perp EC$。

（1）求证：$AE=DC$；

（2）已知 $DC=\sqrt{2}$，求 BE 的长。

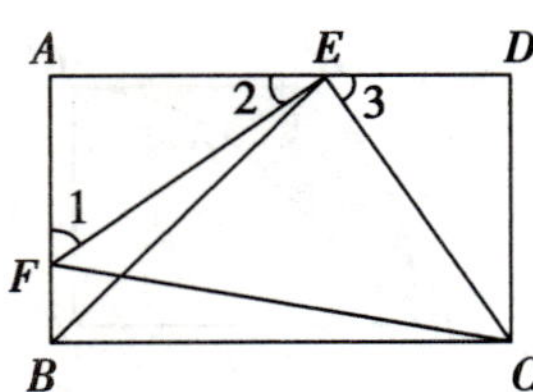

20. 如图，是由若干个完全相同的小正方体组成的一个几何体。

（1）请画出这个几何体的左视图和俯视图；

（2）如果在这个几何体上再添加一些相同的小正方体，并保持这个几何体的左视图和俯视图不变，那么最多可以再添加几个小正方体？

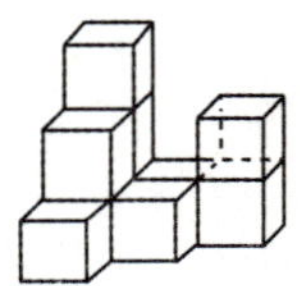  

21. 一只集装箱，它的内尺寸是 $18\times18\times18$。现有一批货箱，它的外尺寸是 $1\times4\times9$。问这只集装箱最多能装多少只货箱？

参考答案及解析

一、单项选择题

1. D ［解析］由俯视图和左视图可知，前面一排下层共有3个小立方体，后面一排左侧共有1个立方体，前面一排的上面可以摆放1个或2个或3个立方体，所以立方体的个数为5或6或7个。故选D。

2. B ［解析］A项，若 $\angle ABC=90^\circ$，通过平行线间的两角互补可推知该四边形是矩形，故正确；若 $AC\perp BD$，则四边形 $ABCD$ 是正方形或菱形，当四边形为菱形时，它不是矩形，故B项不正确；若 $AB=BC$，即邻边相等的平行四边形，即为菱形，故C项正确；若 $AC\perp BD$，且 $AC=BD$，即对角线垂直且相等的平行四边形，即为正方形，故D项正确。故选B。

3. B ［解析］$\because\ \angle C=90^\circ, AB=5, BC=4$，$\therefore\ AC=\sqrt{AB^2-BC^2}=3$，$\because\ PQ/\!/AB$，$\therefore\ \angle ABD=\angle BDQ$，又 $\angle ABD=\angle QBD$，$\therefore\ \angle QBD=\angle BDQ$，$\therefore\ QB=QD$，$\therefore\ QP=2QB$，$\because\ PQ/\!/AB$，$\therefore\ \triangle CPQ\backsim\triangle CAB$，$\therefore\ \frac{CP}{CA}=\frac{CQ}{CB}=\frac{PQ}{AB}$，即 $\frac{CP}{3}=\frac{4-QB}{4}=\frac{2QB}{5}$，解得，$CP=\frac{24}{13}$，$\therefore\ AP=CA-CP=\frac{15}{13}$。

4. B ［解析］涂有颜色的面在侧面，而A、C还原后，有颜色的面在底面，故不符合；D无法还原，故不符合。故选B。

5. B ［解析］因为四边形 $ABCD$ 在圆上，圆内接四边形的任意一个外角等于它的内对角，所以 $\angle A=\angle PCD$，$\angle B=\angle PDC$，即得 $\triangle PCD\backsim\triangle PAB$，因此 $\frac{PA}{PC}=\frac{PB}{PD}=\frac{AB}{CD}$，则 $\left(\frac{AB}{CD}\right)^2=\frac{PA}{PC}\cdot\frac{PB}{PD}=8$，所以 $\frac{S_{\triangle PCD}}{S_{四边形ABCD}}=\frac{S_{\triangle PCD}}{S_{\triangle PAB}-S_{\triangle PCD}}=\frac{1}{7}$。

6. D ［解析］设小正方形的边长 a，那么矩形 $ABCD$ 的面积 $=(S_{\triangle AEF}+S_{\triangle BFG})\times2+S_{四边形EFGH}$，即 $3a\times5a=(2a\times a\div2+a\times4a\div2)\times2+1$，则 $9a^2=1$，解得 $a=\frac{1}{3}(a>0)$，$\therefore$ 矩形 $ABCD$ 的面积 $=3a\times5a=\frac{5}{3}$。故选D。

7. D ［解析］显然扇形弧长为 $BC+CD$ 的长，即为 $l=6$，半径为3，则 $S_{扇形}=\frac{1}{2}lR=\frac{1}{2}\times6\times3=9$。

8. B ［解析］$\because\ \angle AOB=\angle COD=40^\circ$，$\therefore\ \angle AOB+\angle AOD=\angle COD+\angle AOD$，即 $\angle AOC=\angle BOD$，在 $\triangle AOC$ 和 $\triangle BOD$ 中，$\begin{cases}OA=OB,\\ \angle AOC=\angle BOD,\\ OC=OD,\end{cases}$ $\therefore\ \triangle AOC\cong\triangle BOD(\mathrm{SAS})$，$\therefore\ \angle OCA=\angle ODB$，$AC=BD$，①正确；$\because\ \angle OAC=\angle OBD$，由三角形的外角性质得 $\angle AMB+\angle OAC=\angle AOB+\angle OBD$，$\therefore\ \angle AMB=\angle AOB=40^\circ$，②正确；如图，

第一部分

作 $OG\perp MC$ 于 G，$OH\perp MB$ 于 H，则 $\angle OGC=\angle OHD=90°$，在 $\triangle OCG$ 和 $\triangle ODH$ 中，$\begin{cases}\angle OCA=\angle ODB,\\ \angle OGC=\angle OHD,\\ OC=OD,\end{cases}$ $\therefore \triangle OCG\cong\triangle ODH(\text{AAS})$，$\therefore OG=OH$，$\therefore MO$ 平分 $\angle BMC$，④正确。故正确结论的个数为3。

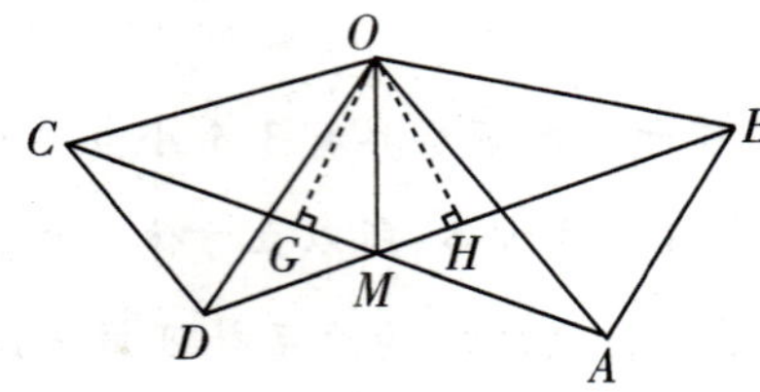

9. B [解析]如图，设左上角阴影部分的长为 AE，宽为 $AF=3b$，右下角阴影部分的长为 PC，宽为 $CG=a$，$\because AD=BC$，$AE+ED=AE+a$，$BC=BP+PC=4b+PC$，$\therefore AE+a=4b+PC$，即 $AE-PC=4b-a$，$\therefore$ 阴影部分面积之差 $S=AE\cdot AF-PC\cdot CG=(PC+4b-a)\cdot 3b-PC\cdot a=(3b-a)\cdot PC+12b^2-3a\cdot b$。$\because S$ 始终保持不变，$\therefore 3b-a=0$，即 $a=3b$。故选B。

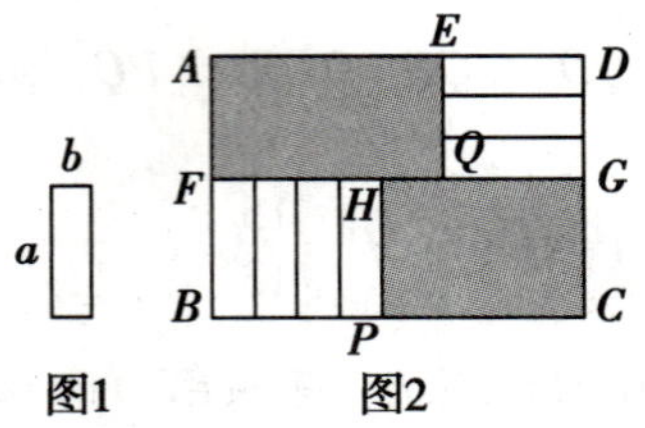

图1　图2

10. A [解析]如图，设圆的圆心为 O，由题意知，三角形的重心以及三个正方形的共用顶点即为点 O，过 A 作 $AD\perp BC$ 于 D，则 AD 必过点 O，且 $AO=2OD$。设 $\triangle ABC$ 的边长为 $2x$，则 $BD=x$，$AD=\sqrt{3}\,x$，$OD=\dfrac{\sqrt{3}}{3}x$，$\therefore$ 正方形的边长为 $\dfrac{\sqrt{6}}{3}x$，面积为 $\dfrac{2}{3}x^2$，三个正方形的面积和为 $2x^2$，易求得 $\triangle ABC$ 的面积为 $\dfrac{1}{2}\cdot 2x\cdot\sqrt{3}\,x=\sqrt{3}x^2$，$\therefore$ 等边三角形与三个正方形的面积和的比值为 $\dfrac{\sqrt{3}}{2}$。故选A。

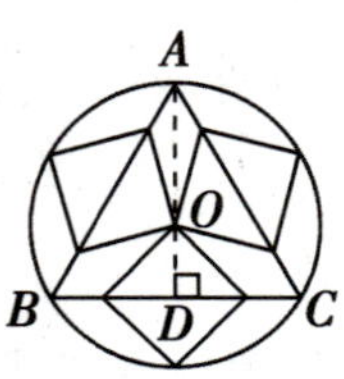

11. C [解析]过 M，N 分别作 l 的垂线，交 l 于 P，Q，则 $S_{\triangle ABM}=\dfrac{AB\cdot MP}{2}$，$S_{\triangle ABN}=\dfrac{AB\cdot NQ}{2}$，$S_{四边形AMBN}=S_{\triangle ABM}+S_{\triangle ABN}=\dfrac{(MP+NQ)\cdot AB}{2}$，这里 AB 是定值，只需考虑 $MP+NQ$ 的取值，显然 M，N 运动过程中，分别到优弧 AB 的中点 M' 和劣弧 AB 的中点 N' 时 MP，NQ 最大，此时 MN 恰为圆 O 的直径，连结 $M'N'$，则 $MP+NQ\leqslant M'N'=4$。连结 OA，OB，$\because \angle AMB=45°$，$\therefore \angle AOB=90°$，且 $OA=OB=2$，所以 $AB=2\sqrt{2}$，所以

$S_{四边形AMBN}=(MP+NQ)\cdot\frac{AB}{2}\leqslant M'N'\cdot\frac{AB}{2}=4\sqrt{2}$。故选 C。

12. C ［解析］由俯视图知最底层共有 3 个小立方体，由另两个视图知第二层共有 1 个小立方体，则搭成这个几何体所用的小立方体的个数为 4 个，故选 C。

13. C ［解析］如图，连结 OD，$\because$ 弧 AB 的半径 OA 的长是 6 米，C 是 OA 的中点，$\therefore AC=OC=\frac{1}{2}OA=3$，$\because \angle AOB=90°$，$CD\parallel OB$，$\therefore CD\perp OA$，在 $Rt\triangle OCD$ 中，$\because OD=6$，$OC=3$，$\therefore CD=\sqrt{OD^2-OC^2}=3\sqrt{3}$，$\therefore \sin\angle DOC=\frac{CD}{OD}=\frac{\sqrt{3}}{2}$，$\therefore \angle DOC=60°$，$\therefore S_{阴影}=S_{扇形AOD}-S_{\triangle OCD}=\frac{60\pi\times6^2}{360}-\frac{1}{2}\times3\times3\sqrt{3}=6\pi-\frac{9\sqrt{3}}{2}$（平方米）。

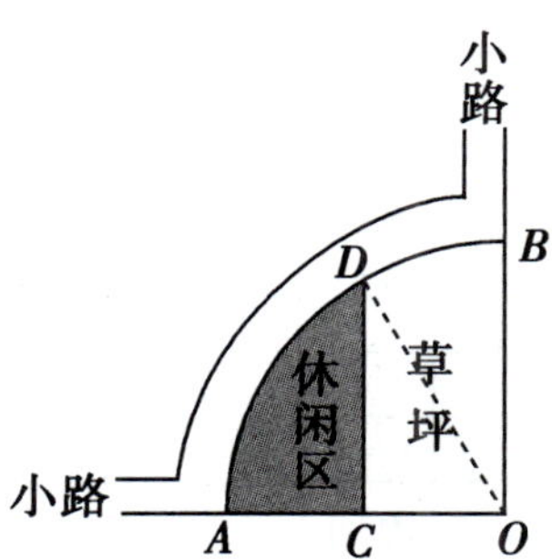

二、填空题

14. $\frac{1}{2}\pi$ ［解析］由题意可得，$\angle BAB'=\angle B'AC'=45°$，$\triangle ABC\cong\triangle AB'C'$，$\because AC=BC=2$，$\angle ACB=90°$，$\therefore AB=2\sqrt{2}$，由全等三角形的性质可得，$S_{阴影}=S_{扇ABB'}-S_{扇ACC'}=\frac{45}{360}\pi\times(2\sqrt{2})^2-\frac{45}{360}\pi\times2^2=\pi-\frac{\pi}{2}=\frac{\pi}{2}$。

15. 60 ［解析］$\left(16+8+\frac{8}{2}+\frac{8}{2\times2}\right)\times2=60$ 厘米。

16. 60° ［解析］因为 $AC\parallel BE$，所以 $\angle A=\angle B=27°$。由三角形的一个外角等于不和它相邻的两内角之和可知，$\angle ACF=\angle A+\angle ADC=87°$，所以 $\angle ADC=87°-27°=60°$。

17. 22° ［解析］$\because Rt\triangle ABC$ 绕点 A 逆时针旋转 44°得到 $Rt\triangle AB'C'$，$\therefore AB=AB'$，$\angle BAB'=44°$，在 $\triangle ABB'$ 中，$\angle ABB'=\frac{1}{2}(180°-\angle BAB')=\frac{1}{2}(180°-44°)=68°$，$\because \angle AC'B'=\angle C=90°$，$\therefore B'C'\perp AB$，$\therefore \angle BB'C'=90°-\angle ABB'=90°-68°=22°$。

三、解答题

18. ［解析］连结 BF，因为 $S_{\triangle ACF}=\frac{1}{2}AF\times CE$，$S_{\triangle ABF}=\frac{1}{2}AF\times BE$，所以 $S_{\triangle ACF}:S_{\triangle ABF}=1:2$，又因为 F 是 CD 的中点，所以 $S_{\triangle ACF}=S_{\triangle ADF}$，$S_{\triangle BFC}=S_{\triangle BDF}$，所以 $S_{\triangle ADF}=S_{\triangle BDF}$，所以 D 是 AB 的中点，故有 $S_{\triangle ADC}=S_{\triangle BDC}$，设 $S_{\triangle ECF}=1$ 份，则 $S_{\triangle BEF}=2$ 份，$S_{\triangle BDF}=3$ 份，$S_{阴影}=5$ 份，$S_{\triangle ABC}=2S_{\triangle BDC}=2\times(1+2+3)=12$ 份，所以阴影部分面积为 $\frac{5}{12}$ 平方厘米。

19. ［解析］(1) 证明：在矩形 $ABCD$ 中，$\angle A=\angle D=90°$，

$\therefore \angle 1+\angle 2=90°$,

$\because EF\perp EC$, $\therefore \angle FEC=90°$,

$\therefore \angle 2+\angle 3=90°$, $\therefore \angle 1=\angle 3$,

在$\triangle AEF$和$\triangle DCE$中,$\begin{cases}\angle A=\angle D,\\ \angle 1=\angle 3,\\ EF=EC,\end{cases}$

$\therefore \triangle AEF\cong\triangle DCE$(AAS), $\therefore AE=DC$。

(2)由(1)得$AE=DC=\sqrt{2}$,

在矩形$ABCD$中,$AB=CD=\sqrt{2}$,

在Rt$\triangle ABE$中,$AB^2+AE^2=BE^2$,即$(\sqrt{2})^2+(\sqrt{2})^2=BE^2$, $\therefore BE=2$。

20. [解析](1)画图如下:

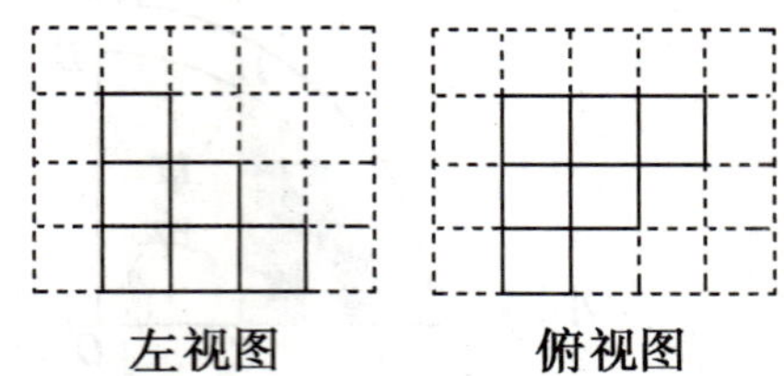

(2)在第二层第二列第二行和第三行各加1个;第三层第二列第三行加1个,第三行第三列加1个,$2+1+1=4$(个)。

故最多可再添加4个小正方体。

21. [解析]因为集装箱内尺寸18不是货箱尺寸4的倍数,所以,只能先在$18\times16\times18$的空间放货箱,可放$18\times16\times18\div(1\times4\times9)=144$(只)。这时还有$18\times2\times18$的空间,但只能在$18\times2\times16$的空间放货箱,可放$18\times2\times16\div(9\times1\times4)=16$(只)。最后剩下$18\times2\times2$的空间无法再放货箱,所以最多能装$144+16=160$(只)货箱。

答:这只集装箱最多能装160只货箱。

第三章　统计与概率

思维导图

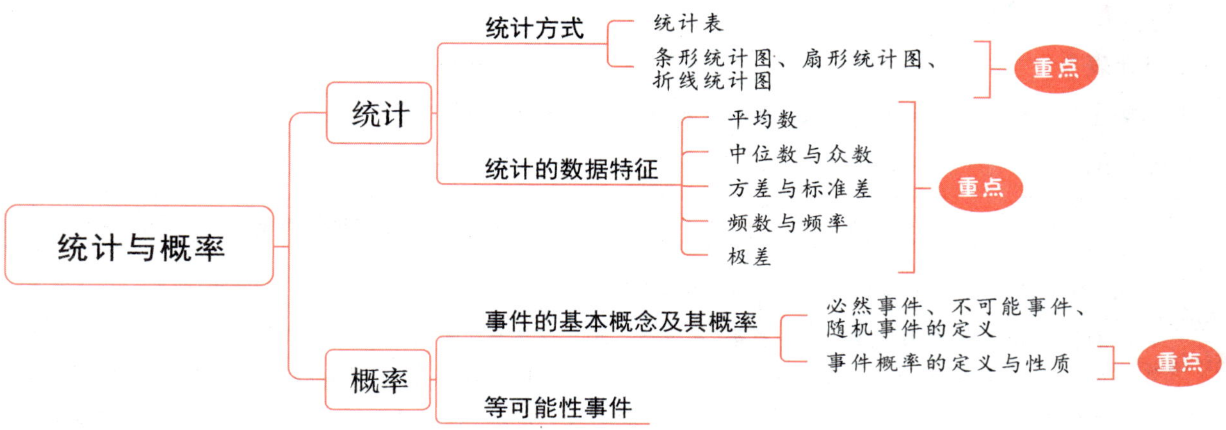

浙江考向

本章属于小学数学的基础章节，也是浙江省教师招聘考试中常考的章节，需要识记和理解性知识较多。在考试中常以单项选择题、填空题的形式考查。现对本章浙江考向分析如下：

高频考点	常考题型	能力要求	考查热度
三种常见统计图的定义与特点	单选、填空	识记	★
统计的数据特征	单选、填空	理解	★
事件概率的计算	单选、填空	掌握	★★

核心考点

一、统计 【单选、填空】 ★

考点 1 统计方式

1. 统计表

统计表是由纵横交叉线条所绘制的表格来表现统计资料的一种形式。

2. 统计图

	定义	特点
条形统计图	用一个单位长度（如1厘米）表示一定的数量，根据数量的多少，画成长短相应成比例的直条，并按一定顺序排列起来，这样的统计图称为条形统计图	①能够使人们一眼看出各个数据的大小； ②易于比较数据之间的差别； ③能清楚地表示出数量的多少
扇形统计图	以一个圆的面积表示事物的总体，以扇形面积表示占总体的百分数的统计图，叫作扇形统计图，也叫作百分数比较图	①用扇形的面积表示部分在总体中所占的百分比； ②易于显示每组数据相对于总体的大小； ③可以比较清楚地反映出部分与部分、部分与整体之间的数量关系
折线统计图	用一个单位长度表示一定的数量，根据数量的多少找出各点，然后把各点用线段顺次连结起来，以折线的上升或下降来表示统计数量的增减变化的统计图，称为折线统计图	能够显示数据的变化趋势，反映事物的变化情况

真题面对面

[2019 统考，单，3 分]有一家饮料厂商，准备用统计图来展示饮料的成分，比较合适的统计图是(　　)

A. 折线统计图　　B. 条形统计图　　C. 扇形统计图　　D. 雷达统计图

答案：C。统计图中，条形统计图能清楚地表示出数量的多少；扇形统计图能反映出部分与部分、部分与整体之间的数量关系；折线统计图能够显示数据的变化趋势。题干要求展示饮料的成分，反映的是部分与整体之间的关系。故选 C。

考点 2 统计的数据特征

1. 平均数

平均数是指在一组数据中由所有数据之和除以这组数据的个数所得的数。平均数常用于表示统计对象的一般水平，它是描述数据集中程度的一个统计量，记作 $\bar{x}$。

平均数的大小与一组数据里的每个数据都有关系，任何一个数据的变动都会引起平均数的变动，平均数易受较大数和较小数的影响。

2. 中位数与众数

(1) 中位数

中位数是指将数据按由小到大(或由大到小)的顺序排列起来，形成一个数列，居于数列中间位置的那个数据或中间两个数据的平均数。它不受少数几个极端值的影响，有时用它代表全体数据的一般水平更合适。如果是奇数个数据，则中位数是中间的那个数；如果是偶数个数据，则中位数是中间那两个数的平均数。

(2) 众数

一般来说，一组数据中出现次数最多的数就叫这组数据的众数。

(3) 平均数、中位数和众数的特点

平均数：需要用全组所有数据来计算；易受数据中极端数值的影响。

中位数：仅需把数据按顺序排列后即可确定；不易受数据中极端数值的影响。

众数：通过计数得到；不易受数据中极端数值的影响。

3. 方差与标准差

方差就是和中心偏离的程度，用来衡量一批数据的波动大小(即这批数据偏离平均数的情况)，记作 s^2，$s^2=\frac{(x_1-\bar{x})^2+(x_2-\bar{x})^2+\cdots+(x_n-\bar{x})^2}{n}$。在样本容量相同的情况下，方差越大，说明数据的波动越大，越不稳定。标准差的平方是方差。

性质：①若 $x_1,x_2,\cdots,x_n$ 的平均数为 $\bar{x}$，那么 $mx_1+a,mx_2+a,\cdots,mx_n+a$ 的平均数为 $m\bar{x}+a$。

②数据 $x_1,x_2,\cdots,x_n$ 与数据 $x_1+a,x_2+a,\cdots,x_n+a$ 的方差相等。

③若 $x_1,x_2,\cdots,x_n$ 的方差为 s^2，那么 $ax_1+b,ax_2+b,\cdots,ax_n+b$ 的方差为 a^2s^2。

真题面对面

[2021 台州，填空，3 分] $-2,0,1,2,4$ 的标准差是________。

答案：2。该组数据的平均值为 $(-2+0+1+2+4)\div5=1$，则这组数据的方差为 $\frac{(-2-1)^2+(0-1)^2+(1-1)^2+(2-1)^2+(4-1)^2}{5}=4$，则其标准差为 $\sqrt{4}=2$。

4. 频数与频率

频数：在一组依大小顺序排列的测量值中，按一定的组距将其分组时出现在各组内的测量值的数目，即落在各类别(分组)中的数据个数。

频数也称“次数”，对总数据按某种标准进行分组，统计出各个组内所含个体的个数，一般我们称落在不同小组中的数据个数为该组的频数，频数与总数的比为**频率**。

真题面对面

[2021 绍兴，填空，3 分] 六年级有 300 人参加体测，其中有 294 人符合《国家学生体质健康标准》，则达标率为________，不达标率为________。

答案：98%；2%。达标率 $=\frac{\text{达标人数}}{\text{总人数}}\times 100\% = \frac{294}{300}\times 100\% = 98\%$，不达标率 $=\frac{\text{不达标人数}}{\text{总人数}}\times 100\% = \frac{300-294}{300}\times 100\% = 2\%$。

5. 极差

一组数据中最大数据与最小数据的差叫作**极差**。

在统计中常用极差来刻画一组数据的离散程度，极差反映的是变量分布的范围和离散幅度，在总体中任何两个单位的标准值之差都不能超过极差。同时，极差能体现一组数据波动的范围。极差越大，离散程度越大，反之，离散程度越小。

二、概率 【单选、填空】 ★★

考点 1 事件的基本概念及其概率

1. 事件的分类及其定义

事件的分类	定义
必然事件	在条件 S 下，一定会发生的事件叫相对于条件 S 的必然事件
不可能事件	在条件 S 下，一定不会发生的事件叫相对于条件 S 的不可能事件
随机事件	在条件 S 下，可能发生也可能不发生的事件叫作相对于条件 S 的随机事件

注：不可能事件发生的概率为 0，概率为 0 的事件未必是不可能事件，同样的，必然事件发生的概率为 1，但概率为 1 的事件未必是必然事件。

2. 事件概率的定义与性质

(1) 概率的定义

一般地，在 n 次重复试验中，事件 A 发生的频率 $\frac{m}{n}$，当 n 很大时，它总是在某个常数附近摆动，随着 n 的增加，摆动幅度越来越小，这时就把这个常数叫作事件 A 的概率，记作 $P(A)$。事件 A 发生的频数 m 满足 $0\leqslant m\leqslant n$，所以 $0\leqslant\frac{m}{n}\leqslant 1$。

(2) 概率的性质

必然事件的概率为 1，不可能事件的概率为 0，随机事件的概率为 $0\leqslant P(A)\leqslant 1$，必然事件和不可能事件是随机事件的两个极端的情形。

考点 2 等可能性事件

如果一次试验中可能出现的结果有 n 个，而且所有结果出现的可能性都相等，那么每个基本事件发生的概率都是 $\frac{1}{n}$，这种事件叫作等可能性事件。

等可能性事件的概率：如果一次试验由 n 个基本事件组成，而且所有的基本事件出现的可能性都相等，那么每一个基本事件的概率都是 $\frac{1}{n}$。如果事件 A 包含 m 个结果，那么事件 A 的概率 $P(A)=\frac{m}{n}$。

解决等可能性事件的概率问题的关键：正确求出基本事件总数 n 和事件 A 包含的基本事件数 m，这需要有较好的排列、组合知识。

考法大揭秘

求事件概率的方法

(1)运用列举法(包括列表、画树状图)计算简单随机事件的概率。

(2)通过试验，获得事件发生的概率。大量重复试验时，频率可作为事件发生的概率的估计值。

真题面对面

[2022 年 6 月杭州(中小学)，单，3 分]一个不透明的布袋中装有除颜色外，其他都相同的三个小球，把它们分别标号 1，2，3，随机摸出一个小球记下数字后放回，再随机摸出一个小球记下数字，两次摸出的小球标号的和为 5 的概率为(　　)

A. $\frac{1}{9}$　　B. $\frac{2}{9}$　　C. $\frac{1}{3}$　　D. $\frac{2}{3}$

答案：B。根据题意，画出树状图如图所示，

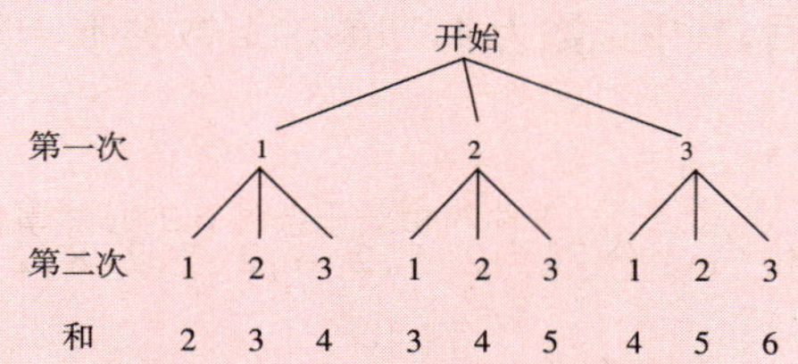

共有 9 种等可能的结果，其中两次摸出小球标号的和为 5 的情况有 2 种，故两次摸出小球标号的和为 5 的概率为 $\frac{2}{9}$。

达标测评

建议用时	实际用时	测评总分	实际得分
10 分钟	______分钟	33 分	______分

一、单项选择题(每小题 3 分，共 12 分)

1. 下列说法中，正确的个数为(　　)

①扇形统计图是用圆代表总体，圆中的各个扇形分别代表总体中的不同部分；

②要清楚地表示出各部分在总体中所占的百分比应选择条形统计图；

③要反映某日气温的变化情况,应选择折线统计图。

A. 0　　B. 1　　C. 2　　D. 3

2. 下列说法正确的是(　　)

A. 方差反映了一组数据的分散或波动的程度　　B. 数据 1,5,3,7,10 的中位数是 3

C. 任何一组数据的平均数和众数都不会相等　　D. 明天我市一定下雨是必然事件

3. 在端午节到来之前,儿童福利院对全体小朋友爱吃哪几种粽子做调查,以决定最终买哪种粽子。下面的调查数据中最值得关注的是(　　)

A. 方差　　B. 平均数　　C. 中位数　　D. 众数

4. 某种号码锁有 3 个拨号盘,每个拨号盘上有从 0 到 9 的十个数字,当 3 个拨号盘上的数字组成某一个 3 位数字的开锁号码时,锁才能打开,则试开一次就能把锁打开的概率为(　　)

A. $\frac{1}{10^2}$　　B. $\frac{1}{10^3}$　　C. $\frac{1}{3^2}$　　D. $\frac{1}{3^{10}}$

二、填空题(每小题 3 分,共 21 分)

5. 自然数 4,5,5,x,y 从小到大排列后,其中位数为 4,如果这组数据唯一的众数是 5,那么,所有满足条件的 x,y 中,$x+y$ 的最大值是________。

6. 现有 5 根竹竿,它们的长度(单位:m)分别为2.5,2.6,2.7,2.8,2.9,若从中一次随机抽取 2 根竹竿,则它们的长度恰好相差 0.3 m 的概率为________。

7. 已知一组从小到大排列的数据:2,5,x,y,$2x$,11 的平均数与中位数都是 7,则这组数据的众数是________。

8. 一组数据:-1,0,2,3,x。这组数据的极差是 5,那么这组数据的平均数是________。

9. 已知函数 $f(x)=\frac{1}{3}x^3+ax^2+b^2x+1$,若 a 是从 1,2,3 三个数中任取的一个数,b 是从 0,1,2 三个数中任取的一个数,则该函数有两个极值点的概率为________。

10. 将长度为 8 厘米的木棍截成三段,每段长度均为整数厘米。如果截成的三段木棍长度分别相同算作一种截法(如 5,2,1 和 1,5,2),那么截成的三段木棍能构成三角形的概率是________。

11. 某工程队有 14 名员工,他们的工种及相应每人每月工资如下表所示:

工种	人数	每人每月工资(元)
电工	5	7000
木工	4	6000
瓦工	5	5000

现该工程队进行了人员调整：木工减少2名，电工、瓦工各增加1名，与调整前相比，该工程队员工月工资的方差________。（填“变小”“不变”或“变大”）

参考答案及解析

一、单项选择题

1. C ［解析］根据扇形统计图的意义，可知圆代表总体，圆中的各个扇形分别代表总体中的不同部分，故①正确；从扇形统计图中能知道部分在总体中所占的百分比，故②错误；折线统计图能够直观地展示出数据的变化情况，故③正确。故选C。

2. A ［解析］方差反映了一组数据的分散或波动的程度，A项正确；数据1，5，3，7，10的中位数是5，B项错误；一组数据的平均数和众数是可能相等的，C项错误；明天我市一定下雨不是必然事件，D项错误。故选A。

3. D ［解析］最值得关注的应该是哪种粽子爱吃的人数最多，由于众数是数据中出现次数最多的数，故儿童福利院最值得关注的应该是统计调查数据的众数。故选D。

4. B ［解析］每个拨号盘上的数字都有10个可能，可重复排列，共有10^3种号码，而能开锁的号码只有1个，所以其概率为$\frac{1}{10^3}$。

二、填空题

5. 5 ［解析］$\because$这组数据的中位数为4，$\therefore x\leqslant 4, y\leqslant 4$，$\because$这组数据唯一的众数是5，$\therefore x\neq 4$且$y\neq 4$，$\because$要求$x+y$的最大值，$\therefore x=2, y=3$，或$x=3, y=2$，即$x+y$的最大值为$2+3=5$。

6. $\frac{1}{5}$ ［解析］从5根竹竿中一次随机抽取2根的可能的事件总数为$C_5^2=10$，它们的长度恰好相差0.3 m的事件数为2，即抽到的长度分别是2.5 m和2.8 m、2.6 m和2.9 m，故所求概率为$\frac{2}{10}=\frac{1}{5}$。

7. 5 ［解析］由题意可得，$2x<11$，因为这组数据的平均数与中位数都是7，所以根据平均数和中位数的定义可得，$\begin{cases}\frac{1}{6}(2+5+x+y+2x+11)=7,\\ \frac{1}{2}(x+y)=7,\end{cases}$解得$x=5, y=9$。故这组数据的众数是5。

8. 1.6或0.4 ［解析］由于数据$-1,0,2,3,x$的极差是5，所以x只能为最大数或最小数。当x为最大数时，$x-(-1)=5, x=4$，平均数是$(-1+0+2+3+4)\div 5=1.6$；当x是最小数时，$3-x=5$，解得

第一部分

$x=-2$，平均数是$(-1+0+2+3-2)\div 5=0.4$。

9. $\frac{2}{3}$ ［解析］由题意得，$f'(x)=x^2+2ax+b^2$，要使函数$f(x)$有两个极值点. 则有$\Delta=(2a)^2-4b^2>0$，即$a^2>b^2$。由题意知，所有的基本事件共9种，即$(1,0)$，$(1,1)$，$(1,2)$，$(2,0)$，$(2,1)$，$(2,2)$，$(3,0)$，$(3,1)$，$(3,2)$，其中第一个数表示a的取值，第二个数表示b的取值，满足$a^2>b^2$的有6种情况，即$(1,0)$，$(2,0)$，$(2,1)$，$(3,0)$，$(3,1)$，$(3,2)$，所以所求事件的概率为$\frac{6}{9}=\frac{2}{3}$。

10. $\frac{1}{5}$ ［解析］将长度为8厘米的木棍截成三段，每段长度均为整数厘米，共有5种情况，分别是1,2,5;1,3,4;2,3,3;4,2,2;1,1,6。其中能构成三角形的只有2,3,3这一种情况，所以截成的三段木棍能构成三角形的概率是$\frac{1}{5}$。

11. 变大 ［解析］减少木工2名，增加电工、瓦工各1名，这组数据的平均数不变，但是每个数据减去平均数后平方和增大，则该工程队员工月工资的方差变大。

第二部分

小学奥数

内容导学

浙江省教师招聘考试小学奥数部分，包含了分数的计算、分数的大小比较、巧算分数的和、繁分数、分数和百分数应用题、浓度问题、利润与利息问题、植树与方阵问题、工程问题、行程问题、比和比例问题、圆的周长与面积、扇形、圆柱和圆锥、加法、乘法原理和容斥原理、探索规律问题、逻辑推理问题、钟面上的数学问题、上楼梯问题、同余问题、抽屉原理、不定方程的应用、最大与最小、从整体看问题、反过来考虑、规划与统筹问题、进位制问题、染色问题共二十八种奥数类型，考查题型多侧重于客观题。

奥数题相对比较灵活，难度稍高，因此考生要重点掌握奥数题的解题思路与技巧的总结，并结合历年考试真题有针对性地进行复习。

浙江考向

本章属于小学数学奥数的常考内容，也是浙江省教师招聘考试中的重点，特点为内容琐碎、灵活多变，理解和应用性知识较多。在考试中常以单项选择题、填空题、解答题的形式考查。现对本章浙江考向分析如下：

高频考点	常考题型	能力要求	考查热度
分数的计算	填空	理解	★
分数和百分数应用题	单选、填空、解答	理解与应用	★★★
浓度问题	单选、填空、解答	理解与应用	★★
利润问题	单选、填空、解答	理解	★★
工程问题	单选、填空、解答	理解与应用	★★★
行程问题	单选、填空、解答	理解与应用	★★★
比和比例问题	单选、填空、解答	理解与应用	★★
扇形	填空、解答	理解与应用	★★
圆柱和圆锥	单选、填空、解答	理解与应用	★★
加法、乘法原理和容斥原理	单选、填空	理解与应用	★★
探索规律问题	填空	理解与应用	★★★
同余问题	单选、填空	理解与应用	★
抽屉原理	单选、填空	理解与应用	★★★
最大与最小	单选、填空、解答	理解与应用	★★
进位制问题	填空、解答	理解	★

核心考点

一、分数的计算 【填空】 ★

分数计算同整数计算一样，既有知识要求又有能力要求，法则、定律、性质是进行计算的依据，要使计算快速、准确，关键是掌握运算技巧。对算式进行认真观察，剖析算式的特点及各数之间的关系，巧妙、灵活地运用运算定律，合理改变运算顺序，使计算简便易行，这对培养综合分析、推理能力和灵活的运算能力，都有很大的帮助。

[例 1] 计算 $\left[\left(84\times\frac{5}{7}+12\right)\div1\frac{5}{13}-\frac{2}{3}\right]\times\frac{2}{11}+0.\dot{3}$。

答案：原式 $=\left[(12\times5+12)\times\frac{13}{18}-\frac{2}{3}\right]\times\frac{2}{11}+\frac{1}{3}$

$=\left(72\times\frac{13}{18}-\frac{2}{3}\right)\times\frac{2}{11}+\frac{1}{3}=\left(4\times13-\frac{2}{3}\right)\times\frac{2}{11}+\frac{1}{3}$

$=\frac{52\times2}{11}-\frac{2}{3}\times\frac{2}{11}+\frac{1}{3}=\frac{52\times2\times3}{11\times3}-\frac{4}{33}+\frac{11}{33}=9\frac{2}{3}$。

[例 2] $\frac{1960}{2014}\times\frac{3058}{4102}\times\frac{5567}{2014+4102}$。

答案：原式 $=\frac{1960}{2014}\times\frac{3058}{4102}\times\frac{5567}{6116}=\frac{1960}{2014}\times\frac{1}{4102}\times\frac{5567}{2}=\frac{140}{106}\times\frac{1}{293}\times\frac{293}{2}=\frac{35}{53}$。

注：此处斜线表示两数约分，并不表示约尽。

[例3] $\left[\left(1-\frac{1}{2}\right)\times\left(1-\frac{1}{3}\right)\times\left(1-\frac{1}{4}\right)\times\cdots\times\left(1-\frac{1}{2017}\right)\right]\times\left[\left(1+\frac{1}{2}\right)\times\left(1+\frac{1}{3}\right)\times\left(1+\frac{1}{4}\right)\times\cdots\times\left(1+\frac{1}{2017}\right)\right]$。

答案：原式 $=\frac{1\times2\times3\times\cdots\times2016}{2\times3\times4\times\cdots\times2017}\times\frac{3\times4\times5\times\cdots\times2018}{2\times3\times4\times\cdots\times2017}$，乘号左边分子中 $2\times3\times4\times\cdots\times2016$ 与乘号右边分母中 $2\times3\times4\times\cdots\times2016$ 约分，留下 $\frac{1}{2017}$；乘号右边分子 $3\times4\times5\times\cdots\times2017$ 与乘号左边分母中 $3\times4\times5\times\cdots\times2017$ 约分，留下 $\frac{2018}{2}$，从而原式 $=\frac{1}{2017}\times\frac{2018}{2}=\frac{1009}{2017}$。

真题面对面

[2020 年 1 月杭州（小学），填空，3 分] 计算：$\frac{1}{4}\times\left(4.85\div\frac{5}{18}-3.6+6.15\times3\frac{3}{5}\right)+\left[5.5-1.75\times\left(1\frac{2}{3}+\frac{19}{21}\right)\right]=$ ________。

答案：10。原式 $=\frac{1}{4}\times(4.85\times3.6-3.6+6.15\times3.6)+\left(5.5-1.75\times\frac{18}{7}\right)=\frac{1}{4}\times(4.85-1+6.15)\times3.6+\left(5.5-1.75\times\frac{18}{7}\right)=9+(5.5-0.25\times18)=9+1=10$。

二、分数的大小比较

考法大揭秘

分数大小比较的方法

1. 化成同分子分数比较大小。分子相同，分母小的分数反而大。

2. 十字相乘法。把两个分数的分子、分母交叉相乘，根据这两个乘积进行比较。例如，比较 $\frac{a}{b}$ 和 $\frac{c}{d}$（a,b,c,d 均不为零）的大小，如图，$\frac{a}{b}\times\frac{c}{d}$。如果 $a\cdot d>b\cdot c$，则 $\frac{a}{b}>\frac{c}{d}$；如果 $a\cdot d<b\cdot c$，则 $\frac{a}{b}<\frac{c}{d}$；如果 $a\cdot d=b\cdot c$，则 $\frac{a}{b}=\frac{c}{d}$。

3. 比“差数”。与 1 相比，相差最少的那个数最大。例如，比较 $\frac{666661}{666667}$ 和 $\frac{777772}{777778}$ 的大小：$\because 1-\frac{666661}{666667}=$

$\frac{6}{666667}$，$1-\frac{777772}{777778}=\frac{6}{777778}$，$\frac{6}{666667}>\frac{6}{777778}$，$\therefore\frac{666661}{666667}<\frac{777772}{777778}$。

4. 化成小数再比较大小。

5. 假分数通常要化成带分数再比较大小。

[例 1]分数$\frac{5}{11}$，$\frac{6}{13}$，$\frac{116}{231}$，$\frac{30}{64}$，$\frac{153}{305}$中最小的数是________。

答案：$\frac{5}{11}$。$\because\frac{5}{11}<\frac{1}{2}$，$\frac{6}{13}<\frac{1}{2}$，$\frac{30}{64}<\frac{1}{2}$，$\frac{116}{231}>\frac{1}{2}$，$\frac{153}{305}>\frac{1}{2}$，$\therefore$只要求$\frac{5}{11}$，$\frac{6}{13}$，$\frac{30}{64}$中的最小值即可。而$\frac{5}{11}=\frac{30}{66}$，$\frac{6}{13}=\frac{30}{65}$，$\frac{30}{66}<\frac{30}{65}<\frac{30}{64}$，所以$\frac{5}{11}<\frac{6}{13}<\frac{30}{64}$。则这五个分数中最小的是$\frac{5}{11}$。

[例 2]比较大小：$2017\frac{2015}{2016}+2016\frac{2013}{2017}$________$2018\frac{2015}{2016}+2015\frac{2013}{2017}$。

答案：=。$\left(2017\frac{2015}{2016}+2016\frac{2013}{2017}\right)-\left(2018\frac{2015}{2016}+2015\frac{2013}{2017}\right)$

$=\left(2017+\frac{2015}{2016}+2016+\frac{2013}{2017}\right)-\left(2018+\frac{2015}{2016}+2015+\frac{2013}{2017}\right)$

$=(2017+2016-2018-2015)+\left(\frac{2015}{2016}+\frac{2013}{2017}-\frac{2015}{2016}-\frac{2013}{2017}\right)$

$=0+0=0$。

[例 3]$A=\cfrac{1}{\frac{1}{2160}+\frac{1}{2161}+\cdots+\frac{1}{2177}}$，求 A 的整数部分。

答案：120。先估算分母的大小，$\because\frac{1}{2160}+\frac{1}{2161}+\cdots+\frac{1}{2177}<\frac{1}{2160}+\frac{1}{2160}+\cdots+\frac{1}{2160}=\frac{18}{2160}$，$\therefore\frac{2160}{18}<A<\frac{2177}{18}$，即 $120<A<120\frac{17}{18}$，则 A 的整数部分是 120。

三、巧算分数的和

有一些分数计算题如果按照常规方法计算就会十分复杂，必须运用某些技巧，寻找简单计算的方法，当分母之间存在某种特殊规律时，运用这些规律就能简化计算。若分母是相邻的两个自然数的乘积，可以通过拆项的方法，使得其中一部分分数可以相互抵消，从而简化计算过程。

一般地，可以利用下面的等式，巧妙地计算一些分数求和的问题。

$\frac{1}{n(n+1)}=\frac{1}{n}-\frac{1}{n+1}$；$\frac{1}{A}=\cfrac{1}{\frac{A}{a_1}(a_1+a_2)}+\cfrac{1}{\frac{A}{a_2}(a_1+a_2)}$。

[例 1]计算：$\frac{1}{1\times2\times3}+\frac{1}{2\times3\times4}+\cdots+\frac{1}{98\times99\times100}$。

答案：$\because\ \frac{1}{1\times2\times3}=\frac{1}{2}\times\left(\frac{1}{1\times2}-\frac{1}{2\times3}\right),\frac{1}{2\times3\times4}=\frac{1}{2}\times\left(\frac{1}{2\times3}-\frac{1}{3\times4}\right),\cdots,\frac{1}{98\times99\times100}=\frac{1}{2}\times\left(\frac{1}{98\times99}-\frac{1}{99\times100}\right)$，$\therefore$ 原式 $=\frac{1}{2}\times\left(\frac{1}{1\times2}-\frac{1}{2\times3}+\frac{1}{2\times3}-\frac{1}{3\times4}+\cdots+\frac{1}{98\times99}-\frac{1}{99\times100}\right)=\frac{1}{2}\left(\frac{1}{2}-\frac{1}{99\times100}\right)=\frac{4949}{19800}$。

[例 2]计算：$\frac{3+\frac{1}{2}}{2+\frac{1}{3}}\times\frac{4-\frac{1}{3}}{3-\frac{1}{4}}\times\frac{5+\frac{1}{4}}{4+\frac{1}{5}}\times\frac{6-\frac{1}{5}}{5-\frac{1}{6}}\times\cdots\times\frac{2016-\frac{1}{2015}}{2015-\frac{1}{2016}}\times\frac{2017+\frac{1}{2016}}{2016+\frac{1}{2017}}$。

答案：原式 $=\frac{\frac{2\times3+1}{2}}{\frac{2\times3+1}{3}}\times\frac{\frac{4\times3-1}{3}}{\frac{4\times3-1}{4}}\times\frac{\frac{5\times4+1}{4}}{\frac{5\times4+1}{5}}\times\frac{\frac{6\times5-1}{5}}{\frac{6\times5-1}{6}}\times\cdots\times\frac{\frac{2016\times2015-1}{2015}}{\frac{2016\times2015-1}{2016}}\times\frac{\frac{2017\times2016+1}{2016}}{\frac{2017\times2016+1}{2017}}=\frac{3}{2}\times\frac{4}{3}\times\frac{5}{4}\times\frac{6}{5}\times\cdots\times\frac{2016}{2015}\times\frac{2017}{2016}=\frac{2017}{2}$。

真题面对面

[2021 台州(天台、仙居、三门、临海)，填空，2 分] $\frac{362+548\times361}{362\times548-186}=$ ______。

答案：1。原式 $=\frac{362+548\times(362-1)}{362\times548-186}=\frac{362+548\times362-548}{362\times548-186}=\frac{362\times548-186}{362\times548-186}=1$。

四、繁分数

分子和分母中还含有分数和四则混合运算的分数叫作繁分数，通常无法直接应用运算定律和运算性质进行计算，因此繁分数的运算过程就是化简的过程，要分别对分子和分母逐步进行运算，其间需要扎实的基本功；概念清楚，运算迅速正确，而且还需要探索和掌握一些灵活的解题方法，化“繁”为“简”。

[例 1]计算：$\frac{3.875\times\frac{1}{5}+38.75\times0.09-0.155\div0.4}{2\frac{1}{6}\times\left[\left(4.32-1.68-1\frac{8}{25}\right)\times\frac{5}{11}-\frac{2}{7}\right]\div1\frac{9}{35}+1\frac{11}{24}}$。

答案：原式 $=\frac{3.875\times0.2+3.875\times0.9-0.155\times2.5}{\frac{13}{6}\times\left[(4.32-1.68-1.32)\times\frac{5}{11}-\frac{2}{7}\right]\times\frac{35}{44}+1\frac{11}{24}}$

$=\frac{3.875\times0.2+3.875\times0.9-0.3875}{\frac{13}{6}\times\left(1.32\times\frac{5}{11}-\frac{2}{7}\right)\times\frac{35}{44}+1\frac{11}{24}}=\frac{3.875\times(0.2+0.9-0.1)}{\frac{13}{6}\times\left(0.12\times5-\frac{2}{7}\right)\times\frac{35}{44}+1\frac{11}{24}}$

$$=\frac{3.875}{\frac{13}{6}\times\frac{11}{35}\times\frac{35}{44}+1\frac{11}{24}}=\frac{3.875}{\frac{13}{6\times4}+1\frac{11}{24}}=\frac{3.875}{2}=1.9375。$$

[例2]计算：$\dfrac{\frac{1}{1}+\frac{1}{3}}{\frac{1}{1}\times\frac{1}{2}\times\frac{1}{3}}+\dfrac{\frac{1}{2}+\frac{1}{4}}{\frac{1}{2}\times\frac{1}{3}\times\frac{1}{4}}+\dfrac{\frac{1}{3}+\frac{1}{5}}{\frac{1}{3}\times\frac{1}{4}\times\frac{1}{5}}+\cdots+\dfrac{\frac{1}{9}+\frac{1}{11}}{\frac{1}{9}\times\frac{1}{10}\times\frac{1}{11}}$。

答案：因为$\dfrac{\frac{1}{1}+\frac{1}{3}}{\frac{1}{1}\times\frac{1}{2}\times\frac{1}{3}}=\dfrac{\frac{4}{3}}{\frac{1}{6}}=2\times4$，$\dfrac{\frac{1}{2}+\frac{1}{4}}{\frac{1}{2}\times\frac{1}{3}\times\frac{1}{4}}=\dfrac{\frac{3}{4}}{\frac{1}{24}}=3\times6$，…，

所以原式 $=2\times4+3\times6+4\times8+5\times10+6\times12+7\times14+8\times16+9\times18+10\times20=2\times(2^2+3^2+\cdots+10^2)=2\times(10\times11\times21\div6-1^2)=768$。

五、分数和百分数应用题 【单选、填空、解答】 ★★★

分数、百分数应用题有一个显著的特点：每一个具体的实际数量对应着一个分率（几分之几或百分之几），每一个分率也总有一个具体的实际数量和它对应。乘法，先要抓准所求问题和已知条件中的分率的对应，然后再求分率所对应的具体数量；除法，要抓住已知条件中所给的具体数量和分率的对应，然后求出单位"1"。简单地讲，解答较难的分数、百分数应用题，一定要找准单位"1"和对应分率这"两件宝"。

考法大揭秘

分数、百分数问题常用的解题方法

1. 转化法

一道数学应用题如果用某种方法难以解决，或者计算比较繁琐，我们可根据知识间的内在联系，恰当地转化题目中的数量关系，把一种问题转化成另一种问题，往往能化难为易。

复杂的分数应用题，常常含有几个不同的单位"1"，根据题目的具体情况，将不同的单位"1"转化成统一的单位"1"，使隐蔽的数量关系明朗化。转化的方法：从分数的意义出发，把分数变成份数进行"率"的转化；直接运用分率计算，进行"率"的转化；通过恒等变形，进行"率"的转化。

2. 逆推法

在分数、百分数的应用题中有两个以上的单位"1"，虽然用分率的转化也能计算，但比较复杂，如果用逆推法解答，则比较简便；另外，有的题目用分率的转化很难计算，而必须用逆推法才能解答。

3. 假设法

假设法解题的思考方法是先通过假设来改变题目的条件，然后再和已知条件配合推算。运用假设法时，可以假设数量增加或减少，从而与已知条件产生联系；也可以假设某个量的分率与另一个量的分率一样，再根据乘法分配律求出这个分率对应的和，最后依据它与实际条件的矛盾来求解。

[例]一条公路修了1000米后，剩下部分比全长的$\frac{3}{5}$少200米，这条公路全长多少米?

答案：由题意知，假设少修200米，也就是修$1000-200=800$(米)，那么剩下部分正好是全长的$\frac{3}{5}$，因此已修的800米占全长的$\left(1-\frac{3}{5}\right)$，所以这条公路全长为$(1000-200)\div\left(1-\frac{3}{5}\right)=2000$(米)。

答：这条公路全长2000米。

4. 图解法

图解法是我们在解答分数、百分数应用题时常用到的一种解题方法，即在了解题目中的条件和所求的问题以后，用图表示出来，这样便于看清题目的数量关系，寻找解题方法。

[例]有一书架，上层书架的图书占总数的$\frac{2}{5}$，若从下层拿出16本放入上层书架，则两层的书本数就相等，求书架共有图书多少本?

答案：从下层拿出16本书放入上层后两层书本数相等，则原来的下层就比上层多16×2本书，

那么书架共有图书$16\times2\div\left(1-\frac{2}{5}-\frac{2}{5}\right)=160$(本)。

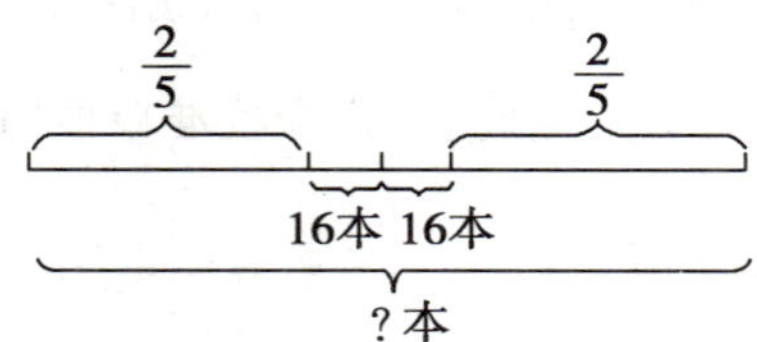

答：书架共有图书160本。

5. 其他

当工程应用题和分数应用题混合在一起时，主要利用工程应用题的特点：工作总量、工作效率和工作时间之间的关系来解答。

真题面对面

1. [2021台州(天台、仙居、三门、临海)，单，1.6分]某制衣车间需要加工一批童装，第一天加工了25%，第二天加工了$\frac{2}{5}$，两天一共加工了325件，则该制衣车间一共需要加工(　　)件童装。

A. 425　　B. 450

C. 500　　D. 550

答案：C。设该制衣车间一共需要加工x件童装，则可列方程$\left(\frac{1}{4}+\frac{2}{5}\right)x=325$，解得$x=500$。

2. [2021 台州(天台、仙居、三门、临海),单,1.6 分]某学校六年级中女生人数比六年级总人数的$\frac{3}{5}$多 90 人,男生人数是女生人数的$\frac{1}{3}$,则该学校六年级共有(　　)人。

A. 360　　B. 400　　C. 450　　D. 600

答案:D。由题意得,设六年级总人数为 x,则女生人数为$\frac{3}{4}x$,男生人数为$\frac{1}{4}x$,可列方程$\frac{3}{4}x-\frac{3}{5}x=90$,解得 $x=600$。

3. [2021 台州(天台、仙居、三门、临海),单,1.6 分]已知今年小田的年龄是妈妈年龄的$\frac{2}{9}$,5 年前小田的年龄是妈妈年龄的$\frac{1}{8}$,则妈妈今年(　　)岁。

A. 36　　B. 40　　C. 45　　D. 72

答案:C。由题意得,设妈妈今年的年龄为 x,则小田今年的年龄为$\frac{2}{9}x$,可列方程$\frac{2}{9}x-5=\frac{1}{8}(x-5)$,解得 $x=45$。故妈妈今年 45 岁。

考法大揭秘

列方程解应用题

1. 列方程解应用题的一般步骤

①审,审题。就是弄清题意和数量关系,分析什么是已知量,什么是未知量,要求的是什么。可采用线段图示法、列表法、直观模型法、实物演示法等帮助理解。

②设,设未知数。一般是采取直接设元法,即题目中求什么,就设什么为未知数,也可以采取间接设元法和辅助设元法。

③找,找相等关系。充分利用题目中所给出的已知条件,根据分析,找出能够表示题目全部含义的一个相等关系,这是关键一步。

④列,列方程。把文字表示的相等关系用符号进行表示。

⑤解,解方程。求出未知数的值。

⑥验,检验。检验所求的未知数的值是否使代数式无意义或无实际意义。

2. 列方程解应用题的方法

①综合法:先把应用题中已知数(量)和所设未知数(量)列成有关的代数式,再找出它们之间的等量关系,进而列出方程。这是从部分到整体的一种思维过程,其思考方向是从已知到未知。

②分析法:先找出等量关系,再根据建立等量关系的具体需要,把应用题中已知数(量)和所设的未知数(量)列成有关的代数式进而列出方程。这是从整体到部分的一种思维过程,其思考方向是从未知到已知。

真题面对面

1. [2020 年 1 月杭州(小学),填空,3 分]某只袋中装有若干个红色或黄色的小球,小红第一次摸出两个红球。黄老师说:“剩下的红球是黄球的$\frac{3}{5}$”,把球放回后,再摸一次是一红一黄,黄老师说:“剩下的红球是黄球的$\frac{2}{3}$”。袋中原来共有________个球。

答案:42。设黄球个数为 x,则红球个数为$\frac{3}{5}x+2$。由题意得$\left(\frac{3}{5}x+2\right)-1=\frac{2}{3}(x-1)$,解得 $x=25$,则袋中原来有球 $25+\frac{3}{5}\times25+2=42$ 个。

2. [2020 年 1 月杭州(小学),解答,6 分]某书店老板去图书馆批发市场购买某种图书,第一次购买书共用去 100 元,该书按定价 2.8 元出售,很快售完。第二次购书时,每本的批发价比第一次增多 0.5 元,共用去 150 元,所购数量比第一次多 10 本,当这批书售出$\frac{4}{5}$时出现滞销,便以定价的 5 折售完剩余图书。试问该老板第二次售书是赔钱还是赚钱?若赔,赔多少?若赚,赚多少?

答案:设第二次购书 x 本,则第一次购书 $(x-10)$ 本,根据题意得$\frac{100}{x-10}+0.5=\frac{150}{x}$,化简得 $x^2-110x+3000=0$,解得 $x_1=50$,$x_2=60$。经检验,$x_1=50$,$x_2=60$ 都是方程的根。

当 $x=50$ 时,每本书的批发价为 $150\div50=3$(元),高于书的定价,不合题意,舍去;当 $x=60$ 时,符合题意,故第二次购书 60 本。

则 $2.8\times60\times\frac{4}{5}+2.8\times0.5\times60\times(1-\frac{4}{5})=151.2$(元),则 $151.2-150=1.2$(元),故赚了 1.2 元。

六、浓度问题 【单选、填空、解答】 ★★

浓度问题

与溶质、溶剂、溶液、浓度有关的问题,统称为浓度问题,这是小学数学应用题中的一个重要内容。对于任何溶液,它有四个量:溶质质量、溶剂质量、溶液质量以及浓度,这四个量由其中任两个量确定。

溶质、溶剂、溶液及浓度满足以下基本的关系式:

溶质质量 + 溶剂质量 = 溶液质量;

浓度 = $\frac{\text{溶质质量}}{\text{溶液质量}}\times100\%$;

1 − 浓度 = $\frac{\text{溶剂质量}}{\text{溶液质量}}$。

考法大揭秘

浓度问题的解题技巧

1. 溶剂增加或减少引起的浓度变化。解题关键是溶质是不变的。

2. 溶质增加引起的浓度的变化。解题关键是溶剂是不变的。

3. 两种或几种不同浓度的溶液配比问题。解题关键是混合前各溶液的溶质的质量和与混合后溶液的溶质质量相等。

具体解答浓度问题的时候，通常会按照基本公式或使用十字相乘法、列方程等方法求解。

真题面对面

1. [2021 年 1 月杭州(小学)，单选，3 分] 有甲、乙两瓶盐水，甲瓶盐水的浓度为 8%，乙瓶盐水的浓度为 5%，两瓶盐水混合后浓度为 6.2%。那么，四分之一的甲瓶盐水和六分之一的乙瓶盐水混合后的浓度为(　　)

A. 7.5%　　B. 5.5%　　C. 6%　　D. 6.5%

答案：D。设甲瓶盐水的质量为 x，乙瓶盐水的质量为 y。由题意得 $\frac{8\%x+5\%y}{x+y}=6.2\%$，化简得 $x=\frac{2}{3}y$。第二次混合后浓度为 $\frac{\frac{1}{4}x\cdot 8\%+\frac{1}{6}y\cdot 5\%}{\frac{1}{4}x+\frac{1}{6}y}$，将 $x=\frac{2}{3}y$ 代入得，原式 $=\frac{\frac{1}{50}\times\frac{2}{3}y+\frac{1}{120}y}{\frac{1}{3}y}=6.5\%$。

2. [2022 年 6 月杭州(中小学)，解答，6 分] 一次活动中，男性人数比总人数的 80% 少 160 人，女性人数比男性人数的 $\frac{3}{5}$ 多 18 人，那么这次活动的总人数、男性人数、女性人数各为多少？

答案：设总人数为 x 人，则男性有 $(80\%x-160)$ 人，女性有 $\left[\frac{3}{5}(80\%x-160)+18\right]$ 人，则可得 $\frac{3}{5}(80\%x-160)+18+80\%x-160=x$，解得 $x=850$。

则 $80\%\times 850-160=520$(人)，$850-520=330$(人)。

答：这次活动的总人数有 850 人，其中男性有 520 人，女性有 330 人。

七、利润与利息问题 【单选、填空、解答】 ★★

与利息相关的问题常见的是百分率问题，因为利润不仅表示买入价(进价或成本)与卖出价的差价，还更多地用百分率表示：

$\frac{卖出价-成本}{成本}\times 100\%=$ 利润率。

与利润相关的生活中的问题，常用“打折”来表示，“几折”就是百分之几十。

利润和利息包括利息与利率相关的百分数问题：本金 × 利率 × 时间 = 利息。利率指一定时期内利息占本金的百分之几。所以,利润和利息相关的问题也是常见的百分数问题。

真题面对面

1. [2021 绍兴,单,3 分]商店本月的计划销售额是 20 万元,由于开展了促销活动,上半月完成了计划的 60%,若全月要超额完成计划的 25%,则下半月应完成销售额(　　)

A. 12 万元　　B. 13 万元

C. 14 万元　　D. 15 万元

答案:B。上半月销售额为 $20\times60\%=12$(万元),本月实际应完成的销售额是 $20\times(1+25\%)=25$(万元),则下半月应完成的销售额是 $25-12=13$(万元)。

2. [2021 台州(天台、仙居、三门、临海),填空,2 分]某商场内一台电风扇打七五折后的售价是 315 元,则这台电风扇的原价是________元。

答案:420。这台电风扇的原价为 $315\div0.75=420$ 元。

3. [2021 年 5 月杭州(小学),解答,6 分]一种商品进货单价为 40 元,如果按 50 元的定价出售,卖出 500 个后本地市场就将饱和,同时市场调查表明此种商品单价每涨 1 元,其销售量就减少 10 个。为了能赚取最多的利润,售价应定为多少元?

答案:设涨价 x 元,利润为 y 元,由题意得,$y=(500-10x)\times(50+x-40)=10\times(50-x)\times(x+10)=-10(x-20)^2+9000$,故当 $x=20$ 时,利润最大,最大为 9000 元,此时的售价 $50+20=70$(元)。

答:利润最大时,售价为 70 元。

八、植树与方阵问题

1. 植树问题

	植树问题一	植树问题二	植树问题三	植树问题四
基本类型	在直线或者不封闭的曲线上植树,两端都植树	在直线或者不封闭的曲线上植树,两端都不植树	在直线或者不封闭的曲线上植树,只有一端植树	封闭曲线上植树
基本公式	棵数 = 段数 + 1 棵距 × 段数 = 总长	棵数 = 段数 − 1 棵距 × 段数 = 总长	棵数 = 段数 棵距 × 段数 = 总长	
解题关键思路	确定所属类型,从而确定棵数与段数的关系			

2. 方阵问题

方阵其实是一种队形,一个团队排队,横着排叫行,竖着排叫列,若行数与列数都相等,正好排成一个正方形,这种队形就叫作方阵。

方阵一般分两类:**实心方阵和空心方阵**。中心区域没有空缺的方阵称为实心方阵。如下左图所示,是一个最外层每边人数为 5 的实心方阵。

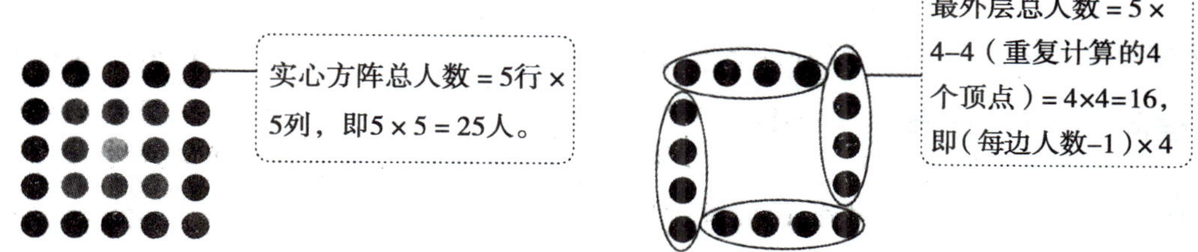

实心方阵(最外层每边人数为 N 人)核心公式:

方阵最外层总人数 = (最外层每边人数 - 1) × 4　　　　方阵总人数 = N^2

实心方阵内部缺少几层便是空心方阵,如下左图所示。

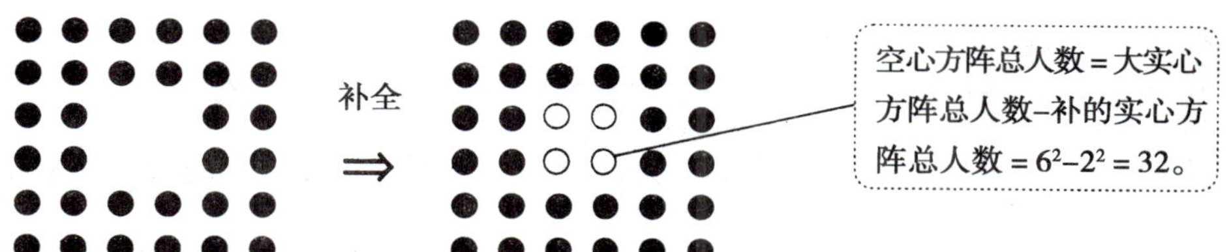

空心方阵(最外层每边人数为 N 人)核心公式:

总人数 = (最外层每边人数 N - 层数) × 层数 × 4

注:方阵中,从外到里,每边人数依次减少 2,每层人数依次减少 8。特殊地,当方阵最里层人数为 1 时,第二层人数为 8,两层相差 7。

[例 1]时钟 3 点敲 3 下,6 秒钟敲完。那么 7 点钟敲 7 下,(　　)秒钟敲完。

A. 10　　B. 12　　C. 14　　D. 18

答案:D。时钟敲 3 下,6 秒钟敲完,有 2 个间隔,则每隔 3 秒敲一下。7 点钟敲 7 下,有 6 个间隔,需 3 × 6 = 18(秒)敲完,故选 D。

[例 2]为了迎接"六一"儿童节,某小学准备了团体体操表演,三年级学生排成的方阵为实心方阵,最外一层每边上的人数均为 16 人,求:

(1)实心方阵的总人数;

(2)实心方阵最外层的人数;

(3)若实心方阵外加一行一列仍为实心方阵,则需要增加的人数。

答案:(1)由于实心方阵的最外一层每边上的人数均为 16 人,则可知实心方阵为 16 × 16 的方阵,即实心方阵的总人数为 16 × 16 = 256(人)。

答:实心方阵的总人数为 256 人。

(2)实心方阵最外层都有 1 个人在拐角处,故 4 个拐角处有 4 个人,则实心方阵的最外层的总人数为 16 × 4 - 4 = 60(人)。

答:实心方阵最外层的人数为 60 人。

(3)若实心方阵的外层加一行一列，仍为实心方阵，则这一行一列要比原来最外层每行每列的人数多1，即需加的人数为$17+16=33$(人)。

答：需要增加的人数为33人。

九、工程问题 【单选、填空、解答】★★★

1. 基本概念

基本数量关系：工作效率×工作时间=工作总量。

基本特点：设工作总量为“1”，工作效率$=\dfrac{1}{\text{工作时间}}$。

基本方法：算术方法、比例方法、方程方法。

2. 工程问题

(1)两个人的工程问题：这里的“两个人”，也可以是两个组、两个队等两个集体。

(2)多人工程问题：我们说的多人，至少有3个人，当然多人问题要比2人问题复杂一些，但是解题的基本思路差不多。

第二部分

真题面对面

1. [2021年1月杭州(小学)，单选，3分]A、B、C三项工程的工作量之比为1∶2∶3，由甲、乙、丙三个工程队分别承担，同时开工，若干天后，甲完成的工作量是乙未完成工作量的二分之一，乙完成的工作量是丙未完成的工作量的三分之一，丙完成的工作量等于甲未完成的工作量，则甲、乙、丙三个队的工作效率之比为(　　)

A. 1∶2∶3　　B. 2∶4∶3

C. 5∶6∶3　　D. 4∶6∶3

答案：D。设甲、乙、丙的工作效率分别为$\frac{1}{a},\frac{1}{b},\frac{1}{c}$，三项工程的工作量分别为1,2,3，设若干天为$k$。$k$天后，甲完成的工作量为$\frac{k}{a}$，未完成的工作量为$1-\frac{k}{a}$；乙完成的工作量为$\frac{k}{b}$，未完成的工作量为$2-\frac{k}{b}$；丙完成的工作量为$\frac{k}{c}$，未完成的工作量为$3-\frac{k}{c}$。由题意得$\frac{k}{a}=\frac{1}{2}\left(2-\frac{k}{b}\right)$，$\frac{k}{b}=\frac{1}{3}\left(3-\frac{k}{c}\right)$，$\frac{k}{c}=1-\frac{k}{a}$，化简得$\frac{1}{a}+\frac{1}{2b}=\frac{1}{b}+\frac{1}{3c}=\frac{1}{c}+\frac{1}{a}$，即$\frac{1}{a}:\frac{1}{b}:\frac{1}{c}=4:6:3$。

2. [2021台州(天台、仙居、三门、临海)，填空，2分]已知某快递中转站计划5小时完成3600件快递的投递工作，由于引进了一款分拣机器人，实际每小时比原计划多完成280件，实际需要________小时完成任务。

答案：3.6。原计划每小时完成的工作量为$3600\div5=720$(件)，实际每小时完成的工作量为$720+280=1000$(件)，实际需要$3600\div1000=3.6$(小时)完成任务。

3. 水管问题

从数学的角度来看，水管问题与工程问题是一样的，水池的注水或排水相当于一项工程，注水量或排水量就是工作量，单位时间里的注水量或排水量就是工作效率，至于注入与排出的问题，仅是工作量的加减。其核心解题公式如下：

实际进水效率 = 进水管效率 - 排水管效率

实际排水效率 = 排水管效率 - 进水管效率

[例] 一个水池上装有 3 根水管。甲管为进水管，乙管为出水管，20 分钟可将满池水放完，丙管也是出水管，30 分钟可将满池水放完。现在先打开甲管，当水池水刚溢出时，打开乙、丙两管用了 18 分钟放完，当打开甲管注满水时，再打开乙管，而不开丙管，多少分钟将水放完？

答案：$\dfrac{1}{\left(\dfrac{1}{20}+\dfrac{1}{30}\right)}=12$ 表示乙、丙合作将满池水放完需要的分钟数，则 $\dfrac{1}{12}$ 表示乙、丙合作的效率，即每分钟的放水量。

$18-12=6$ 表示乙、丙合作将满池水放完后，还多放了 6 分钟的水，也就是甲 18 分钟进的水。

$(\dfrac{1}{12}\times6)\div18=\dfrac{1}{36}$ 表示甲每分钟的进水量，

则当打开甲管注满水时，再打开乙管，而不开丙管，将水放完所需时间为 $1\div\left(\dfrac{1}{20}-\dfrac{1}{36}\right)=45$（分钟）。

答：当打开甲管注满水时，再打开乙管，而不开丙管，将水放完需要 45 分钟。

4. 牛吃草问题

对于同一片草地，由于每头牛吃草的速度不变，所以牛头数越多（少），草能够吃的天数越少（多）。假设每头牛每天吃草的速度为“1”份，由此我们可以总结出解决牛吃草问题常用到的四个基本公式，分别是：

①草的生长速度 = 某时间段内草生长的量 ÷ 对应的天数 =（草能够吃的较多天数 × 相应的牛头数 - 草能够吃的较少天数 × 相应的牛头数）÷ 天数差；

②原有草量 = 牛吃的总量 - 这段时间新生长的草的量 = 牛头数 × 吃的天数 - 草的生长速度 × 吃的天数；

③吃的天数 = 草量 ÷ 草每天减少的量 = 原有草量 ÷（牛头数 - 草的生长速度）；

④牛头数 = 原有草量 ÷ 吃的天数 + 草的生长速度。

牛吃草问题的难点在于草每天都在不断生长，草的数量在不断地变化，关键是找出不变的量，即原有草量。其解题步骤如下：

①求出每天长草量；

②求出牧场原有草量；

③求出每天实际消耗原有草量(牛吃的草量－生长的草量＝消耗原有的草量);

④最后求出牛可吃的天数。

[例]有一片牧场的草,如果放牧27头牛,则6星期可以把草吃光;如果放牧23头牛,则9星期可以把草吃光;如果放牧21头牛,问几个星期可以把草吃光?

答案:设每头牛每星期的吃草量为1,

27头牛6个星期的吃草量为27×6＝162,这既包括牧场上原有的草,也包括6个星期长的草,

23头牛9个星期的吃草量为23×9＝207,这既包括牧场上原有的草,也包括9个星期长的草。

则每个星期草的生长量是(207－162)÷(9－6)＝15,牧场上原有的草量是162－15×6＝72,

因为每头牛每星期的吃草量为1,所以每个星期新长出的草可供15头牛吃,要放牧21头牛,还余下21－15＝6头牛要吃牧场上原有的草,这个牧场上原有的草量被6头牛吃完的时间,就是21头牛吃完牧场上草的时间,72÷6＝12(星期)。

答:放牧21头牛,12个星期可以把牧场上的草吃光。

第二部分

真题面对面

[2020绍兴(三区),解答,6分]有一片草场,草每天的生长速度相同,若14头牛30天可将草吃完,70只羊16天也可将草吃完(4只羊一天的吃草量相当于1头牛一天的吃草量)。那么17头牛和20只羊多少天可将草吃完?

答案:设一只羊每天的吃草量为1份,则每头牛每天的吃草量为4份,14头牛30天吃了4×14×30＝1680份草量,70只羊16天吃了16×70＝1120份草量,则草生长速度为(1680－1120)÷(30－16)＝40份/天,原草量为1120－40×16＝480份,若有17头牛和20只羊则能吃480÷(17×4＋20－40)＝480÷(88－40)＝10天。

十、行程问题 【单选、填空、解答】 ★★★

行程问题包括追及、行船、相遇问题,解题的关键是根据时间、速度、路程三个量之间的关系,计算相向、相背和同向运动的问题。

1. 追及问题

两个人(或车辆)同时从两地同向行驶,后面快的人(或车辆)经过一段时间赶上前面慢的人(或车辆),由此问题衍生出来的一类应用题称为追及问题。

基本数量关系:追及路程＝速度差×追及时间;追及时间＝追及路程÷速度差。

[例]小明和小华相约骑摩托车从甲地到一处游览胜地去玩。两人同时出发,小明的车每小时行30千米,小华的车每小时行34千米,途中,小华的车因故障耽误了24分钟,结果两人同时到达。问甲地和游览胜地之间的距离是多少千米?

答案:如果小华的车子不坏的话,当小明到达终点时,小华将会比小明多行 $34\times24\div60=13.6$ 千米,小华每小时比小明多行 $34-30=4$ 千米,多行 13.6 千米需要 $13.6\div4=3.4$ 小时,而实际上,小明行驶时间也是 3.4 小时,故总路程为 $30\times3.4=102$ 千米。

本题也可直接列方程求解。设路程为 S 千米,则可列方程 $\frac{S}{30}=\frac{S}{34}+\frac{24}{60}$,解得 $S=102$。

真题面对面

[2021 台州(天台、仙居、三门、临海),单,1.6 分]甲、乙、丙三辆车同时从 A 地出发到 B 地,甲、乙、丙三辆车的速度分别为 24 千米/时、20 千米/时、19 千米/时。若甲、乙、丙三辆车沿同一条公路追赶一辆正在行驶的大巴车,甲车追上大巴车用了 6 小时,乙车追上大巴车用了 10 小时,则丙车追上大巴车需要用(　　)小时。

A. 11　　B. 12　　C. 14　　D. 15

答案:B。设大巴车的速度为 x 千米/时,初始时大巴车距离 A 地为定值 S 千米,丙车追上大巴车所用时间为 t 小时,可列方程为 $(24-x)\times6=(20-x)\times10$,解得 $x=14$。则 $S=(24-14)\times6=60$,故 $(19-14)t=60$,解得 $t=12$。故丙车追上大巴车需要 12 小时。

2. 流水问题

顺水行程 = (静水船速 + 水速) × 顺水时间;

逆水行程 = (静水船速 − 水速) × 逆水时间;

顺水速度 = 静水船速 + 水速;

逆水速度 = 静水船速 − 水速;

水速 = (顺水速度 − 逆水速度) ÷ 2;

静水船速 = (顺水速度 + 逆水速度) ÷ 2。

真题面对面

1. [2021 年 5 月杭州(小学),填空,3 分]某人畅游长江,逆流而上,在 A 处丢失一只水壶,又游了 18 分钟才发现丢失了水壶,于是立即返回寻找,在距离 A 处 2.4 千米的地方追回,则水流速度是________千米/小时。

答案:4。人逆流而上的速度 = 人的速度 − 水流速度,人顺流而下的速度 = 人的速度 + 水流速度。该人逆流而上时,水壶顺流而下即水流速度,水壶和人的相对速度相当于人在静水中的速度。该人游了 18 分钟发现丢失水壶,此时人与水壶的距离就是该人在静水中的游 18 分钟的路程。该人顺流而下追回水壶,水壶也顺流而下,则人与水壶的速度差为人在静水中的速度。故当人追到水壶时所用时间仍为 18 分钟。故水流速度是 $2.4\div\frac{18+18}{60}=4$(千米/小时)。

2. [2021 年 1 月杭州(小学),填空,3 分]A 码头在 B 码头的上游,遥控舰模从 A 码头出发,在两个码头之间往返航行。已知舰模在静水中的速度是每分钟 200 米,水流的速度是每分钟 40 米。出发 20 分钟后,舰模位于 A 码头下游 960 米处,并向 B 码头行驶。则 A 码头和 B 码头之间的距离为________米。

答案:1536。往的总时间 + 返的总时间 + 顺水 960 米的时间 = 20 分钟。设两个码头之间的距离为 x 米,舰模往返 y 次,则可以得到方程 $\frac{x}{200+40}\cdot y+\frac{x}{200-40}\cdot y+\frac{960}{200+40}=20$,因为 $x>960$,y 为自然数,可以求得 $y=1$,$x=1536$,故 A 码头和 B 码头之间的距离为 1536 米。

3. [2021 绍兴,解答,5 分] 甲、乙两港的水路长 208 千米,某船从甲港开往乙港,顺水 8 小时到达,从乙港开到甲港,逆水 13 小时到达,求船在静水中的速度和水流速度。

答案:顺水航行的速度是 $208\div8=26$ 千米/时,逆水航行的速度是 $208\div13=16$ 千米/时,所以船在静水中的速度是 $(26+16)\div2=21$ 千米/时,水流的速度为 $26-21=5$ 千米/时。

3. 相遇问题

(1)直线运动:甲的路程 + 乙的路程 = 总路程。

(2)环形运动:甲的路程 + 乙的路程 = 环形周长。

真题面对面

[2021 年 5 月杭州(小学),单,3 分]长途汽车在两地之间行驶,每辆车经过 4 小时行完全程,从上午 6 点开始,每隔 1 小时从甲、乙两站同时发出一辆长途汽车,最后一班车在下午 4 点出发,那么,从甲站发车的司机最多能看到(　　)辆迎面驶来的同路长途汽车(含进出站)。

A. 9　　B. 8　　C. 7　　D. 6

答案:A。从甲站发车的司机最多能看到 $4+4+1=9$ 辆车。(例如:11 点从甲站出发的汽车司机最多能看到 7,8,9,10,11,12,13,14,15 点从乙站发出的长途汽车)

十一、比和比例问题 【单选、填空、解答】 ★★

比和比例问题

1. 按比例分配问题的含义

所谓按比例分配,就是把一个数按照一定的比分成若干份。这类题的已知条件一般有两种形式:一是用比或连比的形式反映各部分占总数量的份数,另一种是直接给出份数。总份数 = 比的前后项之和。

2. 按比例分配问题数量关系

从条件看,已知总量和几个部分量的比;从问题看,求几个部分量各是多少。

3. 按比例分配问题解题思路和方法

先把各部分量的比转化为各占总量的几分之几,把比的前后项相加求出总份数,再求各部分占总量的几分之几(以总份数作分母,比的前后项分别作分子),再按照求一个数的几分之几是多少的计算方法,分别求出各部分量的值。

真题面对面

1.［2021 台州（天台、仙居、三门、临海），单，1.6 分］某学校五、六年级共有学生 152 人，已知五年级男同学与女同学人数之比为 2∶3，六年级男同学与女同学人数之比为 5∶7，若五年级男同学人数比六年级男同学人数多 2 人，则该学校五、六年级共有女同学（　　）人。

A. 48　　B. 62　　C. 86　　D. 90

答案：D。设五年级总人数为 x，六年级总人数为 y，由题意可列方程 $\begin{cases}x+y=152,\\ \frac{2}{5}x-\frac{5}{12}y=2,\end{cases}$ 解得 $\begin{cases}x=80,\\ y=72,\end{cases}$ 故学校五、六年级共有女同学 $80\times\frac{3}{5}+72\times\frac{7}{12}=48+42=90$ 人。

2.［2019 年 1 月杭州（小学），单，3 分］如图，大小两个正方形中两个阴影三角形的面积比是 3∶1，那么空白部分的面积比是（　　）

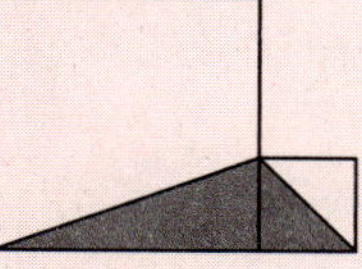

A. 6∶1　　B. 9∶1　　C. 12∶1　　D. 15∶1

答案：D。设大正方形的边长为 x，小正方形的边长为 y，根据题意得，$\frac{1}{2}xy:\frac{1}{2}y^2=3:1\Rightarrow x=3y$，由以上关系式可得，两个正方形空白部分的面积比是 $\left(x^2-\frac{1}{2}xy\right):\frac{1}{2}y^2=15:1$。

十二、圆的周长与面积

圆的周长和面积计算的基本方法是仔细观察，发现特点，找出内在的联系，常常通过图形割补、旋转、平移、等积变形等方法加以解决。需要精巧的构思和恰当的设计，把形象思维与抽象思维结合起来。

［例 1］如图，一个半径为 8 的轮子沿着一个半圆的直径滚动直到它撞到半圆上（半圆的半径为 25），问轮子不能接触到的直径有多长？

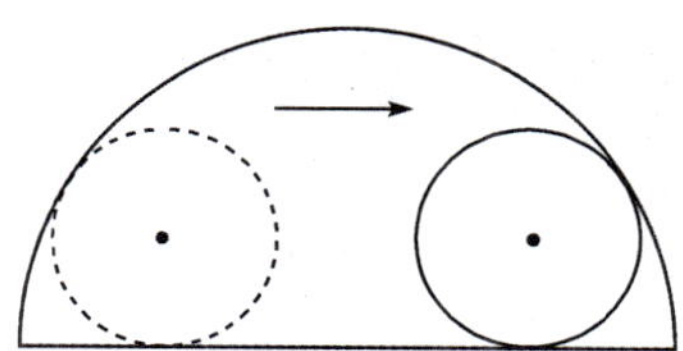

答案：如图，由题有 $OO_1=25-8=17$，$O_1A=8$，由勾股定理有 $OA^2=17^2-8^2=225=15^2$，$OA=15$，所以轮子不能接触到的直径长是 $(25-15)\times2=20$。

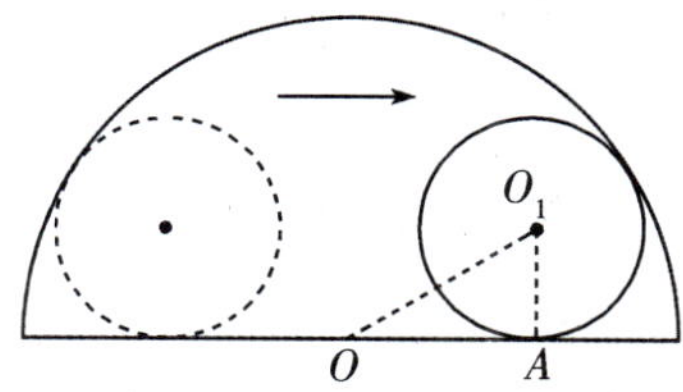

［例 2］如图，边长为 12 米的正方形池塘的周围是草地，池塘边 A,B,C,D 处各有一根木桩，且 $AB=BC=CD=3$ 米。现用长为 4 米的绳子将一头羊拴在其中的某根木桩上，为了使羊在草地上活动区域的面积最大，

应将绳子拴在哪一处的木桩上?

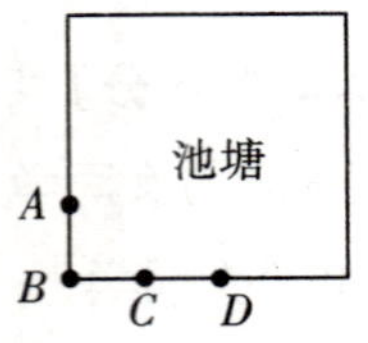

答案:如图,各图中阴影部分的面积即为将绳子分别拴在 A,B,C,D 处时羊的活动区域,图(1)中阴影部分面积为一个半径为 4 m 的半圆加上一个圆心角 90°,半径为 1 m 的小扇形面积之和;图(2)中阴影部分的面积为一个半径为4m的半圆加上一个圆心角为 90°,半径为4m的大扇形面积之和;图(3)中阴影部分面积与图(1)阴影部分面积相等;图(4)中阴影部分面积为一个半径为 4m 的半圆面积。这样,不用计算就能发现:$S_{阴影2} > S_{阴影1} = S_{阴影3} > S_{阴影4}$。所以应将绳子拴在 B 处的木桩上。

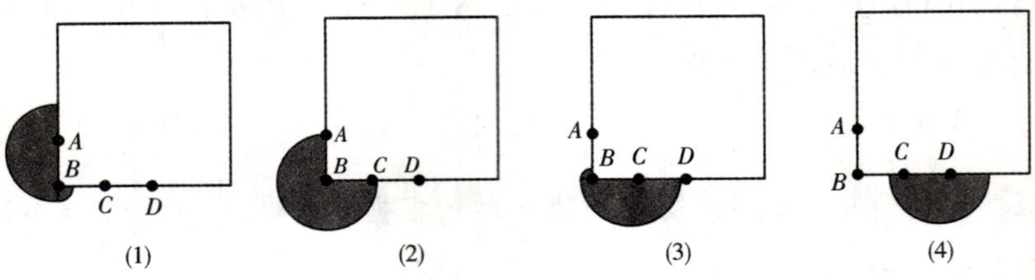

真题面对面

[2022 年 6 月杭州(中小学),解答,7 分]如图,圆的面积与长方形的面积相等,圆的半径与长方形的宽相等,已知阴影部分的周长比圆的周长多 6. 28 cm,求阴影部分的面积和周长。(π 取 3. 14)

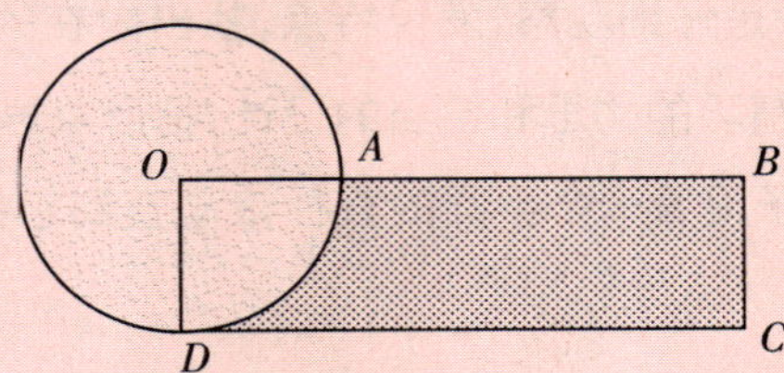

答案:设圆的半径为 r cm,则 $S_{圆} = \pi r^2\ \text{cm}^2 = S_{长方形} = r \cdot \pi r\ \text{cm}^2$,则 $CD = \pi r$ cm,$AB = (\pi r - r)$ cm,$C_{阴影部分} = (C_{圆} + 6.28)$ cm $= (2\pi r + 6.28)$ cm,则 $r + \pi r + \pi r - r + \frac{1}{4} \times 2\pi r - 2\pi r = 6.28$ cm,解得 $r = 4$ cm,则 $S_{阴影部分} = \pi r^2 - \frac{1}{4}\pi r^2 = \frac{3}{4}\pi r^2 = 37.68\ \text{cm}^2$,$C_{阴影部分} = r + \pi r + \pi r - r + \frac{1}{4} \times 2\pi r = 31.4$ cm。

十三、扇形 【填空、解答】 ★★

扇形

扇形是圆的一部分,它是由圆心角的两条半径和圆心角所对的弧围成的图形,扇形的大小由它的半径和弧所对的圆心角的大小决定。因为扇形是圆的一部分,所以扇形的弧长和面积的计算方法就从圆周长和面积的计算方法中引申出来:

设扇形的圆心角是 n 度,则

扇形的弧长计算公式:$L = \frac{n}{360} \times 2\pi r = \frac{n}{180} \times \pi r$;

扇形的面积计算公式：$S=\frac{n}{360}\times\pi r^2=\frac{1}{2}Lr$。

一些特殊角的扇形可以看作是$\frac{1}{6}$，$\frac{1}{4}$，$\frac{1}{3}$，$\frac{3}{4}$，…的圆来计算。

[例1]如图，扇形 ABD 的半径是4厘米，阴影部分②比阴影部分①大6.56平方厘米，求直角梯形 $ABCD$ 的面积。（π 取3.14）

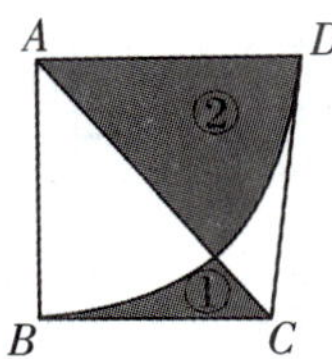

答案：$S_{\triangle ABC}=\frac{1}{4}\pi\times4^2-6.56=6$（平方厘米），$BC=6\times2\div4=3$（厘米），$(4+3)\times4\div2=14$（平方厘米）。

答：直角梯形 $ABCD$ 的面积为14平方厘米。

[例2]传说古老的天堂国有一座钟楼，钟楼上有一座大钟，这座大钟的钟面有10平方米。每当太阳西下，钟面就会出现奇妙的阴影（如图），那么，阴影部分的面积是多少平方米？（π 取3.14）

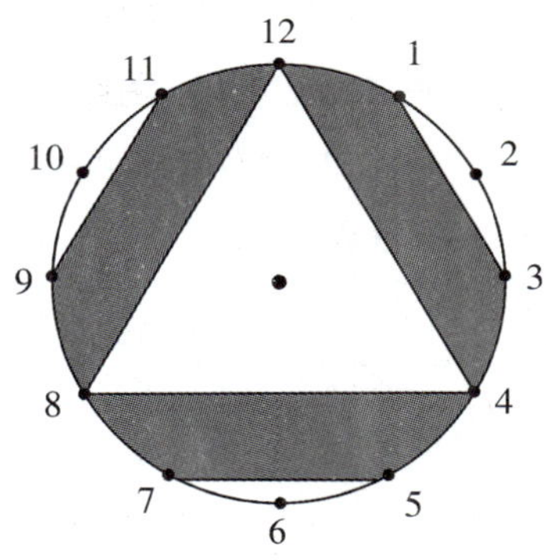

答案：将原图中的等边三角形逆时针旋转30°，得到如图，因为△AOD、△BOD 都是等边三角形，所以四边形 $AOBD$ 是菱形，可知 $S_{\triangle AOB}=S_{\triangle ADB}$，又因为弦 AD 所对的弓形与弦 BD 所对的弓形面积相等，则扇形 AOB 中的阴影部分面积占一半。同理，在扇形 AOC，扇形 BOC 中，阴影部分面积也占一半。

所以，阴影部分面积占圆面积的一半，为 $10\div2=5$（平方米）。

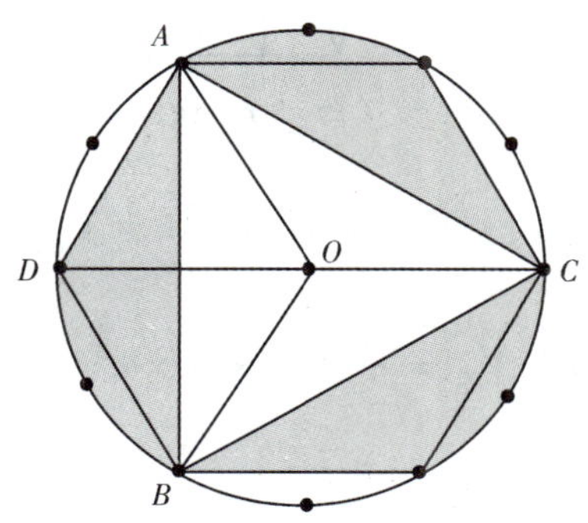

十四、圆柱和圆锥 【单选、填空、解答】 ★★

	圆柱	圆锥	圆台
图形	轴、底面、O'、A'、侧面、母线、底面、O、A	轴、S、顶点、母线、侧面、O、底面、A	母线、侧面、轴、A、O、B、底面
定义	以矩形的一边所在直线为旋转轴，其余三边旋转一周形成的面所围成的旋转体叫作圆柱	以直角三角形的一条直角边所在直线为旋转轴，其余两边旋转一周形成的面所围成的旋转体叫作圆锥	用平行于圆锥底面的平面去截圆锥，底面与截面之间的部分叫作圆台
结构特征	(1)两底面相互平行； (2)母线平行于圆柱的轴； (3)侧面展开图是一个矩形	(1)底面是圆； (2)侧面展开图是一个扇形； (3)母线交于圆锥的顶点	两底面相互平行
公式	$S_{侧}=2\pi rh$（r 是底面半径，h 是高）； $S_{表}=2\pi r(r+l)$（r 是底面半径，l 是母线长）； $V=\pi r^2h$（r 是底面半径，h 是高）	$S_{侧}=\pi rl$（r 是底面半径，l 是母线长）； $S_{表}=\pi r(r+l)$（r 是底面半径，l 是母线长）； $V=\frac{1}{3}\pi r^2h$（r 是底面半径，h 是高）	$S_{表}=\pi(r'^2+r^2+r'l+rl)$（$r'$，$r$ 分别为上、下底面半径，l 为母线长）； $V=\frac{1}{3}\pi h(r'^2+r'r+r^2)$（$r'$，$r$ 分别为上、下底面半径，h 是高）

真题面对面

[2021 年 5 月杭州（小学），单，3 分] 如图，圆锥形容器中装有 5 升水，水面高度正好是圆锥高度的一半，这个容器还能装（　　）升水。

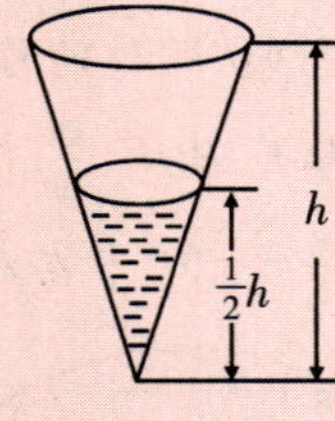

A. 15　　B. 30　　C. 35　　D. 40

答案：C。设该圆锥的底面半径为 a，则圆锥中水的体积为 $V_{半}=\frac{1}{3}\times\frac{1}{2}h\times\pi\times\left(\frac{a}{2}\right)^2=\frac{1}{24}h\pi a^2=5$（升），解得 $h\pi a^2=120$。容器的体积 $V_{容}=\frac{1}{3}\times h\times\pi\times a^2=\frac{1}{3}h\pi a^2=40$（升），则该容器还能装 $40-5=35$ 升水。

考法大揭秘

立体图形的体积问题解题技巧

解答立体图形的体积问题时，要注意以下几点：

(1)物体沉入水中，水面上升部分的体积等于物体的体积。把物体从水中取出，水面下降部分的体积等于物体的体积。这是物体全部浸没在水中的情况。如果物体不全部浸在水中，那么排开水的体积就等于浸在水中的那部分物体的体积。

(2)把一种形状的物体变为另一种形状的物体后，形状变了但它的体积保持不变。

(3)求一些不规则形体的体积时，可以通过变形的方法求体积。

(4)求与体积相关的最大值、最小值时，要大胆想象，多思考多尝试，防止思维定势。

真题面对面

1. [2020 年 1 月杭州(小学)，填空，3 分] 如下图，一个底层半径是 1 分米的圆柱形玻璃杯内盛有一些水，恰好占杯子容量的$\frac{2}{5}$，现将两个同样大小的铁球沉入水中，这时水面上升了 6 厘米，刚好与杯口齐平。这个杯子容积是________立方分米。(圆周率取 3.14)

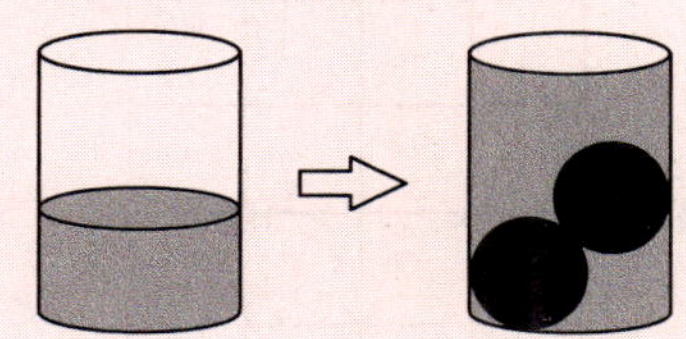

答案：3.14。本由题意放入铁球后，水面上升 6 厘米，且与杯口齐平，则增加体积为 $V_1 = 0.6\times\pi\times 1^2$，水的体积为 $V_2=\frac{2}{5}V_{杯}$，则 $V_1+V_2=V_{杯}$，得 $V_{杯}=1\pi=3.14$，则杯子的容积为3.14立方分米。

2. [2021 年 1 月杭州(小学)，解答，6 分] 一个棱长为 9 分米的正方体，沿每条棱的$\frac{1}{3}$处截去 8 个顶点，得到一个新的几何体，求这个几何体的棱长总和与体积。

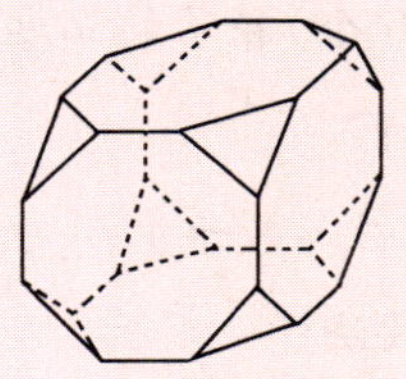

答案：由题意得截去的几何体为 8 个全等的三棱锥。$(9-9\times\frac{1}{3}\times 2)\times 12+8\times 3\times\sqrt{3^2+3^2}=(36+72\sqrt{2})$ dm，所以几何体的棱长总和为$(36+72\sqrt{2})$ dm。$V_{正方体}-8V_{三棱锥}=9^3-8\times 3\times 3\times\frac{1}{2}\times 3\times\frac{1}{3}=693$ dm^3，所以几何体的体积为 693 dm^3。

第二部分

十五、加法、乘法原理和容斥原理 【单选、填空】 ★★

1. 分类与分步计数原理

解决分类与分步计数原理问题时，要认真审题，分析题目的条件、结论，特别要理解题目中所讲的“事情”是什么，完成这件事情的含义和标准是什么。明确完成这件事情需要“分类”还是“分步”，还是既要“分类”又要“分步”，并搞清“分类”或“分步”的具体标准是什么。

[例1]如图，马从点 A 按照“马走日”到 B，至少走几步？如此步数有几种走法？

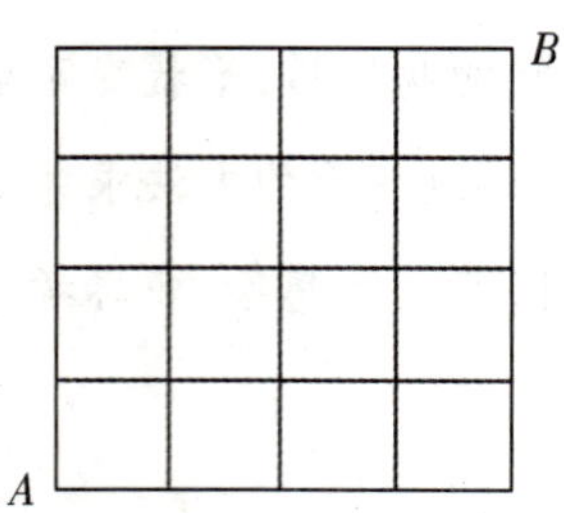

答案：如图，经试验可知至少 4 步，按照 4 步走，第一步只能从 A 走到点“×”有 2 种走法，第二、三步从一个点“×”到一个点“○”有两种走法，从一个点“×”到另一个点“○”也有两种走法。共有 $2\times(2+2)=8$ 种方法。

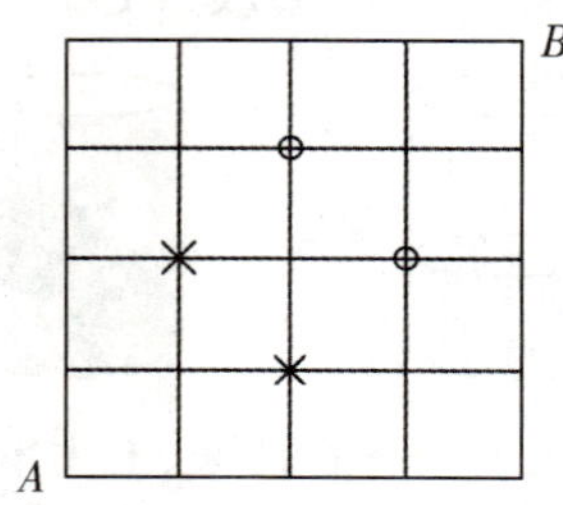

[例2]M 博士有 6 个宝箱，编号为 1、2、3、4、5、6，每个宝箱对应有一把钥匙，6 把钥匙各不相同。现在每个宝箱放进一把钥匙并锁好，然后先用斧头破开 1 号和 2 号宝箱，可以取出钥匙去开钥匙对应宝箱上的锁，如果最终能把 6 把锁都打开，则说这是一种放钥匙的“妙”方法，那么“妙”的方法共多少种？

答案：240。思路一：分析设 6 个宝箱对应钥匙的编号为 A、B、C、D、E、F，则①有 2 个或以上箱子放入自己对应钥匙时，其他无法打开。②几个（少于 6 个）箱子的钥匙形成循环，也无法打开。

所以，除去上述的情况还有以下两种情况：

（i）1、2 号宝箱放入 A、B 中一把，假定为 A。第一步：$A\to2$ 种，另一宝箱→4 种，$2\times4=8$（种）；

第二步：1、2 号中的钥匙对应宝箱→3 种放法；

上面宝箱中钥匙对应宝箱→2 种；

前面宝箱中钥匙对应宝箱→1 种放法；

最后宝箱中放入的只有 A 或 B 则 $3\times2\times1=6$（种）；

一共 $8\times6=48$（种），同理，放 B 也有 48 种，则 $48+48=96$（种）。

（ii）1、2 号宝箱中既不放 A，也不放 B。

第一步：1、2 中放钥匙→$4\times3=12$（种）；

第二部分

第二步：用1、2号宝箱中钥匙开对应宝箱，这两个宝箱分三种情况：

①放入A、B就无法打开；②放入A、B中一个，$2\times2\times2=8$（种）；

③A、B都不放$2\times1\times(2\times1)=4$（种），共有$8+4=12$（种）。

则共有$96+144=240$种方法。

思路二：把开箱的顺序排一行，“妙”法一定是包含1～6这6个数字的六位数，且以1或2开始。那么本题实际上是求首位是1或2且由1～6组成的六位数的个数，共$2\times5\times4\times3\times2\times1=240$（个）。例如，132465表示开箱顺序是1→3→2→4→6→5。

2. 容斥原理

在计数时，要保证无一重复、无一遗漏。先不考虑重叠的情况，把包含于某内容中的所有对象的数目先计算出来，然后再把计数时重复计算的数目排斥出去，使得计算的结果既无遗漏又无重复，这种计数的方法称为容斥原理。

（1）容斥原理1——两个集合的容斥原理

如果被计数的事物有A，B两类，那么，先把A，B两个集合的元素个数相加，发现既是A类又是B类的部分重复计算了一次，所以要减去。如图所示。

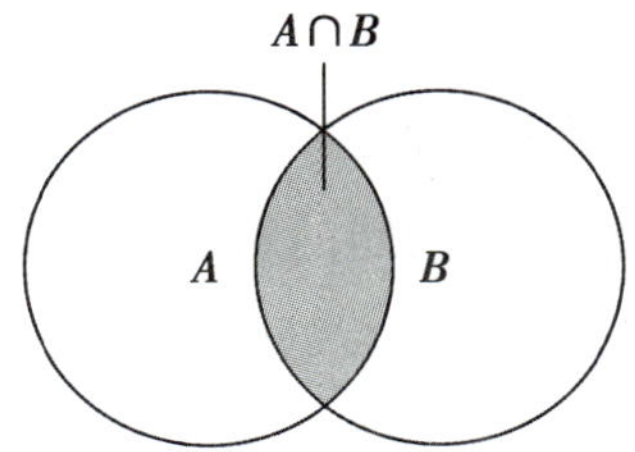

元素的个数公式：$n(A\cup B)=n(A)+n(B)-n(A\cap B)$。

［例］一次期末考试中，某班有15人数学得满分，有12人语文得满分，并且有4人语、数都是满分，那么这个班至少有一门得满分的同学有多少人？

答案：数学得满分的记为A，语文得满分的记为B，数学、语文都是满分的记为$A\cap B$，则至少有一门得满分的为$A\cup B$。$n(A\cup B)=15+12-4=23$，即共有23人至少有一门得满分。

（2）容斥原理2——三个集合的容斥原理

如果被计数的事物有A，B，C三类，那么，将A，B，C三个集合的元素个数相加后发现两两重叠的部分重复计算了1次，三个集合公共部分被重复计算了2次。如图所示。

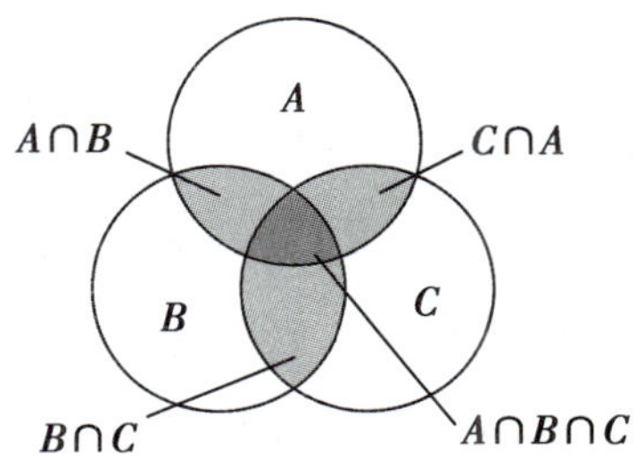

元素的个数公式：$n(A\cup B\cup C)=n(A)+n(B)+n(C)-n(A\cap B)-n(B\cap C)-n(C\cap A)+n(A\cap B\cap C)$。

真题面对面

1. [2021 年 1 月杭州(小学),单选,3 分]有 50 个女孩,她们的肤色是白色或浅黑色的,眼睛是蓝色或褐色的,如果 14 个女孩是蓝色眼睛白皮肤,31 个女孩是浅黑肤色的,18 个女孩是褐色眼睛的,那么褐色眼睛且浅黑皮肤的女孩有(　　)个。

A. 13　　B. 12　　C. 14　　D. 11

答案:A。设蓝色眼睛白皮肤、蓝色眼睛浅黑皮肤、褐色眼睛白皮肤、褐色眼睛浅黑皮肤的女孩个数分别为 a,b,c,d。由题意得 $a+b+c+d=50, b+d=31, c+d=18, a=14$,化简得 $(b+c+d)+d=49$,解得 $d=13$。

2. [2021 台州(天台、仙居、三门、临海),单,1.6 分]某班共有学生 52 人,已知喜欢数学的有 25 人,喜欢语文的有 40 人。其中既喜欢数学又喜欢语文的至少有(　　)人。

A. 10　　B. 11　　C. 13　　D. 15

答案:C。学生总人数为 52,喜欢数学的为 25 人,喜欢语文的为 40 人,则既喜欢数学又喜欢语文的至少有 $25+40-52=13$ 人。

十六、探索规律问题 【填空】★★★

探索规律问题立意新颖、灵活多变、知识覆盖面广、综合性强,具有探究性、发展性和创新性,渗透了类比、归纳、分类讨论、数形结合等思想。探索规律问题的解法比较灵活,要求考生根据问题情境,通过观察、比较、分析、综合、类比联想、猜想、归纳、抽象概括等发散性探究活动,寻求解题途径。

考法大揭秘

探索规律问题的几种解答策略

1. 要抓题目里的变量。找数学规律的题目,都会涉及一个或者几个变化的量。所谓找规律,多数情况下,是指变量的变化规律。所以,抓住了变量,就等于抓住了解决问题的关键。

2. 要善于比较。通过比较,可以发现事物的相同点和不同点,更容易找到事物的变化规律。找规律的题目,通常是按照一定的顺序给出一系列量,要求我们根据这些已知的量找出一般规律。揭示的规律,常常包含着事物的序列号。所以,把变量和序列号放在一起加以比较,就容易发现其中的奥秘。

3. 要善于寻找事物的循环节。有些题目包含着事物的循环规律,找到了事物的循环规律,其他问题就可以迎刃而解。

4. 要抓住题目中隐藏的不变量。有些题目,虽然形式发生了变化,但是本质并没有改变。我们只要在观察形式变化的过程中,始终注意寻找它的不变量,就可以揭示出事物的本质规律。

5. 要进行计算尝试找规律,当然是找数学规律。而数学规律,多数是函数的解析式。函数的解析式里常常包含着数学运算。因此,找规律,在很大程度上是在找能够反映已知量之间关系的数学运算式子。所以,从运算入手,尝试着做一些计算,也是解答找规律题的好途径。

真题面对面

1. [2021 年 5 月杭州(小学),填空,3 分]已知图形○△□☆○△□☆…,第 2021 个图形是________。

答案:○。图形○△□☆○△□☆…每四个小图形为一周期,$2021 \div 4 = 505 \cdots\cdots 1$,因此第 2021 个图形是○。

2. [2021 年 1 月杭州(小学),填空,3 分]在一张方格纸上,每个方格边长为 1cm,按如图所示的规律,取点 $A_1, A_2, A_3, A_4, \cdots$,把点 A_1, A_2, A_3连成三角形 S_1,把点 A_2, A_3, A_4连成三角形 S_2,…,这样不断连下去,其中三角形 S_x 的面积为 625 平方厘米,那么$x =$________。

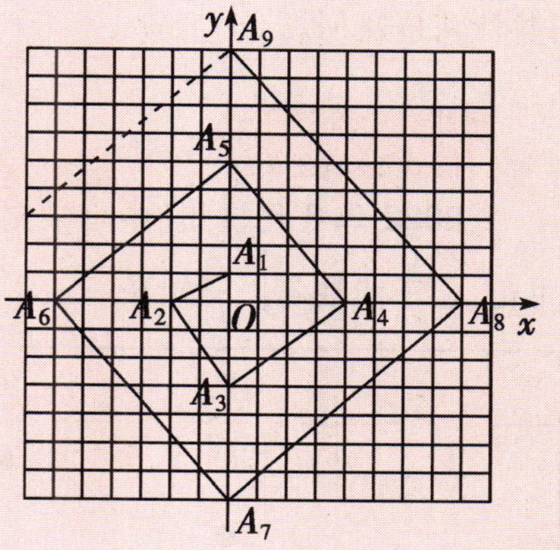

答案:24。$S_1 = \frac{1}{2} \times 4 \times 2 = 4 = 2^2$;

$S_2 = \frac{1}{2} \times 6 \times 3 = 9 = 3^2$;

$S_3 = \frac{1}{2} \times 8 \times 4 = 16 = 4^2$;

…

$S_x = \frac{1}{2} \times 2(x+1) \times (x+1) = (x+1)^2$。

由题意得$(x+1)^2 = 625$,解得 $x = 24$。

十七、逻辑推理问题

逻辑推理问题

逻辑推理不涉及数据,也没有几何图形,只涉及一些相互关联的条件,它依照逻辑规律,从一定的前提出发,通过一系列的推理来获取某种结论。逻辑推理在考试中往往考查必然性推理,必然性推理常运用以下四种思路来解决。

【同一律思路】同一律的形式是"甲是甲",或"如果甲,那么甲"。它的基本内容是:在同一思维过程中,同一个概念或同一个思考对象,必须保持前后一致,亦即保持确定性。这是逻辑推理的一条重要思维规律。

【不矛盾律思路】不矛盾律的形式是"甲不是非甲"。它的基本内容是:同一对象,在同一时间内和同一关系下,不能具有两种互相矛盾的性质,它是逻辑推理的又一重要规律。运用不矛盾律来推理思考某些问题的思路,叫作不矛盾律思路。

【排中律思路】排中律的形式是"或者是甲,或者是非甲"。它的基本内容是:同一对象在同一时间内和同一关系下,或者是具有某种性质,或者是不具有某种性质,二者必居其一,不能有第三种情况。它是处理肯定判断与否定判断之间的关系的一个规律。运用这一规律来推理的思路,我们把它叫排中律思路。

【充足理由律思路】充足理由律的形式是"所以有甲,是因为有乙"。它的意思是说,任何正确的思想一定有它的充足理由;任何思想,只有当它具有充足的理由时,这种思想才能被认为是正确的。

考法大揭秘

逻辑推理问题的解决方法

1. 排除法：当题干给出多个确定条件时，直接根据题干的条件排除不正确的选项。

2. 代入法：将选项依次代入题设条件，看是否存在矛盾，如存在矛盾可直接排除。

3. 假设法：对于无法直接推理的题目，可根据题干条件进行适当的假设，依次代入找出矛盾，然后运用排除法解决问题。

真题面对面

[2022 年 6 月杭州(中小学)，单，3 分] 每个学校有 1 个校长，1 个书记，开会时只需去一位校长或书记，但不能缺席。已知最近三次会议每校只有一人参会(如下表：●出席；○没出席)。

	赵	钱	孙	李	王	陈
1	○	●	●	●	○	○
2	●	○	●	○	○	●
3	○	○	○	●	●	●

如果一所学校的校长是钱，那么这所学校的书记是(　　)

A. 赵　　B. 李　　C. 王　　D. 陈

答案：D。由于开会时只需去一位校长或书记，但不能缺席。且三次会议每校只有一人参会。如果钱是校长，由第一次会议知，当钱出席时，赵、王、陈均未出席，那么书记应该是赵、王、陈其中之一；由第二次会议知，当钱未出席时，李、王也未出席，那么书记不可能是王；由第三次会议知，当钱未出席时，赵、孙也未出席，那么书记不可能是赵，所以这所学校的书记是陈。

十八、钟面上的数学问题

时钟问题就是研究钟面上时针、分针、秒针关系的问题，如两针重合、两针垂直、两针成一线、两针夹角为 60 度等。时钟问题可与追及问题相类比。

【数量关系】分针的速度是时针的 12 倍，二者的速度差为$\frac{11}{12}$。通常按追及问题来对待，也可以按差倍问题来计算。

[例 1] 从时针指向 4 点开始，大概再经过多少分钟时针正好与分针重合？

答案：钟面的一周分为 60 格，分针每分钟走一格，每小时走 60 格；时针每小时走 5 格，每分钟走$\frac{5}{60}=\frac{1}{12}$格。每分钟分针比时针多走$1-\frac{1}{12}=\frac{11}{12}$格。4 点整，时针在前，分针在后，两针相距 20 格。所以分针追上时针的时间为$20\div\left(1-\frac{1}{12}\right)\approx22$(分)。

答：大概再经过22分钟时针正好与分针重合。

[例2]四点和五点之间，时针和分针大概在什么时候成直角？

答案：钟面上有60格，它的$\frac{1}{4}$是15格，因而两针成直角的时候相差15格（包括分针在时针的前或后15格两种情况）。

四点整的时候，分针在时针后(5×4)格，如果分针在时针后与它成直角，那么分针就要比时针多走$(5\times4-15)$格，如果分针在时针前与它成直角，那么分针就要比时针多走$(5\times4+15)$格。

再根据1分钟分针比时针多走$\left(1-\frac{1}{12}\right)$格就可以求出两针成直角的时间。

$(5\times4-15)\div\left(1-\frac{1}{12}\right)\approx6$（分），$(5\times4+15)\div\left(1-\frac{1}{12}\right)\approx38$（分）。

答：大概4点06分及4点38分时两针成直角。

十九、上楼梯问题

[例1]有一座高楼，小张每上一层需要2分钟，每下一层需要1分30秒。小张于12时20分开始不停地从最底层往上走，到了最高层后立即往下走（假设上楼和下楼速度各自相同，且中途没有停留），13时零2分返回最底层，这座高楼一共有多少层？

作答思路：知道从最底层到最高层再返回，上、下的层数相同，且上、下每层所用的时间分别相同是解题的关键。设这座高楼一共有x层，则上、下的层数均为$(x-1)$层。所以上楼用时$2(x-1)$分钟，下楼用时$1.5(x-1)$分钟，即一共用时$3.5(x-1)$分钟。从12时20分到13时零2分共用时42分钟，则可列方程为$3.5(x-1)=42$。

答案：设这座高楼一共有x层。$(2+1.5)(x-1)=42$，解得$x=13$。

答：这座高楼一共有13层。

[例2]商场的自动扶梯以匀速由下往上行驶，两个孩子嫌扶梯走得太慢，于是在行驶的扶梯上，男孩每秒钟向上走2梯级，女孩每2秒钟向上走3梯级。结果男孩用40秒钟到达，女孩用50秒钟到达。问当该扶梯静止时，扶梯可看到的梯级共有多少级？

作答思路：两个孩子从下走到上，他们各自走过的梯级加上自动扶梯在他们各自需要的时间内上升的梯级数都等于扶梯的长度。

答案：设每秒钟自动扶梯上升a级，那么扶梯的长度等于男孩在40秒钟走过的$40\times2=80$级加上自动扶梯上升的$40a$级，也等于女孩50秒钟走过的$50\div2\times3=75$级加上自动扶梯上升的$50a$级，则可得：$40\times2+40a=50\div2\times3+50a$，解得$a=0.5$。所以当扶梯静止时，扶梯可看见的阶梯共有$40\times2+40a=80+40\times0.5=100$（级）。

二十、同余问题 【单选、填空】 ★

两个整数a，b，如果它们同时除以一个正整数m，所得的余数相同，则称a，b对于模m同余， 同余问题记作$a\equiv b(\bmod m)$，读作：a 同余于 b 模 m。

所谓同余问题，就是给出一个数除以几个不同的数的余数，反求这个数。

同余问题计算口诀：差同减差，和同加和，余同取余，最小公倍 n 倍加(减)($n\in\mathbf{N}_+$)。以有关4,5,6(其最小公倍数为60)的同余问题为例，上述口诀解释如下：

①差同减差：用一个数除以几个不同的数，得到的余数与除数的差相同，此时反求的这个数，可以用除数的最小公倍数的 n 倍减去这个相同的差数，称为"差同减差"。

例如，一个数除以4余1，除以5余2，除以6余3，求这个数。因为 $4-1=5-2=6-3=3$，差数都为3，"差同"，4,5,6的最小公倍数是60，利用"差同减差"得出这个数表示为 $60n-3$。

②和同加和：用一个数除以几个不同的数，得到的余数与除数的和相同，此时反求的这个数，可以用除数的最小公倍数的 n 倍加上这个相同的和数，称为"和同加和"。

例如，一个数除以4余3，除以5余2，除以6余1，求这个数。因为 $4+3=5+2=6+1=7$，得到的余数与除数的和相同，都为7。4,5,6的最小公倍数是60，利用"和同加和"得出这个数表示为 $60n+7$。

③余同取余：用一个数除以几个不同的数，得到的余数相同，此时反求的这个数，可以用除数的最小公倍数的 n 倍加上这个相同的余数，称为"余同取余"。

例如，一个数除以4余1，除以5余1，除以6余1，求这个数。因为余数都是1，除数的最小公倍数是60，利用"余同取余"得出这个数表示为 $60n+1$。

④最小公倍 n 倍加：所选取的数加上除数的最小公倍数的任意整数倍(即上面①②③中的 $60n$)，称为"最小公倍 n 倍加"，也称为"公倍数作周期"。

真题面对面

[2019 统考，单，3 分]一个六位数617□□□分别除以3,5,7的余数都是1，这样的最小的六位数的十位上的数字是(　　)

A. 5　　B. 6　　C. 7　　D. 8

答案：D。由题意知，617□□□最小是617000，能被3,5,7整除的最小数是105，则这个六位数减去1是105的整数倍，设这个倍数为 $t(t\in\mathbf{Z})$，由于617 000能整除5，则这个六位数大于617 000，从而有 $105t+1>617\ 000$，解得 $t>5876$，即 $t_{\min}=5877$，代入 $105t+1=617\ 086$，故这个六位数的十位数字是8。

二十一、抽屉原理 【单选、填空】 ★★★

抽屉原理

如果有5盒饼干，把它们放到4个抽屉里，那么可以肯定有一个抽屉里至少有2盒饼干；如果把4封信投到3个邮箱里，那么可以肯定有一个邮箱中至少有2封信。这些简单的例子就是数学中的"抽屉原理"。

基本的抽屉原理有2条：

(1)如果把 $x+k(k\geqslant 1$ 且 $k\in\mathbf{N})$ 个元素放到 x 个抽屉里，那么至少有一个抽屉里含有2个或2个以上的元素。

（2）如果把 $m\times x+k(x>k\geqslant 1,k\in\mathbf{N})$ 个元素放到 x 个抽屉里，那么至少有一个抽屉里含有 $m+1$ 个或更多的元素。

考法大揭秘

抽屉问题的解决方法

1. 构造抽屉

①构造抽屉，指出元素；②把元素放入（或取出）抽屉；③说明理由，得出结论。

构造抽屉思考角度：一是从问题出发，相同的就是“抽屉”；二是从数量关系出发，多的是“物品”，少的是“抽屉”。

［例］某班学生去买语文书、数学书、外语书。买书的情况是：有买一本的、两本的、三本的（每种书最多买一本），问：至少要去几位同学才能保证一定有两位同学买到相同的书？

答案：首先考虑买书的几种可能性，买一本、两本、三本共有 7 种类型（即语、数、外、语数、语外、数外、语数外），那把 7 种类型的书看作 7 个抽屉，把人看成元素。要保证至少有一个抽屉里有 2 个人，那么去的人数应大于抽屉数。所以至少要去 $7+1=8$（名）学生才能保证一定有两位同学买到相同的书。

2. 最不利原则

为保证某件事情一定发生，我们必须首先确定最不利于这件事情发生的情况，然后在此基础上去实现这些事情。这就是**最不利原则**。

针对题目中含有“至少……才能保证……”“要保证……至少……”等叙述的抽屉问题，我们常用的解题方法就是利用最不利原则。

真题面对面

1. ［2021 年 5 月杭州（小学），单，3 分］25 个 8 岁的小朋友中至少有（　　）个小朋友是同一个月出生。

A. 2　　B. 3　　C. 4　　D. 5

答案：B。一年 12 个月，则 25 个小朋友至少有 3 个小朋友是同一个月出生。

2. ［2020 年 1 月杭州（小学），单，3 分］在一副扑克牌中（54 张），至少要取出（　　）张，才能保证，能排出一组连环对。（例如 2，2，3，3；3，3，4，4；…；10，10，J，J；…；K，K，A，A）

A. 4　　B. 17　　C. 20　　D. 37

答案：D。首先建立抽屉：一副扑克牌有 54 张，大小王不相同，那么 $(54-2)\div 4=13$，所以一共有 $13+2=15$ 个抽屉；分别是：A、2、3、…、K、小王、大王，由此利用抽屉原理考虑最差情况，先分别取出 15 张大小不相等的牌，此时再间隔抽取出 A，2，4，6，…，Q，每个数字剩余 3 张全部抽出，共 $3\times 7=21$ 张，则第三次抽取时任取一张，即能构成一组连续对。所以至少需要取出 $15+21+1=37$ 张。故本题选 D。

第二部分

二十二、不定方程的应用

方程的个数少于未知数的个数的方程（或方程组）称为不定方程（或不定方程组）。它的解是不定的。一般地说，如果没有给不定方程某种制约的条件，那么它就有无限多个解。下面所涉及的不定方程根据题目的要求和实际情况把解局限在一定的范围内，它可能有解，也可能无解，如果有解，也只能是有限个解。

[例 1]不定方程 $37x-107y=25$ 的一组整数解为________。

答案：$(-8,-3)$（说明：答案不唯一，通解为 $(-8+107t,-3+37t)$，$t\in\mathbf{Z}$）。因为 37 和 107 的最大公约数为 1，1 能整除 25，所以此不定方程有整数解。利用辗转相除法求解。$107=37\times2+33$；$37=33\times1+4$；$33=4\times8+1$。从最后一个式子向上逆推，得到 $1=33-4\times8=33-(37-33)\times8=33\times9+37\times(-8)=(107-37\times2)\times9+37\times(-8)=37\times(-26)-107\times(-9)$，所以 $37\times[(-26)\times25]-107\times[(-9)\times25]=25$，则特解为 $\begin{cases}x_0=(-26)\times25=-650,\\y_0=(-9)\times25=-225,\end{cases}$ 进而其通解为 $\begin{cases}x=-650+107t=-8+107(t-6),\\y=-225+37t=-3+37(t-6),\end{cases}$ $t\in\mathbf{Z}$，即为 $\begin{cases}x=-8+107t,\\y=-3+37t,\end{cases}$ $t\in\mathbf{Z}$。当 $t=0$ 时，得不定方程的一组整数解，为 $(-8,-3)$。

[例 2]根据用水收费规定，如果每月每户用水不超过 24 吨，按每吨 3 元收费；超过 24 吨时，超过部分每吨收 5 元，并规定用水按整数吨收费。某月甲户和乙户共用水 65 吨，甲户比乙户多交了 35 元，甲、乙两户这个月各交水费多少元？各用水多少吨？

答案：设乙户用水 x 吨，甲户用水 y 吨，且 $x,y\in\mathbf{N}$，根据题意有 $x+y=65$，其中 $y>24$，则：当 $0\leqslant x\leqslant24$ 时，$24\times3+5(y-24)-3x=35$，则 $72+5y-120-3x=35$，将 $y=65-x$ 代入化简，得 $8x=242$，解得 $x=30.25$，产生矛盾。

当 $x>24$，$y>24$ 时，$5(y-24)-5(x-24)=35$，则 $5y-120-5x+120=35$，化简得 $y-x=7$，将 $y=65-x$ 代入得到 $10x=290$，解得 $x=29$，符合题意，甲户用水量为 $65-29=36$ 吨。

答：甲户这个月交水费：$3\times24+5\times(36-24)=132$ 元；乙户这个月应交水费：$132-35=97$ 元。

二十三、最大与最小 【单选、填空、解答】 ★★

数学中的最大值、最小值问题涉及的知识面很广，题目也较复杂。其中有一小部分题，可以利用一定的解题模式来求解，而其余大部分题没有固定的解题模式，要根据题中给出的条件去分析、判断、推理，最后才能得出正确的答案。

[例 1]从自然数 $1,2,\cdots,2015$ 中取出 n 个数，所取的数中任意三个数之和能被 15 整除。求 n 的最大值。

答案：设 a,b,c,d 是所取出的任意四个数，由题意有 $a+b+c=15m$，$a+b+d=15n$，其中，m、n 为正整数。所以，$c-d=15(m-n)$，上式表明，所取出的数中任意两数之差是 15 的倍数，即所取的每个数除以 15 所得的余数相同。

设这个余数为 k，于是 $a=15a_1+k$，$b=15b_1+k$，$c=15c_1+k$，其中 a_1,b_1,c_1 是整数，$0\leqslant k<15$。则 $a+b+c=15(a_1+b_1+c_1)+3k$。因为 $a+b+c$ 能被 15 整除，所以 $3k$ 能被 15 整除，即 k 能被 5 整除。

因此，$k=0,5$ 或 10。

当 $k=0$ 时，可取 15，30，45，…，2010 共 134 个数，符合题意；当 $k=5$ 时，可取 5，20，35，…，2015 共 135 个数，符合题意；当 $k=10$ 时，可取 10，25，40，…，2005 共 134 个数，符合题意。综上可知，n 最大值是 135。

[例 2] 如图，把边长为 6 的正方形分成 9 个小正方形，在有阴影的 2 个小正方形中（含边界）分别取点 P,R，与已有格点 Q（每个小正方形的顶点叫格点）构成三角形，则 $\triangle PQR$ 的最大面积是多少？

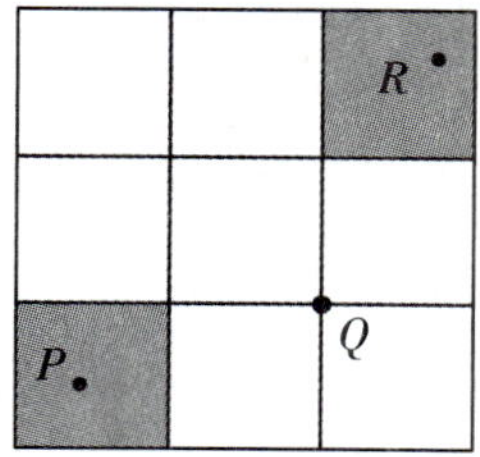

答案：对任意位置的 P,R 应取格点，如图所示，才能使 PQ 边上的高 RB 最长。然后再使 PQ 尽量大，即 P 应在正方形的边上，如图标示的字母，由"沙漏模型"，得 $\frac{PQ}{RQ}=\frac{AQ}{RB}$，则 $PQ\times RB=AQ\times RQ=4\times4=16$，由构造过程可得，$S_{\triangle PQR}=\frac{1}{2}\times PQ\times RB=8$。

答：$\triangle PQR$ 的最大面积为 8。

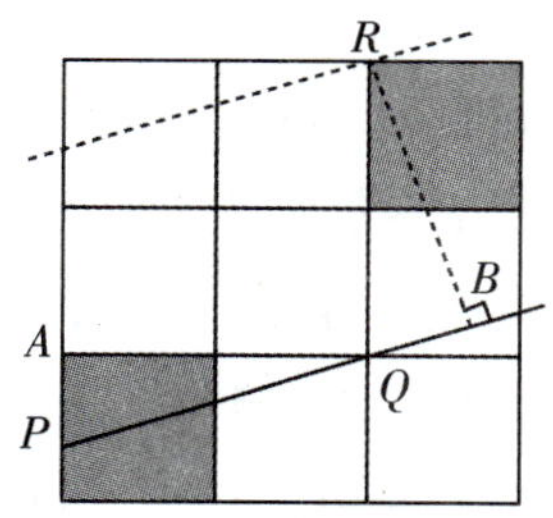

二十四、从整体看问题

解数学题，常常是化"整"为"零"，把问题变简单，以利于解决问题，但是有时解题需要"反其道而行之"，不用过分注意细节，而忽略全局，需要站在整体的立场上，综观全局研究问题，进而从中找出解决问题的方法。

[例 1] 两只同样的墨水瓶，一只墨水瓶中装了 100 毫升红墨水，另一个墨水瓶中装了 20 毫升蓝墨水。用一根吸管，先从红墨水瓶中吸出 1 毫升墨水，滴入蓝墨水瓶中后搅匀，再从蓝墨水瓶中吸出 1 毫升墨水，滴入红墨水瓶中。问红墨水瓶子中的蓝墨水和蓝墨水瓶中的红墨水哪个多？

作答思路：题目中有具体的数值，可能你会去算含量的百分比，通过这样的计算能算出结论，但是如果深入想想，撇开具体的中间过程，撇开具体的数值，从整体考虑，就不难想到两个墨水瓶的总容量不变。

答案：红墨水瓶中仍有 100 毫升墨水，蓝墨水瓶中也仍然有 20 毫升墨水。假设红墨水瓶中有 x 毫升红墨水倒入蓝墨水瓶中，那么同样有 x 毫升蓝墨水被倒入红墨水瓶中。所以红墨水瓶子中的蓝墨水和蓝墨水瓶中红墨水同样多。

[例 2] 某装订车间的三名工人要将一批图书打包后送往邮局（要求每包的图书本数同样多）。第一次，

他们领来这批图书的$\frac{7}{12}$，结果打了 14 包还多 35 本；第二次，他们把剩下的图书全部领来，正好又打了 11 个包。这批图书共有多少本?

作答思路：按照解一般分数应用题的方法，这道题的关键是找到“35 本”书的对应分率，但是结合题意，寻找这个对应分率较为困难，可以采用整体分析的方法。

答案：两次打包共打了 $14+11=25$ 包，由此可得每包书的本数正好占这批书的$\frac{1}{25}$，那么，开始打的 14 包则占这批书的$\frac{14}{25}$。显然，第一次打包后所剩的“35 本”就占这批书的$\frac{7}{12}$与$\frac{14}{25}$的差，因此，这批图书有 $35\div\left(\frac{7}{12}-\frac{14}{25}\right)=35\div\frac{7}{300}=1500$（本）。

答：这批图书共有 1500 本。

二十五、反过来考虑

在解题时经常会碰到这样的情况，从已知条件出发，顺着考虑下去，可能因歧路很多而陷入解题困境，这时可以考虑转换思考方向，倒着想想，可能会“柳暗花明又一村”。

第二部分

[例 1]一支队伍的人数是 5 的倍数，且超过 1000 人。若按每排 4 人编队，则最后差 3 人；若按每排 3 人编队，则最后差 2 人；若按每排 2 人编队，则最后差 1 人。问：这支队伍至少有多少人?

答案：把条件“若按每 4 人编队，则最后差 3 人”反过来考虑，可理解为“若按每排 4 人编队，则最后多 1 人”同理，按 3 人、2 人排队都可理解为最后多 1 人。即总人数被 12 除余 1，这样，原题就化为：一个 5 的倍数大于 1000，且它被 12 除余 1。问：这个数最小是多少？是 5 的倍数且除以 12 余 1 的最小自然数是 25。因为人数超过 1000，$[3,4,5]=60$，所以这支队伍至少有 $25+60\times17=1045$（人）。

[例 2]甲、乙、丙三人打牌。第一局，甲输给了乙和丙，使得乙、丙手中的点数都翻了一番；第二局，甲和乙赢了，从而甲、乙手中的点数都翻了一番；最后一局，甲和丙获胜，两人手中的点数都翻了一番。这样，甲、乙、丙三人每人都是两赢一输，并且每人手中的点数完全相等，可是甲发现自己输了 100 点。那么，开始时，甲手中有多少点？（每局三人的点数总和保持不变）

答案：设第三局后每人手中都有 x 点，由题意可列如下表：

	甲（点）	乙（点）	丙（点）	点数总和
第三局后	x	x	x	$3x$
第二局后	$\frac{x}{2}$	$2x$	$\frac{x}{2}$	$3x$
第一局后	$\frac{x}{4}$	x	$\frac{7x}{4}$	$3x$
开始时	$\frac{13x}{8}$	$\frac{x}{2}$	$\frac{7x}{8}$	$3x$

因为三局后甲手中的点数比开始时减少了 100 点，即$\frac{13}{8}x-x=100$，解得 $x=160$。于是$\frac{13}{8}x=\frac{13}{8}\times160=260$（点）。

答：开始时，甲手中有260点。

二十六、规划与统筹问题

在日常生活和工作中，我们经常会遇到下列问题：完成一件事情时怎样合理安排才能做到用时最少、效果最好。这类问题在数学中称为统筹问题。解决此类问题时，必须树立统筹思想，能同时做的事，尽量同时做。有时，我们还会遇到求"费时最省""面积最大""损耗最小"等问题，这些问题往往可以从极端情况去探索它的最大(小)值。在数学中称为极值问题。统筹问题和极值问题实际上都属于优化问题。

思考角度：①用时最省：把两件或两件以上的事同时做。

②费时最少：费时少者优先。

③面积最大：周长一定的图形越正，面积越大。

④乘积最大：和一定的两数相差越小，乘积越大。

真题面对面

[2020年1月杭州(小学)，单选，3分]若有十个人各拿着一只提桶同时到水龙头前打水，假设水龙头注满第一个人的桶需要1分钟，注满第二个人的桶需要2分钟，……。如此下去，当只有两个水龙头时，巧妙安排这十个人打水，使他们总的费时时间最少，这个时间等于(　　)分钟。

A. 30　　B. 55　　C. 110　　D. 125

答案：D。要使他们总的费时时间最少，应先安排所需时间较短的人打水。如下表所示：

	第一个水龙头	第二个水龙头
第一组	1	2
第二组	3	4
第三组	5	6
第四组	7	8
第五组	9	10

由于第一组的时间被计算了5次，二组4次，……，五组一次，所以十人所费总时间最少为：$(1+2)\times5+(3+4)\times4+(5+6)\times3+(7+8)\times2+(9+10)\times1=125$分钟。在本题中要注意是求"他们总的费时时间最少"而不是"他们打完水所用时间最少"。故本题选D。

二十七、进位制问题　【填空、解答】　★

进位制是人们为了计数和运算方便而约定的计数系统。约定满二进一，就是二进制；满八进一就是八进制；满十进一就是十进制，等等。即"满k进一"就是k进制，k进制的基数就是k，k进制数是由$0\sim k-1$之间的数字构成的，因此k进制需要用k个数字表示。

十进制计数法就是采取逢十进一的法则进行计数的方法。例如，1995就是由1个一千、9个一百、9个十和5个一组成，因此，1995这个数就可以写成$1995=1\times1000+9\times100+9\times10+5$。

对于任意一个$n+1(n\in\mathbf{N}_+)$位的正整数，为了表示方便，对于用字母表示数字的多位数，在这个多位数

第二部分

上面加一个横线,以避免和乘法混淆,例如,$\overline{5a276}$就表示一个五位数。

注:若一个数为十进制数,其基数可以省略不写;若是其他进位制的数,在没有特别说明的前提下,其基数必须写出,常在数的右下角标明基数,例如,二进制数 101 表示为 $101_{(2)}$。

真题面对面

[2018 年 1 月杭州(小学),填空,3 分]已知 $x^2=\overline{abc9}$,那么 x 的最小值与最大值之和是________。(x 为自然数,$\overline{abc9}$表示一个四位数)

答案:130。由于 $x^2=\overline{abc9}$是一个四位数,且是一个末位是 9 的完全平方数,则这个四位数最小是 33 的平方数,最大是 97 的平方数,故 x 的最小值与最大值之和为 130。

考法大揭秘

进制数与十进制数之间的转化

(1)将十进制数转化为 k 进制数的方法是**除 k 取余法**。即:用 k 连续去除这个数或所得的商,一直到商为 0 为止,然后把每次所得的余数倒过来排成一个数,就是相应的 k 进制数。例如,十进制数 30 转化为二进制数:

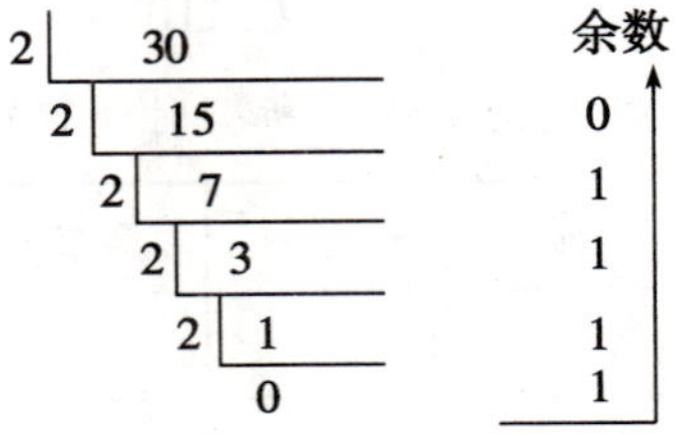

```
2 | 30          余数 ↑
  2 | 15          0
    2 | 7         1
      2 | 3       1
        2 | 1     1
            0     1
```

把上式中各步所得的余数从下到上排列,得到 $30=11110_{(2)}$。

又如,十进制数 100 转化为八进制数,用类似的方法得到 $100=144_{(8)}$。

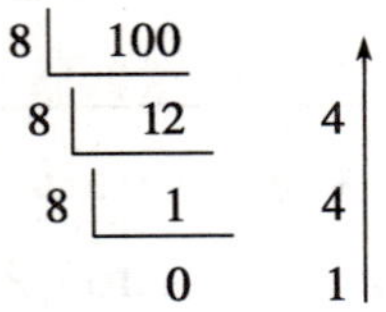

```
8 | 100     ↑
  8 | 12    4
    8 | 1   4
        0   1
```

(2)将一个 k 进制数转化为十进制数的方法:先将该 k 进制数写成不同数位上的数字与基数的幂的乘积之和的形式,再计算等式右边的值,就得到相应的十进制数。 = 即:$a_na_{n-1}\cdots a_1a_{0(k)}=a_nk^n+a_{n-1}k^{n-1}+\cdots+a_1k^1+a_0k^0$。$(0<a_n<k,0\leqslant a_{n-1},\cdots,a_1,a_0<k)$

例如,$11110_{(2)}=1\times2^4+1\times2^3+1\times2^2+1\times2^1+0=30$;又如 $144_{(8)}=1\times8^2+4\times8^1+4\times8^0=100$。

(3)小数之间的进位制转化。在这里以二进制与十进制小数的转化为例。

①十进制小数转换为二进制小数

一般需要将十进制数的整数部分与小数部分分开处理。

整数部分计算方法：除2取余法。

小数部分计算方法：**乘2取整法**。即用2乘十进制纯小数部分，所得积的小数点左边的数字(0或1)作为二进制表示法中的数字。

具体操作步骤如下：

A. 第一次乘法所得的整数部分为最高位；

B. 将第一次的结果去掉整数部分后再乘2得到第二位数字；

C. 如此循环继续，直到余下的纯小数部分为0或者满足所要求的精度为止；

D. 最后将每次得到的整数部分(0或1)按先后顺序从左到右排列即可得到对应的二进制小数。

a. 纯小数的转化

[例]将十进制小数0.6875转化为二进制小数。

答案：$0.6875\times2=1.375$(取1)，$(1.375-1)\times2=0.75$(取0)，$0.75\times2=1.5$(取1)，$(1.5-1)\times2=1$(取1)，$1-1=0$(结束)，由上可得$0.6875_{(10)}=0.1011_{(2)}$。

b. 带有整数部分小数的转化。此种情况下，转化过程中需要运算步骤比较多时，转化的结果要根据精度的要求进行。

[例]将十进制小数211.213转化为二进制小数，小数部分精确到万分位。

答案：整数部分$211_{(10)}=11010011_{(2)}$，

小数部分：$0.213\times2=0.426$(取0)，$0.426\times2=0.852$(取0)，$0.852\times2=1.704$(取1)，$(1.704-1)\times2=1.408$(取1)，

由上可知$211.213_{(10)}=11010011.0011_{(2)}$。

②二进制小数转化为十进制小数

小数点前边的数，2的幂与整数情况下的转化一样，是从$0\sim n-1$；小数点后面的数，2的幂是从$-1\sim-n$。

例：$1101.1011_{(2)}=1\times2^3+1\times2^2+0\times2^1+1\times2^0+1\times2^{-1}+0\times2^{-2}+1\times2^{-3}+1\times2^{-4}=8+4+0+1+\frac{1}{2}+0+\frac{1}{2^3}+\frac{1}{2^4}=13+0.5+0.125+0.0625=13.6875$。

真题面对面

[2019统考，填空，3分]若$8_{(10)}=1000_{(2)}$，则$0.25_{(10)}=$______$_{(2)}$。

答案：0.01。$0.25\times2=0.5$(取0)，$0.5\times2=1$(取1)，所以$0.25_{(10)}=0.01_{(2)}$。

二十八、染色问题

真题面对面

[2022 年 6 月杭州(中小学),单,3 分]将一个正方体的表面涂成红色,然后把它切成 27 个小正方体,那么三面红色的小正方体有(　　)个。

A. 12　　B. 8　　C. 6　　D. 4

答案:B。根据正方体表面涂色的特点,分别得出切割后的小正方体涂色面的排列特点:(1)三面涂有红色的小正方体在大正方体每个顶点处;(2)两面涂色的在大正方体每条棱长上(除去顶点处的小正方体);(3)一面涂色的都在大正方体每一个面上(除去棱长上的小正方体);(4)没有涂色的都在大正方体内部。如图所示,观察由 27 个小正方体组成的大正方体,三面涂色的小正方体在大正方体每个顶点处,共有 8 个。

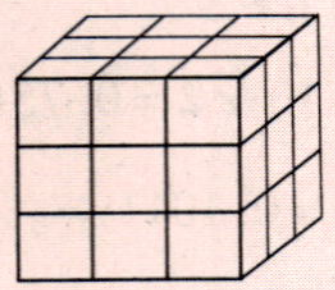

第二部分

达标测评

建议用时	实际用时	测评总分	实际得分
90 分钟	＿＿分钟	150 分	＿＿分

一、单项选择题(每小题 3 分,共 24 分)

1. 在 38 克的盐水中,盐和水的质量比是 1∶9,如果在盐水中再放入 2 克盐,则这时盐水中盐占盐水质量的(　　)

A. 14.5%　　B. 15%

C. $\frac{1}{3}$　　D. $\frac{1}{11}$

2. 甲、乙两辆车在途中分别统计了两组数据:甲车在$\frac{3}{4}$小时内行驶了 90 千米,乙车在$\frac{2}{3}$小时内行驶了 120 千米,则甲车与乙车的速度之比是(　　)

A. 9∶8　　B. 8∶9　　C. 2∶3　　D. 3∶4

3. 已知小强比小刚早出生 6 年,今年小强的年龄是小刚年龄的 2 倍少 3 岁,那么今年两人的年龄和是

(　　)岁。

A. 6　　B. 9　　C. 15　　D. 24

4. 一座大楼共15层，每层一样高，甲上楼的速度比乙快一倍，两人同时从第一层向上走，当乙到达第六层时，甲在第(　　)层。

A. 10　　B. 11　　C. 12　　D. 13

5. 在一个正方形水池边种树，四个顶点都种一棵，每边种10棵，四周一共种了(　　)棵树。

A. 40　　B. 44　　C. 36　　D. 38

6. 第一个图形由4根火柴棍组成，第二个图形由12根火柴棍组成，第三个图形由24根火柴棍组成，……，依次类推，第100个图形由(　　)根火柴棍组成。

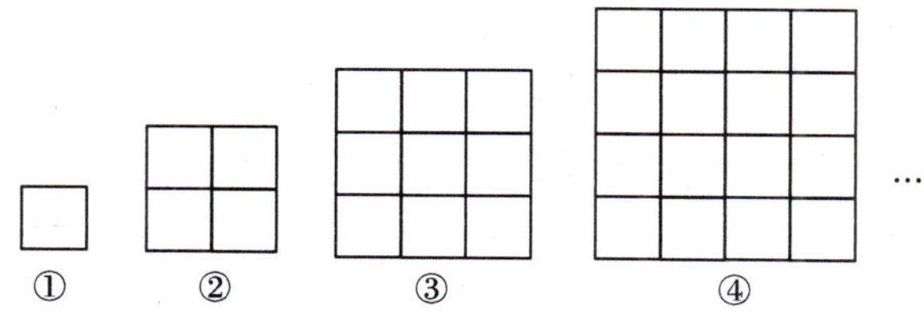

A. 10 100　　B. 20 000　　C. 20 200　　D. 22 000

7. 一个圆柱的侧面展开图是一个正方形，这个圆柱的表面积与侧面积的比是(　　)

A. $\frac{1+2\pi}{2\pi}$　　B. $\frac{1+4\pi}{4\pi}$　　C. $\frac{1+2\pi}{\pi}$　　D. $\frac{1+4\pi}{2\pi}$

8. 如图，有一内部装有水的直圆柱形水桶，桶高20公分，另有一直圆柱形的实心铁柱，柱高30公分，直立放置于水桶底面，水桶内的水面高度为12公分，且水桶与铁柱的底面半径之比为2∶1，现将铁柱移至水桶外部，在这个过程中水桶内的水量未变，若不计水桶厚度，则水桶内的水面高度变为(　　)公分。

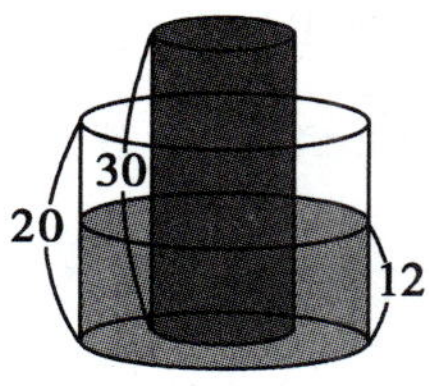

A. 4.5　　B. 6　　C. 8　　D. 9

二、填空题(每小题3分，共42分)

9. 计算：$1\frac{1}{1024}+2\frac{1}{512}+4\frac{1}{256}+\cdots+256\frac{1}{4}+512\frac{1}{2}=$________。

10. 如图，有八个半径为1厘米的小圆，用它们圆周的一部分连成一个花瓣图形，图中黑点是这些圆的圆心，这个花瓣图形的面积是________平方厘米(π取3.14)。

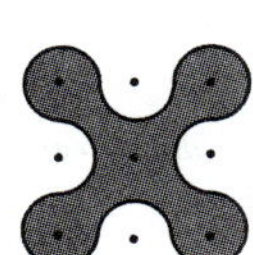

11. 两人做一种游戏：轮流报数，报出的数只能是1，2，3，4，5，6，7，8。把两人报出的数连加起来，谁报数后，

加起来的数是 123，谁就获胜，如果让你先报数且一定会赢，那么你第一个数应报________。

12. 甲、乙两人练习跑步，若甲让乙先跑 10 米，则甲跑 5 秒钟可追上乙，若甲让乙先跑 2 秒钟，则甲跑 4 秒钟就可追上乙。那么甲、乙两人的速度比为________。

13. 在前 2001 个正整数中，既不是平方数也不是立方数的有________个。

14. 有一批书分给三个组，平均每人正好分 15 本。如果只分给第一组，每人分到 35 本；如果只分给第二组，每人分到 42 本，那么，三个组中第________组人数最多，第________组人数最少。

15. 如图所示，用 4 种颜色给每个小方格染色，每个小方格用一种颜色，若要求邻近的方格（至少有一个公共点）必须用不同的颜色，那么共有________种不同的染色方案。

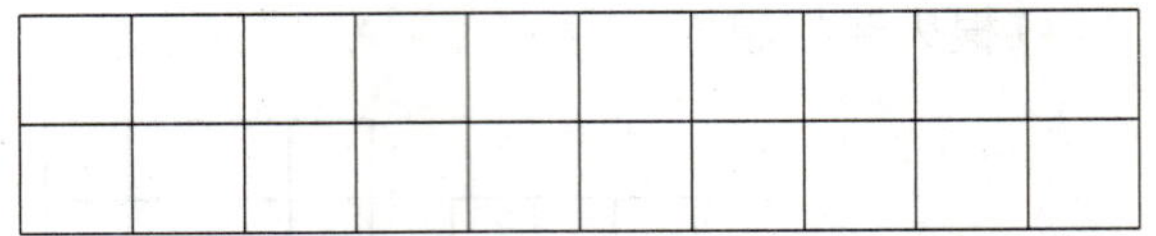

16. 将一根绳子连续对折 3 次，然后每隔一定长度剪一刀，共剪了 6 刀，这样原来的绳子被剪成________段。

17. 甲、乙二人都要自己掌握时间，在上午 11 点半到火车站，甲的手表实际上慢 5 分钟，但他认为自己的手表快 5 分钟；乙的手表实际上快 5 分钟，但他认为自己的手表慢 5 分钟。甲、乙二人中________先到达火车站。

18. 六年级的五个班举行象棋比赛，每班派两人参加，比赛规则规定，每两人之间至多赛一场，且同班的两人之间不比赛，比赛若干场后发现，除一班队员甲以外，其他每人已赛过的场数各不相同，那么一班队员乙已赛过________场。

19. 某商店从外地购进 360 个玻璃制品，运送时损坏了 40 个，剩下的按进价的 117% 售出，商店可盈利百分之________。

20. 一个十进制的三位数，把它分别化为九进制和八进制数后，就又得到了两个三位数，老师发现这三个三位数的最高位数字恰好是 3，4，5，那这样的三位数一共有________个。

21. 把三进制数 201012 化为八进制的数为________。

22. $1+3\frac{1}{6}+5\frac{1}{12}+7\frac{1}{20}+9\frac{1}{30}+11\frac{1}{42}+13\frac{1}{56}+15\frac{1}{72}+17\frac{1}{90}=$________。

三、解答题（每小题 6 分，共 84 分）

23. 简便计算：$(2\frac{2}{9}\times\frac{4}{5}+2\frac{2}{9}\times6.2-5.8\times2\frac{2}{9}-\frac{1}{5}\div\frac{9}{20})\times\frac{9}{20}$。

24. 甲、乙两人分别从 A、B 两地出发，相向而行，出发时他们的速度比是 3∶2，他们第一次相遇后，甲的速度提高了 20%，乙的速度提高了 30%，这样，当甲到达 B 地时，乙离 A 还有 14 千米，那么 A、B 两地间的距离是多少千米？

25. 某船在静水中的速度是每小时 15 千米，它从上游甲地开往下游乙地共花去了 8 小时，水速每小时 3 千米，问从乙地返回甲地需要多少时间？

26. 有三堆棋子，每堆棋子一样多，并且都只有黑、白两色棋子。第一堆棋子中的黑子和第二堆中的白子一样多，第三堆中的黑子占全部黑子的$\frac{2}{5}$。把这三堆棋子集中在一起。白子总数占全部棋子总数的几分之几？

27. A 有若干本书，B 借走一半加 1 本，剩下的书，C 借走一半加 2 本，再剩下的书，D 借走一半加 3 本，最后 A 还有 2 本书，问 A 原有多少本书？

28. 瓶子里装有浓度为 15% 的酒精 1000 克。现在又分别倒入 100 克和 400 克的 A、B 两种酒精，瓶子里的酒精浓度变为 14%。已知 A 种酒精的浓度是 B 种酒精的 2 倍，求 A 种酒精的浓度。

29. 甲、乙两个工程队分别负责两项工程。晴天，甲完成工程需要 10 天，乙完成工程需要 16 天；雨天，甲和乙的工作效率分别是晴天时的 30% 和 80%。实际情况是两队同时开工、同时完工。那么在施工期间，下雨的天数是多少？

30. 一只船发现漏水时，已经进了一些水，水匀速进入船内。如果 10 人淘水，3 小时淘完；如果 5 人淘水，8 小时淘完。如果要求 2 小时淘完，要安排多少人淘水？

31. A、B、C 三辆摩托车同时从甲地出发到乙地去。按原定速度，A 车应比 B 车早到 10 分钟，在他们同时从甲地出发 20 分钟后，遇上下雨道路泥泞，A 车速度下降 $\frac{1}{3}$，B 车速度下降 $\frac{1}{4}$，C 车速度下降 $\frac{1}{5}$，结果三车同时到达乙地。问：C 车原定行驶完全程要用多少分钟？

32. 六年级 100 名同学，每人至少爱好体育、文艺和科学三项中的一项。其中，爱好体育的 55 人，爱好文艺的 56 人，爱好科学的 51 人，三项都爱好的 15 人，只爱好体育和科学的 4 人，只爱好体育和文艺的 17 人。问：有多少人只爱好科学和文艺两项？只爱好体育的有多少人？

33. 甲、乙、丙三人合作完成一件工程，共得报酬 1800 元。三人完成这项工程的情况是：甲、乙合作 8 天完成工程的 $\frac{1}{3}$；接着乙、丙又合作 2 天完成余下的 $\frac{1}{4}$；最后三人合作 5 天完成了这项工程，按劳付酬，各人应得多少元？

34. 高老师请班上每位同学分别在黑板上写一个两位数，并且每个同学写的数互不相同，高老师宣称无论同学们怎样写这些数，黑板上至少有 3 个数两位数字相加的和相等，那么班上至少有多少位同学才能保证所说的话正确？

35. 如图，向装有 $\frac{1}{3}$ 水的圆柱体容器内放入三个半径都是 1 分米的小球，此时水面没过小球，且水面上升到容器高度的 $\frac{2}{5}$ 处，则圆柱体容器最多装水多少立方分米？（π 取 3.14）

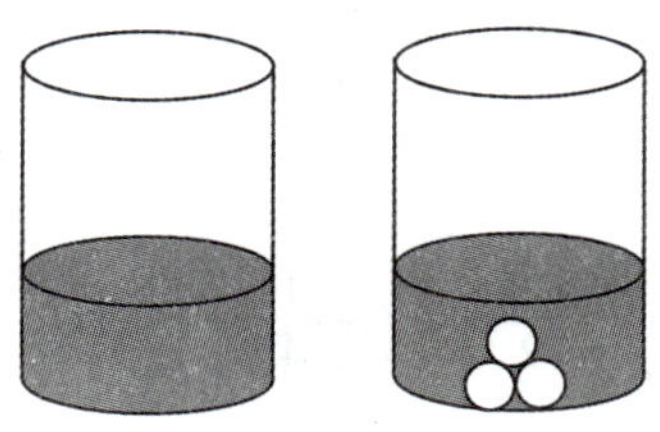

36. 如图所示的 3×3 表格已固定，将 4 枚相同的棋子放入格子里，每个格子里最多放一枚，如果要求每行、每

列都有棋子,共有几种不同的方法?

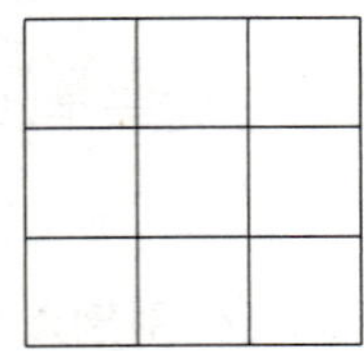

参考答案及解析

一、单项选择题

1. A [解析]原盐水中盐的质量为3.8克,加入2克盐后,盐与盐水的比例为$(2+3.8):40=14.5\%$。故选A。

2. C [解析]由题意得,甲车速度为$90\div\frac{3}{4}=120(\text{km/h})$,乙车速度为$120\div\frac{2}{3}=180(\text{km/h})$,所以甲车与乙车速度比为$120:180=2:3$。

3. D [解析]设小刚今年x岁,则小强今年$(2x-3)$岁,由题意可得$2x-3-x=6$,$x=9$,小强的年龄$2x-3=15$岁,两人今年的年龄之和是$9+15=24$岁。

4. B [解析]第一层是平地,把每层楼的距离看作1,则乙到达第6层楼时,乙行走的距离是5,甲上楼的速度比乙快一倍,则甲行走的距离是$2\times5=10$,加上一楼,甲在第11层。

5. C [解析]除去4个顶点分别种一棵外,每边分别再种8棵,则四周一共种了$4\times8+4=36$棵。

6. C [解析]$\because$ 第一个图形有4根火柴棍:$1\times2+1\times2=4$;第二个图形有12根火柴棍:$2\times3+2\times3=12$;第三个图形有24根火柴棍:$3\times4+3\times4=24$,……,$\therefore$ 第n个图形中火柴棍的根数为:$n(n+1)+n(n+1)=2n(n+1)$。则第100个图形中有火柴棍的根数为$2\times100\times101=20200$。

7. A [解析]设底面的半径为R,则可知底面的周长为$2\pi R$,即侧面展开图正方形的边长为$2\pi R$,由题意可知,圆柱的高为$2\pi R$,所以圆柱的侧面积为$4\pi^2R^2$,底面积为πR^2,所以表面积为$2\pi R^2+4\pi^2R^2$,表面积与侧面积的比是$\frac{2\pi R^2+4\pi^2R^2}{4\pi^2R^2}=\frac{1+2\pi}{2\pi}$。

8. D [解析]$\because$ 水桶底面半径:铁柱底面半径$=2:1$,$\therefore$ 水桶底面积:铁柱底面积$=2^2:1^2=4:1$,设铁柱底面积为a,水桶底面积为$4a$,则水桶底面扣除铁柱部分的环形区域面积为$4a-a=3a$,$\because$ 原有的水量为$3a\times12=36a$,$\therefore$ 将铁柱移出后水桶内的水面高度变为$\frac{36a}{4a}=9$(公分)。故选D。

二、填空题

9. $1023\frac{1023}{1024}$ [解析]原式$=S=\frac{1}{1024}+\frac{1}{512}+\cdots+\frac{1}{4}+\frac{1}{2}+1+2+4+\cdots+256+512$,$2S=\frac{1}{512}+\frac{1}{256}+\cdots+\frac{1}{4}+\frac{1}{2}+1+2+4+\cdots+256+512+1024$,$2S-S=S=1024-\frac{1}{1024}=1023\frac{1023}{1024}$。

10. 19.14 [解析]连结外圈8个圆的圆心构成一个边长为4的正方形,则正方形以外的阴影部分分为4个$\frac{3}{4}$圆,正方形内的空白部分分为4个半圆,所以阴影部分的面积等于正方形面积加1个圆的面积,则$S_{阴影}=4\times4+3.14=19.14$平方厘米。

11. 6 [解析]对方至少要报数1,至多报8,所以不论对方报什么数,自己再报的数一定可以做到两人所报数之和为9,而$123\div9=13\cdots\cdots6$,即如果自己第一次报数6,以后的每一轮在对方报数后,自己报的数使一轮中两人报的数和为9,就能在13轮后达到123。

12. 3:2 [解析]$v_甲-v_乙=10\div5=2$(米/秒),设$v_乙=x$,则$v_甲=x+2$,由题意可得$(4+2)x=4(x+2)$,解得$x=4$。即甲、乙的速度分别为每秒6米,每秒4米,即$V_甲:V_乙=3:2$。

13. 1948 [解析]因为$44^2<2001<45^2$,$12^3<2001<13^3$,所以在前2001个正整数中有44个平方数,12个立方数,同时还有3个六次方数(1^6,2^6,3^6),由此得到所求正整数共有$2001-44-12+3=1948$个。

14. 第一组;第三组 [解析]设三个组共有x人,则这批书有$15x$本,第一组有$15x\div35=\frac{3}{7}x$(人);第二组有$15x\div42=\frac{5}{14}x$(人);第三组有$x-(\frac{3}{7}x+\frac{5}{14}x)=\frac{3}{14}x$(人);因为$\frac{3}{7}>\frac{5}{14}>\frac{3}{14}$,所以第一组人数最多,第三组人数最少。

15. 6144 [解析]如图,共有$4\times3\times2^9\times1^9=6144$种不同的染色方案。

4	2	2	2	2	2	2	2	2	2
3	1	1	1	1	1	1	1	1	1

16. 49 [解析]考虑绳子被对折后形成的弯。绳子对折3次,绳子共折成8段,其中有7个弯;绳子被剪6刀,即每段绳子被剪成7段,这样绳子共被剪成56段,由于有7个弯,把两段绳子连在一起,所以原来的绳子被剪成$56-7=49$段。

17. 乙 [解析]甲认为的正确时间比标准时间慢10分钟,乙认为的正确时间比标准时间快10分钟,所以乙先到火车站。

18. 4 [解析] 因为每人至多赛8场,所以除甲外,另外9人比赛的场数分别是0,1,2,3,4,5,6,7,8,由于同班两人不比赛,所以赛过8场的队员与赛过0场的队员同班,赛过5场的队员与3场的队员同班,所以乙赛过4场。

19. 四 [解析]由于损坏了40个,则还剩$360-40=320$个,设单个进价为a元,则盈利$[320\times(117\%\cdot a)-360a]\div360a=14.4a\div360a=4\%$。

20. 60 [解析]设$\overline{3ab}_{(10)}=\overline{4cd}_{(9)}=\overline{5ef}_{(8)}$,由于$\overline{4cd}_{(9)}$在$400_{(9)}\sim488_{(9)}$之间,也就是$4\times9^2\sim5\times9^2-1$,也就是$324\sim404$;$\overline{5ef}_{(8)}$在$500_{(8)}\sim577_{(8)}$之间,也就是$5\times8^2\sim6\times8^2-1$,也就是$320\sim383$;又知道$\overline{3ab}_{(10)}$在$300_{(10)}\sim399_{(10)}$之间,所以,这样的三位数应该在$324\sim383$之间,于是满足条件的三位数共有$383-324+1=60$个。

21. 1006 [解析]把三进制的数转化为八进制的数,首先将三进制的数化为十进制的数,再将十进制的数化为八进制的数。$201012_{(3)}=2\times3^5+0\times3^4+1\times3^3+0\times3^2+1\times3^1+2\times3^0=486+27+3+2=518_{(10)}$，$518_{(10)}=1\times8^3+0\times8^2+0\times8^1+6\times8^0$。

22. 81.4 ［解析］原式 $=(1+3+5+7+9+11+13+15+17)+\left(\frac{1}{6}+\frac{1}{12}+\frac{1}{20}+\frac{1}{30}+\frac{1}{42}+\frac{1}{56}+\frac{1}{72}+\frac{1}{90}\right)=81+\left(\frac{1}{2\times3}+\frac{1}{3\times4}+\frac{1}{4\times5}+\frac{1}{5\times6}+\frac{1}{6\times7}+\frac{1}{7\times8}+\frac{1}{8\times9}+\frac{1}{9\times10}\right)=81+\left(\frac{1}{2}-\frac{1}{3}\right)+\left(\frac{1}{3}-\frac{1}{4}\right)+\left(\frac{1}{4}-\frac{1}{5}\right)+\left(\frac{1}{5}-\frac{1}{6}\right)+\left(\frac{1}{6}-\frac{1}{7}\right)+\left(\frac{1}{7}-\frac{1}{8}\right)+\left(\frac{1}{8}-\frac{1}{9}\right)+\left(\frac{1}{9}-\frac{1}{10}\right)=81+\frac{1}{2}-\frac{1}{10}=81.4$。

三、解答题

23. ［解析］原式 $=(2\frac{2}{9}\times\frac{4}{5}+2\frac{2}{9}\times6.2-5.8\times2\frac{2}{9}-\frac{1}{5}\times2\frac{2}{9})\times\frac{9}{20}$

$=(\frac{4}{5}+6.2-5.8-\frac{1}{5})\times\frac{20}{9}\times\frac{9}{20}$

$=0.8+6.2-5.8-0.2$

$=6.2-0.2+0.8-5.8$

$=1$。

24. ［解析］相遇前甲、乙速度比为 3∶2，相遇时甲、乙分别走了全程的 $\frac{3}{5}$，$\frac{2}{5}$，相遇后，甲、乙速度比为 $(3\times120\%):(2\times130\%)=18:13$，$14\div\left(\frac{3}{5}-\frac{2}{5}\times\frac{13}{18}\right)=14\div\frac{14}{45}=45$（千米）。

答：A、B 两地间的距离是 45 千米。

25. ［解析］从甲地到乙地，顺水速度：$15+3=18$（千米/小时），甲、乙两地路程：$18\times8=144$（千米），从乙地到甲地的逆水速度：$15-3=12$（千米/小时），返回时逆行用的时间：$144\div12=12$（小时）。

答：从乙地返回甲地需要 12 小时。

26. ［解析］由于第一堆棋子中黑子和第二堆棋子中的白子一样多且每堆棋子一样多，所以第一堆棋子中的白子与第二堆棋子中的黑子也一样多，则第一、二堆棋子混合后，黑、白棋子各占一半，其中黑子的数量占全部黑子总数的 $1-\frac{2}{5}$，并且相当于全部棋子的 $\frac{1}{3}$。所以白子总数占全部棋子的 $1-\frac{1}{3}\div(1-\frac{2}{5})=\frac{4}{9}$。

答：白子总数占全部棋子的 $\frac{4}{9}$。

27. ［解析］（本题采用逆推法）由题意得，

$\{[(2+3)\div\frac{1}{2}+2]\div\frac{1}{2}+1\}\div\frac{1}{2}=50$（本）。

答：A 原有 50 本书。

28. ［解析］设 B 种酒精的浓度为 x，则 A 种酒精的浓度为 $2x$。由题意得，

$\frac{15\%\times1000+100\times2x+400x}{1000+100+400}=14\%$，

解得 $x=10\%$。所以 $2x=20\%$。

答:A 种酒精的浓度为 20%。

29. [解析]设施工期间晴天的天数为 x 天,下雨的天数为 y 天。根据题意列出方程组:

$$\begin{cases}\frac{1}{10}x+\frac{1}{10}\times0.3y=1,\\ \frac{1}{16}x+\frac{1}{16}\times0.8y=1,\end{cases}\text{解得}\begin{cases}x=6.4,\\ y=12。\end{cases}$$

答:在施工期间,下雨的天数是 12 天。

30. [解析]如果设每个人每小时的淘水量为"1 个单位",则船内原有水量与 3 小时内漏水总量之和等于每人每小时淘水量×时间×人数,即 $1\times3\times10=30$。船内原有水量与 8 小时漏水量之和为 $1\times5\times8=40$。每小时的漏水量等于 $(40-30)\div(8-3)=2$(即每小时进水量为 2 个单位,相当于每小时 2 人的淘水量)。船内原有的水量为 $30-(2\times3)=24$。如果这些水(24 个单位)要两小时淘完,并且在这 2 小时内漏进水量为 $2\times2=4$ 个单位,则需 $(24+4)\div2=14$(人)。

答:如果要求 2 小时淘完,需要安排 14 人淘水。

31. [解析]设 A 车原来需要 t 分钟,则 B 车需要 $(t+10)$ 分钟,由 A,B 两车同时到达乙地可得方程 $(t-20)\div\left(1-\frac{1}{3}\right)=(t+10-20)\div\left(1-\frac{1}{4}\right)$,解得 $t=100$。由题意得,三辆车降速后行驶的时间都是 $(t-20)\div\left(1-\frac{1}{3}\right)=120$ 分钟,而 C 车降速行驶的这段路程正常行驶需要 $\left(120\times\frac{4}{5}\right)$ 分钟,所以 C 车正常行驶完全程需 $20+120\times\frac{4}{5}=116$ 分钟。

答:C 车原定行驶完全程要用 116 分钟。

32. [解析]如图,只爱好体育的有 $55-4-15-17=19$ 人。设只爱好科学和文艺两项的有 x 人,由容斥定理,得 $55+56+51-17-4-x-15\times2=100$,解得 $x=11$,即只爱好科学和文艺两项的有 11 人。

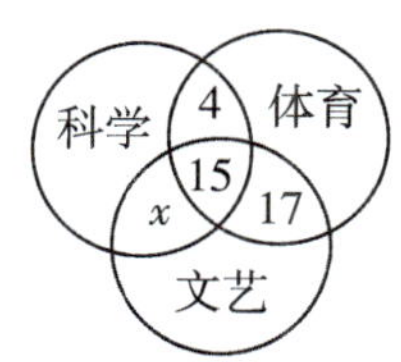

答:有 11 人只爱好科学和文艺两项;有 19 人只爱好体育。

33. [解析]甲、乙的工作效率之和为 $\frac{1}{3}\div8=\frac{1}{24}$,乙、丙的工作效率之和为 $\left(1-\frac{1}{3}\right)\times\frac{1}{4}\div2=\frac{1}{12}$,甲、乙、丙的工作效率之和为 $\left[\left(1-\frac{1}{3}\right)-\left(1-\frac{1}{3}\right)\times\frac{1}{4}\right]\div5=\frac{1}{10}$,丙的工作效率为 $\frac{1}{10}-\frac{1}{24}=\frac{7}{120}$,甲的工作效率为 $\frac{1}{10}-\frac{1}{12}=\frac{1}{60}$,丙应得报酬 $1800\times\frac{7}{120}(2+5)=735$(元),甲应得报酬 $1800\times\frac{1}{60}(8+5)=390$(元),乙应得报酬 $1800-390-735=675$(元)。

答:甲应得报酬390元,乙应得报酬675元,丙应得报酬735元。

34. [解析]两位数的数字和最小是1,最大是18,共18种。但数字和为1的只有10这一个数,数字和18的也只有99这一个数;数字和为2的只有20,11;数字和为17的只有98,89;数字和为3~16的两位数都有3个或3个以上。根据抽屉原理,班上至少有$1+1+2+2+2\times14+1=35$位同学。

答:班上至少有35位同学才能保证所说的话正确。

35. [解析]三个小球体积为$\frac{4}{3}\times\pi\times1^3\times3=4\pi$,$\frac{2}{5}-\frac{1}{3}=\frac{1}{15}$,所以圆柱容器高的$\frac{1}{15}$可装水$4\pi$,容器最多可装水$4\pi\div\frac{1}{15}=60\pi=188.4$(立方分米)。

答:圆柱体容器最多装水188.4立方分米。

36. [解析] 先选出一行放2个,有$C_3^1=3$种,排列这一行有$C_3^2=3$种,共有$3\times3=9$种;如果选择的第二行中所放棋子的位置,与放2个的行中两个棋子所在列不同,只有1种放法,那么第三行就有3种选择,共有$1\times3=3$种;如果选择的第二行中所放棋子的位置,与放2个的行中两个棋子所在列相同,有2种放法,那么第三行就有1种选择,共有$2\times1=2$种;所以总共有:$9\times(3+2)=45$(种)。

第三部分

中学数学（附高等数学）知识

内容导学

浙江省教师招聘考试中学数学(附高等数学)知识部分,共十一章。

第一章主要是代数式与方程的基础内容,考查题型多为判断题、单项选择题、填空题、解答题。

第二章主要是数列的主要内容,考查题型多侧重于单项选择题、填空题、解答题。

第三章主要是不等式的基本内容,考查题型多侧重于单项选择题、填空题,解答题一般与其他知识结合考查。

第四章主要是平面解析几何的主要内容,考查题型多为判断题、单项选择题、填空题、解答题,其中判断题、单项选择题、填空侧重于对性质的理解,解答题综合性较强。

第五章主要是直线、平面与简单几何体的主要内容,考查题型多侧重于单项选择题、解答题。

第六章主要是计数原理与概率统计的基本内容,考查题型多侧重于单项选择题、填空题。

第七章主要是集合与简易逻辑的主要内容,考查题型多侧重于判断题、单项选择题、填空题。

第八章主要是函数的主要内容,也是浙江招教考试中的高频考点,考查题型多侧重于判断题、单项选择题、填空题、解答题。

第九章主要是极限与连续的基本内容,考查题型多侧重于单项选择题、填空题。

第十章主要是导数、微分与积分的基本内容,考查题型多侧重于单项选择题、填空题、解答题。

第十一章主要是向量与复数的基本内容,考查题型多侧重于判断题、单项选择题、填空题。

考生要重点掌握第一章、第二章、第四章、第五章、第六章、第八章、第九章和第十章的内容,并结合历年考试真题有针对性地进行复习。

第一章　代数式与方程

思维导图

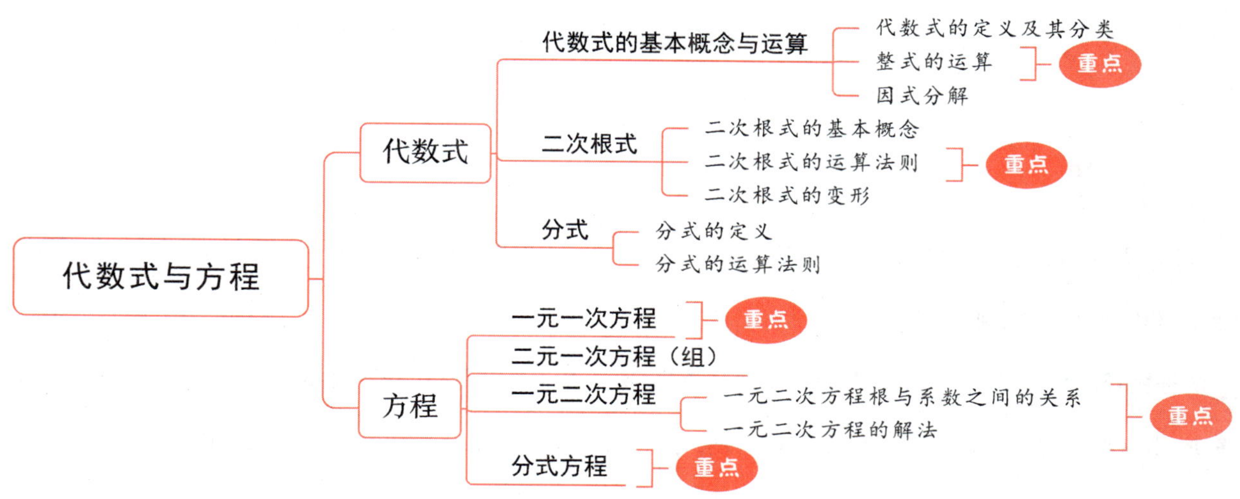

浙江考向

本章属于初中数学的基础章节，也是浙江省教师招聘考试中常考的章节，特点为内容基础，需要理解和应用性知识较多。在考试中常以判断题、单项选择题、填空题、解答题的形式考查。现对本章浙江考向分析如下：

高频考点	常考题型	能力要求	考查热度
代数式的运算	判断、单选、填空	掌握	★★
二次根式	单选、填空	理解	★
一元一次方程	单选、填空、解答	理解与应用	★★★
二元一次方程(组)	单选、填空	理解	★★
一元二次方程	单选、解答	理解与应用	★★
分式方程	单选、解答	理解与应用	★★

核心考点

一、代数式　【判断、单选、填空】　★★

考点 1　代数式的基本概念与运算

1. 代数式的定义及其分类

(1) 代数式的定义

由数和表示数的字母经有限次加、减、乘、除、乘方和开方等代数运算所得的式子，或含有字母的数学表达式称为代数式。

(2)代数式的分类

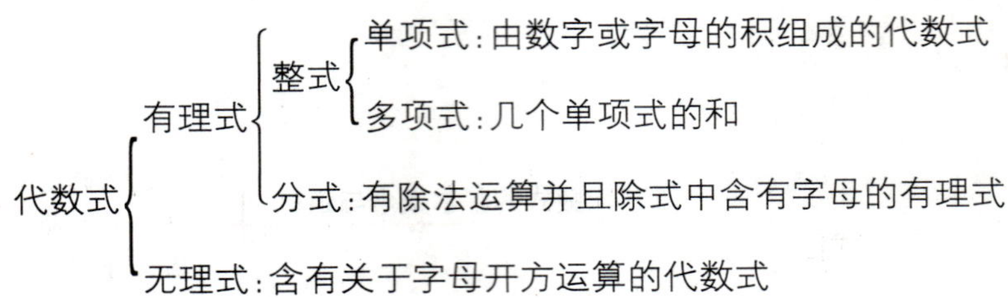

真题面对面

[2021 绍兴，填空，3 分]已知苹果价格 a 元每千克，买了 5 千克苹果，一共需要付________元；妈妈给了 100 元，可以找回________元。

答案：$5a$；$100-5a$。已知苹果价格 a 元每千克，买了 5 千克苹果，问一共需要多少元，就是求 5 个 a 是多少，则一共需要付 $5a$ 元；妈妈给了 100 元，求可以找回多少元，用减法计算，则能找回$(100-5a)$元。

2. 整式的运算

整式的运算	定义或注意点
幂的运算	$a^m \cdot a^n = a^{m+n}$；$(a^m)^n = a^{mn}$；$(ab)^n = a^n b^n$；$a^m \div a^n = a^{m-n}(a\neq 0)$；$a^0 = 1(a\neq 0)$；$a^{-n} = \frac{1}{a^n}(a\neq 0)$
加减法 (实质是合并同类项)	①合并同类项的法则：同类项的系数相加，所得的结果作为系数，字母和字母的指数不变 ②去括号时注意括号前边是“－”号的要变号
乘法	①单项式×单项式：系数、字母分别相乘 ②单项式×多项式：根据分配律用单项式乘多项式的每一项，再把所得的积相加 ③多项式×多项式：先用一个多项式的每一项乘另一个多项式的每一项，再把所得的积相加
除法	①单项式相除：把系数同底数幂分别相除后，作为商的因式，对于只在被除式里含有的字母，则连同它的指数一起作为商的一个因式 ②多项式除以单项式：先把这个多项式的每一项除以这个单项式，再把所得的商相加

3. 因式分解

把一个多项式化为几个最简整式的乘积的形式，这种变形叫作这个多项式的**因式分解**(也叫作分解因式)。

因式分解：

- 概念：一个多项式 $\underset{\text{整式乘法}}{\overset{\text{因式分解}}{\rightleftharpoons}}$ 几个整式的乘积。
- 方法：
  - 提取公因式法：$ma+mb-mc=m(a+b-c)$。
  - 运用公式法：①$a^2-b^2=(a+b)(a-b)$；
  - ②$a^2\pm 2ab+b^2=(a\pm b)^2$；
  - ③$a^3\pm b^3=(a\pm b)(a^2\mp ab+b^2)$；
  - ④$a^3\pm 3a^2b+3ab^2\pm b^3=(a\pm b)^3$。
  - 二次三项式因式分解（十字相乘法）：$x^2+(p+q)x+pq=(x+p)(x+q)$；$a_1a_2x^2+(a_1c_2+a_2c_1)x+c_1c_2=(a_1x+c_1)(a_2x+c_2)$。

真题面对面

1. [2021 宁波,判断,1 分] $(a+b)(1-m)=a+b-am-bm$。 (　　)

答案：√。$(a+b)(1-m)=a-am+b-bm=a+b-am-bm$。

2. [2021 宁波,单,2 分]已知 $a+b=\sqrt{5}$,则代数式 $a^2+b^2+1+2ab$ 的值是(　　)

A. 5　　B. 6　　C. 7　　D. 8

答案：B。由题意知,$\because a+b=\sqrt{5}$,$\therefore a^2+b^2+1+2ab=(a+b)^2+1=5+1=6$。

考点 2　二次根式

1. 二次根式的基本概念

(1)二次根式的式子定义

$\sqrt{a}(a\geqslant 0)$叫作二次根式,其中 a 叫作被开方数。

(2)二次根式的式子性质

①$\sqrt{a}(a\geqslant 0)$是非负数;②$(\sqrt{a})^2=a(a\geqslant 0)$;③$\sqrt{a^2}=|a|$。

(3)最简二次根式

满足以下两个条件的二次根式叫作**最简二次根式**:

①被开方数的因数是整数,因式是整式;

②被开方数中不含有开得尽方的整数或整式。

几个二次根式化成最简二次根式后,如果被开方数相同,那么这几个二次根式叫作同类二次根式。

2. 二次根式的运算法则

(1)加减法:二次根式相加减,先把各个二次根式化成最简二次根式,再合并同类二次根式;

(2)乘法:$\sqrt{ab}=\sqrt{a}\cdot\sqrt{b}(a\geqslant 0,b\geqslant 0)$;

(3)除法:$\sqrt{\frac{a}{b}}=\frac{\sqrt{a}}{\sqrt{b}}(a\geqslant 0,b>0)$;

(4)混合运算:二次根式的混合运算顺序与实数的混合运算顺序一样,先乘方,后乘除,最后加减,有括号的先算括号内的。

第三部分

3. 二次根式的变形

(1)因式的内移

因式内移时,若 $m>0$,则将因式平方移入根号内,即:若 $m>0$,则 $m\sqrt{x}=\sqrt{m^2x}$;若 $m<0$,则将负号留在根号外,且 m 附加"-"然后平方移入根号内,即:若 $m<0$,则 $m\sqrt{x}=-\sqrt{(-m)^2x}$,若字母 x 不能与 $(-m)^2$ 相消,则此式能继续化简为 $-\sqrt{m^2x}$。

(2)因式的外移

若被开方数中字母取值范围已指明,则当 $a\geqslant0$ 时,$\sqrt{a^2}=a$;当 $a<0$ 时,$\sqrt{a^2}=-a$。若被开方数中字母取值范围未指明,则要进行讨论,即:$\sqrt{x^2y}=|x|\sqrt{y}=\begin{cases}x\sqrt{y},x\geqslant0,\\-x\sqrt{y},x<0。\end{cases}$

考点 3 分式

1. 分式的定义

A,B 表示两个整式,$A\div B$ 就可以表示成$\frac{A}{B}$的形式,如果 B 中含有字母且 $B\neq0$,则式子$\frac{A}{B}$就叫作分式,A,B 分别叫作分式的分子和分母。

2. 分式的运算法则

同分母分式加减	分母不变,分子相加
异分母分式加减	先通分化为同分母分式,再根据同分母分式的加减法则进行计算
分式的乘法	把分子的积作为积的分子,把分母的积作为积的分母
分式的除法	把除式的分子和分母颠倒位置后再与被除式相乘

二、方程 【单选、填空、解答】 ★★★

考点 1 一元一次方程

只含有一个未知数,并且未知数的最高次数是 1,等号两边都是整式的等式叫作一元一次方程。

一元一次方程的解法:

(1)去分母。在方程两边同乘各分母的最小公倍数(不含分母的项也要乘)。

(2)去括号。先去小括号,再去中括号,最后去大括号(括号外若有减号则要变号)。

(3)移项。把含有未知数的项移到方程的一边,其他项都移到方程的另一边(移项要变号)。

(4)合并同类项。把方程化成 $Ax=B(A\neq0)$ 的形式。

(5)未知数系数化为 1。在方程两边同时除以未知数的系数 A,得到方程的解 $x=\frac{B}{A}(A\neq0)$。

真题面对面

[2019 年 1 月杭州(小学),解答,6 分]一家书店推出一项优惠政策,凡购买同一种书 100 本以上,按书价的 90% 收款。某校到该书店购买甲、乙两种书,购得乙种书的册数是甲种书的$\frac{4}{5}$,甲种书的总价比乙种书的总价高 720 元。已知乙种书每本 15 元,甲种书每本 20 元。学校购得甲种书多少本?

答案:设学校购得甲种书 x 本,则学校购得乙种书$\frac{4}{5}x$本。根据题意,有以下三种情况:①当 $x<100$ 时,学校购得甲、乙两种书都小于 100 本,可得 $20x-720=15\times\frac{4}{5}x$,解得 $x=90$;②当 $x\geqslant100$,$\frac{4}{5}x<100$,即 $100\leqslant x<125$ 时,可得 $90\%\times20x-720=15\times\frac{4}{5}x$,解得 $x=120$;③当$\frac{4}{5}x\geqslant100$,即 $x\geqslant125$ 时,可得 $90\%\times20x-720=90\%\times15\times\frac{4}{5}x$,解得 $x=100$(不符合题意),故舍去。

答:学校购得甲种书 90 或 120 本。

考点 2 二元一次方程(组)

二元一次方程(组)

如果一个方程含有两个未知数,并且未知数的最高次项的次数都是 1 的整式方程叫作二元一次方程。(二元一次方程的一般形式为:$ax+by+c=0$,其中 a,b 不为零)

两个或多个含有共同未知数的二元一次方程组成的方程组,叫作二元一次方程组。

二元一次方程与方程组的常用解法为消元法,分为代入消元法和加减消元法。“消元”即减少未知数的个数,使多元方程转化为一元方程,解出未知数。

真题面对面

1. [2021 年 5 月杭州(小学),单,3 分]18 个同学的平均身高为 1.5 米,其中有一些低于 1.5 米的同学平均身高为 1.2 米,另一些高于 1.5 米的同学平均身高为 1.7 米,那么最少有(　　)个学生的身高恰好是 1.5 米。

A. 3　　B. 5　　C. 8　　D. 13

答案:A。设身高高于 1.5 米的人有 a 个,低于 1.5 米的人有 b 个,则 $1.7a+1.2b=1.5(a+b)$,解得 $2a=3b$,因为 a 和 b 都为整数,则 a 最大为 9,b 最大为 6,则最少有 $18-9-6=3$ 个同学的身高恰好是 1.5 米。

2. [2021 台州,填空,3 分]关于 x,y 的方程组$\begin{cases}x-2y=m-3,\\2x+5y=1-2m,\end{cases}$当 $m>$________时,$x+y<0$。

答案:-2。$\begin{cases}x-2y=m-3,\\2x+5y=1-2m\end{cases}\Rightarrow\begin{cases}2x-4y=2m-6,\\2x+5y=1-2m,\end{cases}$两式相减可得 $9y=7-4m$,则 $y=\frac{7-4m}{9}$,将 y 值代入 $x-2y=m-3$,可得 $x=m-3+\frac{2(7-4m)}{9}=\frac{m-13}{9}$,当 $x+y<0$ 时,$\frac{m-13}{9}+\frac{7-4m}{9}<0$,解得 $m>-2$。

考点3 一元二次方程

一元二次方程就是只有一个未知数且未知数最高次项的次数为2的整式方程，其一般形式为 $ax^2+bx+c=0(a\neq0)$。

1. 一元二次方程根与系数之间的关系

韦达定理：设一元二次方程 $ax^2+bx+c=0(a\neq0)$ 的两根为 x_1,x_2，则有：①$x_1+x_2=-\frac{b}{a}$；②$x_1x_2=\frac{c}{a}$。

2. 一元二次方程的解法

(1)直接开平方法

能变形为 $(x+a)^2=b(b\geqslant0)$ 的方程可用直接开平方法求解，即 $x+a=\sqrt{b}$ 或 $x+a=-\sqrt{b}$，所以 $x_1=-a+\sqrt{b}$，$x_2=-a-\sqrt{b}$。

(2)因式分解法

如果一元二次方程可化成 $A\cdot B=0$ 的形式，且 A,B 都是含有未知数的一次式，那么就可以转化成两个一元一次方程来求解，这种解一元二次方程的方法叫作因式分解法。

(3)配方法

通过**配方**把一元二次方程 $ax^2+bx+c=0(a\neq0)$ 变形为 $\left(x+\frac{b}{2a}\right)^2=\frac{b^2-4ac}{4a^2}$ 的形式，再利用直接开平方法求解的方法叫作配方法。

一元二次方程 $ax^2+bx+c=0(a\neq0)$ 是否有实根，取决于"b^2-4ac"的符号，于是将 $\Delta=b^2-4ac$ 叫作一元二次方程根的判别式。

当 $\Delta=b^2-4ac>0$ 时，方程有两个不相等的实数根 $x=\frac{-b\pm\sqrt{b^2-4ac}}{2a}$；

当 $\Delta=b^2-4ac=0$ 时，方程有两个相等的实数根 $x=-\frac{b}{2a}$；

当 $\Delta=b^2-4ac<0$ 时，方程无实数根。

(4)公式法

利用求根公式求出一元二次方程的解的方法，叫作公式法。

化方程为一般形式 $ax^2+bx+c=0(a\neq0)$，确定 a,b,c 的值，并计算 b^2-4ac 的值(注意符号)。

当 $b^2-4ac\geqslant0$ 时，将 a,b,c 的值代入求根公式 $x=\frac{-b\pm\sqrt{b^2-4ac}}{2a}$，得出方程的解；

当 $b^2-4ac<0$ 时，方程无解。

真题面对面

1. [2022年6月杭州(中小学)，填空，4分]已知 $x^2-7x+1=0$ 两根 x_1,x_2，则 $x_1^2+x_2^2=$______。

答案：47。由题意可得 $x_1+x_2=7$，$x_1x_2=1$，则 $x_1^2+x_2^2=(x_1+x_2)^2-2x_1x_2=49-2=47$。

2. [2021台州，解答，6分]已知关于 x 的方程 $x^2+2x+m=0$。

(1)若 $x=1$ 是方程的一个根，求 m；

第三部分

(2)若此方程有两个不相等的实数根，求 m 的取值范围；

(3)在(2)的条件下，若此方程有两个不等实根 x_1,x_2，且 $x_1x_2\geqslant 0$，求 m 的取值范围。

答案：(1)若 $x=1$ 是方程的一个根，则 $1+2+m=0$，故 $m=-3$。

(2)若方程有两个不等实根，则 $\Delta=4-4m>0$，解得 $m<1$。

(3)由(2)知，$m<1$，又 $x_1x_2=m\geqslant 0$，则 m 的取值范围是 $0\leqslant m<1$。

考点4 分式方程

分式方程是方程的一种，指等号两边至少有一项分母里含有未知数的有理方程。

1. 解分式方程的步骤

(1)方程的两边都乘以最简公分母，化成整式方程；

(2)解这个整式方程；

(3)验根并作答。

增根：在分式方程化为整式方程的过程中，若整式方程的根使最简公分母为0，那么这个根叫作原分式方程的增根。

验根方法：把整式方程的根代入原方程，若原方程的分母不为0，则不是增根；若为0，则是增根。

2. 用换元法解分式方程的一般步骤

(1)设辅助未知数，并用含辅助未知数的代数式去表示方程中另外的代数式；

(2)解所得到的关于辅助未知数的新方程，求出辅助未知数的值；

(3)把辅助未知数的值代入原假设中，求出原未知数的值；

(4)检验作答。

3. 分式方程的应用

解分式方程的应用题与解一元一次方程应用题类似，不同的是要注意检验。

(1)检验所求的解是否是所列整式方程的解；

(2)检验所求的解是否是原方程的增根。

第三部分

真题面对面

[2021 宁波，单，2 分]已知分式方程 $\frac{k}{x+4}+\frac{1}{x-4}=\frac{k+3}{x^2-16}$ 无解，则 k 的值为(　　)

A. -1　　B. 5　　C. $-\frac{1}{3}$　　D. -1 或 5 或 $-\frac{1}{3}$

答案：D。将分式方程 $\frac{k}{x+4}+\frac{1}{x-4}=\frac{k+3}{x^2-16}$ 去分母，可化简为 $(k+1)x=5k-1$。当 $k+1=0$，即 $k=-1$ 时，分式方程无解；当 $x=4$ 时，$4(k+1)=5k-1$，解得 $k=5$；当 $x=-4$ 时，$-4(k+1)=5k-1$，解得 $k=-\frac{1}{3}$，则 k 的值为 -1 或 5 或 $-\frac{1}{3}$。

达标测评

建议用时	实际用时	测评总分	实际得分
30 分钟	______分钟	54 分	______分

一、单项选择题(每小题 3 分,共 15 分)

1. 若 $x=-2$ 是关于 x 的一元二次方程 $x^2+\frac{3}{2}ax-a^2=0$ 的一个根,则 a 的值是(　　)

A. -1 或 4　　B. -1 或 -4　　C. 1 或 -4　　D. 1 或 4

2. 已知 $m=\sqrt{4}+\sqrt{3}$,则以下对 m 的估算正确的是(　　)

A. $2<m<3$　　B. $3<m<4$　　C. $4<m<5$　　D. $5<m<6$

3. 已知 $x=\sqrt{2}-3$,则 $\left(x-2-\frac{5}{x+2}\right)\div\frac{x-3}{2x+4}$ 的值为(　　)

A. $2\sqrt{2}-12$　　B. $2\sqrt{2}+6$　　C. $2\sqrt{2}$　　D. $2\sqrt{2}-6$

4. 某商品计划经过两个月的时间将售价提高 20%,设每月平均增长率为 x,则列出的方程为(　　)

A. $x+x(1+x)=1+20\%$　　B. $(1+x)^2=20\%$

C. $(1+x)^2=1.2$　　D. $(1+x\%)^2=1+20\%$

5. 某学校八年级师生共 466 人准备参加社会实践活动,现已预备了 49 座和 37 座两种客车共 10 辆,刚好坐满。设 49 座客车 x 辆,37 座客车 y 辆,根据题意可列出方程组(　　)

A. $\begin{cases}x+y=10,\\49x+37y=466\end{cases}$　　B. $\begin{cases}x+y=10,\\37x+49y=466\end{cases}$

C. $\begin{cases}x+y=466,\\49x+37y=10\end{cases}$　　D. $\begin{cases}x+y=466,\\37x+49y=10\end{cases}$

二、填空题(每小题 3 分,共 21 分)

6. 已知 $\frac{1}{x}-\frac{1}{y}=5$,则 $\frac{3x+5xy-3y}{x-y-3xy}=$________。

7. 已知 $A=\frac{1}{x-2}$,$B=\frac{2}{x^2-4}$,$C=\frac{x}{x+2}$,当 $x=3$ 时,$A-B\div C$ 的值为________。

8. 若 $x^a\cdot y^b\cdot x^{c-1}=x^6$,则 $a+b+c=$________。

9. 已知 $a+\frac{1}{a}=2$,$a^2+\frac{1}{a^2}=2$,$a^3+\frac{1}{a^3}=2$,则 $a^4+\frac{1}{a^4}=$________。

10. 已知 α 是方程 $x^2+x-\frac{1}{4}=0$ 的根,则 $\frac{\alpha^3-1}{\alpha^5+\alpha^4-\alpha^3-\alpha^2}$ 的值等于________。

11. 已知方程组 $\begin{cases}2x-3y=3,\\ax+by=-1\end{cases}$ 与 $\begin{cases}3x+2y=11,\\2ax+3by=3\end{cases}$ 的解相同,则 $a^2+2ab+b^2$ 的值为________。

12. 已知多项式 $m^2+m-1=0$，则多项式 m^3+2m^2+2006 的值为________。

三、解答题（每小题 6 分，共 18 分）

13. 先化简，再求值：$\frac{x-2}{x^2-1}\div\frac{2x+2}{x^2+2x+1}+\frac{1}{x-1}$，其中$x=\sqrt{2}+1$。

14. 某书店老板去图书批发市场购买某种图书，第一次购书共用去 100 元，按该书定价 2.8 元出售。第二次购书时，每本的批发价比第一次增多 0.5 元，共用去 150 元，所购数量比第一次多 10 本，当这批书售出$\frac{4}{5}$时出现滞销，便以定价额 5 折售完剩余图书。试问该老板第二次售书时赔钱还是赚钱？若赔，赔多少？若赚，赚多少？

15. 一商人将掸子放进两种盒子里，每个大盒子装 12 个，每个小盒子装 5 个，恰好装完。如果掸子数为 99，盒子数大于 9，问两种盒子各有多少个？

参考答案及解析

一、单项选择题

1. C ［解析］将 $x=-2$ 代入方程得到 $4-3a-a^2=0$，解得 $a=-4$ 或 1。

2. B ［解析］由题知，$m=\sqrt{4}+\sqrt{3}=2+\sqrt{3}$，因为$\sqrt{1}<\sqrt{3}<\sqrt{4}$，所以 $1<\sqrt{3}<2$，所以 $3<2+\sqrt{3}<4$，即 $3<m<4$。

3. C ［解析］$\left(x-2-\frac{5}{x+2}\right)\div\frac{x-3}{2x+4}=\frac{x^2-4-5}{x+2}\div\frac{x-3}{2x+4}=\frac{(x+3)(x-3)}{x+2}\times\frac{2(x+2)}{x-3}=2(x+3)$，当 $x=\sqrt{2}-3$ 时，原式 $=2\sqrt{2}$。

4. C ［解析］由题意列方程得 $(1+x)^2=1.2$。故选 C。

5. A ［解析］根据题意可列方程组$\begin{cases}x+y=10,\\49x+37y=466。\end{cases}$故选 A。

二、填空题

6. $\frac{5}{4}$ ［解析］$\frac{1}{x}-\frac{1}{y}=5\Rightarrow x-y=-5xy$，所以$\frac{3x+5xy-3y}{x-y-3xy}=\frac{3(x-y)+5xy}{(x-y)-3xy}=\frac{3(-5xy)+5xy}{-5xy-3xy}=\frac{5}{4}$。

7. $\frac{1}{3}$ ［解析］$A-B\div C=\frac{1}{x-2}-\frac{2}{x^2-4}\div\frac{x}{x+2}=\frac{1}{x-2}-\frac{2}{(x+2)(x-2)}\cdot\frac{x+2}{x}=\frac{1}{x-2}-\frac{2}{x(x-2)}=\frac{1}{x}$，当 $x=3$ 时，原式 $=\frac{1}{3}$。

8. 7 ［解析］根据幂的运算性质可知，$b=0$，$a+c-1=6$，故 $a+b+c=7$。

9. 2 ［解析］$a^4+\frac{1}{a^4}=\left(a^2+\frac{1}{a^2}\right)^2-2=2$。

10. 20 ［解析］由题意 α 是方程 $x^2+x-\frac{1}{4}=0$ 的根，所以 $\alpha^2+\alpha=\frac{1}{4}$ 且 $\alpha\neq1$，又因为 $\alpha^3-1=$

第三部分

$(\alpha-1)(\alpha^2+\alpha+1)$，$\alpha^5+\alpha^4-\alpha^3-\alpha^2=\alpha^2(\alpha-1)(\alpha+1)^2$，所以$\frac{\alpha^3-1}{\alpha^5+\alpha^4-\alpha^3-\alpha^2}=\frac{(\alpha-1)(\alpha^2+\alpha+1)}{\alpha^2(\alpha-1)(\alpha+1)^2}=$

$\frac{\alpha^2+\alpha+1}{\alpha^2(\alpha+1)^2}=\frac{\frac{1}{4}+1}{\left(\frac{1}{4}\right)^2}=20$。

11. 9 [解析]根据题意，两个方程组的解相同，可得$\begin{cases}3x+2y=11,\\2x-3y=3\end{cases}$①的解与$\begin{cases}ax+by=-1,\\2ax+3by=3\end{cases}$②的解也相同，

解①得$\begin{cases}x=3,\\y=1,\end{cases}$将$x$，$y$代入②，解得$\begin{cases}a=-2,\\b=5,\end{cases}$则$a^2+2ab+b^2=9$。

12. 2007 [解析]由多项式$m^2+m-1=0$可知$m^2+m=1$，则$m^3+2m^2+2006=m^3-1+2m^2+2007=(m-1)(m^2+m+1)+2m^2+2007=2m-2+2m^2+2007=2(m^2+m)+2005=2007$。

三、解答题

13. [解析]原式$=\frac{x-2}{(x+1)(x-1)}\div\frac{2(x+1)}{(x+1)^2}+\frac{1}{x-1}=\frac{x-2}{(x+1)(x-1)}\times\frac{(x+1)^2}{2(x+1)}+\frac{1}{x-1}=\frac{x-2}{2(x-1)}+\frac{1}{x-1}=\frac{x}{2(x-1)}=\frac{x}{2x-2}$，当$x=\sqrt{2}+1$时，原式$=\frac{\sqrt{2}+1}{2(\sqrt{2}+1)-2}=\frac{\sqrt{2}+1}{2\sqrt{2}}=\frac{2+\sqrt{2}}{4}$。

14. [解析]设第二次购书x本，则第一次购书$(x-10)$本，由题意可得$\frac{100}{x-10}+0.5=\frac{150}{x}$，化简得$x^2-110x+3000=0$，解得$x_1=50$，$x_2=60$。经检验，$x_1=50$，$x_2=60$都是方程的根。

当$x=50$时，每本书的批发价为$150\div50=3$(元)，高于书的定价，不合题意，舍去；当$x=60$时，每本书的定价为$150\div60=2.5<2.8$，符合题意，故第二次购书60本。

则$2.8\times60\times\frac{4}{5}+2.8\times0.5\times60\times\left(1-\frac{4}{5}\right)=151.2$(元)，则$151.2-150=1.2$(元)，故赚了1.2元。

15. [解析]设大盒子有x个，小盒子有y个，则$12x+5y=99$($x>0$，$y>0$，$x+y>9$)，即$y=(99-12x)\div5$，由整除5的数的规律，并经检验，知符合条件的解有：$x=2$，$y=15$，或$x=7$，$y=3$。

答：大盒子有2个，小盒子有15个，或大盒子有7个，小盒子有3个。

第三部分

第二章　数　列

思维导图

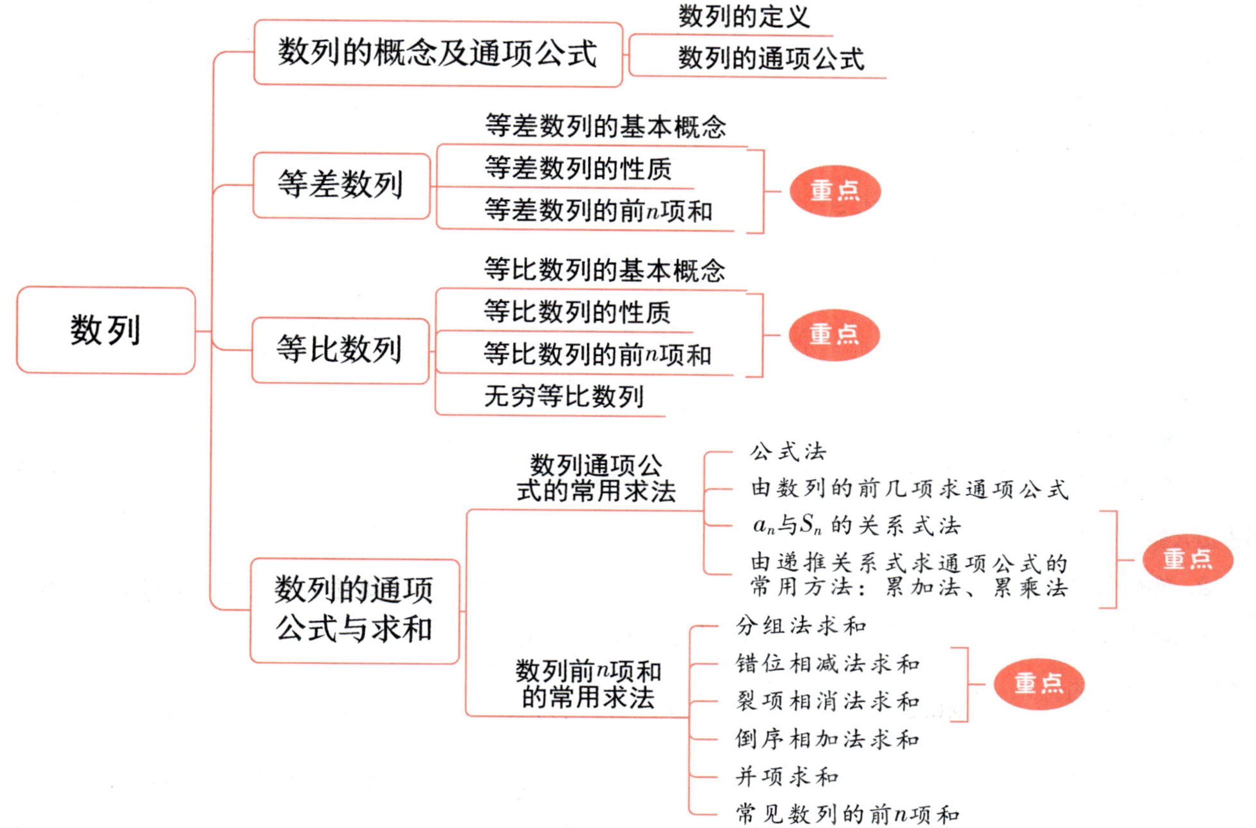

第三部分

浙江考向

本章属于高中数学的重要章节，也是浙江省教师招聘考试中的常考内容，特点为内容多，需要理解和应用性知识较多。在考试中常以单项选择题、填空题、解答题的形式考查。现对本章浙江考向分析如下：

高频考点	常考题型	能力要求	考查热度
等差数列的性质	填空	理解	★★
等比数列的性质	单选、填空	理解	★★
数列的通项公式与求和	解答	理解与应用	★★★

核心考点

一、数列的概念及通项公式

考点 1 数列的定义

按照一定顺序排列的一列数称为数列，数列中的每一个数叫作这个数列的项。

考点 2 数列的通项公式

1. 通项公式

如果数列$\{a_n\}$的第 n 项与序号 n 之间的关系可以用一个公式 $a_n=f(n)$来表达，那么这个公式叫作这个数列的通项公式。

2. 递推公式

如果已知数列$\{a_n\}$的第一项(或前几项)，且从第二项(或某一项)开始的任一项 a_n与它的前一项 a_{n-1}(或前几项)间的关系可以用一个公式来表示，那么这个公式就叫作这个数列的递推公式。

已知数列$\{a_n\}$的前 n 项和为 S_n，则 $a_n=\begin{cases}S_1, n=1,\\ S_n-S_{n-1}, n\geqslant 2。\end{cases}$

真题面对面

[2021 绍兴，填空，3 分]已知数列 $a_n=\frac{1}{(n+1)^2}$，$C_n=2(1-a_1)(1-a_2)\cdots(1-a_n)$，则 $C_3=$ ________。

答案：$\frac{5}{4}$。$a_1=\frac{1}{(1+1)^2}=\frac{1}{4}$，$a_2=\frac{1}{(2+1)^2}=\frac{1}{9}$，$a_3=\frac{1}{(3+1)^2}=\frac{1}{16}$，$C_3=2(1-a_1)(1-a_2)(1-a_3)=2\times(1-\frac{1}{4})\times(1-\frac{1}{9})\times(1-\frac{1}{16})=\frac{5}{4}$。

二、等差数列 【填空】 ★★

考点 1 等差数列的基本概念

1. 定义

一般地，如果一个数列从第 2 项起，每一项与它的前一项的差都等于同一个常数，那么这个数列叫作等

第三部分

差数列，这个常数叫作等差数列的公差，公差通常用字母 d 表示。

2. 递推公式

$a_n-a_{n-1}=d(n\geqslant 2)$ 或者 $a_{n+1}-a_n=d(n\geqslant 1)$。公差 d 可以为正数、负数或零。

3. 等差数列的通项公式

$a_n=a_1+(n-1)d$，$a_n=a_m+(n-m)d$，其中 a_n，a_m 必须是数列中的项。

4. 等差中项

如果三个数 x，A，y 组成等差数列，那么 A 叫作 x 和 y 的等差中项，则 $A=\frac{x+y}{2}$。

考点 2 等差数列的性质

(1)若公差 $d>0$，则此数列为递增数列；

若公差 $d<0$，则此数列为递减数列；

若公差 $d=0$，则此数列为常数列。

(2) $a_1+a_n=a_2+a_{n-1}=a_3+a_{n-2}=\cdots=2a_{\frac{n+1}{2}}$（$n$ 为奇数）；

$a_1+a_n=a_2+a_{n-1}=a_3+a_{n-2}=\cdots=a_{\frac{n}{2}}+a_{\frac{n+2}{2}}$（$n$ 为偶数）。

(3) $m,n,p,k\in\mathbf{N}_+$，且 $m+n=p+k$，则 $a_m+a_n=a_p+a_k$。

此性质还可以推广到三项、四项等情形。使用该性质时，一定要注意等式两边下标和相等，注意等式两边和的项数一样多。

(4)在等差数列中，每隔相同的项抽出来的项按照原来的顺序排列，构成的新数列仍然是等差数列，但剩下的项按原顺序排列构成的数列不一定是等差数列。

(5)等差数列中连续几项之和顺次排列，构成的新数列仍然是等差数列。

(6)若数列 $\{a_n\}$ 和 $\{b_n\}$ 均为等差数列，则 $\{ma_n+kb_n\}$ 仍为等差数列，其中 m,k 均为常数。

(7)等差数列的通项公式 $a_n=a_1+(n-1)d$ 或 $a_n=a_m+(n-m)d$ 也可以表示为 $a_n=kn+b$，其中 k 为等差数列的公差。

第三部分

真题面对面

[2017 年 1 月杭州(中学)，填空，3 分]设实数 a_1，d 为等差数列 $\{a_n\}$ 的首项和公差。若 $a_6=-\frac{3}{a_5}$，则 d 的取值范围是________。

答案：$(-\infty,-2\sqrt{3}]\cup[2\sqrt{3},+\infty)$。由等差数列的定义可得 $d=a_6-a_5=-\frac{3}{a_5}-a_5$，根据基本不等式的性质，当 $a_5>0$ 时，$-\frac{3}{a_5}-a_5=-\left(\frac{3}{a_5}+a_5\right)\leqslant -2\sqrt{\frac{3}{a_5}\cdot a_5}=-2\sqrt{3}$，即 $d\leqslant -2\sqrt{3}$；当 $a_5<0$ 时，$-\frac{3}{a_5}-a_5\geqslant 2\sqrt{\left(-\frac{3}{a_5}\right)\cdot(-a_5)}=2\sqrt{3}$，即 $d\geqslant 2\sqrt{3}$。综上所述，d 的取值范围是 $(-\infty,-2\sqrt{3}]\cup[2\sqrt{3},+\infty)$。

考点 3 等差数列的前 n 项和

1. 等差数列前 n 项和公式的推导

设等差数列 $\{a_n\}$ 的前 n 项和为 S_n，则 $S_n=a_1+a_2+a_3+\cdots+a_n$，

而 $a_2=a_1+d,a_3=a_1+2d,\cdots,a_n=a_1+(n-1)d$，

故 $S_n=a_1+(a_1+d)+(a_1+2d)+\cdots+[a_1+(n-1)d]$①，

再把项的顺序反过来，S_n 又可以表示为

$S_n=a_n+(a_n-d)+(a_n-2d)+\cdots+[a_n-(n-1)d]$②。

①+②，得 $2S_n=(a_1+a_n)+(a_1+a_n)+\cdots+(a_1+a_n)=n(a_1+a_n)$，

所以 $S_n=\dfrac{n(a_1+a_n)}{2}$。

还可以变形为 $S_n=na_1+\dfrac{n(n-1)}{2}d$。

2. 等差数列前 n 项和的性质

(1) 等差数列前 n 项和公式为 $S_n=\dfrac{n(a_1+a_n)}{2}$，或 $S_n=na_1+\dfrac{n(n-1)}{2}d$，也可以表示为 $S_n=an^2+bn$。

(2) $S_n,S_{2n}-S_n,S_{3n}-S_{2n},\cdots$ 仍成等差数列。

(3) 在等差数列 $\{a_n\}$ 中，若 $a_1>0,d<0$，则 S_n 存在最大值；若 $a_1<0,d>0$，则 S_n 存在最小值。

(4) 若 $\{a_n\},\{b_n\}$ 都为等差数列，S_n,T_n 分别为它们的前 n 项和，则 $\dfrac{a_m}{b_m}=\dfrac{S_{2m-1}}{T_{2m-1}}$。

三、等比数列 【单选、填空】 ★★

考点 1 等比数列的基本概念

定义：一般地，如果一个数列从第 2 项起，每一项与它的前一项的比都等于同一个常数，那么这个数列叫作等比数列，这个常数叫作等比数列的公比，公比通常用字母 $q(q\neq0)$ 表示，$q=\dfrac{a_n}{a_{n-1}}(n\geqslant2)$ 或者 $q=\dfrac{a_{n+1}}{a_n}(n\geqslant1)$。

通项公式：$a_n=a_1q^{n-1}$。

考点 2 等比数列的性质

(1) 设 $a_n=a_1q^{n-1}(a_1,q\neq0)$。当 $q>1,a_1>0$ 或 $0<q<1,a_1<0$ 时，$\{a_n\}$ 是递增数列；当 $q>1,a_1<0$ 或 $0<q<1,a_1>0$ 时，$\{a_n\}$ 是递减数列；当 $q=1$ 时，$\{a_n\}$ 是常数列；当 $q<0$ 时，$\{a_n\}$ 是摆动数列。

(2) 数列 $\{a_n\}$ 为等比数列，则

①$a_1a_n=a_2a_{n-1}=a_3a_{n-2}=\cdots=a_{\frac{n+1}{2}}^2$（$n$ 为奇数）；

②$a_1a_n=a_2a_{n-1}=a_3a_{n-2}=\cdots=a_{\frac{n}{2}}a_{\frac{n+2}{2}}$（$n$ 为偶数）。

(3) $m,n,p,k\in\mathbf{N}_+$，且 $m+n=p+k$，则 $a_ma_n=a_pa_k$。

(4) 等比数列中连续几项之积构成的新数列仍然是等比数列。

(5)若数列$\{a_n\}$和$\{b_n\}$均为等比数列,公比分别为q_1,q_2,则$\left\{\frac{1}{a_n}\right\}$,$\{ka_n\}(k\in\mathbf{R},k\neq0)$,$\{|a_n|\}$,$\{ma_nb_n\}$和$\left\{m\frac{a_n}{b_n}\right\}$仍为等比数列,且公比分别为$\frac{1}{q_1},q_1,|q_1|,q_1q_2,\frac{q_1}{q_2}$,其中$m$是不为零的常数。

(6)等比数列的通项公式为$a_n=a_1q^{n-1}(a_1,q\neq0)$或$a_n=a_mq^{n-m}(a_m,q\neq0)$,也可以表示为$a_n=c\cdot q^n$,其中$c=\frac{a_1}{q}$,$q$为公比。

(7)等比中项:等比数列$\{a_n\}$中,从第二项起,每一项(有穷数列的末项除外)都是它的前一项与后一项的等比中项。等比中项公式:$a_{n+1}^2=a_na_{n+2}$。

(8)$\{a_n\}$是等比数列,当$m,n,p(m,n,p\in\mathbf{N}_+)$成等差数列时,$a_m,a_n,a_p$成等比数列。

考点 3 等比数列的前 n 项和

1. 等比数列前 n 项和公式的推导

(1)当$q=1$时,$S_n=na_1$。

(2)(错位相减法)当$q\neq1$时,由数列的前n项和定义,得

$S_n=a_1+a_2+\cdots+a_n=a_1+a_1q+\cdots+a_1q^{n-1}$,

$qS_n=a_1q+a_1q^2+\cdots+a_1q^n$,

两式相减,得$(1-q)S_n=a_1-a_1q^n=a_1(1-q^n)$,

所以$S_n=\frac{a_1(1-q^n)}{1-q}$。

综上,$S_n=\begin{cases}na_1,q=1,\\ \frac{a_1(1-q^n)}{1-q},q\neq1。\end{cases}$

2. 等比数列前 n 项和的性质

(1)等比数列的前n项和为$S_n=\begin{cases}na_1,q=1,\\ \frac{a_1(1-q^n)}{1-q},q\neq1,\end{cases}$也可以表示为$S_n=k-k\cdot q^n$,这里$q$为公比,且$q\neq0$,$q\neq1$,$k=\frac{a_1}{1-q}$。

(2)$S_n,S_{2n}-S_n,S_{3n}-S_{2n},\cdots$仍成等比数列。

注:运用求和公式时要先讨论q是否为1。

真题面对面

[2021年4月金华、诸暨,填空,3分]等比数列$\{a_n\}$中,$a_1=1,S_3=3a_3$,则$a_3=$________。

答案:1或$\frac{1}{4}$。由题意得$\begin{cases}a_1=1,\\ S_3=3a_3=a_1+a_1q+a_1q^2=3a_1q^2,\end{cases}$解得$q=1$或$-\frac{1}{2}$。所以$a_3=1$或$\frac{1}{4}$。

第三部分

考点 4 无穷等比数列

当等比数列$\{a_n\}$的项数 n 为无穷大时，称$\{a_n\}$为无穷等比数列。

当 $n\to\infty$ 时，把$|q|<1$ 的无穷等比数列的前 n 项和 S_n 的极限叫作无穷等比数列的各项的和，并用符号 S 表示，记作 $S=\lim\limits_{n\to\infty}S_n=\dfrac{a_1}{1-q}(|q|<1)$。

注：只有当无穷等比数列的公比 q 满足$|q|<1$ 时，其前 n 项和的极限才存在。

四、数列的通项公式与求和 【解答】 ★★★

考点 1 数列通项公式的常用求法

1. 公式法

已知或根据题目的条件能够推出数列$\{a_n\}$为等差或等比数列，则根据数列的通项公式 $a_n=a_1+(n-1)d$或 $a_n=a_1q^{n-1}$进行求解。

2. 由数列的前几项求通项公式

(1)分式形式的数列，分别求分子、分母的通项，较复杂的还要考虑分子、分母的关系；

(2)若第 n 项和第 $n+1$ 项正负交错，那么符号用$(-1)^n$或$(-1)^{n+1}$或$(-1)^{n-1}$来调控；

(3)对于较复杂数列的通项公式，其项与序号之间的关系不容易发现，需要将数列各项的结构形式加以变形，可使用添项、通分、分割等方法，将数列的各项分解成若干个常见数列对应项的“和”“差”“积”“商”后再进行归纳。

[例]写出下面数列的通项公式：

(1)3，33，333，3333，…；

(2)3，5，7，9，…。

答案：(1)将数列各项改写为$\dfrac{9}{3},\dfrac{99}{3},\dfrac{999}{3},\dfrac{9999}{3},\cdots$，分母都是3，而分子分别是 $10-1,10^2-1,10^3-1,10^4-1,\cdots$，所以 $a_n=\dfrac{1}{3}(10^n-1)$。

(2)各项式减去1后为正偶数，所以 $a_n=2n+1$。

3. a_n与 S_n的关系式法

(1)S_n与 a_n关系问题的求解思路

根据所求结果的不同要求，将问题向不同的两个方向转化：一是利用 $a_n=S_n-S_{n-1}(n\geqslant2)$转化为只含 S_n,S_{n-1}的关系式，再求解；二是利用 $S_n-S_{n-1}=a_n(n\geqslant2)$转化为只含 a_n,a_{n-1}的关系式，再求解。

(2)已知 S_n求 a_n的三个步骤：

①先利用 $a_1=S_1$求出 a_1；

②用 $n-1$ 替换 S_n中的 n 得到一个新的关系，利用 $a_n=S_n-S_{n-1}(n\geqslant2)$便可求出当 $n\geqslant2$ 时 a_n的表达式；

③注意检验 a_1 是否可以与 $n\geqslant2$ 的表达式合并。

[例]已知数列$\{a_n\}$的前 n 项和 S_n满足 $a_{n+1}=\dfrac{1}{3}S_n$，其中 $a_1=1$，求 a_n。

答案：由题意知 $S_n=3a_{n+1}$，$\therefore S_{n-1}=3a_n(n\geqslant2)$，两式相减得 $a_n=S_n-S_{n-1}=3a_{n+1}-3a_n$，则 $4a_n=3a_{n+1}$，

即$\frac{a_{n+1}}{a_n}=\frac{4}{3}(n\geqslant 2)$，又$a_2=\frac{1}{3}S_1=\frac{1}{3}a_1$不适合上式。∴数列$\{a_n\}$从第二项起是以$\frac{4}{3}$为公比的等比数列，

$a_n=a_2\cdot\left(\frac{4}{3}\right)^{n-2}=\frac{1}{3}\left(\frac{4}{3}\right)^{n-2}(n\geqslant 2)$，∴$a_n=\begin{cases}1,n=1,\\ \frac{1}{3}\left(\frac{4}{3}\right)^{n-2},n\geqslant 2。\end{cases}$

真题面对面

[2021 宁波，解答，8 分]已知等差数列$\{a_n\}$的前n项和为S_n，且$a_1=1,a_{n+1}=2\sqrt{S_n}+1$，求数列$\{a_n\}$的通项公式。

答案：$a_{n+1}=S_{n+1}-S_n$，则$S_{n+1}-S_n=2\sqrt{S_n}+1$，整理得$S_{n+1}=(\sqrt{S_n}+1)^2$，即$(\sqrt{S_{n+1}})^2=(\sqrt{S_n}+1)^2$，∵$\sqrt{S_{n+1}}>0,\sqrt{S_n}>0$，∴$\sqrt{S_{n+1}}-\sqrt{S_n}=1$，故数列$\{\sqrt{S_n}\}$是首项为1，公差为1的等差数列，即$\sqrt{S_n}=n$，故$S_n=n^2,S_n-S_{n-1}=a_n=n^2-(n-1)^2=2n-1$。

4. 由递推关系式求通项公式的常用方法

(1)累加法

当数列$\{a_n\}$中有$a_n-a_{n-1}=f(n),n\in\mathbf{N}_+$，即第$n$项与第$n-1$项的差是个有“规律”的数时，就可以用累加法。$a_n=(a_n-a_{n-1})+(a_{n-1}-a_{n-2})+\cdots+(a_2-a_1)+a_1(n\geqslant 2)$。

(2)累乘法

它与累加法类似，当数列$\{a_n\}$中有$\frac{a_n}{a_{n-1}}=f(n),n\in\mathbf{N}_+$，即第$n$项与第$n-1$项的商是个有“规律”的数时，就可以用累乘法。$a_n=\frac{a_n}{a_{n-1}}\cdot\frac{a_{n-1}}{a_{n-2}}\cdot\cdots\cdot\frac{a_2}{a_1}\cdot a_1(n\geqslant 2)$。

[例]在数列$\{a_n\}$中，$a_1=1,(n+1)a_{n+1}=na_n$，求a_n的表达式。

答案：由$(n+1)a_{n+1}=na_n$，得$\frac{a_{n+1}}{a_n}=\frac{n}{n+1}$，∴$a_n=\frac{a_n}{a_{n-1}}\cdot\frac{a_{n-1}}{a_{n-2}}\cdot\cdots\cdot\frac{a_2}{a_1}\cdot a_1=\frac{n-1}{n}\cdot\frac{n-2}{n-1}\cdot\cdots\cdot\frac{2}{3}\cdot\frac{1}{2}\cdot 1=\frac{1}{n}$。又$a_1=1$符合此式，故$a_n=\frac{1}{n}(n\geqslant 1$，且$n\in\mathbf{N}_+)$。

考点 2 数列前 *n* 项和的常用求法

1. 分组法求和

第一步 定通项公式：即根据已知条件求出数列的通项公式；

第二步 巧拆分：即根据通项公式特征，将其分解为几个可以直接求和的数列；

第三步 分别求和：即分别求出各个数列的和；

第四步 组合：即把拆分后每个数列的和进行组合，可求得原数列的和。

使用条件：

(1)若$a_n=b_n\pm c_n$，且$\{b_n\},\{c_n\}$为等差或等比数列，可采用分组法求$\{a_n\}$的前n项和；

第三部分

(2)通项公式为 $a_n=\begin{cases}b_n,n\text{ 为奇数},\\c_n,n\text{ 为偶数}\end{cases}$ 的数列,其中数列$\{b_n\}$,$\{c_n\}$是等比或等差数列,可采用分组法求和。

[例]数列$\{a_n\}$的通项公式为 $a_n=2n-1$,若 $b_n=a_n+q^{a_n}(q>0)$,求数列$\{b_n\}$的前 n 项和 S_n。

答案:由 $a_n=2n-1$ 得 $b_n=2n-1+q^{2n-1}$,

当 $q>0$ 且 $q\neq1$ 时,$S_n=[1+3+5+7+\cdots+(2n-1)]+(q^1+q^3+q^5+q^7+\cdots+q^{2n-1})=n^2+\dfrac{q(1-q^{2n})}{1-q^2}$;当 $q=1$ 时,$b_n=2n$,则 $S_n=n(n+1)$,所以 $S_n=\begin{cases}n(n+1),q=1,\\n^2+\dfrac{q(1-q^{2n})}{1-q^2},q>0\text{ 且 }q\neq1。\end{cases}$

2. 错位相减法求和

第一步 巧拆分:即根据通项公式将已知式分解为等差数列和等比数列乘积的形式;

第二步 确定等差、等比数列的通项公式;

第三步 构差式:即写出 S_n 的表达式,然后两边同时乘等比数列的公比得到另外一个式子(前 n 项和 $S_n=\cdots$①,$qS_n=\cdots$②),两式作差(①-②);

第四步 求和:根据差式的特征准确求和。

使用条件:

(1)等差数列×等比数列(或者$\dfrac{\text{等差数列}}{\text{等比数列}}$);

(2)一次函数×指数函数(或者$\dfrac{\text{一次函数}}{\text{指数函数}}$)。

(等差数列的通项公式类似于关于 n 的一次函数,等比数列的通项公式类似于指数函数)

真题面对面

[2021 台州(天台、仙居、三门、临海),解答,10 分]已知数列$\{a_n\}$是正项数列,其前 n 项和为 S_n,且满足 $4S_n=a_n^2+2a_n-3$。

(1)求数列$\{a_n\}$的通项公式;

(2)设 $b_n=(-1)^na_n$,求数列$\{b_n\}$的前 n 项和 T_n。

答案:(1)$\because 4S_n=a_n^2+2a_n-3$,①

$\therefore 4S_{n-1}=a_{n-1}^2+2a_{n-1}-3(n\geqslant2)$,②

①-②,得 $4a_n=a_n^2-a_{n-1}^2+2a_n-2a_{n-1}$,

整理得$(a_n+a_{n-1})(a_n-a_{n-1}-2)=0$,

由数列$\{a_n\}$是正项数列可知 $a_n+a_{n-1}>0$,$\therefore a_n-a_{n-1}-2=0$,

$\therefore a_n-a_{n-1}=2$,$\therefore$ 数列$\{a_n\}$是以 2 为公差的等差数列,

当 $n=1$ 时,$4S_1=4a_1=a_1^2+2a_1-3$,解得 $a_1=3$ 或 $a_1=-1$(舍去),

$\therefore a_n=3+(n-1)\times2=2n+1$。

(2) $b_n=(-1)^n a_n=(-1)^n(2n+1)$，$\therefore T_n=-3+5-7+\cdots+(-1)^n(2n+1)$，③，③ $\times(-1)$ 得 $-T_n=3-5+7+\cdots+(-1)^n(2n-1)+(-1)^{n+1}(2n+1)$，④，③ $-$ ④得 $2T_n=-3+2-2+\cdots+(-1)^n\times2-(-1)^{n+1}(2n+1)=-3+2\times\frac{1-(-1)^{n-1}}{1-(-1)}+(-1)^n(2n+1)=-2+(-1)^n(2n+2)$，$\therefore T_n=(-1)^n\cdot(n+1)-1$。

3. 裂项相消法求和

第一步　定通项公式：即根据已知条件求出数列的通项公式；

第二步　巧裂项：即根据通项公式特征准确裂项，将其表示为两项之差的形式；

第三步　消项求和：即把握消项的规律，准确求和。

使用特征：①分式：分母可以写成两个因式相乘；②检验：检验是否可以裂项。

常见的裂项相消方法如下：

① $\frac{1}{n(n+k)}=\frac{1}{k}\left(\frac{1}{n}-\frac{1}{n+k}\right)$；② $\frac{1}{n(n+1)(n+2)}=\frac{1}{2}\left[\frac{1}{n(n+1)}-\frac{1}{(n+1)(n+2)}\right]$；③ $\frac{1}{\sqrt{n}+\sqrt{n+k}}=\frac{1}{k}(\sqrt{n+k}-\sqrt{n})$；④ $\log_a\left(1+\frac{1}{n}\right)=\log_a(n+1)-\log_a n$；⑤ $\frac{2^n}{(2^n-1)(2^{n+1}-1)}=\frac{1}{2^n-1}-\frac{1}{2^{n+1}-1}$。（$k$ 为非零常数）

[例] $a_n=2n$，$b_n=\frac{1}{(n+1)a_n}$，求数列 $\{b_n\}$ 的前 n 项和 T_n。

答案： $\because a_n=2n$，$b_n=\frac{1}{(n+1)a_n}$，$\therefore b_n=\frac{1}{2n(n+1)}=\frac{1}{2}\left(\frac{1}{n}-\frac{1}{n+1}\right)$，

$\therefore T_n=\frac{1}{2}\left(1-\frac{1}{2}+\frac{1}{2}-\frac{1}{3}+\cdots+\frac{1}{n}-\frac{1}{n+1}\right)=\frac{1}{2}\left(1-\frac{1}{n+1}\right)=\frac{n}{2n+2}$，故数列 $\{b_n\}$ 的前 n 项和 $T_n=\frac{n}{2n+2}$。

4. 倒序相加法求和

一个数列 $\{a_n\}$，如果与首末两项等距的两项之和等于首末两项之和，可采用把数列正着写和倒着写再相加来求和，例如等差数列前 n 项和公式的推导方法。

5. 并项求和

将某些具有特殊性质的项放在一起先求和，再整体求和。

6. 常见数列的前 n 项和

(1) $1+2+3+\cdots+n=\frac{n(n+1)}{2}$；

(2) $2+4+6+\cdots+2n=n^2+n$；

(3) $1+3+5+\cdots+(2n-1)=n^2$；

(4) $1^2+2^2+3^2+\cdots+n^2=\frac{1}{6}n(n+1)(2n+1)$。

达标测评

建议用时	实际用时	测评总分	实际得分
15 分钟	______分钟	36 分	______分

一、单项选择题(每小题 3 分,共 18 分)

1. 设$\{a_n\}$是公比为正数的等比数列,若$a_3=4,a_5=16$,则数列$\{a_n\}$的前 5 项和为(　　)

A. 41　　B. 15　　C. 32　　D. 31

2. 设S_n是等差数列$\{a_n\}$的前 n 项和,若$\frac{a_5}{a_3}=\frac{5}{9}$,则$\frac{S_9}{S_5}=$(　　)

A. 1　　B. -1　　C. 2　　D. $\frac{1}{2}$

3. 在数列$\{a_n\}$中,$a_3=3,a_9=27$,其通项公式是项数 n 的一次函数,则数列$\{a_n\}$的通项公式为(　　)

A. $a_n=4n-1$　　B. $a_n=2n+1$　　C. $a_n=4n-9$　　D. $a_n=6n-3$

4. 已知等差数列$\{a_n\}$的前 n 项和为 S_n,$S_9=-18$,$S_{13}=-52$,$\{b_n\}$为等比数列,且$b_5=a_5$,$b_7=a_7$,则$b_{15}=$(　　)

A. 64　　B. 128　　C. -64　　D. -128

5. 已知各项均为正数的等比数列$\{a_n\}$中,$a_1a_2a_3=5$,$a_7a_8a_9=10$,则$a_4a_5a_6$等于(　　)

A. $4\sqrt{2}$　　B. 6　　C. 7　　D. $5\sqrt{2}$

6. 若等比数列$\{a_n\}$的各项均为正数,且$a_{10}a_{11}+a_9a_{12}=2e^5$,则$\ln a_1+\ln a_2+\cdots+\ln a_{20}=$(　　)

A. 10　　B. 50　　C. -50　　D. 20

二、填空题(每小题 3 分,共 6 分)

7. 已知数列$\{a_n\}$是公差不为 0 的等差数列,$\{b_n\}$是等比数列,其中$a_1=3,b_1=1,a_2=b_2,3a_5=b_3$,若存在常数 u,v 对任意正整数 n 都有$a_n=3\log_u b_n+v$,则$u+v=$________。

8. 设各项都是正数的等比数列$\{a_n\}$,S_n为其前 n 项和,$S_{10}=10$,$S_{30}=70$,那么$S_{40}=$________。

三、解答题(每小题 6 分,共 12 分)

9. 设数列$\{a_n\}$的前 n 项和为 S_n。已知$a_1=1$,$S_{n+1}=4a_n+2$。

(1) 设$b_n=a_{n+1}-2a_n$,证明数列$\{b_n\}$是等比数列;

(2) 求数列$\{a_n\}$的通项公式。

10. 已知各项都为正数的数列$\{a_n\}$满足$a_1=1$,$a_n^2-(2a_{n-1}-1)a_n-2a_{n-1}=0(n\geqslant 2,n\in\mathbf{N}_+)$,数列$\{b_n\}$满足

$b_1=1,b_1+\frac{1}{2}b_2+\frac{1}{3}b_3+\cdots+\frac{1}{n}b_n=b_{n+1}-1(n\in\mathbf{N}_+)$。

(1)求$\{a_n\}$,$\{b_n\}$的通项公式;

(2)求数列$\{a_n\cdot b_n\}$的前n项和T_n。

参考答案及解析

一、单项选择题

1. D [解析]设$\{a_n\}$公比为$q(q>0)$,由于$a_3=4,a_5=16$,则$q^2=\frac{a_5}{a_3}=\frac{16}{4}=4$,又$\{a_n\}$是公比为正数的等比数列,则$q=2$。$\because a_3=4,\therefore a_1=1,\therefore$数列$\{a_n\}$的前5项和$S_5=\frac{1\times(1-2^5)}{1-2}=2^5-1=31$。故选D。

2. A [解析]因为$\frac{a_5}{a_3}=\frac{5}{9}$,所以$\frac{S_9}{S_5}=\frac{9a_5}{5a_3}=\frac{9}{5}\times\frac{5}{9}=1$。故选A。

3. C [解析]设数列的通项公式为$a_n=kn+b$,则根据题意可得$\begin{cases}3k+b=3,\\9k+b=27,\end{cases}$解得$\begin{cases}k=4,\\b=-9。\end{cases}$
则数列$\{a_n\}$的通项公式为$a_n=4n-9$。

4. C [解析]由等差数列前n项和公式得,$S_9=\frac{9}{2}(a_1+a_9)=9a_5=-18,S_{13}=\frac{13}{2}(a_1+a_{13})=13a_7=-52$,解得$a_5=-2,a_7=-4$,所以$b_5=a_5=-2,b_7=a_7=-4$,设数列$\{b_n\}$的公比为$q$,则有$q^2=2$,则$b_{15}=b_7\cdot q^8=-4\times16=-64$。

5. D [解析]$\because\{a_n\}$为等比数列,$\therefore a_1a_2a_3,a_4a_5a_6,a_7a_8a_9$也成等比数列,$\therefore(a_4a_5a_6)^2=(a_1a_2a_3)(a_7a_8a_9)=5\times10$,又$\{a_n\}$各项均为正数,$\therefore a_4a_5a_6=5\sqrt{2}$。

6. B [解析]因为$\{a_n\}$为等比数列,所以可得$a_{10}a_{11}=a_9a_{12}=\cdots=a_1a_{20}=e^5$,于是$\ln a_1+\ln a_2+\cdots+\ln a_{20}=\ln(a_1a_2\cdots a_{20})$,而$a_1a_2\cdots a_{20}=(a_1a_{20})^{10}=e^{50}$,因此$\ln a_1+\ln a_2+\cdots+\ln a_{20}=\ln e^{50}=50$。

二、填空题

7. 6 [解析]设数列$\{a_n\}$的公差为d,数列$\{b_n\}$的公比为q,$\because a_1=3,b_1=1,a_2=b_2,3a_5=b_3,\therefore a_2=3+d=b_2=q,3a_5=3(3+4d)=b_3=q^2$,解方程得$q=3$或$q=9$。当$q=3$时,$d=0$,不符合题意,故舍去;当$q=9$时,$d=6$。所以$a_n=3+(n-1)\times6=6n-3,b_n=q^{n-1}=9^{n-1}$,$\because a_n=3\log_u b_n+v=\log_u(9^{3n-3})+v,\therefore 6n-3-v=\log_u(9^{3n-3})$,当$n=1$时,有$3-v=\log_u 1=0,\therefore v=3$,当$n=2$时,有$12-3-3=\log_u 9^3$,$\therefore u^6=9^3$,则$u=3$,$\therefore u+v=6$。

8. 150 [解析]依题意知,等比数列$\{a_n\}$的公比$q>0$,数列$S_{10},S_{20}-S_{10},S_{30}-S_{20},S_{40}-S_{30}$成等比数列,因此有$(S_{20}-S_{10})^2=S_{10}(S_{30}-S_{20})$,即$(S_{20}-10)^2=10(70-S_{20})$,解得$S_{20}=-20$或$S_{20}=30$,又$S_{20}>0$,因此$S_{20}=30$,则$S_{20}-S_{10}=20,S_{30}-S_{20}=40,S_{40}-S_{30}=80$,故$S_{40}=150$。

三、解答题

9. [解析](1)由 $a_1=1$ 及 $S_{n+1}=4a_n+2$，得 $a_1+a_2=4\times a_1+2=6$，$a_2=5$，则 $b_1=a_2-2a_1=3$。

由 $S_{n+1}=4a_n+2$①，

当 $n\geqslant 2$ 时，有 $S_n=4a_{n-1}+2$②，

①－②得 $a_{n+1}=4a_n-4a_{n-1}$，

可化为 $a_{n+1}-2a_n=2(a_n-2a_{n-1})$。

又 $b_n=a_{n+1}-2a_n$，则 $b_n=2b_{n-1}$，故 $\{b_n\}$ 是首项为 $b_1=3$，公比为 2 的等比数列。

(2)由(1)可得 $b_n=a_{n+1}-2a_n=3\cdot 2^{n-1}$，

则 $\dfrac{a_{n+1}}{2^{n+1}}-\dfrac{a_n}{2^n}=\dfrac{3}{4}$。

$\therefore$ 数列 $\left\{\dfrac{a_n}{2^n}\right\}$ 是首项为 $\dfrac{1}{2}$，公差为 $\dfrac{3}{4}$ 的等差数列，

$\therefore \dfrac{a_n}{2^n}=\dfrac{1}{2}+(n-1)\times\dfrac{3}{4}=\dfrac{3}{4}n-\dfrac{1}{4}$，

$\therefore a_n=(3n-1)\cdot 2^{n-2}$。

10. [解析](1)将 $a_n^2-(2a_{n-1}-1)a_n-2a_{n-1}=0$ 变形可得 $(a_n-2a_{n-1})(a_n+1)=0$，

即有 $a_n=2a_{n-1}$ 或 $a_n=-1$，

又数列 $\{a_n\}$ 各项均为正数，则有 $a_n=2a_{n-1}(n\geqslant 2)$，

当 $n=2$ 时，$a_2^2-(2a_1-1)a_2-2a_1=0$，解得 $a_2=2$ 或 -1(舍去)，则 $\dfrac{a_2}{a_1}=2$，

故数列 $\{a_n\}$ 是首项为 $a_1=1$，公比为 2 的等比数列，则 $a_n=2^{n-1}(n\in\mathbf{N}_+)$。

由题意知，当 $n=1$ 时，$b_1=b_2-1$，故 $b_2=2$，

当 $n\geqslant 2$ 时，$b_1+\dfrac{1}{2}b_2+\dfrac{1}{3}b_3+\cdots+\dfrac{1}{n-1}b_{n-1}=b_n-1$①，

$b_1+\dfrac{1}{2}b_2+\dfrac{1}{3}b_3+\cdots+\dfrac{1}{n}b_n=b_{n+1}-1$②，

②－①得，$\dfrac{1}{n}b_n=b_{n+1}-b_n$，整理得 $\dfrac{b_n}{n}=\dfrac{b_{n+1}}{n+1}$，

$\therefore \dfrac{b_n}{n}=\dfrac{b_{n-1}}{n-1}=\cdots=\dfrac{b_1}{1}=1$，

$\therefore b_n=n$。

(2)由(1)知，$a_n\cdot b_n=n\cdot 2^{n-1}$，

因此，$T_n=1+2\cdot 2+3\cdot 2^2+\cdots+n\cdot 2^{n-1}$，

$2T_n=1\cdot 2+2\cdot 2^2+3\cdot 2^3+\cdots+n\cdot 2^n$，

两式作差得，$-T_n=1+2+2^2+2^3+\cdots+2^{n-1}-n\cdot 2^n=-1+(1-n)2^n$，

$\therefore T_n=(n-1)2^n+1(n\in\mathbf{N}_+)$。

第三部分

第三章　不等式

思维导图

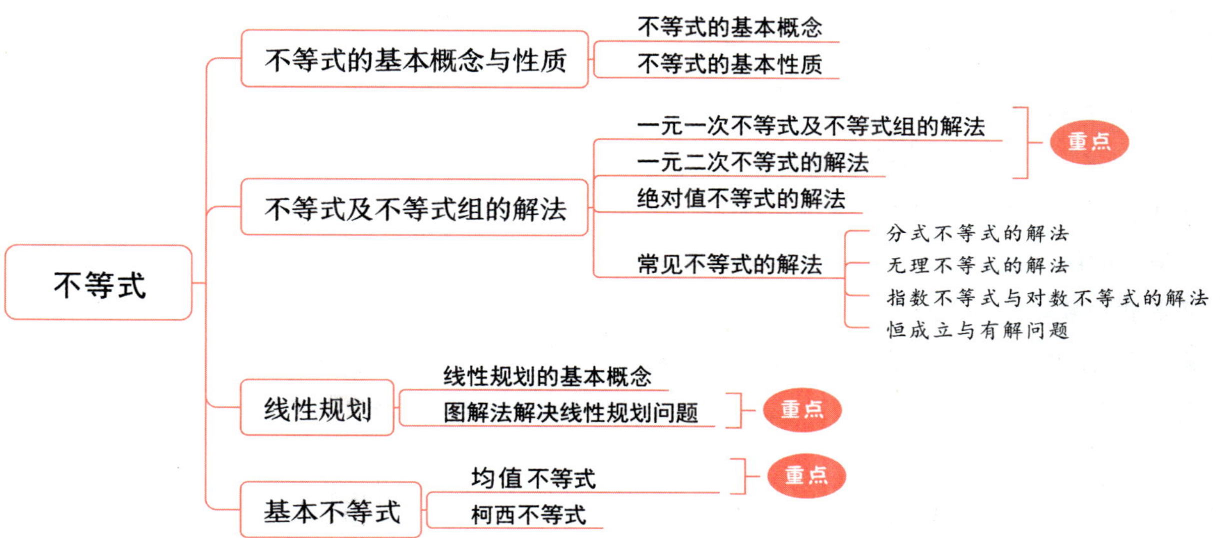

第三部分

浙江考向

本章属于中学数学的基础章节，也是浙江省教师招聘考试中的常考内容，特点为内容基础，需要理解性知识较多。在考试中常以单项选择题、填空题的形式考查。现对本章浙江考向分析如下：

高频考点	常考题型	能力要求	考查热度
解一元一次不等式组	单选	理解	★
解一元二次不等式	单选	理解	★
线性规划	单选、填空	掌握	★★
均值不等式	单选、填空	理解与应用	★★★

核心考点

一、不等式的基本概念与性质

考点 1 不等式的基本概念

不等式：用不等号连接的式子叫作不等式。

不等式的解：能使不等式成立的未知数的值叫作不等式的解。

不等式的解集：不等式的解构成的集合，简称这个不等式的解集。

解不等式：求不等式解集的过程叫作解不等式。

几个含有未知数的不等式联立起来，叫作不等式组；形如 $A<B<C$ 形式的不等式，叫作连不等式；求不等式组解集的过程叫作解不等式组。

考点 2 不等式的基本性质 【单选】

定理 1 如果 $a>b$，那么 $b<a$；如果 $b<a$，那么 $a>b$。

定理 2 如果 $a>b$，$b>c$，那么 $a>c$。

定理 3 如果 $a>b$，那么 $a+c>b+c$。

推论 如果 $a>b$，且 $c>d$，那么 $a+c>b+d$。

定理 4 如果 $a>b$，且 $c>0$，那么 $ac>bc$；如果 $a>b$，且 $c<0$，那么 $ac<bc$。

推论 1 如果 $a>b>0$，且 $c>d>0$，那么 $ac>bd$。

推论 2 如果 $a>b>0$，$n\in\mathbf{N}_+$，那么 $a^n>b^n$。

定理 5 如果 $a>b>0$，$n\in\mathbf{N}_+$，那么 $\sqrt[n]{a}>\sqrt[n]{b}$。

真题面对面

[2021 年 5 月杭州(小学)，单，3 分]满足不等式 $\frac{7}{18}<\frac{n}{5}<\frac{20}{7}$ 的自然数 n 有(　　)个。

A. 11　　B. 12　　C. 13　　D. 14

答案：C。该不等式可转化为 $\frac{245}{630}<\frac{126n}{630}<\frac{1800}{630}$，则 $245<126n<1800$（n 为自然数），解得 $2\leqslant n\leqslant 14$，则 n 有13 个。

第三部分

二、不等式及不等式组的解法

考点 1 一元一次不等式及不等式组的解法 【单选】 ★

1. 一元一次不等式的解法

形如 $ax>b(a\neq0)$ 的不等式叫作一元一次不等式，其中当 $a>0$ 时，$x>\frac{b}{a}$；当 $a<0$ 时，$x<\frac{b}{a}$。

解一元一次不等式的一般步骤如下：去分母，去括号，移项，合并同类项，未知数的系数化为 1。

真题面对面

[2019 年 1 月杭州（小学），单，3 分]一次数学竞赛都是填空题，小亮答错 5 题，小明答错的题数恰是题目总数的$\frac{1}{4}$，两人都答错的题目占总题数的$\frac{1}{6}$。已知小明、小亮都答对的题目数不少于试题总数的一半，那么，他们都答对的题数为（　　）

A. 14　　B. 15　　C. 16　　D. 17

答案：D。设题目总数为 x 道。两人共同答错的有$\frac{x}{6}$道题，除去两人共同答错的题目，小明、小亮各自答错的题目分别是$\frac{x}{4}-\frac{x}{6}=\frac{x}{12}$道、$5-\frac{x}{6}$道，可以看出 $5-\frac{x}{6}>0$，即 $x<30$，且 x 是 12 的倍数；两人都答对的题有 $x-\frac{x}{6}-\frac{x}{12}-\left(5-\frac{x}{6}\right)=\frac{11x}{12}-5$ 道，则有$\frac{11x}{12}-5\geqslant\frac{x}{2}$，得 $x\geqslant12$。综上可得 $12\leqslant x<30$，$x\in\mathbf{N}_+$，且 x 是 12 的倍数，则 $x=24$，所以$\frac{11x}{12}-5=22-5=17$，故他们共同答对的题有 17 道。

2. 一元一次不等式组的解法

由几个含有同一个未知数的一元一次不等式组成的不等式组叫作一元一次不等式组，其解集表示如下：

不等式组($a<b$)	数轴表示	解集	口诀
$\begin{cases}x>a,\\x>b\end{cases}$	a　b	$x>b$	同大取大
$\begin{cases}x<a,\\x<b\end{cases}$	a　b	$x<a$	同小取小
$\begin{cases}x>a,\\x<b\end{cases}$	a　b	$a<x<b$	大小小大中间找
$\begin{cases}x<a,\\x>b\end{cases}$	a　b	无解	大大小小解不了

第三部分

注：(1)用数轴表示不等式的解集，应记住下面的规律：大于向右画，小于向左画，有等号的画实心圆点，无等号的画空心圆圈。

(2)求不等式组的解集，可以在数轴上先画出各个不等式的解集，公共部分即为不等式组的解集。公共部分也就是各不等式解集在数轴上的重合部分。

考点 2 一元二次不等式的解法 【单选】★

形如 $ax^2+bx+c>0(a\neq 0)$ 的不等式叫作一元二次不等式，其解法如下：

	$\Delta>0$	$\Delta=0$	$\Delta<0$
$y=ax^2+bx+c$ $(a>0)$ 的图象			
$ax^2+bx+c=0$ $(a>0)$ 的根	$x=x_1$ 或 $x=x_2$	$x_1=x_2=-\frac{b}{2a}$	无实根
$ax^2+bx+c>0$ $(a>0)$ 的解集	$\{x\mid x<x_1$ 或 $x>x_2\}$	$\left\{x\mid x\neq -\frac{b}{2a}\right\}$	$\mathbf{R}$
$ax^2+bx+c<0$ $(a>0)$ 的解集	$\{x\mid x_1<x<x_2\}$	$\varnothing$	$\varnothing$

真题面对面

[2019 统考，单，2 分]存在实数 x 使得 $x^2-2ax+3a-2<0$ 成立，则 a 的取值范围是(　　)

A. $(-\infty,1)\cup(2,+\infty)$　　B. $(-\infty,1)$

C. $(2,+\infty)$　　D. $(1,2)$

答案：A。令 $f(x)=x^2-2ax+3a-2$，由题意知，函数 $f(x)$ 的图象开口向上，若存在实数 x 满足函数 $f(x)<0$ 成立，只需 $\Delta=4a^2-4(3a-2)>0$，解得 $a\in(-\infty,1)\cup(2,+\infty)$。故选 A。

考点 3 绝对值不等式的解法

1. 单绝对值号不等式

①分段讨论法去绝对值符号。

②利用公式去绝对值符号：

$|f(x)|<a,a\geqslant 0\Leftrightarrow -a<f(x)<a$；

$|f(x)|>a,a\geqslant 0\Leftrightarrow f(x)>a$ 或 $f(x)<-a$；

$|f(x)|<g(x)\Leftrightarrow\begin{cases}g(x)\geqslant 0,\\ -g(x)<f(x)<g(x)\end{cases}$；

$|f(x)|>g(x)\Leftrightarrow\begin{cases}g(x)\geqslant 0,\\ f(x)>g(x)\text{或}f(x)<-g(x)\end{cases}$或 $g(x)<0$。

③平方法。

④数形结合法(利用绝对值的几何意义)。

2. 双绝对值号不等式

①可利用绝对值的几何意义,数形结合来解;

②令各个绝对值号里面的代数式为零,分段讨论去绝对值号;

③令 $T(x)=|f(x)|\pm|g(x)|-c$,分段讨论该函数的解析式,结合图象来解;

④若 $c=0$,亦可两边平方来解。

考点 4 常见不等式的解法

1. 分式不等式的解法

$\frac{f(x)}{g(x)}>0\Leftrightarrow\begin{cases}f(x)>0,\\ g(x)>0\end{cases}$或$\begin{cases}f(x)<0,\\ g(x)<0\end{cases}\Leftrightarrow f(x)\cdot g(x)>0$;

$\frac{f(x)}{g(x)}<0\Leftrightarrow\begin{cases}f(x)>0,\\ g(x)<0\end{cases}$或$\begin{cases}f(x)<0,\\ g(x)>0\end{cases}\Leftrightarrow f(x)\cdot g(x)<0$;

$\frac{f(x)}{g(x)}\geqslant 0\Leftrightarrow\begin{cases}f(x)\geqslant 0,\\ g(x)>0\end{cases}$或$\begin{cases}f(x)\leqslant 0,\\ g(x)<0\end{cases}\Leftrightarrow f(x)\cdot g(x)\geqslant 0$ 且 $g(x)\neq 0$;

$\frac{f(x)}{g(x)}\leqslant 0\Leftrightarrow\begin{cases}f(x)\geqslant 0,\\ g(x)<0\end{cases}$或$\begin{cases}f(x)\leqslant 0,\\ g(x)>0\end{cases}\Leftrightarrow f(x)\cdot g(x)\leqslant 0$ 且 $g(x)\neq 0$。

2. 无理不等式的解法

$\sqrt{f(x)}>\sqrt{g(x)}\Leftrightarrow\begin{cases}f(x)\geqslant 0,\\ g(x)\geqslant 0,\\ f(x)>g(x);\end{cases}$

$\sqrt{f(x)}>g(x)\Leftrightarrow\begin{cases}f(x)>0,\\ g(x)\geqslant 0,\\ f(x)>[g(x)]^2\end{cases}$或$\begin{cases}f(x)\geqslant 0,\\ g(x)<0;\end{cases}$

$\sqrt{f(x)}<g(x)\Leftrightarrow\begin{cases}f(x)\geqslant 0,\\ g(x)>0,\\ f(x)<[g(x)]^2。\end{cases}$

3. 指数不等式与对数不等式的解法

当 $a>1$ 时,$a^{f(x)}>a^{g(x)}\Leftrightarrow f(x)>g(x)$;当 $0<a<1$ 时,$a^{f(x)}>a^{g(x)}\Leftrightarrow f(x)<g(x)$。

指数不等式与对数不等式的解法

当 $a>1$ 时,$\log_a f(x)>\log_a g(x)\Leftrightarrow\begin{cases}f(x)>0,\\ g(x)>0,\\ f(x)>g(x);\end{cases}$

当 $0<a<1$ 时，$\log_a f(x)>\log_a g(x)\Leftrightarrow\begin{cases}f(x)>0,\\g(x)>0,\\f(x)<g(x)。\end{cases}$

4. 恒成立与有解问题

$f(x)\leqslant a$ 恒成立 $\Leftrightarrow f(x)_{max}\leqslant a$；$f(x)\leqslant a$ 有解 $\Leftrightarrow f(x)_{min}\leqslant a$；

$f(x)\leqslant a$ 解集为 $\varnothing\Leftrightarrow f(x)_{min}>a$；$f(x)<a$ 解集为 $\varnothing\Leftrightarrow f(x)_{min}\geqslant a$；

$f(x)\geqslant a$ 恒成立 $\Leftrightarrow f(x)_{min}\geqslant a$；$f(x)\geqslant a$ 有解 $\Leftrightarrow f(x)_{max}\geqslant a$；

$f(x)\geqslant a$ 解集为 $\varnothing\Leftrightarrow f(x)_{max}<a$；$f(x)>a$ 解集为 $\varnothing\Leftrightarrow f(x)_{max}\leqslant a$。

真题面对面

[2021 宁波，单，2 分]已知函数 $f(x)=\begin{cases}3^{x+1},x\leqslant 0,\\\log_2 x,x>0,\end{cases}$ 若 $f(t)>3$，则 t 的取值范围是(　　)

A. $\varnothing$　　B. $(-\infty,8)$　　C. $[8,+\infty)$　　D. $(8,+\infty)$

答案：D。由题意知，当 $t\leqslant 0$ 时，$3^{t+1}\leqslant 3$，当 $t>0$ 时，$\log_2 t>3$，则 $t>8$，故 t 的取值范围是 $(8,+\infty)$。

三、线性规划 【单选、填空】 ★★

考点 1 线性规划的基本概念

名称	意义
约束条件	变量 x,y 满足的条件
线性约束条件	由 x,y 的一次不等式(方程)组成的不等式组
目标函数	欲求涉及变量 x,y 的解析式的最大值或最小值
线性目标函数	目标函数是关于 x,y 的一次解析式
可行解	满足线性约束条件的解 (x,y)
可行域	约束条件对应的二元一次不等式(组)表示的平面区域(或其内部的部分点)，即所有可行解组成的集合
最优解	使目标函数取得最大值或最小值的可行解
线性规划问题	在线性约束条件下求线性目标函数的最值问题

注：其中最优解可能唯一存在，也可能存在无穷多个，还可能没，若有的话一般会出现在可行域边界处。

考点 2 图解法解决线性规划问题

线性规划问题一般用图解法求解，其步骤如下：

(1)根据题意，设出变量 x,y；

(2)找出线性约束条件；

(3)确定线性目标函数 $z=f(x,y)$；

(4)画出可行域(即各约束条件所示区域的公共区域)；

(5)利用线性目标函数作平行直线系$f(x,y)=t$(t为参数);

(6)观察图形,找到直线$f(x,y)=t$在可行域上使t取得要求的最值的位置,以确定最优解,给出答案。

考法大揭秘

求目标函数$z=ax+by$的最值的解法

1. 画:在平面直角坐标系中,画出可行域和直线$ax+by=0$。

2. 移:将$z=ax+by(b\neq0)$变形为$y=-\frac{a}{b}x+\frac{z}{b}$,则求$z$的最值可看成求直线$y=-\frac{a}{b}x+\frac{z}{b}$在$y$轴上的截距$\frac{z}{b}$的最值,将直线$y=-\frac{a}{b}x+\frac{z}{b}$进行平移,在可行域中观察使$\frac{z}{b}$最大或最小时直线$y=-\frac{a}{b}x+\frac{z}{b}$所经过的点。

3. 求:求出使$\frac{z}{b}$取得最值的点的坐标(x_0,y_0)。

4. 代:将点(x_0,y_0)代入$z=ax+by$,得出正确答案。

真题面对面

[2021 绍兴,单,3 分]设x,y满足约束条件$\begin{cases}x-y+1\geqslant0,\\x-2y\leqslant0,\\x+2y-2\leqslant0,\end{cases}$则$z=x+y$的最大值为( )

A. $\frac{3}{2}$　　B. $\frac{1}{2}$　　C. 2　　D. 3

答案:A。不等式表示的区域如图阴影部分所示,由$z=x+y$得$y=-x+z$,直线$y=-x+z$过点$A(1,\frac{1}{2})$时在y轴上的截距最大,此时z值最大,为$1+\frac{1}{2}=\frac{3}{2}$。

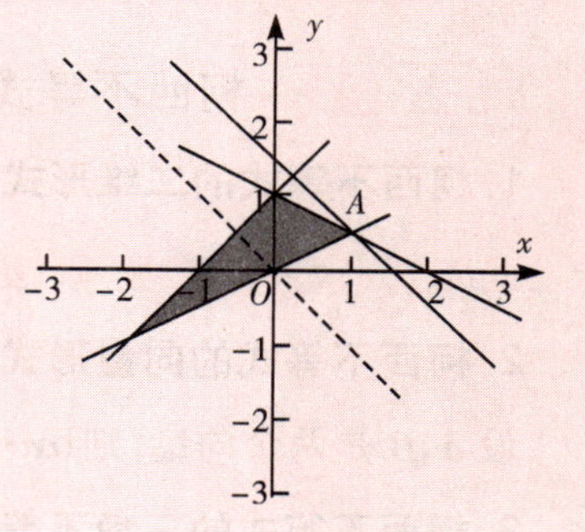

四、基本不等式

均值不等式

考点 1 均值不等式 【单选、填空】 ★★

定理1:如果$a,b\in\mathbf{R}$,那么$a^2+b^2\geqslant2ab$,当且仅当$a=b$时,等号成立。

定理2:如果$a,b>0$,那么$\frac{a+b}{2}\geqslant\sqrt{ab}$,当且仅当$a=b$时,等号成立。

定理3:如果$a,b,c\in\mathbf{R}_+$,那么$\frac{a+b+c}{3}\geqslant\sqrt[3]{abc}$,当且仅当$a=b=c$时,等号成立。

易错点提示

利用基本不等式求函数最值时,注意前提“一正、二定、三相等”,如果没有满足前提,则应根据题目创设情境。基本不等式有放缩功能,如果多处用到,请注意每处取等号的条件是否一致。

第三部分

定理 4：$\frac{n}{\frac{1}{a_1}+\frac{1}{a_2}+\cdots+\frac{1}{a_n}}\leqslant\sqrt[n]{a_1a_2\cdots a_n}\leqslant\frac{a_1+a_2+\cdots+a_n}{n}\leqslant\sqrt{\frac{a_1^2+a_2^2+\cdots+a_n^2}{n}}$（$a_1,a_2,\cdots,a_n\in\mathbf{R}_+$，当且仅当 $a_1=a_2=\cdots=a_n$ 时，不等式取等号）。

真题面对面

［2020 绍兴（三区），单，3 分］已知实数 x,y 满足 $2x>y>0$，且 $\frac{1}{2x-y}+\frac{1}{x+2y}=1$，则 $x+y$ 的最小值是（　　）

A. $\frac{3+2\sqrt{3}}{5}$　　B. $\frac{4+2\sqrt{3}}{5}$

C. $\frac{2+4\sqrt{3}}{5}$　　D. $\frac{3+4\sqrt{3}}{5}$

答案：B。令 $\begin{cases}2x-y=m,\\x+2y=n\end{cases}\Rightarrow\begin{cases}x=\frac{2m+n}{5},\\y=\frac{2n-m}{5},\end{cases}$ $m>0,n>0,\frac{1}{m}+\frac{1}{n}=1,\therefore x+y=\frac{2m+n+2n-m}{5}\times\left(\frac{1}{m}+\frac{1}{n}\right)=\frac{1}{5}\times\left(1+3+\frac{3n}{m}+\frac{m}{n}\right)\geqslant\frac{1}{5}\times(4+2\sqrt{3})=\frac{4+2\sqrt{3}}{5}$，当且仅当 $\frac{3n}{m}=\frac{m}{n}$，即 $m=\sqrt{3}n$，即 $2x-y=\sqrt{3}(x+2y)\Rightarrow x=\frac{9+7\sqrt{3}}{15},y=\frac{3-\sqrt{3}}{15}$ 时等号成立。

第三部分

考点 2　柯西不等式

1. 柯西不等式的二维形式

若 a,b,c,d 都是实数，则 $(a^2+b^2)\cdot(c^2+d^2)\geqslant(ac+bd)^2$，当且仅当 $ad=bc$ 时，等号成立。

2. 柯西不等式的向量形式

设 $\boldsymbol{\alpha},\boldsymbol{\beta}$ 是两个向量，则 $|\boldsymbol{\alpha}\cdot\boldsymbol{\beta}|\leqslant|\boldsymbol{\alpha}||\boldsymbol{\beta}|$，当且仅当 $\boldsymbol{\beta}$ 是零向量或存在实数 k，使 $\boldsymbol{\alpha}=k\boldsymbol{\beta}$ 时，等号成立。

3. 柯西不等式的三角不等式

设 $x_1,y_1,x_2,y_2\in\mathbf{R}$，那么 $\sqrt{x_1^2+y_1^2}+\sqrt{x_2^2+y_2^2}\geqslant\sqrt{(x_1-x_2)^2+(y_1-y_2)^2}$，当且仅当 $x_1y_2=y_1x_2$ 时，等号成立。

4. 柯西不等式的一般形式

设 $a_1,a_2,\cdots,a_n,b_1,b_2,\cdots,b_n$ 是实数，则 $(a_1^2+a_2^2+\cdots+a_n^2)(b_1^2+b_2^2+\cdots+b_n^2)\geqslant(a_1b_1+a_2b_2+\cdots+a_nb_n)^2$，当且仅当 $b_i=0(i=1,2,\cdots,n)$ 或存在一个实数 k，使得 $a_i=kb_i(i=1,2,\cdots,n)$ 时，等号成立。

达标测评

建议用时	实际用时	测评总分	实际得分
10 分钟	______分钟	27 分	______分

一、单项选择题(每小题 3 分,共 15 分)

1. 已知一元二次不等式 $2kx^2+kx+\frac{1}{2}\geqslant 0$ 对一切实数 x 都成立,则实数 k 的取值范围是(　　)

A. $(0,4)$　　B. $(0,4]$

C. $[0,4]$　　D. $(4,+\infty)$

2. 若关于 x 的一元一次不等式组 $\begin{cases}1-2x>x-2,\\x-a>0\end{cases}$ 无解,则 a 的取值范围是(　　)

A. $a\geqslant 1$　　B. $a>1$　　C. $a\leqslant -1$　　D. $a<-1$

3. 不等式 $|x-2|+|x+3|\geqslant 7$ 的解集是(　　)

A. $x\geqslant 3$　　B. $x\leqslant -4$

C. $x\leqslant -4$ 或 $x\geqslant 3$　　D. 无解

4. 设正实数 x,y 满足 $x+y=1$,则 $\frac{1}{x}+\frac{4x}{y}$ 的最小值为(　　)

A. 4　　B. 5　　C. 6　　D. 7

5. 若变量 x,y 满足约束条件 $\begin{cases}x+y\geqslant -1,\\2x-y\leqslant 1,\\y\leqslant 1,\end{cases}$ 则 $z=3x-y$ 的最小值为(　　)

A. -7　　B. -1　　C. 1　　D. 2

二、填空题(每小题 3 分,共 6 分)

6. 若满足不等式 $20<5-2(2+2x)<50$ 的最大整数解为 a,最小整数解为 b,则 $a+b=$________。

7. 若不等式 $ax^2+bx+2>0$ 的解集为 $\left\{x\middle|-\frac{1}{2}<x<\frac{1}{3}\right\}$,则不等式 $2x^2+bx+a<0$ 的解集是________。

三、解答题(共 6 分)

8. 已知 $m>1$,且存在 $x\in[-2,0]$,使不等式 $x^2+2mx+m^2-m\leqslant 0$ 成立,求 m 的最大值。

参考答案及解析

一、单项选择题

1. B　[解析]$\because$ 一元二次不等式 $2kx^2+kx+\frac{1}{2}\geqslant 0$ 对一切实数 x 都成立,$\therefore k\neq 0$,且有 $\begin{cases}2k>0,\\\Delta=k^2-4k\leqslant 0,\end{cases}$ 解得 $0<k\leqslant 4$。故选 B。

第三部分

2. A [解析]$\begin{cases}1-2x>x-2, ①\\ x-a>0, ②\end{cases}$由①得 $x<1$,由②得$x>a$。由于此不等式组无解,所以 $a\geqslant 1$。

3. C [解析]原不等式等价于$\begin{cases}x\leqslant -3,\\ -x+2-x-3\geqslant 7\end{cases}$或$\begin{cases}-3<x<2,\\ -x+2+x+3\geqslant 7\end{cases}$或$\begin{cases}x\geqslant 2,\\ x-2+x+3\geqslant 7,\end{cases}$解得$x\leqslant -4$或 $x\geqslant 3$。故选 C。

4. B [解析]由 $x+y=1$ 且 $x,y\in\mathbf{R}_+$,得$\frac{1}{x}+\frac{4x}{y}=\frac{x+y}{x}+\frac{4x}{y}=1+\frac{y}{x}+\frac{4x}{y}\geqslant 1+2\sqrt{\frac{y}{x}\cdot\frac{4x}{y}}=5$,当且仅当$\frac{y}{x}=\frac{4x}{y}$,即 $x=\frac{1}{3}$,$y=\frac{2}{3}$时取等号。故选 B。

5. A [解析]画出线性约束条件所表示的区域如图,$z=3x-y$转化为 $y=3x-z$,直线 $y=3x-z$ 的截距为 $-z$,所以当直线 $y=3x-z$ 的截距最大时,z 最小,移动直线 $y=3x-z$ 可知,当 $x=-2$,$y=1$ 时,截距最大,则 $z_{\min}=3\times(-2)-1=-7$,选 A。

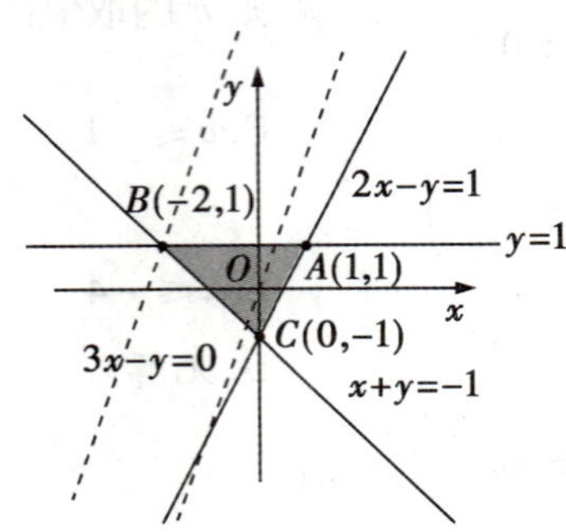

二、填空题

6. -17 [解析]解不等式 $20<5-2(2+2x)<50$,可得解集为$\left\{x\,\middle|\,-\frac{49}{4}<x<-\frac{19}{4}\right\}$,∴ 不等式的最大整数解 $a=-5$,最小整数解 $b=-12$,则 $a+b=-17$。

7. $\{x\mid -2<x<3\}$ [解析]由题意知,$-\frac{1}{2}$和$\frac{1}{3}$是一元二次方程 $ax^2+bx+2=0$ 的两根且 $a<0$,所以$\begin{cases}-\frac{1}{2}+\frac{1}{3}=-\frac{b}{a},\\ -\frac{1}{2}\times\frac{1}{3}=\frac{2}{a},\end{cases}$解得$\begin{cases}a=-12,\\ b=-2,\end{cases}$则不等式 $2x^2+bx+a<0$,即 $2x^2-2x-12<0$,即 $x^2-x-6<0$,解得 $-2<x<3$。

三、解答题

8. [解析]令$f(x)=x^2+2mx+m^2-m$,记$f(x)$在$[-2,0]$上的值域为 C,由已知可知值域 C 内存在非正数,∴ $f(x)$的最小值应为非正数。$f(x)$的对称轴为 $x=-m$。①当 $m\geqslant 2$,即 $-m\leqslant -2$ 时,$f(x)$在$[-2,0]$上是增函数,则 $f(x)$ 的最小值为$f(-2)$,由$f(-2)\leqslant 0$ 得 $4+2m\times(-2)+m^2-m\leqslant 0$,即 $m^2-5m+4\leqslant 0$,解得 $1\leqslant m\leqslant 4$,∴ $2\leqslant m\leqslant 4$;②当$1<m<2$ 时,$-2<-m<-1$,$f(x)$在$[-2,0]$上先减后增,最小值为 $f(-m)$,由$f(-m)\leqslant 0$得 $-m\leqslant 0$,即 $m\geqslant 0$,∴ $1<m<2$。综上可知,m 的最大值为 4。

第四章　平面解析几何

思维导图

- 平面解析几何
  - 直线与圆的方程
    - 直线方程
      - 直线的倾斜角与斜率 —— 重点
      - 夹角与到角
      - 直线方程的形式：点斜式、斜截式、两点式、截距式、一般式 —— 重点
      - 两直线的位置关系：平行、重合、相交、垂直
      - 点点、点线、线线距离
    - 圆的方程
      - 圆的标准方程
      - 圆的一般方程
      - 直线与圆的位置关系：相离、相切、相交 —— 重点
      - 两圆的位置关系：外离、外切、相交、内切、内含
  - 圆锥曲线
    - 圆锥曲线的定义、图形与几何性质 —— 重点
      - 定义
      - 标准方程
      - 图象
      - 顶点
      - 焦点
      - 焦距
      - 焦半径
      - a,b,c 的关系
      - 离心率
      - 准线
    - 圆锥曲线的综合问题
      - 求轨迹方程
      - 直线与圆锥曲线相交的弦长公式 —— 重点
      - 圆锥曲线中的定点与定值问题 —— 重点
      - 圆锥曲线的中点弦问题 —— 重点
      - 圆锥曲线中的最值问题 —— 重点
  - 极坐标系与参数方程
    - 极坐标系
      - 极坐标系的概念
      - 点的极坐标
      - 极坐标系内两点的距离公式
      - 极坐标与直角坐标的互化
    - 参数方程
      - 参数方程的概念
      - 参数方程和普通方程的互化

第三部分

浙江考向

本章属于高中数学的重要章节，也是浙江省教师招聘考试中的重难点内容，特点为内容琐碎，需要理解和应用性知识较多。在考试中常以判断题、单项选择题、填空题、解答题的形式考查。现对本章浙江考向分析如下：

高频考点	常考题型	能力要求	考查热度
直线与圆的方程	判断、单选、填空	理解	★★
椭圆、双曲线、抛物线的图形与性质	单选、填空、解答	理解	★★
直线与圆锥曲线的综合应用	解答	理解与应用	★★★

核心考点

一、直线与圆的方程 【判断、单选、填空】 ★★

考点 1 直线方程

1. 基本概念

(1) 倾斜角与斜率

①倾斜角

当直线 l 与 x 轴相交时，我们以 x 轴作为基准，x 轴正方向与直线 l 向上方向之间所成的角 α 叫作直线 l 的**倾斜角**$(0\leqslant\alpha<\pi)$。

②斜率

直线倾斜角 α 的正切值叫作这条直线的斜率，斜率用小写字母 k 表示，$k=\tan\alpha\left(\alpha\neq\frac{\pi}{2}\right)$。经过两点 $P_1(x_1,y_1)$，$P_2(x_2,y_2)$ $(x_1\neq x_2)$ 的直线的斜率 $k=\frac{y_2-y_1}{x_2-x_1}$。

当 $\alpha\in\left[0,\frac{\pi}{2}\right)$ 时，$k\geqslant0$，且 k 随 α 的增大而增大；当 $\alpha=\frac{\pi}{2}$ 时，k 不存在，此时直线有倾斜角，但没有斜率；当 $\alpha\in\left(\frac{\pi}{2},\pi\right)$ 时，$k<0$，且 k 随 α 的增大而增大。

(2) 夹角与到角

设直线 l_1 的斜率为 k_1，直线 l_2 的斜率为 k_2。

①夹角

两条直线 l_1 和 l_2 相交所形成的最小正角 α 称为这两条直线的夹角，则 $\tan\alpha=\left|\frac{k_1-k_2}{1+k_1k_2}\right|$（夹角为$\frac{\pi}{2}$时不适用）。

②到角

若称将直线 l_1 逆时针方向旋转，到与 l_2 第一次重合时所转的角为 θ，则 $\tan\theta=\frac{k_1-k_2}{1+k_1k_2}$（夹角为$\frac{\pi}{2}$时不适用）。

2. 直线方程的几种形式

名称	已知条件	方程的形式	局限性
点斜式	(x_1,y_1)为直线上一定点,k为斜率	$y-y_1=k(x-x_1)$	不包括垂直于 x 轴的直线
斜截式	k为斜率,b是直线在y轴上的截距	$y=kx+b$	不包括垂直于 x 轴的直线
两点式	(x_1,y_1),(x_2,y_2)是直线上两定点	$\frac{y-y_1}{y_2-y_1}=\frac{x-x_1}{x_2-x_1}$ $(x_1\neq x_2$,且$y_1\neq y_2)$	不包括垂直于 x 轴和 y 轴的直线
截距式	a是直线在x轴上的非零截距,b是直线在y轴上的非零截距	$\frac{x}{a}+\frac{y}{b}=1(a\neq0,b\neq0)$	不包括垂直于 x 轴和 y 轴及过原点的直线
一般式	A,B,C为系数	$Ax+By+C=0(A^2+B^2\neq0)$	无限制,可表示任何位置的直线

注:直线方程的参数式:$\begin{cases}x=x_0+mt,\\y=y_0+nt\end{cases}$($t$为参数)。

3. 两直线的位置关系

设直线$l_1:y=k_1x+b_1$或$A_1x+B_1y+C_1=0$;$l_2:y=k_2x+b_2$或$A_2x+B_2y+C_2=0$。

(1)平行的充要条件是$k_1=k_2$,且$b_1\neq b_2$,或$A_1B_2-A_2B_1=0$,且$A_1C_2-A_2C_1\neq0$;

(2)重合的充要条件是$k_1=k_2$,且$b_1=b_2$,或$A_1B_2-A_2B_1=0$,且$A_1C_2-A_2C_1=0$;

(3)相交的充要条件是$k_1\neq k_2$或$A_1B_2-A_2B_1\neq0$;

(4)垂直的充要条件是$k_1\cdot k_2=-1$或$A_1A_2+B_1B_2=0$。

判断两直线平行或垂直时,不要忘记考虑两条直线中有一条或两条直线的斜率不存在的情形。

经过直线$A_1x+B_1y+C_1=0$与$A_2x+B_2y+C_2=0$交点的直线的方程为$\lambda(A_1x+B_1y+C_1)+\mu(A_2x+B_2y+C_2)=0$($\lambda,\mu$不同时为0)。

4. 点点、点线、线线距离

(1)平面上两点间的距离:设$P_1(x_1,y_1)$,$P_2(x_2,y_2)$,则P_1,P_2两点之间的距离为$|P_1P_2|=\sqrt{(x_2-x_1)^2+(y_2-y_1)^2}$。

(2)点到直线的距离:点(x_0,y_0)到直线$Ax+By+C=0$的距离$d=\frac{|Ax_0+By_0+C|}{\sqrt{A^2+B^2}}$。

(3)平行线间的距离:两平行直线$Ax+By+C_1=0$与$Ax+By+C_2=0$的距离$d=\frac{|C_1-C_2|}{\sqrt{A^2+B^2}}$。

第三部分

考点 2 圆的方程

1. 圆的方程的概念

(1)圆的标准方程

$(x-a)^2+(y-b)^2=r^2$,表示圆心为 $A(a,b)$,半径为 r 的圆的方程。

(2)圆的一般方程

$x^2+y^2+Dx+Ey+F=0(D^2+E^2-4F>0)$,圆心坐标为$\left(-\frac{D}{2},-\frac{E}{2}\right)$,半径长为$\frac{1}{2}\sqrt{D^2+E^2-4F}$。

注:对于 $x^2+y^2+Dx+Ey+F=0$,当 $D^2+E^2-4F>0$ 时,表示圆;当 $D^2+E^2-4F=0$ 时,表示一点$\left(-\frac{D}{2},-\frac{E}{2}\right)$;当 $D^2+E^2-4F<0$ 时,什么图形都不表示。

2. 直线与圆的位置关系

直线与圆的位置关系

已知直线 $l:Ax+By+C=0$,圆 $C:(x-a)^2+(y-b)^2=r^2$,则圆心 C 到直线 l 的距离 $d=\frac{|Aa+Bb+C|}{\sqrt{A^2+B^2}}$。

将直线方程与圆的方程联立消元,得到一个一元二次方程后,令判别式为 Δ,则有:$d>r\Leftrightarrow$相离$\Leftrightarrow\Delta<0$;$d=r\Leftrightarrow$相切$\Leftrightarrow\Delta=0$;$d<r\Leftrightarrow$相交$\Leftrightarrow\Delta>0$。

圆的弦长:直线 l 被圆 C 截得的弦 AB 的长的公式有两种形式:①几何式:$|AB|=2\sqrt{r^2-d^2}$(r 为圆 C 的半径,d 为圆心 C 到直线 l 的距离);②$|AB|=\sqrt{1+k^2}|x_1-x_2|$(斜率为 k 的直线 l 与圆 C 交于 $A(x_1,y_1)$,$B(x_2,y_2)$两点)。

真题面对面

1. [2021 宁波,判断,1 分]如果直线 l 上有一点 P 到圆心 O 的距离为 5,则直线与圆相切。(　　)

答案:×。首先无法判定圆心到直线的距离,只知道直线上一点 P 到圆心的距离为 5,同时也不知道圆的半径为多少,所以直线与圆的位置关系无法判定。

2. [2021 绍兴,填空,3 分]圆 $x^2+y^2=4$ 被直线 $x+y=1$ 所截的弦长为________。

答案:$\sqrt{14}$。圆心到直线的距离 $d=\frac{|-1|}{\sqrt{1^2+1^2}}=\frac{\sqrt{2}}{2}$,所以弦长为 $2\sqrt{2^2-d^2}=\sqrt{14}$。

3. 两圆的位置关系

设两圆圆心分别为 O_1,O_2,半径分别为 r_1,r_2,圆心距 $O_1O_2=d$,

$d>r_1+r_2\Leftrightarrow$外离$\Leftrightarrow$4 条公切线;

$d=r_1+r_2\Leftrightarrow$外切$\Leftrightarrow$3 条公切线;

$|r_1-r_2|<d<r_1+r_2\Leftrightarrow$相交$\Leftrightarrow$2 条公切线;

$d=|r_1-r_2|\Leftrightarrow$内切$\Leftrightarrow$1 条公切线;

$0<d<|r_1-r_2|\Leftrightarrow$内含$\Leftrightarrow$无公切线。

二、圆锥曲线

考点 1 圆锥曲线的定义、图形与几何性质 【单选、填空、解答】 ★★

	椭圆	双曲线	抛物线
定义	若 F_1,F_2 是两定点,P 为动点,且 $\vert PF_1\vert+\vert PF_2\vert=2a>\vert F_1F_2\vert$($a$ 为常数),则动点 P 的轨迹是椭圆	若 F_1,F_2 是两定点,P 为动点,且 $\vert\vert PF_1\vert-\vert PF_2\vert\vert=2a<\vert F_1F_2\vert$($a$ 为常数),则动点 P 的轨迹是双曲线	到定点 F 与定直线 l($F\notin l$)的距离相等的点的轨迹是抛物线
统一定义	到定点 F 与到定直线 l($F\notin l$)的距离之比等于定值 e 的点的集合。$0<e<1$ 时,轨迹是椭圆;$e>1$ 时,轨迹是双曲线;$e=1$ 时,轨迹是抛物线。其中 e 是圆锥曲线的离心率,定点 F 为圆锥曲线的焦点,定直线 l 是圆锥曲线的(与点 F 对应的)准线		
标准方程	焦点在 x 轴上:$\frac{x^2}{a^2}+\frac{y^2}{b^2}=1$ $(a>b>0)$ 焦点在 y 轴上:$\frac{y^2}{a^2}+\frac{x^2}{b^2}=1$ $(a>b>0)$	焦点在 x 轴上:$\frac{x^2}{a^2}-\frac{y^2}{b^2}=1$ $(a>0,b>0)$ 焦点在 y 轴上:$\frac{y^2}{a^2}-\frac{x^2}{b^2}=1$ $(a>0,b>0)$	①焦点在 x 轴上,开口向右:$y^2=2px$ ②焦点在 x 轴上,开口向左:$y^2=-2px$ ③焦点在 y 轴上,开口向上:$x^2=2py$ ④焦点在 y 轴上,开口向下:$x^2=-2py$
图象	焦点在 x 轴上: 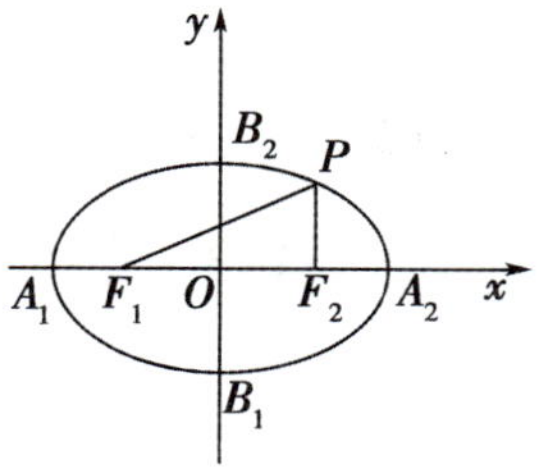 焦点在 y 轴上: 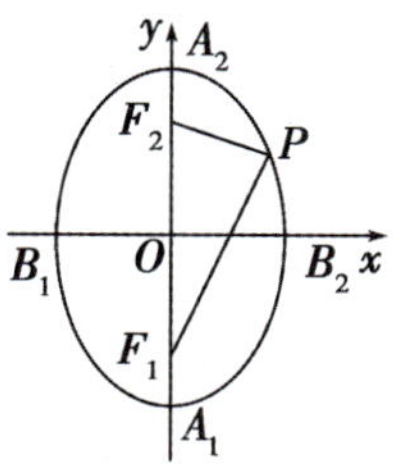	焦点在 x 轴上: 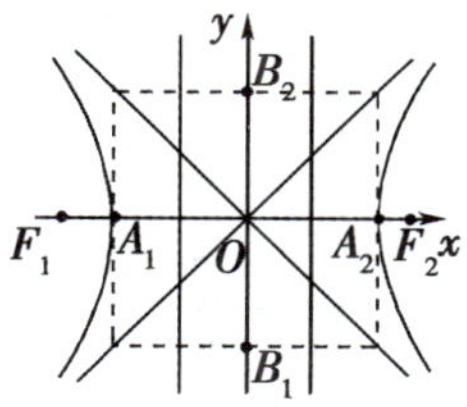 焦点在 y 轴上: 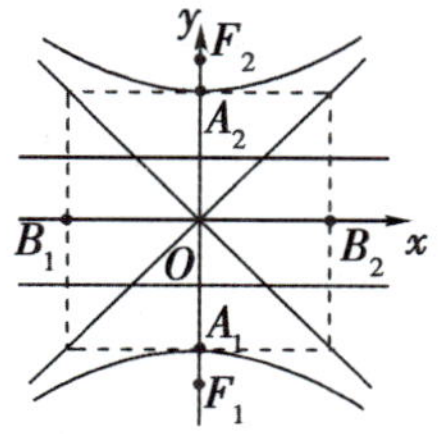	① 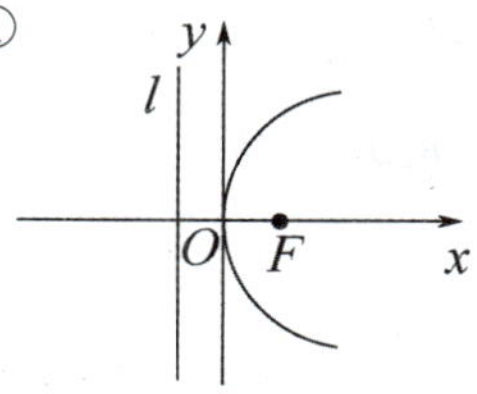 ② 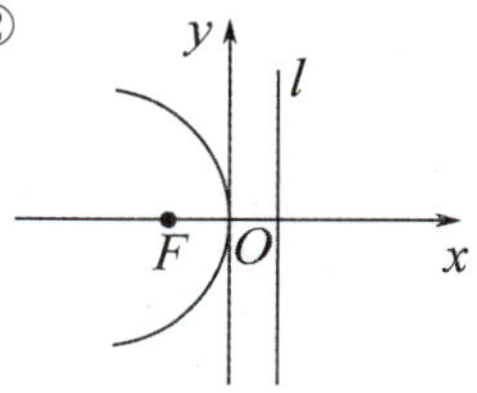 ③ 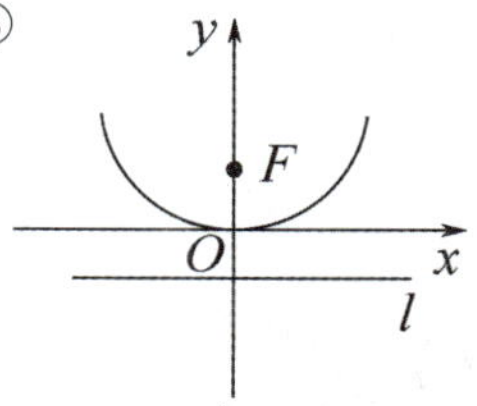 ④ 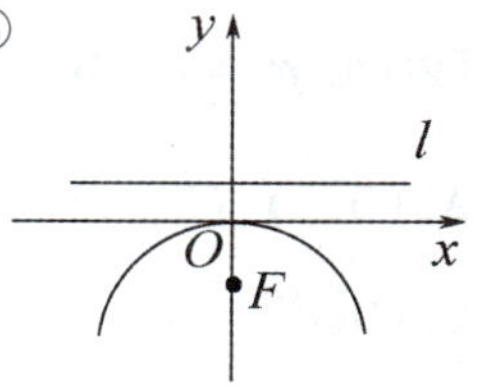

第三部分

续表

	椭圆		双曲线		抛物线
顶点	$(\pm a,0)$，$(0,\pm b)$	$(0,\pm a)$，$(\pm b,0)$	$(\pm a,0)$	$(0,\pm a)$	$(0,0)$
焦点	$(\pm c,0)$	$(0,\pm c)$	$(\pm c,0)$	$(0,\pm c)$	①$F\left(\frac{p}{2},0\right)$；②$F\left(-\frac{p}{2},0\right)$；③$F\left(0,\frac{p}{2}\right)$；④$F\left(0,-\frac{p}{2}\right)$
焦距	$\lvert F_1F_2\rvert=2c(c>0)$		$\lvert F_1F_2\rvert=2c(c>0)$		——
焦半径	$\lvert PF_1\rvert=a+ex_0$，$\lvert PF_2\rvert=a-ex_0$	$\lvert PF_1\rvert=a+ey_0$，$\lvert PF_2\rvert=a-ey_0$	$\lvert PF_1\rvert=\lvert ex_0+a\rvert$，$\lvert PF_2\rvert=\lvert ex_0-a\rvert$	$\lvert PF_1\rvert=\lvert ey_0+a\rvert$，$\lvert PF_2\rvert=\lvert ey_0-a\rvert$	①$x_0+\frac{p}{2}$；②$-x_0+\frac{p}{2}$；③$y_0+\frac{p}{2}$；④$-y_0+\frac{p}{2}$
关系	$c^2=a^2-b^2(a>b>0)$		$c^2=a^2+b^2(a>0,b>0)$		p 为焦点到准线的距离
轴	长轴长 $\lvert A_1A_2\rvert=2a$，短轴长 $\lvert B_1B_2\rvert=2b$		实轴长 $\lvert A_1A_2\rvert=2a$，虚轴长 $\lvert B_1B_2\rvert=2b$		——
离心率	$e=\frac{c}{a}(0<e<1)$		$e=\frac{c}{a}(e>1)$		$e=1$
准线	$x=\pm\frac{a^2}{c}$	$y=\pm\frac{a^2}{c}$	$x=\pm\frac{a^2}{c}$	$y=\pm\frac{a^2}{c}$	①$x=-\frac{p}{2}$；②$x=\frac{p}{2}$；③$y=-\frac{p}{2}$；④$y=\frac{p}{2}$
渐近线	——		$y=\pm\frac{b}{a}x$	$y=\pm\frac{a}{b}x$	——

真题面对面

[2020 绍兴(三区)，单，3 分] 双曲线$\frac{x^2}{16}-\frac{y^2}{9}=1$的焦点坐标是(　　)

A. $(0,5)$，$(0,-5)$

B. $(5,0)$，$(-5,0)$

C. $(0,\sqrt{7})$，$(0,-\sqrt{7})$

D. $(\sqrt{7},0)$，$(-\sqrt{7},0)$

答案：B。由双曲线的概念可知$c^2=16+9=25$，故焦点坐标为$(5,0)$，$(-5,0)$。

考法大揭秘

求离心率的方法

(1)定义法。

①当题中出现焦点三角形三边关系或a,c易求时,利用定义$e=\frac{c}{a}$来求。②利用椭圆或双曲线离心率的变形来求:

椭圆离心率的变形:$e=\frac{c}{a}=\frac{c}{\sqrt{b^2+c^2}}=\sqrt{\frac{c^2}{a^2}}=\sqrt{\frac{a^2-b^2}{a^2}}$。

双曲线离心率的变形:$e=\frac{c}{a}=\sqrt{\frac{c^2}{a^2}}=\sqrt{1+\left(\frac{b}{a}\right)^2}=\frac{c}{\sqrt{c^2-b^2}}=\frac{1}{\sqrt{1-\left(\frac{b}{c}\right)^2}}$。

(2)构造关于a,c的齐次式,列方程求解。

根据条件及几何图形建立a,b,c满足的关系式,化为关于a,c的齐次方程(特别是齐二次方程),再将等式两边同时除以a的n次方(通常是二次方),从而转化为关于e的方程,解方程即可。

注:应用此法时注意椭圆的离心率的范围$0<e<1$与双曲线离心率的范围$e>1$,进而对解得的e进行取舍。

真题面对面

[2020年1月杭州(中学),填空,3分]已知椭圆$C:\frac{x^2}{a^2}+\frac{y^2}{b^2}=1(a>b>0)$的左、右顶点分别为$A_1$,$A_2$,且以线段$A_1A_2$为直径的圆与直线$bx-ay+2ab=0$相切,则椭圆$C$的离心率为________。

答案:$\frac{\sqrt{6}}{3}$。由题意可得,以线段A_1A_2为直径的圆的半径为a,$\therefore$原点到直线$bx-ay+2ab=0$的距离$d=\frac{|2ab|}{\sqrt{a^2+b^2}}=a$,$\therefore 3b^2=a^2$,故椭圆的离心率$e=\frac{c}{a}=\sqrt{\frac{c^2}{a^2}}=\sqrt{\frac{a^2-b^2}{a^2}}=\sqrt{\frac{3b^2-b^2}{3b^2}}=\sqrt{\frac{2}{3}}=\frac{\sqrt{6}}{3}$。

考点2 圆锥曲线的综合问题 【解答】 ★★★

1. 求轨迹方程

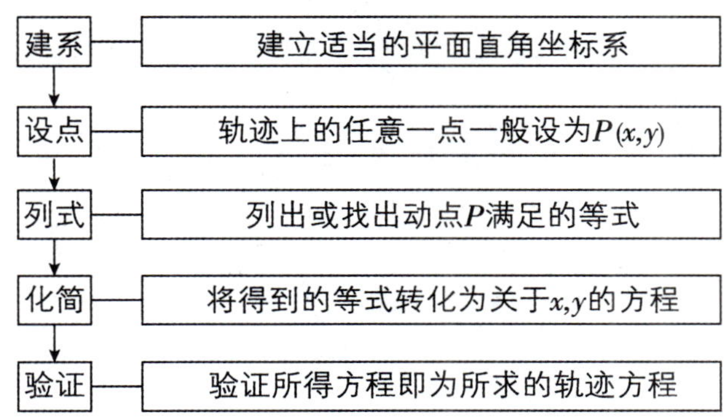

第三部分

[例]设 O 为坐标原点，动点 M 在椭圆 $C:\frac{x^2}{2}+y^2=1$ 上，过 M 作 x 轴的垂线，垂足为 N，点 P 满足 $\overrightarrow{NP}=\sqrt{2}\overrightarrow{NM}$。求点 P 的轨迹方程。

答案：设 $P(x,y)$，$M(x_0,y_0)$，则 $N(x_0,0)$，$\overrightarrow{NP}=(x-x_0,y)$，$\overrightarrow{NM}=(0,y_0)$，由 $\overrightarrow{NP}=\sqrt{2}\overrightarrow{NM}$ 得 $\begin{cases}x-x_0=0,\\y=\sqrt{2}y_0,\end{cases}$ 即 $x_0=x$，$y_0=\frac{\sqrt{2}}{2}y$。因为 $M(x_0,y_0)$ 在 C 上，所以 $\frac{x^2}{2}+\frac{y^2}{2}=1$，因此点 P 的轨迹方程为 $x^2+y^2=2$。

2. 直线与圆锥曲线的弦长公式

直线与圆锥曲线的弦长公式

若斜率为 k 的直线与圆锥曲线交于两点 $A(x_1,y_1)$，$B(x_2,y_2)$，则弦长

$AB=\sqrt{1+k^2}\cdot|x_2-x_1|=\sqrt{(1+k^2)[(x_1+x_2)^2-4x_1x_2]}$；

或 $AB=\sqrt{1+\frac{1}{k^2}}\cdot|y_2-y_1|=\sqrt{\left(1+\frac{1}{k^2}\right)[(y_1+y_2)^2-4y_1y_2]}\ (k\neq0)$。

真题面对面

[2021 台州(天台、仙居、三门、临海)，单，1.6 分]已知椭圆 $C:\frac{x^2}{a^2}+\frac{y^2}{b^2}=1\ (a>b>0)$ 过点 $A\left(-1,\frac{3}{2}\right)$，且椭圆 C 的右焦点为 $F(1,0)$，过点 F 的直线 l 交椭圆 C 于 M,N 两点，MN 的中垂线交 x 轴于点 B，则 $\frac{|BF|}{|MN|}=(\quad)$

A. $\frac{1}{4}$　　B. $\frac{1}{3}$　　C. $\frac{1}{2}$　　D. $\frac{2}{3}$

答案：A。由题意得，椭圆过点 $A\left(-1,\frac{3}{2}\right)$，所以可得 $\frac{1}{a^2}+\frac{9}{4b^2}=1$，又因为 $c=1$，$a^2=b^2+c^2$，所以化简可得 $\frac{1}{b^2+1}+\frac{9}{4b^2}=1$，解得 $b^2=3$，所以椭圆方程为 $\frac{x^2}{4}+\frac{y^2}{3}=1$。设直线 l 的方程为 $y=k(x-1)$，M,N 的坐标分别为 (x_1,y_1)，(x_2,y_2)，线段 MN 中点坐标为 $G(\frac{x_1+x_2}{2},\frac{y_1+y_2}{2})$，与椭圆方程联立 $\begin{cases}\frac{x^2}{4}+\frac{y^2}{3}=1,\\y=k(x-1),\end{cases}$ 化简可得 $(3+4k^2)x^2-8k^2x+4k^2-12=0$，由韦达定理可得 $x_1+x_2=\frac{8k^2}{3+4k^2}$，$x_1x_2=\frac{4k^2-12}{3+4k^2}$，则 G 点坐标为 $(\frac{4k^2}{3+4k^2},-\frac{3k}{3+4k^2})$，$|MN|=\sqrt{1+k^2}\,|x_1-x_2|=\sqrt{1+k^2}\sqrt{(x_1+x_2)^2-4x_1x_2}$，可得 $|MN|=\sqrt{1+k^2}\sqrt{\left(\frac{8k^2}{3+4k^2}\right)^2-4\times\frac{4k^2-12}{3+4k^2}}=\sqrt{1+k^2}\times\frac{12\sqrt{k^2+1}}{3+4k^2}=12\times\frac{k^2+1}{3+4k^2}$，$MN$ 的中垂线方程为 $y+\frac{3k}{3+4k^2}=-\frac{1}{k}(x-\frac{4k^2}{3+4k^2})$，令 $y=0$，可得 B 点坐标为 $(\frac{k^2}{3+4k^2},0)$，$|BF|=\left|\frac{k^2}{3+4k^2}-1\right|$，故 $\frac{|BF|}{|MN|}=\frac{\left|\frac{k^2}{3+4k^2}-1\right|}{\left|12\times\frac{k^2+1}{3+4k^2}\right|}=\frac{1}{4}$。

第三部分

3. 圆锥曲线中的定点与定值问题

(1)定点、定值问题一般涉及曲线过定点、与曲线上的动点有关的定值问题以及与圆锥曲线有关的弦长、面积、横(纵)坐标等的定值问题。

(2)圆锥曲线中定点、定值问题的解法

①定点问题的常见解法

假设定点坐标,根据题意选择参数,建立一个直线系或曲线系方程,而该方程与参数无关,故得到一个关于定点坐标的方程组,以这个方程组的解为坐标的点即为所求定点;

从特殊位置入手,找出定点,再证明该点适合题意。

②定值问题的常见解法

从特殊情况入手,求出定值,再证明这个值与变量无关;

直接推理、计算,并在计算推理的过程中消去变量,从而得到定值。

真题面对面

[2021 年 4 月金华、诸暨,解答,7 分]已知椭圆 $C:\frac{x^2}{a^2}+\frac{y^2}{b^2}=1(a>b>0)$ 的一个焦点到相应准线的距离为$\frac{\sqrt{3}}{3}$,且与双曲线$\frac{x^2}{2}-y^2=1$ 具有相等的焦距。

(1)求椭圆 C 的方程;

(2)过点 $P(4,0)$ 的直线 l 交椭圆于 A,B 两点,点 B 关于 x 轴的对称点为 E,求证:直线 AE 恒过定点。

答案:(1)双曲线中$c^2=2+1=3$,所以 $c=\sqrt{3}$,所以椭圆中的 c 也等于$\sqrt{3}$,焦点到准线的距离 $d=\frac{a^2}{c}-c=\frac{\sqrt{3}}{3}$,所以 $a^2=4,b^2=a^2-c^2=1$,即椭圆的方程为$\frac{x^2}{4}+y^2=1$。

(2)设直线 $l:y=k(x-4)$, $\begin{cases}y=k(x-4),\\ \frac{x^2}{4}+y^2=1\end{cases}\Rightarrow(4k^2+1)x^2-32k^2x+64k^2-4=0$,设 $A(x_1,y_1)$, $B(x_2,y_2)$,则 $x_1+x_2=\frac{32k^2}{4k^2+1}$,$x_1x_2=\frac{64k^2-4}{4k^2+1}$,因为点 B,E 关于 x 轴对称,所以 $E(x_2,-y_2)$,直线 l_{AE} 方程为 $y-y_1=\frac{y_1+y_2}{x_1-x_2}(x-x_1)$,令 $y=0$ 得 $x=\frac{x_1y_2+x_2y_1}{y_1+y_2}$,又 $y_1=k(x_1-4)$,$y_2=k(x_2-4)$,所以 $x=\frac{2x_1x_2-4(x_1+x_2)}{x_1+x_2-8}$,代入得 $x=1$ 恒成立,则直线 AE 恒过定点$(1,0)$。

4. 圆锥曲线的中点弦问题

(1)处理有关中点弦及对应直线斜率关系的问题时,常用“点差法”,步骤如下:

①设点:设出弦的两端点坐标;

第三部分

②代入：代入圆锥曲线方程；

③作差：两式相减，再用平方差公式把上式展开；

④整理：转化为斜率与中点坐标的关系式，然后求解。

(2)“点差法”的常见题型有：求中点弦方程、求(过定点、平行弦)弦中点轨迹、垂直平分线问题。由于“点差法”具有不等价性，所以在使用时要考虑判别式Δ是否为正数。

[例]已知椭圆$E:\frac{x^2}{a^2}+\frac{y^2}{b^2}=1(a>b>0)$的离心率为$\frac{1}{2}$，点$A,B$分别为椭圆$E$的左、右顶点，点$C$在椭圆$E$上，且$\triangle ABC$面积的最大值为$2\sqrt{3}$。

(1)求椭圆E的方程；

(2)设点F为椭圆E的左焦点，点D在直线$x=-4$上，过F作DF的垂线交椭圆E于M,N两点。证明：直线OD平分线段MN。

答案：(1)由题意得$\begin{cases}e=\frac{c}{a}=\frac{1}{2},\\ \frac{1}{2}\cdot 2a\cdot b=2\sqrt{3},\\ a^2=b^2+c^2,\end{cases}$解得$\begin{cases}a=2,\\ b=\sqrt{3},\end{cases}$故椭圆$E$的方程为$\frac{x^2}{4}+\frac{y^2}{3}=1$。

(2)证明：设$M(x_1,y_1)$，$N(x_2,y_2)$，$D(-4,n)$，线段MN的中点$P(x_0,y_0)$，则$2x_0=x_1+x_2$，$2y_0=y_1+y_2$，由(1)可得$F(-1,0)$，则直线DF的斜率为$k_{DF}=\frac{n-0}{-4-(-1)}=-\frac{n}{3}$，当$n=0$时，直线$MN$的斜率不存在，根据椭圆的对称性可知$OD$平分线段$MN$；当$n\neq 0$时，直线$MN$的斜率为$k_{MN}=\frac{3}{n}=\frac{y_1-y_2}{x_1-x_2}$，因为点$M,N$在椭圆$E$上，所以$\begin{cases}\frac{{x_1}^2}{4}+\frac{{y_1}^2}{3}=1,\\ \frac{{x_2}^2}{4}+\frac{{y_2}^2}{3}=1,\end{cases}$整理得$\frac{(x_1+x_2)(x_1-x_2)}{4}+\frac{(y_1+y_2)(y_1-y_2)}{3}=0$，又因为$2x_0=x_1+x_2$，$2y_0=y_1+y_2$，所以$\frac{y_0}{x_0}=-\frac{n}{4}$，即直线$OP$的斜率为$k_{OP}=-\frac{n}{4}$，因为直线$OD$的斜率为$k_{OD}=-\frac{n}{4}$，所以直线$OD$平分线段$MN$。

5. 圆锥曲线中的最值问题

(1)圆锥曲线中的最值问题大致可分为两类：一是涉及距离、面积的最值以及与之相关的一些问题；二是求直线或圆锥曲线中几何元素的最值以及这些元素存在最值时求解与之有关的一些问题。

(2)最值问题的两类解法技巧

①几何法

若题目的条件和结论能明显体现几何特征及意义，则考虑利用图形性质来解决。

②代数法

若题目的条件和结论能体现一种明确的函数关系，则可先建立起目标函数，再求这个函数的最值，最值常用基本不等式法、配方法或导数法求解。

[例]已知动圆过定点(2,0),且在y轴上截得的弦长为4,设动圆圆心的轨迹为H,点$E(m,0)$($m>0$)为一个定点,过点E作斜率分别为k_1,k_2的两条直线交H于点A,B,C,D,且M,N分别是线段AB,CD的中点。

(1)求轨迹H的方程;

(2)若$m=1$,且过点E的两条直线相互垂直,求$\triangle EMN$的面积的最小值。

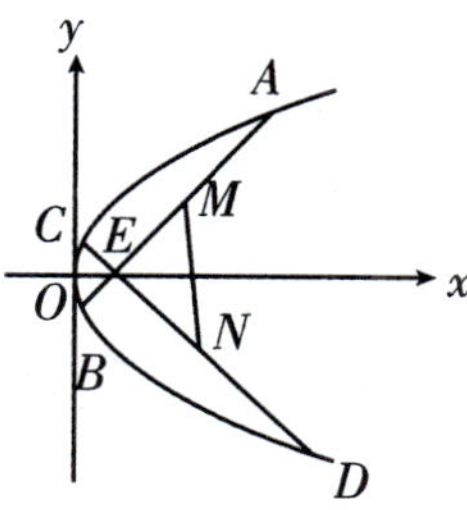

答案:(1)设动圆圆心的坐标为(x,y),由题意可以得到$\sqrt{(x-2)^2+y^2}=\sqrt{x^2+4}$,化简得$y^2=4x$,所以动圆圆心的轨迹$H$的方程为$y^2=4x$。

(2)当$m=1$时,E为抛物线$y^2=4x$的焦点,因为$AB\perp CD$,所以$k_1k_2=-1$,设直线AB的方程为$y=k_1(x-1)$,$A(x_1,y_1)$,$B(x_2,y_2)$,由$\begin{cases}y=k_1(x-1),\\y^2=4x,\end{cases}$得$k_1y^2-4y-4k_1=0$,则$y_1+y_2=\frac{4}{k_1}$,$y_1y_2=-4$,$x_1+x_2=\frac{y_1+y_2}{k_1}+2=\frac{4}{k_1^{\ 2}}+2$,因为$M\left(\frac{x_1+x_2}{2},\frac{y_1+y_2}{2}\right)$,所以$M\left(\frac{2}{k_1^{\ 2}}+1,\frac{2}{k_1}\right)$,同理,可得$N(2k_1^{\ 2}+1,-2k_1)$,所以$S_{\triangle EMN}=\frac{1}{2}|EM|\cdot|EN|=\frac{1}{2}\sqrt{\left(\frac{2}{k_1^{\ 2}}\right)^2+\left(\frac{2}{k_1}\right)^2}\cdot\sqrt{(2k_1^{\ 2})^2+(-2k_1)^2}=2\sqrt{k_1^{\ 2}+\frac{1}{k_1^{\ 2}}+2}\geqslant2\sqrt{2+2}=4$,当且仅当$k_1^{\ 2}=\frac{1}{k_1^{\ 2}}$,即$k_1=\pm1$时,$\triangle EMN$的面积取最小值4。

三、极坐标系与参数方程

考点 1 极坐标系

1. 极坐标系的概念

在平面内取一个定点O,叫作极点,自极点O处引一条射线Ox,叫作极轴,再选定一个单位长度、一个单位角度(通常取弧度)及其正方向(通常取逆时针方向),这样就建立了一个极坐标系。

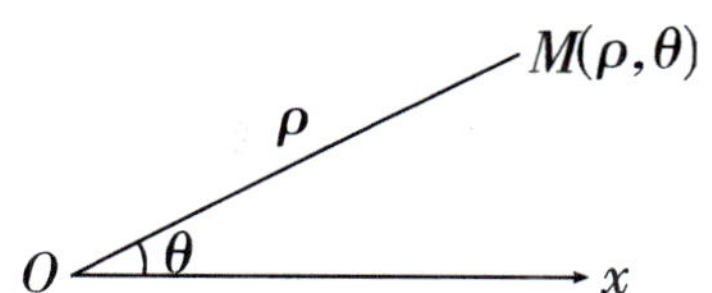

第三部分

2. 点的极坐标

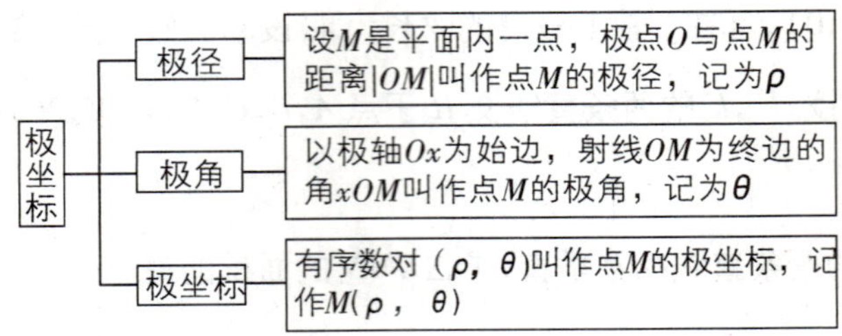

一般地，没有特殊说明时，我们认为 $\rho \geqslant 0, 0 \leqslant \theta < 2\pi$。

3. 极坐标系内两点的距离公式

若 P_1, P_2 两点的极坐标分别为 (ρ_1, θ_1)，(ρ_2, θ_2)（不妨设 $\rho > 0, \theta \in [0, 2\pi)$），

则 $|P_1P_2| = \sqrt{\rho_1^2 + \rho_2^2 - 2\rho_1\rho_2\cos(\theta_1 - \theta_2)}$。

4. 极坐标与直角坐标的互化

(1) 互化的前提条件

直角坐标系的原点与极坐标的极点重合，x 轴正半轴与极轴重合，两个坐标系长度单位一致。

(2) 互化的公式

$$\begin{cases} x = \rho\cos\theta, \\ y = \rho\sin\theta \end{cases} \text{或} \begin{cases} \rho^2 = x^2 + y^2, \\ \tan\theta = \dfrac{y}{x}(x \neq 0)。 \end{cases}$$

考点 2 参数方程

1. 参数方程的概念

一般地，在平面直角坐标系中，如果曲线上任意一点的坐标 (x, y) 是某个变数 t 的函数 $\begin{cases} x = f(t), \\ y = g(t), \end{cases}$ 并且对于 t 的每一个允许值，由这个方程组所确定的点 $M(x, y)$ 都在这条曲线上，那么这个方程组就叫作这条曲线的参数方程，联系变数 x, y 的变数 t 叫作参变数，简称参数。

2. 参数方程和普通方程的互化

(1) 参数方程化为普通方程的过程实际就是消参的过程。$\begin{cases} x = f(t), \\ y = g(t) \end{cases}$ (t 为参数) $\xrightarrow{\text{消参}} F(x, y) = 0$。

注：在消参过程中注意变量 x, y 取值范围的一致性，必须根据参数的取值范围，确定 $f(t)$ 和 $g(t)$ 的值域，从而得到 x, y 的取值范围。

(2) 普通方程化为参数方程需要引入参数。

达标测评

建议用时	实际用时	测评总分	实际得分
20 分钟	______分钟	39 分	______分

一、单项选择题(每小题 3 分,共 18 分)

1. 已知直线 $3x+4y-3=0$ 与直线 $6x+my+14=0$ 平行,则它们之间的距离是(　　)

A. 1　　B. 2　　C. $\frac{1}{2}$　　D. 4

2. 直线$\sqrt{3}x-y+m=0$ 与圆 $x^2+y^2-2x-2=0$ 相切,则实数 m 等于(　　)

A. $\sqrt{3}$或 $-\sqrt{3}$　　B. $-\sqrt{3}$或 $3\sqrt{3}$　　C. $-3\sqrt{3}$或$\sqrt{3}$　　D. $-3\sqrt{3}$或 $3\sqrt{3}$

3. 已知椭圆 $C:\frac{x^2}{2}+y^2=1$ 的右焦点为 F,右准线为 l,点 $A\in l$,线段 AF 交椭圆 C 于点 B,若$\overrightarrow{FA}=3\overrightarrow{FB}$,则$|AF|=$(　　)

A. $\sqrt{2}$　　B. 2　　C. $\sqrt{3}$　　D. 3

4. AB 是抛物线 $y^2=2x$ 的一条焦点弦,$|AB|=4$,则 AB 的中点 C 的横坐标是(　　)

A. 2　　B. $\frac{1}{2}$　　C. $\frac{3}{2}$　　D. $\frac{5}{2}$

5. 以抛物线 C 的顶点为圆心的圆交 C 于 A,B 两点,交 C 的准线于 D,E 两点,已知$|AB|=4\sqrt{2}$,$|DE|=2\sqrt{5}$,则 C 的焦点到准线的距离为(　　)

A. 2　　B. 4　　C. 6　　D. 8

6. 已知双曲线$\frac{x^2}{a^2}-\frac{y^2}{b^2}=1$ $(a>0,b>0)$的两条渐近线与抛物线 $y^2=2px(p>0)$的准线分别交于 A,B 两点,O 为坐标原点,若双曲线的离心率为 2,$\triangle AOB$ 的面积为$\sqrt{3}$,则 $p=$(　　)

A. 1　　B. $\frac{3}{2}$　　C. 2　　D. 3

二、填空题(每小题 3 分,共 9 分)

7. 已知点 $A(8,-6)$与圆 $C:x^2+y^2=25$,P 是圆 C 上任意一点,则$|AP|$的最小值是________。

8. 已知直线 $y=kx+1$ 与 $x^2+y^2+kx-y-9=0$ 的两个交点关于 y 轴对称,则 $k=$________。

9. 若椭圆的长轴长与短轴长之比为 2,它的一个焦点是$(2\sqrt{15},0)$,则椭圆的标准方程是________。

第三部分

三、解答题(每小题 6 分,共 12 分)

10. 已知双曲线$\frac{x^2}{2}-y^2=1$的左、右顶点分别为 A_1,A_2,点 $P(x_1,y_1)$,$Q(x_1,-y_1)$是双曲线上不同的两个动点,求直线 A_1P 与 A_2Q 交点的轨迹 E 的方程。

11. 已知椭圆 $C:\frac{x^2}{a^2}+\frac{y^2}{b^2}=1(a>b>0)$与 y 轴的交点为 A,B(点 A 位于点 B 的上方),F 为左焦点,原点 O 到直线 FA 的距离为$\frac{\sqrt{2}}{2}b$。

(1)求椭圆 C 的离心率;

(2)设 $b=2$,直线 $y=kx+4$ 与椭圆 C 交于不同的两点 M,N,求证:直线 BM 与直线 AN 的交点 G 在定直线上。

参考答案及解析

一、单项选择题

1. B [解析]由题意得$\frac{6}{3}=\frac{m}{4}\neq\frac{14}{-3}$,解得 $m=8$,所以直线 $6x+my+14=0$ 可化为 $3x+4y+7=0$,此两平行直线之间的距离 $d=\frac{|-3-7|}{\sqrt{3^2+4^2}}=2$。

2. C [解析]圆 $x^2+y^2-2x-2=0$ 的标准方程为$(x-1)^2+y^2=3$,所以此圆的圆心坐标为$(1,0)$,半径为$\sqrt{3}$。因为直线$\sqrt{3}x-y+m=0$ 与圆相切,所以圆心到直线的距离等于半径$\sqrt{3}$,即 $d=\frac{|\sqrt{3}-0+m|}{\sqrt{(\sqrt{3})^2+(-1)^2}}=\sqrt{3}$,解得 $m=\sqrt{3}$或 $m=-3\sqrt{3}$。故选 C。

3. A [解析]过点 B 作 $BM\perp l$ 于点 M,并设右准线 $l:x=2$ 与 x 轴的交点为 N,易知$|FN|=1$,椭圆离心率$e=\frac{\sqrt{2}}{2}$。由题意$\overrightarrow{FA}=3\overrightarrow{FB}$,故$|BM|=\frac{2}{3}$。又由椭圆的第二定义,得$|BF|=\frac{\sqrt{2}}{2}\cdot\frac{2}{3}=\frac{\sqrt{2}}{3}$,$\therefore |AF|=3|BF|=\sqrt{2}$。故选 A。

4. C [解析]由题意知,抛物线的焦点坐标为$\left(\frac{1}{2},0\right)$,准线为 $x=-\frac{1}{2}$。已知$|AB|=4$,所以中点 C 到准线的距离为 2,则点 C 的横坐标为 $2-\frac{1}{2}=\frac{3}{2}$。

5. B [解析]设抛物线的方程为 $y^2=2px(p>0)$,圆的方程为 $x^2+y^2=r^2$。因为$|AB|=4\sqrt{2}$,$|DE|=2\sqrt{5}$,抛物

第三部分

线的准线方程为 $x=-\frac{p}{2}$，所以不妨设$A\left(\frac{4}{p},2\sqrt{2}\right)$，$D\left(-\frac{p}{2},\sqrt{5}\right)$，因为点 A,D 在圆 $x^2+y^2=r^2$ 上，所以

$\begin{cases}\frac{16}{p^2}+8=r^2,\\ \frac{p^2}{4}+5=r^2,\end{cases}$ 所以$\frac{16}{p^2}+8=\frac{p^2}{4}+5$，所以 $p=4$，所以 C 的焦点到准线的距离为 4。

6. C [解析]因为双曲线的离心率 $e=\frac{c}{a}=2$，所以$b=\sqrt{3}a$，所以双曲线的渐近线方程为 $y=\pm\frac{b}{a}x=\pm\sqrt{3}x$，与抛物线的准线 $x=-\frac{p}{2}$ 相交于点$A\left(-\frac{p}{2},\frac{\sqrt{3}}{2}p\right)$，点 $B\left(-\frac{p}{2},-\frac{\sqrt{3}}{2}p\right)$，所以$\triangle AOB$ 的面积为$\frac{1}{2}\times\frac{p}{2}\times\sqrt{3}p=\sqrt{3}$，又 $p>0$，所以 $p=2$。

二、填空题

7. 5 [解析]点 $A(8,-6)$ 与圆 C 的圆心$(0,0)$的距离等于 $\sqrt{64+36}=10$，故$|AP|$的最小值是 10 减去圆的半径5，等于5。

8. 0 [解析]联立直线与圆的方程$\begin{cases}y=kx+1,\\ x^2+y^2+kx-y-9=0,\end{cases}$ 消去 y 得$(k^2+1)x^2+2kx-9=0$。设方程的两根分别为 x_1，x_2，由题意得 $x_1+x_2=\frac{-2k}{k^2+1}=0$，解得 $k=0$。

9. $\frac{x^2}{80}+\frac{y^2}{20}=1$ [解析]设椭圆的标准方程为$\frac{x^2}{a^2}+\frac{y^2}{b^2}=1$，由题设条件知 $a=2b$，$c=2\sqrt{15}$，又 $a^2=b^2+c^2$，可得 $4b^2=b^2+60$，解得 $b^2=20$，$a^2=80$，$\therefore$ 椭圆的标准方程为$\frac{x^2}{80}+\frac{y^2}{20}=1$。

三、解答题

10. [解析]由题意知，$|x_1|>\sqrt{2}$，$A_1(-\sqrt{2},0)$，$A_2(\sqrt{2},0)$，则直线 A_1P 的方程为 $y=\frac{y_1}{x_1+\sqrt{2}}(x+\sqrt{2})$①，

直线 A_2Q 的方程为 $y=\frac{-y_1}{x_1-\sqrt{2}}(x-\sqrt{2})$②，

联立①②解得$\begin{cases}x=\frac{2}{x_1},\\ y=\frac{\sqrt{2}y_1}{x_1},\end{cases}$ 即$\begin{cases}x_1=\frac{2}{x},\\ y_1=\frac{\sqrt{2}y}{x},\end{cases}$ ③

且 $x\neq0$，$|x|<\sqrt{2}$，

而点 $P(x_1,y_1)$ 在双曲线$\frac{x^2}{2}-y^2=1$ 上，

第三部分

$\therefore \dfrac{x_1^2}{2}-y_1^2=1$,

将③代入上式，整理得所求轨迹 E 的方程为 $\dfrac{x^2}{2}+y^2=1, x\neq 0$，且 $x\neq \pm\sqrt{2}$。

11. [解析](1)设 F 的坐标为 $(-c,0)$，由题意知 $A(0,b)$，$B(0,-b)$，$k_{AF}=\dfrac{b}{c}$，

直线 FA 的方程为 $bx-cy+bc=0$，则有 $\dfrac{|bc|}{\sqrt{b^2+c^2}}=\dfrac{\sqrt{2}}{2}b$，即 $bc=\dfrac{\sqrt{2}}{2}ab$，

$\therefore$ 椭圆的离心率 $e=\dfrac{c}{a}=\dfrac{\sqrt{2}}{2}$。

(2)若 $b=2$，由(1)并结合 $a^2=b^2+c^2$，得 $a=2\sqrt{2}$，

$\therefore$ 椭圆方程为 $\dfrac{x^2}{8}+\dfrac{y^2}{4}=1$，

$\therefore A(0,2)$，$B(0,-2)$，

联立方程 $\begin{cases}\dfrac{x^2}{8}+\dfrac{y^2}{4}=1,\\ y=kx+4,\end{cases}$ 化简得 $(2k^2+1)x^2+16kx+24=0$，

由 $\Delta=32(2k^2-3)>0$，解得 $k^2>\dfrac{3}{2}$，

设 $M(x_M, kx_M+4)$，$N(x_N, kx_N+4)$，

由韦达定理得，$x_M+x_N=\dfrac{-16k}{2k^2+1}$，$x_Mx_N=\dfrac{24}{2k^2+1}$，

直线 MB 方程为 $y=\dfrac{kx_M+6}{x_M}x-2$①，

直线 NA 方程为 $y=\dfrac{kx_N+2}{x_N}x+2$②，

由①②解得 $y=\dfrac{2(kx_Mx_N+x_M+3x_N)}{3x_N-x_M}=\dfrac{2\left(\dfrac{24k}{2k^2+1}+\dfrac{-16k}{2k^2+1}+2x_N\right)}{4x_N-\dfrac{-16k}{2k^2+1}}=\dfrac{2\left(\dfrac{8k}{2k^2+1}+2x_N\right)}{4x_N+\dfrac{16k}{2k^2+1}}=1$，

即 $y_G=1$，

$\therefore$ 直线 BM 与直线 AN 的交点 G 在定直线上。

第五章　直线、平面与简单几何体

思维导图

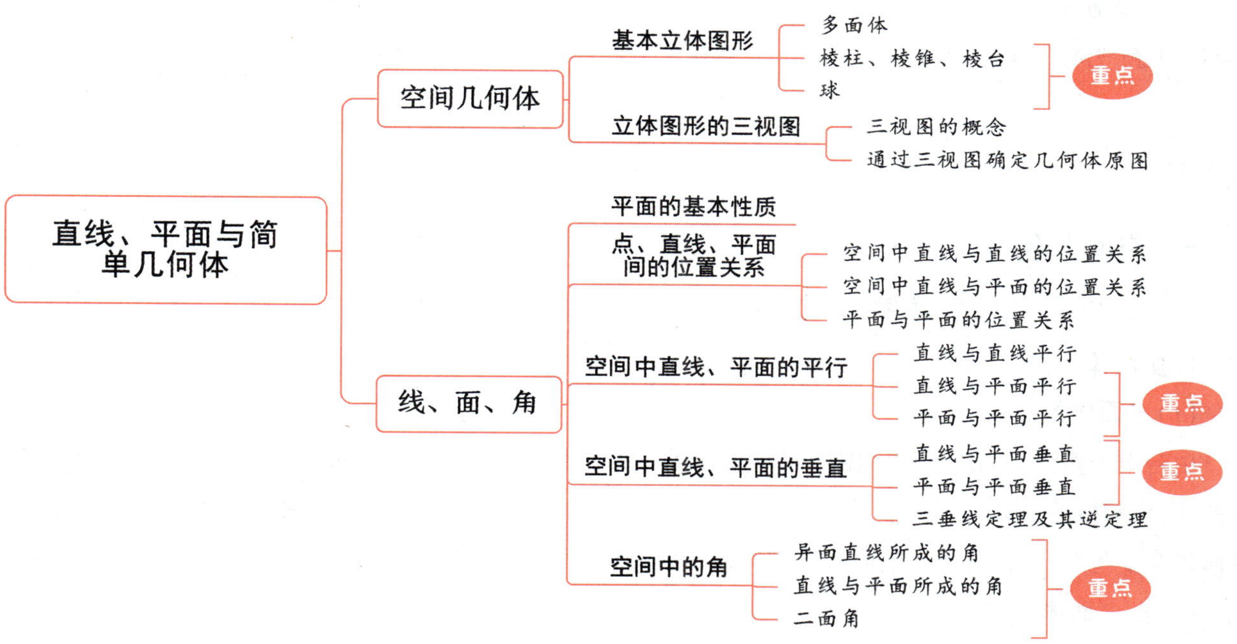

第三部分

浙江考向

本章属于高中数学的重要章节，也是浙江省教师招聘考试中的常考内容，特点为内容多，需要识记与理解性知识较多。在考试中常以单项选择题、解答题的形式考查。现对本章浙江考向分析如下：

高频考点	常考题型	能力要求	考查热度
立体图形的体积	单选、解答	掌握	★★
球	单选	理解	★
线、面平行的证明	解答	理解	★★
线、面垂直的证明	解答	理解	★★
异面直线所成角、二面角的计算	解答	理解与应用	★★

核心考点

一、空间几何体

考点 1 基本立体图形 【单选、解答】 ★★

1. 多面体

(1) 多面体的定义

由若干个多边形围成的空间图形叫作多面体。每个多边形叫作多面体的面，两个面的公共边叫作多面体的棱，棱和棱的公共点叫作多面体的顶点，连结不在同一面上的两个顶点的线段叫作多面体的对角线。多面体至少有四个面，按照它的面数分别叫作四面体、五面体、六面体等。

(2) 凸多面体的定义

把多面体的任一个面伸展成平面，如果其他各面都位于这个面的同侧，这样的多面体叫作凸多面体。

2. 棱柱、棱锥、棱台

	棱柱	棱锥	棱台
图形	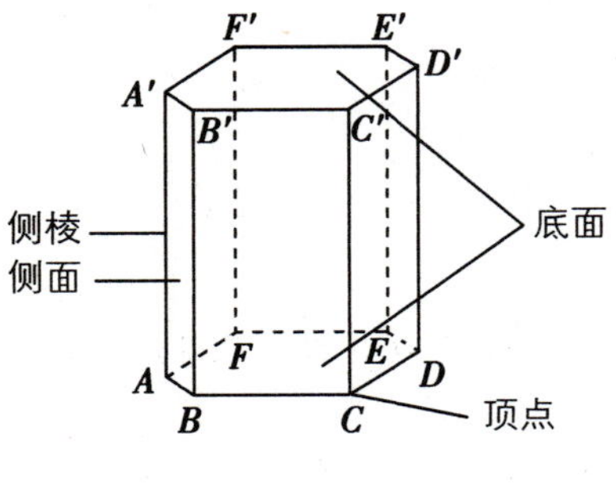 F' E' D' A' B' C' 侧棱 侧面 底面 A F E D B C 顶点	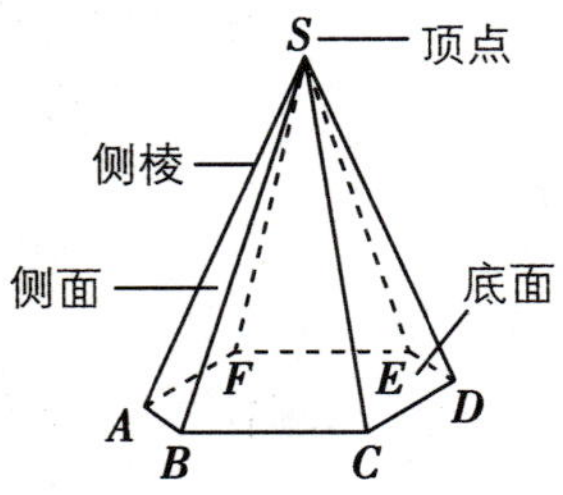 S 顶点 侧棱 侧面 底面 A F E D B C	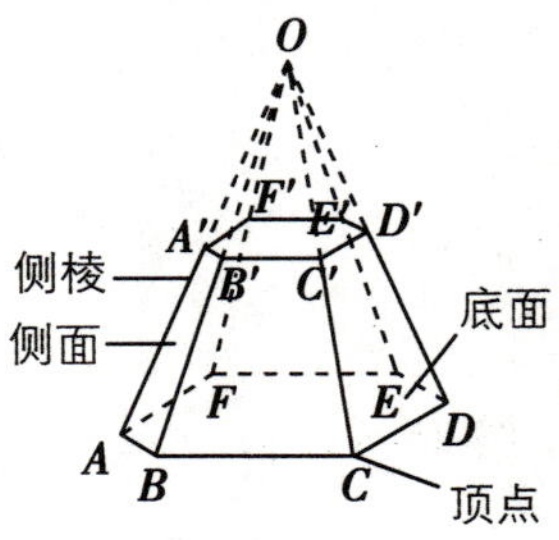 O A' F' E' D' B' C' 侧棱 侧面 底面 A F E D B C 顶点

续表

	棱柱	棱锥	棱台
定义	有两个面互相平行，其余各面都是四边形，并且相邻两个四边形的公共边都互相平行，由这些面所围成的多面体叫作棱柱	有一个面是多边形，其余各面都是有一个公共顶点的三角形，由这些面所围成的多面体叫作棱锥	用一个平行于棱锥底面的平面去截棱锥，底面和截面之间那部分多面体叫作棱台
分类	以底面多边形的边数为标准分为三棱柱、四棱柱、五棱柱等；以侧棱是否与底面垂直分为直棱柱和斜棱柱；底面是正多边形的直棱柱叫作正棱柱	以底面多边形的边数为标准分为三棱锥、四棱锥、五棱锥等；底面是正多边形，并且顶点与底面中心的连线垂直于底面的棱锥叫作正棱锥	以底面多边形的边数为标准分为三棱台、四棱台、五棱台等
结构特征	(1)底面互相平行； (2)侧面都是平行四边形； (3)每相邻两个侧面的公共边互相平行	(1)底面是多边形； (2)侧面都是三角形； (3)侧棱有一个公共点	(1)上、下底面互相平行； (2)各侧棱的延长线交于一点； (3)各侧面为梯形
公式	$S_{直棱柱侧}=Ch$(C是底面周长，h是高) $V=Sh$(S是底面面积，h是高)	$S_{正棱锥侧}=\frac{1}{2}Ch'$(C是底面周长，h'是斜高) $V=\frac{1}{3}Sh$(S是底面面积，h是高)	$S_{正棱台侧}=\frac{1}{2}(C+C')h'$($C'$,$C$分别是上、下底面的周长，$h'$是斜高) $V=\frac{1}{3}h(S'+\sqrt{S'S}+S)$($S'$,$S$分别是上、下底面面积，$h$是棱台的高)

真题面对面

[2021 宁波，单，2 分]如图，正三棱柱的底面边长为 1，侧棱长为 2，其中 E 是 AA' 的中点，则棱锥 $E-BB'C'C$ 的体积是(　　)

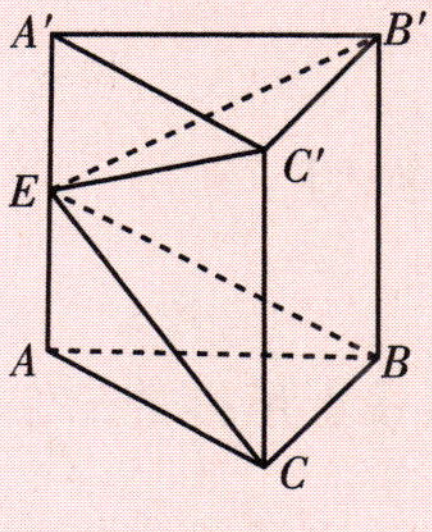

A. $\frac{\sqrt{3}}{3}$　　B. $\frac{\sqrt{3}}{6}$　　C. $\frac{\sqrt{3}}{9}$　　D. $\sqrt{3}$

答案：A。由题意知，$\triangle ABC$ 的边长为 1，则高为$\frac{\sqrt{3}}{2}$，棱锥 $E-BB'C'C$ 中以四边形 $BB'C'C$ 为底面的高为$\frac{\sqrt{3}}{2}$，底面 $BB'C'C$ 的面积为 2，故棱锥$E-BB'C'C$的体积 $V=\frac{1}{3}\times\frac{\sqrt{3}}{2}\times2=\frac{\sqrt{3}}{3}$。

第三部分

3. 球

(1) 球的概念

空间中到定点的距离等于或小于定长的点的集合，叫作球体，简称球。定点叫作球心，定长叫作球的半径。到定点的距离等于定长的点的集合叫作球面。一个球或球面常用它的球心的字母表示，如球 O。

(2) 球的截面

用一平面 α 去截一个球 O，所得的截面是一个圆，设截面圆的圆心为 O'，连结 OO'，则 OO' 与截面圆垂直，且截面圆半径 $r=\sqrt{R^2-d^2}$（R 为球的半径，$d=OO'$）。球面被经过球心的平面截得的圆叫作大圆，被不经过球心的平面截得的圆叫作小圆。

两点的球面距离就是经过两点的大圆在这两点间的一段劣弧的长度，我们把这段弧长叫作两点的球面距离。

正方体与长方体的外接球直径等于其体对角线长；正方体的内切球直径等于正方体的棱长。

(3) 相关计算公式

球的表面积：$S=4\pi R^2$（球的半径为 R）。

球的体积：$V=\frac{4}{3}\pi R^3$（球的半径为 R）。

真题面对面

[2020 丽水缙云县，单，2 分] 把球放在长方体盒内，球的一部分露出盒外，其截面如图所示，测得 $EF=CD=16$ cm，则球的半径长为（　　）

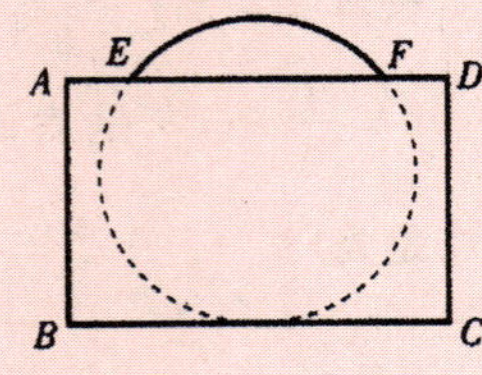

A. 8 cm　　B. 9 cm　　C. 10 cm　　D. 11 cm

答案：C。设该球的半径为 r cm，根据勾股定理可得：$(16-r)^2+\left(16\times\frac{1}{2}\right)^2=r^2$，解得 $r=10$ cm。故选 C。

考点 2　立体图形的三视图　【单选】★

1. 三视图的概念

将物体在三个相互垂直的平面内作垂直投影所得的三个图形，称为三视图。分别为主（正）视图、侧（左）视图和俯视图。

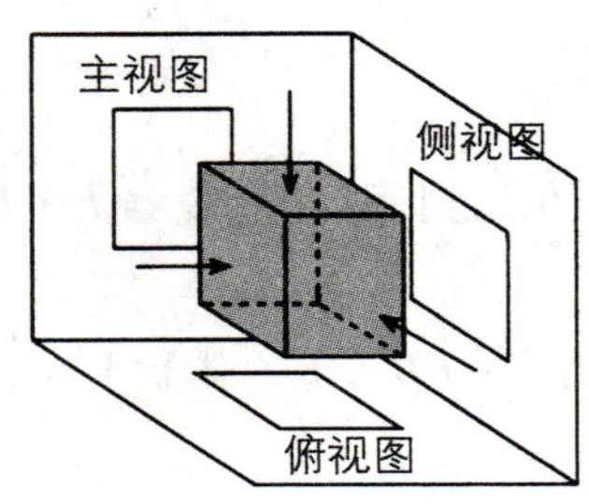

第三部分

2. 通过三视图确定几何体原图

(1)直接法

适用情况:由三视图比较容易推出原图。

解题步骤:直接利用三视图的作图规则,不断调整,画出原图。

(2)拼凑法

适用情况:从三视图中比较容易找到原图。

解题步骤:①画出正视图;②平移俯视图到恰当的位置(长对正,高平齐),使它和正视图在一起;③把侧视图顺时针旋转90°再平移到恰当的位置(高平齐,宽相等),使它和正视图、俯视图在一起;④调整它们的位置,找到顶点,找到原图。

(3)模型法

适用情况:观察三视图不容易得出原图。

解题步骤:①画出一个长方体、正方体或其他几何体;②补点;③结合三视图排除某些点;④确定那些排除的点附近的点是否是几何体的顶点;⑤结合实线、虚线和确定的点找到几何体的顶点,从而找到符合三视图的原图。

考法大揭秘

利用三视图计算小正方体的个数的方法

通过三视图计算组合图形的小正方体的个数,关键是要弄清楚这个小正方体组合图形共有多少行、多少列,每行、每列中各有多少层,理清了这些行、列、层的数量,小正方体的个数就容易确定了,其确定方法如下:

(1)通过主视图、俯视图可以确定组合图形的列数;

(2)通过俯视图、左视图可以确定组合图形的行数;

(3)通过主视图、左视图可以确定行与列中的最高层数。

记忆有妙招

主俯定列,俯左定行,主左定层,定好行列层,计数不求人。

真题面对面

[2020年1月杭州(小学),单,3分]在桌面上摆一些大小一样的正方体木块,从正南方向看如下图(1),从正东方向看如下图(2)。要摆出这样的图形最少要用(　　)正方体木块。

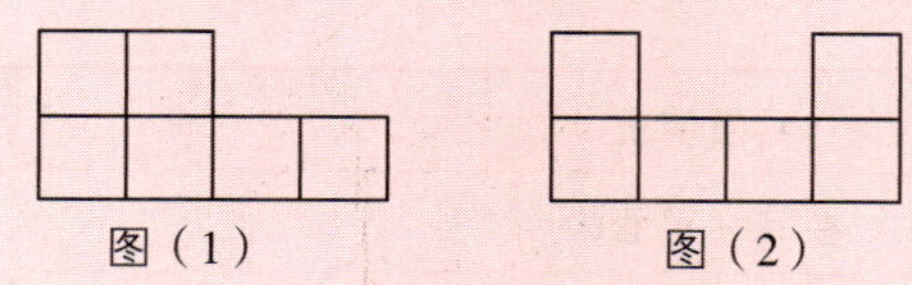

图(1)　　图(2)

A. 6　　B. 7　　C. 12　　D. 20

第三部分

答案:A。正南方向为正视图,正东方向为侧视图,则如图所示,空白处不摆放木块,题目中图形至少需要 $2+2+1+1=6$ 块正方体木块才能摆出。故本题选 A。

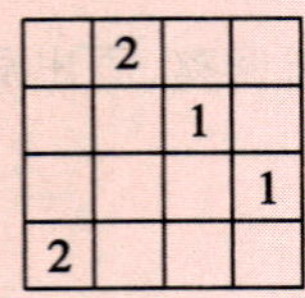

二、线、面、角

考点 1 平面的基本性质

	基本事实 1	基本事实 2	基本事实 3
文字语言	过不在一条直线上的三个点,有且只有一个平面	如果一条直线上的两个点在同一个平面内,那么这条直线在这个平面内	如果两个不重合的平面有一个公共点,那么它们有且只有一条过该点的公共直线
图形语言			
符号语言	A,B,C 三点不共线⇒有且只有一个平面 α,使 $A\in\alpha,B\in\alpha,C\in\alpha$	$A\in l,B\in l$,且 $A\in\alpha,B\in\alpha\Rightarrow l\subset\alpha$	$P\in\alpha$,且 $P\in\beta\Rightarrow\alpha\cap\beta=l$,且 $P\in l$

利用基本事实 1 和基本事实 2,再结合"两点确定一条直线",可以得到下面三个推论:

推论 1:经过一条直线和这条直线外一点,有且只有一个平面。

推论 2:经过两条相交直线,有且只有一个平面。

推论 3:经过两条平行直线,有且只有一个平面。

考点 2 点、直线、平面间的位置关系

1. 空间中直线与直线的位置关系

位置关系		共面情况	公共点个数
共面	相交	在同一平面内	有且只有一个公共点
	平行	在同一平面内	没有公共点
异面		不同在任何一个平面内	没有公共点

2. 空间中直线与平面的位置关系

位置关系	直线在平面内	直线与平面相交	直线与平面平行
公共点个数	有无数个公共点	有且只有一个公共点	没有公共点
图形语言			
符号语言	$a\subset\alpha$	$a\cap\alpha=A$	$a /\!/ \alpha$

注：当直线与平面相交或平行时，直线不在平面内，也称为直线在平面外。

3. 空间中平面与平面的位置关系

位置关系	平行	相交
公共点个数	没有公共点	有一条公共直线
图形语言		
符号语言	$\alpha /\!/ \beta$	$\alpha\cap\beta=l$

考点3 空间直线、平面的平行 【解答】 ★★

1. 直线与直线平行

(1) 平行公理

基本事实4：平行于同一条直线的两条直线平行。即 $a /\!/ b, b /\!/ c \Rightarrow a /\!/ c$。

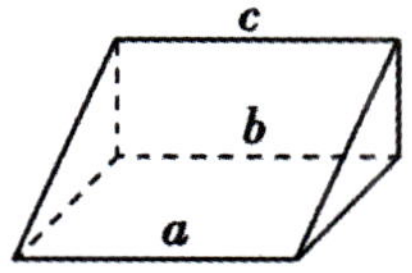

(2) 等角定理

文字语言：如果空间中两个角的两条边分别对应平行，那么这两个角相等或互补。

符号语言：在 $\angle AOB$ 与 $\angle A'O'B'$ 中，若 $OA /\!/ O'A'$，$OB /\!/ O'B'$，则 $\angle AOB=\angle A'O'B'$ 或 $\angle AOB+\angle A'O'B'=180°$。

2. 直线与平面平行

定理	文字语言	图形语言	符号语言
判定定理	平面外一条直线与此平面内的一条直线平行，则该直线与此平面平行（简记为“线线平行⇒线面平行”）		$\begin{cases} l\not\subset\alpha, \\ a\subset\alpha, \\ l\parallel a \end{cases}\Rightarrow l\parallel\alpha$
性质定理	一条直线与一个平面平行，则过这条直线的任一平面与此平面的交线与该直线平行（简记为“线面平行⇒线线平行”）		$\begin{cases} \alpha\cap\beta=b, \\ l\subset\beta, \\ l\parallel\alpha \end{cases}\Rightarrow l\parallel b$

3. 平面与平面平行

定理	文字语言	图形语言	符号语言
判定定理	一个平面内的两条相交直线分别与另一个平面平行，则这两个平面平行（简记为“线面平行⇒面面平行”）		$\begin{cases} a\subset\alpha, b\subset\alpha, \\ a\cap b=P, \\ a\parallel\beta, b\parallel\beta \end{cases}\Rightarrow\alpha\parallel\beta$
性质定理	如果两个平行平面同时和第三个平面相交，那么它们的交线平行		$\begin{cases} \beta\cap\gamma=b, \\ \alpha\cap\gamma=a, \\ \alpha\parallel\beta \end{cases}\Rightarrow a\parallel b$

考点 4 空间中直线、平面的垂直 【解答】 ★★

1. 直线与平面垂直

(1) 定义

如果直线 l 与平面 α 内的任意一条直线都垂直，就说直线 l 与平面 α 互相垂直。

(2)判定定理和性质定理

定理	文字语言	图形语言	符号语言
判定定理	如果一条直线与一个平面内的两条相交直线都垂直,则该直线与此平面垂直		$\left.\begin{array}{r}a,b\subset\alpha,\\ a\cap b=O,\\ l\perp a,\\ l\perp b\end{array}\right\}\Rightarrow l\perp\alpha$
性质定理	垂直于同一个平面的两条直线平行		$\left.\begin{array}{r}a\perp\alpha,\\ b\perp\alpha\end{array}\right\}\Rightarrow a/\!/b$

2. 平面与平面垂直

(1)定义

两个平面相交,如果它们所成的二面角是直二面角,就说这两个平面互相垂直。

(2)判定定理和性质定理

定理	文字语言	图形语言	符号语言
判定定理	一个平面过另一个平面的一条垂线,则这两个平面互相垂直		$\left.\begin{array}{r}l\subset\beta,\\ l\perp\alpha\end{array}\right\}\Rightarrow\alpha\perp\beta$
性质定理	两个平面互相垂直,则一个平面内垂直于交线的直线与另一个平面垂直		$\left.\begin{array}{r}\alpha\perp\beta,\\ l\subset\beta,\\ \alpha\cap\beta=a,\\ l\perp a\end{array}\right\}\Rightarrow l\perp\alpha$

真题面对面

[2018年1月杭州(中学),单,3分]若m,n是两条不同的直线,α,β,γ是三个不同的平面,则下列命题中的真命题是(　　)

A. 若$m\subset\beta,\alpha\perp\beta$,则$m\perp\alpha$　　B. 若$m\perp\beta,m/\!/\alpha$,则$\alpha\perp\beta$

C. 若$\alpha\perp\gamma,\alpha\perp\beta$,则$\beta\perp\gamma$　　D. 若$\alpha\cap\gamma=m,\beta\cap\gamma=n,m/\!/n$,则$\alpha/\!/\beta$

答案:B。选项A中,若$m\subset\beta,\alpha\perp\beta$,则$m\perp\alpha$或$m/\!/\alpha$或直线$m$与平面$\alpha$相交但不垂直,故A项错误;选项B中,若$m/\!/\alpha$,则存在直线$n\subset\alpha$,使得$m/\!/n$,又由$m\perp\beta$可得$n\perp\beta$,从而由面面垂直的判定定理得$\alpha\perp\beta$,故B项正确;选项C中,若$\alpha\perp\gamma,\alpha\perp\beta$,则平面$\beta$与平面$\gamma$相交或平行,故C项错误;选项D中,若$\alpha\cap\gamma=m,\beta\cap\gamma=n,m/\!/n$,则平面$\alpha$与平面$\beta$平行或相交,故D项错误。故选B。

3. 三垂线定理及其逆定理

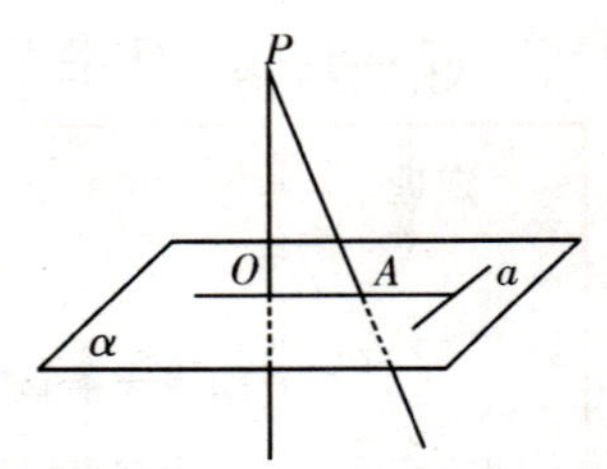

三垂线定理　平面内的一条直线如果和这个平面的一条斜线的射影垂直，那么它也和这条斜线垂直。如图所示，PO，PA 分别是平面 α 的垂线、斜线，OA 是 PA 在平面 α 上的射影，$a\subset\alpha$，$a\perp OA\Rightarrow a\perp PA$。

三垂线定理逆定理　平面内的一条直线如果和这个平面的一条斜线垂直，那么它也和这条斜线在平面内的射影垂直。如图所示，PO，PA 分别是平面 α 的垂线、斜线，OA 是 PA 在平面 α 上的射影，$a\subset\alpha$，$a\perp PA\Rightarrow a\perp OA$。

考点 5　空间中的角　【解答】 ★★★

1. 异面直线所成的角

(1) 异面直线的定义

我们把不同在任何一个平面内的两条直线叫作异面直线。

(2) 异面直线所成的角

①定义：如图，a，b 是两条异面直线，经过空间任意一点 O 作直线 $a'\parallel a$，$b'\parallel b$，我们把 a'和 b'所成的锐角(或直角)叫作异面直线 a 与 b 所成的角。

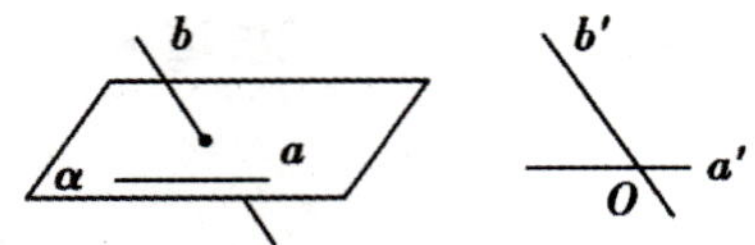

②范围：$0°<\theta\leqslant 90°$。

③两条异面直线垂直的定义：如果两条异面直线所成的角是直角，则称两条异面直线互相垂直。两条异面直线 a，b 互相垂直，记作 $a\perp b$。

(3) 异面直线的判定定理

文字语言：过平面内一点与平面外一点的直线和这个平面内不经过该点的直线是异面直线。

符号语言：若 $l\subset\alpha$，$A\notin\alpha$，$B\in\alpha$，$B\notin l$，则直线 AB 与 l 是异面直线。

图形语言：

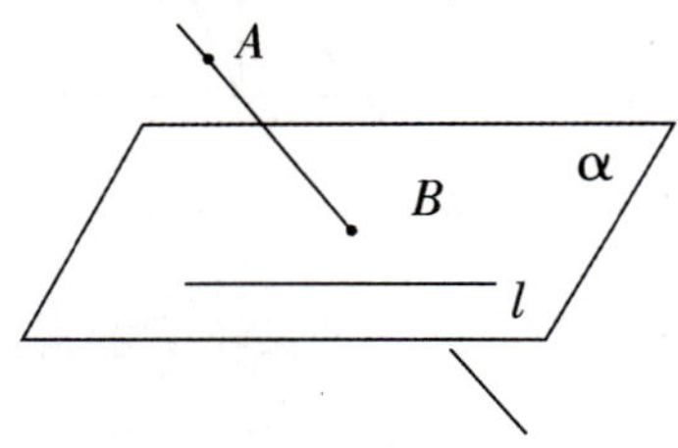

2. 直线与平面所成的角

平面的一条斜线和它在平面上的射影所成的角，叫作这条直线和这个平面所成的角。如图，$\angle PAO$ 即为直线 PA 与平面 α 所成的角，设为 θ，则 $0°\leqslant\theta\leqslant 90°$。

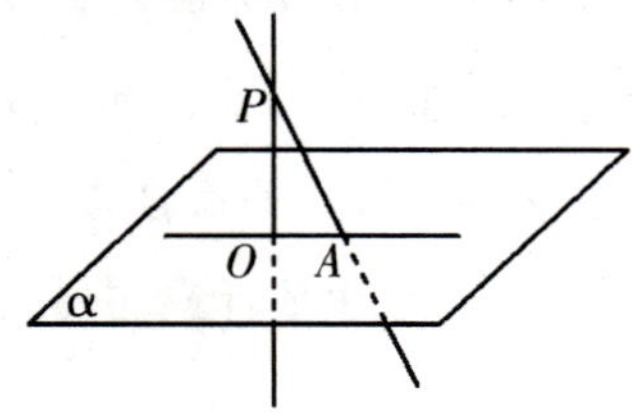

3. 二面角

(1)二面角的概念

①半平面

平面内的一条直线把平面分成两部分,这两部分通常叫作半平面。

②二面角

从一条直线出发的两个半平面所组成的图形叫作二面角。这条直线叫作二面角的棱,这两个半平面叫作二面角的面。

如棱为 l,面分别为 α,β 的二面角记作二面角 $\alpha-l-\beta$。

(2)二面角的平面角

文字语言	以二面角棱上任意一点为端点,在两半平面内分别作垂直于棱的两条射线,则这两条射线所成的角叫作二面角的平面角
符号语言	$\alpha\cap\beta=l,O\in l,OA\subset\alpha,OB\subset\beta,OA\perp l,OB\perp l\Rightarrow\angle AOB$ 为二面角 $\alpha-l-\beta$ 的平面角
图形语言	

(3)二面角的范围

当二面角的两个半平面重合时,规定二面角的大小是 0°;当二面角的两个半平面展成一个平面时,规定二面角的大小是 180°,所以二面角的平面角 α 的范围是 $0^\circ\leqslant\alpha\leqslant180^\circ$。

考法大揭秘

空间中角的计算方法

1. 线线角求法

用"平移转化"的方法,使之成为两相交直线所成的角,当异面直线垂直时,应用线面垂直定义或三垂线定理及其逆定理判定所成的角为 90°。

设异面直线 AB, CD 所成的角为 θ,则 $\cos\theta=|\cos\langle\overrightarrow{AB},\overrightarrow{CD}\rangle|=\left|\frac{\overrightarrow{AB}\cdot\overrightarrow{CD}}{|\overrightarrow{AB}|\cdot|\overrightarrow{CD}|}\right|$, $\theta=\arccos\left|\frac{\overrightarrow{AB}\cdot\overrightarrow{CD}}{|\overrightarrow{AB}|\cdot|\overrightarrow{CD}|}\right|\left(0<\theta\leqslant\frac{\pi}{2}\right)$。

2. 线面角求法

定义法:根据线面角的定义,作(找)出该角,再通过解三角形求出该角。

射影法:设斜线段 AB 在平面 α 内的射影为 $A'B'$,AB 与 α 所成角为 θ,则 $\cos\theta=\frac{|A'B'|}{|AB|}$。

空间向量法:设 $\boldsymbol{n}$ 是平面 α 的法向量,$\overrightarrow{AB}$是直线 l 的方向向量,则直线 l 与平面 α 所成的角 $\theta=\arcsin\left|\frac{\overrightarrow{AB}\cdot\boldsymbol{n}}{|\overrightarrow{AB}|\cdot|\boldsymbol{n}|}\right|$。

第三部分

注:直线与平面的夹角和直线与平面法向量的夹角互余。

3. 二面角求法

定义法:根据二面角的平面角的定义,分别向交线端点处作垂线,求两线的夹角。

三垂线法:过某一半平面内一点向另一半平面和交线作垂线,找出射影并解三角形求出。

垂面法:作一与棱垂直的平面,该垂面与二面角两半平面相交,得到交线,交线所成的角为二面角的平面角。

射影法:设$\triangle ABC$在平面α内的射影三角形为$\triangle A'B'C'$,平面ABC与平面α所成角为θ,则$\cos\theta=\frac{S_{\triangle A'B'C'}}{S_{\triangle ABC}}$。

空间向量法:设$\boldsymbol{n}_1,\boldsymbol{n}_2$是二面角$\alpha-l-\beta$的两个面$\alpha,\beta$的法向量,则$\langle\boldsymbol{n}_1,\boldsymbol{n}_2\rangle=\arccos\frac{\boldsymbol{n}_1\cdot\boldsymbol{n}_2}{|\boldsymbol{n}_1|\cdot|\boldsymbol{n}_2|}$就是与二面角的平面角大小相等或互补的角。(平面的法向量有两种指向,必须结合图形确定法向量的夹角与所求二面角的平面角是相等的还是互补的)

真题面对面

1. [2021年4月金华、诸暨,解答,4分]在三棱柱$ABC-A_1B_1C_1$中,$AB\perp BC$,四边形BCC_1B_1为正方形,$BC=4$,$AB=2$,D_1是B_1C_1的中点,求异面直线AD_1与A_1C_1所成角的余弦值。

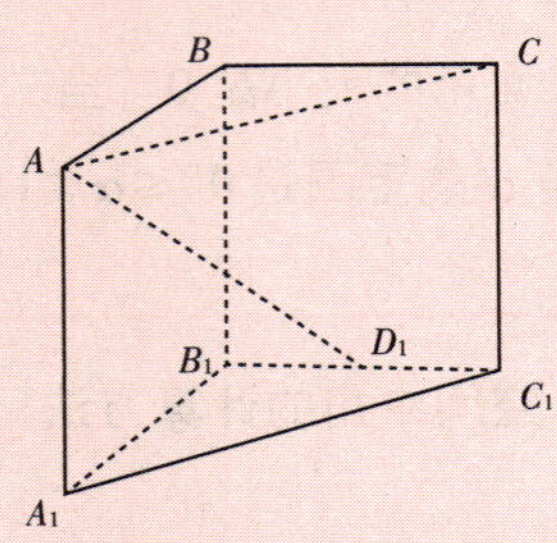

答案:因为在三棱柱$ABC-A_1B_1C_1$中,$AB\perp BC$,四边形BCC_1B_1为正方形,可以B_1为原点,B_1A_1,B_1C_1,B_1B所在直线分别为x轴,y轴,z轴建立如图所示的空间直角坐标系,所以点$A(2,0,4)$,$D_1(0,2,0)$,$A_1(2,0,0)$,$C_1(0,4,0)$,则$\overrightarrow{AD_1}=(-2,2,-4)$,$\overrightarrow{A_1C_1}=(-2,4,0)$,设异面直线$AD_1$与$A_1C_1$所成角为$\theta$,则$\cos\theta=\frac{|\overrightarrow{AD_1}\cdot\overrightarrow{A_1C_1}|}{|\overrightarrow{AD_1}||\overrightarrow{A_1C_1}|}=\frac{12}{2\sqrt{6}\cdot2\sqrt{5}}=\frac{\sqrt{30}}{10}$。

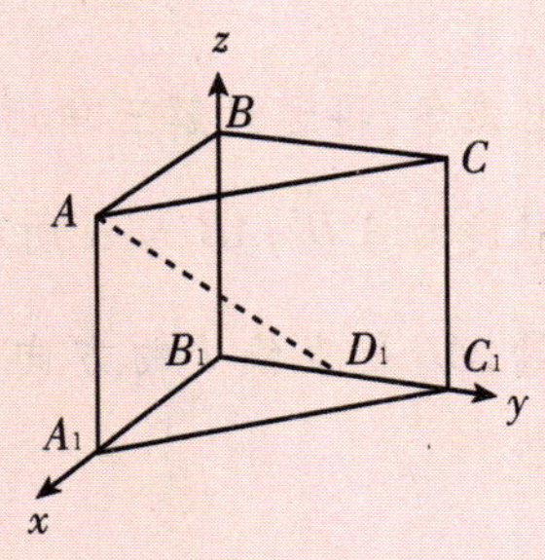

第三部分

2. [2021 年 1 月杭州(小学),解答,6 分]如图,在三棱柱 $ABC-A_1B_1C_1$ 中,$\triangle ABC$ 和 $\triangle AA_1C$ 均是边长为 2 的等边三角形,点 O 为 AC 中点,平面 $AA_1C_1C\perp$ 平面 ABC。

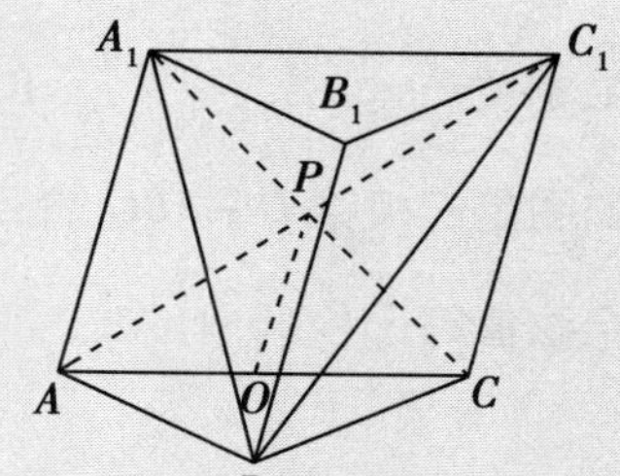

(1)若 $AC_1\cap A_1C=P$,求证:直线 $OP//$ 平面 ABA_1;

(2)求平面 ABC_1 与底面 ABC 所成锐二面角的余弦值。

答案:(1)$\because$ O 为 AC 的中点,且 $AC_1\cap A_1C=P$,即 P 为 A_1C 的中点,则 OP 为 $\triangle A_1AC$ 的中位线,$\therefore OP//A_1A$,$OP\not\subset$ 平面 ABA_1,$A_1A\subset$ 平面 ABA_1,故 $OP//$ 平面 ABA_1。

(2)连结 A_1O,OB,$\because$ $\triangle AA_1C$ 是等边三角形,且 O 是 AC 的中点,$\therefore A_1O\perp AC$,$\because$ 平面 $AA_1C_1C\perp$ 平面 ABC,且平面 $AA_1C_1C\cap$ 平面 $ABC=AC$,$\therefore A_1O\perp$ 平面 ABC,$\therefore A_1O\perp OB$,又 $\triangle ABC$ 为等边三角形,O 为 AC 中点,则 $AB=BC$,$OB\perp AC$,$\therefore A_1O$,OB,AC 两两垂直。以 O 为原点,分别以 $\overrightarrow{OB}$,$\overrightarrow{OC}$,$\overrightarrow{OA_1}$ 为 x 轴,y 轴,z 轴建立空间直角坐标系,则 $O(0,0,0)$,$\because$ $\triangle ABC$ 和 $\triangle AA_1C$ 均是边长为 2 的等边三角形,点 O 为 AC 中点,则 $AO=OC=1$,$OB=OA_1=\sqrt{3}$,则 $A(0,-1,0)$,$B(\sqrt{3},0,0)$,$A_1(0,0,\sqrt{3})$,$C(0,1,0)$,则 $\overrightarrow{A_1B}=(\sqrt{3},0,-\sqrt{3})$,$\overrightarrow{AB}=(\sqrt{3},1,0)$,在三棱柱 $ABC-A_1B_1C_1$ 中,$A_1C_1=AC$ 且 $A_1C_1//AC$,则 $\overrightarrow{A_1C_1}=\overrightarrow{AC}=(0,2,0)$,则 $C_1(0,2,\sqrt{3})$,$\overrightarrow{AC_1}=(0,3,\sqrt{3})$,设平面 ABC_1 的法向量为 $\boldsymbol{n}=(x,y,z)$,则可得 $\begin{cases}\boldsymbol{n}\cdot\overrightarrow{AB}=0,\\ \boldsymbol{n}\cdot\overrightarrow{AC_1}=0,\end{cases}$ 即 $\begin{cases}\sqrt{3}x+y=0,\\ 3y+\sqrt{3}z=0,\end{cases}$ 解得 $\boldsymbol{n}=\left(\frac{\sqrt{3}}{3},-1,\sqrt{3}\right)$。底面 ABC 的法向量可取 $\overrightarrow{A_1O}=(0,0,-\sqrt{3})$,设平面 ABC_1 与底面 ABC 所成锐二面角为 θ,则 $\cos\theta=\left|\frac{\boldsymbol{n}\cdot\overrightarrow{A_1O}}{|\boldsymbol{n}||\overrightarrow{A_1O}|}\right|=\frac{|(-\sqrt{3})\times\sqrt{3}|}{\sqrt{\left(\frac{\sqrt{3}}{3}\right)^2+1^2+(\sqrt{3})^2}\cdot\sqrt{(-\sqrt{3})^2}}=\frac{3\sqrt{13}}{13}$。

第三部分

达标测评

建议用时	实际用时	测评总分	实际得分
20 分钟	______分钟	36	______分

一、单项选择题(每小题 3 分,共 18 分)

1. 已知一个四面体有五条棱长都等于 2,则该四面体的体积最大值为(　　)

A. $\frac{1}{2}$　　B. $\frac{\sqrt{2}}{2}$

C. 1　　D. 2

2. 已知 a,b 是异面直线，$a\perp$ 平面 M，$b\perp$ 平面 N，则平面 M,N 的位置关系是(　　)

A. 斜交　　B. 平行　　C. 重合　　D. 不能确定

3. 如图是三棱锥 $D-ABC$ 的三视图，点 O 在三个视图中都是所在边的中点，则异面直线 DO 和 AB 所成角的余弦值等于(　　)

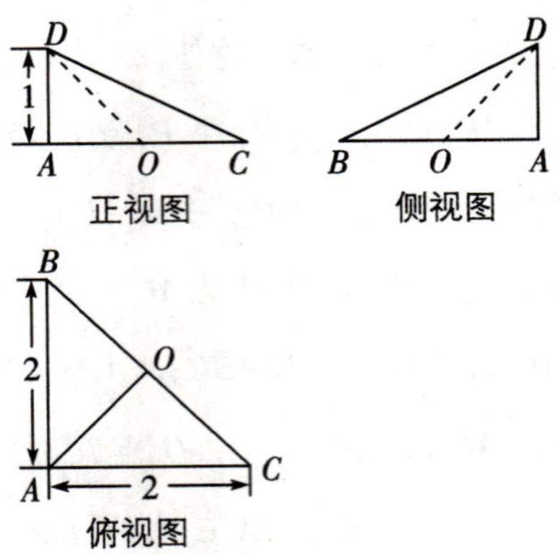

A. $\frac{\sqrt{3}}{3}$　　B. $\frac{1}{2}$　　C. $\sqrt{3}$　　D. $\frac{\sqrt{2}}{2}$

4. 在一个 45°的二面角的一个平面内有一条直线与二面角的棱成 45°，则此直线与二面角的另一个平面所成角的大小为(　　)

A. 30°　　B. 45°　　C. 60°　　D. 90°

5. 已知正四棱柱 $ABCD-A_1B_1C_1D_1$ 中，$AB=2$，$CC_1=2\sqrt{2}$，E 为 CC_1 的中点，则直线 AC_1 与平面 BED 的距离为(　　)

A. 2　　B. $\sqrt{3}$　　C. $\sqrt{2}$　　D. 1

6. 在空间四边形 $ABCD$ 中，AB,BC,CD 的中点分别为 P,Q,R，且 $AC=4$，$BD=2\sqrt{5}$，$PR=3$，则 AC 和 BD 所成的角为(　　)

A. 90°　　B. 60°　　C. 45°　　D. 30°

二、填空题(每小题 3 分，共 6 分)

7. 如图，在长方体 $ABCD-A_1B_1C_1D_1$ 中，$AB=AD=3$ cm，$AA_1=2$ cm，则四棱锥 $A-BB_1D_1D$ 的体积为________ cm^3。

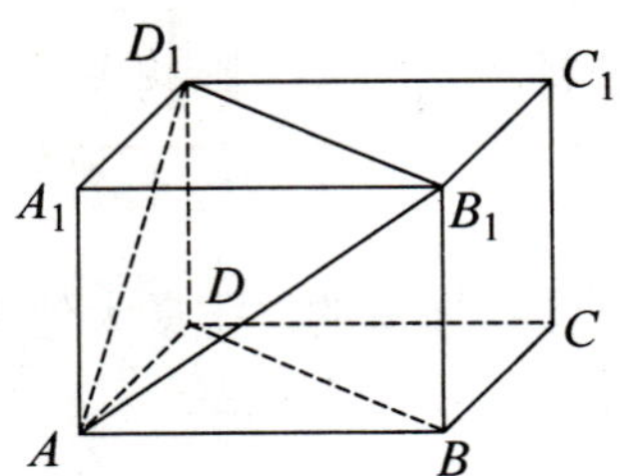

8. 圆柱形容器内部盛有高度为 8 cm 的水，若放入三个相同的球(球的半径与圆柱的底面半径相同)后，水恰

好淹没最上面的球(如图所示),则球的半径是________ cm。

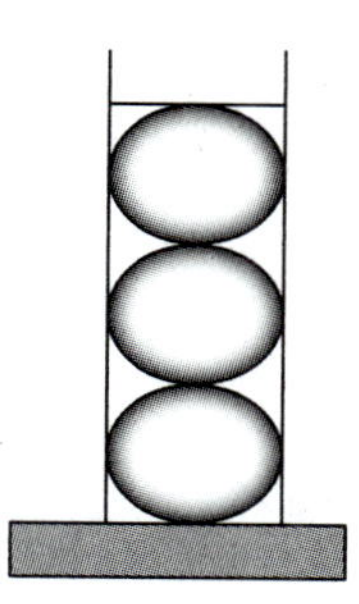

三、解答题(每小题6分,共12分)

9. 如图所示,在正方体 $ABCD-A_1B_1C_1D_1$ 中,侧面的对角线 AB_1,BC_1 上分别有两点 E,F,且 $B_1E=C_1F$,求证:$EF//$平面 $ABCD$。

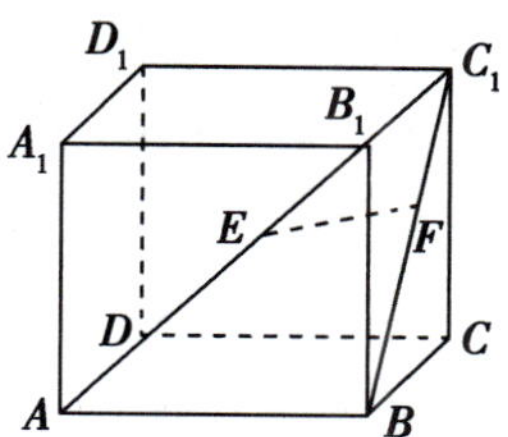

10. 如图,在四棱锥 $P-ABCD$ 中,底面为直角梯形,$AD//BC$,$\angle BAD=90°$,$PA\perp$底面 $ABCD$,且 $PA=AD=AB=2BC$,M,N 分别为 PC,PB 的中点。

(1)求证:$PB\perp DM$;

(2)求 CD 与平面 $ADMN$ 所成的角。

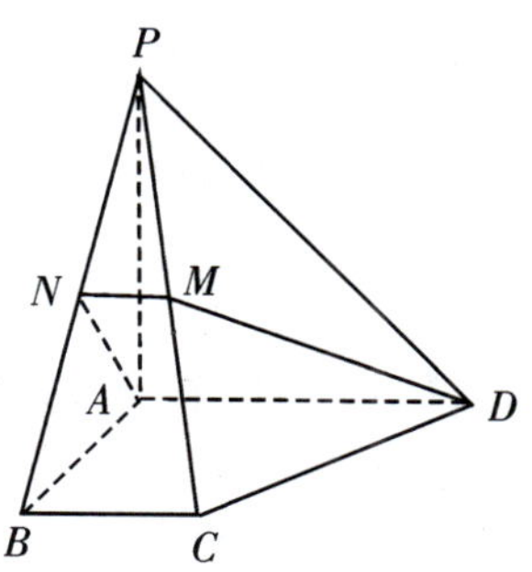

参考答案及解析

一、单项选择题

1. C [解析]如图所示,在四面体 $S-ABC$ 中,$SB=SC=BC=AB=AC=2$,设点 S 到平面 ABC 的距离为 h,$S_{\triangle ABC}=\frac{\sqrt{3}}{4}\times 2^2=\sqrt{3}$,则 $V_{四面体S-ABC}=\frac{1}{3}\times S_{\triangle ABC}\times h=\frac{\sqrt{3}}{3}h$,所以当 h 取得最大值时,四面体的体积最大。取 BC

的中点 D，连结 SD，则 $SD\perp BC$，且 $SD=\sqrt{3}$，显然当 $SD\perp$ 平面 ABC 时，h 取得最大值，此时 $h=SD=\sqrt{3}$，故 $V_{四面体S-ABC}=\frac{1}{3}\times\sqrt{3}\times\sqrt{3}=1$。

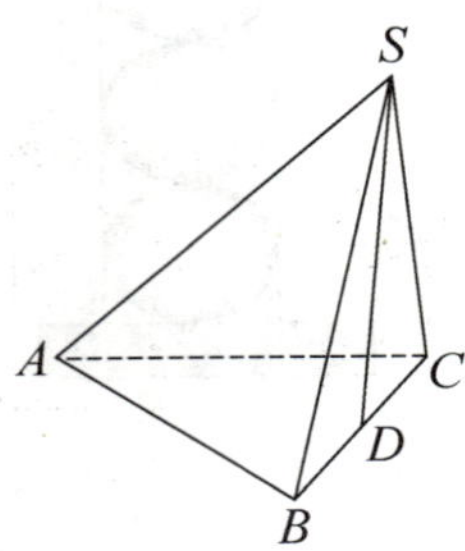

2. A [解析]如果平面 M // 平面 N，则必有 a // b；若平面 M 与平面 N 重合，则有 a // b，这两种情况都与 a,b 是异面直线矛盾。故平面 M,N 必斜交。故选 A。

3. A [解析]由三视图及题意得如图所示的直观图，从 A 出发的三条线段 AB,AC,AD 两两垂直且 $AB=AC=2,AD=1$，O 是 BC 的中点，取 AC 的中点 E，连结 DE,DO,OE，则 $OE=1$，又可知 $AE=1$，由于 OE // AB，故 $\angle DOE$ 即为所求两异面直线所成的角或其补角。在 $\mathrm{Rt}\triangle DAE$ 中，$DE=\sqrt{2}$，由于 O 是 BC 的中点，在 $\mathrm{Rt}\triangle DAO$ 中，$AO=\sqrt{2}$，$DO=\sqrt{3}$，在 $\triangle DOE$ 中，由余弦定理得 $\cos\angle DOE=\frac{1+3-2}{2\times1\times\sqrt{3}}=\frac{\sqrt{3}}{3}$，故所求异面直线 DO 与 AB 所成角的余弦值为 $\frac{\sqrt{3}}{3}$。

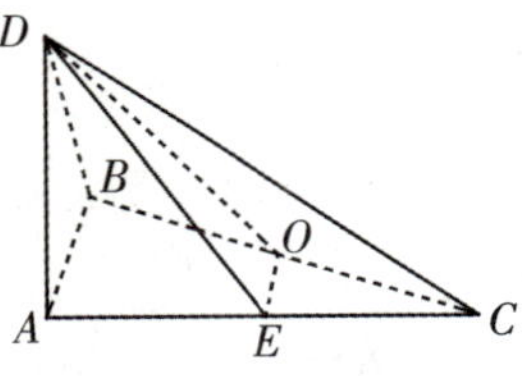

4. A [解析]如图，二面角 $\alpha-l-\beta$ 为 $45°$，$AB\subset\beta$，且与棱 l 成 $45°$，过 A 作 $AO\perp\alpha$ 于点 O，作 $AH\perp l$ 于点 H。连结 OH,OB，由三垂线定理知 $OH\perp l$，则 $\angle AHO$ 为二面角 $\alpha-l-\beta$ 的平面角，$\angle ABO$ 为 AB 与平面 α 所成角。不妨设 $AH=\sqrt{2}$，在 $\mathrm{Rt}\triangle AOH$ 中，易得 $AO=1$，在 $\mathrm{Rt}\triangle ABH$ 中，易得 $AB=2$。故在 $\mathrm{Rt}\triangle ABO$ 中，$\sin\angle ABO=\frac{AO}{AB}=\frac{1}{2}$，$\therefore\ \angle ABO=30°$，即所求线面角为 $30°$。

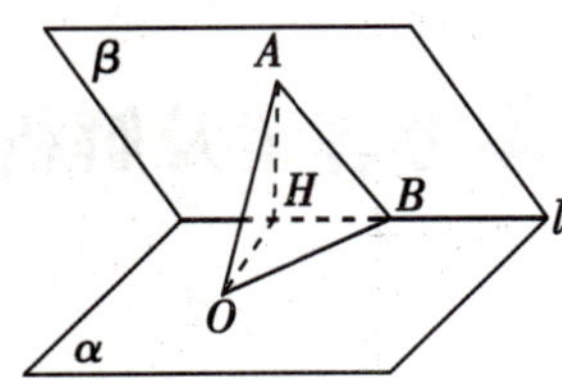

5. D [解析]如图，连结 AC，交 BD 于点 O，连结 OE，由题意得 AC_1 // OE，所以 AC_1 // 平面 BED，直线 AC_1 到平面 BED 的距离等于点 A 到平面 BED 的距离，设为 h，在三棱锥 $E-ABD$ 中，$V_{E-ABD}=\frac{1}{3}S_{\triangle ABD}\times EC=\frac{1}{3}\times\frac{1}{2}\times$

$2\times2\times\sqrt{2}=\frac{2\sqrt{2}}{3}$，在三棱锥 $A-BDE$ 中，$BD=2\sqrt{2}$，$BE=DE=\sqrt{6}$，$\therefore S_{\triangle BDE}=\frac{1}{2}\times2\sqrt{2}\times\sqrt{6-2}=2\sqrt{2}$，

$\therefore V_{A-BDE}=\frac{1}{3}S_{\triangle BDE}\times h=\frac{2\sqrt{2}}{3}$，$\therefore h=1$。故选 D。

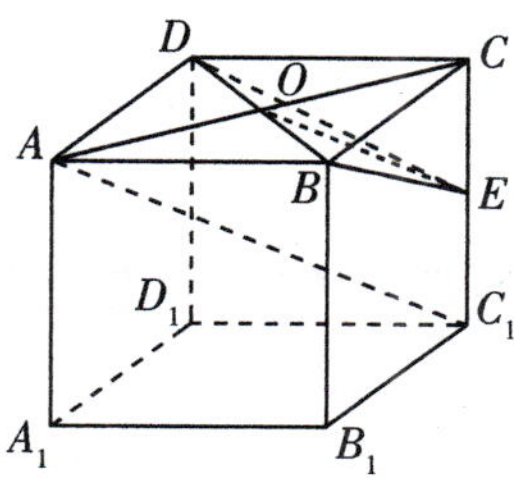

6. A ［解析］如图，P，Q，R 分别为 AB，BC，CD 的中点，所以 $PQ/\!/AC$，$QR/\!/BD$，所以 $\angle PQR$ 为 AC 和 BD 所成的角，又 $PQ=\frac{1}{2}AC=2$，$QR=\frac{1}{2}BD=\sqrt{5}$，$RP=3$，所以 $PR^2=PQ^2+QR^2$，所以 $\angle PQR=90°$，即 AC 和 BD 所成的角为 $90°$。

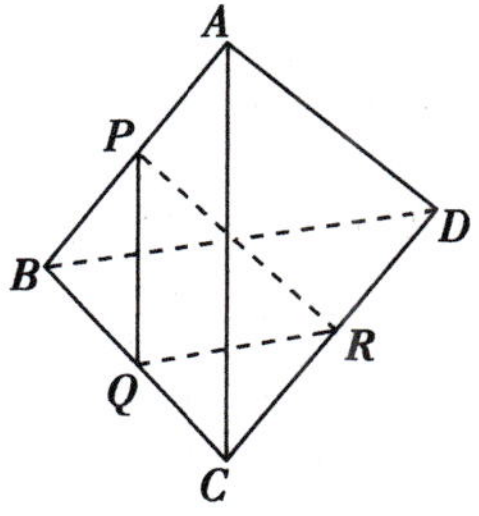

二、填空题

7. 6 ［解析］因为 $V_{A-A_1B_1D_1}=\frac{1}{3}\times\frac{1}{2}\times3\times3\times2=3\ \text{cm}^3$，$V_{ABD-A_1B_1D_1}=\frac{1}{2}\times3\times3\times2=9\ \text{cm}^3$，所以 $V_{A-BB_1D_1D}=V_{ABD-A_1B_1D_1}-V_{A-A_1B_1D_1}=6\ \text{cm}^3$。

8. 4 ［解析］设球的半径为 r，则有 $3V_{球}+V_{水}=V_{柱}$，可得 $3\times\frac{4}{3}\pi r^3+8\pi r^2=\pi r^2\times6r$，解得 $r=4$。

三、解答题

9. ［解析］证明：如图，作 $EM\perp AB$ 于点 M，$FN\perp BC$ 于点 N，连结 MN。$\because BB_1\perp$ 平面 $ABCD$，$\therefore BB_1\perp AB$，$BB_1\perp BC$，$\therefore EM/\!/BB_1$，$FN/\!/BB_1$，$\therefore EM/\!/FN$。又 $B_1E=C_1F$，$AB_1=BC_1$，$\therefore EM=FN$，故四边形 $MNFE$ 是平行四边形，$\therefore EF/\!/MN$，又 $MN\subset$ 平面 $ABCD$，所以 $EF/\!/$ 平面 $ABCD$。

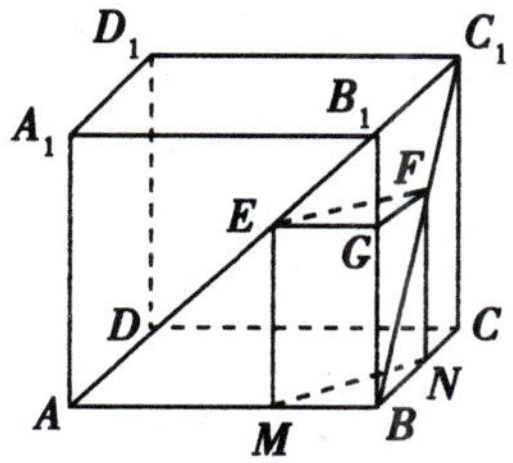

10. ［解析］(1) 因为 N 是 PB 的中点，$PA=AB$，所以 $AN\perp PB$。

第三部分

因为 $PA \perp$ 平面 $ABCD$,所以 $PA \perp AD$。

因为 $\angle BAD = 90°$,所以 $AD \perp AB$,

所以 $AD \perp$ 平面 PAB,所以 $AD \perp PB$,

又 $AN \cap AD = A$,

所以 $PB \perp$ 平面 $ADMN$。

因为 $DM \subset$ 平面 $ADMN$,所以 $PB \perp DM$。

(2)如图,取 AD 的中点 G,连结 BG,NG,则 $BG /\!/ CD$,BG 与平面 $ADMN$ 所成的角和 CD 与平面 $ADMN$ 所成的角相等。

因为 $PB \perp$ 平面 $ADMN$,

所以 $\angle BGN$ 是 BG 与平面 $ADMN$ 所成的角。

设 $BC = 1$,则可求得 $BG = \sqrt{5}$,$BN = \frac{1}{2}BP = \sqrt{2}$,

在 $\mathrm{Rt}\triangle BGN$ 中,$\sin\angle BGN = \frac{BN}{BG} = \frac{\sqrt{10}}{5}$。

故 CD 与平面 $ADMN$ 所成的角是 $\arcsin\frac{\sqrt{10}}{5}$。

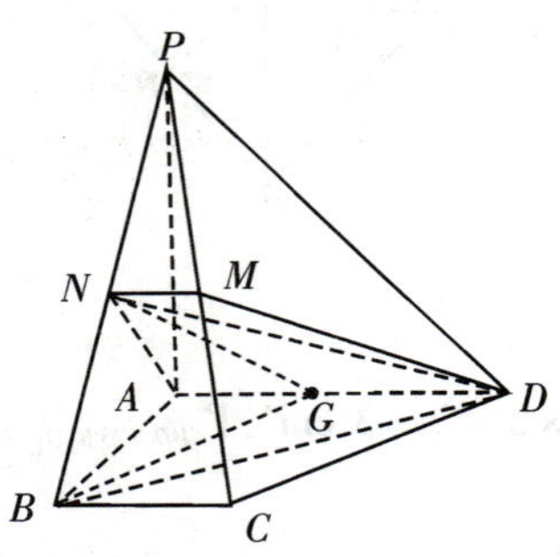

第六章　计数原理与概率统计

思维导图

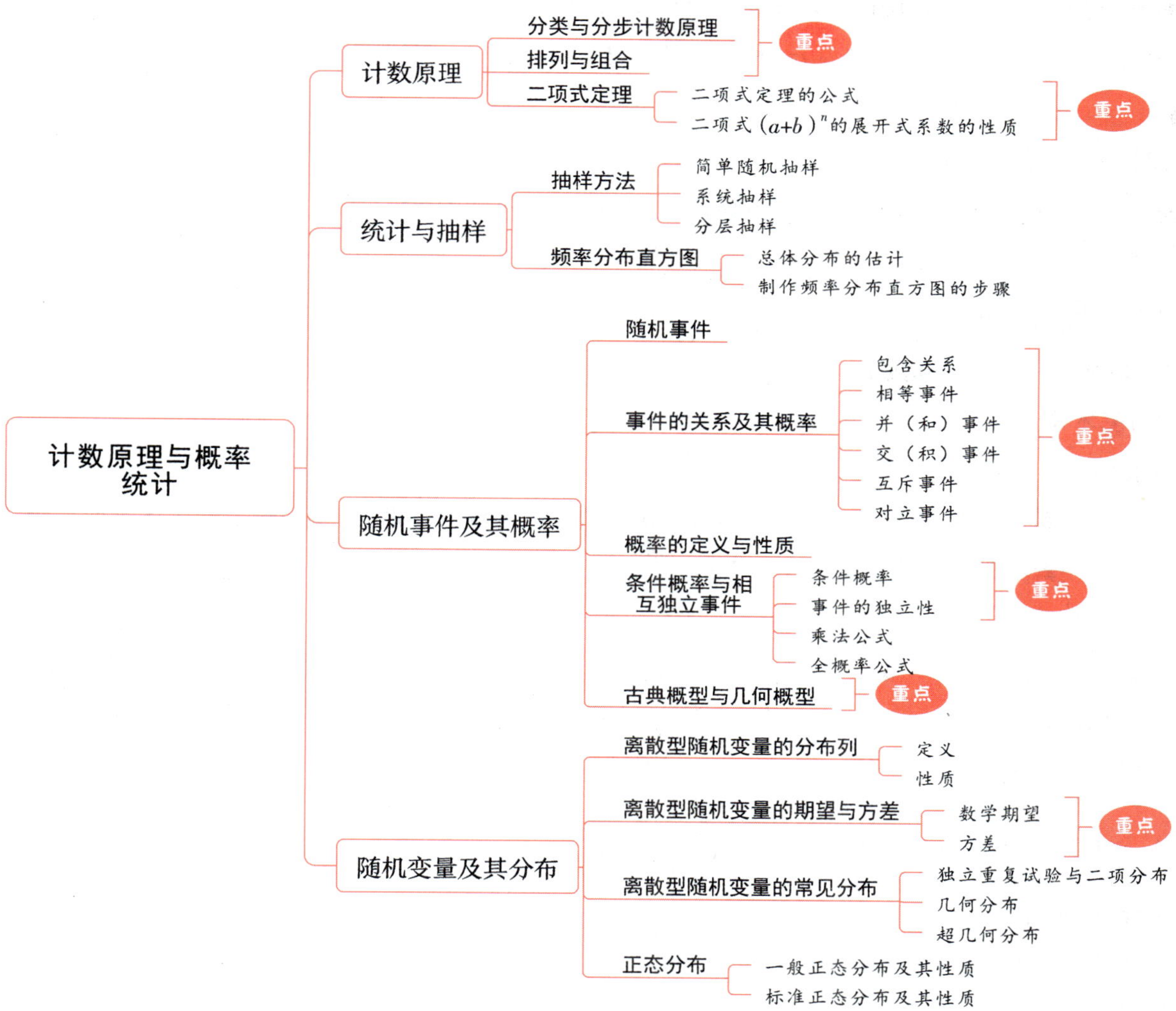

- 计数原理与概率统计
  - 计数原理
    - 分类与分步计数原理（重点）
    - 排列与组合（重点）
    - 二项式定理
      - 二项式定理的公式（重点）
      - 二项式 $(a+b)^n$ 的展开式系数的性质（重点）
  - 统计与抽样
    - 抽样方法
      - 简单随机抽样
      - 系统抽样
      - 分层抽样
    - 频率分布直方图
      - 总体分布的估计
      - 制作频率分布直方图的步骤
  - 随机事件及其概率
    - 随机事件
    - 事件的关系及其概率
      - 包含关系（重点）
      - 相等事件（重点）
      - 并（和）事件（重点）
      - 交（积）事件（重点）
      - 互斥事件（重点）
      - 对立事件（重点）
    - 概率的定义与性质
    - 条件概率与相互独立事件
      - 条件概率（重点）
      - 事件的独立性（重点）
      - 乘法公式
      - 全概率公式
    - 古典概型与几何概型（重点）
  - 随机变量及其分布
    - 离散型随机变量的分布列
      - 定义
      - 性质
    - 离散型随机变量的期望与方差
      - 数学期望（重点）
      - 方差（重点）
    - 离散型随机变量的常见分布
      - 独立重复试验与二项分布
      - 几何分布
      - 超几何分布
    - 正态分布
      - 一般正态分布及其性质
      - 标准正态分布及其性质

浙江考向

本章属于高中数学的重要章节，也是浙江省教师招聘考试中的常考内容，特点为内容琐碎，需要理解与应用性知识较多。在考试中常以单项选择题、填空题的形式考查。现对本章浙江考向分析如下：

高频考点	常考题型	能力要求	考查热度
排列与组合	单选、填空	理解与应用	★★
二项式定理	单选、填空	理解与应用	★★
简单随机抽样	填空	理解	★
随机事件及其概率	单选、填空	掌握	★★★

第三部分

核心考点

一、计数原理 【单选、填空】★★

考点 1 分类与分步计数原理

(1)分类加法计数原理

做一件事情,完成它可以有 **n 类办法**,在第一类办法中有 m_1 种不同的方法,在第二类办法中有 m_2 种不同的方法,……,在第 n 类办法中有 m_n 种不同的方法。那么完成这件事共有 $N=m_1+m_2+\cdots+m_n$ 种不同的方法。

(2)分步乘法计数原理

做一件事情,完成它需要分成 **n 个步骤**,第一步有 m_1 种不同的方法,第二步有 m_2 种不同的方法,……,第 n 步有 m_n 种不同的方法,那么完成这件事有 $N=m_1\cdot m_2\cdot\cdots\cdot m_n$ 种不同的方法。

考点 2 排列与组合

1. 排列

(1)基本概念

①排列

从 n 个不同元素中,任取 $m(m\leqslant n)$ 个元素(这里的被取元素各不相同)按照一定的顺序排成一列,叫作从 n 个不同元素中取出 m 个元素的一个排列。

②排列数

从 n 个不同元素中,任取 $m(m\leqslant n)$ 个元素的所有排列的个数叫作从 n 个元素中取出 m 个元素的排列数,用符号 A_n^m 表示。

③排列数公式

$\mathrm{A}_n^m=n(n-1)(n-2)\cdots(n-m+1)=\frac{\mathrm{A}_n^n}{\mathrm{A}_{n-m}^{n-m}}=\frac{=n!}{(n-m)!}$。

④全排列

n 个不同元素全部取出的排列。

⑤阶乘

从自然数 1 到 n 的连乘积,记为 $\mathrm{A}_n^n=n!$,规定 $0!=1$。

(2)排列数性质

$\mathrm{A}_n^m=n\mathrm{A}_{n-1}^{m-1}$;$\mathrm{A}_n^m=m\mathrm{A}_{n-1}^{m-1}+\mathrm{A}_{n-1}^m$。

2. 组合

(1)基本概念

①组合

从 n 个不同元素中,任取 $m(m\leqslant n)$ 个元素(这里的被取元素各不相同)并成一组,叫作从 n 个不同元素中取出 m 个元素的一个组合。

②组合数

从 n 个不同元素中，任取 $m(m\leqslant n)$ 个元素的所有组合的个数叫作从 n 个元素中取出 m 个元素的组合数，用符号 C_n^m 表示。

③组合与排列的区别

组合无序，排列有序。

④组合数公式

$$C_n^m=\frac{A_n^m}{A_m^m}=\frac{n(n-1)(n-2)\cdots(n-m+1)}{m!}=\frac{n!}{m!\ (n-m)!}(n,m\in\mathbf{N}_+,m\leqslant n)。$$

(2)组合数性质

$C_n^m=C_n^{n-m}$；$C_{n+1}^m=C_n^m+C_n^{m-1}$；$C_n^m=\frac{n}{m}C_{n-1}^{m-1}$；

$C_n^m=C_r^mC_{n-r}^0+C_r^{m-1}C_{n-r}^1+\cdots+C_r^1C_{n-r}^{m-1}+C_r^0C_{n-r}^m$，规定 $C_n^0=1$。

考法大揭秘

排列组合问题的常见解题策略

1. 相邻问题捆绑法。题目中规定相邻的几个元素捆绑成一个组，当作一个大元素参与排列。

[例]3 位男生和 3 位女生共 6 位同学排成一排，若男生甲不站两端，且 3 位女生中有且仅有 2 位女生相邻，则不同的排法共有(　　)种。

A. 360　　B. 288　　C. 216　　D. 144

答案：B。先考虑 3 位女生中有且只有 2 位相邻的排列，从 3 位女生中选 2 位(这 2 位全排列)捆绑在一起($C_3^2A_2^2$)，3 位男生相当于 3 个隔板(全排列 A_3^3)，形成 4 个空位，因为有且只有 2 位女生相邻，则从这 4 个空位中选 2 个空位并进行全排列(A_4^2)，则共有 $C_3^2A_2^2A_4^2A_3^3=432$ 种排法；而在 3 位女生中有且仅有 2 位相邻且男生甲在两端的排法有 $2C_3^2A_2^2A_3^2A_2^2=144$ 种。∴ 不同的排列方法共有 $432-144=288$ 种。故选 B。

2. 不相邻问题"插空法"。对于某几个元素不相邻的排列问题，可先将其他元素排好，再将不相邻元素在已排好的元素之间及两端空隙中插入即可。

[例]马路上有编号为 1，2，3，…，9 的九盏路灯，现要关掉其中的三盏，但不能关掉相邻的两盏或三盏，也不能关掉两端的两盏，则满足条件的关灯方案有________种。

答案：10。把此问题当作一个排队模型，在 6 盏亮灯的 5 个空隙中插入 3 盏不亮的灯，有 $C_5^3=10$ 种方法，所以满足条件的关灯方案有 10 种。

3. 定序问题。解决定序问题有缩倍法、空位法、插入法。

[例]A、B、C、D、E 五人并排站成一排，如果 B 必须站在 A 的右边(A、B 可以不相邻)，那么不同的排法种数有(　　)

A. 60 种　　B. 48 种　　C. 36 种　　D. 24 种

答案：A。B 在 A 的右边与 B 在 A 的左边的排法种数相同，五人全排列有 A_5^5 种排法，所以，B 在 A 的右边共有 $\frac{1}{2}A_5^5=60$ 种排法。

第三部分

4. 多元问题分类法。元素多，取出的情况也有多种，可按问题要求分成不相容的几类情况分别计数，最后总计。

5. 隔板法。对于元素相同的"至少"型组合问题，先转化为"至少一个"型组合问题，再用 n 个隔板插在相应元素的空隙(不包括首尾)中，将元素分成 $(n+1)$ 份求解。

真题面对面

[2021 绍兴，单，3 分]用 0，1，2，3，4，5 组成没有重复数字的四位数，其中千位数字大于百位数字，且百位数字大于十位数字的四位数的个数是(　　)

A. 36　　　B. 60　　　C. 72　　　D. 300

答案：B。先从 6 个数字中任选 3 个，并按从大到小的顺序排列，视为千位、百位、十位上的数字，有 $C_6^3=20$ 种，再从剩下的 3 个数中任取一个放在个位上，有 3 种放法。共 $20\times3=60$ 个这样的数。

考点 3　二项式定理

1. 二项式定理的公式

$(a+b)^n=C_n^0a^n+C_n^1a^{n-1}b+C_n^2a^{n-2}b^2+\cdots+C_n^ra^{n-r}b^r+\cdots+C_n^nb^n$。

$T_{r+1}=C_n^ra^{n-r}b^r\ (r=0,1,2,\cdots,n)$。

2. 二项式 $(a+b)^n$ 的展开式系数的性质

(1) 在二项展开式中，与首末两项"等距离"的两项的二项式系数相等，即有 $C_n^r=C_n^{n-r}$。

(2) 如果二项式的幂指数是偶数，中间一项即第 $\frac{n}{2}+1$ 项的二项式系数最大，为 $C_n^{\frac{n}{2}}$；如果二项式的幂指数是奇数，中间两项的二项式系数相等且最大，它们是第 $\frac{n+1}{2}$ 项和第 $\frac{n+1}{2}+1$ 项，$C_n^{\frac{n-1}{2}}=C_n^{\frac{n+1}{2}}$。

(3) 二项式奇数项系数的和等于二项式偶数项系数的和，即 $C_n^0+C_n^2+C_n^4+\cdots=C_n^1+C_n^3+C_n^5+\cdots=2^{n-1}$。

(4) 设 $f(x)=a_0+a_1x+a_2x^2+a_3x^3+\cdots+a_nx^n$，则 $a_0+a_1+a_2+a_3+\cdots+a_n=f(1)$；$a_0-a_1+a_2-a_3+\cdots+(-1)^na_n=f(-1)$。

易混点辨析

二项展开式中各项的二项式系数为 $C_n^r\ (r=0,1,2,\cdots,n)$，它只与各项的项数有关，而与 a,b 的值无关；而各项的系数则不仅与各项的项数有关，而且也与 a,b 的值有关。在某些二项展开式(如 a,b 是系数为 1 的单项式)中，各项的系数与二项式系数是相等的。

真题面对面

1. [2021 台州(天台、仙居、三门、临海)，填空，2 分] $\left(\sqrt{x}-\frac{1}{2x}\right)^6$ 的展开式中常数项为______。

答案：$\frac{15}{4}$。$\left(\sqrt{x}-\frac{1}{2x}\right)^6$ 的通项为 $T_{r+1}=C_6^rx^{\frac{6-r}{2}}(-2^{-1}x^{-1})^r=C_6^r(-2^{-1})^rx^{\frac{6-3r}{2}}$，令 $6-3r=0$，解得 $r=2$，则 $T_3=C_6^2\times\frac{1}{4}=\frac{15}{4}$。

2. [2021 年 4 月金华、诸暨,填空,3 分]若$\left(1+\frac{1}{x^2}\right)(2+ax)^6$展开式中$x^2$的系数为 300,则$a=$____。

答案:1 或 −1。$(2+ax)^6$中x^2的系数是$C_6^2 2^4 a^2=240a^2$,x^4的系数是$C_6^4 2^2 a^4=60a^4$,所以$\left(1+\frac{1}{x^2}\right)(2+ax)^6$展开式中$x^2$的系数为$300=240a^2+60a^4$,解得$a=1$或$-1$。

二、统计与抽样

考点 1 抽样方法 【填空】 ★

类别	共同点	各自特点	相互联系	适用范围
简单随机抽样	抽样过程中每个个体被抽到的可能性相等	被抽取样本的总体的个数有限;从总体中逐个抽取	——	总体中的个体数较少
系统抽样		将总体均匀分成几部分,按事先确定的规则在各部分抽取	在起始部分抽样时采用简单随机抽样	总体中的个体数较多
分层抽样		将总体分成几层,分层进行抽取	各层抽样时采用简单随机抽样或系统抽样	总体由差异明显的几部分组成

真题面对面

[2019 年 1 月杭州(小学),填空,3 分]商店打算进某种品牌服装 100 件,服装尺码与身高对照情况如下表:

	小码	中码	大码	加大码
标签	165 cm	170 cm	175 cm	180 cm
适合身高/cm	163～167	168～172	173～177	178～182

为提高进货的针对性,商店从它的客户中随意抽取 200 名调查了身高,结果如下表所示,商店应进大码服装________件左右。

身高/cm	163 以下	163～167	168～172	173～177	178～182	182 以上
人数/人	3	27	74	68	23	5

答案:34。由图表可知,大码服装适合身高在173～177 cm 之间的人群,在这个区间的人数为 68 人,占随机调查人数的$\frac{68}{200}\times100\%=34\%$,该商店打算进这种品牌的服装 100 件,故该商店应进大码服装$100\times34\%=34$件左右。

考点 2 频率分布直方图

1. 总体分布的估计

总体分布是指总体取值的概率分布规律,一般要用样本分布估计总体分布。

用样本估计总体，是研究统计问题的一个基本思想方法，即用样本平均数估计总体平均数，用样本方差估计总体方差。一般地，样本容量越大，估计就越准确。当总体中的个体取的不同数值很少时，可以用样本的频率分布表和频率分布直方图来估计总体分布。

2. 制作频率分布直方图的步骤

①找出所有数据中的最大值和最小值，并算出它们的差；

②决定组距和组数；

③将数据分组；

④计算各小组的频率，作频率分布表，各小组的频率 $=\dfrac{\text{小组频数}}{\text{样本容量}}$；

⑤画频率分布直方图。

频率分布直方图中小矩形的面积 = 组距 $\times\dfrac{\text{频率}}{\text{组距}}$ = 频率；各小矩形的面积之和等于 1；小矩形的高等于 $\dfrac{\text{频率}}{\text{组距}}$，所有小矩形的高的和为 $\dfrac{1}{\text{组距}}$。

如下面的频率分布直方图：

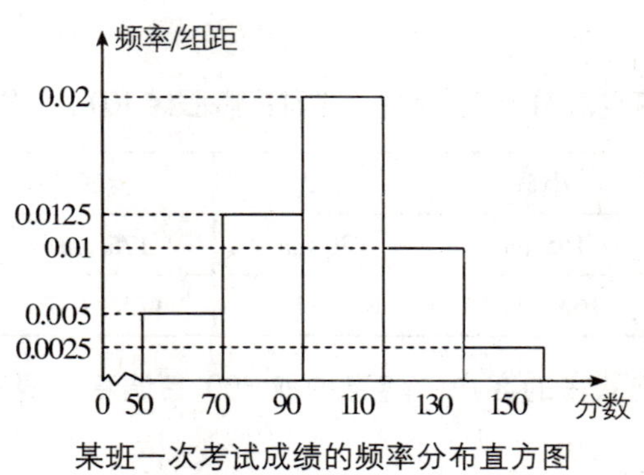

某班一次考试成绩的频率分布直方图

三、随机事件及其概率 【单选、填空】 ★★★

考点 1 随机事件

在相同条件下多次观察同一现象，每次观察到的结果不一定相同，事先很难预料哪一种结果会出现，这种现象叫作**随机现象**。观察和模拟随机现象的过程叫作试验，试验的每一种可能结果就是一个事件。

基本事件：在一次试验中，我们常常要关心的是所有可能发生的基本结果，它们是试验中不能再分的最简单的随机事件，其他事件可以用它们来描绘，这样的事件称为基本事件，所有基本事件构成的集合称为基本事件空间，常用大写希腊字母 Ω 表示。

考点2 事件的关系及其概率

事件的关系	定义	概率
包含关系	当事件 A 发生时,事件 B 一定发生,则 $A\subset B(B\supset A)$	$0\leqslant P(A)\leqslant P(B)\leqslant 1$
相等事件	若 $B\supset A$,且 $A\supset B$,则称事件 A 与事件 B 相等,记作 $A=B$	事件 A,B 要么同时发生,要么同时不发生,$P(A)=P(B)$
并(和)事件	当且仅当事件 A 或事件 B 发生时,事件 C 发生,则称事件 C 为事件 A 与事件 B 的并事件(或和事件),记作 $C=A\cup B$(或 $A+B$)	$P(A\cup B)=P(A)+P(B)-P(A\cap B)$
交(积)事件	当且仅当事件 A 发生且事件 B 发生时,事件 C 发生,则称事件 C 为事件 A 与事件 B 的交事件(或积事件),记作 $C=A\cap B$(或 AB)	$P(A\cap B)=P(A)+P(B)-P(A\cup B)$
互斥事件	两个事件的交事件为不可能事件,即 $A\cap B=\varnothing$ 时,称事件 A 与 B 互斥	事件 A 与事件 B 不会同时发生,且 $P(A+B)=P(A)+P(B)$
对立事件	若 $A\cap B$ 为不可能事件,$A\cup B$ 为必然事件,则称事件 A 与事件 B 互为对立事件	事件 A 与事件 B 有且仅有一个发生,$P(A)=1-P(B)$

①交换律:$A\cup B=B\cup A$,$AB=BA$。

②结合律:$(A\cup B)\cup C=A\cup(B\cup C)$,$(A\cap B)\cap C=A\cap(B\cap C)$。

③分配律:$(A\cup B)\cap C=AC\cup BC$,$(A\cap B)\cup C=(A\cup C)\cap(B\cup C)$。

④德·摩根定律:$\overline{A\cup B}=\overline{A}\,\overline{B}$,$\overline{AB}=\overline{A}\cup\overline{B}$,$\overline{\bigcup_{i=1}^{n}A_i}=\bigcap_{i=1}^{n}\overline{A_i}$,$\overline{\bigcap_{i=1}^{n}A_i}=\bigcup_{i=1}^{n}\overline{A_i}$。

注:互斥事件与对立事件都表示两个事件的关系,互斥事件是不可能同时发生的两个事件,而对立事件除要求这两个事件不同时发生外,还要求二者之一必须有一个发生,因此,对立事件是互斥事件的特殊情况,而互斥事件未必是对立事件,即“互斥”是“对立”的必要但不充分条件,“对立”是“互斥”的充分但不必要条件。

真题面对面

[2018 统考,填空,2 分]已知 A 与 B 相互独立,且互斥,则 $\min(P(A),P(B))=$ ________。

答案:0。已知 A 与 B 相互独立且互斥,所以 $P(AB)=P(A)P(B)=0$,两个里面至少有一个是 0,又因为 $P(A),P(B)$ 都是大于等于 0,所以 $\min(P(A),P(B))=0$。

考点3 概率的定义与性质

1. 概率的定义

设 E 是随机试验,Ω 是它的样本空间,E 中的每一事件 A 发生的可能性大小称为事件 A 发生的概率,记为 $P(A)$。它满足下面的公理:

①非负性:对任一事件 A,有 $0\leqslant P(A)\leqslant 1$;

②规范性:$P(\Omega)=1$;

③可列可加性：设事件 $A_1,A_2,\cdots,A_n$ 是互不相容事件，即 $i\neq j$ 时，$A_iA_j=\varnothing(i,j=1,2,\cdots)$，则有 $P(\sum_{n=1}^{\infty}A_n)=\sum_{n=1}^{\infty}P(A_n)$。

2. 概率的性质

①不可能事件的概率为 0，即 $P(\varnothing)=0$。

②逆事件的概率：$P(\overline{A})=1-P(A)$。

③概率的加法公式：对于任意的两个事件 A 和 B，有 $P(A\cup B)=P(A)+P(B)-P(AB)$。

考点 4 条件概率与相互独立事件

条件概率	设事件 A 和 B 是同一试验的两个事件，且 $P(A)>0$，在事件 A 发生的条件下事件 B 发生的概率称为条件概率，记为 $P(B\mid A)$，$P(B\mid A)=\frac{P(AB)}{P(A)}$
事件的独立性	若事件 A 和 B 相互独立，则 $P(AB)=P(A)P(B)$
乘法公式	对于任意两个事件 A 和 B，若 $P(A)>0$，$P(B)>0$，则有 $P(AB)=P(A)P(B\mid A)=P(B)P(A\mid B)$
全概率公式	设 $B_1,B_2,\cdots,B_n$ 为样本空间 Ω 的一个分割，即 $B_1,B_2,\cdots,B_n$ 互不相容，且 $\bigcup_{i=1}^{n}B_i=\Omega$，如果 $P(B_i)>0$，$i=1,2,\cdots,n$，则对任一事件 A 有 $P(A)=\sum_{i=1}^{n}P(B_i)P(A\mid B_i)$

真题面对面

[2021 年 4 月金华、诸暨，单，3 分]小红早上选择吐司的概率为 0.85，吃面包的概率为 0.15，在吃吐司的条件下，吃果酱的概率是 0.8；在吃面包的条件下，吃果酱的概率是 p，已知当小红早上没吃果酱的条件下，她吃了吐司的概率为 $\frac{10}{13}$，则 p 的数值为（　　）

A. 0.66　　　　B. 0.34　　　　C. 0.3　　　　D. 0.7

答案：A。设小红早上选择吃吐司的事件为 A，吃面包的事件为 B，吃果酱的事件为 C，不吃果酱的事件为 D，$P(A)=0.85$，$P(B)=0.15$，$P(C\mid B)=\frac{P(BC)}{P(B)}=p$，$P(C\mid A)=\frac{P(AC)}{P(A)}=0.8$，所以 $P(D\mid A)=\frac{P(AD)}{P(A)}=1-0.8=0.2$，$P(AC)=0.68$，$P(AD)=0.17$，$P(BC)=0.15p$，而 $P(A\mid D)=\frac{P(AD)}{P(D)}=\frac{10}{13}$，$P(D)=0.221$，所以 $P(C)=1-P(D)=0.779$，$P(D\mid B)=\frac{P(BD)}{P(B)}=1-p$，$P(BD)=0.15(1-p)$，$P(B\mid D)=\frac{P(BD)}{P(D)}=1-\frac{10}{13}=\frac{3}{13}$，所以 $P(BD)=\frac{3}{13}P(D)=0.15(1-p)$，所以 $p=0.66$。

考点 5 古典概型与几何概型

1. 古典概型与几何概型的定义

(1) 古典概型

具有“等可能发生的有限个基本事件”的概率模型。

(2)几何概型

每个事件发生的概率只与构成事件区域的几何度量(长度、面积或体积)成比例,而与事件的形状和位置无关。

(3)古典概型与几何概型的联系与区别

两种概型中每个事件出现的可能性都是相等的,但古典概型中所有可能出现的基本事件只有有限个,而几何概型中所有可能出现的基本事件有无限个。

2. 古典概型与几何概型的概率计算公式

(1)古典概型概率计算公式

$P(A)=\dfrac{A\text{包含的基本事件的个数}}{\text{基本事件的总数}}=\dfrac{m}{n}$。($n$ 是试验所包含的所有基本事件数,m 是事件 A 包含的基本事件数)

(2)几何概型的概率计算公式

$P(A)=\dfrac{\text{构成事件}A\text{的区域几何度量(长度、面积或体积)}}{\text{试验全部结果构成的区域几何度量(长度、面积或体积)}}$。

真题面对面

[2021 绍兴,单,3 分]一名同学先后投掷一枚骰子两次,第一次向上的点数记为 x,第二次向上的点数记为 y,在直角坐标系中,以 (x,y) 为坐标的点落在直线 $y=\frac{1}{2}x$ 上方的概率为(　　)

A. $\frac{1}{2}$　　B. $\frac{1}{4}$　　C. $\frac{3}{4}$　　D. $\frac{5}{6}$

答案:C。点要落在直线 $y=\frac{1}{2}x$ 的上方,即 $y>\frac{1}{2}x$,当 $x=1$ 时,y 可取 1~6;当 $x=2$ 时,y 可取 2~6;当 $x=3$ 时,y 可取 2~6;当 $x=4$ 时,y 可取 3~6;当 $x=5$ 时,y 可取 3~6;当 $x=6$ 时,y 可取 4~6。一共有 $6+5+5+4+4+3=27$ 种,因此概率 $P=\frac{27}{6\times6}=\frac{3}{4}$。

四、随机变量及其分布

考点 1　离散型随机变量的分布列

1. 定义

一般地,离散型随机变量 ξ 可能取的不同值为 $x_1,x_2,\cdots,x_i,\cdots,x_n$,$\xi$ 取每一个值 $x_i(i=1,2,\cdots,n)$ 的概率为 $P(\xi=x_i)=p_i$,用表格表示为

ξ	x_1	x_2	$\cdots$	x_i	$\cdots$	x_n
P	p_1	p_2	$\cdots$	p_i	$\cdots$	p_n

则该表称为随机变量 ξ 的概率分布列,简称 ξ 的分布列。

第三部分

任何随机事件发生的概率都满足 $0 \leqslant P(A) \leqslant 1$,这里不可能事件的概率为 0,必然事件的概率为 1。

2. 性质

离散型随机变量的分布列都具有如下两个性质:

(1) $p_i \geqslant 0 (i=1,2,\cdots,n)$;

(2) $p_1+p_2+\cdots+p_i+\cdots+p_n=1$。

对于离散型随机变量,它在某一范围内取值的概率等于它取这个范围内各个值的概率的和。即

$$P(\xi \geqslant x_k)=P(\xi=x_k)+P(\xi=x_{k+1})+\cdots。$$

考点 2 离散型随机变量的期望与方差

1. 数学期望

(1)定义

设离散型随机变量 X 的分布律为 $P\{X=x_k\}=p_k, k=1,2,\cdots$,若级数 $\sum_{k=1}^{\infty} x_k p_k$ 绝对收敛,则称级数 $\sum_{k=1}^{\infty} x_k p_k$ 的和为随机变量 X 的数学期望,记为 $E(X)$,即 $E(X)=\sum_{k=1}^{\infty} x_k p_k$。

数学期望简称期望,又称为均值。

(2)性质

①$E(c)=c$(c 为常数);

②$E(aX+b)=aE(X)+b$,其中 a,b 为常数;

③$E(X \pm Y)=E(X) \pm E(Y)$;

④若 X,Y 相互独立,则 $E(XY)=E(X)E(Y)$。

2. 方差

(1)定义

设离散型随机变量 X 的分布律为 $P\{X=x_k\}=p_k, k=1,2,\cdots$,定义 X 的方差 $D(X)=\sum_{k=1}^{\infty}[x_k-E(X)]^2 p_k$,它表示随机变量 X 的取值与数学期望的偏离程度。

方差的定义式:$DX=E(X^2)-[E(X)]^2$。

(2)性质

①$D(c)=0$(c 为常数);

②$D(aX+b)=a^2 D(X)$,a 为常数;

③若 X,Y 相互独立,则 $D(X \pm Y)=D(X)+D(Y)$。

真题面对面

[2021 宁波,判断,1 分]随机变量 X,Y 互相独立,则 $D(X+Y)=D(X)+D(Y)$。 ( )

答案:√。相互独立的随机变量 X,Y 满足 $E(XY)=E(X)E(Y)$,所以他们的协方差 $\mathrm{Cov}(X,Y)=E(XY)-E(X)E(Y)=0$,所以 $D(X+Y)=D(X)+D(Y)+2\mathrm{Cov}(X,Y)=D(X)+D(Y)$。

考点3 离散型随机变量的常见分布

1. 独立重复试验与二项分布

(1)独立重复试验

在相同条件下独立重复做的 n 次试验称为 n 次独立重复试验。$A_i(i=1,2,\cdots,n)$表示第 i 次试验结果，则$P(A_1A_2A_3\cdots A_n)=P(A_1)P(A_2)\cdot\cdots\cdot P(A_n)$。

(2)二项分布

在 n 次独立重复试验中，用 X 表示事件 A 发生的次数，设每次试验中事件 A 发生的概率是 p，此时称随机变量 X 服从二项分布，记作 $X\sim B(n,p)$，并称 p 为成功概率。在 n 次独立重复试验中，事件 A 恰好发生 k 次的概率为 $P(X=k)=C_n^kp^k(1-p)^{n-k}(k=0,1,2,\cdots,n)$。

当 $n=1$ 时，$P(X=k)=p^k(1-p)^{1-k}$，$k=0,1$，这就是 $0-1$ 分布。

2. 几何分布

在 n 次独立重复试验中，记每次试验中事件发生的概率为 p，试验 k 次才得到第一次成功的概率 $P(X=k)=q^{k-1}p$，$k=1,2,3,\cdots$，其中$0<p<1$，$q=1-p$。

称这样的随机变量 X 服从参数为 p 的几何分布，记为$X\sim G(p)$。

3. 超几何分布

设有 N 件产品，其中有 M 件不合格品，若从中不放回地随机抽取 n 件，则其中含有的不合格品件数 X 服从超几何分布，记为 $X\sim H(n,M,N)$。其发现 k 件不合格品的概率为：

$$P(X=k)=\frac{C_M^k\cdot C_{N-M}^{n-k}}{C_N^n},k=0,1,2,3,\cdots,l,\text{其中 } l=\min\{M,n\},\text{且}$$

$M\leqslant N$，$n\leqslant N$，n，M，N 均为正整数。

超几何分布描述的是不放回抽样问题，随机变量为抽到的某类个体的个数。其特征是：①考查对象分两类；②已知各类对象的个数；③从中抽取若干个个体，考查某类个体个数 X 的概率分布。

考点4 正态分布

	一般正态分布(μ,σ 为常数，$\sigma>0$)，$X\sim N(\mu,\sigma^2)$	标准正态分布($\mu=0,\sigma=1$)；$X\sim N(0,1)$
密度函数	$p(x)=\frac{1}{\sigma\sqrt{2\pi}}e^{-\frac{(x-\mu)^2}{2\sigma^2}}(-\infty<x<+\infty)$	$p(x)=\frac{1}{\sqrt{2\pi}}e^{-\frac{x^2}{2}}(-\infty<x<+\infty)$
图象	$f(x)$；$(\mu,\frac{1}{\sqrt{2\pi}\sigma})$；$x=\mu-\sigma$　O　$x=\mu$　$x=\mu+\sigma$　x	y；-3　-2　-1　O　1　2　3　x

	一般正态分布(μ,σ 为常数,$\sigma>0$),$X\sim N(\mu,\sigma^2)$	标准正态分布($\mu=0,\sigma=1$);$X\sim N(0,1)$
性质	①曲线在 x 轴上侧,与 x 轴不相交 ②曲线关于 $x=\mu$ 对称,$P(X<\mu)=P(X>\mu)=0.5$,$P(X<\mu-\sigma)=P(X>\mu+\sigma)$ ③曲线在 $x=\mu$ 时位于最高点 ④曲线在 $x<\mu$ 时上升,在 $x>\mu$ 时下降 ⑤在 $x\to\infty$ 时以 x 轴为渐近线 ⑥当 μ 一定时,曲线形状由 σ 决定,σ 越大,曲线越低宽,即总体分布分散;反之,数据总体分布越集中	
关系	当 $X\sim N(\mu,\sigma^2)$ 时,$Y=\dfrac{X-\mu}{\sigma}\sim N(0,1)$	
一般正态分布标准化	$P(a<X\leqslant b)=\Phi\left(\dfrac{b-\mu}{\sigma}\right)-\Phi\left(\dfrac{a-\mu}{\sigma}\right)$	

达标测评

建议用时	实际用时	测评总分	实际得分
15 分钟	______分钟	30 分	______分

一、单项选择题(每小题 3 分,共 21 分)

1. 把 12 个相同的球全部放入编号为 1,2,3 的三个盒内,要求盒内的球数不小于盒号数,则不同的放入方法种数为(　　)

A. 21　　B. 28　　C. 40　　D. 72

2. 某商场在国庆黄金周的促销活动中,对 10 月 1 日 9 时至 14 时的销售额进行统计,其频率分布直方图如图所示,已知 9 时至 10 时的销售额为 3 万元,则 11 时至 12 时的销售额为(　　)

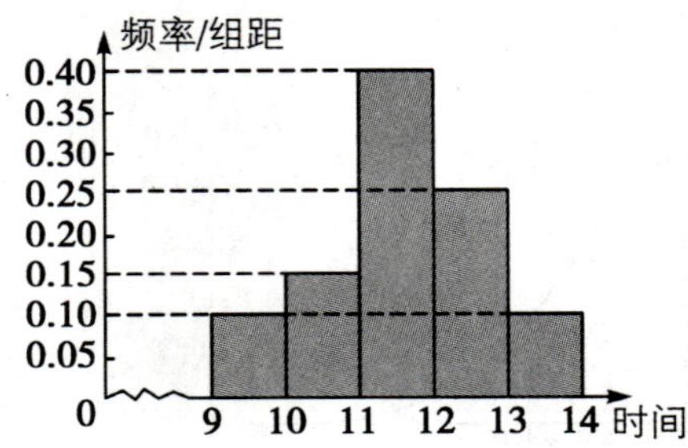

A. 8 万元　　B. 10 万元　　C. 12 万元　　D. 15 万元

3. 某射击运动员对一目标连续射击3次,每次击中目标的概率为$\frac{2}{3}$,则该运动员至少击中目标2次的概率为( )

A. $\frac{10}{27}$　　B. $\frac{19}{27}$　　C. $\frac{20}{27}$　　D. $\frac{25}{27}$

4. 某工厂生产甲、乙、丙三种型号的产品,产品数量之比为3:5:7,现用分层抽样的方法抽出容量为n的样本,其中甲种产品有18件,则样本容量n=( )

A. 54　　B. 90　　C. 45　　D. 126

5. 形如45 132这样的数称为"波浪数",即十位数字、千位数字均比与它们各自相邻的数字大,则由1,2,3,4,5可构成数字不重复的五位"波浪数"的个数为( )

A. 20　　B. 18　　C. 16　　D. 11

6. 已知随机变量X服从正态分布$N(1,\sigma^2)$,且$P(0<X\leqslant 1)=0.4$,则$P(X>2)$=( )

A. 0.4　　B. 0.1　　C. 0.6　　D. 0.2

7. A、B两台机床同时加工零件,每生产一批数量较大的产品时,机床A出0件、1件、2件、3件次品的概率分别是0.7,0.2,0.06,0.04,机床B出0件、1件、2件、3件次品的概率分别是0.8,0.06,0.04,0.10,则下列说法正确的是( )

A. A的平均次品数比B多　　B. B的平均次品数比A多

C. 平均次品数一样多,A状态较稳定　　D. 平均次品数一样多,B状态较稳定

二、填空题(每小题3分,共9分)

8. 有4个标号为1,2,3,4的红球和4个标号为1,2,3,4的白球,从这8个球中任取4个球排成一排。若取出的4个球的数字之和为10,则不同的排法种数是________。

9. 某班级有50名学生,现要采取系统抽样的方法在这50名学生中抽出10名学生,将这50名学生随机编号1~50号,并分组,第一组1~5号,第二组6~10号,……,第十组46~50号,若在第三组中抽得号码为12的学生,则在第八组中抽得号码为________的学生。

10. 要安排一份5天的值班表,每天有一人值班,现有5人,每人可以值多天班或不值班,但相邻两天不准由同一人值班,则此值班表共有________种不同的排法。

参考答案及解析

一、单项选择题

1. B [解析]根据题意,先在12个球中取出1个球放到编号为2的盒子里,再取出2个球放在编号为3的盒子里,此时只需将剩下的9个球分为3组,每组至少一个,分别放到三个盒子里即可。将9个球排成一

列，排好后，有8个空位，在8个空位中任取2个，插入挡板，有$C_8^2=28$种方法，即有28种将9个球分为3组的方法，将分好的3组球对应放到3个盒子中，即可满足盒内的球数不小于盒号数，则放入方法有28种。故选B。

2. C [解析]由频率分布直方图知，9时至10时的销售额的频率为0.1，故销售总额为$\frac{3}{0.1}=30$（万元），又11时至12时的销售额的频率为0.4，故销售额为$0.4\times30=12$（万元）。故选C。

3. C [解析]至少击中两次分为击中2次或3次，而此事件属于n次独立重复试验，故$P=C_3^2\left(\frac{2}{3}\right)^2\cdot\left(1-\frac{2}{3}\right)+C_3^3\left(\frac{2}{3}\right)^3\left(1-\frac{2}{3}\right)^0=\frac{20}{27}$，故该运动员至少击中目标2次的概率是$\frac{20}{27}$。

4. B [解析]依题意得$\frac{3}{3+5+7}\times n=18$，解得$n=90$，即样本容量为90。

5. C [解析]十位、千位安排5和4时，自身有2种排法，1，2，3可排在其他任意数位，有$2A_3^3$种排法；十位排5、千位排3时，4只能排在个位，1，2有A_2^2排法；十位排3、千位排5时，4只能排在万位，1，2有A_2^2排法。所以总的排法种数为$2A_3^3+2A_2^2=16$。故选C。

6. B [解析]$\because P(0<X\leqslant1)=0.4$，$\therefore$根据正态分布的对称性得$P(1<X\leqslant2)=0.4$，$\therefore P(X<0$或$X>2)=1-0.8=0.2$，则$P(X>2)=0.1$。故选B。

7. C [解析]$E(\mathrm{A})=E(\mathrm{B})=0.44$，$D(\mathrm{A})\approx0.6$，$D(\mathrm{B})\approx0.9$。期望反映的是一组数据的平均水平；方差反映的是一组数据的稳定性，方差越小，数据的波动性越小，稳定性越好，反之，数据的波动性越大，稳定性越差。故选C。

二、填空题

8. 432 [解析]若取出的球的标号为1，2，3，4，则共有$C_2^1\cdot C_2^1\cdot C_2^1\cdot C_2^1A_4^4=384$种不同的排法；若取出的球的标号为1，1，4，4，则共有$A_4^4=24$种不同的排法；若取出的球的标号为2，2，3，3，则共有$A_4^4=24$种不同的排法。由此可得，取出的4个球数字之和为10的不同排法种数是$384+24+24=432$。

9. 37 [解析]因为$12=5\times2+2$，即第三组抽出的是第二个学生，所以每一组都相应抽出第二个学生，故第8组抽出的号码为$5\times7+2=37$号。

10. 1280 [解析]依题意可知，第一天有5人可选，有5种排法；第二天不能用第一天的人，有4种排法；同理，第三天、第四天、第五天也都有4种排法，由分步乘法计数原理知共有$5\times4\times4\times4\times4=1280$种排法。

第七章　集合与简易逻辑

思维导图

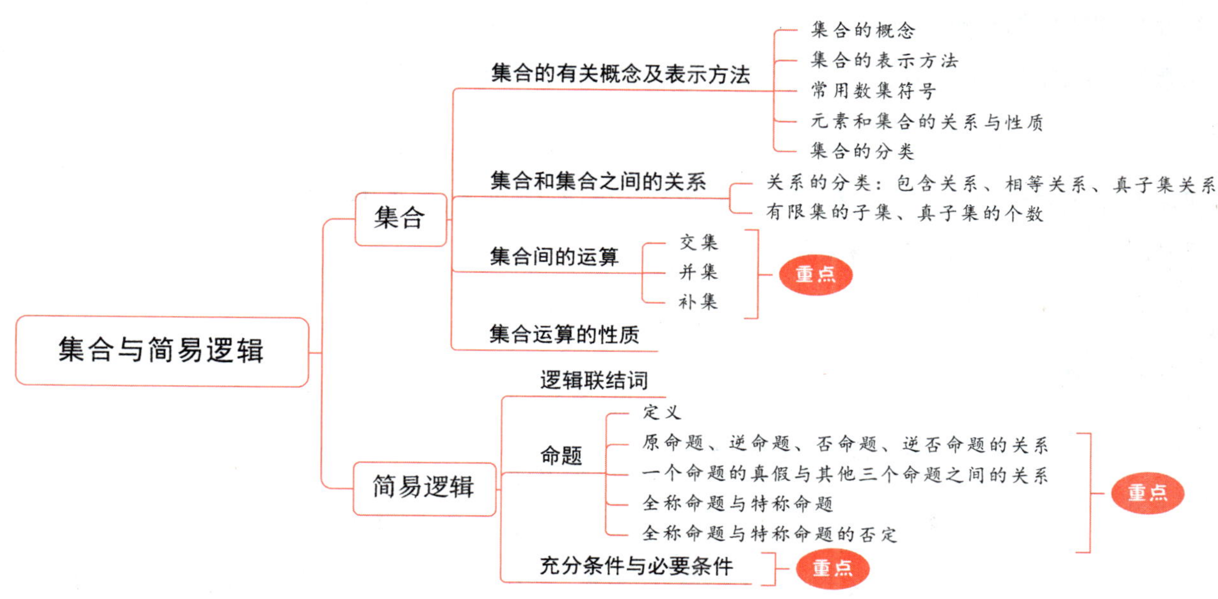

浙江考向

本章属于高中数学的基础章节，也是浙江省教师招聘考试中的常考内容，特点为内容较基础，需要识记与理解性知识较多。在考试中常以判断题、单项选择题、填空题的形式考查。现对本章浙江考向分析如下：

高频考点	常考题型	能力要求	考查热度
集合的运算	单选、填空	理解	★★
命题的判定	单选	理解	★
充分条件与必要条件	判断、单选	理解	★

核心考点

一、集合

考点 1　集合的有关概念及表示方法

1. 集合的概念

一般地，我们把研究对象统称为元素，把一些元素组成的总体叫作集合（简称集），通常用大写的英文字母 $A,B,C,D,\cdots$ 表示集合，用小写英文字母 $a,b,c,d,\cdots$ 表示集合中的元素。

第三部分

2. 集合的表示方法

集合的表示方法有三种:列举法、描述法和图示法。一般地,表示有限集合常用列举法;表示无限集合常用描述法;描述抽象集合常用图示法。

3. 常用数集符号

自然数集 $\mathbf{N}$,整数集 $\mathbf{Z}$,正整数集 $\mathbf{N}^*$ 或 $\mathbf{N}_+$,有理数集 $\mathbf{Q}$,实数集 $\mathbf{R}$。

4. 元素和集合的关系与性质

元素和集合的关系分为属于"$\in$"和不属于"$\notin$"两种情形。a 属于集合 A,记作 $a\in A$;a 不属于集合 A,记作 $a\notin A$。

确定性	对于任意一个元素,要么它属于某个指定集合,要么它不属于该集合,二者必居其一
互异性	同一个集合中的元素是互不相同的
无序性	任意改变集合中元素的排列次序,它们仍然表示同一个集合

5. 集合的分类

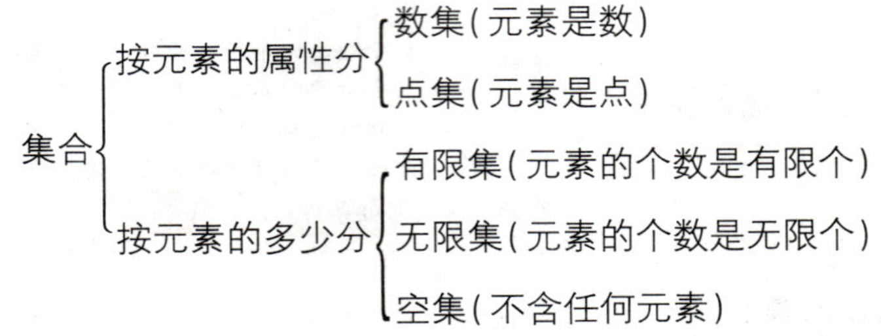

考点 2 集合和集合之间的关系

1. 关系的分类

①包含关系

子集:一般地,对于两个集合 A,B,如果集合 A 中的任意一个元素都是集合 B 中的元素,我们就说这两个集合有包含关系,称集合 A 为集合 B 的子集,记作 $A\subseteq B$(或 $B\supseteq A$),读作"A 包含于 B"(或"B 包含 A")。

②相等关系

如果集合 A 是集合 B 的子集($A\subseteq B$),且集合 B 也是集合 A 的子集($B\subseteq A$),则称集合 A 与集合 B 相等,记作 $A=B$。

③真子集关系

如果集合 $A\subseteq B$,但存在元素 $x\in B$,且 $x\notin A$,我们称集合 A 是集合 B 的真子集,记作 $A\subsetneqq B$(或 $B\supsetneqq A$)。

空集是任何集合的子集,是任何一个非空集合的真子集。

2. 有限集的子集、真子集的个数

若有限集合 A 中有 n 个元素,则集合 A 的子集有 2^n 个;非空子集有 (2^n-1) 个;真子集有 (2^n-1) 个;非空真子集有 (2^n-2) 个。

考点 3 集合间的运算 【单选、填空】★★

	交集	并集	补集
定义	由所有属于集合 A 且属于集合 B 的元素组成的集合叫作 A 与 B 的交集，记作 $A\cap B$。 $A\cap B=\{x\mid x\in A$ 且 $x\in B\}$	由所有属于集合 A 或属于集合 B 的元素组成的集合叫作 A 与 B 的并集，记作 $A\cup B$。 $A\cup B=\{x\mid x\in A$ 或 $x\in B\}$	对于全集 U 的一个子集 A，由全集 U 中所有不属于 A 的元素组成的集合叫作 U 中子集 A 的补集（或余集），记作$\complement_U A$。 $\complement_U A=\{x\mid x\in U$ 且 $x\notin A\}$
Venn 图	A B	A B	U A

真题面对面

1. [2021 年 4 月金华、诸暨，单，3 分]已知集合 $A=\{x\mid x^2-3x-4<0\}$，$B=\{x\mid y=\sqrt{2-x}\}$，则 $A\cap B=$（　　）

A. $\{x\mid -4<x<1\}$　　B. $\{x\mid -1<x\leqslant 2\}$

C. $\{x\mid -1<x<4\}$　　D. $\{x\mid 0\leqslant x<4\}$

答案：B。$A=\{x\mid x^2-3x-4<0\}=\{x\mid -1<x<4\}$，$B=\{x\mid y=\sqrt{2-x}\}=\{x\mid x\leqslant 2\}$，则 $A\cap B=\{x\mid -1<x\leqslant 2\}$。故选 B。

2. [2021 宁波，填空，2 分]已知集合 $P=\{0,1,2\}$，$Q=\{0,2\}$，则 $P\cap Q=$________。

答案：$\{0,2\}$。由题意知，集合 $P=\{0,1,2\}$，$Q=\{0,2\}$，则 $P\cap Q=\{0,2\}$。

考点 4 集合运算的性质

①$A\subseteq B$，$B\subseteq A$，则 $A=B$；$A\subseteq B$，$B\subseteq C$，则 $A\subseteq C$。

②$\varnothing\subseteq A$；若 $A\neq\varnothing$，则$\varnothing\subsetneqq A$。

③$A\cap A=A$；$A\cap\varnothing=\varnothing$。

④$A\cup A=A$；$A\cup B=B\cup A$；$A\cup\varnothing=A$。

⑤$A\cap\complement_U A=\varnothing$；$A\cup\complement_U A=U$。

⑥$(A\cap B)\subseteq A\subseteq(A\cup B)$；$(A\cap B)\subseteq B\subseteq(A\cup B)$。

⑦$\complement_U(A\cap B)=\complement_U A\cup\complement_U B$。

⑧若 $A\subseteq B$，则 $(A\cap B)\subseteq(A\cup B)$，$A\cap B=A$，$A\cup B=B$。

二、简易逻辑

考点 1 逻辑联结词

或：两个简单命题至少一个成立。

且：两个简单命题都成立。

非：对一个命题的否定。

考点2 命题 【单选】 ★

1. 定义

可以判断真假的语句叫作**命题**。不含逻辑联结词的命题叫作简单命题，由简单命题与逻辑联结词构成的命题叫作复合命题。

2. 四种命题及关系图

一般地，用 p 和 q 分别表示原命题的条件和结论，用 $\neg p$ 和 $\neg q$ 分别表示 p 和 q 的否定，于是

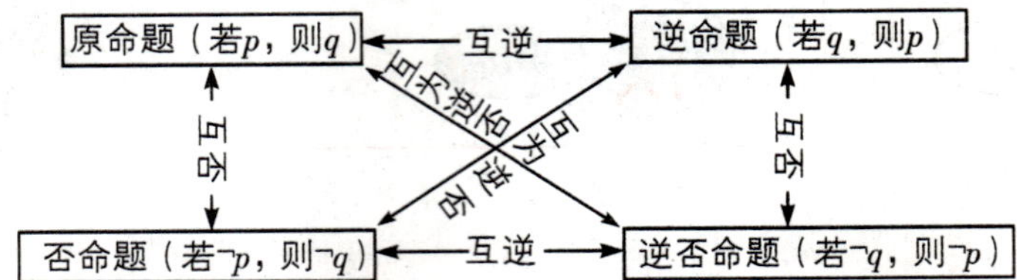

3. 一个命题的真假与其他三个命题之间的关系

①原命题为真，它的逆命题不一定为真；

②原命题为真，它的否命题不一定为真；

③原命题为真，它的逆否命题一定为真；

④逆命题为真，它的否命题一定为真。

4. 全称命题与特称命题

①“任意一个”“一切”等表示整体或全部的含义，这样的词叫作全称量词，表示符号：∀。含有全称量词的命题叫**全称命题**。

②“存在一个”“至少有一个”等表示个别或一部分的词叫作存在量词，表示符号：∃。含有存在量词的命题叫**特称命题**。

5. 全称命题与特称命题的否定

①全称命题的否定是特称命题。

全称命题 p：$\forall x\in M, p(x)$，它的否定是 $\neg p$：$\exists x_0\in M, \neg p(x_0)$。

②特称命题的否定是全称命题。

特称命题 p：$\exists x_0\in M, p(x_0)$，它的否定是 $\neg p$：$\forall x\in M, \neg p(x)$。

考点3 充分条件与必要条件 【判断、单选】 ★

充分条件：若 $p\Rightarrow q$，则 p 是 q 的充分条件；

必要条件：若 $q\Rightarrow p$，则 p 是 q 的必要条件；

充分不必要条件：若 $p\Rightarrow q$ 且 $q\nRightarrow p$，则 p 是 q 的充分不必要条件；

必要不充分条件：若 $q\Rightarrow p$ 且 $p\nRightarrow q$，则 p 是 q 的必要不充分条件；

充要条件：若 $p\Leftrightarrow q$，则 p 是 q 的充要条件；

既不充分也不必要条件：若 $p\nRightarrow q$ 且 $q\nRightarrow p$，则 p 是 q 的既不充分也不必要条件。

真题面对面

[2021 宁波,判断,1 分]已知集合 $P\supseteq Q$,则 $x\in P$ 是 $x\in Q$ 的充分条件。 ( )

答案:×。∵集合 $P\supseteq Q$,则 $x\in Q$ 可以推出 $x\in P$,但 $x\in P$ 不能推出 $x\in Q$,故 $x\in P$ 是 $x\in Q$ 的必要不充分条件。

达标测评

建议用时	实际用时	测评总分	实际得分
10 分钟	______分钟	21 分	______分

一、单项选择题(每小题 3 分,共 15 分)

1. 集合 $A=\{x\mid 0\leqslant x<3$ 且 $x\in\mathbf{N}\}$ 的真子集个数是( )

A. 4　　B. 5　　C. 6　　D. 7

2. 如图所示的 Venn 图中,A,B 为非空集合,定义集合 $A\otimes B$ 为阴影部分对应的集合,若 $x,y\in\mathbf{R}$,$A=\{x\mid y=\sqrt{2x-x^2}\}$,$B=\{y\mid y=3^x,x>0\}$,则 $A\otimes B$ 为( )

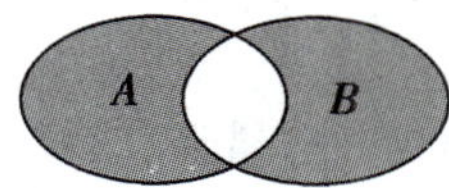

A. $\{x\mid 0<x<2\}$　　B. $\{x\mid 1<x<2\}$

C. $\{x\mid 0\leqslant x\leqslant 1$ 或 $x\geqslant 2\}$　　D. $\{x\mid 0\leqslant x\leqslant 1$ 或 $x>2\}$

3. 已知全集 $U=\mathbf{R}$,集合 $A=\{x\mid 2<x<4\}$,$B=\{x\mid x^2-x-6\leqslant 0\}$,则 $A\cap\complement_{\mathbf{R}}B$ 等于( )

A. $(1,2)$　　B. $(3,4)$

C. $(5,6)$　　D. $(1,2)\cup(3,4)$

4. 下列命题正确的是( )

A. 命题 p:"存在 $x\in\mathbf{R}$,$\sin x+\cos x=\sqrt{3}$",则 $\neg p$ 是假命题

B. "$a=1$"是"函数 $f(x)=\cos^2 ax-\sin^2 ax$ 的周期 $T=\pi$"的充分必要条件

C. 命题"存在 $x\in\mathbf{R}$,使得 $x^2+x+1=0$"的否定是"对任意 $x\in\mathbf{R}$,$x^2+x+1\geqslant 0$"

D. 命题"若 $\tan\alpha\neq 1$,则 $\alpha\neq\dfrac{\pi}{4}$"的逆否命题是真命题

5. "$|x-1|<2$ 成立"是"$x(x-3)<0$ 成立"的( )

A. 充分不必要条件　　B. 必要不充分条件

C. 充要条件　　D. 既不充分也不必要条件

第三部分

二、填空题(每小题3分,共6分)

6. 已知命题 p:“至少存在一个实数 $x_0\in[1,2]$ 使不等式 $x^2+2ax+2-a>0$ 成立”为真,则参数 a 的取值范围是________。

7. 已知集合 $A=\{x|x^2-5x+6>0,x\in\mathbf{R}\}$,$B=\{x||x-2a|\leqslant2,x\in\mathbf{R}\}$,若 $A\cup B=\mathbf{R}$,则实数 a 的取值范围为________。

参考答案及解析

一、单项选择题

1. D [解析]$A=\{x|0\leqslant x<3$ 且 $x\in\mathbf{N}\}=\{0,1,2\}$,∴ 真子集有 $2^3-1=7$ 个。

2. D [解析]由题意可知 $A\otimes B=\complement_{A\cup B}(A\cap B)$,$A=\{x|y=\sqrt{2x-x^2}\}=\{x|2x-x^2\geqslant0\}=\{x|0\leqslant x\leqslant2\}$,$B=\{y|y=3^x,x>0\}=\{y|y>1\}$,则 $A\cup B=[0,+\infty)$,$A\cap B=(1,2]$,则 $A\otimes B=\complement_{A\cup B}(A\cap B)=\{x|0\leqslant x\leqslant1$ 或 $x>2\}$。

3. B [解析]$B=\{x|x^2-x-6\leqslant0\}=\{x|-2\leqslant x\leqslant3\}$,$\complement_{\mathbf{R}}B=(-\infty,-2)\cup(3,+\infty)$,$A\cap\complement_{\mathbf{R}}B=(3,4)$。故选B。

4. D [解析]选项A,由于 $\sin x+\cos x=\sqrt{2}\sin\left(x+\frac{\pi}{4}\right)\leqslant\sqrt{2}$,因此命题 p 为假命题,故 $\neg p$ 是真命题,错误;选项B,$\because f(x)=\cos^2ax-\sin^2ax=\cos2ax$,∴ 由 $T=\frac{2\pi}{|2a|}=\frac{\pi}{|a|}=\pi$,解得 $a=\pm1$,因此“$a=1$”是“函数 $f(x)=\cos^2ax-\sin^2ax$ 的周期 $T=\pi$”的充分不必要条件,错误;选项C,命题“存在 $x\in\mathbf{R}$,使得 $x^2+x+1=0$”的否定是“对任意 $x\in\mathbf{R}$,$x^2+x+1\neq0$”,错误。D项正确。

5. B [解析]$|x-1|<2\Rightarrow-1<x<3$,$x(x-3)<0\Rightarrow0<x<3$,$\{x|0<x<3\}\subsetneqq\{x|-1<x<3\}$,由此可知“$|x-1|<2$ 成立”是“$x(x-3)<0$ 成立”的必要不充分条件。

二、填空题

6. $(-3,+\infty)$ [解析]由题意可知,$\neg p$:$\forall x\in[1,2]$,$x^2+2ax+2-a\leqslant0$ 成立,设 $f(x)=x^2+2ax+2-a$,则有 $\begin{cases}f(1)\leqslant0,\\f(2)\leqslant0,\\\Delta=4a^2-4(2-a)>0,\end{cases}$ ∴ $\begin{cases}1+2a+2-a\leqslant0,\\4+4a+2-a\leqslant0,\\a^2+a-2>0,\end{cases}$ 解得 $a\leqslant-3$,由题意可知 $\neg p$ 是假命题,∴ $a>-3$,故 a 的取值范围为 $(-3,+\infty)$。

7. $\left\{a|\frac{1}{2}\leqslant a\leqslant2\right\}$ [解析]集合 $A=\{x|x^2-5x+6>0,x\in\mathbf{R}\}=\{x|x<2$ 或 $x>3\}$,$B=\{x||x-2a|\leqslant2,x\in\mathbf{R}\}=\{x|2a-2\leqslant x\leqslant2a+2\}$,$\because A\cup B=\mathbf{R}$,∴ $\begin{cases}2a-2\leqslant2,\\2a+2\geqslant3,\end{cases}$ 解得 $\{a|\frac{1}{2}\leqslant a\leqslant2\}$。

第八章　函　数

思维导图

- 函数
  - 函数的基本概念
    - 函数的定义
      - 函数、映射的定义
      - 定义域、象和原象（重点）
      - 值域（重点）
    - 分段函数与复合函数（重点）
    - 反函数
      - 反函数的定义
      - 反函数的性质（重点）
  - 函数的基本性质
    - 函数的单调性
      - 增函数的定义、图象表示与几何意义（重点）
      - 减函数的定义、图象表示与几何意义（重点）
    - 函数的最值
      - 最大值
      - 最小值
    - 函数的奇偶性
      - 函数奇偶性的定义及性质（重点）
      - 函数奇偶性的常用结论（重点）
    - 函数的周期性与对称性
  - 一次函数、反比例函数与二次函数
    - 一次函数
      - 一次函数的定义
      - 一次函数的图象与性质
    - 反比例函数
      - 反比例函数的定义
      - 反比例函数的图象与性质
      - 反比例函数$y=\frac{k}{x}(k\neq0)$中比例系数k的几何意义
    - 二次函数
      - 二次函数的图象与性质（重点）
      - 二次函数图象的平移（重点）
      - 抛物线$y=ax^2+bx+c(a\neq0)$与坐标轴的交点（重点）
  - 基本初等函数
    - 幂函数
      - 幂函数的定义
      - 幂函数的性质
      - 幂函数的图象
      - 有理指数幂的运算性质
    - 指数函数
      - 指数函数的定义
      - 指数函数的图象及性质（重点）
    - 对数函数
      - 对数的定义与运算
      - 对数函数的概念及性质（重点）
    - 三角函数
      - 任意角的三角函数
      - 正弦、余弦、正切函数的图象与性质（重点）
      - 正弦曲线　$y=A\sin(\omega x+\varphi)$（重点）
      - 解三角形（重点）
  - 函数的应用
    - 函数与方程
      - 方程的根与函数的零点（重点）
      - 函数零点的判定
      - 有关函数零点的结论
    - 函数模型及其应用

第三部分

浙江考向

本章属于中学数学的基础章节，也是浙江省教师招聘考试中的常考内容，特点为内容较基础，需要理解与应用性知识较多。在考试中常以判断题、单项选择题、填空题和解答题的形式考查。现对本章浙江考向分析如下：

高频考点	常考题型	能力要求	考查热度
函数的定义域与值域	单选、填空	理解	★
分段函数、复合函数、反函数的运算	单选、填空、解答	理解	★★
函数的单调性、最值与奇偶性	判断、单选、填空、解答	掌握	★★★
二次函数的应用	解答	理解与应用	★★
指数函数与对数函数的运算	单选、填空	理解	★★
三角函数的图象与性质	单选、填空	掌握	★★
解三角形	判断、解答	理解与应用	★★★
函数的应用	单选、填空	应用	★★

核心考点

一、函数的基本概念 【单选、填空、解答】 ★★

考点 1 函数的定义

	函数	映射
定义	设 A,B 是非空的数集，如果按照某种确定的对应关系 f，使得对于集合 A 中的任意一个数 x，在集合 B 中都有唯一的数 $f(x)$ 和它对应，那么就称 $f:A\to B$ 是从集合 A 到集合 B 的一个函数，记作 $y=f(x)$，$x\in A$	设 A,B 是两个非空集合，如果存在一个对应法则 f，使得对 A 中的每个元素 a，按对应法则 f，在 B 中有唯一确定的元素 b 与之对应，则称 f 为从 A 到 B 的映射，记作 $f:A\to B$
定义域、象和原象	其中 x 叫作自变量，x 的取值范围 A 叫作函数的定义域	b 称为元素 a 在映射 f 下的象，记作：$b=f(a)$；a 称为 b 关于映射 f 的原象
值域	与 x 的值对应的 y 值叫作函数值，函数值的集合 $\{f(x)\mid x\in A\}$ 叫作函数的值域	集合 B 中所有元素的象的集合称为映射 f 的值域，记作 $f(A)$
区别	函数是一种特殊的映射，它要求两个集合中的元素必须是数，而映射中两个集合的元素是任意的数学对象	
联系	①函数与映射都是两个非空集合中元素的对应关系； ②函数与映射的对应都具有方向性； ③A 中元素具有任意性，B 中元素具有唯一性	

注：映射可以有一对一，多对一，但不能有一对多，也不能一对无。

真题面对面

1. [2021 宁波,判断,1 分]函数 $y=\sqrt[3]{x^4-x^3}$ 和函数 $y=x\cdot\sqrt[3]{x-1}$ 不能表示同一个函数。（　　）

答案:×。函数 $y=\sqrt[3]{x^4-x^3}$ 的定义域为 **R**,函数 $y=x\cdot\sqrt[3]{x-1}$ 的定义域也为 **R**,$y=\sqrt[3]{x^4-x^3}=x\cdot\sqrt[3]{x-1}$。

2. [2020 绍兴(三区),单,3 分] 函数 $y=\log_2(ax^2+3x+1)$ 的值域为 **R**,实数 a 的取值范围是(　　)

A. $a\geqslant\frac{9}{4}$　　B. $0\leqslant a\leqslant\frac{9}{4}$　　C. $a>\frac{9}{4}$　　D. $0\leqslant a<\frac{9}{4}$

答案:B。若函数 $y=\log_2(ax^2+3x+1)$ 的值域为 **R**,只需 ax^2+3x+1 的值域包含 $(0,+\infty)$,当 $a=0$ 时,$ax^2+3x+1=3x+1$ 符合条件;当 $a\neq0$ 时,则 $\begin{cases}a>0,\\ \Delta=9-4a\geqslant0\end{cases}\Rightarrow 0<a\leqslant\frac{9}{4}$,综上所述,实数 a 的取值范围为 $[0,\frac{9}{4}]$。

考点 2　分段函数与复合函数

1. 分段函数

若函数在其定义域的不同子集上,因对应关系不同而分别用几个不同的式子来表示,则称为分段函数。如函数 $f(x)=\begin{cases}x^2,x>0,\\ x+1,x\leqslant0\end{cases}$ 就是分段函数。

2. 复合函数

一般地,对于两个函数 $y=f(u)$ 和 $u=g(x)$,如果通过变量 u,y 可以表示成 x 的函数,那么称这个函数为函数 $y=f(u)$ 和 $u=g(x)$ 的复合函数,记作 $y=f(g(x))$,其中 $y=f(u)$ 叫作复合函数 $y=f(g(x))$ 的外层函数,$u=g(x)$ 叫作 $y=f(g(x))$ 的内层函数。

真题面对面

[2021 台州(天台、仙居、三门、临海),填空,2 分]已知定义在 **R** 上的函数 $f(x)$ 对任意的 x 都满足 $f(x+1)=f(x)+1$,若 $f(1)=2$,则 $f(2021)=$________。

答案:2022。由 $f(1)=2$,$f(x+1)=f(x)+1$ 可得,$f(2)=2+1=3$,$f(3)=3+1=4$,$f(4)=4+1=5$,…,故 $f(2021)=2021+1=2022$。

考点 3　反函数

1. 反函数的定义

一般地,如果函数 $y=f(x)$ 的对应法则 f 是从函数的定义域到值域上的一一对应,那么由 f 的“逆”对应 f^{-1} 所确定的函数就叫作函数 $f(x)$ 的反函数,反函数 $y=f^{-1}(x)$ 的定义域、值域分别为原函数 $y=f(x)$ 的值域、定义域。

2. 反函数的性质

(1)互为反函数的两个函数的图象关于直线 $y=x$ 对称;

(2)函数存在反函数的充要条件是函数的定义域与值域构成一一映射;

(3)一个函数与它的反函数在相应区间上单调性一致;

(4)严格增(减)的函数一定有严格增(减)的反函数。

考法大揭秘

求函数 $y=f(x)$ 的反函数的一般步骤

(1)反解,由 $y=f(x)$ 解出 $x=f^{-1}(y)$,写出 y 的取值范围;

(2)互换 x,y,得 $y=f^{-1}(x)$;

(3)写出完整结论(一定要有反函数的定义域)。

注:分段函数的反函数也是分段函数。求分段函数的反函数,应分段逐一求解。

真题面对面

[2018 统考,单,3 分]函数 $y=\ln x, x\in(0,+\infty)$ 与函数 $y=e^x$ 的图象关系为(　　)

A. 关于直线 $y=x$ 对称　B. 关于 x 轴对称　C. 关于 y 轴对称　D. 同一图象

答案:A。函数 $y=\ln x$ 与函数 $y=e^x$ 互为反函数,互为反函数的图象关于 $y=x$ 对称。故选 A。

第三部分

二、函数的基本性质　【判断、单选、填空、解答】　★★★

考点 1　函数的单调性

	增函数	减函数
定义	一般地,设函数 $f(x)$ 的定义域为 I:如果对于定义域 I 内某个区间 D 上的任意两个自变量值 x_1,x_2	
	当 $x_1<x_2$ 时,都有 $f(x_1)<f(x_2)$,那么就说函数 $f(x)$ 在区间 D 上是增函数	当 $x_1<x_2$ 时,都有 $f(x_1)>f(x_2)$,那么就说函数 $f(x)$ 在区间 D 上是减函数
图象表示	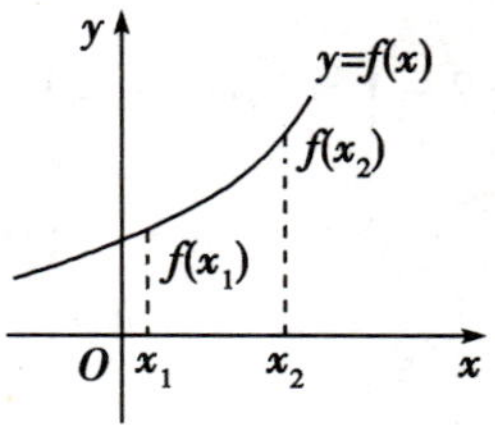	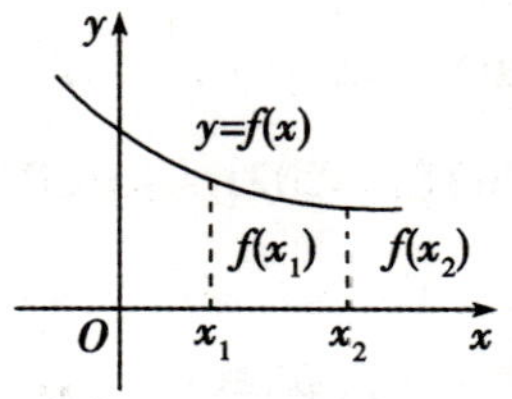
几何意义	函数 $y=f(x)$ 的图象在区间 D 上从左到右是上升的	函数 $y=f(x)$ 的图象在区间 D 上从左到右是下降的

注:复合函数 $y=f(g(x))$ 的单调性应根据外层函数 $y=f(u)$ 和内层函数 $u=g(x)$ 的单调性判断,遵循"同增异减"的原则,即内外层函数单调性一致时,复合函数 $y=f(g(x))$ 在区间上单调递增,反之单调递减。

考法大揭秘

函数单调性的解题方法

1. 判断函数单调性的方法与步骤

(1)定义法:①先设 $x_1,x_2\in I$(定义域),且 $x_1<x_2$;②作差 $f(x_1)-f(x_2)$(一般结果要分解为若干个因式的乘积,且每一个因式的正或负能清楚地判断出来);③判断 $f(x_1)-f(x_2)$ 的正负情况。

(2)图象法:先作出函数图象,再利用图象直观判断函数的单调性。

(3)导数法:若 $f(x)$ 在某个区间 I 内有导数,则当 $f'(x)>0(x\in I)$ 时,$f(x)$ 在 I 内为增函数;当 $f'(x)<0(x\in I)$ 时,$f(x)$ 在 I 内为减函数。

2. 函数单调性常见问题的解题方法

(1)比较大小:比较函数值的大小应将自变量转化到同一个单调区间内,然后利用函数的单调性解决问题。

(2)解含“f”的不等式:①根据函数的性质把不等式转化为 $f(g(x))>f(h(x))$ 的形式;②根据函数的单调性去掉“f”,转化为具体的不等式,此时要注意 $g(x)$ 与 $h(x)$ 的取值应在外层函数的定义域内。

(3)求参数的取值范围:视参数为已知数,依据函数的图象或单调性的定义,确定函数的单调区间,与已知单调区间比较求参数。

真题面对面

[2018 统考,单,3 分]已知 $f(x)$ 是定义在 $\mathbf{R}$ 上的函数,对任意两个不相等的正数 x,y 都有 $\frac{yf(x)-xf(y)}{x-y}>0$,记 $a=f(1)$,$b=\frac{f(2)}{2}$,$c=\frac{f(3)}{3}$,则(　　)

A. $a<b<c$　　B. $a<c<b$　　C. $c<b<a$　　D. $b<c<a$

答案:A。设 $x>y>0$,由题意可得 $yf(x)-xf(y)>0$,即 $\frac{f(x)}{x}>\frac{f(y)}{y}$;同理,当 $y>x>0$ 时,$yf(x)-xf(y)<0$,即 $\frac{f(x)}{x}<\frac{f(y)}{y}$,所以当 $x>0$ 时,函数 $g(x)=\frac{f(x)}{x}$ 单调递增。因为 $0<1<2<3$,所以 $\frac{f(3)}{3}>\frac{f(2)}{2}>\frac{f(1)}{1}$。故选 A。

考点 2　函数的最值

1. 最大值

设函数 $y=f(x)$ 的定义域为 I,如果存在实数 M 满足:

①对于任意的 $x\in I$,都有 $f(x)\leqslant M$;

②存在 $x_0\in I$,使得 $f(x_0)=M$。

那么,我们称 M 是函数 $y=f(x)$ 在定义域 I 上的最大值。

2. 最小值

设函数 $y=f(x)$ 的定义域为 I,如果存在实数 m 满足:

第三部分

①对于任意的 $x\in I$，都有 $f(x)\geqslant m$；

②存在 $x_0\in I$，使得 $f(x_0)=m$。

那么，我们称 m 是函数 $y=f(x)$ 在定义域 I 上的最小值。

真题面对面

1.［2021 宁波，填空，2 分］函数 $y=\sqrt{x^2+1}+\sqrt{(x+4)^2+4}$ 的最小值是________。

答案：5。$\because y=\sqrt{x^2+1}+\sqrt{(x+4)^2+4}=\sqrt{(x-0)^2+(0-1)^2}+\sqrt{[x-(-4)]^2+(0-2)^2}$，故可将此式看成点 $(x,0)$ 到点 $(0,1)$ 和点 $(-4,2)$ 的距离之和，即式子的最小值是该距离之和的最小值，作点 $(-4,2)$ 关于 x 轴的对称点 $(-4,-2)$，由三角形的三边法则和对称的性质可知，$y=\sqrt{x^2+1}+\sqrt{(x+4)^2+4}$ 的最小值为点 $(0,1)$ 到点 $(-4,-2)$ 的距离，即为 $\sqrt{(-4-0)^2+(-2-1)^2}=5$。

2.［2021 宁波，解答，8 分］已知 $f(x)=-2x+1-\frac{3}{x}(x>0)$，问当 x 取何值时，$f(x)$ 取到最值。

答案：$f(x)=-2x+1-\frac{3}{x}=-\left(2x+\frac{3}{x}\right)+1$，当 $x>0$ 时，$2x+\frac{3}{x}\geqslant 2\sqrt{2x\cdot\frac{3}{x}}=2\sqrt{6}$，当且仅当 $2x=\frac{3}{x}$，即 $x=\frac{\sqrt{6}}{2}$ 时，取等号，此时 $f(x)\leqslant 1-2\sqrt{6}$，故当 $x=\frac{\sqrt{6}}{2}$ 时，$f(x)$ 取到最值。

考点 3 函数的奇偶性

1. 函数奇偶性的定义及性质

定义及性质	偶函数	奇函数
定义	函数定义域内的任意一个 x，都有 $f(-x)=f(x)$	函数定义域内的任意一个 x，都有 $f(-x)=-f(x)$
定义域特征	定义域关于原点对称	
图象特征	关于 y 轴对称	关于原点对称
整体性	奇偶性是函数的整体性质，对定义域内任意一点都必须成立	
可分性	根据函数奇偶性可将函数分为四类，奇函数、偶函数、既是奇函数又是偶函数、非奇非偶函数	

2. 函数奇偶性的常用结论

(1) 如果函数 $f(x)$ 是偶函数，那么 $f(x)=f(|x|)$。

(2) 奇函数在两个对称的区间上具有相同的单调性，偶函数在两个对称的区间上具有相反的单调性。

(3) 在公共定义域内有：奇 ± 奇 = 奇，偶 ± 偶 = 偶，奇 × 奇 = 偶，偶 × 偶 = 偶，奇 × 偶 = 奇。

真题面对面

[2021 年 4 月金华、诸暨,单,3 分]函数 $y=\frac{(x-2)(x^2+1)}{x(x-2)}$ 是(　　)

A. 奇函数

B. 偶函数

C. 既是奇函数又是偶函数

D. 既不是奇函数,又不是偶函数

答案:D。设 $y=f(x)=\frac{(x-2)(x^2+1)}{x(x-2)}=x+\frac{1}{x}(x\neq0$ 或 $2)$,定义域不关于原点对称,所以该函数既不是奇函数,又不是偶函数。

考点 4　函数的周期性与对称性

1. 函数的周期性

(1)函数周期性的定义

如果存在一个非零常数 T,使得对于函数定义域内的任意 x,都有 $f(x+T)=f(x)$,则称 $f(x)$ 为周期函数。

(2)函数周期性的判定

对 $f(x)$ 定义域内任一自变量 x 的值:

①若 $f(x+a)=f(x)$,则 $T=a(a>0)$;

②若 $f(x+a)=-f(x)$,则 $T=2a(a>0)$;

③若 $f(x+a)=\frac{1}{f(x)}$,则 $T=2a(a>0)$;

④若 $f(x+a)=-\frac{1}{f(x)}$,则 $T=2a(a>0)$。

2. 函数的对称性

(1)若 $f(a+x)=f(b-x)$,则 $f(x)$ 的图象关于直线 $x=\frac{a+b}{2}$ 对称;

(2)若 $f(a+x)+f(a-x)=2c$,则 $f(x)$ 的图象关于点 (a,c) 对称。

真题面对面

[2017 年 1 月杭州(中学),填空,3 分]设函数 $f(x)=\begin{cases}2x+2,x<1,\\-ax+6,x\geq1\end{cases}(a\in\mathbf{R})$,若 $f(x)$ 的图象关于直线 $x=1$ 对称,则 a 的值为________。

答案:2。因为 $f(x)$ 的图象关于直线 $x=1$ 对称,所以 $f(0)=f(2)$,即 $2=-2a+6$,解得 $a=2$,此时 $f(x)=\begin{cases}2x+2,x<1,\\-2x+6,x\geq1\end{cases}$ 满足条件。

第三部分

三、一次函数、反比例函数与二次函数

考点 1 一次函数

1. 一次函数的定义

一般地，形如 $y=kx+b(k,b$ 是常数，$k\neq0)$ 的函数，叫作一次函数。

特别地，当一次函数 $y=kx+b$ 中的 $b=0$ 时，$y=kx$，此时称其为正比例函数，可以说正比例函数是一种特殊的一次函数。

2. 一次函数的图象与性质

(1) 一次函数 $y=kx+b(k\neq0)$ 的图象是恒过点 $(0,b)$ 的一条直线，正比例函数的图象是一条恒过原点的直线。

(2) 一次函数 $y=kx+b$ 图象的性质：$\begin{cases} k>0\begin{cases} b>0\text{，图象过第一、二、三象限，} \\ b=0\text{，图象过第一、三象限，} \\ b<0\text{，图象过第一、三、四象限；} \end{cases} \\ k<0\begin{cases} b>0\text{，图象过第一、二、四象限，} \\ b=0\text{，图象过第二、四象限，} \\ b<0\text{，图象过第二、三、四象限。} \end{cases} \end{cases}$

考点 2 反比例函数

1. 反比例函数的定义

一般地，形如 $y=\frac{k}{x}(k\neq0)$ 的函数叫作反比例函数。

2. 反比例函数的图象与性质

反比例函数	$y=\frac{k}{x}(k\neq0)$	
k 的符号	$k>0$	$k<0$
图象		
x,y 的取值范围	$x\neq0,y\neq0$	$x\neq0,y\neq0$
位置	第一、三象限	第二、四象限
增减性	每一个象限内，y 随 x 的增大而减小	每一个象限内，y 随 x 的增大而增大
渐近性	反比例函数的图象无限地接近 x,y 轴，但永远达不到 x,y 轴	
对称性	反比例函数的图象是关于原点成中心对称的图形，也是轴对称图形	

易混点辨析

反比例关系与反比例函数的区别与联系：

反比例关系：如果 $xy=k$（k 是常数，$k\neq0$），那么 x,y 这两个量成反比例，这里的 x,y 可以是多项式或单项式。例如：若 $y+3$ 与 $x-1$ 成反比例，则 $y+3=\dfrac{k}{x-1}(k\neq0)$；若 y 与 x^2 成反比例，则 $y=\dfrac{k}{x^2}(k\neq0)$。成反比例关系的不一定是反比例函数，但反比例函数 $y=\dfrac{k}{x}(k\neq0)$ 中的两个变量必成反比例关系。

3. 反比例函数 $y=\dfrac{k}{x}(k\neq0)$ 中比例系数 k 的几何意义

在反比例函数图象上任取两点 P,Q，过点 P,Q 分别作 x 轴、y 轴的平行线，与坐标轴围成的矩形面积分别为 S_1,S_2，则 $S_1=S_2=|k|$。$|k|$ 越大，反比例函数的图象越远离坐标轴。

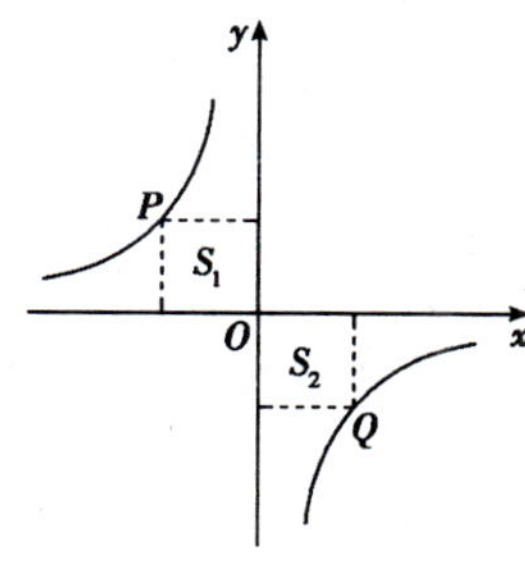

考点 3 二次函数 【解答】 ★★

1. 二次函数的图象与性质

	$f(x)=ax^2+bx+c(a>0,\Delta>0)$	$f(x)=ax^2+bx+c(a<0,\Delta>0)$
图象		
定义域	$\mathbf{R}$	$\mathbf{R}$
值域	$\left[\dfrac{4ac-b^2}{4a},+\infty\right)$	$\left(-\infty,\dfrac{4ac-b^2}{4a}\right]$
单调性	在 $\left(-\dfrac{b}{2a},+\infty\right)$ 上单调递增； 在 $\left(-\infty,-\dfrac{b}{2a}\right)$ 上单调递减	在 $\left(-\infty,-\dfrac{b}{2a}\right)$ 上单调递增； 在 $\left(-\dfrac{b}{2a},+\infty\right)$ 上单调递减
奇偶性	当 $b=0$ 时为偶函数；当 $b\neq0$ 时为非奇非偶函数	

续表

	$f(x)=ax^2+bx+c(a>0,\Delta>0)$	$f(x)=ax^2+bx+c(a<0,\Delta>0)$
顶点	$\left(-\dfrac{b}{2a},\dfrac{4ac-b^2}{4a}\right)$	
对称性	图象关于直线 $x=-\dfrac{b}{2a}$ 成轴对称图形	

2. 二次函数图象的平移

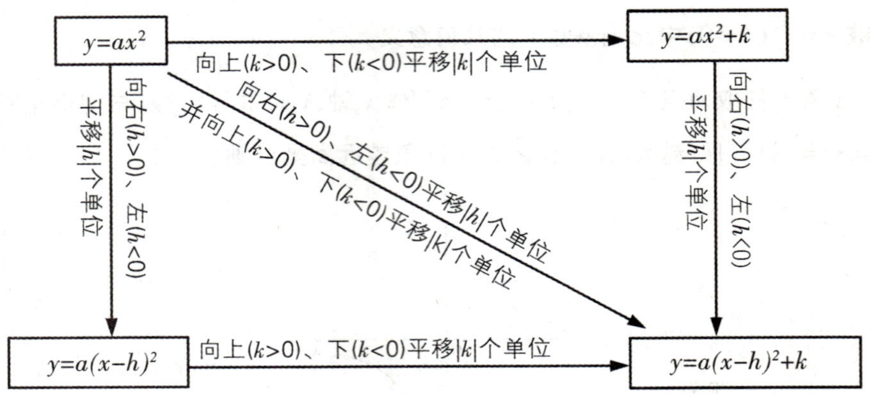

3. 抛物线 $y=ax^2+bx+c(a\neq0)$ 与坐标轴的交点

(1)抛物线与 y 轴的交点为 $(0,c)$。

(2)抛物线 $y=ax^2+bx+c$ 与 x 轴的交点:设抛物线与 x 轴两个交点的横坐标为 x_1,x_2,是对应一元二次方程 $ax^2+bx+c=0$ 的两个实数根,抛物线与 x 轴的交点情况可以由对应的一元二次方程的根的判别式 Δ 判定:

①有两个交点,则 $\Delta>0$,抛物线与 x 轴相交;

②有一个交点(顶点在 x 轴上),则 $\Delta=0$,抛物线与 x 轴相切;

③没有交点,则 $\Delta<0$,抛物线与 x 轴相离。

真题面对面

[2022 年 6 月杭州(中小学),单,3 分]已知 $(-1,y_1)$,$(1,m)$,$(2,y_2)$,$(3,n)$,$(4,y_3)$ 在二次函数 $y=x^2+ax$(a 为常数)的图象上,若 $mn<0$,则(　　)

A. $y_2<y_1<y_3$　　B. $y_2<y_3<y_1$　　C. $y_3<y_2<y_1$　　D. $y_1<y_2<y_3$

答案:A。$\because y=x^2+ax$(a 为常数),$\therefore$ 二次函数图象的开口向上,对称轴为直线 $x=-\dfrac{a}{2}$,且经过原点,$\because$ 点 $(1,m)$,$(3,n)$ 在二次函数 $y=x^2+ax$(a 为常数)的图象上,且 $mn<0$,$\therefore m<0,n>0$,$\dfrac{1}{2}<-\dfrac{a}{2}<\dfrac{3}{2}$,$\because$ 点 $(2,y_2)$ 到对称轴的距离最近,点 $(4,y_3)$ 到对称轴的距离最远,$\therefore y_2<y_1<y_3$。

四、基本初等函数

考点 1 幂函数

1. 幂函数的定义

一般地，形如 $y=x^{a}(a\in\mathbf{R})$ 的函数称为幂函数，其中 a 为常数。

2. 幂函数的性质

(1) 所有的幂函数在 $(0,+\infty)$ 上都有定义，即在第一象限内任一幂函数都有图象，并且图象恒过定点 $(1,1)$。

(2) 如果 $a<0$，则幂函数在 $(0,+\infty)$ 上是减函数，图象向上与 y 轴正半轴无限渐近，向右与 x 轴正半轴无限渐近，并称 x 轴、y 轴是它们的渐近线。

(3) 如果 $a>0$，则幂函数的图象除恒过 $(1,1)$ 外，还恒过原点 $(0,0)$，并且在 $(0,+\infty)$ 上是增函数。

(4) 如果 $a=0$，则幂函数 $y=x^{0}(x\neq0)$ 的图象是直线 $y=1$ 去掉一点 $(0,1)$。它的图象不是直线。

3. 幂函数的图象

作幂函数的图象要联系函数的定义域、值域、单调性、奇偶性等，只要作出幂函数在第一象限内的图象，然后根据它的奇偶性就可以作出幂函数在整个定义域内完整的图象。任一幂函数的图象一定会出现在第一象限，且一定不会出现在第四象限。

常见幂函数 $y=x,y=x^{\frac{1}{2}},y=x^{2},y=x^{-1},y=x^{3}$ 的图象：

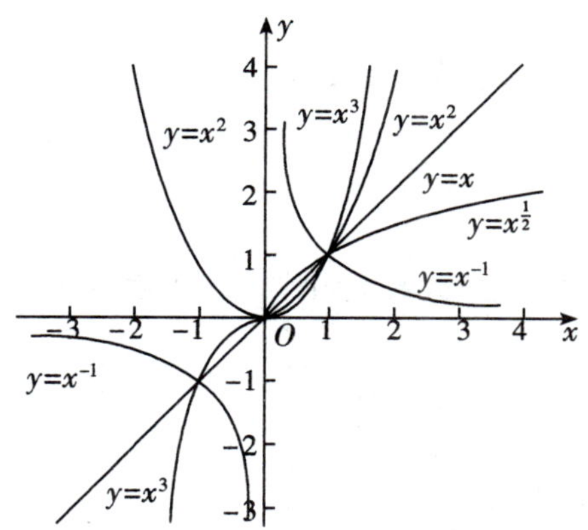

4. 有理指数幂的运算性质

(1) $a^{r}a^{s}=a^{r+s}(a>0,r,s\in\mathbf{Q})$；

(2) $(a^{r})^{s}=a^{rs}(a>0,r,s\in\mathbf{Q})$；

(3) $(ab)^{r}=a^{r}b^{r}(a>0,b>0,r\in\mathbf{Q})$。

考点 2 指数函数 【单选】 ★

1. 指数函数的定义

一般地，形如 $y=a^{x}(a>0$，且 $a\neq1)$ 的函数叫作指数函数，其中 x 是自变量，函数的定义域是 $\mathbf{R}$。

第三部分

2. 指数函数的图象及性质

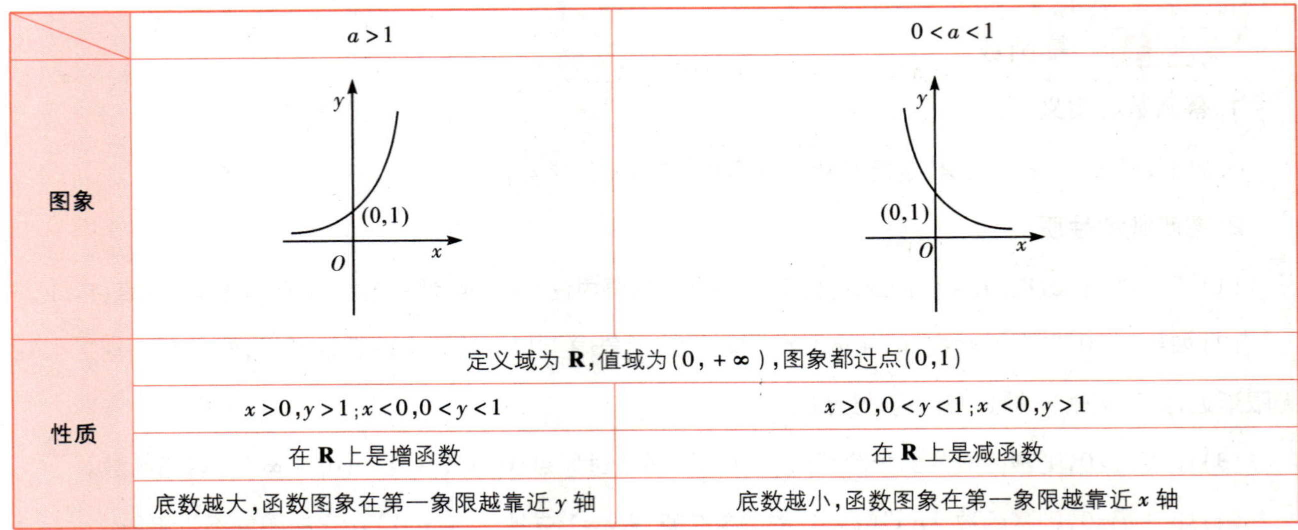

	$a>1$	$0<a<1$
图象		
性质	定义域为 $\mathbf{R}$，值域为 $(0,+\infty)$，图象都过点 $(0,1)$	
	$x>0,y>1$；$x<0,0<y<1$	$x>0,0<y<1$；$x<0,y>1$
	在 $\mathbf{R}$ 上是增函数	在 $\mathbf{R}$ 上是减函数
	底数越大，函数图象在第一象限越靠近 y 轴	底数越小，函数图象在第一象限越靠近 x 轴

真题面对面

[2021 绍兴，单，3 分] 已知 $y=4^x-2^{x+1}+b$ 在 $[-1,1]$ 上的最大值 $M=3$，则 $b=$（　　）

A. 1　　B. 2　　C. 3　　D. 4

答案：C。令 $t=2^x$，则 $t\in\left[\frac{1}{2},2\right]$，$y=t^2-2t+b=(t-1)^2+b-1$，当 $t=2$ 时，最大值 $M=(2-1)^2+b-1=3$，解得 $b=3$。

考点 3　对数函数　【单选、填空】★★

1. 对数的相关概念

（1）对数的定义

一般地，如果 $a^x=N(a>0$，且 $a\neq1)$，那么数 x 叫作以 a 为底 N 的对数，记作 $x=\log_a N$，其中 a 叫作对数的底数，N 叫作真数。

（2）对数的运算

如果 $a>0$，且 $a\neq1$，$M>0$，$N>0$，那么

①$\log_a(M\cdot N)=\log_a M+\log_a N$；

②$\log_a\left(\frac{M}{N}\right)=\log_a M-\log_a N$；

③$\log_a M^n=n\log_a M(n\in\mathbf{R})$；

④$\log_a b=\frac{\log_c b}{\log_c a}(c>0$，且 $c\neq1$；$b>0)$（换底公式）。

常用对数：通常以 10 为底的对数叫作常用对数，并把 $\log_{10}N$ 记作 $\lg N$。

自然对数：以无理数 $e=2.718\cdots$ 为底的对数叫作自然对数，并把 $\log_e N$ 记作 $\ln N$。

负数和零没有对数。

2. 对数函数的概念及性质

(1) 对数函数的定义

一般地，我们把函数 $y=\log_a x(a>0$，且 $a\neq1)$ 叫作对数函数，其中 x 是自变量，函数的定义域是 $(0,+\infty)$。

(2) 对数函数的图象及性质

	$a>1$	$0<a<1$
图象	$y=\log_a x$，O，$(1,0)$，x，y	$y=\log_a x$，O，$(1,0)$，x，y
图象特征与性质	图象都在 y 轴的右侧，定义域是 $(0,+\infty)$；值域是 $\mathbf{R}$	
	图象都经过点 $(1,0)$，即 $x=1$ 时，$y=0$	
	图象上升，为增函数	图象下降，为减函数
	$x\in(0,1)$ 时图象在 x 轴的下方，$x\in(1,+\infty)$ 时图象在 x 轴的上方，即若 $0<x<1$，则 $y<0$；若 $x>1$，则 $y>0$	$x\in(0,1)$ 时图象在 x 轴的上方，$x\in(1,+\infty)$ 时图象在 x 轴的下方，即若 $0<x<1$，则 $y>0$；若 $x>1$，则 $y<0$
	底数越大，函数图象在第一象限越靠近 x 轴	底数越小，函数图象在第一象限越靠近 y 轴

真题面对面

1. [2021 台州(天台、仙居、三门、临海)，单，1.6 分] 已知函数 $f(x)=\log_2(x^2-ax+2)$，$a\in\mathbf{R}$，若函数 $f(x)$ 是偶函数，则 $f(x)$ 的值域是( )

A. $(-\infty,-1)$　　B. $[1,+\infty)$　　C. $\left(\frac{3}{2},+\infty\right)$　　D. $\left(\frac{5}{3},+\infty\right)$

答案：B。由 $f(x)$ 是偶函数可得 $f(-x)=f(x)$，即 $\log_2(x^2-ax+2)=\log_2(x^2+ax+2)$ 恒成立，由对数函数单调性可得 $x^2-ax+2=x^2+ax+2$，解得 $a=0$，此时 $f(x)=\log_2(x^2+2)\geqslant1$，$f(x)$ 的值域为 $[1,+\infty)$。故本题选 B。

2. [2020 绍兴(三区)，单，3 分] 在同一直角坐标系中，函数 $f(x)=\frac{1}{a^x}$ 与 $g(x)=\lg\frac{a}{x}$ 的图象可能是( )

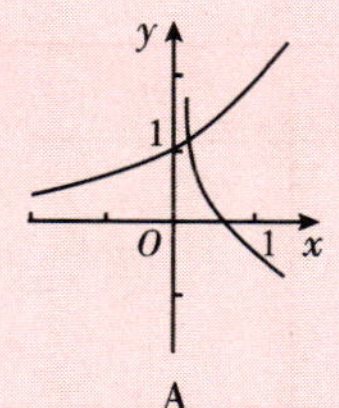

A

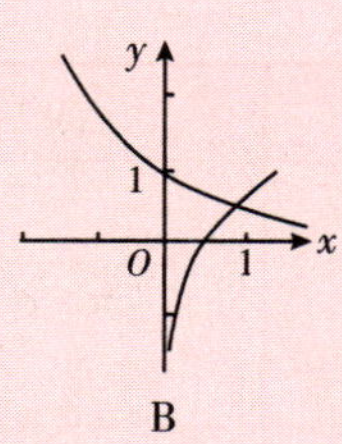

B

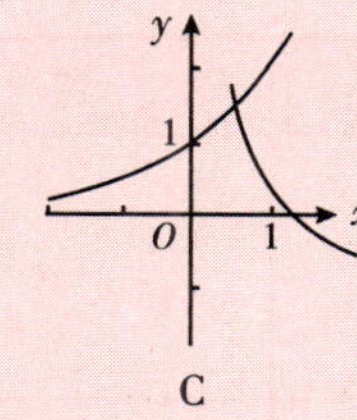

C

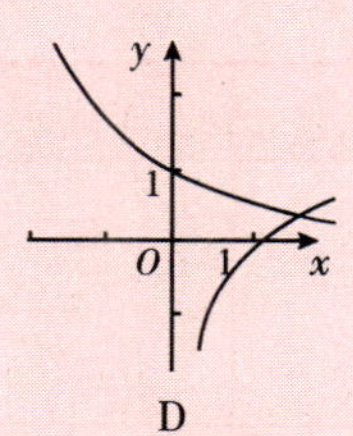

D

答案：A。$\because a>0,a\neq1$，$\therefore g(x)=\lg\frac{a}{x}$ 在 $(0,+\infty)$ 单调递减，故排除 B、D 项。在选项 A、C 中，由 $f(x)=\frac{1}{a^x}$ 的图象可知 $0<a<1$，则对于 $g(x)=\lg\frac{a}{x}$，$g(1)=\lg a<0$，故 A 正确。

考点 4 三角函数 【判断、单选、填空、解答】★★★

1. 任意角的三角函数

(1)定义

在任意角 α 的终边上任取一点 $P(x,y)$，设 $OP=r(r>0)$，我们定义：

$\frac{x}{r}$叫作角 α 的**余弦**，记作 $\cos\alpha$，即 $\cos\alpha=\frac{x}{r}$；

$\frac{y}{r}$叫作角 α 的**正弦**，记作 $\sin\alpha$，即 $\sin\alpha=\frac{y}{r}$；

$\frac{y}{x}$叫作角 α 的**正切**，记作 $\tan\alpha$，即 $\tan\alpha=\frac{y}{x}\left(\alpha\neq k\pi+\frac{\pi}{2},k\in\mathbf{Z}\right)$。

这 3 个都是以 α 为自变量的函数，分别叫作角 α 的余弦函数、正弦函数、正切函数，统称为三角函数。

$\frac{x}{y}$叫作角 α 的**余切**，记作 $\cot\alpha$，即 $\cot\alpha=\frac{x}{y}(\alpha\neq k\pi,k\in\mathbf{Z})$。

角 α 的**正割**：$\sec\alpha=\frac{1}{\cos\alpha}=\frac{r}{x}\left(\alpha\neq k\pi+\frac{\pi}{2},k\in\mathbf{Z}\right)$。

角 α 的余割：$\csc\alpha=\frac{1}{\sin\alpha}=\frac{r}{y}(\alpha\neq k\pi,k\in\mathbf{Z})$。

(2)不同象限中三角函数的符号

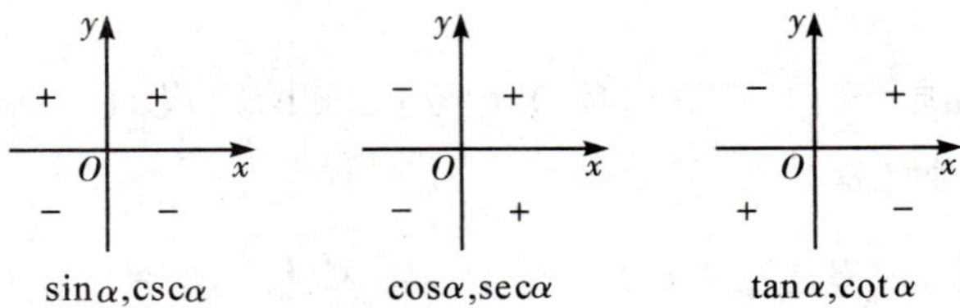

(3)同角三角函数的基本关系式

①倒数关系：$\sin\alpha\cdot\csc\alpha=1,\cos\alpha\cdot\sec\alpha=1,\tan\alpha\cdot\cot\alpha=1$。

②商数关系：$\tan\alpha=\frac{\sin\alpha}{\cos\alpha},\cot\alpha=\frac{\cos\alpha}{\sin\alpha}$。

③平方关系：$\sin^2\alpha+\cos^2\alpha=1,1+\tan^2\alpha=\sec^2\alpha,1+\cot^2\alpha=\csc^2\alpha$。

(4)诱导公式

	一	二	三	四	五	六
角	$2k\pi+\alpha$ $(k\in\mathbf{Z})$	$\pi+\alpha$	$-\alpha$	$\pi-\alpha$	$\frac{\pi}{2}-\alpha$	$\frac{\pi}{2}+\alpha$
正弦	$\sin\alpha$	$-\sin\alpha$	$-\sin\alpha$	$\sin\alpha$	$\cos\alpha$	$\cos\alpha$
余弦	$\cos\alpha$	$-\cos\alpha$	$\cos\alpha$	$-\cos\alpha$	$\sin\alpha$	$-\sin\alpha$
正切	$\tan\alpha$	$\tan\alpha$	$-\tan\alpha$	$-\tan\alpha$	$\cot\alpha$	$-\cot\alpha$

记忆有妙招

诱导公式记忆口诀：奇变偶不变，符号看象限。其中奇偶是指$\frac{\pi}{2}$的奇偶数倍；变与不变是指三角函数名称的变化，若变，则是正弦变余弦，正切变余切；根据角的范围以及三角函数在四个象限的正负，判断新三角函数的符号。（将α看作锐角）

真题面对面

[2017年1月杭州（中学），单，3分]若$\sin\alpha=\frac{1}{3}$，则$\cos\left(\frac{\pi}{2}+\alpha\right)=$（　　）

A. $\frac{1}{3}$　　B. $-\frac{1}{3}$　　C. $\frac{2\sqrt{2}}{3}$　　D. $-\frac{2\sqrt{2}}{3}$

答案：B。$\cos\left(\frac{\pi}{2}+\alpha\right)=-\sin\alpha=-\frac{1}{3}$。

(5)和、差公式

$\cos(\alpha+\beta)=\cos\alpha\cos\beta-\sin\alpha\sin\beta$；　$\cos(\alpha-\beta)=\cos\alpha\cos\beta+\sin\alpha\sin\beta$；

$\sin(\alpha+\beta)=\sin\alpha\cos\beta+\cos\alpha\sin\beta$；　$\sin(\alpha-\beta)=\sin\alpha\cos\beta-\cos\alpha\sin\beta$；

$\tan(\alpha+\beta)=\frac{\tan\alpha+\tan\beta}{1-\tan\alpha\tan\beta}$；　$\tan(\alpha-\beta)=\frac{\tan\alpha-\tan\beta}{1+\tan\alpha\tan\beta}$。

(6)倍、半角公式

$\sin2\alpha=2\sin\alpha\cos\alpha$；

$\cos2\alpha=\cos^2\alpha-\sin^2\alpha=2\cos^2\alpha-1=1-2\sin^2\alpha$；

$2\sin^2\frac{\alpha}{2}=1-\cos\alpha$；

$2\cos^2\frac{\alpha}{2}=1+\cos\alpha$；

$\tan\frac{\alpha}{2}=\pm\sqrt{\frac{1-\cos\alpha}{1+\cos\alpha}}=\frac{1-\cos\alpha}{\sin\alpha}=\frac{\sin\alpha}{1+\cos\alpha}$。

(7)万能公式

$\sin2\alpha=\frac{2\tan\alpha}{1+\tan^2\alpha}$；$\cos2\alpha=\frac{1-\tan^2\alpha}{1+\tan^2\alpha}$；$\tan2\alpha=\frac{2\tan\alpha}{1-\tan^2\alpha}$。

真题面对面

[2021年4月金华、诸暨，填空，3分]已知角$\alpha\in\left(-\frac{\pi}{2},0\right)$，$\sin\left(\alpha+\frac{\pi}{4}\right)=\frac{1}{3}$，则$\cos2\alpha=$______。

答案：$\frac{4\sqrt{2}}{9}$。$\alpha\in\left(-\frac{\pi}{2},0\right)$，$\sin\left(\alpha+\frac{\pi}{4}\right)=\frac{1}{3}$，所以$\cos\left(\alpha+\frac{\pi}{4}\right)=\frac{2\sqrt{2}}{3}$，$\cos2\alpha=\sin\left(2\alpha+\frac{\pi}{2}\right)=\sin\left(\alpha+\frac{\pi}{4}+\alpha+\frac{\pi}{4}\right)=\sin2\left(\alpha+\frac{\pi}{4}\right)=2\sin\left(\alpha+\frac{\pi}{4}\right)\cos\left(\alpha+\frac{\pi}{4}\right)=\frac{4\sqrt{2}}{9}$。

第三部分

2. 正弦函数、余弦函数和正切函数的图象与性质

函数		$y=\sin x$	$y=\cos x$	$y=\tan x$
一周期简图				
定义域		**R**	**R**	$\left\{x \mid x\neq k\pi+\frac{\pi}{2},k\in\mathbf{Z}\right\}$
值域		$[-1,1]$	$[-1,1]$	**R**
最值		当 $x=2k\pi+\frac{\pi}{2}(k\in\mathbf{Z})$ 时，$y_{max}=1$；当 $x=2k\pi-\frac{\pi}{2}(k\in\mathbf{Z})$ 时，$y_{min}=-1$	当 $x=2k\pi(k\in\mathbf{Z})$ 时，$y_{max}=1$；当 $x=2k\pi+\pi(k\in\mathbf{Z})$ 时，$y_{min}=-1$	既无最大值也无最小值
周期性		2π	2π	π
奇偶性		奇函数	偶函数	奇函数
单调性	单调增区间	$\left[2k\pi-\frac{\pi}{2},2k\pi+\frac{\pi}{2}\right](k\in\mathbf{Z})$	$[2k\pi-\pi,2k\pi](k\in\mathbf{Z})$	在 $\left(k\pi-\frac{\pi}{2},k\pi+\frac{\pi}{2}\right)(k\in\mathbf{Z})$ 上恒增
	单调减区间	$\left[2k\pi+\frac{\pi}{2},2k\pi+\frac{3\pi}{2}\right](k\in\mathbf{Z})$	$[2k\pi,2k\pi+\pi](k\in\mathbf{Z})$	
对称性	对称中心	$(k\pi,0)(k\in\mathbf{Z})$	$\left(k\pi+\frac{\pi}{2},0\right)(k\in\mathbf{Z})$	$\left(\frac{k\pi}{2},0\right)(k\in\mathbf{Z})$
	对称轴	$x=k\pi+\frac{\pi}{2}(k\in\mathbf{Z})$	$x=k\pi(k\in\mathbf{Z})$	无对称轴

3. 正弦曲线 $y=A\sin(\omega x+\varphi)$

一般地，正弦曲线 $y=A\sin(\omega x+\varphi)$（其中 $A,\omega>0$）是周期为 $T=\frac{2\pi}{\omega}$ 的函数，A 称为**振幅**，φ 称为**初相**，ω 称为**角频率**，$\frac{1}{T}$ 称为**频率**。

由 $y=\sin x$ 的图象变换出 $y=A\sin(\omega x+\varphi)$ 的图象一般有两个方法：

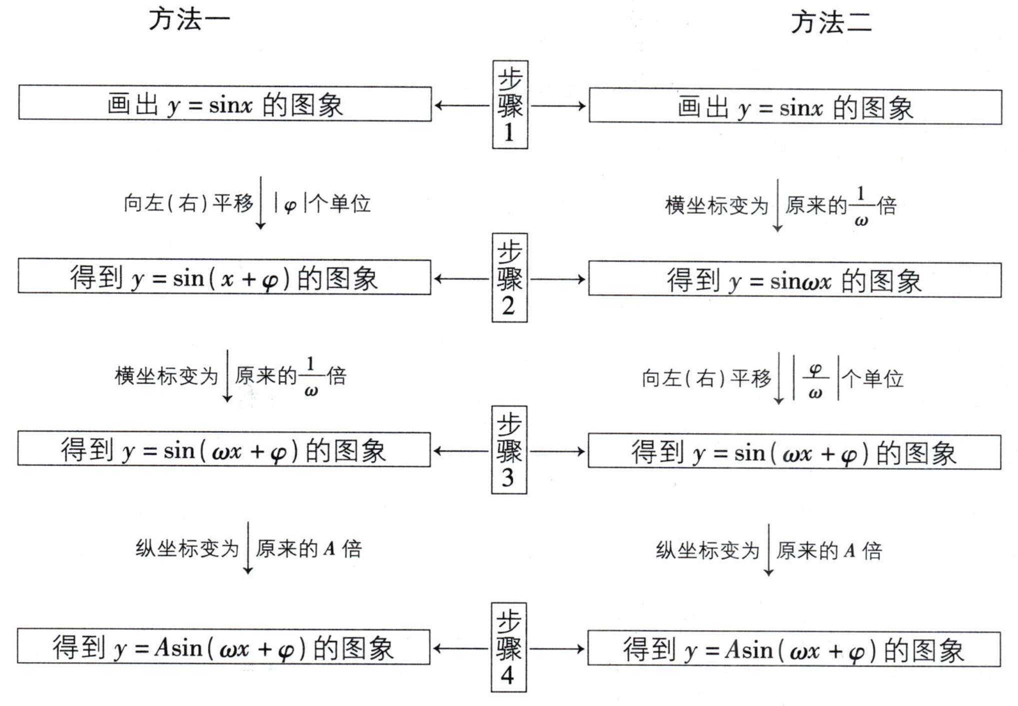

真题面对面

[2021 年 4 月金华、诸暨,单,3 分]若保持函数 $f(x)=\sin\left(x-\frac{\pi}{6}\right)$ 图象上的所有点的纵坐标不变,横坐标变为原来的 $w(w>0)$ 倍,得到函数 $h(x)$ 的图象,若 $h(x)$ 在 $[0,\pi]$ 上有且仅有 2 个零点,下列结论正确的是(　　)

A. 实数 w 的取值范围为 $\frac{6}{13}<w\leqslant\frac{6}{7}$

B. 若 $w=\frac{3}{4}$,则直线 $x=\frac{8\pi}{9}$ 是函数 $h(x)$ 的一条对称轴

C. 若 $w=\frac{3}{4}$,则函数 $h(x)$ 的图象关于点 $\left(\frac{2\pi}{9},0\right)$ 对称

D. 函数 $h(x)$ 在 $[0,\pi]$ 上有 2 个极大值点

答案:A。由题意得 $h(x)=\sin\left(\frac{x}{w}-\frac{\pi}{6}\right)$,当 $x\in[0,\pi]$ 时,$\frac{x}{w}-\frac{\pi}{6}\in\left[-\frac{\pi}{6},\frac{\pi}{w}-\frac{\pi}{6}\right]$,$h(x)$ 在 $[0,\pi]$ 上有且仅有 2 个零点,则 $\pi\leqslant\frac{\pi}{w}-\frac{\pi}{6}<2\pi$,解得 $\frac{6}{13}<w\leqslant\frac{6}{7}$,故 A 项正确;当 $w=\frac{3}{4}$ 时,$h(x)=\sin\left(\frac{4x}{3}-\frac{\pi}{6}\right)$,令 $\frac{4x}{3}-\frac{\pi}{6}=k\pi+\frac{\pi}{2}$,$k\in\mathbf{Z}$,解得 $x=\frac{3}{4}k\pi+\frac{\pi}{2}$,当 $x=\frac{8\pi}{9}$ 时,k 不为整数,故 B 项不正确;当 $w=\frac{3}{4}$,$h(x)=\sin\left(\frac{4x}{3}-\frac{\pi}{6}\right)$,若函数图象关于某点对称,则 $\frac{4x}{3}-\frac{\pi}{6}=k\pi$,$k\in\mathbf{Z}$,解得 $x=\frac{3}{4}k\pi+\frac{\pi}{8}$,当 $x=\frac{2}{9}\pi$ 时,k 不为整数,故 C 项不正确;$h(x)$ 在 $[0,\pi]$ 上有且仅有 2 个零点,可简单画出函数 $h(x)$ 的图象,可得 $h(x)$ 在 $[0,\pi]$ 上有且仅有 1 个极大值点。

第三部分

考法大揭秘

三角函数的周期与最值的计算方法

1. 三角函数最小正周期的求法

(1)公式法:将函数化为 $y=A\sin(\omega x+\varphi)+k$ 或 $y=A\cos(\omega x+\varphi)+k$($A,\omega,\varphi,k$ 为常数,且 $A\neq0,\omega\neq0$)的形式,再利用 $T=\frac{2\pi}{|\omega|}$ 求得;或将函数化为 $y=A\tan(\omega x+\varphi)+B$ 的形式,利用 $T=\frac{\pi}{|\omega|}$ 求得。

(2)最小公倍数法:由三角函数的代数和组成的三角函数式,可找出各个加函数的最小正周期,然后找出所有周期的最小公倍数即得。特别注意:对正、余弦函数的差不能用此法。

2. 三角函数的值域(最值)的解题方法

(1)直接法:形如 $y=a\sin x+k$ 或 $y=a\cos x+k(a\neq0)$ 的三角函数,直接利用 $\sin x,\cos x$ 的值域求出。

(2)化一法:形如 $y=a\sin x+b\cos x+k(a,b\neq0)$ 的三角函数,化为 $y=A\sin(\omega x+\varphi)+k$($A,\omega,\varphi,k$ 为常数,且 $A\neq0,\omega\neq0$)的形式,确定 $\omega x+\varphi$ 的范围,根据正弦函数单调性写出函数的值域(最值)。

(3)换元法:形如 $y=a\sin^2x+b\sin x+k(a,b\neq0)$ 的三角函数,可先设 $\sin x=t$,化为关于 t 的二次函数求值域(最值);形如 $y=a\sin x\cos x+b(\sin x\pm\cos x)+c(a,b\neq0)$ 的三角函数,可先设 $t=\sin x\pm\cos x$,化为关于 t 的二次函数求值域(最值)。换元后要注意标出 t 的取值范围。

真题面对面

[2022 年 6 月杭州(中小学),单,3 分]函数 $f(x)=\sin\left(2x+\frac{\pi}{4}\right),x\in\mathbf{R}$ 的最小正周期是(　　)

A. 2π　　B. π　　C. $\frac{\pi}{2}$　　D. $\frac{\pi}{4}$

答案:B。最小正周期 $T=\frac{2\pi}{2}=\pi$。

4. 解三角形

(1)正弦定理

在一个三角形中,各边的长和它所对角的正弦的比相等,即 $\frac{a}{\sin A}=\frac{b}{\sin B}=\frac{c}{\sin C}=2R$($R$ 为三角形外接圆半径)。

三角形面积公式:$S=\frac{1}{2}ab\sin C=\frac{1}{2}bc\sin A=\frac{1}{2}ac\sin B$。

(2)余弦定理

①三角形任何一边的平方等于其他两边的平方和减去这两边与它们夹角的余弦的积的两倍,即 $c^2=a^2+b^2-2ab\cos C,b^2=a^2+c^2-2ac\cos B,a^2=b^2+c^2-2bc\cos A$。

②余弦定理的另一种形式:$\cos A=\frac{b^2+c^2-a^2}{2bc},\cos B=\frac{c^2+a^2-b^2}{2ca},\cos C=\frac{a^2+b^2-c^2}{2ab}$。

第三部分

真题面对面

1. [2021 宁波,判断,1 分]已知$\frac{a}{\cos A}=\frac{b}{\cos B}=\frac{c}{\cos C}$,则$\triangle ABC$是等边三角形。 ( )

答案:√。由题意知,$\frac{a}{\cos A}=\frac{b}{\cos B}$,则 $\sin A\cos B-\sin B\cos A=0$,则 $\sin(A-B)=0$,∵ $\angle A,\angle B\in(0,\pi)$,则$\angle A=\angle B$,同理可得$\angle B=\angle C$, $\angle A=\angle C$,∴ $\triangle ABC$是等边三角形。

2. [2022 年 6 月杭州(中小学),填空,4 分]在$\triangle ABC$中,$BC=2$,$\angle BAC=60°$,则 $S_{\triangle ABC}$最大为________。

答案$\sqrt{3}$。设$\triangle ABC$的内角A,B,C所对的边分别为a,b,c,则$S_{\triangle ABC}=\frac{1}{2}bc\sin 60°=\frac{\sqrt{3}}{4}bc$,又由余弦定理可得$\cos\angle BAC=\cos 60°=\frac{b^2+c^2-a^2}{2bc}\Rightarrow b^2+c^2=4+bc$,又因为$b^2+c^2\geqslant 2bc\Rightarrow bc\leqslant 4$,当且仅当$b=c$时等号成立,所以$S_{\triangle ABC}\leqslant\frac{\sqrt{3}}{4}\times 4=\sqrt{3}$。

五、函数的应用 【单选、填空】 ★★

考点 1 函数与方程

1. 方程的根与函数的零点

对于方程$y=f(x)(x\in D)$,我们把使$f(x)=0$的实数x叫作函数$y=f(x)(x\in D)$的零点。

方程$f(x)=0$有实根⇔函数$y=f(x)$的图象与x轴有交点⇔函数$y=f(x)$有零点。

2. 函数零点的判定

如果函数$y=f(x)$在区间$[a,b]$上的图象是连续不断的一条曲线,且$f(a)\cdot f(b)<0$,那么函数$y=f(x)$在区间(a,b)内有零点,即存在$x_0\in(a,b)$,使得$f(x_0)=0$,这个x_0就是方程$f(x)=0$的根。

3. 有关函数零点的结论

(1)若连续不断的函数$f(x)$在定义域上是单调函数,则$f(x)$至多有一个零点。

(2)连续不断的函数,其相邻两个零点之间的所有函数值保持同号。

(3)连续不断的函数图象通过零点时,函数值可能变号,也可能不变号。

考法大揭秘

判断函数零点个数常用的方法

(1)解方程法:令$f(x)=0$,如果方程有解,一般有几个解就有几个零点;

(2)利用零点判定定理:利用该定理不仅要求函数在$[a,b]$上的图象是连续曲线,且$f(a)\cdot f(b)<0$,还要结合函数的性质确定函数零点的个数;

(3)数形结合法:转化为两个相应函数图象的交点的个数问题,有几个交点就有几个零点;

(4)利用函数的单调性(通过求导来确定函数的单调区间)来判断函数零点的个数;

(5)化函数的零点个数问题为方程$g(x)=h(x)$的解的个数问题,在同一坐标系下作出$y=g(x)$和$y=h(x)$的图象,两函数图象的交点个数就是函数$f(x)$的零点的个数。

第三部分

真题面对面

[2021 台州(天台、仙居、三门、临海),填空,2 分]函数 $f(x)=1-3\sin x$ 在区间 $\left(-2\pi,\frac{5\pi}{6}\right)$ 上的零点个数为________。

答案:3。由 $f(x)=0$ 得 $\sin x=\frac{1}{3}$,作出函数 $f(x)=1-3\sin x$ 在区间 $\left(-2\pi,\frac{5\pi}{6}\right)$ 上的图象,因为 $\sin\frac{5\pi}{6}=\frac{1}{2}>\frac{1}{3}$,所以由图可知直线 $y=\frac{1}{3}$ 与 $f(x)$ 图象有 3 个交点,从而函数 $f(x)=1-3\sin x$ 在区间 $\left(-2\pi,\frac{5\pi}{6}\right)$ 上有 3 个零点。

考点 2 函数模型及其应用

常见的函数模型有一次函数模型、二次函数模型、指数函数模型、对数函数模型、分段函数模型、三角函数模型等。常解决的几类应用题:(1)几何问题;(2)利润最大、费用最省问题;(3)复利问题;(4)变化率问题;(5)物理问题。

用函数模型解应用题的基本步骤:(1)阅读并且理解题意(关键是数据、字母的实际意义);(2)设量建模;(3)求解函数模型;(4)简要回答实际问题。

注:求解应用性问题时,不仅要考虑函数本身的定义域,还要结合实际问题确定自变量的取值范围。

真题面对面

[2020 丽水缙云县,单,2 分]下图是水滴进玻璃容器的示意图(滴水速度相同),下列选项中,正确表示容器中水的高度随滴水时间变化的情况(图中刻度、单位都相同)的是(　　)

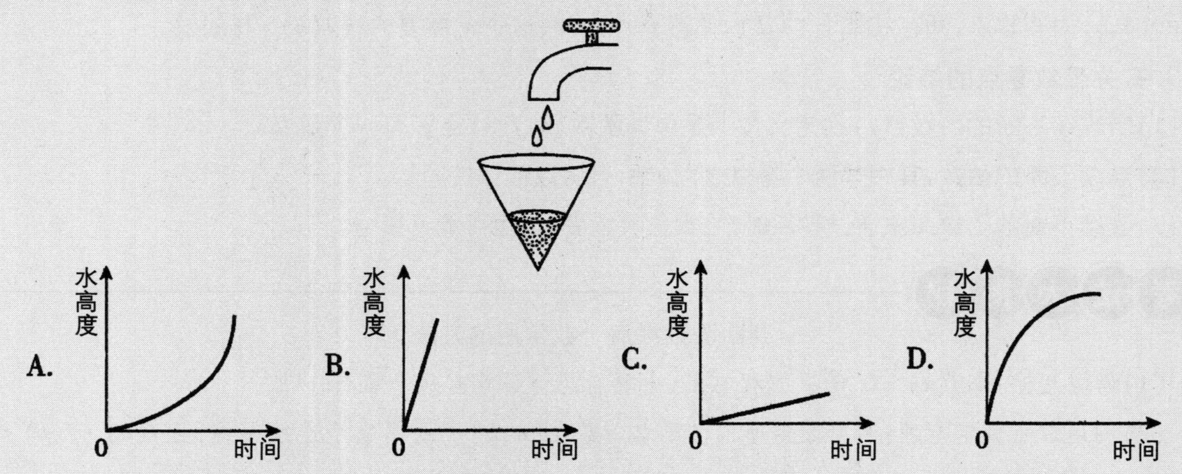

答案:D。由图知,该容器为圆锥形容器,当滴水速度相同时,刚开始水位上升得较快,随着时间的增加,单位时间内容器中的水位上升也会越来越慢。

达标测评

建议用时	实际用时	测评总分	实际得分
40 分钟	______分钟	60 分	______分

一、单项选择题(每小题 3 分,共 30 分)

1. 函数$\log_2\sin\left(2x+\frac{\pi}{6}\right)$的单调递减区间是(　　)

A. $\left[k\pi-\frac{5\pi}{12},k\pi+\frac{\pi}{6}\right),k\in\mathbf{Z}$

B. $\left[k\pi-\frac{5\pi}{12},k\pi+\frac{5\pi}{12}\right),k\in\mathbf{Z}$

C. $\left[k\pi-\frac{\pi}{6},k\pi+\frac{\pi}{6}\right),k\in\mathbf{Z}$

D. $\left[k\pi+\frac{\pi}{6},k\pi+\frac{5\pi}{12}\right),k\in\mathbf{Z}$

2. 已知$f(x)=2^x+\frac{a}{2^x}$为奇函数,$g(x)=bx-\log_2(4^x+1)$为偶函数,则$f(ab)=$(　　)

A. $\frac{17}{4}$

B. $\frac{5}{2}$

C. $-\frac{15}{4}$

D. $-\frac{3}{2}$

3. 函数$y=\ln|\sin x|(-\pi<x<\pi$,且$x\neq0)$的图象大致是(　　)

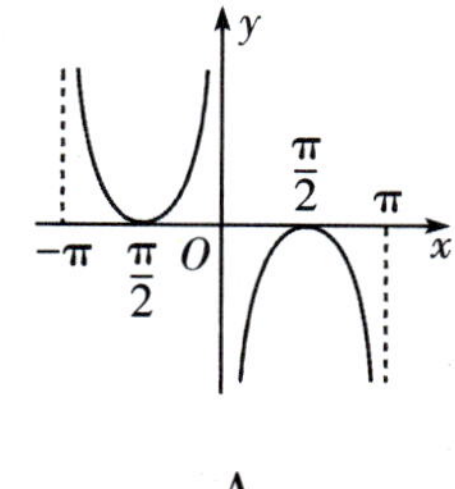

A

B

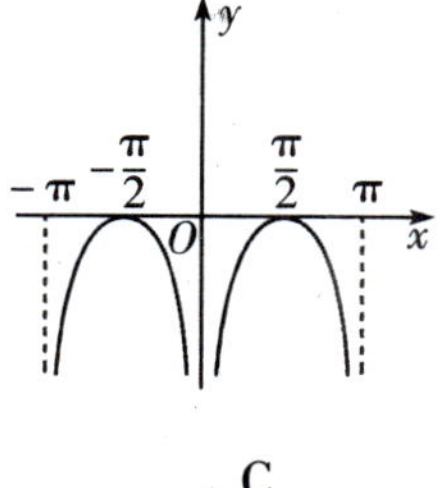

C

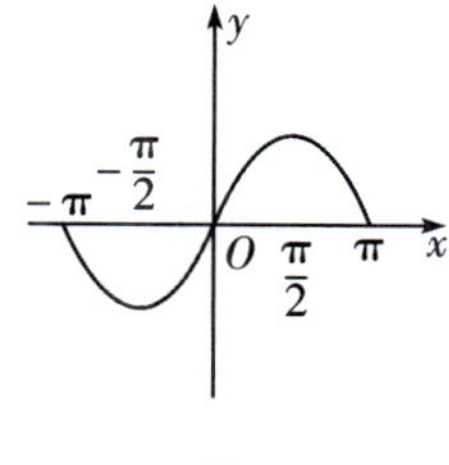

D

4. 如果幂函数$y=x^\alpha$的图象经过点$(2,\frac{\sqrt{2}}{2})$,则$f(4)$的值等于(　　)

A. $\frac{1}{2}$

B. 2

C. $\frac{1}{16}$

D. 16

5. 若函数$f(x)=\log_3(x+1)$的反函数为$y=f^{-1}(x)$,则方程$f^{-1}(x)=8$的解是(　　)

A. 1

B. 2

C. -2

D. -1

6. 设函数$f(x)=\begin{cases}m+x^2,|x|\geq1,\\x,|x|<1\end{cases}$的图象过点$(1,1)$,函数$g(x)$是二次函数,若函数$f(g(x))$的值域是

第三部分

$[0,+\infty)$，则函数 $g(x)$ 的值域是(　　)

A. $(-\infty,-1]\cup[1,+\infty)$　　B. $(-\infty,-1]\cup[0,+\infty)$

C. $[0,+\infty)$　　D. $[1,+\infty)$

7. 已知函数 $f(x)$ 满足 $f(x+2)=f(x)$，且 $f(x)$ 是偶函数，当 $x\in[0,1]$ 时，$f(x)=x$。若在区间 $[-1,3]$ 内，函数 $g(x)=f(x)-kx-k$ 有 3 个零点，则实数 k 的取值范围是(　　)

A. $\left[\frac{1}{4},\frac{1}{2}\right]$　　B. $\left(\frac{1}{4},\frac{1}{2}\right)$　　C. $\left(0,\frac{1}{4}\right)$　　D. $\left(\frac{1}{2},1\right)$

8. 已知函数 $f(x)=x|x|-2x$，则下列结论正确的是(　　)

A. $f(x)$ 是偶函数，递增区间是 $(0,+\infty)$　　B. $f(x)$ 是偶函数，递减区间是 $(-\infty,1)$

C. $f(x)$ 是奇函数，递减区间是 $(-1,1)$　　D. $f(x)$ 是奇函数，递增区间是 $(-\infty,0)$

9. 反比例函数 $f(x)=\frac{k}{x}(x\neq0)$ 的图象如图所示，下列结论正确的是(　　)

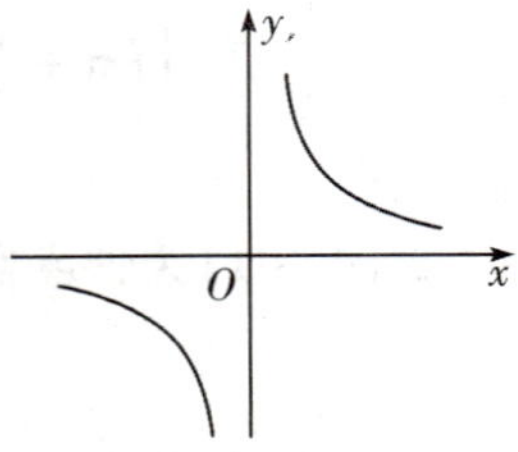

A. 常数 $k<-1$

B. 函数 $f(x)$ 在定义域范围内，y 随着 x 的增大而减小

C. 若点 $C(-1,m)$，点 $B(2,n)$ 在函数 $f(x)$ 的图象上，则 $m<n$

D. 函数 $f(x)$ 图象对称轴的直线方程为 $y=x$

第三部分

10. 函数 $f(x)=\sin^2x+\sqrt{3}\sin x\cos x$ 在区间 $\left[\frac{\pi}{4},\frac{\pi}{2}\right]$ 上的最大值是(　　)

A. 1　　B. $\frac{1+\sqrt{3}}{2}$　　C. $\frac{3}{2}$　　D. $1+\sqrt{3}$

二、填空题(每小题 3 分，共 12 分)

11. 已知 $\sin\alpha=\frac{3}{5}$，$\alpha\in\left(-\frac{\pi}{2},\frac{\pi}{2}\right)$，则 $\cos\left(\alpha+\frac{5}{4}\pi\right)=$________。

12. 已知函数 $f(x)=(m^2-m-1)x^{m^2+2m-3}$ 是幂函数，且其图象与两坐标轴都没有交点，则实数 $m=$________。

13. 已知函数 $f(x)=x^2-(a-1)x+5$ 在区间 $\left(\frac{1}{2},1\right)$ 上为增函数，那么 $f(2)$ 的取值范围是________。

14. 函数 $f(x)=\begin{cases}2^x-1, x\leqslant0,\\ x^{\frac{1}{2}}, x>0,\end{cases}$ 若 $f(a)>3$，则 a 的取值范围是________。

三、解答题(每小题 6 分，共 18 分)

15. 已知 m,n 是方程 $x^2-6x+5=0$ 的两个实数根，且 $m<n$，抛物线 $y=-x^2+bx+c$ 的图象经过点 $A(m,0)$，

$B(0,n)$,如图所示,求这个抛物线的解析式。

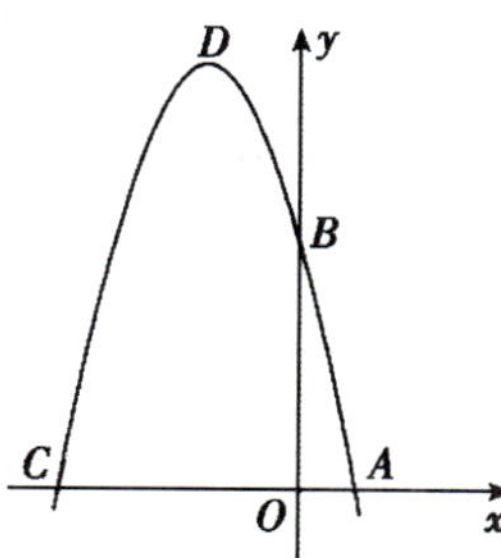

16. 已知△ABC 的内角 A,B,C 满足$\frac{\sin A-\sin B+\sin C}{\sin C}=\frac{\sin B}{\sin A+\sin B-\sin C}$。

(1)求角 A;

(2)若△ABC 的外接圆半径为 1,求△ABC 面积的最大值。

17. 已知函数$f(x)=4\cos x\sin\left(x+\frac{\pi}{6}\right)-1$。

(1)求$f(x)$的最小正周期;

(2)求$f(x)$在区间$\left[-\frac{\pi}{6},\frac{\pi}{4}\right]$上的最大值和最小值。

参考答案及解析

一、单项选择题

1. D [解析]由题意可知 $\sin\left(2x+\frac{\pi}{6}\right)>0$,由正弦函数的图象可知,该函数的单调递减区间满足 $2k\pi+\frac{\pi}{2}\leqslant 2x+\frac{\pi}{6}<2k\pi+\pi,k\in\mathbf{Z}$,解得 $x\in\left[k\pi+\frac{\pi}{6},k\pi+\frac{5\pi}{12}\right),k\in\mathbf{Z}$。故选 D。

2. D [解析]由$f(x)=2^x+\frac{a}{2^x}$为奇函数,得$f(-x)+f(x)=0$,即$\left(2^x+\frac{a}{2^x}\right)+\left(2^{-x}+\frac{a}{2^{-x}}\right)=0$,可得 $a=-1$。由 $g(x)=bx-\log_2(4^x+1)$为偶函数,得$g(x)=g(-x)$,即 $bx-\log_2(4^x+1)=b(-x)-\log_2(4^{-x}+1)$,即有 $2bx=\log_2(4^x+1)-\log_2(4^{-x}+1)=\log_2\frac{4^x+1}{4^{-x}+1}=\log_2\frac{4^x(4^x+1)}{4^x+1}=\log_2 4^x=\log_2 2^{2x}=2x$,解得 $b=1$,可得 $ab=-1$,故$f(ab)=f(-1)=2^{-1}+\frac{-1}{2^{-1}}=-\frac{3}{2}$。故选 D。

3. C [解析]因为$|\sin x|\leqslant 1$ 且$|\sin x|\neq 0$,所以$\ln|\sin x|\leqslant 0$,即图象均在 x 轴的下方。故选 C。

4. A [解析]由题意得,$\frac{\sqrt{2}}{2}=2^{\alpha}$,解得 $\alpha=-\frac{1}{2}$,所以$y=x^{-\frac{1}{2}}$,故$f(4)=4^{-\frac{1}{2}}=\frac{1}{2}$。

5. B [解析]由 $y=f(x)=\log_3(x+1)$,得 $x=3^y-1$,即 $f^{-1}(x)=3^x-1$,于是由 $3^x-1=8$,解得 $x=2$。故选 B。

6. C [解析]因为函数$f(x)=\begin{cases}m+x^2,|x|\geqslant 1,\\x,|x|<1\end{cases}$的图象过点$(1,1)$,所以 $m+1=1,m=0$,所以$f(x)=$

第三部分

$\begin{cases}x^2,|x|\geqslant 1,\\ x,|x|<1,\end{cases}$ 因为函数 $g(x)$ 是二次函数，值域不会是选项 A、B。画出函数 $y=f(x)$ 的图象（如图），易知，当 $g(x)$ 的值域是 $[0,+\infty)$ 时，函数 $f(g(x))$ 的值域是 $[0,+\infty)$。

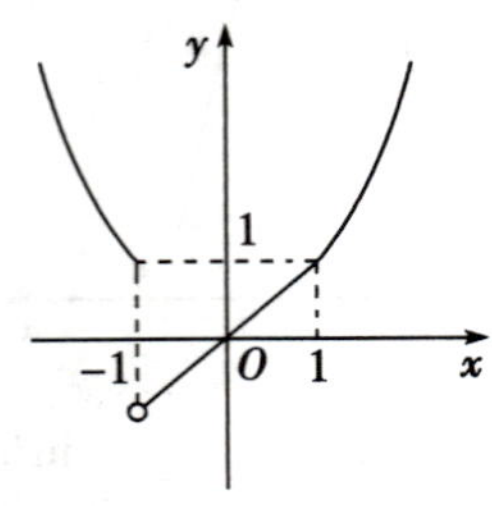

7. B ［解析］根据已知条件知函数 $f(x)$ 是周期为 2 的偶函数，且当 $x\in[0,1]$ 时，$f(x)=x$，则若 $x\in[-1,0]$，即 $-x\in[0,1]$ 时，$f(-x)=-x=f(x)$，即 $x\in[-1,0]$ 时，$f(x)=-x$。函数 $g(x)$ 的零点个数便是函数 $f(x)$ 和函数 $y=k(x+1)$ 的交点个数，$\therefore$ 如图所示，在区间 $[-1,3]$ 内，①若 $k>0$，当 $y=k(x+1)$ 经过点 $(1,1)$ 时，$k=\frac{1}{2}$，此时只有 2 个交点；当经过点 $(3,1)$ 时，$k=\frac{1}{4}$，此时有 4 个交点，$\therefore$ 若满足只有 3 个交点，则 $\frac{1}{4}<k<\frac{1}{2}$；②若 $k<0$，即函数 $y=k(x+1)$ 在 y 轴上的截距小于 0，显然此时该直线与 $f(x)$ 的图象不可能有 3 个交点，即这种情况不存在；③若 $k=0$，得到直线 $y=0$，显然与 $f(x)$ 图象只有 2 个交点。综上得实数 k 的取值范围是 $\left(\frac{1}{4},\frac{1}{2}\right)$。

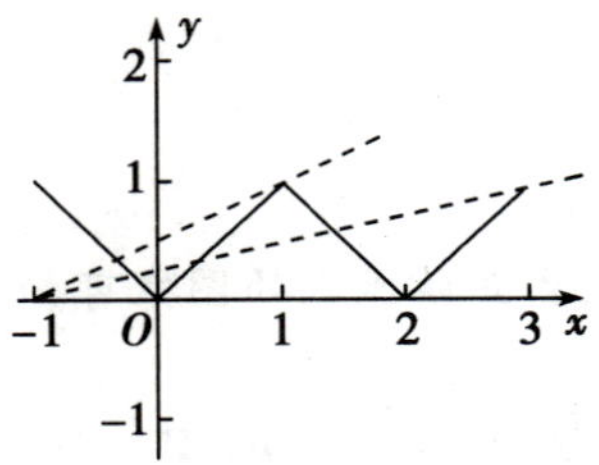

8. C ［解析］将函数 $f(x)=x|x|-2x$，去绝对值得 $f(x)=\begin{cases}x^2-2x,x\geqslant 0,\\ -x^2-2x,x<0,\end{cases}$ 画出函数 $f(x)$ 的图象，如图所示，观察图象可知，函数 $f(x)$ 的图象关于原点对称，故函数 $f(x)$ 为奇函数，且在区间 $(-1,1)$ 上单调递减。

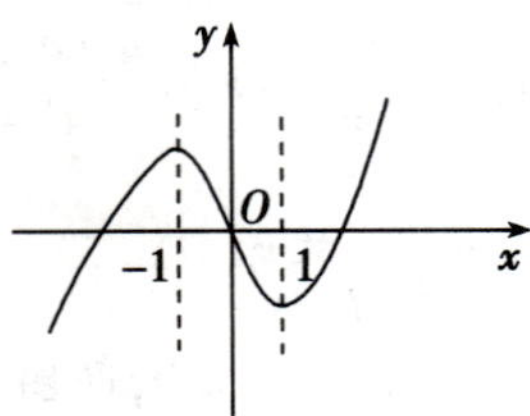

9. C ［解析］由图象可知常数 $k>0$，A 项错误；当 $x>0$ 时，y 随着 x 的增大而减小，当 $x<0$ 时，y 随着 x 的增大而减小，B 项说法不严谨，错误；由反比例函数的解析式可得，$m=-k<0$，$n=\frac{k}{2}>0$，则 $m<n$，C 项正确；函数 $f(x)$ 图象的对称轴有两条，$y=x$ 和 $y=-x$，D 项错误。

10. C ［解析］$f(x)=\sin^2x+\sqrt{3}\sin x\cos x=\frac{\sqrt{3}}{2}\sin 2x-\frac{1}{2}\cos 2x+\frac{1}{2}=\sin\left(2x-\frac{\pi}{6}\right)+\frac{1}{2}$，$\because x\in\left[\frac{\pi}{4},\frac{\pi}{2}\right]$，$\therefore 2x-$

$\frac{\pi}{6}\in\left[\frac{\pi}{3},\frac{5\pi}{6}\right]$,∴ 函数$f(x)$的最大值为$\frac{3}{2}$。故选 C。

二、填空题

11. $-\frac{\sqrt{2}}{10}$ [解析]∵ $\sin\alpha=\frac{3}{5}$,$\alpha\in\left(-\frac{\pi}{2},\frac{\pi}{2}\right)$,∴ $\cos\alpha=\sqrt{1-\sin^2\alpha}=\frac{4}{5}$,则$\cos\left(\alpha+\frac{5}{4}\pi\right)=\cos\left[\pi+\left(\alpha+\frac{1}{4}\pi\right)\right]=$ $-\cos\left(\alpha+\frac{1}{4}\pi\right)=-\cos\alpha\cos\frac{1}{4}\pi+\sin\alpha\sin\frac{1}{4}\pi=-\frac{\sqrt{2}}{10}$。

12. -1 [解析]∵ 函数$f(x)=(m^2-m-1)x^{m^2+2m-3}$是幂函数,∴ $m^2-m-1=1$,解得$m=2$或$m=-1$,当$m=2$时,$f(x)=x^5$,其图象与两坐标轴有交点不合题意,当$m=-1$时,$f(x)=\frac{1}{x^4}$,其图象与两坐标轴都没有交点,符合题意,故$m=-1$。

13. $[7,+\infty)$ [解析]函数$f(x)=x^2-(a-1)x+5$在区间$\left(\frac{1}{2},1\right)$上为增函数,由于其图象(抛物线)开口向上,对称轴为$x=\frac{a-1}{2}$,与直线$x=\frac{1}{2}$重合或位于直线$x=\frac{1}{2}$的左侧,则应有$\frac{a-1}{2}\leqslant\frac{1}{2}$,解得$a\leqslant2$,所以$f(2)=4-(a-1)\times2+5=11-2a\geqslant7$,即$f(2)\geqslant7$。

14. $(9,+\infty)$ [解析]由题意得$\begin{cases}a\leqslant0,\\2^a-1>3\end{cases}$或$\begin{cases}a>0,\\a^{\frac{1}{2}}>3,\end{cases}$解得$a>9$。

三、解答题

15. [解析]解方程$x^2-6x+5=0$,得$x=1$或$x=5$,由于$m<n$,则有$m=1$,$n=5$,所以点A,B的坐标分别为$A(1,0)$,$B(0,5)$,将A,B两点代入$y=-x^2+bx+c$得,$\begin{cases}-1+b+c=0,\\c=5,\end{cases}$解得$b=-4$,$c=5$,故抛物线的解析式为$y=-x^2-4x+5$。

16. [解析](1)设内角A,B,C所对的边分别为a,b,c,根据$\frac{\sin A-\sin B+\sin C}{\sin C}=\frac{\sin B}{\sin A+\sin B-\sin C}$及正弦定理,得$\frac{a-b+c}{c}=\frac{b}{a+b-c}\Rightarrow a^2=b^2+c^2-bc$,所以$\cos A=\frac{b^2+c^2-a^2}{2bc}=\frac{1}{2}$,又$0<\angle A<\pi$,故$\angle A=\frac{\pi}{3}$。

(2)由$\frac{a}{\sin A}=2R=2\Rightarrow a=2\sin\frac{\pi}{3}=\sqrt{3}$,所以$a^2=3=b^2+c^2-bc\geqslant2bc-bc=bc$,则$S_{\triangle ABC}=\frac{1}{2}bc\sin A\leqslant\frac{1}{2}\times3\times\frac{\sqrt{3}}{2}=\frac{3\sqrt{3}}{4}$(当且仅当$b=c$时取等号),故$\triangle ABC$面积的最大值为$\frac{3\sqrt{3}}{4}$。

17. [解析]$f(x)=4\cos x\sin\left(x+\frac{\pi}{6}\right)-1$

$=4\cos x\left(\frac{\sqrt{3}}{2}\sin x+\frac{1}{2}\cos x\right)-1$

$=2\sqrt{3}\sin x\cos x+2\cos^2x-1$

$=\sqrt{3}\sin2x+\cos2x$

$=2\sin\left(2x+\frac{\pi}{6}\right)$。

(1)$f(x)$的最小正周期为$\frac{2\pi}{\omega}=\frac{2\pi}{2}=\pi$。

(2)因为$-\frac{\pi}{6}\leqslant x\leqslant\frac{\pi}{4}$,

所以$-\frac{\pi}{6}\leqslant 2x+\frac{\pi}{6}\leqslant\frac{2\pi}{3}$,

所以当$2x+\frac{\pi}{6}=\frac{\pi}{2}$,即$x=\frac{\pi}{6}$时,

$f(x)_{\max}=2\times 1=2$,

当$2x+\frac{\pi}{6}=-\frac{\pi}{6}$,即$x=-\frac{\pi}{6}$时,

$f(x)_{\min}=2\times\left(-\frac{1}{2}\right)=-1$,

故$f(x)$在区间$\left[-\frac{\pi}{6},\frac{\pi}{4}\right]$上的最大值为2,最小值为$-1$。

第三部分

第九章 极限与连续

思维导图

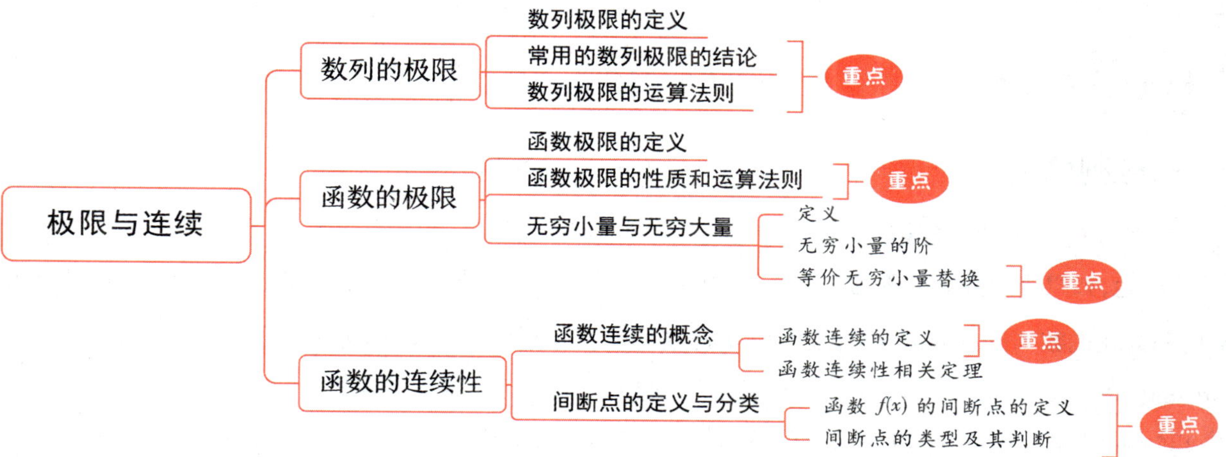

第三部分

浙江考向

本章属于高等数学的重要章节，也是浙江省教师招聘考试中的常考内容，特点为内容琐碎，需要识记与理解性知识较多。在考试中常以单项选择题、填空题的形式考查。现对本章浙江考向分析如下：

高频考点	常考题型	能力要求	考查热度
极限的计算	单选、填空	掌握	★★
无穷小量	单选	理解	★
函数的连续性	单选、填空	理解	★
间断点的判断	单选	理解	★

核心考点

一、数列的极限

考点1 数列极限的定义

一般地，如果当项数 n 无限增大时，无穷数列 $\{a_n\}$ 的项 a_n 无限趋近于某个常数 a（即 $|a_n-a|$ 无限趋近于0），那么就说数列 $\{a_n\}$ 收敛于 a，或者说 a 是数列 $\{a_n\}$ 的极限。记作 $\lim\limits_{n\to\infty}a_n=a$，读作"当 n 趋向于无穷大时，a_n 的极限等于 a"。"$n\to\infty$"表示"n 趋向于无穷大"，即 n 无限增大的意思。

用"$\varepsilon-N$"语言表述就是对任意的 $\varepsilon>0$，存在正整数 N，对任意的 $n>N$ 都有 $|a_n-a|<\varepsilon$。这个定义一般在证明题中使用。

考点2 常见的数列极限的结论

(1) $\lim\limits_{n\to\infty}\sqrt[n]{a}=1(a>0)$；$\lim\limits_{n\to\infty}\sqrt[n]{n}=1$；$\lim\limits_{n\to\infty}\dfrac{a^n}{n!}=0$；$\lim\limits_{n\to\infty}\dfrac{1}{\sqrt[n]{n!}}=0$；$\lim\limits_{n\to\infty}\dfrac{1}{n^\alpha}=0(\alpha>0,\alpha$ 为常数)；

(2) $\lim\limits_{n\to\infty}C=C(C$ 是常数)；

(3) $$\lim_{n\to\infty}a^n=\begin{cases}0, & |a|<1,\\ 1, & a=1,\\ \infty, & |a|>1 \text{ 或 } a=-1;\end{cases}$$

(4) $$\lim_{n\to\infty}\frac{a_0n^k+a_1n^{k-1}+\cdots+a_k}{b_0n^l+b_1n^{l-1}+\cdots+b_l}=\begin{cases}\dfrac{a_0}{b_0}, & k=l,a_0\neq0,b_0\neq0,\\ 0, & k<l,\\ \infty, & k>l。\end{cases}$$

考点3 数列极限的运算法则 ★★

如果 $\lim\limits_{n\to\infty}a_n=A,\lim\limits_{n\to\infty}b_n=B$，那么 $\lim\limits_{n\to\infty}(a_n+b_n)=A+B$；$\lim\limits_{n\to\infty}(a_n-b_n)=A-B$；$\lim\limits_{n\to\infty}(a_n\cdot b_n)=A\cdot B$；$\lim\limits_{n\to\infty}\dfrac{a_n}{b_n}=\dfrac{A}{B}(B\neq0)$；$\lim\limits_{n\to\infty}ca_n=c\lim\limits_{n\to\infty}a_n=cA(c$ 是常数)。

考法大揭秘

常见的数列极限的解题方法

1. 分式型，若分子、分母的最高次数相同，则极限等于最高次项的系数之比。

[例]求$\lim\limits_{n\to\infty}\frac{3n^2+2n}{n^2+3n+1}$。

答案：原式$=\lim\limits_{n\to\infty}\frac{3+\frac{2}{n}}{1+\frac{3}{n}+\frac{1}{n^2}}=\frac{\lim\limits_{n\to\infty}\left(3+\frac{2}{n}\right)}{\lim\limits_{n\to\infty}\left(1+\frac{3}{n}+\frac{1}{n^2}\right)}=3$。

2. 指数分式型（$\frac{0}{0}$和$\frac{\infty}{\infty}$型），分子、分母同时除以其中的最高次项，或者通过变式（如通分、约分），根据数列极限的结论求出极限。

[例]求$\lim\limits_{n\to\infty}\frac{(-2)^n+3^n}{(-2)^{n+1}-3^{n+1}}$。

答案：原式$=\lim\limits_{n\to\infty}\frac{\left(-\frac{2}{3}\right)^n+1}{(-2)\cdot\left(-\frac{2}{3}\right)^n-3}=-\frac{1}{3}$。

3. 根式型（$\infty-\infty$型），通过分子或分母有理化变形求出极限。

[例]求$\lim\limits_{n\to\infty}(\sqrt{4n^2+3}-2n)$。

答案：原式$=\lim\limits_{n\to\infty}\frac{3}{\sqrt{4n^2+3}+2n}=0$。

4. 利用夹逼准则。对极限式中的数列进行适当放大和缩小，使之成为容易求出极限的形式。

[例]求$\lim\limits_{n\to\infty}\sqrt[n]{1+\frac{1}{2}+\cdots+\frac{1}{n}}$。

答案：$1\leqslant\sqrt[n]{1+\frac{1}{2}+\cdots+\frac{1}{n}}\leqslant\sqrt[n]{1+1+\cdots+1}=\sqrt[n]{n}$，

$\because\lim\limits_{n\to\infty}\sqrt[n]{n}=1$，由夹逼定理，得$\lim\limits_{n\to\infty}\sqrt[n]{1+\frac{1}{2}+\cdots+\frac{1}{n}}=1$。

二、函数的极限 【单选、填空】 ★★

考点 1 函数极限的定义

1. 函数极限的“$\varepsilon-A$”或“$\varepsilon-\delta$”定义

类型	“$\varepsilon-A$”或“$\varepsilon-\delta$”定义	符号表示
$x\to\infty$时函数$f(x)$的极限	$\forall\varepsilon>0,\exists X>0$，当$\lvert x\rvert>X$时，有$\lvert f(x)-b\rvert<\varepsilon$	$\lim\limits_{x\to\infty}f(x)=b$
$x\to-\infty$时函数$f(x)$的极限	$\forall\varepsilon>0,\exists X>0$，当$x<-X$时，有$\lvert f(x)-b\rvert<\varepsilon$	$\lim\limits_{x\to-\infty}f(x)=b$

第三部分

续表

类型	“$\varepsilon - A$”或“$\varepsilon - \delta$”定义	符号表示
$x \to +\infty$ 时函数 $f(x)$ 的极限	$\forall \varepsilon > 0, \exists X > 0$，当 $x > X$ 时，有 $\lvert f(x) - b \rvert < \varepsilon$	$\lim\limits_{x \to +\infty} f(x) = b$
$x \to x_0$ 时函数 $f(x)$ 的极限	$\forall \varepsilon > 0, \exists \delta > 0$，当 $0 < \lvert x - x_0 \rvert < \delta$ 时，有 $\lvert f(x) - b \rvert < \varepsilon$	$\lim\limits_{x \to x_0} f(x) = b$
$x \to x_0^-$ 时函数 $f(x)$ 的极限（左极限）	$\forall \varepsilon > 0, \exists \delta > 0$，当 $x_0 - \delta < x < x_0$ 时，有 $\lvert f(x) - b \rvert < \varepsilon$	$\lim\limits_{x \to x_0^-} f(x) = b$
$x \to x_0^+$ 时函数 $f(x)$ 的极限（右极限）	$\forall \varepsilon > 0, \exists \delta > 0$，当 $x_0 < x < x_0 + \delta$ 时，有 $\lvert f(x) - b \rvert < \varepsilon$	$\lim\limits_{x \to x_0^+} f(x) = b$

2. 函数极限存在的充分必要条件

(1) $\lim\limits_{x \to \infty} f(x) = A$ 的充分必要条件是 $\lim\limits_{x \to +\infty} f(x) = \lim\limits_{x \to -\infty} f(x) = A$；

(2) $\lim\limits_{x \to x_0} f(x) = A$ 的充分必要条件是 $\lim\limits_{x \to x_0^+} f(x) = \lim\limits_{x \to x_0^-} f(x) = A$。

考点 2 函数极限的性质和运算法则

1. 极限的有关性质

(1) 单调有界函数必有极限。

(2) 函数的极限如果存在，则极限值是唯一确定的常数。

(3)（局部保号性）若 $\lim\limits_{x \to x_0} f(x) = A$，且 $A > 0$（或 $A < 0$），则存在常数 $\delta > 0$，使得当 $0 < |x - x_0| < \delta$ 时，有 $f(x) > 0$（或 $f(x) < 0$）。

(4)（局部有界性）设存在极限 $\lim\limits_{x \to x_0} f(x) = A$，则 $f(x)$ 在 x_0 的某一去心邻域内有界，即 $\exists \delta > 0, M > 0$，使得当 $0 < |x - x_0| < \delta$ 时，有 $|f(x)| \leqslant M$。

(5)（夹逼准则）若在 x_0 的某一空心邻域内，恒有 $g(x) \leqslant f(x) \leqslant h(x)$，且 $\lim\limits_{x \to x_0} g(x) = A$，$\lim\limits_{x \to x_0} h(x) = A$，则 $\lim\limits_{x \to x_0} f(x) = A$。

(6)（极限与无穷小的关系）$\lim\limits_{x \to x_0} f(x) = A \Leftrightarrow f(x) = A + \alpha(x)$，其中 $\lim\limits_{x \to x_0} \alpha(x) = 0$。

2. 极限的四则运算法则

若 $\lim\limits_{x \to x_0} f(x) = A$，$\lim\limits_{x \to x_0} g(x) = B$，

(1) $\lim\limits_{x \to x_0} [f(x) \pm g(x)] = \lim\limits_{x \to x_0} f(x) \pm \lim\limits_{x \to x_0} g(x) = A \pm B$；

(2) $\lim\limits_{x \to x_0} [f(x) \cdot g(x)] = \lim\limits_{x \to x_0} f(x) \cdot \lim\limits_{x \to x_0} g(x) = A \cdot B$；

(3) 若 $B \neq 0$，则 $\lim\limits_{x \to x_0} \dfrac{f(x)}{g(x)} = \dfrac{\lim\limits_{x \to x_0} f(x)}{\lim\limits_{x \to x_0} g(x)} = \dfrac{A}{B}$；

(4) $\lim\limits_{x \to x_0} c \cdot f(x) = c \cdot \lim\limits_{x \to x_0} f(x) = cA$（$c$ 为常数）。

3. 常用结论

$\lim\limits_{x \to -\infty} e^x = 0$，$\lim\limits_{x \to +\infty} e^x = +\infty$；$\lim\limits_{x \to -\infty} \arctan x = -\dfrac{\pi}{2}$，$\lim\limits_{x \to +\infty} \arctan x = \dfrac{\pi}{2}$。

考点3 无穷小量与无穷大量

1. 定义

(1)无穷小量:设 $f(x)$ 在某 $U^{\circ}(x_0)$ 内有定义,若 $\lim\limits_{x\to x_0}f(x)=0$,则称 $f(x)$ 为当 $x\to x_0$ 时的无穷小量。

(2)无穷大量:对于 $\forall M>0$,$\exists X>0$(或 $\delta>0$),当 $|x|>X$(或 $0<|x-x_0|<\delta$)时,总有 $|f(x)|>M$ 成立,则称 $f(x)$ 为 $x\to\infty$(或 $x\to x_0$)时的无穷大,记为 $\lim\limits_{x\to\infty}f(x)=\infty$(或 $\lim\limits_{x\to x_0}f(x)=\infty$)。

2. 无穷小量的阶

设当 $x\to x_0$ 时,$f(x)$ 与 $g(x)$ 均为无穷小量,则无穷小量阶的类别如下:

类别	定义
等价无穷小	$\lim\limits_{x\to x_0}\dfrac{f(x)}{g(x)}=1$,记 $f(x)\sim g(x)$
高阶无穷小	$\lim\limits_{x\to x_0}\dfrac{f(x)}{g(x)}=0$,称 f 为 g 的高阶无穷小,或称 g 为 f 的低阶无穷小,记作 $f(x)\sim o(g(x))(x\to x_0)$
同阶无穷小	若存在正数 K 和 L,使得在某 $U^{\circ}(x_0)$ 上有 $K\leqslant\left\|\dfrac{f(x)}{g(x)}\right\|\leqslant L$,称 f 与 g 为同阶无穷小,当 $\lim\limits_{x\to x_0}\dfrac{f(x)}{g(x)}=C\neq0$ 时,f 与 g 必为同阶无穷小
k 阶无穷小	若 $\lim\limits_{x\to x_0}\dfrac{f(x)}{g^k(x)}=c\neq0(k>0)$,称 $f(x)$ 为 $x\to x_0$ 时 $g(x)$ 的 k 阶无穷小

3. 等价无穷小量替换

设 $\alpha\sim\alpha'$,$\beta\sim\beta'$,且 $\lim\dfrac{\beta'}{\alpha'}$ 存在,则 $\lim\dfrac{\beta}{\alpha}=\lim\dfrac{\beta'}{\alpha'}$。

常用的等价无穷小量有:当 $x\to0$ 时,$\sin x\sim x$,$\arcsin x\sim x$,$\tan x\sim x$,$\arctan x\sim x$,$\ln(1+x)\sim x$,$e^x-1\sim x$,$1-\cos x\sim\dfrac{1}{2}x^2$,$(1+x)^{\alpha}-1\sim\alpha x(\alpha\neq0)$,$a^x-1\sim x\ln a$。

真题面对面

[2019 统考,单,2 分]当 $x\to0$ 时,$e^x-\left(1+\dfrac{x}{2}\right)^2$ 与(　　)是同阶无穷小量。

A. x　　B. x^2　　C. x^3　　D. x^4

答案:B。对于选项 A,$\lim\limits_{x\to0}\dfrac{e^x-\left(1+\dfrac{x}{2}\right)^2}{x}=\lim\limits_{x\to0}\dfrac{e^x-2\left(1+\dfrac{x}{2}\right)\cdot\dfrac{1}{2}}{1}=0$,则 $e^x-\left(1+\dfrac{x}{2}\right)^2$ 是 x 的高阶无穷小;对于选项 B,$\lim\limits_{x\to0}\dfrac{e^x-\left(1+\dfrac{x}{2}\right)^2}{x^2}=\lim\limits_{x\to0}\dfrac{e^x-1-\dfrac{x}{2}}{2x}=\lim\limits_{x\to0}\dfrac{e^x-\dfrac{1}{2}}{2}=\dfrac{1}{4}$,则 $e^x-\left(1+\dfrac{x}{2}\right)^2$ 与 x^2 是同阶无穷小;对于选项 C,$\lim\limits_{x\to0}\dfrac{e^x-\left(1+\dfrac{x}{2}\right)^2}{x^3}=\lim\limits_{x\to0}\dfrac{e^x-1-\dfrac{x}{2}}{3x^2}=\lim\limits_{x\to0}\dfrac{e^x-\dfrac{1}{2}}{6x}=\infty$;对于选项 D,$\lim\limits_{x\to0}\dfrac{e^x-\left(1+\dfrac{x}{2}\right)^2}{x^4}=\lim\limits_{x\to0}\dfrac{e^x-1-\dfrac{x}{2}}{4x^3}=\lim\limits_{x\to0}\dfrac{e^x-\dfrac{1}{2}}{12x^2}=+\infty$。故选 B。

第三部分

考法大揭秘

函数极限的计算方法

1. 通过因式分解或根式有理化，再用极限运算法则或连续函数极限的求解方法求解。

对于极限式中含有$\sqrt{a}\pm\sqrt{b}$（或$a\pm\sqrt{b}$）的题目，在求极限之前先用$\sqrt{a}\mp\sqrt{b}$（或$a\mp\sqrt{b}$）分别乘分子、分母从而使根式有理化，再求极限。

[例]求$\lim\limits_{x\to0}\dfrac{\sqrt{x+a}-\sqrt{a}}{x}$。

答案：$\lim\limits_{x\to0}\dfrac{\sqrt{x+a}-\sqrt{a}}{x}=\lim\limits_{x\to0}\dfrac{(\sqrt{x+a}-\sqrt{a})(\sqrt{x+a}+\sqrt{a})}{x(\sqrt{x+a}+\sqrt{a})}=\lim\limits_{x\to0}\dfrac{1}{\sqrt{x+a}+\sqrt{a}}=\dfrac{1}{2\sqrt{a}}$。

2. 利用**洛必达法则**求解。

若可导函数f和g满足：

①$\lim\limits_{x\to x_0}f(x)=\lim\limits_{x\to x_0}g(x)=0$；

②在点x_0的某空心邻域$U^{\circ}(x_0)$内，$f'(x)$及$g'(x)$都存在，且$g'(x)\neq0$；

③$\lim\limits_{x\to x_0}\dfrac{f'(x)}{g'(x)}=A$（$A$可为实数，也可为$\pm\infty$或$\infty$），

则$\lim\limits_{x\to x_0}\dfrac{f(x)}{g(x)}=\lim\limits_{x\to x_0}\dfrac{f'(x)}{g'(x)}=A$。

若将$x\to x_0$换成$x\to x_0^+$，$x\to x_0^-$，$x\to+\infty$，$x\to-\infty$，$x\to\infty$，只要相应的修正条件②中的邻域，也可得到同样的结论。

[例]求$\lim\limits_{x\to0}\dfrac{\tan x-x}{\frac{1}{3}x^3}$。

答案：原式$=\lim\limits_{x\to0}\dfrac{\sec^2x-1}{x^2}=\lim\limits_{x\to0}\dfrac{\tan^2x}{x^2}=\lim\limits_{x\to0}\dfrac{x^2}{x^2}=1$。

3. 利用等价无穷小因子替换。

若$x\to0$时，无穷小$\alpha(x)\to\alpha^*(x)$，$\beta(x)\to\beta^*(x)$，即$\lim\limits_{x\to0}\dfrac{\alpha(x)}{\alpha^*(x)}=1$，$\lim\limits_{x\to0}\dfrac{\beta(x)}{\beta^*(x)}=1$，则$\lim\limits_{x\to0}\dfrac{\alpha(x)u(x)}{\beta(x)v(x)}=\lim\limits_{x\to0}\dfrac{\alpha^*(x)u(x)}{\beta^*(x)v(x)}$。

4. 利用变量替换法。在利用洛必达法则后，极限式比原来的复杂，可利用变量替换法，通常是令$x=\dfrac{1}{t^k}$（k为自然数）。

[例]求$\lim\limits_{x\to\infty}\left[x-x^2\ln\left(1+\dfrac{1}{x}\right)\right]$。

答案：原式$\xlongequal{\frac{1}{x}=t}\lim\limits_{t\to0}\left[\dfrac{1}{t}-\dfrac{\ln(1+t)}{t^2}\right]\xlongequal{\text{通分}}\lim\limits_{t\to0}\dfrac{t-\ln(1+t)}{t^2}\xlongequal{\left(\frac{0}{0}\right)}\lim\limits_{t\to0}\dfrac{1-\frac{1}{1+t}}{2t}=\lim\limits_{t\to0}\dfrac{1+t-1}{2t(t+1)}=\lim\limits_{t\to0}\dfrac{1}{2(t+1)}=\dfrac{1}{2}$。

5. 利用两个重要极限。

两个重要极限：①$\lim\limits_{x\to 0}\frac{\sin x}{x}=1$；②$\lim\limits_{x\to\infty}\left(1+\frac{1}{x}\right)^x=e$。

在运用两个重要极限时，要注意题中所给 x 的趋向。

6. 分别求左右极限。

对于分段函数在分段点处的极限，通常需要讨论它的左右极限，当左右极限存在且相等时，函数的极限值等于这个值，当左右极限不等或至少有一个不存在时，原极限不存在。对于在形式上不属于分段函数，但函数定义域是间断的，间断处的极限需要分别左右求解讨论。

[例]设函数$f(x)=\begin{cases}1-x,x<0,\\1+x^2,x\geq 0,\end{cases}$计算$\lim\limits_{x\to 0}f(x)$。

答案：由分段函数可得，$\lim\limits_{x\to 0^+}f(x)=\lim\limits_{x\to 0^+}(1+x^2)=1$，$\lim\limits_{x\to 0^-}f(x)=\lim\limits_{x\to 0^-}(1-x)=1$，函数 $f(x)$ 的左右极限相等，故$\lim\limits_{x\to 0}f(x)=1$。

真题面对面

1. [2020 绍兴(三区)，单，3 分]$\lim\limits_{x\to 0}\frac{e^x\sin x-x(1+x)}{x^2\arctan x}=$(　　)

A. $\frac{1}{2}$　　B. $\frac{1}{3}$　　C. $\frac{1}{6}$　　D. $\frac{1}{8}$

答案：B。$\lim\limits_{x\to 0}\frac{e^x\sin x-x(1+x)}{x^2\arctan x}=\lim\limits_{x\to 0}\frac{e^x\sin x+e^x\cos x-1-2x}{3x^2}=\lim\limits_{x\to 0}\frac{2e^x\cos x-2}{6x}=\lim\limits_{x\to 0}\frac{e^x\cos x-1}{3x}=\lim\limits_{x\to 0}\frac{e^x(\cos x-\sin x)}{3}=\frac{1}{3}$。

2. [2021 绍兴，填空，3 分] $\lim\limits_{x\to+\infty}\frac{\frac{\pi}{2}-\arctan x}{\frac{1}{x}}=$______。

答案：1。$\lim\limits_{x\to+\infty}\frac{\frac{\pi}{2}-\arctan x}{\frac{1}{x}}=\lim\limits_{x\to+\infty}\frac{-\frac{1}{1+x^2}}{-\frac{1}{x^2}}=\lim\limits_{x\to+\infty}\frac{x^2}{1+x^2}=1$。

三、函数的连续性 【单选、填空】★

考点 1 函数连续的概念

1. 函数连续的定义

设 $y=f(x)$ 在点 x_0 的某邻域内有定义。

第三部分

(1)若$\lim\limits_{x\to x_0}f(x)=f(x_0)$,则称$f(x)$在点$x_0$处连续。

(2)若$\lim\limits_{x\to x_0^+}f(x)=f(x_0)$($\lim\limits_{x\to x_0^-}f(x)=f(x_0)$),则称$f(x)$在点$x_0$处右(左)连续。

$f(x)$在点x_0处连续⇔$f(x)$在点x_0既左连续又右连续,即$\lim\limits_{x\to x_0}f(x)=f(x_0)\Leftrightarrow\lim\limits_{x\to x_0^-}f(x)=\lim\limits_{x\to x_0^+}f(x)=f(x_0)$。

(3)若$f(x)$在(a,b)内任一点均连续,则称$f(x)$在(a,b)内连续。

(4)若$f(x)$在(a,b)内连续,在$x=a$处右连续,在$x=b$处左连续,则称$f(x)$在$[a,b]$上连续。

(5)函数$y=f(x)$在点x_0处连续的等价定义:若对任给的$\varepsilon>0$,存在$\delta>0$,当$|x-x_0|<\delta$时,有$|f(x)-f(x_0)|<\varepsilon$,则称函数$f(x)$在点$x_0$连续。

由定义可知,函数$y=f(x)$在点x_0处连续要满足:函数$y=f(x)$在点x_0及其邻域内有定义,$\lim\limits_{x\to x_0}f(x)$存在,且$\lim\limits_{x\to x_0}f(x)=f(x_0)$。

若函数$f(x)$在它的整个定义区间上连续,就称$f(x)$在其定义区间上为连续函数。

2. 函数连续性相关定理

定理1 若$f(x)$,$g(x)$都在x_0点连续,则$f(x)\pm g(x)$,$f(x)g(x)$,$\dfrac{f(x)}{g(x)}$(在x_0的某邻域内$g(x)\neq0$)也在x_0点连续。

定理2 设$f(x)$在区间$[a,b]$上严格增加(或减少),并且在任意点连续,又设$f(a)=\alpha$,$f(b)=\beta$,则在区间$[\alpha,\beta]$或$[\beta,\alpha]$上,存在$y=f(x)$的反函数$y=\varphi(x)$,它在这个区间上也是单调增加(或减少)和连续的。

定理3 若$u=g(x)$在点x_0处连续,$g(x_0)=u_0$,而$y=f(u)$在点u_0处连续,那么复合函数$y=f[g(x)]$在点x_0连续,即$\lim\limits_{x\to x_0}f[g(x)]=f[g(x_0)]=f[\lim\limits_{x\to x_0}g(x)]$。

考法大揭秘

函数连续性的判断方法

1. 若函数$f(x)$是初等函数,则其在它的定义区间上处处连续。

2. 若函数$f(x)$是分段函数,通常利用定义,先求函数在分段点处的左右极限,若左右极限存在且相等,则函数$f(x)$在分段点处连续。除分段点外,函数$f(x)$在每一小区间上都是初等函数,则函数$f(x)$在定义区间上处处连续。

3. 可利用函数连续性相关定理进行判断。

真题面对面

[2018统考,单,3分]若函数$f(x)=\begin{cases}e^{2x}-1,x\geq0,\\ \ln a,x<0\end{cases}$在$x=0$处连续,则$a=$(　　)

A. e^2　　B. e　　C. 2　　D. 1

答案:D。由题意得函数在$x=0$处连续,则$\lim\limits_{x\to0^+}(e^{2x}-1)=0=\lim\limits_{x\to0^-}\ln a$,所以$a=1$。

考点 2 间断点的定义与分类

1. 函数 $f(x)$ 的间断点的定义

若函数 $f(x)$ 在点 x_0 处有下列三种情形之一：

(1) 在 $x=x_0$ 处没有定义；

(2) $\lim\limits_{x\to x_0} f(x)$ 不存在；

(3) $\lim\limits_{x\to x_0} f(x)\neq f(x_0)$。

则称点 x_0 为函数 $f(x)$ 的间断点，函数 $f(x)$ 在点 x_0 处不连续。

2. 间断点的类型及其判断

设 x_0 是函数 $f(x)$ 的间断点，则间断点的分类如下：

间断点的分类	间断点的判断
第一类间断点 $\lim\limits_{x\to x_0^+} f(x)$ 与 $\lim\limits_{x\to x_0^-} f(x)$ 都存在	若 $\lim\limits_{x\to x_0^+} f(x)=\lim\limits_{x\to x_0^-} f(x)\neq f(x_0)$，则 x_0 为可去间断点
	若 $\lim\limits_{x\to x_0^+} f(x)\neq\lim\limits_{x\to x_0^-} f(x)$，则 x_0 为跳跃间断点
第二类间断点	$\lim\limits_{x\to x_0^+} f(x)$ 与 $\lim\limits_{x\to x_0^-} f(x)$ 至少有一个不存在，则 x_0 为 $f(x)$ 的第二类间断点，当其中一个极限为 ∞ 时，x_0 为 $f(x)$ 的无穷间断点

考法大揭秘

间断点的判断方法

1. 若 $f(x)$ 为初等函数，那么它在定义区间内连续，因此 $f(x)$ 的间断点就是使其无定义的点。

2. 若 $f(x)$ 为分段函数，它在每小段定义区间上均为初等函数，则其间断点可能在分段点处出现。分段点是否为间断点，需要用定义进行判定。

3. 若函数不是初等函数或分段函数，其间断点的判断方法为：

(1) 判断函数在 x_0 处有无定义；

(2) 有定义则判断函数在 x_0 处的左右极限是否都存在；

(3) 极限存在则判断是否相等或相等时是否为 x_0 处的函数值。

真题面对面

[2020 绍兴(三区)，单，3 分] 点 $x=1$ 是函数 $f(x)=\dfrac{x^2-1}{x^2-3x+2}$ 的(　　)

A. 第一类可去间断点　　B. 第二类间断点

C. 第一类但不可去间断点　　D. 连续点

答案：A。因为 $f(x)=\dfrac{x^2-1}{x^2-3x+2}=\dfrac{(x+1)(x-1)}{(x-1)(x-2)}$，$\lim\limits_{x\to 1^+}\dfrac{(x+1)(x-1)}{(x-1)(x-2)}=\lim\limits_{x\to 1^-}\dfrac{(x+1)(x-1)}{(x-1)(x-2)}=-2$，即 $\lim\limits_{x\to 1^+} f(x)=\lim\limits_{x\to 1^-} f(x)=-2$，且当 $x=1$ 时，函数 $f(x)$ 无定义，所以 $x=1$ 是函数 $f(x)$ 的第一类可去间断点。

第三部分

考点 3 闭区间上连续函数的基本性质

性质1(有界性) 闭区间$[a,b]$上的连续函数$f(x)$必在$[a,b]$上有界。

性质2(最值性) 闭区间$[a,b]$上的连续函数$f(x)$在$[a,b]$上有最大值和最小值。

性质3(介值定理) 设函数$f(x)$在闭区间$[a,b]$上连续,且$f(a)\neq f(b)$。若μ为介于$f(a)$与$f(b)$之间的任何实数,则至少存在一点$x_0\in(a,b)$,使得$f(x_0)=\mu$。

性质4(零点存在定理) 若$f(x)$在$[a,b]$上连续,$f(a)$和$f(b)$异号,那么在(a,b)内至少有一点ξ,使$f(\xi)=0$。

达标测评

建议用时	实际用时	测评总分	实际得分
15 分钟	____分钟	30 分	____分

一、单项选择题(每小题3分,共18分)

1. 下列极限正确的是(　　)

A. $\lim\limits_{x\to\infty}\dfrac{\sin x}{x}=1$　　B. $\lim\limits_{x\to\infty}\dfrac{x-\sin x}{x+\sin x}$不存在

C. $\lim\limits_{x\to\infty}x\sin\dfrac{1}{x}=1$　　D. $\lim\limits_{x\to-\infty}\arctan x=\dfrac{\pi}{2}$

2. 已知函数$f(x)=\begin{cases}x\sin\dfrac{1}{x},x>0,\\a+x^2,x\leqslant 0\end{cases}$在$x=0$处的极限存在,则$a=$(　　)

A. 0　　B. 1　　C. -1　　D. 不存在

3. $\lim\limits_{x\to 0}x\tan x=$(　　)

A. 1　　B. -1　　C. 0　　D. 2

4. 若$x\to 0$,则下列变量与$\sin^2x$为等价无穷小的是(　　)

A. x　　B. x^2　　C. $\sqrt{x}$　　D. x^3

5. 若$\lim\limits_{x\to 1}\left(\dfrac{a}{1-x}-\dfrac{b}{1-x^2}\right)=1$,则常数$a,b$的值分别为(　　)

A. $-2,4$　　B. $2,-4$

C. $-2,-4$　　D. $2,4$

6. 下列关于函数$f(x)=\dfrac{|x|(x-1)}{x(x^2-1)}$的间断点说法错误的是(　　)

A. $x=0$是函数的第一类间断点

B. $x=1$ 是函数的可去间断点

C. $x=-1$ 是函数的第一类间断点

D. $x=0,1,-1$ 是函数的间断点

二、填空题(每小题 3 分,共 12 分)

7. 若函数$f(x)=\begin{cases}\dfrac{\sin kx}{x},x\neq 0,\\ 4,x=0\end{cases}$在 $x=0$ 处连续,则常数 $k=$________。

8. $\lim\limits_{n\to\infty}(\sqrt{n+1}-\sqrt{n})\sqrt{n}=$________。

9. $\lim\limits_{x\to\frac{\pi}{2}}\dfrac{\cos x}{\cos\dfrac{x}{2}-\sin\dfrac{x}{2}}=$________。

10. $\lim\limits_{x\to 0}\dfrac{e^{x}-e^{\sin x}}{x-\sin x}=$________。

参考答案及解析

一、单项选择题

1. C [解析]当 $x\to 0$ 时,A 项极限才正确;$\lim\limits_{x\to\infty}\dfrac{x-\sin x}{x+\sin x}=1$,B 项错误;对于 C 选项,令 $t=\dfrac{1}{x}$,则 $\lim\limits_{x\to\infty}x\sin\dfrac{1}{x}=\lim\limits_{t\to 0}\dfrac{\sin t}{t}=1$,正确;D 项,极限值应为 $-\dfrac{\pi}{2}$。故选 C。

2. A [解析]由题意知,函数 $f(x)$ 在 $x=0$ 处的右极限为 $\lim\limits_{x\to 0^{+}}x\sin\dfrac{1}{x}=\lim\limits_{x\to 0^{+}}\dfrac{\sin\frac{1}{x}}{\frac{1}{x}}=0$,$\because$ 函数 $f(x)$ 在 $x=0$ 处的极限存在,$\therefore$ 函数 $f(x)$ 在 $x=0$ 处的左右极限相等,$\therefore$ 函数 $f(x)$ 在 $x=0$ 处的左极限为 $\lim\limits_{x\to 0^{-}}f(x)=\lim\limits_{x\to 0^{-}}(a+x^{2})=0$,$\therefore a=0$。

3. C [解析]因为当$x\to 0$时,$\tan x\sim x$,所以$\lim\limits_{x\to 0}x\tan x=\lim\limits_{x\to 0}x^{2}=0$。

4. B [解析]根据等价无穷小的定义,由$\lim\limits_{x\to 0}\dfrac{\sin^{2}x}{x^{2}}=\lim\limits_{x\to 0}\left(\dfrac{\sin x}{x}\right)^{2}=1$,知$\sin^{2}x\sim x^{2}$。

5. C [解析]$\lim\limits_{x\to 1}\left(\dfrac{a}{1-x}-\dfrac{b}{1-x^{2}}\right)=\lim\limits_{x\to 1}\dfrac{ax+a-b}{(1-x)(1+x)}=1$,$\because x\to 1$ 时,$(1-x)(1+x)\to 0$,$\therefore$ 当 $x\to 1$ 时,$ax+a-b\to 0$,故有 $2a-b=0$,则 $b=2a$,代入极限得$\lim\limits_{x\to 1}\dfrac{ax+a-2a}{(1-x)(1+x)}=\lim\limits_{x\to 1}\dfrac{a(x-1)}{(1-x)(1+x)}=-\lim\limits_{x\to 1}\dfrac{a}{1+x}=-\dfrac{a}{2}=1$,$\therefore a=-2,b=-4$。

6. C [解析]$f(x)$在 $x=0,1,-1$ 间断。因为 $\lim\limits_{x\to 0^{+}}f(x)=\lim\limits_{x\to 0^{+}}\dfrac{1}{x+1}=1$,$\lim\limits_{x\to 0^{-}}f(x)=\lim\limits_{x\to 0^{-}}\dfrac{-1}{x+1}=-1$,所以 $x=0$ 是 $f(x)$ 的跳跃间断点,为第一类间断点。因为$f(x)$在 $x=1$ 处没有定义,而$\lim\limits_{x\to 1}f(x)=\lim\limits_{x\to 1}\dfrac{1}{x+1}=\dfrac{1}{2}$,所以 $x=1$

第三部分

是$f(x)$的可去间断点。因为$\lim\limits_{x\to-1^+}f(x)=\lim\limits_{x\to-1^+}\frac{-1}{x+1}=-\infty$，$\lim\limits_{x\to-1^-}f(x)=\lim\limits_{x\to-1^-}\frac{-1}{x+1}=+\infty$，所以$x=-1$是$f(x)$的第二类间断点。故C项错误。

二、填空题

7. 4　[解析]函数$f(x)=\begin{cases}\frac{\sin kx}{x},x\neq0,\\4,x=0\end{cases}$在$x=0$处连续，因此$\lim\limits_{x\to0}\frac{\sin kx}{x}=k=4$。

8. $\frac{1}{2}$　[解析] $\lim\limits_{n\to\infty}(\sqrt{n+1}-\sqrt{n})\sqrt{n}=\lim\limits_{n\to\infty}\frac{(\sqrt{n+1}-\sqrt{n})(\sqrt{n+1}+\sqrt{n})\sqrt{n}}{\sqrt{n+1}+\sqrt{n}}=\lim\limits_{n\to\infty}\frac{\sqrt{n}}{\sqrt{n+1}+\sqrt{n}}$

$=\lim\limits_{n\to\infty}\frac{1}{\sqrt{1+\frac{1}{n}}+1}=\frac{1}{2}$。

9. $\sqrt{2}$　[解析]$\lim\limits_{x\to\frac{\pi}{2}}\frac{\cos x}{\cos\frac{x}{2}-\sin\frac{x}{2}}=\lim\limits_{x\to\frac{\pi}{2}}\frac{\cos^2\frac{x}{2}-\sin^2\frac{x}{2}}{\cos\frac{x}{2}-\sin\frac{x}{2}}=\lim\limits_{x\to\frac{\pi}{2}}\left(\cos\frac{x}{2}+\sin\frac{x}{2}\right)=\sqrt{2}$。

10. 1　[解析]原式$=\lim\limits_{x\to0}\frac{e^{\sin x}(e^{x-\sin x}-1)}{x-\sin x}=\lim\limits_{x\to0}\frac{e^{\sin x}(x-\sin x)}{x-\sin x}=1$。

第三部分

第十章　导数、微分与积分

思维导图

- 导数、微分与积分
  - 导数
    - 导数的基本概念与性质
      - 导数的定义（重点）
      - 导数的几何意义（重点）
      - 导数的性质
      - 二阶导数的定义及求法
    - 基本求导公式
    - 函数的求导法则
      - 四则运算
      - 链式法则（先外后内）
      - 反函数求导
      - 参数方程求导
    - 隐函数求导
    - 导数在函数中的应用（重点）
      - 函数的单调性与导数
      - 函数的极值与导数
      - 函数的最值与导数
  - 微分
    - 微分的定义
    - 微分的运算法则
  - 积分
    - 不定积分
      - 不定积分的概念
      - 不定积分的运算法则
      - 不定积分常用公式
      - 第一换元积分法、第二换元积分法、分部积分法（重点）
    - 定积分（重点）
      - 定积分的基本概念
      - 定积分的几何意义
      - 牛顿—莱布尼茨公式
      - 定积分的性质
      - 变限积分
      - 定积分的应用

第三部分

浙江考向

本章属于高等数学的重要章节，也是浙江省教师招聘考试中的常考内容，特点为内容琐碎，需要理解与应用性知识较多。在考试中常以单项选择题、填空题、解答题的形式考查。现对本章浙江考向分析如下：

高频考点	常考题型	能力要求	考查热度
导数的性质	填空	掌握	★★
导数的几何意义	单选、填空、解答	理解与应用	★★★
函数的单调性与极值	解答	理解与应用	★★
不定积分的概念与运算	填空、解答	理解	★
定积分的计算	单选、填空	理解	★★
定积分的应用	填空、解答	理解与应用	★★

核心考点

一、导数 【单选、填空、解答】 ★★★

考点 1 导数的基本概念与性质

1. 导数的基本概念

(1)导数的定义

设 $y=f(x)$ 在点 x_0 的某邻域内有定义，且当自变量在点 x_0 有一增量 Δx($x_0+\Delta x$ 仍在该邻域内)时，函数有相应的增量 Δy，若 $\lim\limits_{\Delta x\to 0}\frac{\Delta y}{\Delta x}=\lim\limits_{x\to x_0}\frac{f(x)-f(x_0)}{x-x_0}$ 存在(有限数)，就称其值为 $y=f(x)$ 在点 $x=x_0$ 处的导数，记为 $f'(x_0)$，$y'\Big|_{x=x_0}$，$\frac{\mathrm{d}y}{\mathrm{d}x}\Big|_{x=x_0}$ 或 $\frac{\mathrm{d}f}{\mathrm{d}x}\Big|_{x=x_0}$，即 $f'(x_0)=\lim\limits_{x\to x_0}\frac{f(x)-f(x_0)}{x-x_0}$，这时也称 $y=f(x)$ 在 $x=x_0$ 点可导或有导数，或导数存在。

导数的常见形式有：$f'(x_0)=\lim\limits_{\Delta x\to 0}\frac{f(x_0+\Delta x)-f(x_0)}{\Delta x}$；$f'(x_0)=\lim\limits_{h\to 0}\frac{f(x_0+h)-f(x_0)}{h}$；$f'(x_0)=\lim\limits_{h\to 0}\frac{f(x_0)-f(x_0-h)}{h}$。

(2)导数的几何意义

$f'(x_0)$ 表示曲线 $y=f(x)$ 在点 $P(x_0,f(x_0))$ 处的切线的斜率，曲线 $y=f(x)$ 在点 $P(x_0,f(x_0))$ 处的切线方程为 $y-f(x_0)=f'(x_0)\cdot(x-x_0)$。

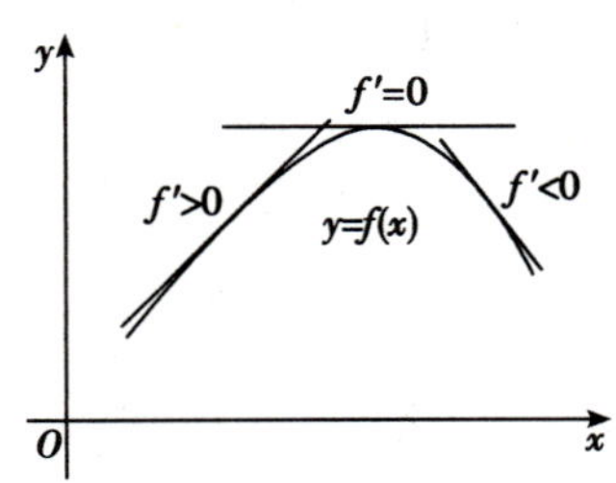

第三部分

易混点辨析

曲线 $y=f(x)$ 在"点 $P(x_0,y_0)$ 处的切线"与"过点 $P(x_0,y_0)$ 的切线"的区别与联系：①曲线 $y=f(x)$ 在点 $P(x_0,y_0)$ 处的切线是指以 P 为切点，切线的斜率为 $k=f'(x_0)$ 的切线；②曲线 $y=f(x)$ 过点 $P(x_0,y_0)$ 处的切线是指切线经过 P 点，点 P 可以是切点，也可以不是切点，而且这样的直线可能有多条。

考法大揭秘

曲线过点 (x_0,y_0) 的切线方程的求法

已知点 $P(x_0,y_0)$，求曲线过点 $P(x_0,y_0)$ 的切线方程，则需分点 $P(x_0,y_0)$ 是切点和不是切点两种情况求解。

(1) 点 $P(x_0,y_0)$ 是切点时(即点 P 在已知曲线上)，切线方程为 $y-y_0=f'(x_0)(x-x_0)$。

(2) 点 $P(x_0,y_0)$ 不是切点时，可分为以下几步完成：

①设出切点坐标 $P'(x_1,f(x_1))$；

②写出过点 $P'(x_1,f(x_1))$ 的切线方程 $y-f(x_1)=f'(x_1)(x-x_1)$；

③将点 P 的坐标 (x_0,y_0) 代入切线方程，求出 x_1；

④将 x_1 的值代入方程 $y-f(x_1)=f'(x_1)(x-x_1)$，由此即可得过点 $P(x_0,y_0)$ 的切线方程。

真题面对面

1. [2021 年 4 月金华、诸暨，单，3 分] 如果直线 $y=kx+2$ 与函数 $y=x(x^2-1)$ 相切，那么实数 $k=$ (　　)

A. 2　　B. -1　　C. 1　　D. 4

答案：A。由题意可知直线方程 $y=kx+2$ 过点 $(0,2)$，$y=f(x)=x(x^2-1)=x^3-x$，$f'(x)=3x^2-1$。设直线与函数的切点为 (x_0,y_0)，故切线方程为 $y-y_0=(3x_0^2-1)(x-x_0)$，将 $(0,2)$ 代入切线方程，得 $2-y_0=(3x_0^2-1)(0-x_0)$，即 $y_0=3x_0^3-x_0+2$，又切点 (x_0,y_0) 过函数 $y=x(x^2-1)$，则 $y_0=x_0(x_0^{\ 2}-1)=x_0^3-x_0$，所以 $x_0^3-x_0=3x_0^3-x_0+2$，解得 $x_0=-1$，$y_0=0$，代入 $y=kx+2$，解得 $k=2$。

2. [2021 台州(天台、仙居、三门、临海)，填空，2 分] 已知函数 $f(x)=e^x-(x+a)\ln(x+a)+x$，若直线 $x-y+1=0$ 是函数 $f(x)$ 的切线，则实数 a 的值为________。

答案：1。$f'(x)=e^x-\ln(x+a)-1+1=e^x-\ln(x+a)$，直线 $x-y+1=0$ 的斜率为 1，设切点坐标为 (x_0,y_0)，则 $f'(x_0)=1$，即 $e^{x_0}-\ln(x_0+a)=1$①，又因为 $e^{x_0}-(x_0+a)\ln(x_0+a)+x_0=x_0+1$②，联立①②可得 $a=1$。

2. 导数的性质

(1) $\frac{\Delta y}{\Delta x}$ 反映的是曲线在 $[x_0,x]$ 上的平均变化率，而 $f'(x_0)=\left.\frac{dy}{dx}\right|_{x=x_0}$ 反映的是在点 x_0 的变化率，它反映

第三部分

了函数 $y=f(x)$ 在 $x\to x_0$ 时的变化快慢程度。

(2)若极限 $\lim\limits_{\Delta x\to 0}\dfrac{\Delta y}{\Delta x}$ 即 $\lim\limits_{x\to x_0}\dfrac{f(x)-f(x_0)}{x-x_0}$ 不存在，就称 $y=f(x)$ 在 $x=x_0$ 点不可导。特别地，若 $\lim\limits_{\Delta x\to 0}\dfrac{\Delta y}{\Delta x}=\infty$，可称 $y=f(x)$ 在 $x=x_0$ 处的导数为∞，因为此时 $y=f(x)$ 在 x_0 点的切线存在，它是垂直于 x 轴的直线 $x=x_0$。

(3)可导必连续：如果函数 $y=f(x)$ 在 x_0 点可导，则极限 $\lim\limits_{\Delta x\to 0}\dfrac{f(x_0+\Delta x)-f(x_0)}{\Delta x}$ 存在，即 $\lim\limits_{\Delta x\to 0}\Delta y=\lim\limits_{\Delta x\to 0}[f(x_0+\Delta x)-f(x_0)]=0$，可知函数在 x_0 点连续。

(4)若函数 $f(x)$ 在点 x_0 处可导，则 $y=f(x)$ 在 $x=x_0$ 的导数 $f'(x_0)$ 就是导函数 $y=f'(x)$ 在 $x=x_0$ 点的值。

(5)单侧可导与可导的关系：$f(x)$ 在 x_0 可导⇔$f(x)$ 在 x_0 处的左、右导数均存在且相等，即 $f'(x_0)=f'_+(x_0)=f'_-(x_0)$。

真题面对面

[2019 统考，填空，2 分]设函数 $f(x)=\begin{cases}x^2\left[\sin\dfrac{1}{x}+\dfrac{\ln(1+x)}{\sqrt{1+x^2}-1}\right],x>0,\\ ae^x+b,x\leqslant 0\end{cases}$ 可导，则 $a=$________，$b=$________。

答案：2；-2。由题意知，函数在 $x=0$ 处连续，则 $f(0)=a+b=\lim\limits_{x\to 0^+}f(x)=\lim\limits_{x\to 0^+}x^2\left[\sin\dfrac{1}{x}+\dfrac{\ln(1+x)}{\sqrt{1+x^2}-1}\right]=0$，因为函数可导，所以 $f(x)$ 在 $x=0$ 处的左右导数相等，所以 $f'_-(0)=\lim\limits_{x\to 0^-}\dfrac{f(x)-f(0)}{x}=\lim\limits_{x\to 0^-}\dfrac{ae^x+b}{x}=a$，

$f'_+(0)=\lim\limits_{x\to 0^+}\dfrac{x^2\left[\sin\dfrac{1}{x}+\dfrac{\ln(1+x)}{\sqrt{1+x^2}-1}\right]}{x}=\lim\limits_{x\to 0^+}x\sin\dfrac{1}{x}+\lim\limits_{x\to 0^+}\dfrac{\ln(1+x)(\sqrt{1+x^2}+1)}{x}=2=a$，因为 $a+b=0$，所以 $b=-a=-2$。

第三部分

3. 二阶导数的定义及求法

一般地，如果函数 $y=f(x)$ 的导数仍然是可导函数，则把导数 $f'(x)$ 的导数 $[f'(x)]'$ 称为函数 $y=f(x)$ 的二阶导数，记作 y''，$f''(x)$ 或 $\dfrac{d^2y}{dx^2}$。即 $\lim\limits_{x\to x_0}\dfrac{f'(x)-f'(x_0)}{x-x_0}=f''(x_0)$，同时称 f 在点 x_0 二阶可导。

考点 2 基本求导公式

$(c)'=0$（c 为常数） $\left(\dfrac{1}{x}\right)'=-\dfrac{1}{x^2}$

$(x^a)'=ax^{a-1}$ $(\sqrt{x})'=\dfrac{1}{2\sqrt{x}}$

$(\sin x)'=\cos x$ $(\arcsin x)'=\dfrac{1}{\sqrt{1-x^2}}$

$(\cos x)' = -\sin x$　　$(\arccos x)' = -\dfrac{1}{\sqrt{1-x^2}}$

$(\tan x)' = \sec^2 x$　　$(\arctan x)' = \dfrac{1}{1+x^2}$

$(\cot x)' = -\csc^2 x$　　$(\text{arccot}\, x)' = -\dfrac{1}{1+x^2}$

$(\log_a x)' = \dfrac{1}{x\ln a}(a>0 \text{ 且 } a\neq 1)$　　$(a^x)' = a^x \ln a(a>0 \text{ 且 } a\neq 1)$

$(\sec x)' = \sec x \cdot \tan x$　　$(e^x)' = e^x$

$(\csc x)' = -\csc x \cdot \cot x$　　$(\ln x)' = \dfrac{1}{x}$

考点 3 函数的求导法则

运算法则	条件	表示方法
四则运算	u,v 可导	$(u+v)'=u'+v'$；$(uv)'=u'v+uv'$；$\left(\dfrac{u}{v}\right)'=\dfrac{u'v-uv'}{v^2}$
链式法则（先外后内）	$y=f(u)$ 和 $u=g(x)$ 关于自变量分别可导，$y=f(g(x))$ 也可导	$f(g(x))'=f'(g(x))\cdot g'(x)$
反函数求导	$y=f(x)$ 在区间 I 上连续且单调可导，$f'(x)\neq 0$，反函数 $x=g(y)$ 在区间 I 上也单调可导	$g'(y)=\dfrac{1}{f'(x)}$（反函数的导数等于原函数导数的倒数）
参数方程求导	$\begin{cases}x=\varphi(t),\\ y=\psi(t),\end{cases}$ $\alpha\leqslant t\leqslant\beta$，其中 $\varphi(t),\psi(t)$ 可导且 $\varphi'(t)\neq 0$	$\dfrac{dy}{dx}=\dfrac{\frac{dy}{dt}}{\frac{dx}{dt}}=\dfrac{\psi'(t)}{\varphi'(t)}$（分别对参数方程求导）

真题面对面

[2021 绍兴，填空，3 分]已知函数 $y=\ln\tan x$，则 $y'=$________。

答案：$\dfrac{2}{\sin 2x}$。$y'=\dfrac{1}{\tan x}\cdot(\tan x)'=\dfrac{1}{\tan x}\cdot\dfrac{1}{\cos^2 x}=\dfrac{1}{\sin x\cos x}=\dfrac{2}{\sin 2x}$。

考点 4 隐函数求导

1. 隐函数

若由方程 $F(x,y)=0$ 可确定 y 是 x 的函数，则称此种方式表示的函数为隐函数。

2. 显函数

由 $y=f(x)$ 表示的函数，称为显函数。

将 $y=f(x)$ 代入方程 $F(x,y)=0$，得到 $F[x,f(x)]=0$，对恒等式两端关于 x 求导，即可求得隐函数的导

第三部分

数$\frac{dy}{dx}$。换句话说，若 y 确定为 x 的隐函数，要求它的导数，只需对等式两边关于 x 求导，而此过程中把 y 视为 x 的函数$y=y(x)$，解出 y'。

真题面对面

[2016 统考，解答，5 分]已知函数 $y=y(x)$ 由方程 $e^y-e^{-x}+xy=0$ 确定，求曲线 $y=y(x)$ 在点$(0,y(0))$处的切线方程。

答案：方程 $e^y-e^{-x}+xy=0$ 两边同时对 x 求导，

有 $e^y\cdot y'+e^{-x}+y+xy'=0$，解得 $y'=-\frac{e^{-x}+y}{e^y+x}$，将 $x=0$ 代入原方程，有 $e^y-1+0=0$，解得 $y=0$，此时，$y'|_{x=0}=-\frac{e^{-0}+0}{e^0+0}=-1$，因此，$y=y(x)$在点$(0,0)$处的切线方程为$y=-x$。

考点 5 导数在函数中的应用

1. 函数的单调性与导数

定理 1 若$f(x)$在$[a,b]$上连续，在(a,b)内可导，则$f(x)$在$[a,b]$上单调增(或单调减)的充要条件：在(a,b)内$f'(x)\geqslant 0$(或$f'(x)\leqslant 0$)。

定理 2 若$f(x)$在$[a,b]$上连续，在(a,b)内可导，且$f'(x)$不变号，那么，若$f'(x)>0$，则$f(x)$在$[a,b]$上严格单调增；若$f'(x)<0$，则$f(x)$在$[a,b]$上严格单调减。

真题面对面

[2021 年 4 月金华、诸暨，解答，7 分]（节选）已知函数$f(x)=\ln x-ax^2+3(a\in\mathbf{R}$ 且 $a\neq 0)$，求$f(x)$的单调递增区间。

答案：$f'(x)=\frac{1}{x}-2ax=\frac{1-2ax^2}{x}(x>0,a\in\mathbf{R}$ 且 $a\neq 0)$。当 $a<0$ 时，$f'(x)>0$，函数$f(x)$在定义域上单调递增；当 $a>0$ 时，若 $1-2ax^2>0$，则 $0<x<\sqrt{\frac{1}{2a}}=\frac{\sqrt{2a}}{2a}$，此时 $f'(x)>0$，函数$f(x)$单调递增，若 $x>\frac{\sqrt{2a}}{2a}$，此时 $f'(x)<0$，则函数$f(x)$单调递减。

2. 函数的极值与导数

(1)定义

设函数$f(x)$在x_0的某一个邻域内有定义，若对于该邻域内异于x_0的x恒有$f(x_0)>f(x)$，则称$f(x_0)$为函数的极大值，称x_0为函数的极大值点；若恒有$f(x_0)<f(x)$，则$f(x_0)$称为函数的极小值，称x_0为函数的极小值点。函数的极大值、极小值统称为函数的极值，极大值点、极小值点统称为函数的极值点。

(2)极值的第一充分条件

设函数$f(x)$在点x_0连续，在x_0的某去心邻域$U^\circ(x_0,\delta)$内可导。

第三部分

①若 $x\in(x_0-\delta,x_0)$ 时，$f'(x)<0$，而 $x\in(x_0,x_0+\delta)$ 时，$f'(x)>0$，则 $f(x)$ 在点 x_0 取得极小值。

②若 $x\in(x_0-\delta,x_0)$ 时，$f'(x)>0$，而 $x\in(x_0,x_0+\delta)$ 时，$f'(x)<0$，则 $f(x)$ 在点 x_0 取得极大值。

③若 $x\in U^{\circ}(x_0,\delta)$ 时，$f'(x)$ 的符号保持不变，则 $f(x)$ 在 x_0 处没有极值。

(3)极值的第二充分条件

设函数 $f(x)$ 在 x_0 处二阶可导，且 $f'(x_0)=0$，$f''(x_0)\neq 0$。

①若 $f''(x_0)<0$，则函数 $f(x)$ 在 x_0 处取得极大值；

②若 $f''(x_0)>0$，则函数 $f(x)$ 在 x_0 处取得极小值。

(4)极值的必要条件

若 x_0 是 $f(x)$ 的极值点，那么 x_0 只可能是 $f'(x)$ 的零点或 $f(x)$ 的不可导点。

(5)极值的充要条件

可导函数 $y=f(x)$ 在点 x_0 处取得极值的充要条件是 $f'(x_0)=0$，且在 x_0 左右两侧 $f'(x)$ 的符号不同。

注：①函数在点 x_0 处的导数 $f'(x_0)=0$ 时，也称 x_0 为函数 $y=f(x)$ 的驻点（稳定点、临界点）。

②极值点一定是驻点，驻点不一定是极值点。

(6)求函数 $f(x)$ 极值的步骤

①求导数 $f'(x)$；

②求方程 $f'(x)=0$ 的根；

③计算 $f'(x)$ 在根左右两边的正负，如果在根的左侧附近为正，右侧附近为负，则 $f(x)$ 在这个根处取极大值，反之取极小值；或求 $f''(x)$，将 $f'(x)=0$ 的根代入 $f''(x)$，利用极值的第二判别法进行判定。

考法大揭秘

利用函数的极值求参数值的方法

已知函数 $f(x)$ 的极值点 x_0 求参数的值（或取值范围）时，通常是令 $f'(x_0)=0$ 来建立关于参数的方程，也可以求出含参数的极值，利用极值列方程，或根据极值的情况，列出关于参数的不等式（组），从而求出参数的值（或取值范围）。需注意的是，可导函数在某点处的导数值等于零只是函数在该点处取得极值的必要条件，所以必须对求出的参数值进行回代检验，看是否符合函数取得极值的条件，不符合条件的要舍去。

真题面对面

[2019 统考，单，3 分]函数 $f(x)=ax^3+bx+1$ 在 $x=1$ 处取得极值 3，则(　　)

A. $a=2,b=0$　　B. $a=1,b=1$

C. $a=0,b=2$　　D. $a=-1,b=3$

答案：D。由题意知，$f(1)=a+b+1=3$，$f'(1)=3a+b=0$，两式联立解得，$a=-1,b=3$。故选 D。

3. 函数的最值与导数

(1)定义

若区间 $[a,b]$ 上一点 x_0 对于该区间上任一点 x，均有 $f(x)\leqslant f(x_0)$（或 $f(x)\geqslant f(x_0)$），则称 $f(x_0)$ 为 $f(x)$ 在区间 $[a,b]$ 上的最大（或最小）值。

(2)有关结论

①如果函数$f(x)$在$[a,b]$上单调递增，则$f(a)$为函数的最小值，$f(b)$为函数的最大值，反之，如果函数$f(x)$在$[a,b]$上单调递减，则$f(a)$为函数的最大值，$f(b)$为函数的最小值。

②函数的最值只能在极值点、不可导点或端点处取得，因此只要将极值点、不可导点或端点处的函数值进行比较，则最大者即是最大值，最小者即是最小值。

③若$f(x)$在(a,b)中只有一个极值点，则该极值点必是最值点。

考法大揭秘

利用导数解决生活中的优化问题

(1)分析实际问题中各个量之间的关系，列出实际问题的数学模型，写出实际问题中变量之间的函数关系式$y=f(x)$。

(2)求函数的导数$f'(x)$，解方程$f'(x)=0$。

(3)比较函数在区间端点和使$f'(x)=0$的点的函数值的大小，最大(小)者为最大(小)值。

(4)回归实际问题回答解决方案。

注：解决此类问题要根据实际问题的意义确定函数定义域。

真题面对面

[2017 统考，解答，5 分]设有一 Y 形支架，高为$\frac{16}{3}$米，顶端宽为 4 米，求杆长与两臂长之和的最小值。

答案：设臂长为x米，则杆长为$\frac{16}{3}-\sqrt{x^2-2^2}\,(x>2)$米，

令$y=2x+\frac{16}{3}-\sqrt{x^2-2^2}$，则$y'=2-\frac{x}{\sqrt{x^2-2^2}}=\frac{2\sqrt{x^2-2^2}-x}{\sqrt{x^2-2^2}}\,(x>2)$，

令$y'>0$可得$x>\frac{4\sqrt{3}}{3}$，令$y'<0$可得$2<x<\frac{4\sqrt{3}}{3}$，

当$x=\frac{4\sqrt{3}}{3}$时，y有极小值，也为最小值，

此时$y=\frac{8\sqrt{3}}{3}+\frac{16}{3}-\sqrt{\left(\frac{4\sqrt{3}}{3}\right)^2-2^2}=\frac{6\sqrt{3}+16}{3}$。

即杆长与两臂长之和的最小值为$\frac{6\sqrt{3}+16}{3}$米。

二、微分

1. 微分的定义

若$y=f(x)$是定义在某一区间上的函数，当给自变量一个改变量Δx时，相应地函数有改变量$\Delta y=f(x+\Delta x)-f(x)$，我们考查它是否也可以写成$\Delta y=A\Delta x+o(\Delta x)\ (\Delta x\to 0)$，其中$A$是$x$的函数，与$\Delta x$无关。如果这

种表达是可能的，那么我们就称 $f(x)$ 在 x 点是可微的，并且把上式右端的第一项 $A\Delta x$ 称为 $f(x)$ 在 x 点的微分，记为 dy 或 $df(x)$，即 $dy=A\Delta x$。$A\Delta x$ 是 Δy 的线性主要部分。

注：一元函数可导与可微是等价的。

真题面对面

［2020 绍兴（三区），解答，6 分］若 $f(x)=\begin{cases} b(1+\sin x)+a+2, x\geqslant 0, \\ e^{ax}-1, x<0 \end{cases}$ 处处可微，求 a,b 的值。

答案：由题意可知，$f(x)$ 处处可微，则 $f(x)$ 处处可导，所以函数 $f(x)$ 的左导数等于右导数，即当 $x\to 0^+$ 时，$f'(x)=b\cos x=b$，当 $x\to 0^-$ 时，$f'(x)=ae^{ax}=a$，所以 $a=b$，又由于 $f(x)$ 连续，故 $\lim\limits_{x\to 0}f(x)=\lim\limits_{x\to 0}(e^{ax}-1)=0=f(0)=a+b+2$，所以 $a=b=-1$。

2. 微分的运算法则

(1) $d[f(x)\pm g(x)]=df(x)\pm dg(x)$；

(2) $d[f(x)\cdot g(x)]=g(x)df(x)+f(x)dg(x)$；

(3) $d\left[\dfrac{f(x)}{g(x)}\right]=\dfrac{g(x)df(x)-f(x)dg(x)}{g^2(x)}(g(x)\neq 0)$。

三、积分

考点 1　不定积分　【填空、解答】 ★

1. 不定积分的概念

若在某一区间上，$F'(x)=f(x)$，则在这个区间上，函数 $F(x)$ 叫作函数 $f(x)$ 的原函数。我们把函数 $f(x)$ 的原函数的一般表达式称为 $f(x)$ 的不定积分，记为 $\int f(x)dx$，这里 $f(x)$ 称为被积函数，"$\int$" 称为积分号。

注：因为 $[F(x)+C]'=f(x)$，所以 $F(x)+C$ 是函数 $f(x)$ 的原函数，随着 C 的变化 $f(x)$ 有无穷多个原函数。

真题面对面

［2021 年 4 月金华、诸暨，填空，3 分］函数 $f(x)$ 在定义域 $\mathbf{R}$ 上恒有 $f(x)=f'(x)$，满足 $f(0)=1$，则 $f(x)=$________。

答案：e^x。由题意得函数求导后与原函数相等，且 $f(0)=f'(0)=1$，所以 $f(x)=e^x$。

2. 不定积分的运算法则

(1) $\int[f(x)\pm g(x)]dx=\int f(x)dx\pm\int g(x)dx$；

(2) $\int kf(x)dx=k\int f(x)dx$。($k$ 为常数且不为 0)

第三部分

3. 不定积分常用公式（C 为常数）

(1) $\int \mathrm{d}x = x + C$；

(2) $\int k\mathrm{d}x = kx + C$（$k$ 为常数且不为 0）；

(3) $\int x^a \mathrm{d}x = \frac{1}{a+1}x^{a+1} + C(a \neq -1)$；

(4) $\int \frac{1}{x}\mathrm{d}x = \ln|x| + C$；

(5) $\int \cos x\mathrm{d}x = \sin x + C$；

(6) $\int \sin x\mathrm{d}x = -\cos x + C$；

(7) $\int \sec^2 x\mathrm{d}x = \tan x + C$；

(8) $\int \csc^2 x\mathrm{d}x = -\cot x + C$；

(9) $\int \sec x\tan x\mathrm{d}x = \sec x + C$；

(10) $\int \frac{1}{1+x^2}\mathrm{d}x = \arctan x + C$；

(11) $\int \frac{1}{\sqrt{1-x^2}}\mathrm{d}x = \arcsin x + C$；

(12) $\int \mathrm{e}^x \mathrm{d}x = \mathrm{e}^x + C$；

(13) $\int a^x \mathrm{d}x = \frac{1}{\ln a}a^x + C(a > 0$，且 $a \neq 1)$。

考法大揭秘

常用的不定积分求解方法

1. 第一换元积分法（凑微分）

设 $f(u)$ 具有原函数 $F(u)$，则 $\int f[\varphi(x)] \cdot \varphi'(x)\mathrm{d}x = \int f[\varphi(x)]\mathrm{d}\varphi(x) = F[\varphi(x)] + C$，其中 $\varphi(x)$ 可微。

常见的凑微分法的归类：

$\int f(ax+b)\mathrm{d}x = \frac{1}{a}\int f(ax+b)\mathrm{d}(ax+b)(a \neq 0)$；

$\int \frac{1}{x}f(\ln x+b)\mathrm{d}x = \int f(\ln x+b)\mathrm{d}(\ln x+b)$；$\int f(\sin x)\cos x\mathrm{d}x = \int f(\sin x)\mathrm{d}(\sin x)$；

$\int f(\cos x)\sin x\mathrm{d}x = -\int f(\cos x)\mathrm{d}(\cos x)$；$\int \frac{1}{\cos^2 x}f(\tan x)\mathrm{d}x = \int f(\tan x)\mathrm{d}(\tan x)$。

[例] 求 $\int \frac{\arctan \frac{1}{x}}{1+x^2}\mathrm{d}x$。

答案：因为 $\left(\arctan \frac{1}{x}\right)' = \frac{1}{1+\left(\frac{1}{x}\right)^2} \cdot \left(-\frac{1}{x^2}\right) = -\frac{1}{1+x^2}$，故原式 $= -\int \arctan \frac{1}{x}\mathrm{d}\left(\arctan \frac{1}{x}\right) = -\frac{1}{2}\left(\arctan \frac{1}{x}\right)^2 + C$。

2. 第二换元积分法

设 $x=\varphi(t)$ 在区间 I 内是单调、可导的函数，并且 $\varphi'(t) \neq 0$。又设 $f[\varphi(t)]\varphi'(t)$ 具有原函数，则有换元公式：

$$\int f(x)\mathrm{d}x = \int f[\varphi(t)]\varphi'(t)\mathrm{d}t。$$

第三部分

[例]求$\int\sqrt{a^2-x^2}\mathrm{d}x(a>0)$。

答案:设 $x=a\sin t$,有 $\mathrm{d}x=a\cos t\mathrm{d}t$,则 $t=\arcsin\frac{x}{a}$。$\int\sqrt{a^2-x^2}\mathrm{d}x=\int\sqrt{a^2-a^2\sin^2t}\cdot a\cos t\mathrm{d}t=a^2\int\cos^2t\mathrm{d}t=\frac{a^2}{2}\int(1+\cos2t)\mathrm{d}t=\frac{a^2}{2}\left(\int\mathrm{d}t+\int\cos2t\mathrm{d}t\right)=\frac{a^2}{2}\left(t+\frac{1}{2}\sin2t\right)+C=\frac{a^2}{2}t+\frac{a^2}{4}\sin2t+C=\frac{a^2}{2}\arcsin\frac{x}{a}+\frac{x}{2}\sqrt{a^2-x^2}+C$。

3. 分部积分法

计算公式:$\int u\mathrm{d}v=uv-\int v\mathrm{d}u$,其中 u,v 为 x 的可导函数。

在分部积分法中 u,v 的选择一般采用“反对幂三指”法,即当积分式中出现反三角函数、对数函数、幂函数、三角函数、指数函数这几个类型的函数相乘时,取 u 的顺序就按这个方法进行,排在前面的就被当作 u。

[例]求$\int(x^2+1)\mathrm{e}^{2x}\mathrm{d}x$。

答案:$\int(x^2+1)\mathrm{e}^{2x}\mathrm{d}x=\frac{1}{2}(x^2+1)\mathrm{e}^{2x}-\frac{1}{2}\int2x\mathrm{e}^{2x}\mathrm{d}x=\frac{1}{2}(x^2+1)\mathrm{e}^{2x}-\int x\mathrm{e}^{2x}\mathrm{d}x=\frac{1}{2}(1+x^2)\mathrm{e}^{2x}-\frac{1}{2}x\mathrm{e}^{2x}+\frac{1}{4}\mathrm{e}^{2x}+C$。

真题面对面

[2021 绍兴,解答,5 分]计算 $\int x\mathrm{e}^x\mathrm{d}x$ 。

答案:$\int x\mathrm{e}^x\mathrm{d}x=\int x\mathrm{d}\mathrm{e}^x=x\mathrm{e}^x-\int\mathrm{e}^x\mathrm{d}x=x\mathrm{e}^x-\mathrm{e}^x+C$ 。

第三部分

考点 2 定积分 【单选、填空、解答】 ★★

1. 定积分的基本概念

定积分可定义为和式的极限,即$\int_a^b f(x)\mathrm{d}x=\lim\limits_{\lambda\to0}\sum\limits_{i=1}^{n}f(\xi_i)\Delta x_i$,其中 Δx_i 是任意分割$[a,b]$为 n 个小区间所得的第 i 个小区间的长度,$\lambda=\max\limits_{1\leq i\leq n}\{\Delta x_i\}$,$\xi_i$ 是第 i 个小区间上的任意一点。也称函数$f(x)$在$[a,b]$上可积或黎曼可积。

2. 定积分的几何意义

$\int_a^b f(x)\mathrm{d}x$ 表示由曲线 $y=f(x)$ 及直线 $x=a,x=b,y=0$ 所围成的曲边梯形的面积。在 x 轴($y=0$)上方的面积取正值,在 x 轴($y=0$)下方的面积取负值。

设函数$f(x)$在区间$[a,b]$上是连续函数，如图所示，则$\int_a^b f(x)\mathrm{d}x = A_1 - A_2 + A_3$。

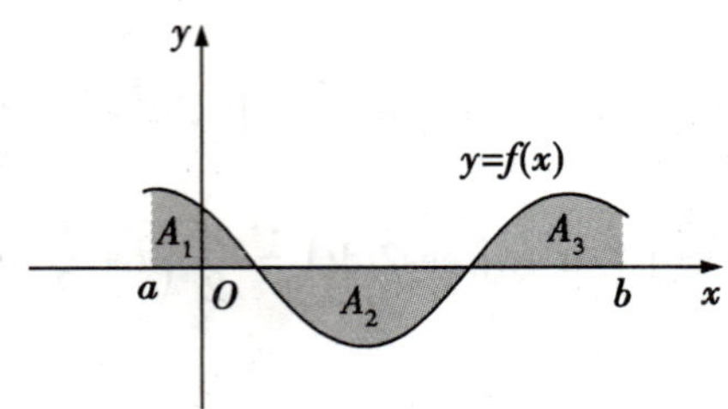

定积分的几何意义

3. 牛顿—莱布尼茨公式

设$f(x)$在$[a,b]$上连续，$F(x)$是$f(x)$的任意一个原函数，即$F'(x)=f(x)$，那么$\int_a^b f(x)\mathrm{d}x = F(x)\Big|_a^b = F(b) - F(a)$，这个公式叫作牛顿—莱布尼茨公式。

4. 定积分的性质

规定：当$a = b$时，$\int_a^b f(x)\mathrm{d}x = 0$；

当$a \neq b$时，$\int_a^b f(x)\mathrm{d}x = -\int_b^a f(x)\mathrm{d}x$。

性质1　若$f(x)$在$[a,b]$上可积，k为一实数，则$kf(x)$在$[a,b]$上也可积，且有$\int_a^b kf(x)\mathrm{d}x = k\int_a^b f(x)\mathrm{d}x$（$k$为常数）。

性质2　若$f(x)$，$g(x)$在$[a,b]$上可积，则$f(x) \pm g(x)$在$[a,b]$上也可积，且$\int_a^b [f(x) \pm g(x)]\mathrm{d}x = \int_a^b f(x)\mathrm{d}x \pm \int_a^b g(x)\mathrm{d}x$。

性质3　若$f(x)$，$g(x)$在$[a,b]$上可积，则$f(x) \cdot g(x)$在$[a,b]$上也可积。

性质4　若$f(x)$在$[a,b]$上可积，则$|f(x)|$在$[a,b]$上也可积。

性质5　若$a < c < b$，$f(x)$在$[a,c]$，$[c,b]$上可积，则$f(x)$在$[a,b]$上也可积，并成立$\int_a^b f(x)\mathrm{d}x = \int_a^c f(x)\mathrm{d}x + \int_c^b f(x)\mathrm{d}x$。反之，若$f(x)$在$[a,b]$上可积，则$f(x)$在$[a,c]$，$[c,b]$上也同时可积，并且上面的等式成立。

性质6　若在区间$[a,b]$上，$f(x) \geqslant 0$，则$\int_a^b f(x)\mathrm{d}x \geqslant 0 (a < b)$。

性质7　若$f(x)$在$[a,b]$上可积，则$\left|\int_a^b f(x)\mathrm{d}x\right| \leqslant \int_a^b |f(x)|\mathrm{d}x$。

第三部分

性质8（积分第一中值定理） 若函数$f(x)$在$[a,b]$上连续，则在$[a,b]$上至少存在一点ξ，使得$\int_a^b f(x)\mathrm{d}x=f(\xi)(b-a)(a\leqslant\xi\leqslant b)$。

性质9 设$f(x)$在$[a,b]$上可积，作$F(x)=\int_a^x f(t)\mathrm{d}t$，则$F(x)$是$[a,b]$上的连续函数。

考法大揭秘

计算定积分的方法

（1）常用方法有牛顿—莱布尼茨公式、定积分的换元积分法、分部积分法。要注意在应用定积分的换元积分法时，当积分式中引入新的变量时，积分限要变，新的积分变量不写出时，积分限不变。

（2）计算之前先验证被积函数是否具有奇偶性与周期性，可简化定积分的计算。设$f(x)$在$[-a,a]$$(a>0)$上连续，则有

$$\begin{cases}\int_{-a}^{a}f(x)\mathrm{d}x=2\int_0^a f(x)\mathrm{d}x, f(x)\text{是偶函数;}\\ \int_{-a}^{a}f(x)\mathrm{d}x=0, f(x)\text{是奇函数;}\\ \int_a^{a+T}f(x)\mathrm{d}x=\int_0^T f(x)\mathrm{d}x, f(x)\text{是周期为 }T\text{ 的连续函数。}\end{cases}$$

（3）被积函数是分段函数时，应分段求积分；被积函数含有绝对值符号时，先去掉绝对值符号再分段积分。

真题面对面

［2021台州（天台、仙居、三门、临海），单，1.6分］$\int_0^1(\mathrm{e}^x+2x)\mathrm{d}x=$（　　）

A. 1　　B. $\frac{1}{\mathrm{e}}$　　C. e　　D. e－1

答案：C。$\int_0^1(\mathrm{e}^x+2x)\mathrm{d}x=(\mathrm{e}^x+x^2)\Big|_0^1=\mathrm{e}+1-1=\mathrm{e}$。

5. 变限积分

（1）变限积分的定义

设f在$[a,b]$上可积，根据定积分的性质，对任何$x\in[a,b]$，f在$[a,x]$上也可积。则由$\Phi(x)=\int_a^x f(t)\mathrm{d}t, a\leqslant x\leqslant b$定义了一个以积分上限$x$为自变量的函数，称为变上限的定积分。类似地，可以定义变下限积分。

（2）变限积分的求导公式

$\frac{\mathrm{d}}{\mathrm{d}x}\int_a^x f(t)\mathrm{d}t=f(x), a\leqslant x\leqslant b$，其中$f(x)$在$[a,b]$上连续。

第三部分

真题面对面

[2021 年 4 月金华、诸暨,单,3 分]已知函数 $f(x)$ 在 $(-\infty,+\infty)$ 内连续,$f(0)=1$,$F(x)=\int_0^x f(-t)\mathrm{d}t$,则 $F(x)$ 的导函数是(　　)

A. 0　　B. $-f(-x)$　　C. $f(-x)$　　D. $f(x)$

答案:C。$F'(x)=\left[\int_0^x f(-t)\mathrm{d}t\right]'=\left[\int_0^{-x} f(u)\mathrm{d}(-u)\right]'=-\left[\int_0^{-x} f(u)\mathrm{d}u\right]'=-[f(-x)\cdot(-x)'-f(0)\cdot(0)']=-[-f(-x)]=f(-x)$。

6. 定积分的应用

(1)求平面图形的面积

①由连续曲线 $y=f(x)$ $(f(x)\geqslant 0)$ 和 x 轴,以及直线 $x=a$,直线 $x=b(a<b)$ 所围成的曲边梯形面积为 A,则 $A=\int_a^b f(x)\mathrm{d}x$,此时 $f(x)$ 非负;若 $f(x)\leqslant 0$,则 $A=\int_a^b |f(x)|\mathrm{d}x$。

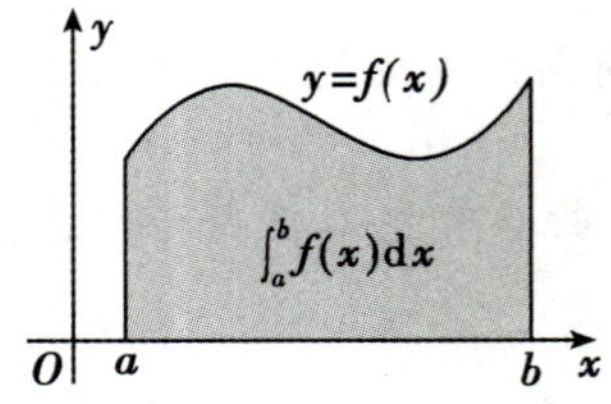

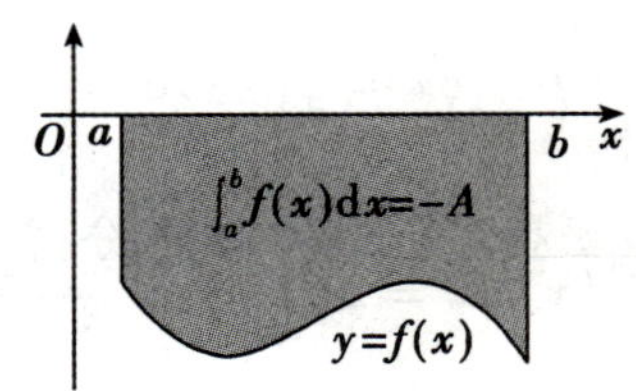

②若一块图形由连续曲线 $y=f_1(x)$,$y=f_2(x)$ 以及 $x=a$,$x=b(a<b)$ 所围成,且在 $[a,b]$ 上 $f_1(x)\leqslant f_2(x)$,则其围成区域的面积 $A=\int_a^b[f_2(x)-f_1(x)]\mathrm{d}x$。

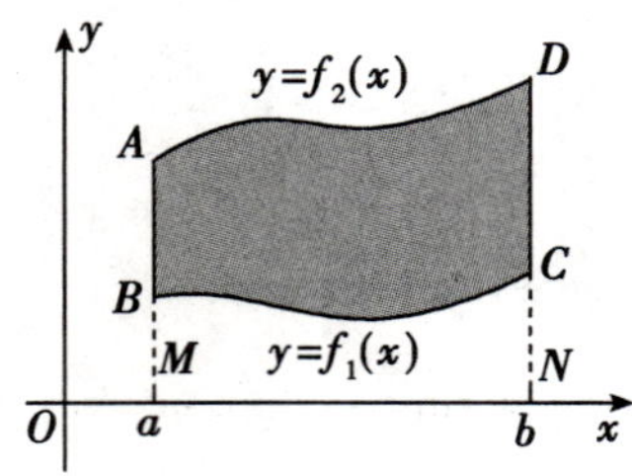

考法大揭秘

利用定积分求由曲线围成的平面图形面积的方法、步骤

①画草图,求出曲线的交点坐标;

②将曲边形面积转化为曲边梯形面积;

③确定被积函数及积分区间;

④计算定积分,求出面积。

第三部分

真题面对面

[2019 统考,解答,5 分]设曲线 $C:y=\sqrt{x-1}$,求:

(1)过原点与曲线 C 相切的切线方程;

(2)求这条切线、直线 $y=0$ 与曲线 C 所围成的平面图形的面积。

答案:(1)设切点为$(x_0,\sqrt{x_0-1})$,曲线 C 在切点的斜率为:$y'|_{x=x_0}=\dfrac{1}{2\sqrt{x_0-1}}$,由于切线经过原点及切点,则 $k=\dfrac{1}{2\sqrt{x_0-1}}=\dfrac{\sqrt{x_0-1}}{x_0}$,解得 $x_0=2$,则 $k=\dfrac{1}{2}$,故所求的切线的方程为 $x-2y=0$。

(2)由(1)得切点的坐标为(2,1),曲线 C 与 x 轴的交点为(1,0),则切线与曲线 C,直线 $y=0$ 所围成的图形的面积为 $\int_0^1\frac{1}{2}x\mathrm{d}x+\int_1^2\left(\frac{1}{2}x-\sqrt{x-1}\right)\mathrm{d}x=\frac{1}{4}x^2\Big|_0^1+\left[\frac{1}{4}x^2-\frac{2}{3}(x-1)^{\frac{3}{2}}\right]\Big|_1^2=\frac{1}{3}$。

(2)求旋转曲面的面积

将平面曲线 $y=f(x)$ $(a\leqslant x\leqslant b,f(x)\geqslant 0$,且 $f(x)$ 连续$)$绕 x 轴旋转得到一个旋转面,则旋转面面积公式为 $F=2\pi\int_a^b f(x)\sqrt{1+f'^2(x)}\mathrm{d}x=2\pi\int_a^b y\sqrt{1+y'^2}\mathrm{d}x$。

(3)求旋转体的体积

设 $f(x)$ 是$[a,b]$上的连续函数,Ω 是由平面图形 $0\leqslant|y|\leqslant|f(x)|,a\leqslant x\leqslant b$,绕 x 轴旋转一周所得的旋转体,那么易知截面面积函数为 $A(x)=\pi[f(x)]^2,x\in[a,b]$,得到的旋转体 Ω 的**体积公式**为:

$$V=\pi\int_a^b[f(x)]^2\mathrm{d}x。$$

真题面对面

[2020 绍兴(三区),填空,2 分]曲线 $y=\sin x(0\leqslant x\leqslant\pi)$ 与 x 轴围成的图形绕 x 轴旋转一周所得旋转体的体积是________。

答案:$\dfrac{\pi^2}{2}$。$V=\int_0^\pi(\pi\cdot\sin^2x)\mathrm{d}x=\dfrac{\pi}{2}\int_0^\pi(1-\cos2x)\mathrm{d}x=\dfrac{\pi}{2}\left(x-\dfrac{1}{2}\sin2x\right)\Big|_0^\pi=\dfrac{\pi^2}{2}$。

第三部分

达标测评

建议用时	实际用时	测评总分	实际得分
45 分钟	______分钟	54 分	______分

一、单项选择题(每小题 3 分,共 12 分)

1. 若函数 $f(x)=x^3+ax^2+3x-9$ 在 $x=-3$ 时取得极值,则 $a=$(　　)

A. 2　　B. 3　　C. 4　　D. 5

2. 曲线 $y=x\ln x$ 在点(e,e)处的切线与直线 $x+ay=1$ 垂直,则实数 a 的值为(　　)

A. 2　　B. -2　　C. $\frac{1}{2}$　　D. $-\frac{1}{2}$

3. 已知函数 $y=f(x)$,其导函数 $y=f'(x)$ 的图象如图所示,则 $y=f(x)$(　　)

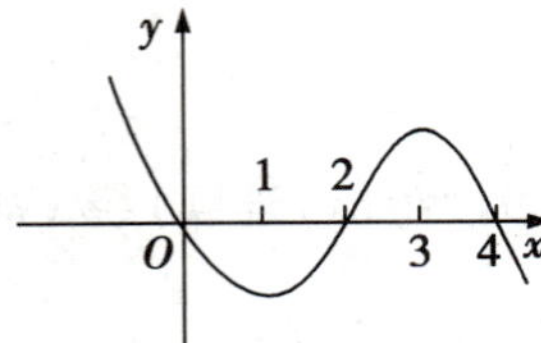

A. 在 $(-\infty,0)$ 上为减函数　　B. 在 $x=0$ 处取极小值

C. 在 $(4,+\infty)$ 上为减函数　　D. 在 $x=2$ 处取极大值

4. 设 $f(x)=x\ln 2x$ 在 x_0 处可导,且 $f'(x_0)=2$,则 $f(x_0)=$(　　)

A. $\frac{e}{2}$　　B. 1　　C. $\frac{2}{e}$　　D. e^2

二、填空题(每小题 3 分,共 24 分)

5. 若 $f(x)=2xf'(1)+x^2$,则 $f'(0)=$________。

6. 由曲线 $y=x^2$,$y=x^3$ 围成的封闭图形的面积为________。

7. 已知函数 $f(x)=x^3+ax^2+bx-a^2-7a$ 在 $x=1$ 处取得极大值 10,则 $\frac{a}{b}=$________。

8. 定积分 $\int_0^{\frac{3\pi}{2}}|\sin x|\mathrm{d}x$ 的值是________。

9. 已知函数 $f(x)=\begin{cases}-\frac{1}{3}x^2+3, x\in[-3,0],\\ \sqrt{9-x^2}, x\in(0,3],\end{cases}$ 则 $\int_{-3}^{3}f(x)\mathrm{d}x=$________。

第三部分

10. 已知奇函数$f(x)=\begin{cases}\dfrac{e^x}{x}-1, x>0,\\ h(x), x<0,\end{cases}$则函数$h(x)$的最大值为________。

11. 已知$f(x)=\ln x, g(x)=\dfrac{1}{2}x^2+mx+\dfrac{7}{2}(m<0)$，直线$l$与函数$f(x)$，$g(x)$的图象都相切，与$f(x)$图象的切点为$(1,f(1))$，则$m=$________。

12. 若e^x是$f(x)$的原函数，则$\int x^2f(\ln x)dx=$________。

三、解答题(每小题6分，共18分)

13. 如图所示，已知直线l与抛物线$C:y=x^2$相切于点$A(2,4)$。

(1)求直线l的方程；

(2)求由抛物线C、直线l及直线$x=0$围成的区域面积。

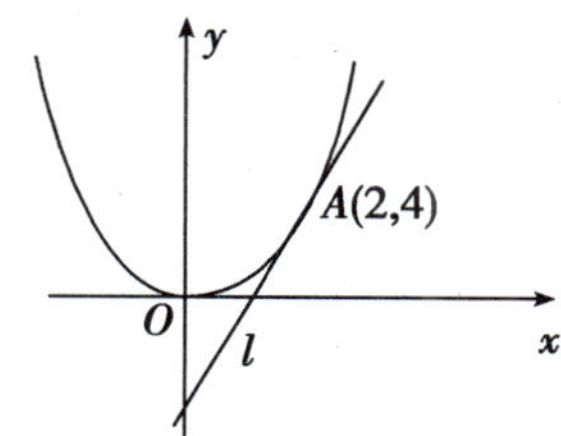

14. 已知$f(x)=ax^3-6ax^2+b$在$[-1,2]$上的最大值为3，最小值为-29，求a,b的值。

15. 设函数$f(x)$定义在$(0,+\infty)$上，$f(1)=0$，导函数$f'(x)=\dfrac{1}{x}$，$g(x)=f(x)+f'(x)$。

(1)求$g(x)$的单调区间和最小值；

(2)讨论$g(x)$与$g\left(\dfrac{1}{x}\right)$的大小关系。

第三部分

参考答案及解析

一、单项选择题

1. D　[解析]因为$f'(x)=3x^2+2ax+3$，$f'(-3)=27-6a+3=0$，所以$a=5$。

2. A　[解析]依题意得$y'=1+\ln x$，$y'|_{x=e}=1+\ln e=2$，因为直线$x+ay=1$的斜率为$-\dfrac{1}{a}$，所以$-\dfrac{1}{a}\times 2=-1$，即$a=2$。

3. C　[解析]由图可知，在区间$(-\infty,0)$上$y=f'(x)>0$，所以$y=f(x)$在区间$(-\infty,0)$上单调递增；在区间

$(0,2)$上 $y=f'(x)<0$，所以 $y=f(x)$ 在区间 $(0,2)$ 上单调递减，所以函数 $y=f(x)$ 在 $x=0$ 处取得极大值；在区间 $(2,4)$ 上 $y=f'(x)>0$，所以 $y=f(x)$ 在区间 $(2,4)$ 上单调递增；在区间 $(4,+\infty)$ 上 $y=f'(x)<0$，所以 $y=f(x)$ 在区间 $(4,+\infty)$ 上单调递减，所以在点 $x=2$ 处 $f(x)$ 取得极小值。综上，C 选项正确。

4. A ［解析］因为 $f(x)=x\ln 2x$，所以 $f'(x)=\ln 2x+1$，由 $f'(x_0)=2$，解得 $x_0=\frac{e}{2}$，所以 $f(x_0)=\frac{e}{2}$。故选 A。

二、填空题

5. -4 ［解析］由题意知，$f'(x)=2f'(1)+2x$，令 $x=1$，则 $f'(1)=2f'(1)+2$，得 $f'(1)=-2$，所以 $f'(0)=2f'(1)+0=-4$。

6. $\frac{1}{12}$ ［解析］由题意得，两曲线在区间 $[0,1]$ 上围成封闭图形，故所求面积为 $\int_0^1(x^2-x^3)dx=\left(\frac{1}{3}x^3-\frac{1}{4}x^4\right)\Big|_0^1=\frac{1}{12}$。

7. $-\frac{2}{3}$ ［解析］$f'(x)=3x^2+2ax+b$，则 $f'(1)=0$，$f(1)=10$，即 $\begin{cases}3+2a+b=0,\\1+a+b-a^2-7a=10,\end{cases}$ 解得 $\begin{cases}a=-2,\\b=1,\end{cases}$ 或 $\begin{cases}a=-6,\\b=9,\end{cases}$ 经检验 $\begin{cases}a=-6,\\b=9\end{cases}$ 满足题意，故 $\frac{a}{b}=-\frac{2}{3}$。

8. 3 ［解析］$\int_0^{\frac{3\pi}{2}}|\sin x|dx=\int_0^{\pi}\sin x dx+\int_{\pi}^{\frac{3\pi}{2}}(-\sin x)dx=-\cos x\Big|_0^{\pi}+\cos x\Big|_{\pi}^{\frac{3\pi}{2}}=1+1+0-(-1)=3$。

9. $6+\frac{9\pi}{4}$ ［解析］$\int_{-3}^{3}f(x)dx=\int_{-3}^{0}\left(-\frac{1}{3}x^2+3\right)dx+\int_0^3\sqrt{9-x^2}dx$，其中，$\int_{-3}^{0}\left(-\frac{1}{3}x^2+3\right)dx=\left(-\frac{1}{9}x^3+3x\right)\Big|_{-3}^{0}=6$。由定积分的几何意义知，$\int_0^3\sqrt{9-x^2}dx$ 表示以 $(0,0)$ 为圆心，半径为 3 的圆的面积的 $\frac{1}{4}$，即为 $\frac{9\pi}{4}$，故 $\int_{-3}^{3}f(x)dx=6+\frac{9\pi}{4}$。

10. $1-e$ ［解析］当 $x>0$ 时，$f'(x)=\frac{e^x(x-1)}{x^2}$，所以 $x\in(0,1)$ 时，$f'(x)<0$，函数单调递减，$x\in(1,+\infty)$ 时，$f'(x)>0$，函数单调递增，所以若 $x\in(0,+\infty)$，当 $x=1$ 时，函数取得极小值即最小值，为 $e-1$，因为 $f(x)$ 是奇函数，则当 $x<0$ 时，$h(x)$ 在 $(-1,0)$ 上单调递减，$h(x)$ 在 $(-\infty,-1)$ 上单调递增，所以 $h(x)$ 的最大值为 $h(-1)=1-e$。故 $h(x)$ 的最大值为 $1-e$。

11. -2 ［解析］因为 $f'(x)=\frac{1}{x}$，所以直线 l 的斜率 $k=f'(1)=1$。又 $f(1)=0$，所以切线 l 的方程为 $y=x-1$。又 $g'(x)=x+m(m<0)$，设直线 l 与 $g(x)$ 的图象的切点为 (x_0,y_0)，则有 $x_0+m=1$，$y_0=x_0-1$，$y_0=\frac{1}{2}x_0^2+$

第三部分

$mx_0+\frac{7}{2}(m<0)$，解得$m=-2$。

12. $\frac{1}{4}x^4+C$　［解析］由题意知，$\int f(x)\mathrm{d}x=\mathrm{e}^x$，则$f(x)=(\mathrm{e}^x)'=\mathrm{e}^x$，$f(\ln x)=\mathrm{e}^{\ln x}=x$，故$\int x^2f(\ln x)\mathrm{d}x=\int x^2\cdot x\mathrm{d}x=\frac{x^4}{4}+C$。

三、解答题

13. ［解析］(1)设直线 l 的方程为 $y=kx+b$，由题意知 $k=2x|_{x=2}=4$，故 $y=4x+b$，将点(2,4)代入得 $b=-4$，故直线 l 的方程为 $y=4x-4$。

(2)由题意可知，所围成区域的面积为 $S=\int_0^2[x^2-(4x-4)]\mathrm{d}x=\left(\frac{1}{3}x^3-2x^2+4x\right)\Big|_0^2=\frac{8}{3}$。

14. ［解析］$f'(x)=3ax^2-12ax=3a(x^2-4x)$，

令$f'(x)=0$，即 $3a(x^2-4x)=0$，

得 $x=0$ 或 4。

又$\because -1\leqslant x\leqslant 2$，

$\therefore x=0$ 为极值点。

①当 $a>0$ 时，$-1<x<0$，$f'(x)>0$；$2>x>0$，$f'(x)<0$，

$\therefore f(0)=b$ 为极大值。

又 $f(-1)=-a-6a+b=-7a+b$，$f(2)=-16a+b$，

$\therefore f(-1)>f(2)$，

$\therefore f(0)$为最大值，$f(2)$为最小值。

则$\begin{cases}f(0)=b=3,\\f(2)=-16a+b=-29,\end{cases}$解得$\begin{cases}a=2,\\b=3。\end{cases}$

②当 $a<0$ 时，$-1<x<0$，$f'(x)<0$；$2>x>0$，$f'(x)>0$，

$\therefore f(0)=b$ 为极小值。

又 $f(-1)=-7a+b$，$f(2)=-16a+b$，

$\therefore f(2)>f(-1)$，

$\therefore f(2)$为最大值，$f(0)$为最小值。

则$\begin{cases}f(0)=b=-29,\\f(2)=-16a+b=3,\end{cases}$解得$\begin{cases}a=-2,\\b=-29。\end{cases}$

综上，$a=2$，$b=3$ 或 $a=-2$，$b=-29$。

第三部分

15. [解析](1)由题设易知$f(x)=\ln x$，$g(x)=\ln x+\frac{1}{x}$，$\therefore g'(x)=\frac{x-1}{x^2}$，令$g'(x)=\frac{x-1}{x^2}=0\Rightarrow x=1$，当$x\in(0,1)$时，$g'(x)<0$，故$(0,1)$是$g(x)$的单调减区间；当$x\in(1,+\infty)$时，$g'(x)>0$，故$(1,+\infty)$是$g(x)$的单调增区间。因此$x=1$是$g(x)$的唯一极小值点，从而是最小值点，所以最小值为$g(1)=1$。

(2)$g\left(\frac{1}{x}\right)=-\ln x+x$，$x>0$，设$h(x)=g(x)-g\left(\frac{1}{x}\right)=2\ln x-x+\frac{1}{x}$，则$h'(x)=-\frac{(x-1)^2}{x^2}$。

当$x=1$时，$h(1)=0$，即$g(x)=g\left(\frac{1}{x}\right)$。当$x\in(0,1)\cup(1,+\infty)$时，$h'(x)<0$，$h'(1)=0$，因此$h(x)$在$(0,+\infty)$内单调递减，当$x\in(0,1)$时，$h(x)>h(1)=0$，即$g(x)>g\left(\frac{1}{x}\right)$，当$x\in(1,+\infty)$时，$h(x)<h(1)=0$，即$g(x)<g\left(\frac{1}{x}\right)$。

综上知，当$0<x<1$时$g(x)>g\left(\frac{1}{x}\right)$；当$x=1$时，$g(x)=g\left(\frac{1}{x}\right)$；当$x>1$时，$g(x)<g\left(\frac{1}{x}\right)$。

第三部分

第十一章　向量与复数

思维导图

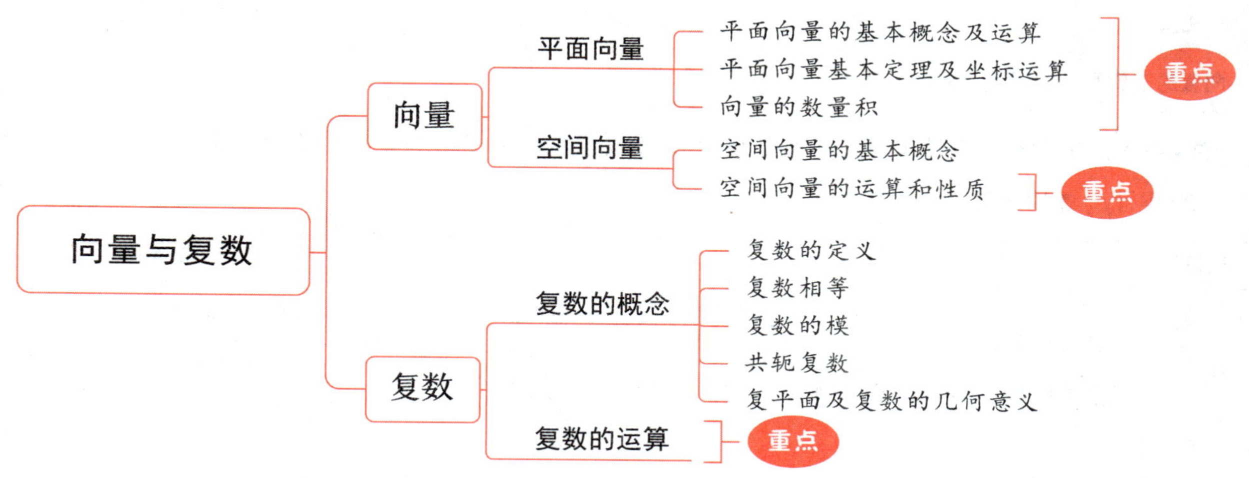

浙江考向

本章属于高中数学的基础章节，也是浙江省教师招聘考试中的常考内容，需要识记与理解性知识较多。在考试中常以判断题、单项选择题、填空题的形式考查。现对本章浙江考向分析如下：

高频考点	常考题型	能力要求	考查热度
平面向量的线性运算	判断、单选	理解	★
空间向量的运算	单选	理解	★
复数的运算	单选、填空	理解	★

第三部分

核心考点

一、向量

考点 1　平面向量　【判断、单选】　★

1. 平面向量的基本概念及运算

(1) 平面向量的基本概念

向量的定义	既有大小又有方向的量叫作向量，记作：$\overrightarrow{AB}$或 $\boldsymbol{a}$
向量的模	向量的大小叫作向量的长度(或称模)，记作：$\|\overrightarrow{AB}\|$或$\|\boldsymbol{a}\|$

零向量	长度为 0 的向量叫作零向量，记作：$\mathbf{0}$。零向量的方向是任意的
平行向量	方向相同或相反的非零向量，记作：$\overrightarrow{AB}//\overrightarrow{CD}$。平行向量也叫共线向量，规定 $\mathbf{0}//\boldsymbol{a}$
单位向量	长度为 1 个单位的向量
相等向量	长度相等且方向相同的向量。两个向量相等与向量的起点位置无关
相反向量	与 $\boldsymbol{a}$ 长度相等，方向相反的向量叫作 $\boldsymbol{a}$ 的相反向量，记作：$-\boldsymbol{a}$。规定 $\mathbf{0}=-\mathbf{0}$；$\overrightarrow{AB}=-\overrightarrow{BA}$
向量的三要素	起点、方向、长度

注：要注意区分 $\mathbf{0}$ 和 0 的不同。一个是向量，一个是实数。向量的加减得到的和向量、差向量都是向量。

(2) 平面向量的运算

运算	定义	图示	运算律
加法	以任意一点 O 为始点作 $\overrightarrow{OA}=\boldsymbol{a}$，$\overrightarrow{OB}=\boldsymbol{b}$，再作平行四边形 $OACB$，则向量 $\overrightarrow{OC}$ 叫作 $\boldsymbol{a}$ 与 $\boldsymbol{b}$ 的和		①交换律 $\boldsymbol{a}+\boldsymbol{b}=\boldsymbol{b}+\boldsymbol{a}$； ②结合律 $(\boldsymbol{a}+\boldsymbol{b})+\boldsymbol{c}=\boldsymbol{a}+(\boldsymbol{b}+\boldsymbol{c})$
减法	减去一个向量等于加上这个向量的**相反向量**		① $-(-\boldsymbol{a})=\boldsymbol{a}$； ② $\boldsymbol{a}+(-\boldsymbol{a})=(-\boldsymbol{a})+\boldsymbol{a}$； ③ $\boldsymbol{a}-\boldsymbol{b}=\boldsymbol{a}+(-\boldsymbol{b})$
数乘	实数 λ 和向量 $\boldsymbol{a}$ 的数乘是一个向量，记作 $\lambda\boldsymbol{a}$，模为 $\lvert\lambda\rvert\cdot\lvert\boldsymbol{a}\rvert$，$\lambda$ 为实数；若 $\lambda>0$，则 $\lambda\boldsymbol{a}$ 与 $\boldsymbol{a}$ 方向一致；若 $\lambda<0$，则 $\lambda\boldsymbol{a}$ 与 $\boldsymbol{a}$ 方向相反		①结合律：$\lambda(\mu\boldsymbol{a})=(\lambda\mu)\boldsymbol{a}$； ②分配律：$(\lambda+\mu)\boldsymbol{a}=\lambda\boldsymbol{a}+\mu\boldsymbol{a}$； $\lambda(\boldsymbol{a}+\boldsymbol{b})=\lambda\boldsymbol{a}+\lambda\boldsymbol{b}$

2. 平面向量基本定理及坐标运算

(1) 平面向量基本定理

如果 $\boldsymbol{e}_1,\boldsymbol{e}_2$ 是同一平面内的两个不共线向量，那么对于这一平面内的任一向量 $\boldsymbol{a}$，有且只有一对实数 λ_1，λ_2，使 $\boldsymbol{a}=\lambda_1\boldsymbol{e}_1+\lambda_2\boldsymbol{e}_2$，这就是平面向量基本定理。其中 $\boldsymbol{e}_1,\boldsymbol{e}_2$ 叫作这个平面内所有向量的一组基底。

平面向量基本定理实际上是向量的分解定理，并且是平面向量正交分解的理论依据，也是向量坐标表示的基础。

已知 $\boldsymbol{e}_1,\boldsymbol{e}_2$ 是平面的一组基底，如果向量 $\boldsymbol{a},\boldsymbol{e}_1,\boldsymbol{e}_2$ 共面，那么有且只有一对不全为零的实数 λ_1,λ_2，使 $\boldsymbol{a}=\lambda_1\boldsymbol{e}_1+\lambda_2\boldsymbol{e}_2$。反之，如果有且只有一对不全为零的实数 λ_1,λ_2，使 $\boldsymbol{a}=\lambda_1\boldsymbol{e}_1+\lambda_2\boldsymbol{e}_2$，那么 $\boldsymbol{a},\boldsymbol{e}_1,\boldsymbol{e}_2$ 共面。

平面向量 $\boldsymbol{b}$ 与非零向量 $\boldsymbol{a}$ 共线（平行）的充要条件：有且只有一个非零实数 λ，使得 $\boldsymbol{b}=\lambda\boldsymbol{a}(\boldsymbol{a}\neq\mathbf{0})$。

(2) 平面向量的坐标表示

设有点 $O(0,0)$，$P(x,y)$，$\boldsymbol{i},\boldsymbol{j}$ 分别是沿 x,y 轴正向的单位向量，则向量 $\boldsymbol{a}$ 的坐标分解式为 $\boldsymbol{a}=\overrightarrow{OP}=x\boldsymbol{i}+y\boldsymbol{j}$，$(x,y)$ 称为向量 $\boldsymbol{a}$ 的坐标。相等的向量其坐标相同，坐标相同的向量是相等向量。

由于自由向量的起点是可以任意选取的，故如果向量不是以坐标原点为起点，则向量坐标就跟终点坐标不同，而对同一向量或相等向量，若选择不同的起点坐标，则终点坐标也不同。

(3)平面向量的坐标运算

①向量的平行与垂直

设 $\boldsymbol{a}=(x_1,y_1)$，$\boldsymbol{b}=(x_2,y_2)$（$\boldsymbol{a}\neq\boldsymbol{0}$，$\boldsymbol{b}\neq\boldsymbol{0}$），则

$\boldsymbol{a}/\!/\boldsymbol{b}\Leftrightarrow x_1y_2-x_2y_1=0$；

$\boldsymbol{a}\perp\boldsymbol{b}\Leftrightarrow\boldsymbol{a}\cdot\boldsymbol{b}=0\Leftrightarrow x_1x_2+y_1y_2=0$。

②向量加减运算

若 $\boldsymbol{a}=(x_1,y_1)$，$\boldsymbol{b}=(x_2,y_2)$，则 $\boldsymbol{a}\pm\boldsymbol{b}=(x_1\pm x_2,y_1\pm y_2)$。

(4)三点共线定理

若$\overrightarrow{OA}$，$\overrightarrow{OB}$是平面内不共线的向量，则存在实数 λ_1，λ_2 使得$\overrightarrow{OC}=\lambda_1\overrightarrow{OA}+\lambda_2\overrightarrow{OB}$，则当 $\lambda_1+\lambda_2=1$ 时，A，B，C 三点共线，特别地，当 $\lambda_1=\lambda_2=\dfrac{1}{2}$时，$C$ 是 AB 的中点。

真题面对面

1. [2021 宁波，判断，1 分]已知 $\boldsymbol{a}$，$\boldsymbol{b}$ 为不共线的向量，则 $2\boldsymbol{a}-3\boldsymbol{b}$，$4\boldsymbol{a}-6\boldsymbol{b}$ 可以作为平面向量的一组基底。(　　)

答案：×。$\boldsymbol{a}$，$\boldsymbol{b}$ 为不共线的向量，$2(2\boldsymbol{a}-3\boldsymbol{b})=4\boldsymbol{a}-6\boldsymbol{b}$，故 $2\boldsymbol{a}-3\boldsymbol{b}$ 和 $4\boldsymbol{a}-6\boldsymbol{b}$ 共线，因此不能作为平面向量的一组基底。

2. [2021 年 4 月金华、诸暨，单，3 分]在 $\triangle ABC$ 中，$\overrightarrow{AD}=2\overrightarrow{DB}$，$P$ 为 CD 上一点，且$\overrightarrow{AP}=\dfrac{1}{3}\overrightarrow{AB}+m\overrightarrow{AC}$，则 $m=$(　　)

A. $\dfrac{1}{5}$　　B. $\dfrac{1}{4}$　　C. $\dfrac{1}{3}$　　D. $\dfrac{1}{2}$

答案：D。由于 C，P，D 三点共线，所以存在 x，y 使得$\overrightarrow{AP}=x\overrightarrow{AC}+y\overrightarrow{AD}$，且 $x+y=1$，因为$\overrightarrow{AD}=2\overrightarrow{DB}$，所以$\overrightarrow{AP}=x\overrightarrow{AC}+\dfrac{2}{3}y\overrightarrow{AB}$，则$\begin{cases}\dfrac{2}{3}y=\dfrac{1}{3},\\ x=m,\\ x+y=1,\end{cases}$解得$\begin{cases}x=\dfrac{1}{2},\\ y=\dfrac{1}{2},\end{cases}$故 $m=x=\dfrac{1}{2}$。

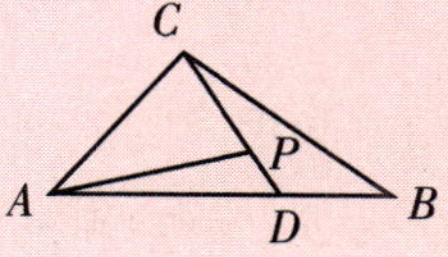

3. 向量的数量积

(1)向量的夹角

已知两个非零向量 $\boldsymbol{a}$，$\boldsymbol{b}$，作 $\overrightarrow{OA}=\boldsymbol{a}$，$\overrightarrow{OB}=\boldsymbol{b}$，则 $\angle AOB$ 称为向量 $\boldsymbol{a}$ 和向量 $\boldsymbol{b}$ 的夹角，记作$\langle\boldsymbol{a},\boldsymbol{b}\rangle$，则 $0°\leqslant\langle\boldsymbol{a},\boldsymbol{b}\rangle\leqslant180°$，$\langle\boldsymbol{a},\boldsymbol{b}\rangle=\langle\boldsymbol{b},\boldsymbol{a}\rangle$。

当$\langle\boldsymbol{a},\boldsymbol{b}\rangle=0°$时，$\boldsymbol{a}$ 与 $\boldsymbol{b}$ 同向；

第三部分

当$\langle \boldsymbol{a},\boldsymbol{b}\rangle=180°$时，$\boldsymbol{a}$与$\boldsymbol{b}$反向；

当$\langle \boldsymbol{a},\boldsymbol{b}\rangle=90°$时，$\boldsymbol{a}$与$\boldsymbol{b}$垂直。

(2)向量的数量积的定义

设$\boldsymbol{a},\boldsymbol{b}$是两个非零向量，我们把$|\boldsymbol{a}||\boldsymbol{b}|\cos\langle \boldsymbol{a},\boldsymbol{b}\rangle$叫作向量$\boldsymbol{a}$和$\boldsymbol{b}$的数量积(或内积)，记作$\boldsymbol{a}\cdot\boldsymbol{b}$，即$\boldsymbol{a}\cdot\boldsymbol{b}=|\boldsymbol{a}||\boldsymbol{b}|\cos\langle \boldsymbol{a},\boldsymbol{b}\rangle$。规定：零向量与任一向量的数量积为0。

(3)几何意义

①向量的投影

$|\boldsymbol{a}|\cdot\cos\langle \boldsymbol{a},\boldsymbol{b}\rangle$叫作向量$\boldsymbol{a}$在向量$\boldsymbol{b}$方向上的投影。

②$\boldsymbol{a}\cdot\boldsymbol{b}$的几何意义

数量积$\boldsymbol{a}\cdot\boldsymbol{b}$等于$\boldsymbol{a}$的长度$|\boldsymbol{a}|$与$\boldsymbol{b}$在$\boldsymbol{a}$的方向上的投影$|\boldsymbol{b}|\cdot\cos\langle \boldsymbol{a},\boldsymbol{b}\rangle$的乘积。

(4)数量积的运算律

$\boldsymbol{a}\cdot\boldsymbol{b}=\boldsymbol{b}\cdot\boldsymbol{a}$；

$\lambda(\boldsymbol{a}\cdot\boldsymbol{b})=(\lambda\boldsymbol{a})\cdot\boldsymbol{b}=\boldsymbol{a}\cdot(\lambda\boldsymbol{b})$；

$(\boldsymbol{a}+\boldsymbol{b})\cdot\boldsymbol{c}=\boldsymbol{a}\cdot\boldsymbol{c}+\boldsymbol{b}\cdot\boldsymbol{c}$。

(5)数量积的运算性质

①如果$\boldsymbol{e}$是单位向量，则$\boldsymbol{a}\cdot\boldsymbol{e}=\boldsymbol{e}\cdot\boldsymbol{a}=|\boldsymbol{a}|\cos\langle \boldsymbol{a},\boldsymbol{e}\rangle$。

②$\boldsymbol{a}\perp\boldsymbol{b}\Leftrightarrow\boldsymbol{a}\cdot\boldsymbol{b}=0$。

③$\cos\langle \boldsymbol{a},\boldsymbol{b}\rangle=\dfrac{\boldsymbol{a}\cdot\boldsymbol{b}}{|\boldsymbol{a}||\boldsymbol{b}|}$。

④$\boldsymbol{a}\cdot\boldsymbol{a}=|\boldsymbol{a}|^2$或$|\boldsymbol{a}|=\sqrt{\boldsymbol{a}\cdot\boldsymbol{a}}$。

⑤$|\boldsymbol{a}\cdot\boldsymbol{b}|\leqslant|\boldsymbol{a}||\boldsymbol{b}|$。

(6)向量数量积的坐标表示

若非零向量$\boldsymbol{a}=(x_1,y_1)$，$\boldsymbol{b}=(x_2,y_2)$，则$\boldsymbol{a}\cdot\boldsymbol{b}=x_1x_2+y_1y_2$。

若非零向量$\boldsymbol{a}=(x_1,y_1)$，$\boldsymbol{b}=(x_2,y_2)$，θ是$\boldsymbol{a}$与$\boldsymbol{b}$的夹角，则$\cos\theta=\dfrac{x_1x_2+y_1y_2}{\sqrt{x_1^2+y_1^2}\sqrt{x_2^2+y_2^2}}$。

若$A(x_1,y_1)$，$B(x_2,y_2)$，则$|\overrightarrow{AB}|=\sqrt{(x_2-x_1)^2+(y_2-y_1)^2}$。

考点2 空间向量 【单选】 ★

1. 空间向量的基本概念

在三维坐标系中，分别取与x轴、y轴、z轴方向相同的3个单位向量$\boldsymbol{i},\boldsymbol{j},\boldsymbol{k}$作为一组基底。若$\boldsymbol{a}$为该坐标系内的任意向量，以坐标原点$O$为起点作$\overrightarrow{OP}=\boldsymbol{a}$。由空间基本定理知，有且只有一组实数$(x,y,z)$，使得$\boldsymbol{a}=\overrightarrow{OP}=x\boldsymbol{i}+y\boldsymbol{j}+z\boldsymbol{k}$，把实数对$(x,y,z)$叫作向量$\boldsymbol{a}$的坐标，记作$\boldsymbol{a}=(x,y,z)$。这就是向量$\boldsymbol{a}$的坐标表示，其中$(x,y,z)$就是点$P$的坐标。$\overrightarrow{OP}$称为点$P$的位置向量。

2. 空间向量的运算和性质

(1)空间向量的坐标运算

设$\boldsymbol{a}=(x_1,y_1,z_1)$，$\boldsymbol{b}=(x_2,y_2,z_2)$，则有

加减运算：$\boldsymbol{a}\pm\boldsymbol{b}=(x_1\pm x_2,y_1\pm y_2,z_1\pm z_2)$；

数乘运算：$\lambda\boldsymbol{a}=(\lambda x_1,\lambda y_1,\lambda z_1)$；

向量积：$\boldsymbol{a}\cdot\boldsymbol{b}=x_1x_2+y_1y_2+z_1z_2$；

向量的模：$|\boldsymbol{a}|=\sqrt{\boldsymbol{a}\cdot\boldsymbol{a}}=\sqrt{x_1^2+y_1^2+z_1^2}$；

夹角：$\cos\langle\boldsymbol{a},\boldsymbol{b}\rangle=\dfrac{\boldsymbol{a}\cdot\boldsymbol{b}}{|\boldsymbol{a}||\boldsymbol{b}|}=\dfrac{x_1x_2+y_1y_2+z_1z_2}{\sqrt{x_1^2+y_1^2+z_1^2}\sqrt{x_2^2+y_2^2+z_2^2}}$，$0\leqslant\langle\boldsymbol{a},\boldsymbol{b}\rangle\leqslant\pi$；

向量关系：$\boldsymbol{a}//\boldsymbol{b}\Leftrightarrow\dfrac{x_1}{x_2}=\dfrac{y_1}{y_2}=\dfrac{z_1}{z_2}$；$\boldsymbol{a}\perp\boldsymbol{b}\Leftrightarrow x_1x_2+y_1y_2+z_1z_2=0$；

两点间的距离：设 $P_1(x_1,y_1,z_1)$，$P_2(x_2,y_2,z_2)$，则 $|P_1P_2|=\sqrt{(x_2-x_1)^2+(y_2-y_1)^2+(z_2-z_1)^2}$。

(2)空间向量的性质

①$\boldsymbol{a}+\boldsymbol{b}=\boldsymbol{b}+\boldsymbol{a}$；

②$(\boldsymbol{a}+\boldsymbol{b})+\boldsymbol{c}=\boldsymbol{a}+(\boldsymbol{b}+\boldsymbol{c})$；

③$\lambda(\mu\boldsymbol{a})=\mu(\lambda\boldsymbol{a})=(\lambda\mu)\boldsymbol{a}$；

④$(\lambda+\mu)\boldsymbol{a}=\lambda\boldsymbol{a}+\mu\boldsymbol{a}$，$\lambda(\boldsymbol{a}+\boldsymbol{b})=\lambda\boldsymbol{a}+\lambda\boldsymbol{b}$。

真题面对面

[2019 统考，单，3 分]设两向量 $\boldsymbol{a}=(1,-2,2)$，$\boldsymbol{b}=(0,-3,4)$ 的夹角为 θ，则 $\sin2\theta=$(　　)

A. $\dfrac{28}{225}$　　B. $\dfrac{\sqrt{29}}{225}$　　C. $\dfrac{28\sqrt{29}}{225}$　　D. $-\dfrac{28\sqrt{29}}{225}$

答案：C。由题意知，$\cos\theta=\dfrac{\boldsymbol{a}\cdot\boldsymbol{b}}{|\boldsymbol{a}|\cdot|\boldsymbol{b}|}=\dfrac{14}{15}>0$，则 $\theta\in\left(0,\dfrac{\pi}{2}\right)$，$\sin\theta=\sqrt{1-\cos^2\theta}=\dfrac{\sqrt{29}}{15}$，$\sin2\theta=2\sin\theta\cos\theta=\dfrac{28\sqrt{29}}{225}$。

二、复数 【单选、填空】 ★

考点 1　复数的概念

1. 复数的定义

形如 $a+b\mathrm{i}(a,b\in\mathbf{R})$ 的数叫作复数，a 叫作复数的实部，b 叫作复数的虚部，i 叫作虚数单位。

复数 $a+b\mathrm{i}(a,b\in\mathbf{R})$，$\begin{cases}若\ b=0，是实数；\\ 若\ b\neq0，是虚数\begin{cases}若\ a=0，是纯虚数；\\ 若\ a\neq0，是非纯虚数。\end{cases}\end{cases}$

2. 复数相等

$a+b\mathrm{i}=c+d\mathrm{i}\Leftrightarrow a=c$ 且 $b=d(a,b,c,d\in\mathbf{R})$。

3. 复数的模

向量$\overrightarrow{OZ}$的模叫作复数 $z=a+b\mathrm{i}$ 的模，记作$|z|$或$|a+b\mathrm{i}|$，即$|z|=|a+b\mathrm{i}|=\sqrt{a^2+b^2}$，其中 $a,b\in\mathbf{R}$。

第三部分

真题面对面

[2020 绍兴(三区),填空,2 分]已知 i 为虚数单位,复数 z 满足$\frac{z+1}{1+\mathrm{i}}=1-2\mathrm{i}$,则 $z=$ ________,

$|z|=$ ________。

答案:$2-\mathrm{i}$;$\sqrt{5}$。$z=(1+\mathrm{i})(1-2\mathrm{i})-1=2-\mathrm{i}$,$|z|=\sqrt{2^2+(-1)^2}=\sqrt{5}$。

4. 共轭复数

一般地,当两个复数的实部相等,虚部互为相反数时,这两个复数叫作互为共轭复数。复数 z 的共轭复数用 $\bar{z}$ 表示,即如果 $z=a+b\mathrm{i}$,那么 $\bar{z}=a-b\mathrm{i}$。

5. 复平面及复数的几何意义

(1)复平面

建立直角坐标系来表示复数的平面,叫作复平面,x 轴叫作实轴,y 轴叫作虚轴。实轴上的点都表示实数;除了原点外,虚轴上的点都表示纯虚数。

(2)复数的几何意义

①复数 $z=a+bi \xleftrightarrow{\text{一一对应}}$ 复平面内的点 $Z(a,b)$。

②复数 $z=a+bi \xleftrightarrow{\text{一一对应}}$ 平面向量 $\overrightarrow{OZ}$。

考点 2 复数的运算

设 $z_1=a+b\mathrm{i}$,$z_2=c+d\mathrm{i}$,$a,b,c,d\in\mathbf{R}$,则

复数的加法	$z_1+z_2=(a+c)+(b+d)\mathrm{i}$
复数的减法	$z_1-z_2=(a-c)+(b-d)\mathrm{i}$
复数的乘法	$z_1\cdot z_2=(ac-bd)+(ad+bc)\mathrm{i}$
复数的除法	$\frac{z_1}{z_2}=\frac{a+b\mathrm{i}}{c+d\mathrm{i}}=\frac{(a+b\mathrm{i})(c-d\mathrm{i})}{c^2+d^2}=\frac{ac+bd}{c^2+d^2}+\frac{bc-ad}{c^2+d^2}\mathrm{i}$
复数 i 的乘方	对任意的 $n\in\mathbf{N}_+$,$\mathrm{i}^1=\mathrm{i}$,$\mathrm{i}^2=-1$,$\mathrm{i}^3=-\mathrm{i}$,$\mathrm{i}^4=1$,…,$\mathrm{i}^{4n+1}=\mathrm{i}$,$\mathrm{i}^{4n+2}=-1$,$\mathrm{i}^{4n+3}=-\mathrm{i}$,$\mathrm{i}^{4n+4}=1$

真题面对面

[2021 年 4 月金华、诸暨,单,3 分]已知 $m,n\in\mathbf{R}$,$(m-\mathrm{i})(1-2\mathrm{i})=-3+n\mathrm{i}$,则 $|m+n\mathrm{i}|=$( )

A. 1　　B. $\sqrt{2}$　　C. $\sqrt{3}$　　D. 2

答案:B。$(m-\mathrm{i})(1-2\mathrm{i})=m-2m\mathrm{i}-\mathrm{i}+2\mathrm{i}^2=(m-2)-(2m+1)\mathrm{i}=-3+n\mathrm{i}$,所以 $\begin{cases}m-2=-3,\\-(2m+1)=n,\end{cases}$ 解得 $\begin{cases}m=-1,\\n=1,\end{cases}$ 则 $|m+n\mathrm{i}|=\sqrt{m^2+n^2}=\sqrt{2}$。

达标测评

建议用时	实际用时	测评总分	实际得分
10 分钟	______分钟	24 分	______分

一、单项选择题(每小题 3 分,共 18 分)

1. 设平面向量 $\boldsymbol{a}=(1,2)$,$\boldsymbol{b}=(-2,y)$,若 $\boldsymbol{a}/\!/\boldsymbol{b}$,则 $|3\boldsymbol{a}+\boldsymbol{b}|=$(　　)

A. $\sqrt{5}$　　B. $\sqrt{6}$　　C. $\sqrt{17}$　　D. $\sqrt{26}$

2. 已知 $|\boldsymbol{a}|=6$,$|\boldsymbol{b}|=3$,$\boldsymbol{a}\cdot\boldsymbol{b}=-12$,则向量 $\boldsymbol{a}$ 在向量 $\boldsymbol{b}$ 方向上的投影是(　　)

A. -4　　B. 4　　C. -2　　D. 2

3. 在 $\triangle ABC$ 中,AB 边的高为 CD,若 $\overrightarrow{CB}=\boldsymbol{a}$,$\overrightarrow{CA}=\boldsymbol{b}$,$\boldsymbol{a}\cdot\boldsymbol{b}=0$,$|\boldsymbol{a}|=1$,$|\boldsymbol{b}|=2$,则 $\overrightarrow{AD}=$(　　)

A. $\frac{1}{3}\boldsymbol{a}-\frac{1}{3}\boldsymbol{b}$　　B. $\frac{2}{3}\boldsymbol{a}-\frac{2}{3}\boldsymbol{b}$

C. $\frac{3}{5}\boldsymbol{a}-\frac{3}{5}\boldsymbol{b}$　　D. $\frac{4}{5}\boldsymbol{a}-\frac{4}{5}\boldsymbol{b}$

4. 已知空间内三点 $A(2,1,-2)$,$B(1,1,-1)$,$C(1,2,-2)$,则 $\angle ABC=$(　　)

A. $\frac{\pi}{2}$　　B. $\frac{\pi}{3}$　　C. $\frac{\pi}{4}$　　D. $\frac{\pi}{6}$

5. 若复数 z 满足 $\mathrm{i}z=2+4\mathrm{i}$,则在复平面内,复数 z 对应的点的坐标是(　　)

A. $(2,4)$　　B. $(2,-4)$　　C. $(4,-2)$　　D. $(4,2)$

6. 复数 $z=\frac{1-\mathrm{i}}{1+\mathrm{i}}-\frac{1+\mathrm{i}}{1-\mathrm{i}}$,则复数 z 的虚部是(　　)

A. -4　　B. -2　　C. 2　　D. 7

二、填空题(每小题 3 分,共 6 分)

7. 已知 $\boldsymbol{a},\boldsymbol{b},\boldsymbol{c}$ 均为单位向量,且 $\boldsymbol{a}\perp\boldsymbol{b}$,则 $(\boldsymbol{a}+\boldsymbol{b}+\boldsymbol{c})\cdot\boldsymbol{c}$ 的最大值为________。

8. 已知在直角梯形 $ABCD$ 中,$\angle ADC=90°$,$AD=2$,$BC=1$,P 是腰 DC 上的动点,则 $|\overrightarrow{PA}+3\overrightarrow{PB}|$ 的最小值为________。

参考答案及解析

一、单项选择题

1. A　[解析]因为 $\boldsymbol{a}=(1,2)$,$\boldsymbol{b}=(-2,y)$,且 $\boldsymbol{a}/\!/\boldsymbol{b}$,所以 $1\times y=2\times(-2)$,则 $y=-4$,所以 $\boldsymbol{b}=(-2,-4)$,$3\boldsymbol{a}+\boldsymbol{b}=(1,2)$,故 $|3\boldsymbol{a}+\boldsymbol{b}|=\sqrt{1+2^2}=\sqrt{5}$。故选 A。

2. A　[解析]设 $\boldsymbol{a}$ 与 $\boldsymbol{b}$ 的夹角为 θ,$\cos\theta=\frac{\boldsymbol{a}\cdot\boldsymbol{b}}{|\boldsymbol{a}||\boldsymbol{b}|}=-\frac{2}{3}$,则向量 $\boldsymbol{a}$ 在向量 $\boldsymbol{b}$ 方向上的投影为 $|\boldsymbol{a}|\cos\theta=-4$。

第三部分

3. D　[解析] $\because \boldsymbol{a}\cdot\boldsymbol{b}=0$, $\therefore CA\perp CB$, $\because CD\perp AB$, $|\boldsymbol{a}|=1$, $|\boldsymbol{b}|=2$, $\therefore AB=\sqrt{5}$, 由射影定理可得, $AC^2=AD\cdot AB$, $\therefore |\overrightarrow{AD}|=\frac{4}{\sqrt{5}}=\frac{4\sqrt{5}}{5}$, $\therefore \frac{AD}{AB}=\frac{\frac{4\sqrt{5}}{5}}{\sqrt{5}}=\frac{4}{5}$, $\therefore \overrightarrow{AD}=\frac{4}{5}\overrightarrow{AB}=\frac{4}{5}(\overrightarrow{CB}-\overrightarrow{CA})=\frac{4}{5}(\boldsymbol{a}-\boldsymbol{b})$。

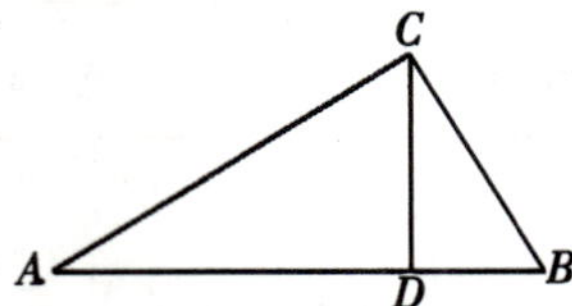

4. B　[解析] 依题意有 $\overrightarrow{BA}=(1,0,-1)$, $\overrightarrow{BC}=(0,1,-1)$, 所以 $\cos\angle ABC=\frac{\overrightarrow{BA}\cdot\overrightarrow{BC}}{|\overrightarrow{BA}||\overrightarrow{BC}|}=\frac{(1,0,-1)\cdot(0,1,-1)}{\sqrt{2}\times\sqrt{2}}=\frac{1}{2}$, 又因为 $\angle ABC\in[0,\pi]$, 所以 $\angle ABC=\frac{\pi}{3}$。

5. C　[解析] 复数 z 满足 $\mathrm{i}z=2+4\mathrm{i}$, 则有 $z=\frac{2+4\mathrm{i}}{\mathrm{i}}=\frac{(2+4\mathrm{i})\mathrm{i}}{-1}=4-2\mathrm{i}$, 故在复平面内, 复数 z 对应的点的坐标是 $(4,-2)$。

6. B　[解析] $z=\frac{1-\mathrm{i}}{1+\mathrm{i}}-\frac{1+\mathrm{i}}{1-\mathrm{i}}=\frac{(1-\mathrm{i})^2-(1+\mathrm{i})^2}{(1+\mathrm{i})(1-\mathrm{i})}=\frac{-4\mathrm{i}}{2}=-2\mathrm{i}$, 则复数 z 的虚部为 -2。

二、填空题

7. $1+\sqrt{2}$　[解析] 因为 $\boldsymbol{a},\boldsymbol{b},\boldsymbol{c}$ 均为单位向量, 且 $\boldsymbol{a}\perp\boldsymbol{b}$, 所以设 $\boldsymbol{a}=(1,0)$, $\boldsymbol{b}=(0,1)$, $\boldsymbol{c}=(\cos\alpha,\sin\alpha)$, 则 $\boldsymbol{a}+\boldsymbol{b}+\boldsymbol{c}=(1+\cos\alpha,1+\sin\alpha)$, $(\boldsymbol{a}+\boldsymbol{b}+\boldsymbol{c})\cdot\boldsymbol{c}=\cos\alpha\cdot(1+\cos\alpha)+\sin\alpha(1+\sin\alpha)=\cos\alpha+\sin\alpha+\cos^2\alpha+\sin^2\alpha=\sqrt{2}\sin\left(\alpha+\frac{\pi}{4}\right)+1\leqslant\sqrt{2}+1$, 所以当 $\sin\left(\alpha+\frac{\pi}{4}\right)=1$ 时取得最大值 $1+\sqrt{2}$。

8. 5　[解析] 建立如图所示的平面直角坐标系, 设 $P(0,y)$, $C(0,b)$, 则 $B(1,b)$, $A(2,0)$, $\therefore \overrightarrow{PA}+3\overrightarrow{PB}=(2,-y)+3(1,b-y)=(5,3b-4y)$, $\therefore |\overrightarrow{PA}+3\overrightarrow{PB}|^2=25+(3b-4y)^2\ (0\leqslant y\leqslant b)$, 当 $y=\frac{3}{4}b$ 时, $|\overrightarrow{PA}+3\overrightarrow{PB}|$ 取到最小值, 为 5。

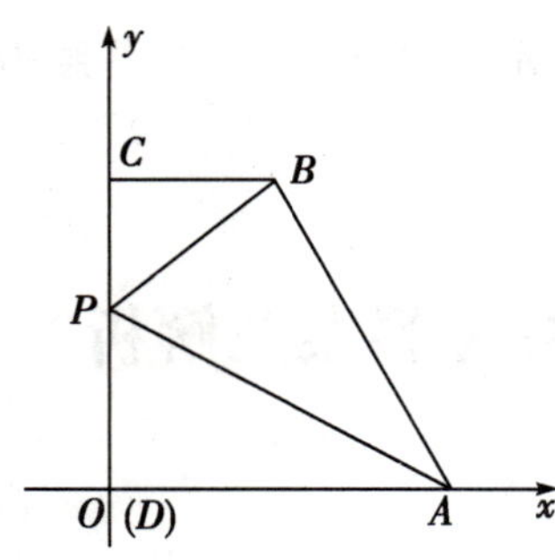

第四部分

数学教学理论与技能

内容导学

浙江省教师招聘考试数学教学理论与技能部分，共六章。

第一章是《义务教育数学课程标准》(2022 年版)的节选内容，预计考查题型多偏重于主观题。

第二章是《义务教育数学课程标准》(2011 年版)的节选内容，考查题型多偏重于主观题。

第三章是《普通高中数学课程标准》(2017 年版 2020 年修订)的节选内容，考查题型多偏重于主观题。

第四章主要介绍数学教学知识的相关理论，考查题型偏重于主观题。

第五章主要介绍数学教学设计与技能的相关内容，考查题型偏重于主观题。

第六章主要介绍数学教学评价的相关理论，考查题型偏重于主观题。

考生要重点掌握第一章与第五章的内容，并结合历年考题有针对性地进行复习。

第一章 《义务教育数学课程标准》(2022 年版)(节选)

思维导图

- 《义务教育数学课程标准》(2022年版)(节选)
  - 《义务教育数学课程标准》新旧对比
    - 结构变化
    - 内容变化
  - 课程性质和课程理念
    - 课程性质 【重点】
    - 课程理念
      - 确立核心素养导向的课程目标
      - 设计体现结构化特征的课程内容
      - 实施促进学生发展的教学活动
      - 探索激励学习和改进教学的评价
      - 促进信息技术与数学课程融合
  - 课程目标
    - 核心素养内涵 【重点】
      - 核心素养的构成
      - 在小学阶段的主要表现：数感、量感、符号意识、运算能力、几何直观、空间观念、推理意识、数据意识、模型意识、应用意识、创新意识
    - 总目标 【重点】
    - 学段目标
      - 第一学段（1~2年级）
      - 第二学段（3~4年级）
      - 第三学段（5~6年级）
      - 第四学段（7~9年级）
  - 课程内容
    - 数与代数
    - 图形与几何
    - 统计与概率
    - 综合与实践
  - 学业质量和课程实施
    - 学业质量
      - 学业质量内涵 【重点】
      - 学业质量描述 【重点】
    - 课程实施
      - 教学建议 【重点】
      - 评价建议 【重点】
      - 教材编写建议
      - 课程资源开发与利用
      - 教学研究与教师培训

第四部分

浙江考向

本章属于《义务教育数学课程标准》(2022 年版)的节选内容,对考生的识记与理解有较高要求。由于本课标内容于 2022 年 4 月颁布,且在最新真题中尚未进行考查,故考点、题型定义为“预测考点”“预测题型”。现对本章浙江考向预测如下:

预测考点	预测题型	能力要求	考查热度
核心素养的构成	解答、论述	识记与理解	★★
数感、量感、符号意识、运算能力、几何直观、空间观念、推理意识、数据意识、模型意识、应用意识、创新意识	解答、论述、案例分析	识记与理解	★★★

注:在浙江省小学数学教师招聘考试中,课程标准是重点考查的内容。由于教育部在 2022 年 4 月印发了《义务教育数学课程标准》(2022 年版),故在 2023 年的考试中个别地区可能会在考试中考查 2022 年版的课标内容,也可能同时考查 2022 年版与 2011 年版的课标内容,或者依旧考查 2011 年版旧课标的内容。考生在复习备考时,一定要密切关注当地的教师招聘考试公告,结合当地实际考情有选择性地学习本部分内容。

核心考点

一、《义务教育数学课程标准》新旧对比

编者按:2022 年 4 月,教育部印发义务教育课程方案和数学等 16 个课程标准(2022 年版)。

《义务教育数学课程标准》(2022 年版)在课程方案方面完善了义务教育阶段的培养目标,优化了义务教育阶段的课程设置,细化了义务教育阶段的实施要求。

在课程标准方面,强化了课程育人导向,优化了课程内容结构,研制了学业质量标准,增强了指导性,加强了学段衔接。

新修订的义务教育课程标准增强了思想性,系统强化社会主义先进文化、革命文化、中华优秀传统文化等方面的教育;增强了科学性,遵循学生认知规律,注重与学生生活和社会实际的联系;增强了时代性,注重体现马克思主义中国化最新成果,反映经济社会发展新变化、科学技术进步新成果;增强了整体性,注重学段纵向衔接、学科横向配合;增强了指导性,加强了课程实施指导,做到好用管用。

由于 2022 年版课标内容改动较大,故设置本节内容,从“结构变化”和“内容变化”两方面对两版课标进行对比分析,以此帮助考生理解 2022 年版课标的内核。

考点 1 结构变化

2022 年版	2011 年版
前言(新增,与课程性质、课程理念分开,独立于正文内容)	第一部分 前言
一、课程性质(表述有较大变动)	一、课程性质
二、课程理念(表述有较大变动)	二、课程基本理念
三、课程目标	三、课程设计思路(已删)
(一)核心素养内涵(新增)	第二部分 课程目标
(二)总目标(取消三维目标,内容有变化)	一、总目标
(三)学段目标(学段划分改变,表述有变动)	二、学段目标
四、课程内容(内容有变化,新增学业要求、教学提示)	第三部分 课程内容
小学部分	第一学段(1~3 年级)
(一)数与代数	一、数与代数
(二)图形与几何	二、图形与几何
(三)统计与概率	三、统计与概率
(四)综合与实践	四、综合与实践
初中部分	第二学段(4~6 年级)
(一)数与代数	一、数与代数
(二)图形与几何	二、图形与几何
(三)统计与概率	三、统计与概率
(四)综合与实践	四、综合与实践
五、学业质量(新增)	第三学段(7~9 年级)
(一)学业质量内涵	一、数与代数
(二)学业质量描述	二、图形与几何
六、课程实施	三、统计与概率
(一)教学建议(内容全变)	四、综合与实践
(二)评价建议(内容全变)	第四部分 实施建议
(三)教材编写建议(大部分内容有变动)	一、教学建议
(四)课程资源开发与利用(内容全变)	二、评价建议
(五)教学研究与教师培训(新增)	三、教材编写建议
附录	四、课程资源开发与利用建议
附录 1 课程内容中的实例(例题有较大变动)	附录
附录 2 有关行为动词的分类	附录 1 有关行为动词的分类
	附录 2 课程内容及实施建议中的实例

第四部分

考点 2 内容变化

1. 前言

2022 年版的前言部分整体发生变化，其内容 2011 年版没有。

备考建议：2022 年版中前言阐述的是课标编写的整体理念，并未涉及重要的知识点。预计在未来的考试中，前言部分不会作为考点出现，复习时了解大意即可。

2. 课程性质

将 2011 年版“前言”移到该部分，且 2022 年版中语言的表述同 2011 年版相比有较大变化。

备考建议：2022 年版中的“课程性质”内容表述有较大变化。预计在未来的考试中，该部分会重点考查。

3. 课程理念

2022 年版围绕“核心素养”展开，在 2011 年版的基础上新增了以核心素养为导向的课程目标。

备考建议：2022 年版课程理念的中心是“核心素养”，该内容是新课标课程理念部分的重中之重。预计在未来的考试中，该部分会重点考查。

4. 课程目标

(1)核心素养内涵

新增核心素养内涵，明确了义务教育数学课程培养的核心素养，包括“会用数学的眼光观察现实世界”“会用数学的思维思考现实世界”“会用数学的语言表达现实世界”三个方面。

(2)总目标

总目标内容有所调整，明确提出“三会”，强调“建立学好数学的信心”。

(3)学段目标

	2022 年版	2011 年版
学段划分(提出“六三”和“五四”两种学制)	将九年的学习时间划分为四个学段。 其中，“六三”学制 1～2 年级为第一学段，3～4 年级为第二学段，5～6 年级为第三学段，7～9 年级为第四学段。 “五四”学制第二学段(3～5 年级)目标主要参照“六三”学制第三学段(5～6 年级)目标制定，适当降低要求。“五四”学制第三学段(6～7 年级)目标在“六三”学制第三学段(5～6 年级)目标基础上合理提高要求，结合“六三”学制第四学段(7～9 年级)目标确定，使“五四”学制 6～9 年级目标进阶更加科学。	划分为：第一学段(1～3 年级)、第二学段(4～6 年级)、第三学段(7～9 年级)
具体内容(有改变)	各学段没有明确按三维目标阐述，具体内容有整合、增加、删除，每学段目标后增加总结部分	

备考建议：2022 年版的“课程目标”从结构和内容两方面进行了大幅度调整。该部分内容不管是在 2011 年版，还是 2022 年版，都是复习的重中之重。不仅会以单项选择、填空等客观题的形式出现，还是案例分析和教学设计的重要答题依据。考生在复习备考时，一定要认真复习本部分内容，做到熟记。

5. 课程内容

2022 年版每个领域的课程内容按“内容要求”“学业要求”“教学提示”三个方面呈现。对各学段各领域的主题进行了整合,具体内容变化的基本原则是增加代数推理,增强几何直观。

备考建议:2022 年版的“课程内容”新增了“学业要求”和“教学提示”两部分,这部分内容的设置加强了各学段的衔接,体现了数学教学的整体理念。预计在未来的考试中,这部分内容可能会有所涉及。

6. 学业质量

本部分为新增内容,2011 年版中没有该部分,主要内容包括学业质量内涵与学业质量描述。

备考建议:2022 年版的“学业质量”是完全新增的部分,但该部分内容对教师教学实践有指导性作用,在之后的考试中可能会在案例分析类试题中有所涉及。

7. 课程实施

(1)教学建议

2022 年版(整体变动)	2011 年版
1. 制订指向核心素养的教学目标 2. 整体把握教学内容 3. 选择能引发学生思考的教学方式 4. 进一步加强综合与实践 5. 注重信息技术与数学教学的融合	(一)数学教学活动要注重课程目标的整体实现 (二)重视学生在学习活动中的主体地位 (三)注重学生对基础知识、基本技能的理解和掌握 (四)感悟数学思想,积累数学活动经验 (五)关注学生情感态度的发展 (六)合理把握“综合与实践”的实施 (七)教学中应当注意的几个关系

(2)评价建议

2022 年版(整体变动)	2011 年版
1. 教学评价 (1)评价方式丰富 (2)评价维度多元 (3)评价主体多样 (4)评价结果的呈现与运用 2. 学业水平考试 (1)考试性质和目的 (2)命题原则 (3)命题规划 (4)试题命制	(一)基础知识和基本技能的评价 (二)数学思考和问题解决的评价 (三)情感态度的评价 (四)注重对学生数学学习过程的评价 (五)体现评价主体的多元化和评价方式的多样化 (六)恰当地呈现和利用评价结果 (七)合理设计与实施书面测验

(3)教材编写建议

2022 年版(整体变动)	2011 年版
1. 体现核心素养培养要求 2. 有利于引发学生思考 3. 素材选取要贴近学生的现实、真实可信 4. 注重教材创新	(一)教材编写应体现科学性 (二)教材编写应体现整体性 (三)教材内容的呈现应体现过程性 (四)呈现内容的素材应贴近学生现实 (五)教材内容设计要有一定的弹性 (六)教材编写要体现可读性

(4)课程资源开发与利用

本部分表述做了全部调整,提出 3 条建议:资源开发要丰富多样;资源开发要注重精品化;注重保护知识产权。

(5)教学研究与教师培训

本部分为新增内容,2011 年版没有该部分。

备考建议:相比较 2011 年版,2022 年版的“课程实施”变动较大。在浙江省历年教师招聘考试中,2011 年版的“教学建议”和“评价建议”考查频次极高,预计 2022 年版该新增部分会成为考查重点,需要重点复习。

8. 附录

例题有较大变动。

备考建议:2022 年版的“附录”部分相比较 2011 年版有所变动,附录 1“课程内容中的实例”并不是考查的重点,考生了解即可。附录 2“有关行为动词的分类”在浙江省历年教师招聘考试中考查频次极高,需要重点复习。

二、课程性质和课程理念

考点 1 课程性质

数学是研究数量关系和空间形式的科学。数学源于对现实世界的抽象,通过对数量和数量关系、图形和图形关系的抽象,得到数学的研究对象及其关系;基于抽象结构,通过对研究对象的符号运算、形式推理、模型构建等,形成数学的结论和方法,帮助人们认识、理解和表达现实世界的本质、关系和规律。数学不仅是运算和推理的工具,还是表达和交流的语言。数学承载着思想和文化,是人类文明的重要组成部分。数学是自然科学的重要基础,在社会科学中发挥着越来越重要的作用,数学的应用渗透到现代社会的各个方面,直接为社会创造价值,推动社会生产力的发展。随着大数据分析、人工智能的发展,数学研究与应用领域不断拓展。

数学在形成人的理性思维、科学精神和促进个人智力发展中发挥着不可替代的作用。数学素养是现代社会每一个公民应当具备的基本素养。数学教育承载着落实立德树人根本任务、实施素质教育的功能。义务教育数学课程具有基础性、普及性和发展性。学生通过数学课程的学习,掌握适应现代生活及进一步学

习必备的基础知识和基本技能、基本思想和基本活动经验；激发学习数学的兴趣，养成独立思考的习惯和合作交流的意愿；发展实践能力和创新精神，形成和发展核心素养，增强社会责任感，树立正确的世界观、人生观、价值观。

考点 2 课程理念

义务教育数学课程以习近平新时代中国特色社会主义思想为指导，落实立德树人根本任务，致力于实现义务教育阶段的培养目标，使得人人都能获得良好的数学教育，不同的人在数学上得到不同的发展，逐步形成适应终身发展需要的核心素养。

1. 确立核心素养导向的课程目标

义务教育数学课程应使学生通过数学的学习，形成和发展面向未来社会和个人发展所需要的核心素养。核心素养是在数学学习过程中逐渐形成和发展的，不同学段发展水平不同，是制定课程目标的基本依据。

课程目标以学生发展为本，以核心素养为导向，进一步强调学生获得数学基础知识、基本技能、基本思想和基本活动经验（简称“四基”），发展运用数学知识与方法发现、提出、分析和解决问题的能力（简称“四能”），形成正确的情感、态度和价值观。

2. 设计体现结构化特征的课程内容

数学课程内容是实现课程目标的重要载体。

课程内容选择。保持相对稳定的学科体系，体现数学学科特征；关注数学学科发展前沿与数学文化，继承和弘扬中华优秀传统文化；与时俱进，反映现代科学技术与社会发展需要；符合学生的认知规律，有助于学生理解、掌握数学的基础知识和基本技能，形成数学基本思想，积累数学基本活动经验，发展核心素养。

课程内容组织。重点是对内容进行结构化整合，探索发展学生核心素养的路径。重视数学结果的形成过程，处理好过程与结果的关系；重视数学内容的直观表述，处理好直观与抽象的关系；重视学生直接经验的形成，处理好直接经验与间接经验的关系。

课程内容呈现。注重数学知识与方法的层次性和多样性，适当考虑跨学科主题学习；根据学生的年龄特征和认知规律，适当采取螺旋式的方式，适当体现选择性，逐渐拓展和加深课程内容，适应学生的发展需求。

3. 实施促进学生发展的教学活动

有效的教学活动是学生学和教师教的统一，学生是学习的主体，教师是学习的组织者、引导者与合作者。

学生的学习应是一个主动的过程，认真听讲、独立思考、动手实践、自主探索、合作交流等是学习数学的重要方式。教学活动应注重启发式，激发学生学习兴趣，引发学生积极思考，鼓励学生质疑问难，引导学生在真实情境中发现问题和提出问题，利用观察、猜测、实验、计算、推理、验证、数据分析、直观想象等方法分析问题和解决问题；促进学生理解和掌握数学的基础知识和基本技能，体会和运用数学的思想与方法，获得数学的基本活动经验；培养学生良好的学习习惯，形成积极的情感、态度和价值观，逐步形成核心素养。

4. 探索激励学习和改进教学的评价

评价不仅要关注学生数学学习结果，还要关注学生数学学习过程，激励学生学习，改进教师教学。通过学业质量标准的构建，融合“四基”“四能”和核心素养的主要表现，形成阶段性评价的主要依据。采用多元的评价主体和多样的评价方式，鼓励学生自我监控学习的过程和结果。

5. 促进信息技术与数学课程融合

合理利用现代信息技术，提供丰富的学习资源，设计生动的教学活动，促进数学教学方式方法的变革。在实际问题解决中，创设合理的信息化学习环境，提升学生的探究热情，开阔学生的视野，激发学生的想象力，提高学生的信息素养。

三、课程目标

课程目标的确定，立足学生核心素养发展，集中体现数学课程育人价值。

考点 1 核心素养内涵

1. 核心素养的构成

数学课程要培养的学生核心素养，主要包括以下三个方面。

(1)会用数学的眼光观察现实世界

数学为人们提供了一种认识与探究现实世界的观察方式。通过数学的眼光，可以从现实世界的客观现象中发现数量关系与空间形式，提出有意义的数学问题；能够抽象出数学的研究对象及其属性，形成概念、关系与结构；能够理解自然现象背后的数学原理，感悟数学的审美价值；形成对数学的好奇心与想象力，主动参与数学探究活动，发展创新意识。

在义务教育阶段，数学眼光主要表现为：抽象能力(包括数感、量感、符号意识)、几何直观、空间观念与创新意识。通过对现实世界中基本数量关系与空间形式的观察，学生能够直观理解所学的数学知识及其现实背景；能够在生活实践和其他学科中发现基本的数学研究对象及其所表达的事物之间简单的联系与规律；能够在实际情境中发现和提出有意义的数学问题，进行数学探究；逐步养成从数学角度观察现实世界的意识与习惯，发展好奇心、想象力和创新意识。

(2)会用数学的思维思考现实世界

数学为人们提供了一种理解与解释现实世界的思考方式。通过数学的思维，可以揭示客观事物的本质属性，建立数学对象之间、数学与现实世界之间的逻辑联系；能够根据已知事实或原理，合乎逻辑地推出结论，构建数学的逻辑体系；能够运用符号运算、形式推理等数学方法，分析、解决数学问题和实际问题；能够通过计算思维将各种信息约简和形式化，进行问题求解与系统设计；形成重论据、有条理、合乎逻辑的思维品质，培养科学态度与理性精神。

在义务教育阶段，数学思维主要表现为：运算能力、推理意识或推理能力。通过经历独立的数学思维过程，学生能够理解数学基本概念和法则的发生与发展，数学基本概念之间、数学与现实世界之间的联系；能够合乎逻辑地解释或论证数学的基本方法与结论，分析、解决简单的数学问题和实际问题；能够探究自然现象或现实情境所蕴含的数学规律，经历数学"再发现"的过程；发展质疑问难的批判性思维，形成实事求是的科学态度，初步养成讲道理、有条理的思维品质，逐步形成理性精神。

(3)会用数学的语言表达现实世界

数学为人们提供了一种描述与交流现实世界的表达方式。通过数学的语言，可以简约、精确地描述自然现象、科学情境和日常生活中的数量关系与空间形式；能够在现实生活与其他学科中构建普适的数学模型，表达和解决问题；能够理解数据的意义与价值，会用数据的分析结果解释和预测不确定现象，形成合理的判断或决策；形成数学的表达与交流能力，发展应用意识与实践能力。

在义务教育阶段，数学语言主要表现为：数据意识或数据观念、模型意识或模型观念、应用意识。通过经历用数学语言表达现实世界中的简单数量关系与空间形式的过程，学生初步感悟数学与现实世界的交流方式；能够有意识地运用数学语言表达现实生活与其他学科中事物的性质、关系和规律，并能解释表达的合理性；能够感悟数据的意义与价值，有意识地使用真实数据表达、解释与分析现实世界中的不确定现象；欣赏数学语言的简洁与优美，逐步养成用数学语言表达与交流的习惯，形成跨学科的应用意识与实践能力。

2. 在小学与初中阶段的主要表现

核心素养具有整体性、一致性和阶段性，在不同阶段具有不同表现。小学阶段侧重对经验的感悟。

小学阶段，核心素养主要表现为：**数感、量感、符号意识、运算能力、几何直观、空间观念、推理意识、数据意识、模型意识、应用意识、创新意识**。

初中阶段，核心素养主要表现为：**抽象能力、运算能力、几何直观、空间观念、推理能力、数据观念、模型观念、应用意识、创新意识**。

核心素养的主要表现及其内涵如表 1。

表 1　核心素养的主要表现及其内涵

表现	内涵	阶段
数感	数感主要是指对于数与数量、数量关系及运算结果的直观感悟。能够在真实情境中理解数的意义，能用数表示物体的个数或事物的顺序；能在简单的真实情境中进行合理估算，作出合理判断；能初步体会并表达事物蕴含的简单数量规律。数感是形成抽象能力的经验基础。建立数感有助于理解数的意义和数量关系，初步感受数学表达的简洁与精确，增强好奇心，培养学习数学的兴趣	小学
量感	量感主要是指对事物的可测量属性及大小关系的直观感知。知道度量的意义，能够理解统一度量单位的必要性；会针对真实情境选择合适的度量单位进行度量，会在同一度量方法下进行不同单位的换算；初步感知度量工具和方法引起的误差，能合理得到或估计度量的结果。建立量感有助于养成用定量的方法认识和解决问题的习惯，是形成抽象能力和应用意识的经验基础	小学
符号意识	符号意识主要是指能够感悟符号的数学功能。知道符号表达的现实意义；能够初步运用符号表示数量、关系和一般规律；知道用符号表达的运算规律和推理结论具有一般性；初步体会符号的使用是数学表达和数学思考的重要形式。符号意识是形成抽象能力和推理能力的经验基础	小学
抽象能力	抽象能力主要是指通过对现实世界中数量关系与空间形式的抽象，得到数学的研究对象，形成数学概念、性质、法则和方法的能力。能够从实际情境或跨学科的问题中抽象出核心变量、变量的规律及变量之间的关系，并能够用数学符号予以表达；能够从具体的问题解决中概括出一般结论，形成数学的方法与策略。感悟数学抽象对于数学产生与发展的作用，感悟用数学的眼光观察现实世界的意义，形成数学想象力，提高学习数学的兴趣	初中

第四部分

续表

表现	内涵	阶段
运算能力	运算能力主要是指根据法则和运算律进行正确运算的能力。能够明晰运算的对象和意义，理解算法与算理之间的关系；能够理解运算的问题，选择合理简洁的运算策略解决问题；能够通过运算促进数学推理能力的发展。运算能力有助于形成规范化思考问题的品质，养成一丝不苟、严谨求实的科学态度	小学与初中
几何直观	几何直观主要是指运用图表描述和分析问题的意识与习惯。能够感知各种几何图形及其组成元素，依据图形的特征进行分类；根据语言描述画出相应的图形，分析图形的性质；建立形与数的联系，构建数学问题的直观模型；利用图表分析实际情境与数学问题，探索解决问题的思路。几何直观有助于把握问题的本质，明晰思维的路径	小学与初中
空间观念	空间观念主要是指对空间物体或图形的形状、大小及位置关系的认识。能够根据物体特征抽象出几何图形，根据几何图形想象出所描述的实际物体；想象并表达物体的空间方位和相互之间的位置关系；感知并描述图形的运动和变化规律。空间观念有助于理解现实生活中空间物体的形态与结构，是形成空间想象力的经验基础	小学与初中
推理意识	推理意识主要是指对逻辑推理过程及其意义的初步感悟。知道可以从一些事实和命题出发，依据规则推出其他命题或结论；能够通过简单的归纳或类比，猜想或发现一些初步的结论；通过法则运用，体验数学从一般到特殊的论证过程；对自己及他人的问题解决过程给出合理解释。推理意识有助于养成讲道理、有条理的思维习惯，增强交流能力，是形成推理能力的经验基础	小学
推理能力	推理能力主要是指从一些事实和命题出发，依据规则推出其他命题或结论的能力。理解逻辑推理在形成数学概念、法则、定理和解决问题中的重要性，初步掌握推理的基本形式和规则；对于一些简单问题，能通过特殊结果推断一般结论；理解命题的结构与联系，探索并表述论证过程；感悟数学的严谨性，初步形成逻辑表达与交流的习惯。推理能力有助于逐步养成重论据、合乎逻辑的思维习惯，形成实事求是的科学态度与理性精神	初中
数据意识	数据意识主要是指对数据的意义和随机性的感悟。知道在现实生活中，有许多问题应当先做调查研究，收集数据，感悟数据蕴含的信息；知道同样的事情每次收集到的数据可能不同，而只要有足够的数据就可能从中发现规律；知道同一组数据可以用不同方式表达，需要根据问题的背景选择合适的方式。形成数据意识有助于理解生活中的随机现象，逐步养成用数据说话的习惯	小学

续表

表现	内涵	阶段
数据观念	数据观念主要是指对数据的意义和随机性有比较清晰的认识。知道数据蕴含着信息，需要根据问题的背景和所要研究的问题确定数据收集、整理和分析的方法；知道可以用定量的方法描述随机现象的变化趋势及随机事件发生的可能性大小。形成数据观念有助于理解和表达生活中随机现象发生的规律，感知大数据时代数据分析的重要性，养成重证据、讲道理的科学态度	初中
模型意识	模型意识主要是指对数学模型普适性的初步感悟。知道数学模型可以用来解决一类问题，是数学应用的基本途径；能够认识到现实生活中大量的问题都与数学有关，有意识地用数学的概念与方法予以解释。模型意识有助于开展跨学科主题学习，增强对数学的应用意识，是形成模型观念的经验基础	小学
模型观念	模型观念主要是指对运用数学模型解决实际问题有清晰的认识。知道数学建模是数学与现实联系的基本途径；初步感知数学建模的基本过程，从现实生活或具体情境中抽象出数学问题，用数学符号建立方程、不等式、函数等表示数学问题中的数量关系和变化规律，求出结果并讨论结果的意义。模型观念有助于开展跨学科主题学习，感悟数学应用的普遍性	初中
应用意识	应用意识主要是指有意识地利用数学的概念、原理和方法解释现实世界中的现象与规律，解决现实世界中的问题。能够感悟现实生活中蕴含着大量的与数量和图形有关的问题，可以用数学的方法予以解决；初步了解数学作为一种通用的科学语言在其他学科中的应用，通过跨学科主题学习建立不同学科之间的联系。应用意识有助于用学过的知识和方法解决简单的实际问题，养成理论联系实际的习惯，发展实践能力	小学与初中
创新意识	创新意识主要是指主动尝试从日常生活、自然现象或科学情境中发现和提出有意义的数学问题。初步学会通过具体的实例，运用归纳和类比发现数学关系与规律，提出数学命题与猜想，并加以验证；勇于探索一些开放性的、非常规的实际问题与数学问题。创新意识有助于形成独立思考、敢于质疑的科学态度与理性精神	小学与初中

考点 2 总目标

通过义务教育阶段的数学学习，学生逐步会用数学的眼光观察现实世界，会用数学的思维思考现实世界，会用数学的语言表达现实世界（简称“三会”）。学生能：

（1）获得适应未来生活和进一步发展所必需的数学基础知识、基本技能、基本思想、基本活动经验。

（2）体会数学知识之间、数学与其他学科之间、数学与生活之间的联系，在探索真实情境所蕴含的关系中，发现问题和提出问题，运用数学和其他学科的知识与方法分析问题和解决问题。

(3)对数学具有好奇心和求知欲，了解数学的价值，欣赏数学美，提高学习数学的兴趣，建立学好数学的信心，养成良好的学习习惯，形成质疑问难、自我反思和勇于探索的科学精神。

考点 3 学段目标

为体现义务教育数学课程的整体性与发展性，根据学生数学学习的心理特征和认知规律，将九年的学习时间划分为四个学段。其中，"六三"学制 1 ~ 2 年级为第一学段，3 ~ 4 年级为第二学段，5 ~ 6 年级为第三学段，7 ~ 9 年级为第四学段。

根据"六三"学制四个学段学生发展的特征，描述总目标在各学段的表现和要求，将核心素养的表现体现在每个学段的具体目标之中。

1. 第一学段(1 ~ 2 年级)

经历简单的数的抽象过程，认识万以内的数，能进行简单的整数四则运算，形成初步的数感、符号意识和运算能力。能辨认简单的立体图形和平面图形，认识长方形和正方形的特征，体验物体长度的测量过程，认识常见的长度单位，形成初步的量感和空间观念。经历简单的分类过程，能根据给定的标准进行分类，形成初步的数据意识。在主题活动中认识货币单位、时间单位和基本方向，尝试用数学方法解决问题，积累数学活动经验，形成初步的量感和应用意识。

能在教师指导下，从日常生活中提出简单的数学问题，尝试运用所学的知识和方法解决问题。在解决问题的过程中，感悟分析问题和解决问题的基本方法，感受数学在生活中的应用，形成初步的几何直观和应用意识。

对身边与数学有关的事物有好奇心，能参与数学学习活动。在他人帮助下，尝试克服困难，感受数学活动中的成功。了解数学可以描述生活中的一些现象，感受数学与生活有密切联系，感受数学美。能倾听他人的意见，尝试对他人的想法提出建议。

在一年级第一学期的入学适应期，利用生活经验和幼儿园相关活动经验，通过具体形象、生动活泼的活动方式学习简单的数学内容。这期间的主要目标包括：认识 20 以内的数，会 20 以内数的加减法(不含退位减法)；能辨认物体和简单图形的形状，会简单的分类；解决日常生活中的简单问题；对数学学习产生兴趣并树立信心。

2. 第二学段(3 ~ 4 年级)

认识自然数，经历小数和分数的形成过程，初步认识小数和分数；能进行较复杂的整数四则运算和简单的小数、分数的加减运算，理解运算律；形成数感、运算能力和初步的推理意识。认识常见的平面图形，经历平面图形的周长和面积的测量过程，探索长方形周长和面积的计算方法；了解图形的平移、旋转和轴对称；形成量感、空间观念和初步的几何直观。经历简单的数据收集过程，了解数据收集、整理和呈现的简单方法；理解平均数的意义，会用平均数解决问题；形成初步的数据意识。在主题活动中进一步认识时间单位和

方向，认识质量单位，尝试应用数学和其他学科知识与方法解决问题，积累数学活动经验，形成量感、推理意识和应用意识。

尝试从日常生活中发现和提出数学问题，探索分析和解决问题的方法，经历独立思考并与他人合作交流解决问题的过程，会用常见的数量关系和其他学科的知识与方法解决问题，能初步判断结果的合理性；形成初步的模型意识、几何直观和应用意识。

愿意了解日常生活中与数学相关的信息，愿意参与数学学习活动。在他人的鼓励和引导下，体验克服困难、解决问题的成就，体会数学的作用，体验数学美。在学习活动中能提出自己的想法，在与他人交流的过程中，敢于质疑和反思。

3. 第三学段(5 ~6 年级)

经历用字母表示数的过程，认识自然数的一些特征，理解小数和分数的意义；能进行小数和分数的四则运算，探索数运算的一致性；形成符号意识、运算能力、推理意识。探索几何图形面积和体积的计算方法，会计算常见平面图形的周长和面积，会计算常见立体图形的体积和表面积；能用有序数对确定点的位置，进一步认识图形的平移、旋转和轴对称；形成量感、空间观念和几何直观。经历收集、整理和表达数据的过程，会用条形统计图、折线统计图表达数据，并作出简单的判断；理解百分数的意义，了解随机现象发生的可能性；形成数据意识和初步的应用意识。在主题活动和项目学习中了解负数，应用数学和其他学科知识与方法解决问题，积累数学活动经验，形成数感、量感、模型意识、应用意识和创新意识。

尝试在真实的情境中发现和提出问题，探索运用基本的数量关系，以及几何直观、逻辑推理和其他学科的知识、方法分析与解决问题，形成模型意识和初步的应用意识、创新意识。

对数学具有好奇心和求知欲，主动参与数学学习活动。在解决问题的过程中，体验成功的乐趣，相信自己能够学好数学，感受数学的价值，体验并欣赏数学美。初步养成认真勤奋、独立思考、合作交流、反思质疑的习惯。

4. 第四学段(7 ~9 年级)

经历有理数、实数的形成过程，初步理解数域扩充；掌握数与式的运算，能够解释运算结果的意义；会用代数式、方程、不等式、函数等描述现实问题中的数量关系和变化规律，形成合适的运算思路解决问题；形成抽象能力、模型观念，进一步发展运算能力。经历探索图形特征的过程，建立基本的几何概念；通过尺规作图等直观操作的方法，理解平面图形的性质与关系；掌握基本的几何证明方法；知道平移、旋转和轴对称的基本特征，理解相关概念；认识平面直角坐标系，能够通过平面直角坐标系描述图形的位置与运动；形成推理能力，发展空间观念和几何直观。掌握数据收集与整理的基本方法，理解随机现象；探索利用统计图表表示数据的方法，理解各种统计图表的功能；经历利用样本推断总体的过程，能够计算平均数、方差、四分位数等基本统计量，了解频数、频率和概率的意义；形成数据观念、模型观念和推理能力。在项目学习中，综合运用数学和其他学科知识与方法解决问题，积累数学活动经验，发展核心素养。

探索在不同的情境中从数学的角度发现和提出问题，综合运用数学和其他学科的知识从不同的角度寻求分析问题和解决问题的方法，能运用几何直观、逻辑推理等方法解决问题，形成模型观念和数据观念。在与他人合作交流解决问题的过程中，能够严谨、准确地表达自己的观点，并能较好地理解他人的思考方法和结论。能够回顾解决问题的思考过程，反思解决问题的方法和结论，形成批判性思维和创新意识。

关注社会生活中与数学相关的信息，主动参与数学活动；在解决数学问题的过程中，能够克服困难，树立学好数学的信心，感受数学在实际生活中的应用，体会数学的价值，欣赏并尝试创造数学美；养成认真勤奋、独立思考、合作交流、反思质疑的学习习惯。

“五四”学制第二学段（3～5 年级）目标主要参照“六三”学制第三学段（5～6 年级）目标制定，适当降低要求。“五四”学制第三学段（6～7 年级）目标在“六三”学制第三学段（5～6 年级）目标基础上合理提高要求，结合“六三”学制第四学段（7～9 年级）目标确定，使“五四”学制 6～9 年级目标进阶更加科学。

四、课程内容

义务教育阶段数学课程内容由数与代数、图形与几何、统计与概率、综合与实践四个学习领域组成。

数与代数、图形与几何、统计与概率以数学核心内容和基本思想为主线循序渐进，每个学段的主题有所不同。综合与实践以培养学生综合运用所学知识和方法解决实际问题的能力为目标，根据不同学段学生特点，以跨学科主题学习为主，适当采用主题式学习和项目式学习的方式，设计情境真实、较为复杂的问题，引导学生综合运用数学学科和跨学科的知识与方法解决问题。

根据学段目标的要求，四个学习领域的内容按学段逐步递进，不同学段主题有所不同。具体安排如表 2。

表 2　各学段各领域的主题

<table>
<tr><th rowspan="2">领域</th><th colspan="4">学段</th></tr>
<tr><th>第一学段
（1～2 年级）</th><th>第二学段
（3～4 年级）</th><th>第三学段
（5～6 年级）</th><th>第四学段
（7～9 年级）</th></tr>
<tr><td>数与代数</td><td>1. 数与运算
2. 数量关系</td><td>1. 数与运算
2. 数量关系</td><td>1. 数与运算
2. 数量关系</td><td>1. 数与式
2. 方程与不等式
3. 函数</td></tr>
<tr><td>图形与几何</td><td>1. 图形的认识与测量</td><td>1. 图形的认识与测量
2. 图形的位置与运动</td><td>1. 图形的认识与测量
2. 图形的位置与运动</td><td>1. 图形的性质
2. 图形的变化
3. 图形与坐标</td></tr>
<tr><td>统计与概率</td><td>1. 数据分类</td><td>1. 数据的收集、整理与表达</td><td>1. 数据的收集、整理与表达
2. 随机现象发生的可能性</td><td>1. 抽样与数据分析
2. 随机事件的概率</td></tr>
<tr><td>综合与实践</td><td colspan="4">重在解决实际问题，以跨学科主题学习为主，主要包括主题活动和项目学习等。第一、第二、第三学段主要采用主题式学习，将知识内容融入主题活动中；第四学段可采用项目式学习</td></tr>
</table>

考点 1 数与代数

学段	内容要求
第一学段 （1～2 年级）	1. 数与运算 （1）在实际情境中感悟并理解万以内数的意义，理解数位的含义，知道用算盘可以表示多位数。 （2）了解符号 $<$，$=$，$>$ 的含义，会比较万以内数的大小；通过数的大小比较，感悟相等和不等关系。 （3）在具体情境中，了解四则运算的意义，感悟运算之间的关系。 （4）探索加法和减法的算理与算法，会整数加减法。 （5）探索乘法和除法的算理与算法，会简单的整数乘除法。 （6）在解决生活情境问题的过程中，体会数和运算的意义，形成初步的符号意识、数感、运算能力和推理意识。 2. 数量关系 （1）在简单的生活情境中，运用数和数的运算解决问题，能解释结果的实际意义，形成初步的应用意识。 （2）探索用数或符号表达简单情境中的变化规律
第二学段 （3～4 年级）	1. 数与运算 （1）在具体情境中，认识万以上的数，了解十进制计数法；探索并掌握多位数的乘除法，感悟从未知到已知的转化。 （2）结合具体情境，初步认识小数和分数，感悟分数单位；会同分母分数的加减法和一位小数的加减法。 （3）在解决简单实际问题的过程中，理解四则运算的意义，能进行整数四则混合运算。 （4）探索并理解运算律（加法交换律和结合律、乘法交换律和结合律、乘法对加法的分配律），能用字母表示运算律。 （5）会运用数描述生活情境中事物的特征，逐步形成数感、运算能力和初步的推理意识。 2. 数量关系 （1）在实际情境中，运用数和数的运算解决问题；在解决实际问题的过程中，能结合具体情境，选择合适的单位进行简单估算，体会估算在生活中的作用。 （2）能借助计算器进行计算，解决简单的实际问题，探索简单的规律。 （3）在具体情境中，认识常见数量关系：总量 = 分量 + 分量、总价 = 单价 × 数量、路程 = 速度 × 时间；能利用这些关系解决简单的实际问题。 （4）能在具体情境中了解等量的等量相等。 （5）能解决生活中的简单问题，并能对结果的实际意义作出解释，经历探索简单规律的过程，形成初步的模型意识和应用意识
第三学段 （5～6 年级）	1. 数与运算 （1）知道 2，3，5 的倍数的特征，了解公倍数和最小公倍数，了解公因数和最大公因数，了解奇数、偶数、质数（或素数）和合数。 （2）结合具体情境探索并理解小数和分数的意义，感悟计数单位；会进行小数、分数的转化，进一步发展数感和符号意识。 （3）结合具体情境理解整数除法与分数的关系。

续表

学段	内容要求
第三学段 （5～6 年级）	（4）能进行简单的小数、分数四则运算和混合运算，感悟运算的一致性，发展运算能力和推理意识。 2. 数量关系 （1）根据具体情境理解等式的基本性质。 （2）在解决实际问题的过程中，会选择合适的方法进行估算。 （3）在具体情境中，探索用字母表示事物的关系、性质和规律的方法，感悟用字母表示的一般性。 （4）在实际情境中理解比和比例以及按比例分配的含义，能解决简单的问题。 （5）通过具体情境，认识成正比的量（如 $\frac{y}{x}=5$）；能探索规律或变化趋势（如 $y=5x$）。 （6）能运用常见的数量关系解决实际问题，能合理解释结果的实际意义，逐步形成模型意识和几何直观，提高解决问题的能力
第四学段 （7～9 年级）	1. 数与式 （1）有理数 ①理解负数的意义；理解有理数的意义，能用数轴上的点表示有理数，能比较有理数的大小。 ②借助数轴理解相反数和绝对值的意义，掌握求有理数的相反数和绝对值的方法。 ③理解乘方的意义。 ④掌握有理数的加、减、乘、除、乘方及简单的混合运算（以三步以内为主）；理解有理数的运算律，能运用运算律简化运算。 ⑤能运用有理数的运算解决简单问题。 （2）实数 ①了解无理数和实数，知道实数由有理数和无理数组成，了解实数与数轴上的点一一对应。 ②能用数轴上的点表示实数，能比较实数的大小。 ③能借助数轴理解相反数和绝对值的意义，会求实数的相反数和绝对值。 ④了解平方根、算术平方根、立方根的概念，会用根号表示数的平方根、算术平方根、立方根。 ⑤了解乘方与开方互为逆运算，会用平方运算求百以内完全平方数的平方根，会用立方运算求千以内完全立方数（及对应的负整数）的立方根，会用计算器计算平方根和立方根。 ⑥能用有理数估计一个无理数的大致范围。 ⑦了解近似数，在解决实际问题中，能用计算器进行近似计算，会按问题的要求进行简单的近似计算。 ⑧了解二次根式、最简二次根式的概念，了解二次根式（根号下仅限于数）加、减、乘、除运算法则，会用它们进行简单的四则运算。 （3）代数式 ①借助现实情境了解代数式，进一步理解用字母表示数的意义。 ②能分析具体问题中的简单数量关系，并用代数式表示；能根据特定的问题查阅资料，找到所需的公式。 ③会把具体数代入代数式进行计算。 ④了解整数指数幂的意义和基本性质；会用科学计数法表示数（包括在计算器上表示）。 ⑤理解整式的概念，掌握合并同类项和去括号的法则；能进行简单的整式加减运算，能进行简单的整式乘法运算（多项式乘法仅限于一次式之间和一次式与二次式的乘法）。

<table>
<tr><th>学段</th><th>内容要求</th></tr>
<tr><td>第四学段
（7～9 年级）</td><td>⑥理解乘法公式 $(a+b)(a-b)=a^2-b^2$，$(a\pm b)^2=a^2\pm 2ab+b^2$，了解公式的几何背景，能利用公式进行简单的计算和推理。
⑦能用提公因式法、公式法（直接利用公式不超过二次）进行因式分解（指数为正整数）。
⑧了解分式和最简分式的概念，能利用分式的基本性质进行约分和通分；能对简单的分式进行加、减、乘、除运算。
⑨了解代数推理。
2. 方程与不等式
（1）方程与方程组
①能根据现实情境理解方程的意义，能针对具体问题列出方程；理解方程解的意义，经历估计方程解的过程。
②掌握等式的基本性质；能解一元一次方程和可化为一元一次方程的分式方程。
③掌握消元法，能解二元一次方程组。
④能解简单的三元一次方程组。
⑤理解配方法，能用配方法、公式法、因式分解法解数字系数的一元二次方程。
⑥会用一元二次方程根的判别式判别方程是否有实根及两个实根是否相等。
⑦了解一元二次方程的根与系数的关系。
⑧能根据具体问题的实际意义，检验方程解的合理性。
（2）不等式与不等式组
①结合具体问题，了解不等式的意义，探索不等式的基本性质。
②能解数字系数的一元一次不等式，并能在数轴上表示出解集；会用数轴确定两个一元一次不等式组成的不等式组的解集。
③能根据具体问题中的数量关系，列出一元一次不等式，解决简单的问题。
3. 函数
（1）函数的概念
①探索简单实例中的数量关系和变化规律，了解常量、变量的意义；了解函数的概念和表示法，能举出函数的实例。
②能结合图象对简单实际问题中的函数关系进行分析。
③能确定简单实际问题中函数自变量的取值范围，会求函数值。
④能用适当的函数表示法刻画简单实际问题中变量之间的关系，理解函数值的意义。
⑤结合对函数关系的分析，能对变量的变化情况进行初步讨论。
（2）一次函数
①结合具体情境体会一次函数的意义，能根据已知条件确定一次函数的表达式；会运用待定系数法确定一次函数的表达式。
②能画一次函数的图象，根据图象和表达式 $y=kx+b(k\neq 0)$ 探索并理解 $k>0$ 和 $k<0$ 时图象的变化情况；理解正比例函数。
③体会一次函数与二元一次方程的关系。
④能用一次函数解决简单实际问题。</td></tr>
</table>

学段	内容要求
第四学段 （7~9 年级）	（3）二次函数 ①通过对实际问题的分析，体会二次函数的意义。 ②能画二次函数的图象，通过图象了解二次函数的性质，知道二次函数系数与图象形状和对称轴的关系。 ③会求二次函数的最大值或最小值，并能确定相应自变量的值，能解决相应的实际问题。 ④知道二次函数和一元二次方程之间的关系，会利用二次函数的图象求一元二次方程的近似解。 （4）反比例函数 ①结合具体情境体会反比例函数的意义，能根据已知条件确定反比例函数的表达式。 ②能画反比例函数的图象，根据图象和表达式 $y=\frac{k}{x}(k\neq0)$ 探索并理解 $k>0$ 和 $k<0$ 时图象的变化情况。 ③能用反比例函数解决简单实际问题

考点 2 图形与几何

学段	内容要求
第一学段 （1~2 年级）	1. 图形的认识与测量 （1）通过实物和模型辨认简单的立体图形和平面图形，能对图形分类，会用简单图形拼图。 （2）结合生活实际，体会建立统一度量单位的重要性，认识长度单位米、厘米。能估测一些物体的长度，并进行测量。 （3）在图形认识与测量的过程中，形成初步的空间观念和量感
第二学段 （3~4 年级）	1. 图形的认识与测量 （1）结合实例认识线段、射线和直线；体会两点间所有连线中线段最短，知道两点间距离；会用直尺和圆规作一条线段等于已知线段；了解同一平面内两条直线的位置关系。 （2）结合生活情境认识角，知道角的大小关系；会用量角器量角，会用量角器或三角板画角。 （3）认识长度单位千米，知道分米、毫米；认识面积单位厘米^2、分米^2、米^2；能进行简单的单位换算；能恰当地选择单位估测一些物体的长度和面积，会进行测量。 （4）认识三角形和四边形，会根据图形特征对三角形和四边形进行分类。 （5）结合实例认识周长和面积；探索并掌握长方形、正方形的周长和面积的计算公式。 （6）能根据具体事物、照片或直观图辨认从不同角度观察到的简单物体。 （7）在图形认识与测量的过程中，增强空间观念和量感。 2. 图形的位置与运动 （1）结合实例，感受平移、旋转、轴对称现象。 （2）在感受图形的位置与运动的过程中，形成空间观念和初步的几何直观
	1. 图形的认识与测量 （1）知道三角形任意两边之和大于第三边；知道三角形内角和是 180°。 （2）认识圆和扇形，会用圆规画圆；认识圆周率；探索圆的周长和面积计算公式，能解决简单的实际问题。 （3）知道面积单位千米^2、公顷；探索并掌握平行四边形、三角形和梯形的面积计算公式；会估计不规则图形的面积。

续表

学段	内容要求
第三学段 （5～6 年级）	（4）通过实例了解体积（或容积）的意义，知道体积（或容积）的度量单位，能进行单位之间的换算；体验不规则物体体积的测量方法。 （5）认识长方体、正方体和圆柱，了解这些图形的展开图，探索并掌握这些图形的体积和表面积的计算公式，认识圆锥并探索其体积的计算公式，能用这些公式解决简单的实际问题。 （6）对于简单物体，能辨认不同方向（前面、侧面、上面）的形状图。 （7）在图形认识与测量的过程中，进一步形成量感、空间观念和几何直观。 2. 图形的位置与运动 （1）能根据参照点的方向和距离确定物体的位置；会在实际情境中，描述简单的路线图。 （2）能用有序数对（限于自然数）表示点的位置，理解有序数对与方格纸上点的对应关系。 （3）了解比例尺，能利用方格纸按比例将简单图形放大或缩小。 （4）能在方格纸上进行简单图形的平移和旋转；认识轴对称图形和对称轴，能在方格纸上补全简单的轴对称图形。 （5）能从平移、旋转和轴对称的角度欣赏生活中的图案，能借助方格纸设计简单图案，感受数学美，形成空间观念
第四学段 （7～9 年级）	1. 图形的性质 （1）点、线、面、角 ①通过实物和模型，了解从物体抽象出来的几何体、平面、直线和点等概念。 ②会比较线段的长短，理解线段的和、差，以及线段中点的意义。 ③掌握基本事实：两点确定一条直线。 ④掌握基本事实：两点之间线段最短。 ⑤理解两点间距离的意义，能度量和表达两点间的距离。 ⑥理解角的概念，能比较角的大小；认识度、分、秒等角的度量单位，能进行简单的单位换算，会计算角的和、差。 ⑦能用尺规作图：作一个角等于已知角；作一个角的平分线。 （2）相交线与平行线 ①理解对顶角、余角、补角等概念，探索并掌握对顶角相等、同角（或等角）的余角相等、同角（或等角）的补角相等的性质。 ②理解垂线、垂线段等概念，能用三角板或量角器过一点画已知直线的垂线。 ③能用尺规作图：作一条线段的垂直平分线；过一点作已知直线的垂线。 ④掌握基本事实：同一平面内，过一点有且只有一条直线与已知直线垂直。 ⑤理解点到直线的距离的意义，能度量点到直线的距离。 ⑥识别同位角、内错角、同旁内角。 ⑦理解平行线的概念。

<table>
<tr><th>学段</th><th>内容要求</th></tr>
<tr><td>第四学段
(7～9 年级)</td><td>⑧掌握平行线基本事实Ⅰ:过直线外一点有且只有一条直线与这条直线平行。
⑨掌握平行线基本事实Ⅱ:两条直线被第三条直线所截,如果同位角相等,那么这两条直线平行。
⑩探索并证明平行线的判定定理:两条直线被第三条直线所截,如果内错角相等(或同旁内角互补),那么这两条直线平行。
⑪掌握平行线的性质定理Ⅰ:两条平行直线被第三条直线所截,同位角相等。
⑫探索并证明平行线的性质定理Ⅱ:两条平行直线被第三条直线所截,内错角相等(或同旁内角互补)。
⑬能用三角板和直尺过已知直线外一点画这条直线的平行线。
⑭能用尺规作图:过直线外一点作这条直线的平行线。
⑮了解平行于同一条直线的两条直线平行。
(3)三角形
①理解三角形及其内角、外角、中线、高线、角平分线等概念,了解三角形的稳定性。
②探索并证明三角形的内角和定理。掌握它的推论:三角形的外角等于与它不相邻的两个内角的和。
③证明三角形的任意两边之和大于第三边。
④理解全等三角形的概念,能识别全等三角形中的对应边、对应角。
⑤掌握基本事实:两边及其夹角分别相等的两个三角形全等。
⑥掌握基本事实:两角及其夹边分别相等的两个三角形全等。
⑦掌握基本事实:三边分别相等的两个三角形全等。
⑧证明定理:两角分别相等且其中一组等角的对边相等的两个三角形全等。
⑨理解角平分线的概念,探索并证明角平分线的性质定理:角平分线上的点到角两边的距离相等;反之,角的内部到角两边距离相等的点在角的平分线上。
⑩理解线段垂直平分线的概念,探索并证明线段垂直平分线的性质定理:线段垂直平分线上的点到线段两端的距离相等;反之,到线段两端距离相等的点在线段的垂直平分线上。
⑪理解等腰三角形的概念,探索并证明等腰三角形的性质定理:等腰三角形的两个底角相等;底边上的高线、中线及顶角平分线重合。探索并掌握等腰三角形的判定定理:有两个角相等的三角形是等腰三角形。探索等边三角形的性质定理:等边三角形的各角都等于60°。探索等边三角形的判定定理:三个角都相等的三角形(或有一个角是60°的等腰三角形)是等边三角形。
⑫理解直角三角形的概念,探索并掌握直角三角形的性质定理:直角三角形的两个锐角互余,直角三角形斜边上的中线等于斜边的一半。掌握有两个角互余的三角形是直角三角形。
⑬探索勾股定理及其逆定理,并能运用它们解决一些简单的实际问题。
⑭探索并掌握判定直角三角形全等的“斜边、直角边”定理。
⑮了解三角形重心的概念。
⑯能用尺规作图:已知三边、两边及其夹角、两角及其夹边作三角形;已知底边及底边上的高线作等腰三角形;已知一直角边和斜边作直角三角形。</td></tr>
</table>

学段	内容要求
第四学段 （7～9年级）	（4）四边形 ①了解多边形的概念及多边形的顶点、边、内角、外角与对角线；探索并掌握多边形内角和与外角和公式。 ②理解平行四边形、矩形、菱形、正方形、梯形的概念，以及它们之间的关系；了解四边形的不稳定性。 ③探索并证明平行四边形的性质定理：平行四边形的对边相等、对角相等、对角线互相平分。探索并证明平行四边形的判定定理：一组对边平行且相等的四边形是平行四边形；两组对边分别相等的四边形是平行四边形；对角线互相平分的四边形是平行四边形。 ④理解两条平行线之间距离的概念，能度量两条平行线之间的距离。 ⑤探索并证明矩形、菱形的性质定理：矩形的四个角都是直角，对角线相等；菱形的四条边相等，对角线互相垂直。探索并证明矩形、菱形的判定定理：三个角是直角的四边形是矩形，对角线相等的平行四边形是矩形；四边相等的四边形是菱形，对角线互相垂直的平行四边形是菱形。正方形既是矩形，又是菱形；理解矩形、菱形、正方形之间的包含关系。 ⑥探索并证明三角形的中位线定理。 （5）圆 ①理解圆、弧、弦、圆心角、圆周角的概念，了解等圆、等弧的概念；探索并掌握点与圆的位置关系。 ②探索并证明垂径定理：垂直于弦的直径平分弦以及弦所对的两条弧。 ③探索圆周角与圆心角及其所对弧的关系，知道同弧（或等弧）所对的圆周角相等。了解并证明圆周角定理及其推论：圆周角等于它所对弧上的圆心角的一半；直径所对的圆周角是直角，90°的圆周角所对的弦是直径；圆内接四边形的对角互补。 ④了解三角形的内心与外心。 ⑤了解直线与圆的位置关系，掌握切线的概念。 ⑥能用尺规作图：过不在同一直线上的三点作圆；作三角形的外接圆、内切圆；作圆的内接正方形和内接正六边形。 ⑦能用尺规作图：过圆外一点作圆的切线。 ⑧探索并证明切线长定理：过圆外一点的两条切线长相等。 ⑨会计算圆的弧长、扇形的面积。 ⑩了解正多边形的概念及正多边形与圆的关系。 （6）定义、命题、定理 ①通过具体实例，了解定义、命题、定理、推论的意义。 ②结合具体实例，会区分命题的条件和结论，了解原命题及其逆命题的概念。会识别两个互逆的命题，知道原命题成立其逆命题不一定成立。 ③知道证明的意义和证明的必要性，知道数学思维要合乎逻辑，知道可以用不同的形式表述证明的过程，会用综合法的证明格式。 ④了解反例的作用，知道利用反例可以判断一个命题是错误的。 ⑤通过实例体会反证法的含义

续表

学段	内容要求
第四学段 （7～9 年级）	2. 图形的变化 （1）图形的轴对称 ①通过具体实例理解轴对称的概念，探索它的基本性质：成轴对称的两个图形中对应点的连线被对称轴垂直平分。 ②能画出简单平面图形（点、线段、直线、三角形等）关于给定对称轴的对称图形。 ③理解轴对称图形的概念；探索等腰三角形、矩形、菱形、正多边形、圆的轴对称性质。 ④认识并欣赏自然界和现实生活中的轴对称图形。 （2）图形的旋转 ①通过具体实例认识平面图形关于旋转中心的旋转。探索它的基本性质：一个图形和旋转得到的图形中，对应点到旋转中心距离相等，两组对应点分别与旋转中心连线所成的角相等。 ②了解中心对称、中心对称图形的概念，探索它们的基本性质：成中心对称的两个图形中，对应点的连线经过对称中心，且被对称中心平分。 ③探索线段、平行四边形、正多边形、圆的中心对称性质。 ④认识并欣赏自然界和现实生活中的中心对称图形。 （3）图形的平移 ①通过具体实例认识平移，探索它的基本性质：一个图形和它经过平移所得的图形中，两组对应点的连线平行（或在同一条直线上）且相等。 ②认识并欣赏平移在自然界和现实生活中的应用。 ③运用图形的轴对称、旋转、平移进行图案设计。 （4）图形的相似 ①了解比例的基本性质、线段的比、成比例的线段；通过建筑、艺术上的实例了解黄金分割。 ②通过具体实例认识图形的相似。了解相似多边形和相似比。 ③掌握基本事实：两条直线被一组平行线所截，所得的对应线段成比例。 ④了解相似三角形的判定定理：两角分别相等的两个三角形相似；两边成比例且夹角相等的两个三角形相似；三边成比例的两个三角形相似。了解相似三角形判定定理的证明。 ⑤了解相似三角形的性质定理：相似三角形对应线段的比等于相似比；面积比等于相似比的平方。 ⑥了解图形的位似，知道利用位似可以将一个图形放大或缩小。 ⑦会利用图形的相似解决一些简单的实际问题。 ⑧利用相似的直角三角形，探索并认识锐角三角函数（$\sin A$，$\cos A$，$\tan A$），知道 $30°$，$45°$，$60°$角的三角函数值。 ⑨会使用计算器由已知锐角求它的三角函数值，由已知三角函数值求它的对应锐角。 ⑩能用锐角三角函数解直角三角形，能用相关知识解决一些简单的实际问题。 （5）图形的投影 ①通过丰富的实例，了解中心投影和平行投影的概念。 ②会画直棱柱、圆柱、圆锥、球的主视图、左视图、俯视图，能判断简单物体的视图，并会根据视图描述简单的几何体。 ③了解直棱柱、圆锥的侧面展开图，根据展开图想象和制作模型。 ④通过实例，了解上述视图与展开图在现实生活中的应用

续表

学段	内容要求
第四学段 (7~9年级)	3. 图形与坐标 (1)图形的位置与坐标 ①理解平面直角坐标系的有关概念,能画出平面直角坐标系;在给定的平面直角坐标系中,能根据坐标描出点的位置,由点的位置写出坐标。 ②在实际问题中,能建立适当的平面直角坐标系,描述物体的位置。 ③对给定的正方形,会选择合适的平面直角坐标系,写出它的顶点坐标,体会可以用坐标表达简单图形。 ④在平面上,运用方位角和距离刻画两个物体的相对位置。 (2)图形的运动与坐标 ①在平面直角坐标系中,以坐标轴为对称轴,能写出一个已知顶点坐标的多边形的对称图形的顶点坐标,知道对应顶点坐标之间的关系。 ②在平面直角坐标系中,能写出一个已知顶点坐标的多边形沿坐标轴方向平移一定距离后图形的顶点坐标,知道对应顶点坐标之间的关系。 ③在平面直角坐标系中,探索并了解将一个多边形依次沿两个坐标轴方向平移后所得到的图形和原来图形具有平移关系,体会图形顶点坐标的变化。 ④在平面直角坐标系中,探索并了解将一个多边形的顶点坐标(有一个顶点为原点)分别扩大或缩小相同倍数时所对应的图形与原图形是位似的

考点3 统计与概率

学段	内容要求
第一学段 (1~2年级)	1. 数据分类 会对物体、图形或数据进行分类,初步了解分类与分类标准的关系,形成初步的数据意识
第二学段 (3~4年级)	1. 数据的收集、整理与表达 (1)经历简单的数据收集和整理、描述和分析的过程,了解简单的收集数据的方法,会呈现数据整理的结果。 (2)通过对数据的简单分析,感受数据蕴含着信息,体会运用数据进行表达与交流的作用。 (3)认识条形统计图,会用条形统计图合理表示和分析数据。 (4)能读懂报纸、电视、互联网等媒体中的简单统计图表。 (5)探索平均数的意义,能解决有关的简单实际问题。 (6)能在简单的实际情境中,合理应用统计图表和平均数,形成初步的数据意识和应用意识
第三学段 (5~6年级)	1. 数据的收集、整理与表达 (1)根据实际问题需要,经历数据收集、整理和分析的过程,能合理述说数据分析的结论。 (2)认识折线统计图、扇形统计图;会用条形统计图、折线统计图呈现相关数据,解释所表达的意义。 (3)能从各种媒体中获得所需要的数据,读懂其中的简单统计图表。 (4)结合具体情境,探索百分数的意义,能解决与百分数有关的简单实际问题,感受百分数的统计意义。 (5)在简单的实际情境中,应用统计图表或百分数,形成数据意识和初步的应用意识。

续表

学段	内容要求
第三学段 (5 ~6 年级)	2. 随机现象发生的可能性 (1)通过实例感受简单的随机现象及其结果发生的可能性。 (2)在实际情境中,对一些简单随机现象发生可能性的大小作出定性描述
第四学段 (7 ~9 年级)	1. 抽样与数据分析 (1)体会抽样的必要性,通过实例认识简单随机抽样。 (2)进一步经历收集、整理、描述、分析数据的活动,了解数据处理的过程;能用计算器处理较为复杂的数据。 (3)会制作扇形统计图,能用统计图直观、有效地描述数据。 (4)理解平均数、中位数、众数的意义,能计算中位数、众数、加权平均数,知道它们是对数据集中趋势的描述。 (5)体会刻画数据离散程度的意义,会计算一组简单数据的离差平方和、方差。 (6)经历数据分类的活动,知道按照组内离差平方和最小的原则对数据进行分类的方法。 (7)通过实例,了解频数和频数分布的意义,能画频数直方图,能利用频数直方图解释数据中蕴含的信息。 (8)体会样本与总体的关系,知道可以用样本平均数估计总体平均数,用样本方差估计总体方差。 (9)会计算四分位数,了解四分位数与箱线图的关系,感悟百分位数的意义。 (10)能解释数据分析的结果,能根据结果作出简单的判断和预测,并能进行交流。 (11)通过表格、折线图、趋势图等,感受随机现象的变化趋势。 2. 随机事件的概率 (1)能通过列表、画树状图等方法列出简单随机事件所有可能的结果,以及指定随机事件发生的所有可能结果,了解随机事件的概率。 (2)知道通过大量重复试验,可以用频率估计概率

考点 4 综合与实践

学段	内容要求
第一学段 (1 ~2 年级)	主题活动 1:数学游戏分享 在具体情境中,回顾自己在学前阶段经历的与数学学习相关的活动,唤起数学学习感性认识和学习经验,激发进一步学习数学的兴趣,尝试运用与数学学习相关的词语,逐步养成学习数学的良好习惯。 主题活动 2:欢乐购物街 在实际情境中认识人民币,能进行简单的单位换算,了解货币的意义,具有勤俭节约的意识,形成初步的金融素养。 主题活动 3:时间在哪里 在生活情境中认识时、分、秒,结合生活经验体会并述说时间的长短,了解时间的意义,懂得遵守时间。 主题活动 4:我的教室 在日常生活情境中,会用上、下、左、右、前、后描述物体的相对位置;认识东、南、西、北四个方向。形成初步的空间观念。 主题活动 5:身体上的尺子 运用学过的测量长度的知识,发现自己身体上的一些“长度”;利用这些“长度”作为单位,测量空间或其他物体,积累测量经验,发展量感。

续表

学段	内容要求
第一学段（1～2年级）	主题活动6：数学连环画 结合自己的生活，运用学过的数学知识记录自己的经历，或述说一个含有数学知识的小故事，表达对数量关系的理解，感受数学知识与现实生活的联系
第二学段（3～4年级）	主题活动1：年、月、日的秘密 知道24时记时法；认识年、月、日，知道它们之间的关系；能运用年、月、日的知识解释生活中的问题，提高初步的应用意识。了解中国古代如何认识一年四季，了解中华优秀传统文化。 主题活动2：曹冲称象的故事 以“曹冲称象”故事为依托，结合现实素材，感受并认识克、千克、吨，以及它们之间的关系，感受等量的等量相等，发展量感和推理意识，积累数学活动经验。 主题活动3：寻找“宝藏” 在生活情境中，认识东北、西北、东南、西南四个方向，了解“几点钟方向”，会描绘物体所在的方向，发展空间观念。 主题活动4：度量衡的故事 知道中国在秦朝统一了度量衡，指导学生查阅资料，理解度量衡的意义，知道最初的度量方法都是借助日常用品，加深对量和计量单位的理解，丰富并发展量感
第三学段（5～6年级）	主题活动1：如何表达具有相反意义的量 在熟悉的情境中了解具有相反意义的数量，知道负数在情境中表达的具体意义，感悟这些负数可以表达与正数意义相反的量，进一步发展数感。 主题活动2：校园平面图 在实际情境中，综合应用比例尺、方向、位置、测量等知识，绘制校园平面简图，标明重要场所；交流绘制成果，反思绘制过程，形成初步的应用意识和创新意识。 主题活动3：体育中的数学 收集重大体育赛事的信息、某项体育比赛的规则、某运动员的技术数据等素材，提出数学问题，设计问题解决方案；在问题解决的过程中，形成发现、提出、分析、解决问题的能力。 项目学习1：营养午餐 调查了解人体每日营养需求，几类主要食物的营养成分，感受合理膳食的重要性；调查学校餐厅或自己家庭一周午餐食谱的营养构成情况，提出建议；开展独立活动或小组活动，设计一周合理的营养午餐食谱；形成重视调查研究、合理设计规划的科学态度。 项目学习2：水是生命之源 调查了解生活中人们使用淡水的习惯及用量，结合淡水资源分布、中国人均淡水占有量、城市生活用水的处理等信息，发现、提出并解决问题；制订校园或家庭节水方案，尝试设计节水工具或方法，提高环保意识，形成初步的应用意识和创新意识

续表

学段	内容要求
第四学段（7～9 年级）	(1) 在社会生活和科学技术的真实情境中，结合方程与不等式、函数、图形的变化、图形与坐标、抽样与数据分析等内容，经历现实情境数学化，探索数学关系、性质与规律的过程，感悟如何从数学的角度发现问题和提出问题，逐步形成"会用数学的眼光观察现实世界"的核心素养。 (2) 用数学的思维方法，运用数学与其他相关学科的知识，综合地、有逻辑地分析问题，经历分工合作、试验调查、建立模型、计算反思、解决问题的过程，提升思维能力，逐步形成"会用数学的思维思考现实世界"的核心素养。 (3) 用数学的语言，将现实问题转化为数学问题，经历用数学方法解决问题的过程，感悟科学研究的过程与方法，感受数学在与其他学科融合中所彰显的功效，积累数学活动经验，逐步形成"会用数学的语言表达现实世界"的核心素养

五、学业质量和课程实施

考点 1 学业质量

1. 学业质量内涵

学业质量是学生在完成课程阶段性学习后的学业成就表现，反映核心素养要求。学业质量标准是以核心素养为主要维度，结合课程内容，对学生学业成就具体表现特征的整体刻画。

数学课程学业质量标准是学业水平考试命题及评价的依据，同时对学生的学习活动、教师的教学活动、教材的编写等具有重要的指导作用。

2. 学业质量描述

依据义务教育各阶段学生核心素养表现、各学段课程目标及学业要求，数学课程学业质量标准主要从以下三个方面来评估学生核心素养达成及发展情况。

(1) 以结构化数学知识主题为载体，在形成与发展"四基"的过程中所形成的抽象能力、推理能力、运算能力、几何直观和空间观念等。

(2) 从学生熟悉的生活与社会情境，以及符合学生认知发展规律的数学与科技情境中，在经历"用数学的眼光发现和提出问题，用数学的思维与数学的语言分析和解决问题"的过程中所形成的模型观念、数据观念、应用意识和创新意识等。

(3) 学生经历数学的学习运用、实践探索活动的经验积累，逐步产生对数学的好奇心、求知欲，以及对数学学习的兴趣和自信心，初步养成独立思考、探究质疑、合作交流等学习习惯，初步形成自我反思的意识。

考点 2 课程实施

1. 教学建议

(1) 制订指向核心素养的教学目标

①教学目标要体现核心素养的主要表现

教学目标的确定要充分考虑核心素养在数学教学中的达成。每一个特定的学习内容都具有培养相关

核心素养的作用，要注重建立具体内容与核心素养主要表现的关联，在制订教学目标时将核心素养的主要表现体现在教学要求中。

②处理好核心素养与“四基”“四能”的关系

核心素养导向的教学目标是对“四基”“四能”教学目标的继承和发展。“四基”“四能”是发展学生核心素养的有效载体，核心素养对“四基”“四能”教学目标提出了更高要求。

③教学目标的设定要体现整体性和阶段性

核心素养是在长期的教学过程中逐渐形成的，核心素养在不同学段的主要表现体现了核心素养的阶段性和各阶段之间的一致性。要依据核心素养的内涵和不同学段的主要表现，结合具体的教学内容，全面分析主题、单元和课时的特征，基于主题、单元整体设计教学目标，围绕单元目标细化具体课时的教学目标。充分发挥核心素养导向的教学目标对教学过程的指导作用，在实现知识进阶的同时，体现核心素养的进阶。

(2)整体把握教学内容

为实现核心素养导向的教学目标，不仅要整体把握教学内容之间的关联，还要把握教学内容主线与相应核心素养发展之间的关联。

①注重教学内容的结构化

教学内容是落实教学目标、发展学生核心素养的载体。在教学中要重视对教学内容的整体分析，帮助学生建立能体现数学学科本质、对未来学习有支撑意义的结构化的数学知识体系。一方面了解数学知识的产生与来源、结构与关联、价值与意义，了解课程内容和教学内容的安排意图；另一方面强化对数学本质的理解，关注数学概念的现实背景，引导学生从数学概念、原理及法则之间的联系出发，建立起有意义的知识结构。通过合适的主题整合教学内容，帮助学生学会用整体的、联系的、发展的眼光看问题，形成科学的思维习惯，发展核心素养。

②注重教学内容与核心素养的关联

在教学过程中，不仅要注重具体内容与核心素养之间的关联，还要注重内容主线与核心素养发展之间的关联。

例如：在图形与几何领域的“图形的认识”主线，第一学段，要求在对立体图形和平面图形的认识过程中，通过直观辨认和感知形成初步的空间观念；第二学段，要求在对立体图形和平面图形关系的认识过程中，感悟图形的抽象，逐渐形成空间观念和初步的几何直观；第三学段，在对图形测量和计算的过程中，从度量的角度加深对图形的认识，理解图形的关系，进一步增强空间观念、量感和几何直观。

(3)选择能引发学生思考的教学方式

①丰富教学方式

改变单一讲授式教学方式，注重启发式、探究式、参与式、互动式等，探索大单元教学，积极开展跨学科的主题式学习和项目式学习等综合性教学活动。根据不同的学习任务和学习对象，选择合适的教学方式或多种方式相结合，组织开展教学。通过丰富的教学方式，让学生在实践、探究、体验、反思、合作、交流等学习过程中感悟基本思想、积累基本活动经验，发挥每一种教学方式的育人价值，促进学生核心素养发展。

②重视单元整体教学设计

改变过于注重以课时为单位的教学设计，推进单元整体教学设计，体现数学知识之间的内在逻辑关系，以及学习内容与核心素养表现的关联。

单元整体教学设计要整体分析数学内容本质和学生认知规律，合理整合教学内容，分析主题—单元—课时的数学知识和核心素养主要表现，确定单元教学目标，并落实到教学活动各个环节，整体设计，分步实施，促进学生对数学教学内容的整体理解与把握，逐步培养学生的核心素养。

③强化情境设计与问题提出

注重发挥情境设计与问题提出对学生主动参与教学活动的促进作用，使学生在活动中逐步发展核心素养。

注重创设真实情境。真实情境创设可从社会生活、科学和学生已有数学经验等方面入手，围绕教学任务，选择贴近学生生活经验、符合学生年龄特点和认知加工特点的素材。注重情境素材的育人功能，如体现中国数学家贡献的素材，帮助学生了解和领悟中华民族独特的数学智慧，增强文化自信和民族自豪感。注重情境的多样化，让学生感受数学在现实世界的广泛应用，体会数学的价值。

重视设计合理问题。在真实情境中提出能引发学生思考的数学问题，也可以引导学生提出合理问题。问题提出应引发学生认知冲突，激发学生学习动机，促进学生积极探究，让学生经历数学观察、数学思考、数学表达、概括归纳、迁移运用等学习过程，体会数学是认识、理解、表达真实世界的工具、方法和语言，增强认识真实世界、解决真实问题的能力，树立学好数学的自信心，养成良好的学习习惯。

(4)进一步加强综合与实践

综合与实践领域的教学活动，以解决实际问题为重点，以跨学科主题学习为主，以真实问题为载体，适当采取主题活动或项目学习的方式呈现，通过综合运用数学和其他学科的知识与方法解决真实问题，着力培养学生的创新意识、实践能力、社会担当等综合品质。

①明确教学目标

主题活动教学是跨学科背景下的数学内容学习，其目标是引导学生在跨学科背景下用数学的眼光观察现实世界，用数学的语言表达现实世界中事物的概念、关系和规律，帮助学生感悟数学与现实世界的联系，培养学生实践精神。

项目学习教学以用数学方法解决现实问题为主，其目标是引导学生发现解决现实问题的关键要素，用数学的思维分析要素之间的关系并发现规律，培养模型观念，经历发现、提出、分析、解决问题的过程，培养应用意识和创新意识。

②设计教学活动

主题活动教学要设计出完整可行的活动方案，可以利用信息技术或制作教具的形式，展示跨学科主题的背景；参考学生个人经验和已有知识积累，从解决问题需要出发，明确所学数学知识与技能，提出相应学习任务，确定学习活动形式，明确学习成果的形式和要求等。

项目学习教学所涉及的问题主要是现实世界中具有开放性的问题，问题解决需将现实问题转化为数学

问题。解决数学问题要引导学生提出合理假设、预测结果、选择合理的数学方法，对用数学模型表达条件与结果之间的关系有清晰的认识，并利用真实情境检验模型、修正模型，形成物化成果，包括项目产品、小论文或研究报告等。

③关注教学评价

主题活动评价以教学目标为依据，内容主要包括：学生对相关知识内容的理解，对现实情境与数学表达之间关系的把握；学习活动中操作、思考、交流、创意等方面的表现；学习过程中的作品、报告等物化成果的评价。

项目学习评价以教学目标为依据，内容主要包括：学生对真实情境中问题的理解，用数学语言表达问题的适切性，结果预测的合理性，关注解决问题的实施方案，解决问题过程中的思考、交流与创意表现；项目研究成果的质量。

(5) 注重信息技术与数学教学的融合

重视大数据、人工智能等对数学教学改革的推动作用，改进教学方式，促进学生学习方式转变。

①改进教学方式

教师可以利用信息技术对文本、图像、声音、动画等进行综合处理，丰富教学场景，激发学生学习数学的兴趣和探究新知的欲望。利用数学专用软件等教学工具开展数学实验，将抽象的数学知识直观化，促进学生对数学概念的理解和数学知识的建构。利用技术支持平台将在线学习与课堂教学相结合，开展线上线下融合的混合式教学。

②促进自主学习

加强线上网络空间与线下物理空间的融合，突破传统数学教育的时空限制，丰富学习资源，为学生自主学习创造条件。指导学生做好时间管理，规划学习任务，利用数字化平台、工具与资源开展学习活动，加强自我监控、自我评价，提升自主学习能力；家校协同，建立监控、指导、评价、激励机制，适时交流和开展个性化指导，营造学生自主学习的良好环境。

2. 评价建议

发挥评价的育人导向作用，坚持以评促学、以评促教。主要分为教学评价和学业水平考试。

(1) 教学评价

①评价方式丰富

评价方式应包括书面测验、口头测验、活动报告、课堂观察、课后访谈、课内外作业、成长记录等，可以采用线上线下相结合的方式。每种评价方式各有特点，教师应结合学习内容、学生学习特点，选择适当的评价方式。例如，可以通过课堂观察了解学生的学习过程、学习态度和学习策略，从作业中了解学生基础知识和基本技能的掌握情况，从探究活动中了解学生独立思考的习惯和合作交流的意识，从成长记录中了解学生的发展变化。

②评价维度多元

评价维度多元是指在评价过程中，在关注“四基”“四能”达成的同时，特别关注核心素养的相应表现。不仅要关注学生知识技能的掌握，还要关注学生对基本思想的把握、基本活动经验的积累；不仅要关注学生分析问题、解决问题的能力，还要关注学生发现问题、提出问题的能力。全面考核和评价学生核心素养的形成和发展。

③评价主体多样

评价主体应包括教师、学生、家长等。综合运用教师评价、学生自我评价、学生相互评价、家长评价等方式，对学生的学习情况进行全方位的考查。如学习单元结束时，教师可以要求学生设计一个学习小结，对学生的学习情况进行评价，也可以组织学生在班级展示交流学习小结让学生互评，以及让学生自评总结自己的进步，反思自己的不足，汲取他人值得借鉴的经验。

④评价结果的呈现与运用

根据学生的年龄特征，评价结果的呈现应采用定性与定量相结合的方式，关注每一名学生的学习过程。第一学段的评价应以定性的描述性评价方式为主，第二、第三学段可以采用描述性评价和等级评价相结合的方式，第四学段可以采用等级评价和分数制评价相结合的方式。

评价结果的呈现应更多地关注学生的进步，关注学生已有的学业水平与提升空间，为后续的教学提供参考。评价结果的运用应有利于增强学生学习数学的自信心，提高学生学习数学的兴趣，使学生养成良好的学习习惯，促进学生核心素养的发展。

教师要注意分析全班学生评价结果的变化，了解自己教学的成绩和问题，分析、反思教学过程中影响学生能力发展和素质提高的原因，寻求改善教学的对策。同时，以适当的方式，将学生一些积极的变化及时反馈给学生。

(2)学业水平考试

①考试性质和目的

学业水平考试由省级教育行政部门组织实施，依据学业质量标准，对学生学完本课程后课程目标达成度进行终结性评价。考试成绩是学生毕业和高一级学校招生录取的重要依据，为评价区域和学校教学质量、改进教学提供重要参考。

②命题原则

坚持素养立意，凸显育人导向。以核心素养为导向的考试命题，要关注数学的本质，关注通性通法，综合考查“四基”“四能”与核心素养。适当提高应用性、探究性和综合性试题的比例，题目设置要注重创设真实情境，提出有意义的问题，实现对核心素养导向的义务教育数学课程学业质量的全面考查。

遵循课标要求，严格依标命题。全面理解和体现课程标准要求，依据课程标准所规定的课程目标、内容要求、学业要求和学业质量命题，各领域考查内容所占比例与其在课程标准中所占比例大体一致，难易程度大体平衡，保证命题的科学性。

规范命题管理，加强质量监测。要重视命题人员选择，强化命题流程规范，严格试题质量评估，建立质量监测机制，确保命题框架合理、试题命制规范、内容准确无误、情境问题恰当、语言表达清晰、考试结果真实有效。

③命题规划

考试形式以纸笔测试为主，可采用基于信息技术的考试方式，并与过程性评价、表现性评价等多样化的

评价方式相结合。

纸笔测试应合理规划题目类型，关注客观题与主观题分值所占比例，原则上客观题分值要低于主观题分值；主观题要探索命制问题解决及多学科融合类试题；试卷呈现避免套路化。

合理确定试卷容量。适当精减题量，要着重减少单纯考查技能熟练性的题目，保证学生有充足的作答时间。

科学制订多维细目表。在内容要求、素养表现的基础上，确定题型题量、难易程度、分值比例等。多维细目表的编制具体翔实，指向明确，便于命题操作，关注试卷难度、合格率、区分度等指标。

④试题命制

加强命题的标准化建设，逐渐完成题库建设，实现命题流程的标准化，建立试题质量监测与评估体系。

明确考查意图。根据学业质量标准要求，明确试卷和每道试题所要考查的数学知识和核心素养的相应表现。

创设合理情境。根据考查意图，结合学生认知水平和生活经验，设计合理的生活情境、数学情境、科学情境，关注情境的真实性，适当引入数学文化。

设置合理问题。问题的设置要有利于考查对数学概念、性质、关系、规律的理解、表达和应用，注重考查学生的思维过程，避免死记硬背、机械刷题。

科学制定评分标准。评分标准应具有科学性、可操作性。对开放性、综合性较强的试题，合理设计多层次任务的评分标准。

3. 教材编写建议

数学教材为学生的数学学习活动提供了学习主题、知识结构和基本线索，是实现数学课程目标、实施数学教学的重要资源。

(1)体现核心素养培养要求

①教材内容结构要着重关注核心素养的整体性

“三会”的主要表现相对独立、相互影响，构成一个有机整体。

教材编写既要体现每种主要表现的内涵，又要关注主要表现之间的内在联系；构建内容结构既要关注数学内容之间的逻辑联系，又要关注核心素养整体性培养的要求。

②教材内容组织要着重关注核心素养发展的一致性发展“三会”是不同学段核心素养培养的一致性要求。内容组织不仅要关注数学内容的主线，也要关注核心素养培养的一致性。

③教材内容要求要着重关注核心素养发展的阶段性

核心素养是逐渐形成的，不同阶段具有不同表现水平。教材编写应关注核心素养发展的阶段性，准确把握每个学段每个主题的内容要求和学业要求；遵循螺旋上升原则，使学生对数学知识的理解不断深入，使教材体现核心素养发展的阶段性。

(2)有利于引发学生思考

①注重来龙去脉，有利教师引导

教材正文的呈现应有利于教师引导学生主动学习。例如，新知识的学习，展现“知识背景—知识形成—

揭示联系”的过程；运用数学知识解决问题，适当体现“问题情境—建立模型—求解验证”的过程，以利于教师在教学过程中帮助学生有效地理解知识与方法、积累活动经验、提高“四能”，开展素养导向的教学。

②激发学生兴趣，引导学生探索

教材应为学生提供丰富的问题情境、充分的思考空间，让学生经历观察、实验、猜测、推理、交流、反思等数学活动过程，帮助学生感悟基本思想，积累基本活动经验。教材应具备可读性，图文并茂，关注学生身边发生的事情，增加学习的趣味性，激发学生内在学习动机，促进学生主动学习。

③优化习题设计，注重发展素养

习题的设计要关注数学的本质，关注通性通法。设计丰富多样的习题，满足巩固、复习、应用、拓展的学习需要；满足不同学生的学习需要；满足不同学习阶段的学习需要；满足不同完成作业方式的需要，如综合与实践的习题可以包括查阅资料、校外调查、自主探索等。

(3)素材选取要贴近学生的现实、真实可信

教材素材的选取应尽可能地贴近学生的现实，以利于学生经历从现实情境中抽象出数学知识与方法的过程，发展抽象能力、推理能力等。

学生的现实主要包含以下三个方面：生活现实，即学生熟悉的事物，以及自然、社会中的现象和问题。数学现实，即学生已经积累的数学知识。例如，学生学习分数时已经具备的整数知识，学习因式分解时已经具备的整数分解知识。其他学科现实，即学生学习数学知识时在各学段已经具备的其他学科知识。例如，学习一次函数时具备的各种与“匀速变化”现象相关的知识。

源于学生现实的各种学习素材应当真实可信。例如，设计的问题情境客观存在，提供的数据可信且具有实际含义，需要研究或解决的问题确实存在。

(4)注重教材创新

深刻理解课程理念，细致分析课程性质、目标、内容等，着力在教材的内容结构、内容组织、内容呈现、栏目设置、习题编排等方面有所突破。

①科学论证

教材编修要总结以往教材编写经验，借鉴国外优秀教材案例，广泛听取教材使用者建议，明确思路，确定突破点。教材创新应精心设计、注重实践检验，基于证据分析，反复修改，凝练并形成教材的创新立意和重点。

②拓展视野

教材编修要勇于打破固有教材模式，为教材使用者提供广泛的素材资源和开放的使用空间。如教材中介绍数学文化、数学发展前沿等。内容设计要反映数学在自然与社会中的应用，展现数学发展史中伟大数学家，特别是中国古代与近现代著名数学家，以及他们的数学成果在人类文明发展中的作用，增强学生的爱国情怀和民族自豪感。

③强化功能

教材编修要注重强化教材的使用功能，关注学生发展差异，满足学生不同学习需求。在符合课程标准要求的前提下，教材内容选取可体现一定的弹性。所选内容应注重体现数学的本质。

4. 课程资源开发与利用

资源开发与利用要坚持育人为本，将促进学生身心健康发展作为首要任务，从促进学生核心素养形成和发展的内在规律出发，为教与学提供有效支撑。

（1）资源开发要丰富多样

课程资源开发要满足教与学的多样化需求，既要包括教材、教辅、教师教学用书、教学设计、教学案例、课外读物等纸质资源，也要包括音频、视频、数学软件等数字化资源；既要包括教师、教研员等教育专业人士开发的资源，也要包括科学家、企业家等社会人士提供的资源；既要包括用于巩固练习的资源，也要包括用于拓展视野的数学科普类资源。

（2）资源开发要注重精品化

学校和教师都要关注课程资源的收集，根据教师教学、学生学习需要，分门别类进行整理；在使用过程中不断优化改进，开发补充；围绕重点难点突破、专题活动开展，形成有利于学生核心素养培养的典型教学资源，构建相对系统的课程资源库。

（3）注重保护知识产权

课程资源的开发与使用应增强知识产权保护意识，合法合规。引用他人成果要明确标注出处、资源开发者信息，尊重其劳动成果。

5. 教学研究与教师培训

（1）教学研究建议

教学研究对于课程标准的有效实施具有不可或缺的作用。应注重区域教研和校本教研协同，整合各类资源，创新教研机制，高水平开展研究、指导和服务工作。

①区域教研建议

重视顶层设计。地方教研部门要统筹设计和规划区域教研活动，开展区域联动，加强校际合作，实现优势互补。通过确立项目、实验学校等方式开展教学改革实践探索，引领带动本地区义务教育数学课程的整体推进。

聚焦关键问题。树立研究意识，围绕课程实施中的重点难点问题，如单元整体教学设计、跨学科主题学习等，以主题教研的形式开展系统深入的研究，帮助教师提升课程实施水平。

优化教研方式。倡导参与式、体验式、研究式教研方式，利用现代信息技术提升教师参与的效果。根据教师学习特点，强化基于教学现场、走进真实课堂、解决教学实际问题的教学研究，利用行动研究和反思实践提升教学能力。探索信息技术支持下的教研方式改革，注重开展智慧教研和跨区域教研，促进教研资源和教研智慧的分享、协同建构与优化。

②校本教研建议

加强组织建设。建强学校教研组、备课组，构建校级常态教研共同体，形成时间固定、主题聚焦、人人参与、研讨交流的教研机制，及时解决教师在教学实践中遇到的问题。

聚焦教学难点。基于本校学情，聚焦教学重点和难点问题，确定教研专题，以教学改进和师生共同发展为研究目的，开展校本教研活动，增强教研的针对性，引导教师持续进行核心素养导向的数学教学改进，实现教师从理念到课堂教学行为的转变。

创新教研方式。在集体备课、课堂观摩、交流研讨等教研活动基础上，积极开展“问题—研究—改进—实践”的校本教研，帮助教师解决教学中的问题。充分发挥各级骨干教师的作用，通过名师工作室、教学沙龙、工作坊和微论坛等，开展专题研讨，丰富教研形式，提升教师教学能力水平。

(2)培训建议

教师培训是落实课程改革要求、提升育人质量的关键。培训应面向全体教师，坚持“先培训后实施”。应充分发挥教研部门的作用，统筹课程专家、学科教育专家、教研员和一线骨干教师的力量，提升培训质量。

精心设计培训内容。培训内容的设计应着眼新理念，强化整体性，突出关键点，注重实践性。内容应包括：课程改革的背景和要求，课程改革的顶层设计意图和数学课程的理念等；数学课程性质、课程理念、核心素养、课程目标、课程内容、学业质量、教学与评价建议等各部分的核心要义及彼此间的关系；整体把握结构化课程内容体系、单元整体教学、跨学科主题学习、基于核心素养的学业质量标准与考试评价等关键问题专题研修；结合典型案例对数学教学中重点难点解析，教学实施路径和策略示范引领等。

采用多样化培训方式。注重研究型、参与式培训，采用专家报告与案例研究相结合、线上与线下相结合、集体学习与自我研修相结合等多种方式。探索新技术与教师培训有机融合的培训模式，运用移动互联网、人工智能、大数据等新技术，创新移动学习环境，充分发挥现代信息技术对教师培训的支持和服务功能。例如：课程标准解读可采取专家现场讲座、线上视频学习的方式；案例示范可采取工作坊方式，设置“案例分享—分组研讨—专家点评”等活动环节。

达标测评

建议用时	实际用时	测评总分	实际得分
30 分钟	______分钟	52 分	______分

一、单项选择题(每小题 3 分，共 15 分)

1. 课程目标以学生发展为本，以(　　)为导向，进一步强调使学生获得“四基”的获得与发展，发展运用“四能”，形成正确的情感、态度和价值观。

A. 核心素养　　B. 课程理念　　C. 课程内容　　D. 培养目标

2. 在义务教育阶段，数学眼光主要表现为：抽象能力、几何直观、(　　)与创新意识。

A. 数感　　B. 量感　　C. 符号意识　　D. 空间观念

3. 在义务教育阶段，数学思维主要表现为运算能力、推理意识或(　　)

A. 数据分析　　B. 推理能力　　C. 符号意识　　D. 模型思想

4. 小学阶段的核心素养具有整体性、一致性和(　　)

A. 阶段性　　B. 连续性　　C. 发展性　　D. 长期性

5. 依据《义务教育数学课程标准》(2022 年版),下列不属于第一学段学段目标的是(　　)

A. 经历简单的分类过程,能根据给定的标准进行分类,形成初步的数据意识

B. 能在教师指导下,从日常生活中提出简单的数学问题,尝试运用所学的知识和方法解决问题

C. 对身边与数学有关的事物有好奇心,能参与数学学习活动

D. 认识常见的平面图形,经历平面图形的周长和面积的测量过程,探索长方形周长和面积的计算方法

二、填空题(每小题 3 分,共 15 分)

6. 为体现义务教育数学课程的整体性与发展性,根据学生数学学习的心理特征和认知规律,将小学六年的学习时间划分为________个学段。

7. 为实现核心素养导向的教学目标,不仅要整体把握教学内容之间的关联,还要把握教学内容主线与相应________之间的关联。

8. 通过丰富的教学方式,让学生在实践、探究、体验、反思、合作、交流等学习过程中感悟________、积累________,发挥每一种教学方式的育人价值,促进学生核心素养发展。

9.《义务教育数学课程标准》(2022 年版)在评价建议中指出,可以通过________了解学生的学习过程、学习态度和学习策略,从________中了解学生基础知识和基本技能的掌握情况,从________中了解学生独立思考的习惯和合作交流的意识,从________中了解学生的发展变化。

10.《义务教育数学课程标准》(2022 年版)的课程理念的主要内容有________。(写出所有正确结论的编号)

①确立核心素养导向的课程目标;

②实施促进学生发展的教学活动;

③探索激励学习和改进教学的评价;

④人人都能获得良好的数学教育,不同的人在数学上得到不同的发展;

⑤设计体现结构化特征的课程内容;

⑥促进信息技术与数学课程融合。

三、简答题(每小题 6 分,共 12 分)

11. 简述核心素养的构成。

12. 简述量感的内涵。

四、论述题(共 10 分)

13. 应用意识是重要的数学能力和素养,也是课程标准的核心概念之一。下面是人教版教材四年级上册“数

学广角”的教学内容，请结合这个内容说说教学中应该如何发展学生的应用意识。

哪种方法比较合理？如果要烙4张饼、5张饼、6张饼……呢？你发现了什么？

做一做

❶

找杯子倒开水	1分钟
等开水降为温水	6分钟
找感冒药	1分钟
量体温	5分钟

小红感冒了，吃药后要赶快休息。她应如何合理安排左边表格所列的事情？

❷ 一种小游戏，玩1局要5分钟，可以单人玩，也可以双人玩。小东和爸爸、妈妈一起玩，每人玩两局，至少需要多少分钟？

参考答案及解析

一、单项选择题

1. A　[解析]《义务教育数学课程标准》(2022年版)指出，课程目标以学生发展为本，以核心素养为导向，进一步强调使学生获得数学基础知识、基本技能、基本思想和基本活动经验（简称“四基”）的获得与发展，发展运用数学知识与方法发现、提出、分析和解决问题的能力（简称“四能”），形成正确的情感、态度和价值观。

2. D　[解析]《义务教育数学课程标准》(2022年版)中指出，在义务教育阶段，数学眼光主要表现为：抽象能力（包括数感、量感、符号意识）、几何直观、空间观念与创新意识。

3. B　[解析]《义务教育数学课程标准》(2022年版)中指出，在义务教育阶段，数学思维主要表现为：运算能力、推理意识或推理能力。

4. A　[解析]《义务教育数学课程标准》(2022年版)中指出，核心素养具有整体性、一致性和阶段性，在不同阶段具有不同表现。

5. D　[解析]A、B、C 三项属于第一学段的学段目标，D 项属于第二学段的学段目标。

二、填空题

6. 三　[解析]1～2 年级为第一学段，3～4 年级为第二学段，5～6 年级为第三学段。

7. 核心素养发展　[解析]《义务教育数学课程标准》(2022 年版)中在教学建议中"整体把握教学内容"时指出，为实现核心素养导向的教学目标，不仅要整体把握教学内容之间的关联，还要把握教学内容主线与相应核心素养发展之间的关联。

8. 基本思想；基本活动经验　[解析]《义务教育数学课程标准》(2022 年版)中在教学建议中"选择能引发学生思考的教学方式"时指出，通过丰富的教学方式，让学生在实践、探究、体验、反思、合作、交流等学习过程中感悟基本思想、积累基本活动经验，发挥每一种教学方式的育人价值，促进学生核心素养发展。

9. 课堂观察；作业；探究活动；成长记录　[解析]《义务教育数学课程标准》(2022 年版)指出，评价方式应包括书面测验、口头测验、活动报告、课堂观察、课后访谈、课内外作业、成长记录等，可以采用线上线下相结合的方式。每种评价方式各有特点，教师应结合学习内容、学生学习特点，选择适当的评价方式。例如，可以通过课堂观察了解学生的学习过程、学习态度和学习策略，从作业中了解学生基础知识和基本技能的掌握情况，从探究活动中了解学生独立思考的习惯和合作交流的意识，从成长记录中了解学生的发展变化。

10. ①②③④⑤　[解析]①②③④⑤都属于《义务教育数学课程标准》(2022 年版)中课程理念的内容。

三、简答题

11. [参考答案]数学课程要培养的学生核心素养，主要包括以下三个方面。

(1)会用数学的眼光观察现实世界

数学为人们提供了一种认识与探究现实世界的观察方式。通过数学的眼光，可以从现实世界的客观现象中发现数量关系与空间形式，提出有意义的数学问题；能够抽象出数学的研究对象及其属性，形成概念、关系与结构；能够理解自然现象背后的数学原理，感悟数学的审美价值；形成对数学的好奇心与想象力，主动参与数学探究活动，发展创新意识。

在义务教育阶段，数学眼光主要表现为：抽象能力(包括数感、量感、符号意识)、几何直观、空间观念与创新意识。通过对现实世界中基本数量关系与空间形式的观察，学生能够直观理解所学的数学知识及其现实背景；能够在生活实践和其他学科中发现基本的数学研究对象及其所表达的事物之间简单的联系与规律；能够在实际情境中发现和提出有意义的数学问题，进行数学探究；逐步养成从数学角度观察现实世界的意识与习惯，发展好奇心、想象力和创新意识。

(2)会用数学的思维思考现实世界

数学为人们提供了一种理解与解释现实世界的思考方式。通过数学的思维，可以揭示客观事物的本质属性，建立数学对象之间、数学与现实世界之间的逻辑联系；能够根据已知事实或原理，合乎逻辑地推出结论，构建数学的逻辑体系；能够运用符号运算、形式推理等数学方法，分析、解决数学问题和实际问题；能够通过计算思维将各种信息约简和形式化，进行问题求解与系统设计；形成重论据、有条理、合乎逻辑的思维品质，培养科学态度与理性精神。

在义务教育阶段，数学思维主要表现为：运算能力、推理意识或推理能力。通过经历独立的数学思维过程，学生能够理解数学基本概念和法则的发生与发展，数学基本概念之间、数学与现实世界之间的联系；能够合乎逻辑地解释或论证数学的基本方法与结论，分析、解决简单的数学问题和实际问题；能够探究自然现象或现实情境所蕴含的数学规律，经历数学“再发现”的过程；发展质疑问难的批判性思维，形成实事求是的科学态度，初步养成讲道理、有条理的思维品质，逐步形成理性精神。

(3)会用数学的语言表达现实世界

数学为人们提供了一种描述与交流现实世界的表达方式。通过数学的语言，可以简约、精确地描述自然现象、科学情境和日常生活中的数量关系与空间形式；能够在现实生活与其他学科中构建普适的数学模型，表达和解决问题；能够理解数据的意义与价值，会用数据的分析结果解释和预测不确定现象，形成合理的判断或决策；形成数学的表达与交流能力，发展应用意识与实践能力。

在义务教育阶段，数学语言主要表现为：数据意识或数据观念、模型意识或模型观念、应用意识。通过经历用数学语言表达现实世界中的简单数量关系与空间形式的过程，学生初步感悟数学与现实世界的交流方式；能够有意识地运用数学语言表达现实生活与其他学科中事物的性质、关系和规律，并能解释表达的合理性；能够感悟数据的意义与价值，有意识地使用真实数据表达、解释与分析现实世界中的不确定现象；欣赏数学语言的简洁与优美，逐步养成用数学语言表达与交流的习惯，形成跨学科的应用意识与实践能力。

12. [参考答案] 量感主要是指对事物的可测量属性及大小关系的直观感知。知道度量的意义，能够理解统一度量单位的必要性；会针对真实情境选择合适的度量单位进行度量，会在同一度量方法下进行不同单位的换算；初步感知度量工具和方法引起的误差，能合理得到或估计度量的结果。建立量感有助于养成用定量的方法认识和解决问题的习惯，是形成抽象能力和应用意识的经验基础。

四、论述题

13. [参考答案]应用意识主要是指有意识地利用数学的概念、原理和方法解释现实世界中的现象与规律，解决现实世界中的问题。能够感悟现实生活中蕴含着大量的与数量和图形有关的问题，可以用数学的方法予以解决；初步了解数学作为一种通用的科学语言在其他学科中的应用，通过跨学科主题学习建立不同学科之间的联系。应用意识有助于用学过的知识和方法解决简单的实际问题，养成理论联系实际的习惯，发展实践能力。

这节课的教学中，以“爸爸、妈妈和我每人1张”来导入，让学生经历数学化的过程，充分地感受到数学不是凭空而来的，它是生活的需要，激发了学生的学习兴趣。让学生经历探索“烙饼”中数学知识的过程，逐步掌握烙饼的最佳方法，在解决问题中初步体会数学方法的应用价值，认识到现实生活中蕴含着大量与数量和图形有关的问题，这些问题可以抽象成数学问题，用数学的方法予以解决。综合实践活动是培养应用意识很好的载体，学生通过实践活动，感受数学在日常生活中的作用，体验运用所学的知识和方法解决问题的过程，获得基本的数学活动经验。

第二章 《义务教育数学课程标准》(2011 年版)(节选)

思维导图

- 《义务教育数学课程标准》(2011年版)(节选)
  - 《义务教育数学课程标准》(2011年版)前言
    - 课程性质 重点
    - 课程基本理念
    - 课程设计思路
      - 学段划分
      - 课程目标
      - 课程内容
      - 重点
  - 课程目标
    - 义务教育数学课程总目标 重点
    - 总目标的具体阐述
      - 知识技能
      - 数学思考
      - 问题解决
      - 情感态度
      - 重点
    - 学段目标
      - 第一学段(1~3年级)
      - 第二学段(4~6年级)
      - 第三学段(7~9年级)
  - 实施建议
    - 教学建议
      - 数学教学活动要注重课程目标的整体实现
      - 重视学生在学习活动中的主体地位
      - 注重学生对基础知识、基本技能的理解和掌握
      - 感悟数学思想,积累数学活动经验
      - 关注学生情感态度的发展
      - 合理把握“综合与实践”的实施
      - 教学中应当注意的几个关系
      - 重点
    - 评价建议
      - 基础知识和基本技能的评价
      - 数学思考和问题解决的评价
      - 情感态度的评价
      - 注重对学生数学学习过程的评价
      - 体现评价主体的多元化和评价方式的多样化
      - 恰当地呈现和利用评价结果
      - 合理设计与实施书面测验
    - 教材编写建议
      - 教材编写应体现科学性
      - 教材编写应体现整体性
      - 教材内容的呈现应体现过程性
      - 呈现内容的素材应贴近学生现实
      - 教材内容设计要有一定的弹性
      - 教材编写要体现可读性
    - 课程资源开发与利用建议

第四部分

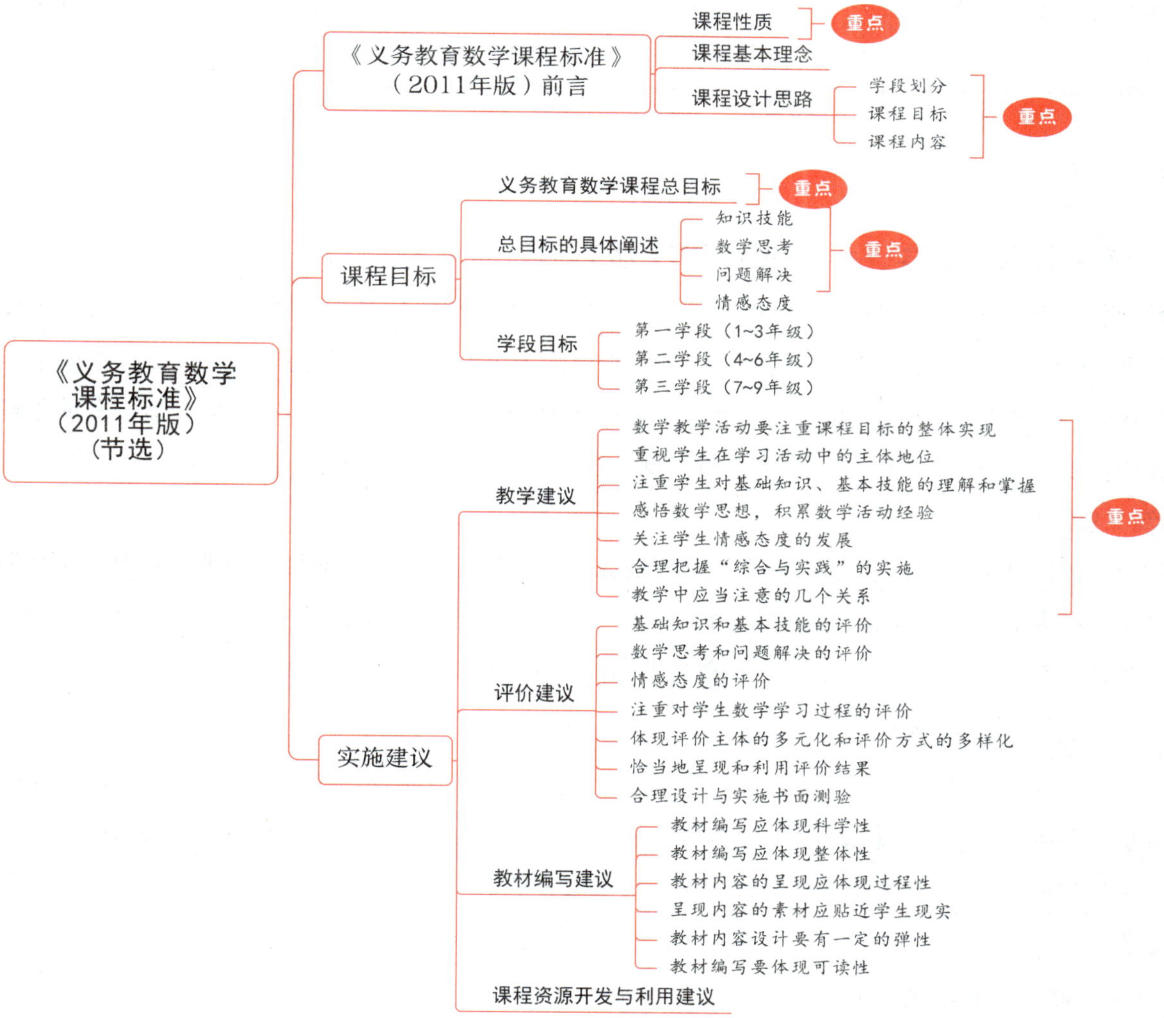

浙江考向

本章属于数学教学理论与技能的基础章节，也是浙江省教师招聘考试中的常考内容，需要识记性知识较多。在考试中常以解答题、论述题与案例分析题的形式考查。现对本章浙江考向分析如下：

高频考点	常考题型	能力要求	考查热度
四基	案例分析	识记	★
数感、空间观念、几何直观、数据分析观念、推理能力、应用意识、模型思想	解答、论述、案例分析	识记与理解	★★★

核心考点

一、《义务教育数学课程标准》(2011 版)前言 【解答、论述】 ★★★

数学是研究数量关系和空间形式的科学。数学与人类发展和社会进步息息相关，随着现代信息技术的飞速发展，数学更加广泛地应用于社会生产和日常生活的各个方面。数学作为对客观现象抽象概括而逐渐形成的**科学语言与工具**，不仅是自然科学和技术科学的基础，而且在人文科学与社会科学中发挥着越来越大的作用。特别是 20 世纪中叶以来，数学与计算机技术的结合在许多方面直接为社会创造价值，推动着社会生产力的发展。

数学是人类文化的重要组成部分，数学素养是现代社会每一个公民应该具备的基本素养。作为促进学生全面发展教育的重要组成部分，数学教育既要使学生掌握现代生活和学习中所需要的数学知识与技能，更要发挥数学在培养人的**思维能力**和**创新能力**方面的不可替代的作用。

考点 1 课程性质

义务教育阶段的数学课程是培养公民素质的基础课程，具有基础性、普及性和发展性。数学课程能使学生掌握必备的基础知识和基本技能，培养学生的抽象思维和推理能力，培养学生的创新意识和实践能力，促进学生在情感、态度与价值观等方面的发展。义务教育的数学课程能为学生未来生活、工作和学习奠定重要的基础。

考点 2 课程基本理念

1. 数学课程应致力于实现义务教育阶段的培养目标，要面向全体学生，适应学生个性发展的需要，使得：人人都能获得良好的数学教育，不同的人在数学上得到不同的发展。

2. 课程内容要反映社会的需要、数学的特点，要符合学生的认知规律。它不仅包括数学的结果，也包括数学结果的形成过程和蕴涵的数学思想方法。课程内容的选择要贴近学生的实际，有利于学生体验与理解、思考与探索。课程内容的组织要重视过程，处理好过程与结果的关系；要重视直观，处理好直观与抽象的关系；要重视直接经验，处理好直接经验与间接经验的关系。课程内容的呈现应注意层次性和多样性。

3. 教学活动是师生积极参与、交往互动、共同发展的过程。有效的教学活动是学生学与教师教的统一，学生是学习的主体，教师是学习的组织者、引导者与合作者。

数学教学活动，特别是课堂教学应激发学生兴趣，调动学生积极性，引发学生的数学思考，鼓励学生的创造性思维；要注重培养学生良好的数学学习习惯，使学生掌握恰当的数学学习方法。

学生学习应当是一个生动活泼的、主动的和富有个性的过程。认真听讲、积极思考、动手实践、自主探索、合作交流等，都是学习数学的重要方式。学生应当有足够的时间和空间经历观察、实验、猜测、计算、推理、验证等活动过程。

教师教学应该以学生的认知发展水平和已有的经验为基础，面向全体学生，注重启发式和因材施教。教师要发挥主导作用，处理好讲授与学生自主学习的关系，引导学生独立思考、主动探索、合作交流，使学生理解和掌握基本的数学知识与技能，体会和运用数学思想与方法，获得基本的数学活动经验。

4. 学习评价的主要目的是全面了解学生数学学习的过程和结果，激励学生学习和改进教师教学。应建立目标多元、方法多样的评价体系。评价既要关注学生学习的结果，也要重视学习的过程；既要关注学生数学学习的水平，也要重视学生在数学活动中所表现出来的情感与态度，帮助学生认识自我、建立信心。

5. 信息技术的发展对数学教育的价值、目标、内容以及教学方式产生了很大的影响。数学课程的设计与实施应根据实际情况合理地运用现代信息技术，要注意信息技术与课程内容的整合，注重实效。要充分考虑信息技术对数学学习内容和方式的影响，开发并向学生提供丰富的学习资源，把现代信息技术作为学生学习数学和解决问题的有力工具，有效地改进教与学的方式，使学生乐意并有可能投入到现实的、探索性的数学活动中去。

考点3 课程设计思路

义务教育阶段数学课程的设计，充分考虑本阶段学生数学学习的特点，符合学生的认知规律和心理特征，有利于激发学生的学习兴趣，引发学生的数学思考；充分考虑数学本身的特点，体现数学的实质；在呈现作为知识与技能的数学结果的同时，重视学生已有的经验，使学生体验从实际背景中抽象出数学问题、构建数学模型、寻求结果、解决问题的过程。

按以上思路具体设计如下。

1. 学段划分

为了体现义务教育数学课程的整体性，本标准统筹考虑九年的课程内容。同时，根据学生发展的生理和心理特征，将九年的学习时间划分为三个学段：第一学段（1～3 年级）、第二学段（4～6年级）、第三学段(7~9 年级)。

2. 课程目标

义务教育阶段数学课程目标分为总目标和学段目标，从知识技能、数学思考、问题解决、情感态度四个方面加以阐述。

数学课程目标包括结果目标和过程目标。结果目标使用“了解”“理解”“掌握”“运用”等行为动词表述，过程目标使用“经历”“体验”“探索”等行为动词表述。

3. 课程内容

在各学段中，安排了四个部分的课程内容：“数与代数”“图形与几何”“统计与概率”“综合与实践”。其中，“综合与实践”内容设置的目的在于培养学生综合运用有关的知识与方法解决实际问题，培养学生的问题意识、应用意识和创新意识，积累学生的活动经验，提高学生解决现实问题的能力。

“数与代数”的主要内容有：数的认识，数的表示，数的大小，数的运算，数量的估计；字母表示数，代数式及其运算；方程、方程组、不等式、函数等。

“图形与几何”的主要内容有：空间和平面基本图形的认识，图形的性质、分类和度量；图形的平移、旋转、轴对称、相似和投影；平面图形基本性质的证明；运用坐标描述图形的位置和运动。

“统计与概率”的主要内容有：收集、整理和描述数据，包括简单抽样、整理调查数据、绘制统计图表等；处理数据，包括计算平均数、中位数、众数、方差等；从数据中提取信息并进行简单的推断；简单随机事件及其发生的概率。

“综合与实践”是一类以问题为载体、以学生自主参与为主的学习活动。在学习活动中，学生将综合运用“数与代数”“图形与几何”“统计与概率”等知识和方法解决问题。“综合与实践”的教学活动应当保证每学期至少一次，可以在课堂上完成，也可以课内外相结合。提倡把这种教学形式体现在日常教学活动中。

在数学课程中，应当注重发展学生的**数感**、**符号意识**、**空间观念**、**几何直观**、**数据分析观念**、**运算能力**、**推理能力**和**模型思想**。为了适应时代发展对人才培养的需要，数学课程还要特别注重发展学生的**应用意识**和**创新意识**。

数感主要是指关于数与数量、数量关系、运算结果估计等方面的感悟。建立数感有助于学生理解现实生活中数的意义，理解或表述具体情境中的数量关系。

符号意识主要是指能够理解并且运用符号表示数、数量关系和变化规律；知道使用符号可以进行运算和推理，得到的结论具有一般性。建立符号意识有助于学生理解符号的使用是数学表达和进行数学思考的重要形式。

空间观念主要是指根据物体特征抽象出几何图形，根据几何图形想象出所描述的实际物体；想象出物体的方位和相互之间的位置关系；描述图形的运动和变化；依据语言的描述画出图形等。

几何直观主要是指利用图形描述和分析问题。借助几何直观可以把复杂的数学问题变得简明、形象，有助于探索解决问题的思路，预测结果。几何直观可以帮助学生直观地理解数学，在整个数学学习过程中都发挥着重要作用。

数据分析观念包括：了解在现实生活中有许多问题应当先做调查研究，收集数据，通过分析作出判断，体会数据中蕴涵着信息；了解对于同样的数据可以有多种分析的方法，需要根据问题的背景选择合适的方法；通过数据分析体验随机性，一方面，对于同样的事情每次收集到的数据可能不同，另一方面只要有足够的数据就可能从中发现规律。数据分析是统计的核心。

运算能力主要是指能够根据法则和运算律正确地进行运算的能力。培养运算能力有助于学生理解运算的算理，寻求合理简洁的运算途径解决问题。

推理能力的发展应贯穿于整个数学学习过程中。推理是数学的基本思维方式，也是人们学习和生活中经常使用的思维方式。推理一般包括合情推理和演绎推理，合情推理是从已有的事实出发，凭借经验和直觉，通过归纳和类比等推断某些结果；演绎推理是从已有的事实（包括定义、公理、定理等）和确定的规则（包

括运算的定义、法则、顺序等）出发，按照逻辑推理的法则证明和计算。在解决问题的过程中，两种推理功能不同，相辅相成：合情推理用于探索思路，发现结论；演绎推理用于证明结论。

模型思想的建立是学生体会和理解数学与外部世界联系的基本途径。建立和求解模型的过程包括：从现实生活或具体情境中抽象出数学问题，用数学符号建立方程、不等式、函数等表示数学问题中的数量关系和变化规律，求出结果并讨论结果的意义。这些内容的学习有助于学生初步形成模型思想，提高学习数学的兴趣和应用意识。

应用意识有两个方面的含义：一方面，有意识利用数学的概念、原理和方法解释现实世界中的现象，解决现实世界中的问题；另一方面，认识到现实生活中蕴涵着大量与数量和图形有关的问题，这些问题可以抽象成数学问题，用数学的方法予以解决。在整个数学教育的过程中都应该培养学生的应用意识，综合实践活动是培养应用意识很好的载体。

创新意识的培养是现代数学教育的基本任务，应体现在数学教与学的过程之中。学生自己发现和提出问题是创新的基础；独立思考、学会思考是创新的核心；归纳概括得到猜想和规律，并加以验证，是创新的重要方法。创新意识的培养应该从义务教育阶段做起，贯穿数学教育的始终。

真题面对面

1.［2021 年 5 月杭州（小学），解答，8 分］模型思想是重要的数学能力和素养，也是课程标准的核心概念之一。建立和求解模型，有哪些步骤？下图是三年级下册长方形、正方形面积的计算例 4，运用数学模型思想，写出教材的教学设计流程。

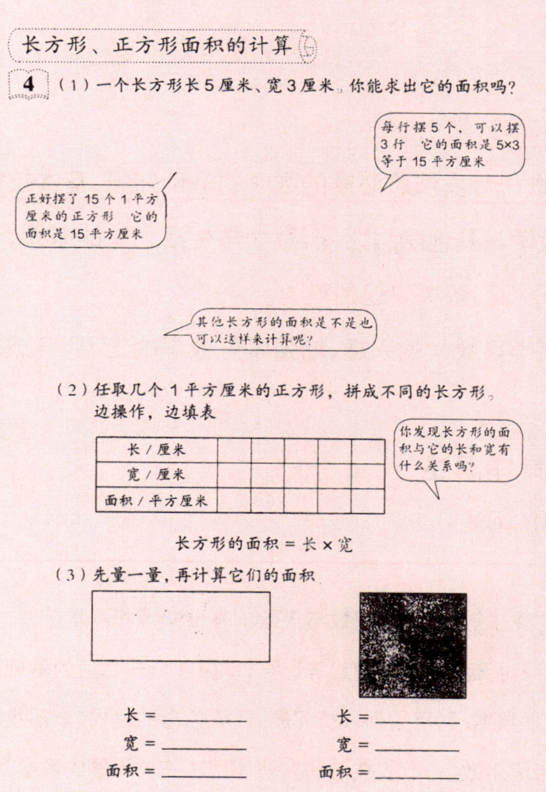

第四部分

参考答案：建立和求解模型，有以下步骤：从现实生活或具体情境中抽象出数学问题；用数学符号建立方程、不等式、函数等表示数学问题中的数量关系和变化规律；求出结果并讨论结果的意义。

教学设计流程：(1)根据实际生活中的物体——长方形，求解该长方形的面积。(2)采用每个面积都为1的小正方形进行堆积，并让学生进行自由操作，学会初步采用模型(即小正方形)进行拼接。(3)在模型探究的过程中，让学生发现正方形长与宽之间的关系，接着对该种关系进行进一步的探究。(4)采用数学符号来对该种关系进行一个规律性总结。(5)对该规律总结通过应用进行更进一步地验证探究。

2. [2021 绍兴，解答，5 分]数感通常表现为对数与数量、数量关系、运算结果的估计等的感悟。在小学数学的教学工作中，教师应采取什么策略培养学生的数感?

参考答案：数感主要是指关于数与数量、数量关系、运算结果估计等方面的感悟。建立数感有助于学生理解现实生活中数的意义，理解或表述具体情境中的数量关系。

培养学生数感的策略：

第一，重视低学段学生对数的感觉的建立，并在数感培养上处理好阶段性和发展性的关系。

第二，紧密结合现实生活情境和实例，培养学生的数感。

第三，让学生多经历有关数的活动过程，逐步积累数感经验。

二、课程目标

考点 1 总目标

通过义务教育阶段的数学学习，学生能：

(1)获得适应社会生活和进一步发展所必需的数学的**基础知识、基本技能、基本思想、基本活动经验**。

(2)体会数学知识之间、数学与其他学科之间、数学与生活之间的联系，运用数学的思维方式进行思考，增强发现和提出问题的能力、分析和解决问题的能力。

(3)了解数学的价值，提高学习数学的兴趣，增强学好数学的信心，养成良好的学习习惯，具有初步的创新意识和科学态度。

考点 2 总目标的具体阐述

总目标从以下四个方面具体阐述：

知识技能	●经历数与代数的抽象、运算与建模等过程，掌握数与代数的基础知识和基本技能 ●经历图形的抽象、分类、性质探讨、运动、位置确定等过程，掌握图形与几何的基础知识和基本技能 ●经历在实际问题中收集和处理数据、利用数据分析问题、获取信息的过程，掌握统计与概率的基础知识和基本技能 ●参与综合实践活动，积累综合运用数学知识、技能和方法等解决简单问题的数学活动经验

续表

数学思考	●建立数感、符号意识和空间观念，初步形成几何直观和运算能力，发展形象思维与抽象思维 ●体会统计方法的意义，发展数据分析观念，感受随机现象 ●在参与观察、实验、猜想、证明、综合实践等数学活动中，发展合情推理和演绎推理的能力，清晰地表达自己的想法 ●学会独立思考，体会数学的基本思想和思维方式
问题解决	●初步学会从数学的角度发现问题和提出问题，综合运用数学知识解决简单的实际问题，增强应用意识，提高实践能力 ●获得分析问题和解决问题的一些基本方法，体验解决问题方法的多样性，发展创新意识 ●学会与他人合作交流 ●初步形成评价与反思的意识
情感态度	●积极参与数学活动，对数学有好奇心和求知欲 ●在数学学习过程中，体验获得成功的乐趣，锻炼克服困难的意志，建立自信心 ●体会数学的特点，了解数学的价值 ●养成认真勤奋、独立思考、合作交流、反思质疑等学习习惯 ●形成坚持真理、修正错误、严谨求实的科学态度

总目标的这四个方面，不是相互独立和割裂的，而是一个密切联系、相互交融的有机整体。在课程设计和教学活动组织中，应同时兼顾这四个方面的目标。这些目标的整体实现，是学生受到良好数学教育的标志，它对学生的全面、持续、和谐发展有着重要的意义。数学思考、问题解决、情感态度的发展离不开知识技能的学习，知识技能的学习必须有利于其他三个目标的实现。

考点 3 学段目标

1. 第一学段（1~3 年级）

（1）知识技能

①经历从日常生活中抽象出数的过程，理解万以内数的意义，初步认识分数和小数；理解常见的量；体会四则运算的意义，掌握必要的运算技能，能准确进行运算；在具体情境中，能选择适当的单位进行简单的估算。

②经历从实际物体中抽象出简单几何体和平面图形的过程，了解一些简单几何体和常见的平面图形；感受平移、旋转、轴对称现象；认识物体的相对位置；掌握初步的测量、识图和画图的技能。

③经历简单的数据收集、整理和分析的过程，了解简单的数据处理方法。

（2）数学思考

①在运用数及适当的度量单位描述现实生活中的简单现象，以及对运算结果进行估计的过程中，发展数感；在从物体中抽象出几何图形、想象图形的运动和位置的过程中，发展空间观念。

②能对调查过程中获得的简单数据进行归类，体验数据中蕴涵着信息。

③在观察、操作等活动中，能提出一些简单的猜想。

④会独立思考问题，表达自己的想法。

(3)问题解决

①能在教师的指导下，从日常生活中发现和提出简单的数学问题，并尝试解决。

②了解分析问题和解决问题的一些基本方法，知道同一个问题可以有不同的解决方法。

③体验与他人合作交流解决问题的过程。

④尝试回顾解决问题的过程。

(4)情感态度

①对身边与数学有关的事物有好奇心，能参与数学活动。

②在他人帮助下，体验数学活动中的成功，能尝试克服困难。

③了解数学可以描述生活中的一些现象，感受数学与生活有密切联系。

④能倾听别人的意见，尝试对别人的想法提出建议，知道应该尊重客观事实。

2. 第二学段(4~6年级)

(1)知识技能

①体验从具体情境中抽象出数的过程，认识万以上的数；理解分数、小数、百分数的意义，了解负数的意义；掌握必要的运算技能；理解估算的意义；能用方程表示简单的数量关系，能解简单的方程。

②探索一些图形的形状、大小和位置关系，了解一些几何体和平面图形的基本特征；体验简单图形的运动过程，能在方格纸上画出简单图形运动后的图形，了解确定物体位置的一些基本方法；掌握测量、识图和画图的基本方法。

③经历数据的收集、整理和分析的过程，掌握一些简单的数据处理技能；体验随机事件和事件发生的等可能性。

④能借助计算器解决简单的应用问题。

(2)数学思考

①初步形成数感和空间观念，感受符号和几何直观的作用。

②进一步认识到数据中蕴涵着信息，发展数据分析观念；通过实例感受简单的随机现象。

③在观察、实验、猜想、验证等活动中，发展合情推理能力，能进行有条理的思考，能比较清楚地表达自己的思考过程与结果。

④会独立思考，体会一些数学的基本思想。

(3)问题解决

①尝试从日常生活中发现并提出简单的数学问题，并运用一些知识加以解决。

②能探索分析和解决简单问题的有效方法，了解解决问题方法的多样性。

③经历与他人合作交流解决问题的过程，尝试解释自己的思考过程。

④能回顾解决问题的过程，初步判断结果的合理性。

(4)情感态度

①愿意了解社会生活中与数学相关的信息，主动参与数学学习活动。

②在他人的鼓励和引导下，体验克服困难、解决问题的过程，相信自己能够学好数学。

③在运用数学知识和方法解决问题的过程中，认识数学的价值。

④初步养成乐于思考、勇于质疑、言必有据等良好品质。

3. 第三学段(7~9年级)

(1)知识技能

①体验从具体情境中抽象出数学符号的过程，理解有理数、实数、代数式、方程、不等式、函数；掌握必要的运算(包括估算)技能；探索具体问题中的数量关系和变化规律，掌握用代数式、方程、不等式、函数进行表述的方法。

②探索并掌握相交线、平行线、三角形、四边形和圆的基本性质与判定，掌握基本的证明方法和基本的作图技能；探索并理解平面图形的平移、旋转、轴对称；认识投影与视图；探索并理解平面直角坐标系及其应用。

③体验数据收集、处理、分析和推断过程，理解抽样方法，体验用样本估计总体的过程；进一步认识随机现象，能计算一些简单事件的概率。

(2)数学思考

①通过用代数式、方程、不等式、函数等表述数量关系的过程，体会模型的思想，建立符号意识；在研究图形性质和运动、确定物体位置等过程中，进一步发展空间观念；经历借助图形思考问题的过程，初步建立几何直观。

②了解利用数据可以进行统计推断，发展建立数据分析观念；感受随机现象的特点。

③体会通过合情推理探索数学结论，运用演绎推理加以证明的过程，在多种形式的数学活动中，发展合情推理与演绎推理的能力。

④能独立思考，体会数学的基本思想和思维方式。

(3)问题解决

①初步学会在具体的情境中从数学的角度发现问题和提出问题，并综合运用数学知识和方法等解决简单的实际问题，增强应用意识，提高实践能力。

②经历从不同角度寻求分析问题和解决问题的方法的过程，体验解决问题方法的多样性，掌握分析问题和解决问题的一些基本方法。

③在与他人合作和交流过程中，能较好地理解他人的思考方法和结论。

④能针对他人所提的问题进行反思，初步形成评价与反思的意识。

(4)情感态度

①积极参与数学活动，对数学有好奇心和求知欲。

②感受成功的快乐，体验独自克服困难、解决数学问题的过程，有克服困难的勇气，具备学好数学的信心。

③在运用数学表述和解决问题的过程中，认识数学具有抽象、严谨和应用广泛的特点，体会数学的价值。

④敢于发表自己的想法、勇于质疑、敢于创新，养成认真勤奋、独立思考、合作交流等学习习惯，形成严谨求实的科学态度。

三、实施建议

考点 1 教学建议 ★

教学活动是师生积极参与、交往互动、共同发展的过程。

数学教学应根据具体的教学内容，注意使学生在获得间接经验的同时也能够有机会获得直接经验，即从学生实际出发，创设有助于学生自主学习的问题情境，引导学生通过实践、思考、探索、交流等，获得数学的基础知识、基本技能、基本思想、基本活动经验，促使学生主动地、富有个性地学习，不断提高发现问题和提出问题的能力、分析问题和解决问题的能力。

在数学教学活动中，教师要把基本理念转化为自己的教学行为，处理好教师讲授与学生自主学习的关系，注重启发学生积极思考；发扬教学民主，当好学生数学活动的组织者、引导者、合作者；激发学生的学习潜能，鼓励学生大胆创新与实践；创造性地使用教材，积极开发、利用各种教学资源，为学生提供丰富多彩的学习素材；关注学生的个体差异，有效地实施有差异的教学，使每个学生都得到充分的发展；合理地运用现代信息技术，有条件的地区，要尽可能合理、有效地使用计算机和有关软件，提高教学效益。

1. 数学教学活动要注重课程目标的整体实现

为使每个学生都受到良好的数学教育，数学教学不仅要使学生获得数学的知识技能，而且要把知识技能、数学思考、问题解决、情感态度四个方面目标有机结合，整体实现课程目标。

课程目标的整体实现需要日积月累。在日常的教学活动中，教师应努力挖掘教学内容中可能蕴涵的、与上述四个方面目标有关的教育价值，通过长期的教学过程，逐渐实现课程的整体目标。因此，无论是设计、实施课堂教学方案，还是组织各类教学活动，不仅要重视学生获得知识技能，而且要激发学生的学习兴趣，通过独立思考或者合作交流感悟数学的基本思想，引导学生在参与数学活动的过程中积累基本经验，帮助学生形成认真勤奋、独立思考、合作交流、反思质疑等良好的学习习惯。

2. 重视学生在学习活动中的主体地位

有效的数学教学活动是教师教与学生学的统一，应体现“以人为本”的理念，促进学生的全面发展。

(1)学生是数学学习的主体，在积极参与学习活动的过程中不断得到发展。

学生获得知识，必须建立在自己思考的基础上，可以通过接受学习的方式，也可以通过自主探索等方式；学生应用知识并逐步形成技能，离不开自己的实践；学生在获得知识技能的过程中，只有亲身参与教师精心设计的教学活动，才能在数学思考、问题解决和情感态度方面得到发展。

(2)教师应成为学生学习活动的组织者、引导者、合作者，为学生的发展提供良好的环境和条件。

教师的“组织”作用主要体现在两个方面：第一，教师应当准确把握教学内容的数学实质和学生的实际情况，确定合理的教学目标，设计一个好的教学方案；第二，在教学活动中，教师要选择适当的教学方式，因势利导、适时调控，努力营造师生互动、生生互动、生动活泼的课堂氛围，形成有效的学习活动。

教师的"引导"作用主要体现在：通过恰当的问题，或者准确、清晰、富有启发性的讲授，引导学生积极思考、求知求真，激发学生的好奇心；通过恰当的归纳和示范，使学生理解知识、掌握技能、积累经验、感悟思想；能关注学生的差异，用不同层次的问题或教学手段，引导每一个学生都能积极参与学习活动，提高教学活动的针对性和有效性。

教师与学生的"合作"主要体现在：教师以平等、尊重的态度鼓励学生积极参与教学活动，启发学生共同探索，与学生一起感受成功和挫折、分享发现和成果。

(3)处理好学生主体地位和教师主导作用的关系。

好的教学活动，应是学生主体地位和教师主导作用的和谐统一。一方面，学生主体地位的真正落实，依赖于教师主导作用的有效发挥；另一方面，有效发挥教师主导作用的标志，是学生能够真正成为学习的主体，得到全面的发展。

实行启发式教学有助于落实学生的主体地位和发挥教师的主导作用。教师具有启发性的讲授；创设情境、设计问题，引导学生自主探索、合作交流；组织学生操作实验、观察现象、提出猜想、推理论证等，都能有效地启发学生的思考，使学生称为学习的主体，逐步学会学习。

3. 注重学生对基础知识、基本技能的理解和掌握

"知识技能"既是学生发展的基础性目标，又是落实"数学思考""问题解决""情感态度"目标的载体。

(1)数学知识的教学，应注重学生对所学知识的理解，体会数学知识之间的关联。

学生掌握数学知识，不能依赖死记硬背，而应以理解为基础，并在知识的应用中不断巩固和深化。为了帮助学生真正理解数学知识，教师应注重数学知识与学生生活经验的联系、与学生学科知识的联系，组织学生开展实验、操作、尝试等活动，引导学生进行观察、分析、抽象概括，运用知识进行判断。教师还应揭示知识的数学实质及其体现的数学思想，帮助学生理清相关知识之间的区别和联系。

数学知识的教学，要注重知识的"生长点"与"延伸点"，把每堂课教学的知识置于整体知识的体系中，注重知识的结构和体系，处理好局部知识与整体知识的关系，引导学生感受数学的整体性，体会对于某些数学知识可以从不同的角度加以分析、从不同的层次进行理解。

(2)在基本技能的教学中，不仅要使学生掌握技能操作的程序和步骤，还要使学生理解程序和步骤的道理。例如，对于整数乘法计算，学生不仅要掌握如何进行计算，而且要知道相应的算理；对于尺规作图，学生不仅要知道作图的步骤，而且要能知道实施这些步骤的理由。

基本技能的形成，需要一定量的训练，但要适度，不能依赖机械的重复操作，要注重训练的实效性。教师应把握技能形成的阶段性，根据内容的要求和学生的实际，分层次地落实。

4. 感悟数学思想，积累数学活动经验

数学思想蕴含在数学知识形成、发展和应用的过程中，是数学知识和方法在更高层次上的抽象与概括，如抽象、分类、归纳、演绎、模型等。学生在积极参与数学活动的过程中，通过独立思考、合作交流，逐步感悟数学思想。

例如，分类是一种重要的数学思想。学习数学的过程中经常会遇到分类问题，如数的分类、图形的分类、代数式的分类、函数的分类等。在研究数学问题中，常常需要通过分类讨论解决问题，分类的过程就是对事物共性的抽象过程。教学活动中，要使学生逐步体会为什么要分类，如何分类，如何确定分类的标准，在分类的过程中如何认识对象的性质，如何区别不同对象的不同性质。通过多次反复的思考和长时间的积累，使学生逐步感悟分类是一种重要的思想。学会分类，可以有助于学习新的数学知识，有助于分析和解决新的数学问题。

数学活动经验的积累是提高学生数学素养的重要标志。帮助学生积累数学活动经验是数学教学的重要目标，是学生不断经历、体验各种数学活动过程的结果。数学活动经验需要在“做”的过程和“思考”的过程中积淀，是在数学学习活动过程中逐步积累的。

教学中注重结合具体的学习内容，设计有效的数学探究活动，使学生经历数学的发展过程，是学生积累数学活动经验的重要途径。例如，在统计教学中，设计有效的统计活动，使学生经历完整的统计过程，包括收集数据、整理数据、展示数据、从数据中提取信息，并利用这些信息说明问题。学生在这样的过程中，不断积累统计活动经验，加深理解统计思想与方法。

“综合与实践”是积累数学活动经验的重要载体。在经历具体的“综合与实践”问题的过程中，引导学生体验如何发现问题，如何选择适合自己完成的问题，如何把实际问题变成数学问题，如何设计解决问题的方案，如何选择合作的伙伴，如何有效地呈现实践的成果，让别人体会自己成果的价值。通过这样的教学活动，学生会逐步积累运用数学解决问题的经验。

5. 关注学生情感态度的发展

根据课程目标，广大教师要把落实情感态度的目标作为己任，努力把情感态度目标有机地融合在数学教学过程之中。设计教学方案、进行课堂教学活动时，应当经常考虑如下问题：

如何引导学生积极参与教学过程？

如何组织学生探索，鼓励学生创新？

如何引导学生感受数学的价值？

如何使学生愿意学，喜欢学，对数学感兴趣？

如何让学生体验成功的喜悦，从而增强自信心？

如何引导学生善于与同伴合作交流，既能理解、尊重他人的意见，又能独立思考、大胆质疑？

如何让学生做自己能做的事，并对自己做的事情负责？

如何帮助学生锻炼克服困难的意志？

如何培养学生良好的学习习惯？

在教育教学活动中，教师要尊重学生，以强烈的责任心、严谨的治学态度、健全的人格感染和影响学生；要不断提高自身的数学素养，善于挖掘教学内容的教育价值；要在教学实践中善于用本标准的理念分析各种现象，恰当地进行养成教育。

6. 合理把握“综合与实践”的实施

“综合与实践”的实施是以问题为载体、以学生自主参与为主的学习活动。它有别于学习具体知识的探索活动，更有别于课堂上教师的直接讲授。它是教师通过问题引领、学生全程参与、实践过程相对完整的学习活动。

积累数学活动经验、培养学生应用意识和创新意识是数学课程的重要目标，应贯穿整个数学课程之中。“综合与实践”是实现这些目标重要和有效的载体。“综合与实践”的教学，重在实践、重在综合。重在实践是指在活动中，注重学生自主参与、全过程参与，重视学生积极动脑、动手、动口。重在综合是指在活动中，注重数学与生活实际、数学与其他学科、数学内部知识的联系和综合应用。

教师在教学设计和实施时应特别关注的几个环节是：问题的选择，问题的展开过程，学生参与的方式，学生的合作交流，活动过程和结果的展示与评价等。

要使学生能充分、自主地参与“综合与实践”活动，选择恰当的问题是关键。这些问题既可来自教材，也可以由教师、学生开发。提倡教师研制、开发、生成出更多适合本地学生特点的且有利于实现“综合与实践”课程目标的好问题。

实施“综合与实践”时，教师要放手让学生参与，启发和引导学生进入角色，组织好学生之间的合作交流，并照顾到所有的学生。教师不仅要关注结果，更要关注过程，不要急于求成，要鼓励引导学生充分利用“综合与实践”的过程，积累活动经验、展现思考过程、交流收获体会、激发创造潜能。

在实施过程中，教师要注意观察、积累、分析、反思，使“综合与实践”的实施成为提高教师自身和学生素质的互动过程。

教师应该根据不同学段学生的年龄特征和认知水平，根据学段目标，合理设计并组织实施“综合与实践”活动。

7. 教学中应当注意的几个关系

(1) 面向全体学生与关注学生个体差异的关系。

(2)“预设”与“生成”的关系。

(3) 合情推理与演绎推理的关系。

(4) 使用现代信息技术与教学手段多样化的关系。

考点 2 评价建议 ★

评价的主要目的是全面了解学生数学学习的过程和结果，激励学生学习和改进教师教学。评价应以课程目标和课程内容为依据，体现数学课程的基本理念，全面评价学生在知识技能、数学思考、问题解决和情感态度等方面的表现。

评价不仅要关注学生的学习结果，更要关注学生在学习过程中的发展和变化。应采用多样化的评价方式，恰当呈现并合理利用评价结果，发挥评价的激励作用，保护学生的自尊心和自信心。通过评价得到的信息，可以了解学生数学学习达到的水平和存在的问题，帮助教师进行总结与反思，调整和改进教学内容和教学过程。

1. 基础知识和基本技能的评价

对基础知识和基本技能的评价，应以各学段的具体目标和要求为标准，考查学生对基础知识和基本技能的理解与掌握程度，以及在学习基础知识和基本技能过程中的表现。在对学生学习基础知识和基本技能的结果进行评价时，应该准确地把握“了解、理解、掌握、应用”不同层次的要求；在对学生学习过程进行评价时，应依据“经历、体验、探索”不同层次的要求，采取灵活多样的方法，定性与定量相结合、以定性评价为主。

每一学段的目标是该学段结束时学生应达到的要求，教师需要根据学习的进度和学生的实际情况确定具体的要求。例如，下表是对第一学段有关计算技能的基本要求，这些要求是在学段结束时应达到的，评价时应注意把握尺度，对计算速度不作过高要求。

第一学段计算技能评价要求

学习内容	速度要求
20 以内加减法和表内乘除法口算	8～10 题/分
百以内加减法和一位数乘除两位数口算	3～4 题/分
两位数和三位数加减法笔算	2～3 题/分
两位数乘两位数笔算	1～2 题/分
一位数乘除两位数和三位数笔算	1～2 题/分

教师应允许学生经过较长时间的努力，随着数学知识与技能的积累逐步达到学段目标。在实施评价时，可以对部分学生采取“延迟评价”的方式，提供再次评价的机会，使他们看到自己的进步，树立学好数学的信心。

2. 数学思考和问题解决的评价

数学思考和问题解决的评价要依据总目标和学段目标的要求，体现在整个数学学习过程中。

对数学思考和问题解决的评价应当采用多种形式和方法，特别要重视在平时教学和具体的问题情境中进行评价。

学生解决问题的策略可能与教师的预设有所不同，教师应给予恰当的评价。

3. 情感态度的评价

情感态度的评价应依据课程目标的要求，采用适当的方法进行。主要方式有课堂观察、活动记录、课后访谈等。

情感态度评价主要在平时教学过程中进行，注重考查和记录学生在不同方面的表现，了解学生情感态度的状况及变化。

教师可以根据实际情况用灵活多样的方式记录学生情感态度的情况，用恰当的方式给学生以反馈和指导。

4. 注重对学生数学学习过程的评价

学生在数学学习过程中，知识技能、数学思考、问题解决和情感态度方面的表现不是孤立的，这些方面的发展综合体现在数学学习过程之中。在评价学生每一方面表现的同时，要注重对学生学习过程的整体评价，分析学生在不同阶段的表现特征和发展变化。评价时应采取灵活的方式记录、保留和分析学生在不同方面的表现。

还可以通过建立成长记录等方式，使学生记录和反思学习数学的情况与成长的历程。

5. 体现评价主体的多元化和评价方式的多样化

评价主体的多元化是指教师、家长、同学及学生本人都可以作为评价者，可以综合运用教师评价、学生

自我评价、学生相互评价、家长评价等方式，对学生的学习情况和教师的教学情况进行全面的考查。

评价方式多样化体现在多种评价方法的运用，包括书面测验、口头测验、开放式问题、活动报告、课堂观察、课后访谈、课内外作业、成长记录等。在条件允许的地方，也可以采用网上交流的方式进行评价。每种评价方式都具有各自的特点，教师应结合学习内容及学生学习的特点，选择适当的评价方式。

6. 恰当地呈现和利用评价结果

评价结果的呈现应采用定性与定量相结合的方式。第一学段的评价应当以描述性评价为主，第二学段采用描述性评价和等级评价相结合的方式，第三学段可以采用描述性评价和等级（或百分制）评价相结合的方式。

评价结果的呈现和利用应有利于增强学生学习数学的自信心，提高学生学习数学的兴趣，使学生养成良好的学习习惯，促进学生的发展。评价结果的呈现，应该更多地关注学生的进步，关注学生已经掌握了什么，获得了哪些提高，具备了什么能力，还有什么潜能，在哪些方面还存在不足，等等。

教师要注意分析全班学生评价结果随时间发生的变化，从而了解自己教学的成绩和问题，分析、反思教学过程中影响学生能力发展和素质提高的原因，寻求改善教学的对策。同时，以适当的方式，将学生一些积极的变化及时反馈给学生。

7. 合理设计与实施书面测验

书面测验是考查学生课程目标达成状况的重要方式，合理地设计和实施书面测验有助于全面考查学生的数学学业成就，及时反馈教学成效，不断提高教学质量。

（1）对于学生基础知识和基本技能达成情况的评价，必须准确把握课程内容中的要求。例如，*知道 $|a|$ 的含义（a 表示有理数），了解二次根式（根号下仅限于数）加、减、乘、除运算法则*。设计试题时应符合这种要求。

课程内容中的下列选学内容，不得列入考查（考试）范围：能解简单的三元一次方程组，了解一元二次方程的根与系数的关系，知道给定不共线三点的坐标可以确定一个二次函数，了解平行线性质定理的证明，探索并证明垂径定理和切线长定理，了解相似三角形判定定理的证明。

对于相似三角形的判定定理、性质定理的考查，本标准的要求是“了解”，不要求用这些定理证明其他命题。

此外，在考试中，几何命题的证明应以“图形的性质”中所列出的基本事实和定理作为依据。

对基础知识和基本技能的考查，要注重考查学生对其中所蕴含的数学本质的理解，考查学生能否在具体情境中合理应用。因此，在设计试题时，应淡化特殊的解题技巧，不出偏题怪题。

（2）在设计试题时，应该关注并且体现本标准的设计思路中提出的几个核心词：数感、符号意识、空间观念、几何直观、数据分析观念、运算能力、推理能力、模型思想，以及应用意识和创新意识。

（3）根据评价的目的合理地设计试题的类型，有效地发挥各种类型题目的功能。例如，*为考查学生从具体情境中获取信息的能力，可以设计阅读分析的问题；为考查学生的探究能力，可以设计探索规律的问题；为考查学生解决问题的能力，可以设计具有实际背景的问题；为了考查学生的创造能力，可以设计开放性问题*。

（4）在书面测验中，积极探索可以考查学生学习过程的试题，了解学生的学习过程。

考点3 教材编写建议

数学教材为学生的数学学习活动提供了学习主题、基本线索和知识结构，是实现数学课程目标、实施数学教学的重要资源。

数学教材的编写应以本标准为依据。教材编写要努力凸显特色，积极探索教材的多样化。教材所选择的学习素材应尽量与学生的生活现实、数学现实、其他学科现实相联系，应有利于加深学生对所要学习内容的数学理解。教材内容的呈现要体现数学知识的整体性，体现重要的数学知识和方法的产生、发展和应用过程；应引导学生进行自主探索与合作交流，并关注对学生人文精神的培养。教材的编写要有利于调动教师的主动性和积极性，有利于教师进行创造性教学。

课程内容是按照学段制订的，并未规定学习内容的呈现顺序。因此，教材可以在不违背数学知识逻辑关系的基础上，根据学生的数学学习认知规律、知识背景和活动经验，合理地安排学习内容，形成自己的编排体系，体现出自己的风格和特色。

1. 教材编写应体现科学性

科学性是对教材编写的基本要求。教材一方面要符合数学的学科特征，另一方面要符合学生的认知规律。

①全面体现本标准提出的理念和目标。

②体现课程内容的数学实质。

③准确把握课程内容要求。

④教材的编写要有一定的实验依据。

2. 教材编写应体现整体性

教材编写应当体现整体性，注重突出核心内容，注重内容之间的相互联系，注重体现学生学习的整体性。

①整体体现课程内容的核心。

②整体考虑知识之间的关联。

③重要的数学概念与数学思想要体现螺旋上升的原则。

④整体性体现还应注意以下几点。

配置习题时应考虑其与相应内容之间的协调性。一方面，要保证配备必要的习题帮助学生巩固、理解所学知识内容；另一方面，又要避免配置的习题所涉及的知识超出相应的内容要求。

教材内容的呈现既要考虑不同年龄学生的特点，又要使整套教材的编写体例、风格协调一致。

数学文化作为教材的组成部分，应渗透在整套教材中。

3. 教材内容的呈现应体现过程性

教材编写不是单纯的知识介绍，学生学习也不是单纯地模仿、练习和记忆。因此，教材应选用合适的学习素材，介绍知识的背景；设计必要的数学活动，让学生通过观察、实验、猜测、推理、交流、反思等，感悟知识的形成和应用。恰当地让学生经历这样的过程，对于他们理解数学知识与方法、形成良好的数学思维习惯、增强应用意识、提高解决问题的能力有着重要的作用。

①体现数学知识的形成过程。

②反映数学知识的应用过程。

4. 呈现内容的素材应贴近学生现实

素材的选用应当充分考虑学生的认知水平和活动经验。这些素材应当在反映数学本质的前提下尽可能地贴近学生的现实，以利于他们经历从现实情境中抽象出数学知识与方法的过程。学生的现实主要包含以下三个方面：①生活现实。②数学现实。③其他学科现实。

5. 教材内容设计要有一定的弹性

按照本标准的要求，教材的编写要面向全体学生，也要考虑到学生发展的差异，在保证基本要求的前提下，体现一定的弹性，以满足学生的不同需求，使不同的人在数学上得到不同的发展，也便于教师发挥自己的教学创造性。

6. 教材编写要体现可读性

教材应具备可读性，易于学生接受，激发学生学习兴趣，为学生提供思考的空间。教材可读与否，对不同学段的学生具有不同的标准。因此，教材的呈现应当在准确表达数学含义的前提下，符合学生年龄特征，从而有助于他们理解数学。

对于第一学段的学生，可以采用图片、游戏、卡通、表格、文字等多种方式，直观形象、图文并茂、生动有趣地呈现素材，提高他们的学习兴趣。

对于第二学段的学生，由于他们具备了一定的文字理解和表达能力，所以教材的呈现应在运用学生感兴趣的图片、表格、文字等形式的同时，逐渐增加数学语言的比重。

对于第三学段的学生，随着数学学习、语言学习的深入，他们使用文字和数学符号的能力已经有了一定程度的发展。教材的呈现可以将实物照片、图形、图表、文字、数学符号等多种形式结合起来。

考点 4 课程资源开发与利用建议

数学课程资源是指应用于教与学活动中的各种资源。主要包括**文本资源**——如教科书、教师用书，教与学的辅助用书、教学挂图等；**信息技术资源**——如网络、数学软件、多媒体光盘等；**社会教育资源**——如教育与学科专家，图书馆、少年宫、博物馆，报纸杂志、电视广播等；**环境与工具**——如日常生活环境中的数学信息，用于操作的学具或教具，数学实验室等；**生成性资源**——如教学活动中提出的问题、学生的作品、学生学习过程中出现的问题、课堂实录等。

达标测评

建议用时	实际用时	测评总分	实际得分
30 分钟	____分钟	49 分	____分

一、单项选择题(每小题 3 分，共 15 分)

1. 下列行为动词属于理解水平的是(　　)

A. 了解　　B. 说明　　C. 推导　　D. 尝试

2. 通过义务教育阶段的数学学习，学生应该具有实事求是的科学态度和初步的(　　)

A. 学习意识　　B. 反思意识

C. 推理意识　　D. 创新意识

3. “初步形成数感和空间观念，感受符号和几何直观的作用”属于(　　)目标。

A. 知识技能　　B. 数学思考

C. 问题解决　　D. 情感态度

4. 以下说法错误的是(　　)

A. 模型思想的建立是学生体会和理解数学与外部世界联系的基本途径

B. “综合与实践”是积累数学活动经验的重要载体

C. 第二学段可以采用描述性评价和等级评价相结合的方式

D. 暂时没有计算器、计算机以及有关信息技术软件的地区，教师不必去改善

5. “数与代数”学习的核心目标是使学生能运用(　　)来解决问题和进行交流。

A. 符号　　B. 数字　　C. 方程　　D. 图形

二、填空题(每小题 3 分，共 12 分)

6. 教师要发挥主导作用，处理好讲授与学生自主学习的关系，引导学生独立思考、主动探索、合作交流，使学生理解和掌握基本的数学知识与技能，体会和运用数学思想与方法，获得________。

7. 数学是研究空间形式和数量关系的科学，是人们生活、劳动和学习中不可缺少的工具，是现代化社会中不可替代的关键技术。数学的________、________、思想和方法也是人类文化的重要组成部分。

8. 学生学习应当是一个生动活泼的、主动的和富有个性的过程。认真听讲、积极思考、________、________与________等，都是学生学习数学的重要方式。

9. 统计与概率主要研究现实生活中的________和客观世界中的________。

三、简答题(每小题 6 分，共 12 分)

10. “综合与实践”的综合性特点反映在什么地方?

11. 简述数感的内涵。

四、论述题(共 10 分)

12. 几何直观的表现形式有实物直观、简约符号直观、图形直观、替代物直观。试以人教版三年级上册“分数的简单计算”(如下图)为例，说明教学中怎么使用几何直观帮助学生学习。

分数的简单计算

1 一个西瓜，哥哥吃了$\frac{2}{8}$，弟弟吃了$\frac{1}{8}$。兄弟俩一共吃了这个西瓜的几分之几?

$$\frac{2}{8}+\frac{1}{8}=\_\_\_\_\_\_$$

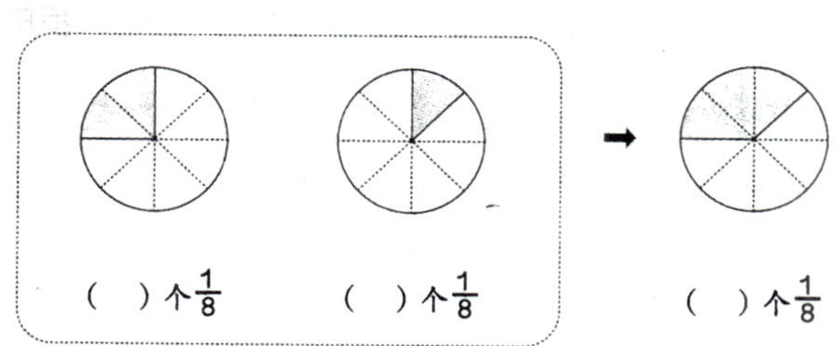

想：2 个$\frac{1}{8}$加 1 个$\frac{1}{8}$是 3 个$\frac{1}{8}$，就是$\frac{3}{8}$。

2 $\frac{5}{6}-\frac{2}{6}=$______

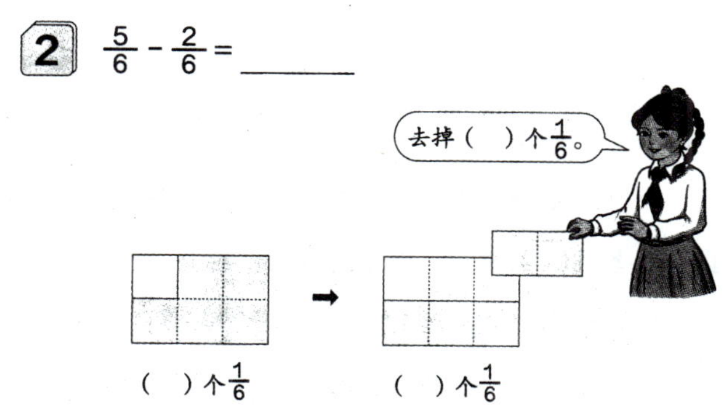

想：5 个$\frac{1}{6}$减去 2 个$\frac{1}{6}$，剩下 3 个$\frac{1}{6}$，就是$\frac{3}{6}$。

3 $1-\frac{1}{4}=$______

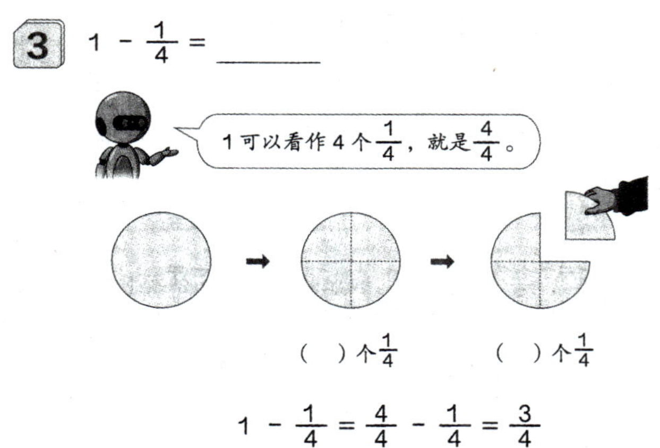

$$1-\frac{1}{4}=\frac{4}{4}-\frac{1}{4}=\frac{3}{4}$$

参考答案及解析

一、单项选择题

1. B [解析]了解是描述“知道/了解/模仿”水平的行为动词；说明是描述“理解/独立操作”水平的行为动词；推导是描述“掌握/应用/迁移”水平的行为动词；尝试是描述“经历/感受”水平的行为动词。故选 B。

2. D

3. B [解析]题干所述属于《义务教育数学课程标准》(2011 年版)中第二学段的数学思考目标。

4. D [解析]《义务教育数学课程标准》(2011 年版)指出，有条件的地区，教学中要尽可能地使用计算器、计算机以及有关软件;暂时没有这种条件的地区,一方面要积极创造条件改善教学设施,另一方面广大教师应努力自制教具以弥补教学设施的不足。

5. A

二、填空题

6. 基本的数学活动经验

7. 内容;语言

8. 动手实践;自主探索;合作交流

9. 数据;随机现象

三、简答题

10. [参考答案]"综合与实践"作为一个学习领域,并不是在其他数学知识领域之外增加的新知识,而是强调数学知识和思想方法的整体性和综合性。首先,要促使学生通过这一领域的学习,加深对"数与代数""图形与几何""统计与概率"等其他数学知识的理解,体会各部分内容之间的联系,进而从整体上认识数学、体验数学、应用数学。其次,"综合与实践"中要解决的现实数学问题往往交织着多学科的知识与方法,因此,"综合与实践"的综合性还常常表现为多学科的综合。

11. [参考答案]数感主要是指关于数与数量、数量关系、运算结果估计等方面的感悟。建立数感有助于学生理解现实生活中数的意义,理解或表述具体情境中的数量关系。

四、论述题

12. [参考答案]教材充分利用图形直观,以帮助学生理解算理。

(1)重点处用图形直观表示。如$\frac{2}{8}+\frac{1}{8}$,怎样进行计算、验证的教学?需要分成四步。

①学生独立探究。②集体反馈,包括折纸、画画涂涂、想分数单位(2 个$\frac{1}{8}$+1 个$\frac{1}{8}$=3 个$\frac{1}{8}$)。③总结出这三种方法(折纸、画画涂涂、想分数单位)都可以用几何直观表示。④课件出示规范的图示。学生清晰地看到左边有 2 个$\frac{1}{8}$,右边 1 个$\frac{1}{8}$,合起来是 3 个$\frac{1}{8}$,即$\frac{3}{8}$。减法也类似。

(2)难点处用图形直观表示。本节课中,对"一半"和"1"的理解是难点,用几何直观表示,化难为易。提问:$\frac{1}{4}+\frac{1}{4}=\frac{2}{4}$与$\frac{3}{4}-\frac{1}{4}=\frac{2}{4}$中,$\frac{2}{4}$还可以用哪个分数表示?为什么?学生用语言描述后再配合图探究,$\frac{2}{4}=\frac{1}{2}$就一目了然。又如提问:$1-\frac{1}{4}=\frac{3}{4}$与$1-\frac{7}{9}=\frac{2}{9}$中的"1"到底是多少?再次采用几何直观,理解"1"就代表一个整体,只是根据不同的情况,平均分的份数不同而已。

整节课中,让学生利用几何直观,将直观转化为想象,并从一般过渡到特殊,举一反三。

第三章 《普通高中数学课程标准》（2017 年版 2020 年修订）（节选）

思维导图

普通高中数学课程标准 2017 年版 2020 年修订

- 《普通高中数学课程标准》（2017年版2020年修订）（节选）
  - 课程性质与基本理念
    - 课程性质
    - 基本理念（重点）
      - 学生发展为本，立德树人，提升素养
      - 优化课程结构，突出主线，精选内容
      - 把握数学本质，启发思考，改进教学
      - 重视过程评价，聚焦素养，提高质量
  - 学科核心素养与课程目标
    - 学科核心素养（重点）
      - 数学抽象
      - 逻辑推理
      - 数学建模
      - 直观想象
      - 数学运算
      - 数据分析
    - 课程目标（重点）
  - 课程结构
    - 设计依据
    - 结构
    - 学分与选课
      - 学分设置
      - 课程定位
      - 选课说明
  - 课程内容
    - 必修课程
      - 预备知识
      - 函数
      - 几何与代数
      - 概率与统计
      - 数学建模活动与数学探究活动
    - 选择性必修课程
      - 函数
      - 几何与代数
      - 概率与统计
      - 数学建模活动与数学探究活动
    - 选修课程
  - 学业质量
    - 学业质量内涵
    - 学业质量水平
    - 学业质量水平与考试评价的关系
  - 实施建议
    - 教学与评价建议（重点）
    - 学业水平考试与高考命题建议
      - 命题原则
      - 考试命题路径
      - 说明
    - 教材编写建议
    - 地方与学校实施课程标准的建议
      - 地方实施课程标准应注意的几个问题
      - 学校实施课程标准应注意的几个问题
      - 教师实施课程标准应注意的几个问题

第四部分

浙江考向

本章属于《普通高中数学课程标准》(2017 年版 2020 年修订)的节选内容,也是浙江省中学数学教师招聘考试中的重点内容,需要识记与理解性知识较多。在考试中常以简述题的形式考查。本章浙江考向分析如下:

高频考点	常考题型	能力层级	考查热度
数学学科核心素养	简述	理解与应用	★★

核心考点

一、课程性质与基本理念

考点 1 课程性质

数学是研究数量关系和空间形式的一门科学。数学源于对现实世界的抽象,基于抽象结构,通过符号运算、形式推理、模型构建等,理解和表达现实世界中事物的本质、关系和规律。数学与人类生活和社会发展紧密关联。数学不仅是运算和推理的工具,还是表达和交流的语言。数学承载着思想和文化,是人类文明的重要组成部分。数学是自然科学的重要基础,并且在社会科学中发挥越来越大的作用,数学的应用已渗透到现代社会及人们日常生活的各个方面。随着现代科学技术特别是计算机科学、人工智能的迅猛发展,人们获取数据和处理数据的能力都得到很大的提升,伴随着大数据时代的到来,人们常常需要对网络、文本、声音、图像等反映的信息进行数字化处理,这使数学的研究领域与应用领域得到极大拓展。数学直接为社会创造价值,推动社会生产力的发展。

数学在形成人的理性思维、科学精神和促进个人智力发展的过程中发挥着不可替代的作用。数学素养是现代社会每一个人应该具备的基本素养。

数学教育承载着落实立德树人根本任务、发展素质教育的功能。数学教育帮助学生掌握现代生活和进一步学习所必需的数学知识、技能、思想和方法;提升学生的数学素养,引导学生会用数学眼光观察世界,会用数学思维思考世界,会用数学语言表达世界;促进学生思维能力、实践能力和创新意识的发展,探寻事物变化规律,增强社会责任感;在学生形成正确人生观、价值观、世界观等方面发挥独特作用。

高中数学课程是义务教育阶段后普通高级中学的主要课程,具有基础性、选择性和发展性。必修课程面向全体学生,构建共同基础;选择性必修课程、选修课程充分考虑学生的不同成长需求,提供多样性的课程供学生自主选择;高中数学课程为学生的可持续发展和终身学习创造条件。

考点 2 基本理念

1. 学生发展为本,立德树人,提升素养

高中数学课程以学生发展为本,落实立德树人根本任务,培育科学精神和创新意识,提升数学学科核心素养。高中数学课程面向全体学生,实现:人人都能获得良好的数学教育,不同的人在数学上得到不同的发展。

2. 优化课程结构,突出主线,精选内容

高中数学课程体现社会发展的需求、数学学科的特征和学生的认知规律,发展学生数学学科核心素养。优化课程结构,为学生发展提供共同基础和多样化选择;突出数学主线,凸显数学的内在逻辑和思想方法;精选课程内容,处理好数学学科核心素养与知识技能之间的关系,强调数学与生活以及其他学科的联系,提升学生应用数学解决实际问题的能力,同时注重数学文化的渗透。

3. 把握数学本质,启发思考,改进教学

高中数学教学以发展学生数学学科核心素养为导向,创设合适的教学情境,启发学生思考,引导学生把握数学内容的本质。提倡独立思考、自主学习、合作交流等多种学习方式,激发学习数学的兴趣,养成良好的学习习惯,促进学生实践能力和创新意识的发展。注重信息技术与数学课程的深度融合,提高教学的实效性。不断引导学生感悟数学的科学价值、应用价值、文化价值和审美价值。

4. 重视过程评价,聚焦素养,提高质量

高中数学学习评价关注学生知识技能的掌握,更关注数学学科核心素养的形成和发展,制定科学合理的学业质量要求,促进学生在不同学习阶段数学学科核心素养水平的达成。评价既要关注学生学习的结果,更要重视学生学习的过程。开发合理的评价工具,将知识技能的掌握与数学学科核心素养的达成有机结合,建立目标多元、方式多样、重视过程的评价体系。通过评价,提高学生学习兴趣,帮助学生认识自我,增强自信;帮助教师改进教学,提高质量。

二、学科核心素养与课程目标 【简述】★★

考点 1 学科核心素养

学科核心素养是育人价值的集中体现,是学生通过学科学习而逐步形成的**正确价值观念、必备品格和关键能力**。数学学科核心素养是数学课程目标的集中体现,是具有数学基本特征的思维品质、关键能力以及情感、态度与价值观的综合体现,是在数学学习和应用的过程中逐步形成和发展的。数学学科核心素养包括:数学抽象、逻辑推理、数学建模、直观想象、数学运算和数据分析。这些数学学科核心素养既相对独立、又相互交融,是一个有机的整体。

1. 数学抽象

数学抽象是指通过对数量关系与空间形式的抽象,得到数学研究对象的素养。主要包括:从数量与数量关系、图形与图形关系中抽象出数学概念及概念之间的关系,从事物的具体背景中抽象出一般规律和结构,并用数学语言予以表征。

数学抽象是数学的基本思想,是形成理性思维的重要基础,反映了数学的本质特征,贯穿在数学产生、发展、应用的过程中。数学抽象使得数学成为高度概括、表达准确、结论一般、有序多级的系统。

数学抽象主要表现为:获得数学概念和规则,提出数学命题和模型,形成数学方法与思想,认识数学结构与体系。

通过高中数学课程的学习,学生能在情境中抽象出数学概念、命题、方法和体系,积累从具体到抽象的活动经验;养成在日常生活和实践中一般性思考问题的习惯,把握事物的本质,以简驭繁;运用数学抽象的思维方式思考并解决问题。

2. 逻辑推理

逻辑推理是指从一些事实和命题出发，依据规则推出其他命题的素养。主要包括两类：一类是从特殊到一般的推理，推理形式主要有归纳、类比；一类是从一般到特殊的推理，推理形式主要有演绎。

逻辑推理是得到数学结论、构建数学体系的重要方式，是数学严谨性的基本保证，是人们在数学活动中进行交流的基本思维品质。

逻辑推理主要表现为：掌握推理基本形式和规则，发现问题和提出命题，探索和表述论证过程，理解命题体系，有逻辑地表达与交流。

通过高中数学课程的学习，学生能掌握逻辑推理的基本形式，学会有逻辑地思考问题；能够在比较复杂的情境中把握事物之间的关联，把握事物发展的脉络；形成重论据、有条理、合乎逻辑的思维品质和理性精神，增强交流能力。

3. 数学建模

数学建模是对现实问题进行数学抽象，用数学语言表达问题、用数学方法构建模型解决问题的素养。数学建模过程主要包括：在实际情境中从数学的视角发现问题、提出问题，分析问题、建立模型，确定参数、计算求解，检验结果、改进模型，最终解决实际问题。

数学模型搭建了数学与外部世界联系的桥梁，是数学应用的重要形式。数学建模是应用数学解决实际问题的基本手段，也是推动数学发展的动力。

数学建模主要表现为：发现和提出问题，建立和求解模型，检验和完善模型，分析和解决问题。

通过高中数学课程的学习，学生能有意识地用数学语言表达现实世界，发现和提出问题，感悟数学与现实之间的关联；学会用数学模型解决实际问题，积累数学实践的经验；认识数学模型在科学、社会、工程技术诸多领域的作用，提升实践能力，增强创新意识和科学精神。

真题面对面

[2020 年 1 月杭州（中学），简述，10 分]《普通高中数学课程标准》（2017 年版）指出，“数学学科核心素养包括：数学抽象、逻辑推理、数学建模、直观想象、数学运算和数据分析”。请简述：

（1）你对“数学建模”这一核心素养的认识；

（2）在数学中如何落实“数学建模”这一核心素养。

参考答案：（1）数学建模是现实生活与数学连接的纽带，是数学核心素养育人目标的具体体现；与此同时，数学建模切实关注文化传统对学生学习，乃至未来发展的影响，以及学生的学习水平与能力，体现了教育的人文关怀。

（2）在高中教学阶段，要求教师重视对学生理论知识和实践经验的授予，要在现实生活画面中运用建模思维，让学生寻找将生活和建模结合的具体方法，帮助学生把握二者之间的联系点。教师需要具备独到眼光，在情景模式中适当融入建模的具体实践，让学生从中体会到建模是会促进人类社会发展，由此产生浓厚的探索欲。数学建模的思想应用以不同的形式渗透在各模块和专题内容之中，在现行的高中数学教材中，典型、常用的数学模型包括函数模型、不等式模型、三角模型、几何模型、概率统计模型、回归直线方程模型等。在教学中强调建立科学探究的学习方式，要求教师要改变原有观念，要结合当前学生发展的情况，从生活中寻找教学案例，将教学案例与教学理论相结合，引导学生积极探索。

4. 直观想象

直观想象是指借助几何直观和空间想象感知事物的形态与变化，利用空间形式特别是图形，理解和解决数学问题的素养。主要包括：借助空间形式认识事物的位置关系、形态变化与运动规律；利用图形描述、分析数学问题；建立形与数的联系，构建数学问题的直观模型，探索解决问题的思路。

直观想象是发现和提出问题、分析和解决问题的重要手段，是探索和形成论证思路、进行数学推理、构建抽象结构的思维基础。

直观想象主要表现为：建立形与数的联系，利用几何图形描述问题，借助几何直观理解问题，运用空间想象认识事物。

通过高中数学课程的学习，学生能提升数形结合的能力，发展几何直观和空间想象能力；增强运用几何直观和空间想象思考问题的意识；形成数学直观，在具体的情境中感悟事物的本质。

5. 数学运算

数学运算是指在明晰运算对象的基础上，依据运算法则解决数学问题的素养。主要包括：理解运算对象，掌握运算法则，探究运算思路，选择运算方法，设计运算程序，求得运算结果等。

数学运算是解决数学问题的基本手段。数学运算是演绎推理，是计算机解决问题的基础。

数学运算主要表现为：理解运算对象，掌握运算法则，探究运算思路，求得运算结果。

通过高中数学课程的学习，学生能进一步发展数学运算能力；有效借助运算方法解决实际问题；通过运算促进数学思维发展，形成规范化思考问题的品质，养成一丝不苟、严谨求实的科学精神。

6. 数据分析

数据分析是指针对研究对象获取数据，运用数学方法对数据进行整理、分析和推断，形成关于研究对象知识的素养。数据分析过程主要包括：收集数据，整理数据，提取信息，构建模型，进行推断，获得结论。

数据分析是研究随机现象的重要数学技术，是大数据时代数学应用的主要方法，也是“互联网 +”相关领域的主要数学方法，数据分析已经深入到科学、技术、工程和现代社会生活的各个方面。

数据分析主要表现为：收集和整理数据，理解和处理数据，获得和解释结论，概括和形成知识。

通过高中数学课程的学习，学生能提升获取有价值信息并进行定量分析的意识和能力；适应数字化学习的需要，增强基于数据表达现实问题的意识，形成通过数据认识事物的思维品质；积累依托数据探索事物本质、关联和规律的活动经验。

考点 2 课程目标

通过高中数学课程的学习，学生能获得进一步学习以及未来发展所必需的数学基础知识、基本技能、基本思想、基本活动经验（简称“四基”）；提高从数学角度发现和提出问题的能力、分析和解决问题的能力（简称“四能”）。

在学习数学和应用数学的过程中，学生能发展数学抽象、逻辑推理、数学建模、直观想象、数学运算、数据分析等数学学科核心素养。

通过高中数学课程的学习，学生能提高学习数学的兴趣，增强学好数学的自信心，养成良好的数学学习习惯，发展自主学习的能力；树立敢于质疑、善于思考、严谨求实的科学精神；不断提高实践能力，提升创新意识；认识数学的科学价值、应用价值、文化价值和审美价值。

三、课程结构

考点 1 设计依据

1. 依据高中数学课程理念，实现"人人都能获得良好的数学教育，不同的人在数学上得到不同的发展"，促进学生数学学科核心素养的形成和发展。

2. 依据高中课程方案，借鉴国际经验，体现课程改革成果，调整课程结构，改进学业质量评价。

3. 依据高中数学课程性质，体现课程的基础性、选择性和发展性，为全体学生提供共同基础，为满足学生的不同志趣和发展提供丰富多样的课程。

4. 依据数学学科特点，关注数学逻辑体系、内容主线、知识之间的关联，重视数学实践和数学文化。

考点 2 结构

高中数学课程分为必修课程、选择性必修课程和选修课程。高中数学课程内容突出函数、几何与代数、概率与统计、数学建模活动与数学探究活动四条主线，它们贯穿必修、选择性必修和选修课程。数学文化融入课程内容。高中数学课程结构如下：

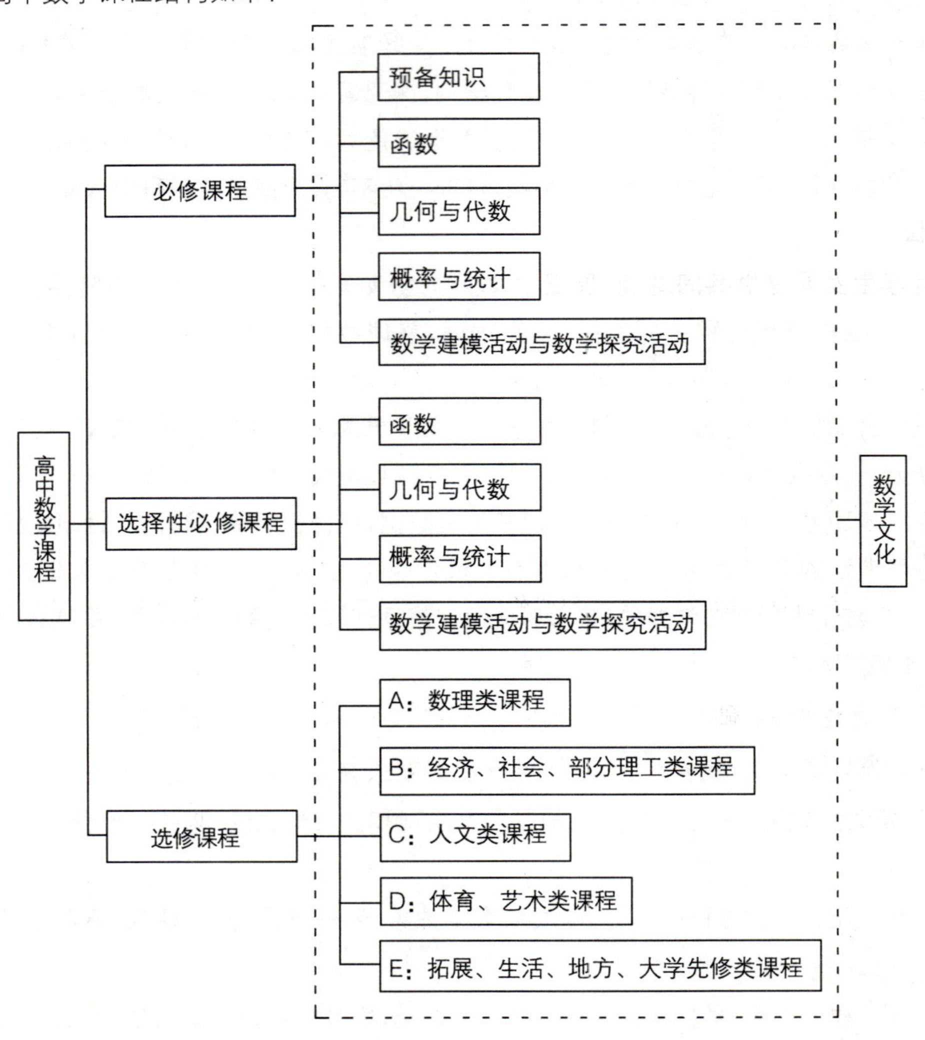

说明：数学文化是指数学的思想、精神、语言、方法、观点，以及它们的形成和发展；还包括数学在人类生活、科学技术、社会发展中的贡献和意义，以及与数学相关的人文活动。

考点 3 学分与选课

1. 学分设置

必修课程 8 学分，选择性必修课程 6 学分，选修课程 6 学分。

选修课程的分类、内容及学分如下：

A 类课程包括微积分、空间向量与代数、概率与统计三个专题，其中微积分 2.5 学分，空间向量与代数 2 学分，概率与统计 1.5 学分。供有志于学习数理类（如数学、物理、计算机、精密仪器等）专业的学生选择。

B 类课程包括微积分、空间向量与代数、应用统计、模型四个专题，其中微积分 2 学分，空间向量与代数 1 学分，应用统计 2 学分，模型 1 学分。供有志于学习经济、社会类（如数理经济、社会学等）和部分理工类（如化学、生物、机械等）专业的学生选择。

C 类课程包括逻辑推理初步、数学模型、社会调查与数据分析三个专题，每个专题 2 学分。供有志于学习人文类（如语言、历史等）专业的学生选择。

D 类课程包括美与数学、音乐中的数学、美术中的数学、体育运动中的数学四个专题，每个专题 1 学分。供有志于学习体育、艺术（包括音乐、美术）类等专业的学生选择。

E 类课程包括拓展视野、日常生活、地方特色的数学课程，还包括大学数学先修课程等。大学数学先修课程包括三个专题：微积分、解析几何与线性代数、概率论与数理统计，每个专题 6 学分。

2. 课程定位

必修课程为学生发展提供共同基础，是高中毕业的数学学业水平考试的内容要求，也是高考的内容要求。

选择性必修课程是供学生选择的课程，也是高考的内容要求。

选修课程为学生确定发展方向提供引导，为学生展示数学才能提供平台，为学生发展数学兴趣提供选择，为大学自主招生提供参考。

3. 选课说明

如果学生以高中毕业为目标，可以只学习必修课程，参加高中毕业的数学学业水平考试。

如果学生计划通过参加高考进入高等学校学习，必须学习必修课程和选择性必修课程，参加数学高考。

如果学生在上述选择的基础上，还希望多学习一些数学课程，可以在选择性必修课程或选修课程中，根据自身未来发展的需求进行选择。

在选修课程中可以选择某一类课程，例如，A 类课程；也可以选择某类课程中的某个专题，例如，E 类大学先修课程中的微积分；还可以选择某些专题的组合，例如，D 类课程中的美与数学、C 类课程中的社会调查与数据分析等。

四、课程内容

考点 1 必修课程

必修课程包括五个主题，分别是预备知识、函数、几何与代数、概率与统计、数学建模活动与数学探究活

第四部分

动。数学文化融入课程内容。

必修课程共 8 学分 144 课时，下表给出了课时分配建议，教材编写、教学实施时可以根据实际作适当调整。

必修课程课时分配建议表

主题	单元	建议课时
主题一 预备知识	集合	18
	常用逻辑用语	
	相等关系与不等关系	
	从函数观点看一元二次方程和一元二次不等式	
主题二 函数	函数概念与性质	52
	幂函数、指数函数、对数函数	
	三角函数	
	函数应用	
主题三 几何与代数	平面向量及其应用	42
	复数	
	立体几何初步	
主题四 概率与统计	概率	20
	统计	
主题五 数学建模活动与 数学探究活动	数学建模活动与数学探究活动	6
机动		6

考点 2 选择性必修课程

选择性必修课程包括四个主题，分别是函数、几何与代数、概率与统计、数学建模活动与数学探究活动。数学文化融入课程内容。

选择性必修课程共 6 学分 108 课时，下表给出了课时分配建议，教材编写、教学实施时可以根据实际作适当调整。

选择性必修课程课时分配表

主题	单元	建议课时
主题一 函数	数列	30
	一元函数导数及其应用	
主题二 几何与代数	空间向量与立体几何	44
	平面解析几何	

续表

主题	单元	建议课时
主题三 概率与统计	计数原理	26
	概率	
	统计	
主题四 数学建模活动与数学探究活动	数学建模活动与数学探究活动	4
机动		4

考点 3 选修课程

选修课程是由学校根据自身情况选择设置的课程，供学生依据个人志趣自主选择，分为 A、B、C、D、E 五类。

这些课程为学生确定发展方向提供引导，为学生展示数学才能提供平台，为学生发展数学兴趣提供选择，为大学自主招生提供参考。学生可以根据自己的志向和大学专业的要求选择学习其中的某些课程。

A 类课程是供有志于学习数理类（如数学、物理、计算机、精密仪器等）专业的学生选择的课程。

B 类课程是供有志于学习经济、社会类（如数理经济、社会学等）和部分理工类（如化学、生物、机械等）专业的学生选择的课程。

C 类课程是供有志于学习人文类（如语言、历史等）专业的学生选择的课程。

D 类课程是供有志于学习体育、艺术（包括音乐、美术）类专业的学生选择的课程。

E 类课程包括拓展视野、日常生活、地方特色的数学课程，还包括大学数学的先修课程等。大学数学先修课程包括：微积分、解析几何与线性代数、概率论与数理统计。

数学建模活动、数学探究活动、数学文化融入课程内容。

选修课程的修习情况应列为综合素质评价的内容。不同高等院校、不同专业的招生，根据需要可以对选修课程中某些内容提出要求。国家、地方政府、社会权威机构可以组织命题考试，考试成绩应存入学生个人学习档案，供高等院校自主招生参考。

五、学业质量

考点 1 学业质量内涵

学业质量是学生在完成本学科课程学习后的学业成就表现。学业质量标准是以本学科核心素养及其表现水平为主要维度，结合课程内容，对学生学业成就表现的总体刻画。依据不同水平学业成就表现的关键特征，学业质量标准明确将学业质量划分为不同水平，并描述了不同水平学习结果的具体表现。数学学科学业质量是应该达成的数学学科核心素养的目标，是数学学科核心素养水平与课程内容的有机结合。学业质量是学生自主学习与评价、教师教学活动与评价、教材编写的指导性要求，也是相应考试命题的依据。

考点 2 学业质量水平

数学学业质量水平是六个数学学科核心素养水平的综合表现。每一个数学学科核心素养划分为三个水平,每一个水平是通过数学学科核心素养的具体表现和体现数学学科核心素养的四个方面进行表述的。数学学科核心素养的具体表现参见"学科核心素养与课程目标",体现数学学科核心素养的四个方面如下:

情境与问题:情境主要是指现实情境、数学情境、科学情境,问题是指在情境中提出的数学问题;

知识与技能:主要是指能够帮助学生形成相应数学学科核心素养的知识与技能;

思维与表达:主要是指数学活动过程中反映的思维品质、表述的严谨性和准确性;

交流与反思:主要是指能够用数学语言直观地解释和交流数学的概念、结论、应用和思想方法,并能进行评价、总结与拓展。

考点 3 学业质量水平与考试评价的关系

数学学业质量水平一是高中毕业应当达到的要求,也是高中毕业的数学学业水平考试的命题依据;

数学学业质量水平二是高考的要求,也是数学高考的命题依据;

数学学业质量水平三是基于必修、选择性必修和选修课程的某些内容对数学学科核心素养的达成提出的要求,可以作为大学自主招生的参考。

关于教学与评价的具体要求可参照"教学与评价建议",关于学业水平考试与高考命题的具体要求可参照"学业水平考试与高考命题建议",关于教材编写的具体要求可参照"教材编写建议"。

六、实施建议

考点 1 教学与评价建议

在教学活动中,教师应准确把握课程目标、课程内容、学业质量的要求,合理设计教学目标,并通过相应的教学实施,在学生掌握知识技能的同时,促进数学学科核心素养的提升及水平的达成。在教学与评价中,要关注学生对具体内容的掌握情况,更要关注学生数学学科核心素养水平的表现;要关注数学学科核心素养各要素的不同特征及要求,更要关注数学学科核心素养的综合性与整体性。教师应结合相应的教学内容,落实"四基",培养"四能",促进学生数学学科核心素养的形成和发展,达到相应水平的要求,部分学生可以达到更高水平的要求。

1. 教学建议

全面落实立德树人要求,深入挖掘数学学科的育人价值,树立以发展学生数学学科核心素养为导向的教学意识,将数学学科核心素养的培养贯穿于教学活动的全过程。在教学实践中,要不断探索和创新教学方式,不仅重视如何教,更要重视如何学,引导学生会学数学,养成良好的学习习惯;要努力激发学生数学学习的兴趣,促使更多的学生热爱数学。

(1)教学目标制定要突出数学学科核心素养;

(2)情境创设和问题设计要有利于发展数学学科核心素养;

(3)整体把握教学内容,促进数学学科核心素养连续性和阶段性发展;

(4)既要重视教,更要重视学,促进学生学会学习;

(5)重视信息技术运用,实现信息技术与数学课程的深度融合。

2. 评价建议

教学评价是数学教学活动的重要组成部分。评价应以课程目标、课程内容和学业质量标准为基本依据。日常教学活动评价,要以教学目标的达成为依据。评价要关注学生数学知识技能的掌握,还要关注学生的学习态度、方法和习惯,更要关注学生数学学科核心素养水平的达成。教师要基于对学生的评价,反思教学过程,总结经验、发现问题,提出改进思路。因此,数学教学活动的评价目标,既包括对学生学习的评价,也包括对教师教学的评价。

考点 2 学业水平考试与高考命题建议

对高中毕业的数学学业水平考试、数学高考的命题提出以下建议。

1. 命题原则

命题应依据学业质量标准和课程内容,注重对学生数学学科核心素养的考查,处理好数学学科核心素养与知识技能的关系,要充分考虑对教学的积极引导作用。在传统评分的基础上,可以根据解题情况对学生的数学学科核心素养水平的达成进行评价。

考查内容应围绕数学内容主线,聚焦学生对重要数学概念、定理、方法、思想的理解和应用,强调基础性、综合性;注重数学本质、通性通法,淡化解题技巧;融入数学文化。

命题时,应有一定数量的应用问题,还应包括开放性问题和探究性问题,重点考查学生的思维过程、实践能力和创新意识,问题情境的设计应自然、合理。开放性问题和探究性问题的评分应遵循满意原则和加分原则,达到测试的基本要求视为满意,有所拓展或创新可以根据实际情况加分。在命制应用问题、开放性问题和探究性问题时,要注意公平性和阅卷的可操作性。

在高中毕业的数学学业水平考试与数学高考的考试命题中,要关注试卷的整体性。处理好考试时间和题量的关系,合理设置题量,给学生充足的思考时间;逐步减少选择题、填空题的题量;适度增加试题的思维量;关注内容与难度的分布、数学学科核心素养的比重与水平的分布;努力提高试卷的信度、效度和公平性。

除了上述要求外,数学高考命题还应依据人才选拔要求,发挥数学高考的选拔功能。

2. 考试命题路径

基于数学学科核心素养的考试命题,应注意以下几个重要环节。

(1)构建数学学科核心素养的评价框架。依据数学学科核心素养的内涵、价值和行为表现的描述,参照学业质量的三个水平,构建基于数学学科核心素养测试的评价框架。评价框架包括三个维度:

第一个维度是反映数学学科核心素养的四个方面,它们分别为情境与问题、知识与技能、思维与表达、交流与反思;

第二个维度是四条内容主线,它们分别为函数、几何与代数、概率与统计、数学建模活动与数学探究活动;

第三个维度是数学学科核心素养的三个水平。

(2)依据评价框架,统筹考虑上述三个维度,编制基于数学学科核心素养的试题,每道试题都有针对性的考查重点。

(3)对于每道试题,除了给出传统评分标准外,还需要给出反映相关数学学科核心素养的水平划分依据。

3.说明

在命题中,选择合适的问题情境是考查数学学科核心素养的重要载体。情境包括:现实情境、数学情境、科学情境,每种情境可以分为熟悉的、关联的、综合的;数学问题是指在情境中提出的问题,从学生认识的角度分为:简单问题、较复杂问题、复杂问题。这些层次是构成数学学科核心素养水平划分的基础,也是数学学科核心素养评价等级划分的基础。

对于知识与技能,要关注能够承载相应数学学科核心素养的知识、技能,层次可以分为了解、理解、掌握、运用以及经历、体验、探索。在命题中,需要突出内容主线和反应数学本质的核心概念、主要结论、通性通法、数学应用和实际应用。

在命题中,应特别关注数学学习过程中思维品质的形成,关注学生会学数学的能力。

考点 3 教材编写建议

数学教材为"教"与"学"活动提供学习主题、基本线索和具体内容,是实现数学课程目标、发展学生数学学科核心素养重要的教学资源。

数学教材的编写要全面落实立德树人的基本要求,充分体现数学学科特有的育人价值与功能。要贯彻高中数学课程的基本理念与要求,贯穿发展学生数学学科核心素养的主线;要体现数学内容的逻辑体系,揭示数学内容的发生、发展过程;要遵从学生认知规律,合理安排学习内容,形成教材的编排体系以及相应的特色和风格,积极探索教材的多样化。教材应有利于教师创造性教学,有利于学生自主性学习。

(1)教材编写要以发展学生数学学科核心素养为宗旨。

①全面体现并落实课程标准提出的基本理念和目标要求;②促进学生数学学科核心素养的发展;③准确把握内容要求和学业质量标准。

(2)教材编写应体现整体性。

①凸显内容和数学学科核心素养的融合;②注重教材的整体结构;③体现内容之间的有机衔接;④落实数学建模活动与数学探究活动;⑤实现内容与数学文化的融合,体现时代性;⑥整体设计习题等课程资源。

(3)教材编写应遵循"教与学"的规律。

①教材编写要有利于教师的教;②教材编写要有利于学生的学;③要处理好几个关系:数学的科学形态与教育形态之间的关系;过程与结果的关系;直接经验与间接经验的关系。

(4)教材内容呈现方式应丰富多样。

(5)注重教材特色建设。

考点 4 地方与学校实施课程标准的建议

1. 地方实施课程标准应注意的几个问题

①重视顶层设计，建立有效的数学教研体系；

②示范引领，整体推进数学课程的实施；

③集中力量研究解决课程标准实施中的关键问题；

④重视过程性评价。

2. 学校实施课程标准应注意的几个问题

①加强学校课程建设；

②形成有效的课程管理机制；

③加强数学教师的专业发展和团队建设；

④开展有针对性的数学教研活动。

3. 教师实施课程标准应注意的几个问题

①以教师专业标准的理念为指导，提升自身的专业水平；

②数学教师要努力提升通识素养；

③数学教师要努力提升数学专业素养；

④数学教师要努力提升数学教育理论素养；

⑤数学教师要努力提升教学实践能力。

达标测评

建议用时	实际用时	测评总分	实际得分
10 分钟	______分钟	22 分	______分

一、单项选择题（每小题 3 分，共 6 分）

1.《普通高中数学课程标准》（2017 年版 2020 年修订）指出，数学学科核心素养包括：数学抽象、逻辑推理、数学建模、直观想象、数学运算和（　　）

A. 数学文化　　B. 数学探究　　C. 数据处理　　D. 数据分析

2.《普通高中数学课程标准》（2017 年版 2020 年修订）指出，高中数学课程内容突出函数、（　　）、概率与统计、数学建模活动与数学探究活动四条主线。

A. 数列　　B. 图形与几何　　C. 几何与代数　　D. 空间与图形

二、填空题（每小题 3 分，共 6 分）

3.《普通高中数学课程标准》（2017 年版 2020 年修订）将高中数学课程分为________、________、________三

第四部分

方面。

4.《普通高中数学课程标准》(2017 年版 2020 年修订)指出,要开发合理的评价工具,将知识技能的掌握与数学学科核心素养的达成有机结合,建立________、________、________的评价体系。

三、简述题(共 10 分)

5. 数学抽象是数学“六大核心素养”之一,请简要谈谈你对“数学抽象”的认识。

参考答案及解析

一、单项选择题

1. D

2. C [解析]《普通高中数学课程标准》(2017 年版 2020 年修订)在课程结构中指出,高中数学课程分为必修课程、选择性必修课程和选修课程。高中数学课程内容突出函数、几何与代数、概率与统计、数学建模活动与数学探究活动四条主线,它们贯穿必修、选择性必修和选修课程。数学文化融入课程内容。

二、填空题

3. 必修课程;选择性必修课程;选修课程

4. 目标多元;方式多样;重视过程

三、简述题

5.【参考答案】数学抽象是指通过对数量关系与空间形式的抽象,得到数学研究对象的素养。主要包括:从数量与数量关系、图形与图形关系中抽象出数学概念及概念之间的关系,从事物的具体背景中抽象出一般规律和结构,并用数学语言予以表征。

数学抽象是数学的基本思想,是形成理性思维的重要基础,反映了数学的本质特征,贯穿在数学产生、发展、应用的过程中。数学抽象使得数学成为高度概括、表达准确、结论一般、有序多级的系统。

数学抽象主要表现为:获得数学概念和规则,提出数学命题和模型,形成数学方法与思想,认识数学结构与体系。通过高中数学课程的学习,学生能在情境中抽象出数学概念、命题、方法和体系,积累从具体到抽象的活动经验;养成在日常生活和实践中一般性思考问题的习惯,把握事物的本质,以简驭繁;运用数学抽象的思维方式思考并解决问题。

第四章 数学教学知识

思维导图

- 数学教学知识
  - 数学教学方法与学习方式
    - 数学常用教学方法
      - 教学方法：讲授法、讨论法、谈话法、练习法、演示与实验法、发现法、自学辅导法
      - 教学方法选择的依据
    - 学生的学习方式
      - 自主学习
      - 探究学习
      - 合作学习
  - 数学概念的教学
    - 数学概念的内涵与外延
    - 数学概念之间的关系（易混点）
      - 相容关系：同一关系、交叉关系、从属关系
      - 不相容关系：对立关系、矛盾关系
    - 数学概念的定义方法（重点）
      - 属加种差定义、关系定义、外延定义、发生定义、递归定义、约定式定义、形式定义、公理化定义
    - 数学概念学习的基本形式（重点）
      - 概念形成
      - 概念同化
  - 数学规则的教学
    - 数学规则之间的关系
      - 上位、下位关系
      - 并列关系
    - 数学规则学习的基本模式
    - 数学规则教学过程
      - 规则的引入
      - 规则的建立
      - 规则的巩固和运用
  - 数学思想方法的教学（重点）
    - 常见的数学思想方法
      - 函数与方程思想、数形结合思想、化归思想、符号化思想、集合与对应思想、极限思想、几何变换思想、分类思想、特殊与一般思想、偶然和必然思想、统计思想
    - 渗透数学思想方法的途径
  - 小学数学计算教学（本内容适用于小学数学）
    - 小学数学计算教学的类型
      - 口算教学
      - 估算教学
      - 笔算教学
    - 小学生数学计算错误的归因
      - 知识方面的原因
      - 心理方面的原因
    - 培养计算能力的教学策略
      - 切实掌握有关计算的知识
      - 弄清算理，以理驭法
      - 加强口算、重视笔算、学会估算
      - 分层练习，形式多样，讲究实效
      - 培养学生养成认真审题的习惯

浙江考向

本章属于数学教学理论与技能的基础章节，也是浙江省教师招聘考试中的常考内容，需要识记性知识较多。在考试中常以单项选择题、解答题的形式考查。现对本章浙江考向分析如下：

高频考点	常考题型	能力要求	考查热度
数学概念学习的基本形式	单选	识记	★
小学数学计算教学	解答	识记	★★

核心考点

一、数学教学方法与学习方式

教学方法是指在教学过程中师生双方为实现一定教学目的，完成一定教学任务而采取的教与学相互作用的活动方式的总称，活动方式的多样性决定了教学方式方法的多样化。在教学实践活动中，必须根据实际需要，灵活选用恰当的教学方法，以取得良好的教学效果。

考点 1 数学常用教学方法

1. 教学方法

方法	定义	优点	缺点	适用情况
讲授法	讲授法是教师通过叙述、描述事实，说明问题，解析概念和规律，系统地、有重点地传授知识的一种教学方法。这种方法的特点是教师讲、学生听	保证教师传授知识的系统性、主动性与连贯性，易于控制课堂，充分利用时间	学生处于被动状态，不利于培养学生的自学与独立思考能力，易变成注入式、满堂灌	一般适用于新授课和复习课
讨论法	讨论法是在教师的指导下，学生以全班或者小组为单位，围绕中心问题，通过相互交流讨论，进一步完善和深化对问题的理解、评价或者判断而完成既定教学任务的一种教学方法	有利于充分体现学生的主体性，能促进学生积极思考，有利于培养学生的逻辑思维和语言表达能力，也有利于教师及时获得反馈信息进而调控教学过程	不易于控制讨论的话题与讨论的结果，时间不易把控，容易导致课堂效率低下	讨论的问题要有吸引力；要善于在讨论中对学生进行启发引导；做好讨论小结。 一般适用于高年级

续表

方法	定义	优点	缺点	适用情况
谈话法	谈话法也称问答法，它是教师按照一定的教学要求向学生提出问题，要求学生回答，并通过问答的形式来引导学生获取新知或巩固旧知的一种教学方法，特点是教师讲，学生也讲	能照顾到每个学生的特点，有利于发展学生的语言表达能力，并了解学生的学习程度，及时检验教学效果	要求学生对提出的问题立马回答可能会导致学生缺少思想准备和一定的组织准备，会耽误一定的时间	问题要明确，有启发性，难易恰当；面向全体学生；对学生的回答有要明朗的态度
练习法	练习法是学生在教师的指导下，为巩固知识和形成一定的技能、技巧而反复地完成一定动作或活动方式的一种教学方法	学生在练习操作过程中，不仅能积极地感知和掌握数学知识及方法，而且能获得思维能力的发展	讲与练的衔接不易控制，教师难以预料练习中可能出现的各种情况	练习设计要有层次和坡度，设计要条理化，注意反馈调控、发展学生的能力，既要面向全体，又要因材施教，同时要注意对学生学习方法的指导，合理安排练习时间
演示与实验法	演示法是教师通过展示实物和模型等直观教具，引导学生通过观察获得感性知识的方法。实验法是指在教师的指导下，学生运用某些具体材料或学具进行实验，找出对象的性质或问题的答案的一种教学方法	可使抽象的概念具体化、形象化，以帮助学生认识和理解概念	真实度不高，有时结论不可靠	进行演示和实验都要有目的性、针对性、科学性，在实验的选择、设计、安排、准备上要认真细致，避免主观原因导致的错误，同时尽量避免实验教学中的不利因素的影响，以便达到教学目的

续表

方法	定义	优点	缺点	适用情况
发现法	发现法又称为研究法、现代启发式或问题教学法，美国心理学家布鲁纳是这种教学方法的积极倡导者。它的指导思想是以学生为主体，独立实现认识过程，即在教师的启发下，学生自觉地、主动地探索；科学认识解决问题的方法及步骤；研究对象的起因和内部联系，从中找出规律，形成概念或解决问题	有利于发展学生的智力；有利于激发学生的兴趣，产生学习的内部动机；有利于培养学生发现问题、解决问题的方法和能力；有利于学生对知识的记忆	花费时间长；不利于学生掌握系统的知识，不利于学生加强基本技能的训练；缺乏经验的教师难于随机应变解决教学中所发生的问题，难于控制教学时间	—
自学辅导法	自学辅导法就是在教师的指导和辅导下，以学生自学为主的一种教学方法，这一方法是由中科院心理所卢仲衡先生提出的	更多地调动学生学习的主动性，并且能较好地发挥教师的主导作用，有利于培养学生独立思考、独立学习的能力	—	—

2. 教学方法选择的依据

教学方法的选择要讲究实效，注意多种教学方法有机结合。教学方法的选择要综合考虑诸多因素，忽略任何一方，都会影响教学效果。其主要考虑因素如下表：

教学方法选择的依据	依据的内容
教学目标	既要考虑整个学段的课程目标，也要考虑本节课的目标。例如某个知识内容的学习目标定位在“掌握”或“灵活运用”的水平，针对全体学生，这就不太适合用自学辅导法进行教学
教学内容特点	要考虑选择适合突出重点、突破难点、抓住关键的教学方法。对于学生理解有困难易产生歧义的内容、比较重要且需要教师强调的内容、约定俗成的陈述性知识，通常需要教师讲述和点拨；对于一些学生能够通过自己的努力领会、学生之间相互交流、互相启发能够理解的内容，教师在教学时间允许的情况下应尽可能地创造机会鼓励学生独立思考、相互讨论、探索发现
教学条件	考虑所在学校的教学条件，尤其是教学设备等硬件设施情况。发达城市教学资源丰富，可以选择的教学方法不受太大限制；在不发达地区可能就无法进行多媒体教学

续表

教学方法选择的依据	依据的内容
学生的实际情况	选择符合学生的年龄特征、兴趣、需要和学习基础的教学方法
教师本身素质	教学方法要适应教师自身的条件,能为教师所理解和驾驭,才能更好地发挥作用,反之则不然

考点 2 学生的学习方式

所谓学习方式,是指学生在完成学习任务时的认知、情感和行为取向。学习方式不是具体的学习方法和策略,而是学生学习时在自主性、探究性和合作性方面的基本特征。

学习方式	概念	注意事项
自主学习	数学自主学习是与传统的数学接受学习相对应的一种现代化学习方式。它以学生作为数学学习的主体,是在教师的指导下,学生自觉地制订学习计划、确定数学学习目标、组织学习活动、自我监控学习过程与效果、自动选择学习策略、自我评价学习结果、积极创设最优化的学习内部环境与外部环境、自我指导、自我强化来进行高效学习的一种学习方式	(1)引发学习动机,建立和强化学生自立; (2)创设自主探究情境,促使学生数学自主学习; (3)迁移应用,以成功和责任促成自律; (4)引导学生进行自我监控
探究学习	探究学习即从数学学科领域或现实社会生活中选择和确定研究主题,在教学中创设一种恰当的问题情境,学生自主、独立地发现问题,经历实验、操作、调查、信息搜集与处理、表达与交流等探索活动,获得知识、技能,发展情感与态度,特别是探索精神和创新能力发展的学习方式和学习过程	(1)遵循认知规律,营造探究氛围; (2)合理有序"引导",明确探究方向; (3)提供学习空间,保证探究时间
合作学习	合作学习是指学生在小组或团体中为了完成共同的任务,有明确的责任分工的互助性学习,它相对于个体学习、竞争学习而言,强调的是相互促进。而个体学习突出的是个体的互不相干,竞争学习突出的是学习者的相互对立	(1)科学分组,合理分工; (2)精心设计,有效讨论; (3)适时引导,参与调控

注:合作学习是相对于个体的学习、独自的学习而言的,它是一种学习的组织形式;探究学习是相对于接受学习而言的,它是学生自主构建知识体系的一种学习方式。接受学习是必要的,有价值的,但容易导致学生学习的被动与依赖,学习的盲目与机械,而不利于学生的发展,这是需要我们予以警觉的。高质量的合作学习与探究学习一定包含自主学习,但并不是所有的学习领域与学习主题都要通过合作学习与探究学习进行。

二、数学概念的教学 【单选】 ★

数学的研究对象是客观事物的数量关系和空间形式。在数学研究中,客观事物的颜色、材料、气味等方面的属性都被看作非本质属性而被舍弃,只保留它们在形状、大小、位置及数量关系等方面的共同属性。在数学学科中,数学概念的含义都要给出精确的规定,因而数学概念比一般概念更准确。

考点 1 数学概念的内涵与外延

概念的内涵与外延是概念的基本特征，是准确把握概念和系统掌握知识的基础。因此，对概念的内涵与外延应特别予以重视。

1. 内涵与外延的含义

概念的内涵就是概念所反映的事物的**本质属性的总和**，概念的外延就是概念所反映的**事物的总和**（或范围）。概念的内涵与外延分别是对事物的质和量的规定。

例如，"偶数"这个概念的内涵是"能被 2 整除"这个性质，其外延是所有偶数的全体；"一元二次方程"这个概念的内涵是"只含有一个未知数且未知数的最高次数是二次的等式"这个性质，其外延是一切形如"$ax^2+bx+c=0(a\neq0)$的方程"的全体。

2. 内涵与外延之间的关系

概念的内涵与外延这两个方面是互相联系、互相制约的。当概念的内涵扩大时，概念的外延就缩小；当概念的内涵缩小时，概念的外延就扩大。内涵和外延之间的这种关系，称为**反变关系**。

考点 2 数学概念之间的关系

1. 相容关系

如果两个概念的外延交集是非空集合，即外延至少有一部分是重合的，则称二者具有相容关系。相容关系又分以下三种情形。

(1)同一关系（全同关系或重合关系）

如果概念 A 和概念 B 的外延**完全重合**，那么就说这两个概念具有同一关系。

[例]等腰三角形底边上的中线、高线和顶角角平分线它们所在的直线均表示的是同一条直线。

(2)交叉关系

外延只有**一部分重合**的两个概念 A 和 B 之间的关系，称为交叉关系。

[例]等腰三角形与直角三角形；菱形与矩形。

(3)从属关系（属种关系或包含关系）

如果概念 A 的外延**包含**概念 B 的外延，那么这两个概念间的关系称为从属关系，其中概念 A 叫作概念 B 的**属概念**（或上位概念），B 概念叫作概念 A 的**种概念**（或下位概念）。

[例]矩形相对于平行四边形来说是种概念，矩形相对于正方形来说是属概念。

2. 不相容关系

(1)对立关系（反对关系）

在同一属概念下，如果它们的外延之和小于属概念的外延，而且这两个种概念具有**全异**关系，那么，这两个种概念间的关系为对立关系（反对关系）。

[例]"锐角三角形"与"钝角三角形""等腰梯形"与"直角梯形"之间就是对立关系。

(2)矛盾关系

同一属概念下的两个种概念，如果它们的外延之和**等于**属概念的外延，而且这两个种概念具有**全异**关

第四部分

系，那么，这两个种概念间的关系为矛盾关系。

[例]“相等”与“不相等”、“负数”与“非负数”这些概念之间都为矛盾关系。

真题面对面

[2020 绍兴(三区)，单，3 分]三角形与梯形这两个概念从外延上看是(　　)

A. 并列关系　　B. 交叉关系　　C. 矛盾关系　　D. 反对关系

答案：D。三角形和梯形是属概念多边形下的两个种概念，这两个概念的外延集合的交集为空集，且外延集合的并集是属概念多边形外延集合的真子集，所以这两个概念从外延上看是不相容关系中的反对关系。

考点 3　数学概念的定义方法

一个正确的定义，一般由三个要素组成：被定义的概念、下定义的概念和联系词。被定义的概念是其内涵被揭示的概念，而下定义的概念是用以揭示被定义概念内涵的概念，联系词一般使用“是”“作”，表示被定义概念和下定义概念之间的内在联系，其作用是把被定义概念和下定义概念联系或组织起来。例如，“邻边相等的矩形是正方形”是正方形的一种定义，在这个定义中，“正方形”是被定义概念，“邻边相等的矩形”是下定义的概念，“是”是联系词。

在数学中，常见的定义方法有下列几种：

(1)属加种差定义。这种方法是先确定被定义概念的最邻近的属概念，然后寻找这个属概念中诸种概念彼此间的本质差别(即“种差”)。例如，“平行四边形”最邻近的属概念是“四边形”，平行四边形区别于其他四边形的本质属性是“对边平行且相等”，于是得到平行四边形的定义：对边平行且相等的四边形叫作平行四边形。“属加种差”的定义可用公式表示为：

被定义概念 = 最邻近的属概念 + 种差。

(2)关系定义。这种定义是以被定义概念与其他事物的关系作为种差的定义，例如，“整除”的定义是“如果存在整数 c，使得 $b=ac$，那么称 a 能整除 b”，这就是关系定义。类似地，“质数”的定义也是一种关系定义。

(3)外延定义。这是一种运用种概念给属概念下定义的方式，即指出属概念中所有的种概念。例如，“有理数与无理数统称为实数”“椭圆、双曲线和抛物线统称为圆锥曲线”，等等。

(4)发生定义。这种定义是通过被定义概念的形成过程来揭示概念内涵的。例如，在立体几何中，各种旋转体的定义就采用了发生定义的方法，圆锥曲线的第一定义也是发生定义。

(5)递归定义。如果被定义概念与自然数有关或者是构造性的，常采用递归定义的方式。例如，实数 a 的 n 次幂(n 是自然数)的递归定义如下：

$$\begin{cases}a^1=a,\\ a^{n+1}=a^n\cdot a(n\in\mathbf{N})。\end{cases}$$

(6)约定式定义。为了数学的某种需要，可以通过约定的方式下定义。这种定义方法，通常是利用意义已明确的表达式，去规定新引入的表达式的意义。例如，在自然数指数幂基础上，约定 $a^0=1,a^{-n}=$

第四部分

$\frac{1}{a^n}(n\in\mathbf{N},a\neq0)$，$a^{\frac{m}{n}}=\sqrt[n]{a^m}$，给出零指数幂、负指数幂、分数指数幂的定义。这样的约定式定义，保证了原来的自然数指数幂的运算法则：$a^m\cdot a^n=a^{m+n}$，$(a^m)^n=a^{mn}$，$(ab)^m=a^m\cdot b^m$，对于有理指数幂依然成立，所以这种约定式定义是合理的。

(7) **形式定义**。在代数中，有一类概念是通过其形式结构下定义的，故称为形式定义。比如"形如$\sqrt{2}$，$\sqrt{x+y}$，$\sqrt{a+\frac{1}{b}}$等的式子叫作二次根式""形如$ax^2+bx+c=0(a\neq0)$的方程叫作一元二次方程"等都是形式定义。可以看出，与式有关的概念常用形式定义。

(8) **公理化定义**。在近代数学中，常给出若干性质（称之为公理），只要满足这些性质，这一概念便定义了，这就是公理化定义。例如，自然数的皮亚诺公理系统给出了自然数的定义，"群""线性空间"概念的定义也是公理化定义。公理化定义是对概念本质属性的更严谨、更抽象的规定。

考点 4 数学概念学习的基本形式

1. 概念形成

(1) 概念形成的定义

概念形成就是在教学条件下，从大量的具体例子出发，以学生的感性经验为基础，形成表象，进而以归纳的方式抽象出事物的本质属性，提出各种假设加以验证，从而获得初级概念，再把这一概念的本质属性推广到同一类事物之中，并用符号表示的过程。

例如，小学生对自然数的认识过程，基本上是重复人类数的形成的历史。以"4"的认识为例，先是认识4辆拖拉机、4根小棒、4颗珠子、4个小木块、4朵红花……这时的数和物之间呈现出一一对应关系，然后排除形状、颜色、大小等非本质属性，仅仅从数量关系的角度，把数"4"从这些具体的实物中抽象出来，还能自己举例说出许多其他用"4"表示的实物，并能用符号"4"表示。

概念形成需要内部与外部两方面的条件，内部条件是学生积极地对概念的正反例证进行辨别，外部条件是教师必须对学生提出的概念的本质属性的假设做出肯定或否定的反应。学生通过对从外界的肯定或否定反应中所获得的反馈信息进行不断地选择，从而概括出概念的本质属性。

(2) 概念形成学习的过程

数学概念形成学习可以分为以下几个阶段：

①观察实例。观察数学概念的各种不同的肯定例证，可以是日常生活中的经验或事物，也可以是教师提供的典型事例。

②分析共同属性。分析所观察实例的属性，通过比较得出各实例的共同属性。

③抽象本质属性。从上面得出的共同属性中提出本质属性的假设。

④确认本质属性。通过比较肯定例证和否定例证以检验假设，确认本质属性。

⑤概括定义。在验证假设的基础上，将具体实例中抽象出的本质属性，推广到一切同类事物，概括出概念的定义。

⑥符号表示。用习惯的形式符号表示概念。

⑦具体运用。通过举出概念的实例，在一类事物中辨认出概念，或运用概念解答数学问题，使新概念与原有认知结构中的相关概念建立起牢固的实质性的联系，把所学的概念纳入到相应的概念体系中。

2. 概念同化

(1)概念同化的定义

所谓概念同化，就是利用学习者认知结构中原有的概念，以定义或描述的方式直接向学习者揭示新概念的本质属性，进而使学习者获得概念的过程。也就是以间接经验为基础，利用已掌握的概念去学习新概念的过程。

例如，"等腰三角形"是在学习三角形之后学习的，是一个发展性概念。教学时可以只给一些三角形模具或图形，让大家先量一量各边的长，然后把有"两条边相等"的三角形放在一起，于是引进"等腰三角形"的定义。教学梯形时，可以从平行四边形入手，让学生将梯形与平行四边形做比较，就可以突出"只有一组对边平行"这一梯形的本质属性。这就是概念的同化。

概念的同化也需要外部和内部两方面的条件。外部条件是新概念必须与学生原有认知结构中的某些概念或表象有密切的联系，内部条件是学生有着有意义学习的意向。

(2)概念同化的学习过程

数学概念同化的学习过程可以分为以下几个阶段：

①揭示本质属性。给出概念的定义、名称和符号，揭示概念的本质属性。

②讨论特例。对概念进行特殊分类，讨论各种特例，突出概念的本质属性。

③新旧概念联系。使新概念与原有认知结构中有关概念建立联系，把新概念纳入到相应的概念体系中同化新概念。

④实例辨认。辨认肯定例证和否定例证，确认新概念的本质属性，使新概念与原有认知结构中有关概念精确分化。

⑤具体运用。通过各种形式运用概念，加深对新概念的理解，使有关概念融会贯通，组成一个整体。

3. 概念形成与概念同化的比较

	概念形成	概念同化
依靠的对象	对具体事物的抽象	新旧知识的联系
所需条件	学生必须辨别正反例证，外界要有反馈信息	学生认知结构中必须有同化新概念的有关概念，外界要有新概念的定义或对概念特征的描述
适用对象	原始概念和一些层次较低的概念	发展性概念
适用年段	较适合低年级	较适合中、高年级

值得注意的是，在实际教学过程中，由于小学生的逻辑思维在很大程度上需要具体形象的支持，在以概念同化为主的学习中，往往也结合着概念形成的过程。特别是在引入新概念时，除了复习有关的已有概念，

以促进概念同化外，还要常常提供一些典型的例子，由具体到抽象地引入新概念。例如，小学生“倍”的概念的建立便是如此。教师一方面利用直观手段，让学生摆小棒、小圆片等，另一方面又复习有关“一个数里面有几个几”的知识。这样既符合学生由具体到抽象的认识规律，又可以利用原有的概念进行迁移，在较短的时间内揭示概念的本质属性。

三、数学规则的教学

数学规则是数学知识的重要组成部分，也是数学命题的重要组成部分。数学规则是数学基本知识的重要内容，对数学中规则的理解和掌握有利于学生理解数学基本思想和方法，发展基本技能。

考点 1 数学规则之间的关系

1. 上位、下位关系

如果规则 B 包含于规则 A，就说规则 A 是规则 B 的上位规则，规则 B 是规则 A 的下位规则。

例如，长方形面积公式与正方形面积公式，前者是后者的上位规则，后者是前者的下位规则；“大数 - 小数 = 差”与“大圆面积 - 小圆面积 = 环形面积”，前者都是后者的上位规则。根据已知规则，学习它的下位规则，称为规则的下位学习。一般地，下位学习较易，上位学习较难。如在长方形面积公式基础上学习正方形面积公式较易，而学习平行四边形面积公式较难。

2. 并列关系

如果几个规则形式结构一致，内容相互并联，就说它们是并列关系。

例如，整除的商不变性质、分数的基本性质、比的基本性质，三者是并列关系。通过并列关系之间的类比来学习新规则，叫作规则的并列学习。并列学习有助于学生理解新规则。

考点 2 数学规则学习的基本模式

数学规则学习常用的学习模式有例证——规则和规则——例证两种。

1. 例证——规则

先呈现与数学规则有关的若干例证，再引导学生观察、分析，逐步概括出一般结论，从而获得数学规则。例证——规则的学习模式与概念形成的学习类似，是数学规则的发现学习。

2. 规则——例证

所谓规则——例证教学模式，就是指教师先向学生呈现某个规则，然后通过若干实例来说明规则的一种教学模式。

第四部分

考点 3 数学规则教学过程

数学规则的教学一般要经过规则的引入、规则的建立、规则的巩固与运用三个阶段。

1. 规则的引入

与数学概念的教学一样，数学规则的教学也要创设情境，让学生在有利于学习的课堂氛围中主动参与数学规则的建构过程。一般而言，规则的引入可以分为 2 种形式。

(1) 从生动的生活情境中引入。例如，两位数的乘法法则。

(2) 在已有的规则基础上引入。例如,*不进位加法到进位加法*。

2. 规则的建立

数学规则的建立是一个在教师引导下,通过学生思维,主动建构数学规则的过程。要注意适应儿童的认知规律和接受能力,有利于学生理解、掌握概念,有利于促进学生智能发展,获得积极的情感体验。

(1) 利用直观手段,帮助学生感知规则。

(2) 通过动手操作,引导学生发现规则。

(3) 通过实验方法,引导学生发现规则。

(4) 运用归纳方法,帮助学生得出规则。

3. 规则的巩固和运用

新规则建立之后,要及时安排练习,巩固和运用新规则。要避免让学生机械地运用程序规则,减少简单重复的、单纯的技能型训练。应注意以下问题:

(1) 加强练习的目的性

加强练习的目的性是避免重复的机械训练的有效方法。让学生明了练习目的,感受到练习的意义,可提高学生的练习兴趣和练习效率。练习的形式通常有以下几种:

①巩固练习;②重点练习;③纠错练习;④发展练习和综合练习。

(2) 创设有趣味的练习情境

单纯的技能练习枯燥乏味,为练习安排实际的生活背景、游戏情节、竞赛气氛等,采用多样化的练习方式,可以调动学生练习的积极性,提高练习效率。

(3) 练习设计要有坡度

练习设计要由易到难,一般先安排一定数量的基本练习题,再安排改变呈现形式的变式题与需要认真思考的发展题,最后安排综合运用知识的综合题。还可适当安排发展学生思维的思考题。

(4) 练习分量适当,时间分配合理

没有一定分量的练习,学生很难形成应用规则的技能。练习分量过大,会增加学生负担,使学生失去兴趣。一次练习的时间不宜过长,一般把学生练习与教师讲述、师生互动相互穿插进行。

(5) 练习要有一定弹性

对于不同层次的学生,练习要求不同。布置练习作业时,要有面向全体学生的必做题,也要有供学有余力的学生选做的选做题和思考题,使各层次的学生都获得发展。

四、数学思想方法的教学

数学思想方法主要有符号化思想、化归思想、类比思想、归纳思想、分类思想、方程思想、集合思想、函数思想、一一对应思想、模型思想、数形结合思想、演绎推理思想、变换思想、统计与概率思想,等等。

考点 1 常见的数学思想方法

(1) 函数与方程思想

函数思想是一种考虑对应、运动变化、相依关系,研究变化过程的思想。函数的核心即“把握并刻画变化中的不变,其中变化的是‘过程’,不变的是‘规律’”。教师引导学生发现规律并将规律表述出来,就是函数思想在教学中的渗透。

方程思想是从问题的数量关系入手,运用数学语言将问题中的条件转化为方程、不等式或方程与不等式的混合组的数学模型,然后通过解方程(组)或不等式(组)来得到结论。

方程思想的核心是将问题中未知量用数字以外的数学符号(常用 x,y 等字母)表示,根据数量之间的相等关系构建方程模型。方程思想体现了已知数与未知数的对立统一。

(2)数形结合思想

数形结合思想是根据问题的具体情况,把具有直观形式的图形性质的问题转化为具有算法性质的数量关系的问题,通过代数方法分析数量关系并探讨、论证、解释直观图形的性质,或者把数量关系的问题转化为图形性质的问题,用几何图形直观地反映、描述和刻画数量关系,从而使抽象思维和形象思维结合起来,使复杂问题简单化,抽象问题具体化,化难为易,使问题得到解决。

[例]计算$\frac{1}{2}+\frac{1}{4}+\frac{1}{8}+\frac{1}{16}+\cdots$

分析:此题很难用小学算术的知识直接计算,因为它是无穷多个数相加,如果是有限个数相加,用等式的性质进行恒等变换可以计算。从题中数的特点来看,每一项的分子都是1,每一项的分母都是它前一项分母的2倍,或者说第几项的分母就是2的几次方,第 n 项就是2的 n 次方。联想到分数计算可用几何直观图表示,那么现在可构造一个长度是1的线段或者面积是1的正方形,不妨构造一个面积是1的正方形,如下图所示。先取它的一半作为二分之一,再取余下一半的一半作为四分之一,如此取下去,……,当取的次数非常大时,余下部分的面积已经非常小了,用极限的思想来看,当取的次数趋向于无穷大时,余下部分的面积趋向于0,因而,最后取的面积的和就是1。也就是说,上面算式的得数是1。

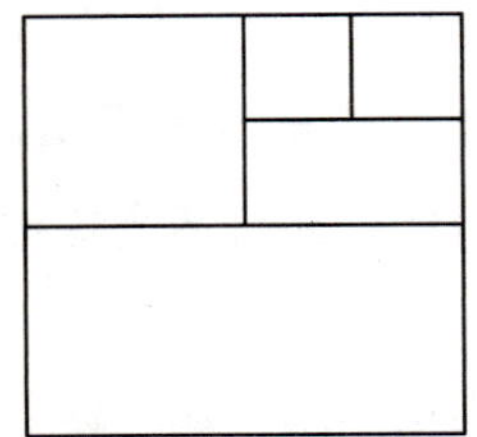

(3)化归思想

转化与化归思想是把那些待解决或难解决的问题化归到已有知识范围内可解问题的一种重要的基本数学思想。这种化归应是等价转化,即要求转化过程中的前因后果应是充分必要的,这样才能保证转化后所得结果仍为原题的结果。因此,化归思想在数学中无处不在。化归思想在解题中的运用可概括为“化难为易,化繁为简,化未知为已知”,也就是把复杂繁难的数学问题通过一定的数学思维方法和手段,逐渐将它转变成一个熟知的简单的数学形式,最后通过熟悉的运算把它解决。

[例]异分母分数加减法化归为同分母分数加减法,异分母分数比较大小通过“通分”化归为同分母分数比较大小等。小数乘除法中也蕴含化归思想:把不熟悉的小数乘法转化成我们熟悉的整数乘法来计算;通过“商不变性质”把小数除法化归为除数是整数的除法。

(4)符号化思想

符号化思想指用符号化的语言(包括字母、数字、图形和各种特定的符号)来描述数学内容的一种思想

第四部分

方法。符号化思想是将所有的数据实例集为一体，把复杂的语言文字叙述用简洁明了的字母公式表示出来，便于记忆和运用，是把客观存在的事物和现象及它们相互之间的关系抽象概括为数学符号和公式，是一个从具体到表象再到抽象符号化的数学思想。

[例]在学习“平行四边形面积的计算公式”内容时，将平行四边形的底边长记为 a，高记为 h，平行四边形的面积记为 S，则有 $S=ah$。

(5)集合与对应思想

①集合思想

把一类研究对象作为一个整体进行研究的思想就是集合思想。数学中很多东西都可以看成集合或从集合角度思考，如方程的所有解构成的解集。

②对应思想

对应思想是人们给出两个集合元素之间的联系的一种思想方法。小学数学一般使用一一对应的直观图表。如直线(数轴)上的点与表示具体大小的数一一对应，又如分数应用题中一个具体数量与一个抽象分数(分率)的对应等。

[例]小学数学教学中主要利用虚线、实线、箭头、计数器等图形或实物将元素与元素、实物与实物、数与算式、量与量联系起来，渗透对应思想。

(6)极限思想

极限思想，就是用无限逼近的方式来研究数量的变化趋势的思想。极限思想是在无穷思想也就是在对无限的认识的基础上产生的。

[例]“圆的面积和周长”的教学中，“化圆为方”“化曲为直”的极限分割思路，在观察有限分割的基础上想象它们的极限状态，这样不仅能使学生掌握公式，还能引导学生从曲与直的矛盾转化中萌发出无限逼近的极限思想。

(7)几何变换思想

在几何问题的解决中，当题目给出的条件显然不够或者不明显时，我们可以将图形作一定的变换，这样有利于发现问题的隐含条件，抓住问题的关键和实质，使问题得以突破，找到满意的答案。几何变换是一种重要的思想方法，它是一种用运动变化的观点来处理孤立静止的几何问题的思想。

(8)分类思想

数学中的分类思想是指将事物根据一定的标准或原则划分组类，然后对每个部分进行讨论，最后将各个部分得出的结论进行汇总，从而得到所要的正确答案。在数学的教学中引入分类思想时，要根据学生的年龄特征以及他们的认知能力，循序渐进，不断训练，逐步提高学生运用分类思想的能力。一般分类要求满足互斥、无遗漏、最简便的原则。

[例]人教版四年级下册教材对三角形的分类，既可按角分，也可按边分，根据不同的分类标准就会有不同的分类结果，从而产生新的概念。

(9)特殊与一般思想

特殊与一般思想是从某一个特例然后猜测得出一般化结论的思想。这一思想在小学数学的教学中经常用到。

[例]教学多边形内角和时,通过带领学生从三角形和四边形内角和中找出规律,猜想出多边形内角和的公式。

(10)偶然和必然思想

概率研究的是随机现象,随机现象有两个最基本的特征,一是结果的随机性,即重复同样试验,所得到的结果并不相同,以至于在试验之前不能预测试验的结果;二是频率的稳定性,即在大量重复试验中,每个试验结果发生的频率"稳定"在一个常数附近。由此决定了概率的研究过程是在"偶然"中寻找"必然",然后再用"必然"的规律去解决"偶然"的问题,这其中所体现的数学思想就是偶然和必然思想。

(11)统计思想

现实生活中有大量的数据需要分析和研究,如人口数量、物价指数、商品合格率、种子发芽率等。有时需要对所有的数据进行全面调查,如我国为了掌握人口的真实情况,曾经进行过全国人口普查。一般情况下不可能也不需要调查所有对象,如物价指数、商品合格率等,就需要采取抽样调查的方法收集和分析数据,用样本来估计总体,从而进行合理的推断和决策,这就是统计的思想方法。在统计里主要有两种估计方法:一是用样本的频率分布估计总体的分布,二是用样本的数据特征(如平均数、中位数和众数)估计总体的数据特征。

考点 2 渗透数学思想方法的途径

(1)在确定教学目标、实施教学过程、落实教学效果的过程中,有意识地体现数学思想方法。

(2)在掌握重点、突破难点中,有意识地运用数学思想方法。

数学教学中的重点,往往就是需要有意识地运用或揭示数学思想方法之处。数学教学中的难点,往往与数学思想方法的更新交替、综合运用、跳跃性较大有关。因此,为了掌握重点,突破难点,教师更要有意识地运用数学思想方法组织教学。

(3)在小结、复习中,有意识地画龙点睛,突出数学思想方法。

在课堂小结、单元复习时,适时地对某种数学思想方法进行揭示、概括和强化,对它的名称、内容、规律、运用等有意识地进行点拨,不仅可以使学生从数学思想方法的高度把握知识的本质和内在的规律,而且可使学生逐步体会数学思想方法的精神实质。

(4)设计一些渗透数学思想方法的题目。

教师在设计课堂练习题时,要注重渗透数学思想,不仅能使学生把握数学的本质内涵和客观规律,而且培养了学生的数学思想。例如,一年级的教学中曾经设计过题目"写出和是6的加法算式,比一比谁写得又多又好"来渗透有序的数学思想方法。

(5)引导学生在反思中领悟数学思想方法。

数学思想方法的获得,一方面要求老师有意识地渗透和训练,但是更多的要靠学生自身在反思过程中领悟,在数学学习过程中,要引导学生自觉地检查自己的思维活动,反思自己是怎样发现和解决问题的,运用了哪些基本的思想方法、技能和技巧,走过哪些弯路,有哪些容易发生(或发生过)的错误,原因何在,该记

住哪些经验教训等。只有这样，才能对数学思想方法有所认识，由此对数学的理解一定会由量的积累发展到质的飞跃。

不管是数学概念的建立，数学规律的发现，还是数学问题的解决，乃至整个“数学大厦”的构建，核心问题在于数学思想方法的培养和建立。因此，在教学中，教师不仅要重视知识的形成过程，还要重视发掘数学知识的发生、形成和发展过程中所蕴含的重要思想方法。

五、小学数学计算教学(本内容适用于小学数学) 【解答】 ★★

考点 1 小学数学计算教学的类型

计算一般包括**口算**、**笔算**和**估算**。

口算又称心算，是不借助工具，直接通过思维计算出结果的一种计算方法。这种计算具有快速简便的优点，适用于数目较小或者具有一定特点的数。有时口算需要进行精确计算，得出准确值。有时口算则不然，只需要一个估计值。

估算可以看作不需要进行精确计算的口算。估算是对事物的数量或计算的结果作出粗略的推断或预测的过程。估算在现实生活中越来越重要，这是因为估算在日常生活中有着广泛的应用：随着计算机和计算器的普及，需要把估算作为一种辅助的计算手段；学习和运用估算有助于学生对数学的理解和应用，估算中使用的策略和技巧需要学生对所用的数学知识(如数的概念，位值原则，加、减、乘、除之间的关系等)具有一定深度的理解和掌握。

笔算是在计算时先用笔列出竖式，再按照竖式计算的规则，用笔算出结果的一种计算方法。它一般从低位算起，不论数目大小都依照法则按固定的程序进行计算，计算过程步步笔录在案，清晰可见。因而，笔算具有便于说明算理、检查正误的优点。

因此，计算教学既包括传统的笔算教学，也包括口算教学和估算教学。

1. 口算教学

口算教学是计算教学的开始。口算既是笔算的基础，又是计算能力的重要组成部分。所以在计算教学中，首先要抓好口算教学。

(1)理解含义掌握算法

口算必须以数的概念和加、减、乘、除四则运算知识为基础，因此，口算教学首先要使学生形成数的概念，弄清四则运算的含义。四则运算含义和数的概念的教学均属于概念教学，应按概念教学的过程和方法进行。那些以定义的方式揭示本质属性的概念基本上是同化于学生的原有认知结构，而那些以图画、描述等方式揭示本质属性的概念则是顺应于学生的原有认知结构。例如，*“加法初步认识”的教学应以顺应为主，通过感知、建立表象、概括等活动，重组学生原有的认知结构，建立新的认知结构，初步形成加法概念；而“乘法初步认识”的教学应以同化为主，在学生学习了“加法初步认识”的基础上通过改造乘法概念使之纳入学生的原有认知结构*。根据小学生学习数学知识的特点，四则运算含义的教学不是一次完成的，低年级知道含义，中年级概括含义，高年级扩展含义。只有在理解四则运算含义的基础上，学生才能明确算式的写法、读法，理解和掌握计算的道理和方法，实现合理、灵活及有条理、有根据的计算思维。

真题面对面

[2020 年 1 月杭州(小学),解答,6 分]我们小学开始就学习计算了,应该知道计算学习过程中“算理与算法”的学习与掌握是十分重要的,以下是“除数是一位数笔算除法”的教学内容。

(1)从教学内容来看,你能说说哪部分是帮助说明算理的,哪部分内容是帮助建立算法的呢?

(2)你能结合教学内容来谈谈算理与算法的关系吗?

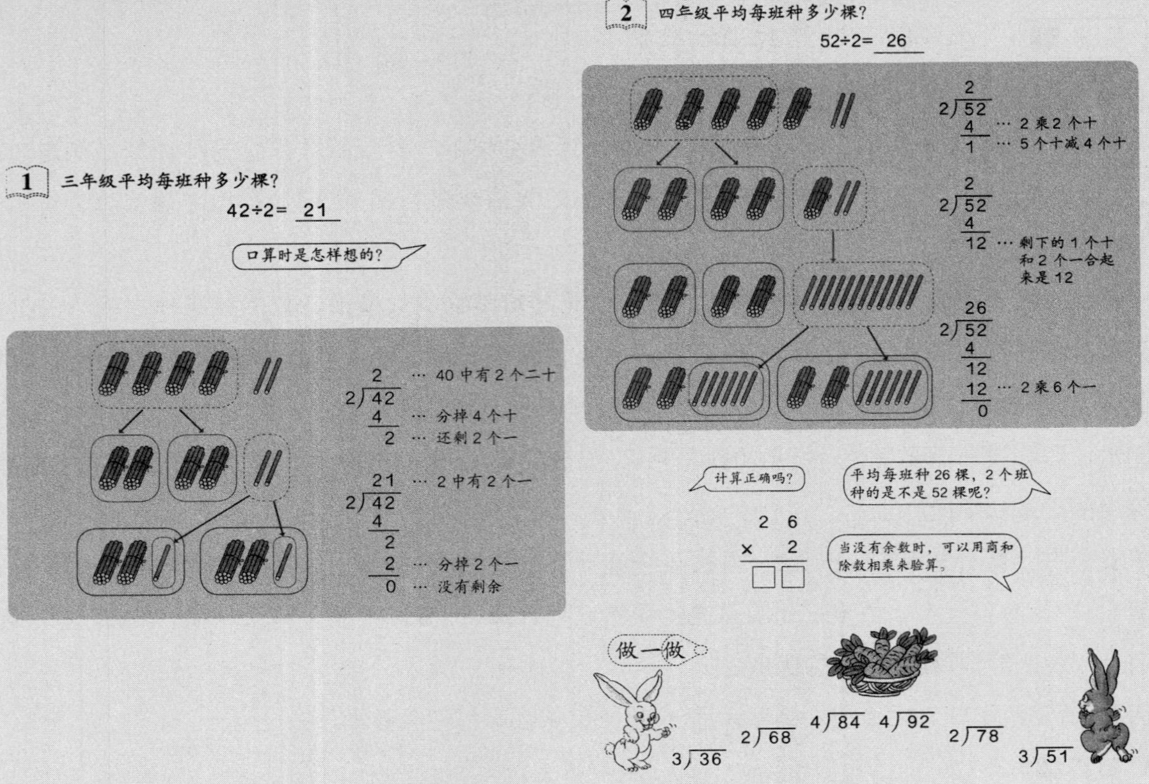

参考答案:(1)分小棒的部分是为了帮助说明算理的,右边文字说明部分是帮助建立算法的。

算理和算法既有联系,又有区别。算理主要回答“为什么这样算”的问题;算法是主要解决“怎样计算”的问题。算理是计算的依据,是算法的基础,而算法则是依据算理提炼出来的计算方法和规则,它是算理的具体体现。算理为计算提供了正确的思维方式,保证了计算的合理性和可行性;算法为计算提供了便捷的操作程序和方法,保证了计算的正确性和快速性。算理和算法是计算教学中相辅相成、缺一不可的两个方面。

如:计算 42 ÷ 2 时,根据数的组成进行计算:42 是由 4 个十、2 个一组成的,4 个十除以 2 就是 2 个十,2 个一除以 2 得到 1 个一,2 个十和 1 个一合并是 21,这就是算理。

经过练习,发现计算的规律:要从被除数的高位除起,用除数试除被除数的第一位,除到哪一位,就把商写在哪一位上面,这就是算法。

(2)借助直观掌握算法

小学生的感性经验不够丰富，他们的思维正处于由具体形象思维为主逐步向抽象逻辑思维过渡的阶段，加之口算是学生初次接触的运算。所以在学习口算时，教师要创设情境，联系学生熟悉的生活实际，利用实物、教具和学具等丰富学生的感性认识，引导学生通过实践活动得出算法，理解算理。

(3)抓好基本口算教学

基本口算指《义务教育数学课程标准》(2022年版)中要求熟练掌握的计算内容，即20以内数的加减法和表内乘除法，能口算简单的百以内数的加减法。这部分内容是一切口算的基础，必须切实抓好，要使学生理解算理，掌握算法，逐步达到熟练的程度。

2. 估算教学

估算在日常生活中有着广泛的应用，是发展学生数感的有效途径。培养估算的能力并养成习惯能帮助学生发展对数及运算的理解，增强学生运用数及运算的灵活性，促进他们对结论合理性的认识，提高他们处理日常数量关系的能力。小学数学中的估算主要是围绕加、减、乘、除四则运算进行的。教学中应重视增强学生运用估算解决问题和在计算前进行估计的意识，并着力培养学生估算的能力。这样做一方面有利于数学计算时的快速运算、判断的需要；另一方面估算形成的“数感”对计算能力、问题解决能力以及对数量关系进行合情合理的判断和推理能力的培养有着重要作用。

估算教学要引导学生在具体的问题情境中选择合适的单位进行估算，体会估算在解决实际问题中的作用，了解估算的实际意义。

3. 笔算教学

笔算主要是运用运算法则进行计算，笔算的教学重点是使学生熟悉和运用运算法则。在引导学生运用法则计算的同时，也应提倡计算方法的多样化。

考点2 小学生计算错误的归因

小学生在计算中出现错误是常有的现象，如果我们能从学生的计算错误中发现一些带有规律性的问题，并从中分析造成计算错误的原因，便能做到防患于未然，学生的计算能力才会更快提高。

小学生在计算中出现错误大致是由知识和心理两个方面造成的。

1. 知识方面的原因

任何数的计算都是与其相应的知识密切联系的。如果概念不清、算理不明、口算不熟、笔算不准，计算时必定错误百出。

(1)概念不清，算理不明

数学知识是建立在一系列数学概念的基础上的。如笔算整数加减法的计算法则是由“数位”“个位”“满十”“前一位”“进一”“退位”等一系列数学概念组成的。又如四则混合运算的算法是由四则运算的计算法

第四部分

则、运算顺序、运算定律和运算性质等组成的。如果概念不熟，就无法依据法则、定律、性质、公式等数学知识正确计算。

(2) 口算不熟、笔算不准

20 以内数的加减、100 以内数的乘除口算是进行多位数四则运算的基础，也是分数四则运算与小数四则运算的基础。因为任何一道整数、分数或小数四则运算的试题都可以分解成一些基本的口算题。如果口算不熟，计算时必然会出现错误。只要计算中有一步口算出错，就会导致整道题的计算结果错误。

(3) 书写欠规范

计算时书写一定要规范，很多学生出现的计算错误都是书写不规范造成的。例如，计算分数乘整数时，整数和分母约分后的数应写在整数的正(右)上方，而不能写在正(左)下方。如果写在正(左)下方很容易错把整数约分后的数和分母相乘而出错。

2. 心理方面的原因

造成计算错误，除了知识方面的原因外，学生心理方面的原因也是不能忽视的。平时学生计算出错常爱说自己“粗心”，其实这除了是不良学习习惯所造成的以外，大多数是感知、情感、注意、思维、记忆、心理上的原因。

(1) 感知比较粗略(粗心)

进行计算时，学生首先感知的是数据与运算符号所组成的算式。但是小学生感知事物特征时往往不够精细，比较笼统，而计算题本身形式单调，无情节，不容易引起学生的兴趣。因此，计算时常常抄错数或符号，忽略运算顺序、计算法则，导致计算出错。

(2) 情感比较脆弱

学生计算时，总贪快，因而，当遇到计算题里的数据较大或算式过繁时，就会产生排斥心理，不耐烦。导致审题不认真，也不再耐心去选择合理的算法。这样，错误率必定升高。

(3) 注意力不够稳定(大意)

小学生注意力的稳定性较差，尤其对比较单调乏味的计算题容易产生疲劳，注意力容易分散，往往会出现顾此失彼、丢三落四的现象，造成不应该出现的计算错误。例如，连续出现几道加法题后出现一道减法题，或连续几道乘法题后出现一道除法题，学生仍然会按照前面的思路与方法进行计算，造成不应该出现的错误。

(4) 瞬时记忆较弱

小学生的瞬时记忆较弱，影响学生对计算内容的学习。记忆一方面是为了储存信息，更重要的是能及时提取信息便于进一步的思维。但是小学生及时提取计算信息的能力较弱，也就是说瞬时记忆的本领弱，往往出现一步计算完成接着进行下一步计算时，出现差错。常见的例子是，在分数乘除法算式中，约分的次数稍多，学生就记不清楚了，导致最后结果错误。克服这方面问题的措施，一是加强口算和估算的训练，二

是对重点内容做专项训练,提高瞬时记忆的能力。

(5)思维定势干扰

思维定势有积极作用,也有消极作用。积极作用可促进知识的迁移,消极作用则是干扰新知识的学习。不良的思维定势表现在按照固定的思维模式去分析新情况,解决新问题;在计算方面,则表现为原有的计算法则干扰新的计算法则、方法的掌握。例如,**在计算小数加减法时,开始总有一些学生不是将小数点对齐,而是将小数的末位对齐,这就是受整数加减法计算方法的影响**。

以上种种造成计算错误的心理原因并不是孤立存在的,它们是相互影响、相互联系的。不管是何种原因造成的计算错误,都要引起足够的重视,并要做到有针对性地、有效地帮助学生克服。

真题面对面

[2021 绍兴,解答,5 分]在计算 $200+20\div10$ 时,一位同学算成了 $200+20\div10=22$,分析他错误的原因。

参考答案:学生出现上述错误的原因是:①没有掌握两级运算的混合运算顺序,即含有两级运算的混合运算顺序(不含小括号),要先算乘除,后算加减。②受到只含有同一级运算计算内容学习的思维定势的影响,即只含一级运算的计算按照从左往右的顺序进行。

考点3 培养计算能力的教学策略

计算能力的培养是一项涉及多方面教学内容的系统工程,既要让学生掌握好与计算有关的数学概念与数学知识,又要通过有针对性、多层次、多方位、多形式的练习,把知识转化为技能、技巧。要有效地提高计算能力,必须遵循小学生的认知规律,采用恰当的教学策略,使学生对数学知识的理解与掌握和计算能力的形成得到同步的发展,以取得最佳的教学效果。

1. 切实掌握有关计算的知识

(1)计算法则

计算法则是指计算时必须遵循的一般规则,它促使计算过程程序化、规则化,并能保证计算的准确性。计算法则的掌握是计算准确性的保证。

(2)运算顺序

运算顺序是在四则混合运算过程中,对运算先后次序的一种规定。同级运算,按从左往右的顺序依次计算;含有两级运算,先算第二级运算,再算第一级运算;有括号的,要按小括号、中括号的次序,先算括号里面的,再算括号外面的。掌握运算顺序是四则混合运算的关键。

(3)运算律和运算性质

运算律和运算性质是对计算客观规律的概括,它反映了计算在一定的条件下,发生一定的变化过程的必然性。利用运算律和运算性质，可以使计算变得简便。

2. 弄清算理，以理驭法

在计算教学中，有些教师认为计算没有什么道理可讲，只要让学生掌握计算方法后，反复"演练"，就可以达到正确、熟练的要求了。结果，不少学生虽然能够依据计算法则进行计算，但因为算理不清，知识迁移的范围极为有限，无法适应计算中千变万化的各种具体情况，错误百出。因此，在教学中，应重视讲清算理，使学生不仅知道计算方法，而且还知道驾驭方法的算理，做到既知其然，又知其所以然。

（1）通过教具演示说明算理

如一年级初步认识"交换加数的位置和不变"的性质时，先让学生观察教师的演示：左手拿3支粉笔，右手拿4支粉笔，一共多少支粉笔？先左手后右手，列式是3+4=7，先右手后左手，列式是4+3=7。使学生看到加数的交换，只不过是出示顺序的变化，并不影响计算的结果。通过演示，可以直观形象地说明在加法算式中，交换加数的位置和不变的道理。

（2）通过学具操作理解算理

如教学20以内的进位加法时，当教师出示"9+2=?"的算式时，一般来说学生都能很快地得出和是11。但是教学"9加几"的目的不仅仅是让学生能正确地算出结果，重要的是揭示进位加法的计算规律，让学生掌握"凑十法"的思考过程，同时训练学生的语言表达能力。学具操作应该在教师的指导下分步进行。第一步：摆出两堆小棒，一堆9根，一堆2根。第二步：边思考边操作，摆出计算结果。第三步：边操作边口述过程。把2分成1和1，9加1得10，10加1得11，使学生初步理解"凑十法"。第四步：将口述操作的思维过程在算式上展示出来。通过"9加几"的教学，学生初步掌握"凑十法"，到教学"8加几""7加几""6加几"的时候，学生就可以在较大的范围内应用"凑十法"，实现知识的迁移。

（3）联系实际讲清算理

如教小数的加减法时，借助学生熟悉的人民币单位元、角、分的进率关系，讲清小数点必须对齐的道理，即计数单位相同的两个数才能相加减。

（4）展示思路弄清算理

在教学四则运算的计算法则时，往往借助虚线、方框中的算式来阐明算理。

3. 加强口算、重视笔算、学会估算

计算在小学数学教材中占有相当大的比重，在解决量与计量、方程、几何初步知识、统计知识以及解决问题时，都离不开计算。算得如何，准不准、快不快、巧不巧，直接关系着整个数学知识的学习，因此，我们一定要有足够的重视。

4. 分层练习，形式多样，讲究实效

练习是巩固与应用数学知识、培养与发展数学能力的重要手段。为了促使学生熟练地掌握计算的技能技巧，提高计算能力，开展有针对性、有层次、有坡度、形式多样的练习是十分必要的。此外，教师要重视练

习的反馈，讲究练习的实效性。

（1）围绕重点和难点强化练习

如在教学“除数是小数的除法”时，教学的重点和难点是根据除数的小数位数，移动被除数的小数点以及商的小数点的定位。教学中可以组织有针对性的单项练习，压缩非重点的计算环节和过程。

［例］根据 $5145 \div 49 = 105$，直接写出下面算式的商。

$51.45 \div 4.9 =$　　　　$5.145 \div 4.9 =$　　　　$514.5 \div 4.9 =$

（2）易混易错对比练习

在新概念形成、新知识掌握以后，要将相近、相似、易混、易错的内容组织在一起进行对比练习，以便区别异同，进一步提高学生的计算能力。

（3）发展学生思维的简便运算

学生掌握了有关计算的基础知识、运算律和运算性质后，教师要为他们灵活、综合应用数学知识、提高计算能力创造条件。为此，多设计一些简便运算习题，激发学生参与计算的积极性与创造性，才能使学生的聪明才智得到充分发展。

例如，$33\frac{1}{7} \div 8$　　$\frac{3}{7} \times \frac{5}{9} + \frac{3}{7} \times \frac{4}{9}$　　$26 \div 26\frac{26}{27}$

（4）形式多样的激趣练习

在设计练习时，要注意形式的多样化，有趣的数据、新奇的题型、巧妙的算法，都会使学生被计算所吸引，激发学生做计算题的兴趣，从而进一步提高学生的计算能力。

5. 培养学生养成认真审题的习惯

认真审题是计算正确、方法灵活合理的前提与保证。有些学生计算时没有认真审题的习惯，认为算式中的数据和符号都是明摆着的，不审题也照样可以进行计算，致使计算结果错误或计算过程中选择的算法不合理、不简便的现象时有发生。因此，计算时养成认真审题的习惯是非常重要的。计算题的审题可分为以下几步：一审数据和运算符号，保证不抄错数和符号；二审运算顺序，确定运算的先后顺序；三审数据的特点，选择合理的、简便的算法；四审计算过程。

达标测评

建议用时	实际用时	测评总分	实际得分
20 分钟	______分钟	39 分	______分

一、单项选择题(每小题 3 分,共 15 分)

1. 在讲解“相向而行的行程问题”时,教师在幻灯片上画一条线段表示两地间的距离,并出示两个小人,通过幻灯机显示在屏幕上,教师的这种教学方法属于(   )

A. 实验法 B. 演示法

C. 尝试教学法 D. 问题探索法

2. 能使学生在较短的时间内获得较为系统的数学知识和一些分析、推理的方法的教学方法是(   )

A. 发现法 B. 讲授法

C. 讨论法 D. 谈话法

3. 以下概念中用概念同化方式获得的是(   )

A. 长方体 B. 质数

C. 循环小数 D. 长方形

4. 某教师教学一年级上册“6 和 7 的认识”内容时,把 6 个小朋友看成一个整体,然后把每个小朋友抽象成一个小点,6 个小朋友就有 6 个点,也就是说一样的点有 6 个,这其中运用的数学思想方法是(   )

A. 模型思想 B. 集合思想

C. 一般化思想 D. 转化思想

5. 以下数学概念属于属种关系的是(   )

A. 单项式与多项式 B. 素数与质数

C. 奇数与偶数 D. 菱形与平行四边形

二、填空题(每小题 3 分,共 9 分)

6. 外延只有一部分重合的两个概念之间的关系,称为________关系。

7. 质数的定义采用的是________定义法。

8. ________是在教师的指导下,学生以全班或者小组为单位,围绕中心问题,通过相互交流讨论,进一步完善和深化对问题的理解、评价或者判断的教学方法。

三、简答题(共6分)

9. 简述学生计算错误的原因,并给出提高计算正确率的措施。

四、论述题(共9分)

10. 什么是概念同化?并叙述概念同化的学习过程。

参考答案及解析

一、单项选择题

1. B [解析]演示法强调教师运用直观教具或实物进行教学,题干中教师运用幻灯片进行演示,属于演示法;实验法强调学生的动手操作,而题干中学生只是观看大屏幕,并没有动手操作;尝试教学法是指让学生先尝试自学,然后教师再进行讲解的教学方法,题干并没有体现;问题探索法是指教师把教学内容设计成若干问题,引导学生进行探索的教学方法,题干也没有体现教师提问题。故选B。

2. B [解析]讲授法的特点是教师能够系统地、有论据地讲解新的概念或规律,具有主动性;讲授的知识具有系统性、流畅性和连贯性,能使学生在较短的时间内获得较为系统的数学知识和一些分析、推理的方法。

3. B [解析]利用学生已有的知识、经验,以定义的方式直接揭示概念的本质属性,这种获得概念的方式叫作概念同化。如偶数、奇数、质数、合数和分解质因数等概念都是用概念同化的方式获得的。

4. B [解析]将6个小朋友看成一个整体,也就是一个集合,6个小朋友就有6个点,也就是说点有6个,即意味着集合中的元素有6个。这里渗透了集合的思想。

5. D [解析]单项式和多项式统称为整式,因此单项式与多项式属于矛盾关系;素数又称质数,它们属于同一关系;自然数包括奇数、偶数和0,因此奇数与偶数属于对立关系;菱形属于平行四边形,因此菱形与平行四边形是属种关系。

二、填空题

6. 交叉

7. 关系 [解析]只能被1或者自己整除的自然数叫作质数,这样的定义方式属于关系定义。

8. 讨论法

三、简答题

9.［参考答案］(1)知识方面的原因，如概念不清，算理不明；口算不熟、笔算不准；书写欠规范。(2)心理方面的原因，如感知比较粗略，情感比较脆弱，注意力不够稳定，瞬时记忆较弱，思维定势干扰，等等。

措施：(1)对常见的错误进行分类总结，建立错题本；(2)强化对基础概念的理解；(3)加强解题技巧的培养；(4)打破思维定势，具体问题具体分析。

四、论述题

10.［参考答案］所谓概念同化，就是利用学习者认知结构中原有的概念，以定义或描述的方式直接向学习者揭示新概念的本质属性，进而使学习者获得概念的过程。也就是以间接经验为基础，利用已掌握的概念去学习新概念的过程。

数学概念同化的学习过程可以分为以下几个阶段：

①揭示本质属性。给出概念的定义、名称和符号，揭示概念的本质属性。

②讨论特例。对概念进行特殊分类，讨论各种特例，突出概念的本质属性。

③新旧概念联系。使新概念与原有认知结构中有关概念建立联系，把新概念纳入到相应的概念体系中同化新概念。

④实例辨认。辨认肯定例证和否定例证，确认新概念的本质属性，使新概念与原有认知结构中有关概念精确分化。

⑤具体运用。通过各种形式运用概念，加深对新概念的理解，使有关概念融会贯通，组成一个整体。

第五章　数学教学设计与技能

思维导图

- 数学教学设计与技能
  - 数学教材与学情分析
    - 教材分析的内容
    - 教材分析的步骤
    - 学情分析
  - 教学目标设计
    - 教学目标的制定标准
    - 教学目标的陈述技巧
    - 教学目标的确定
      - 基于“四基”确定教学目标
      - 基于“核心素养”制定教学目标
  - 数学重难点设计（重点）
  - 教学过程的设计
    - 不同课型的主要教学环节
      - 新授课（重点）
      - 练习课（重点）
      - 复习课（重点）
      - 讲评课（重点）
      - 测验课
      - 实践活动课
    - 课堂导入的设计
    - 教学内容的处理
      - 教材的内容情境化
      - 静态的知识动态化
      - 教学的内容生活化
    - 习题设计
    - 数学课堂活动的设计
      - 围绕课堂教学目标设计真实有效的数学活动（重点）
      - 重视学生数学思维活动的设计（重点）
      - 追求数学内隐思维活动和外显操作活动的统一（重点）
    - 课堂小结的设计
    - 板书设计
    - 教学反思
  - 数学教案编写
    - 教案的内容
      - 说明部分
      - 教学过程
      - 注记
    - 教案的格式

浙江考向

本章属于数学教学理论与技能的重要章节，也是浙江省教师招聘考试中的重点内容，需要识记与应用性知识较多。在考试中常以解答题、简述题、案例分析题、教学设计题的形式考查。现对本章浙江考向分析如下：

高频考点	常考题型	能力要求	考查热度
教材编写意图	案例分析	应用	★★
教学目标设计	简述、案例分析	应用	★★
教学过程的设计	解答、简述、案例分析、教学设计	识记与应用	★★★

核心考点

一、数学教材与学情分析 【案例分析】 ★★

考点 1 教材分析的内容

1. 研读课程标准，分析教材的编排体系和知识之间的内在联系；
2. 分析教材的编写意图，确定教学目标；
3. 分析教材内容的重点和难点；
4. 分析、研究教材的练习题；
5. 分析教材蕴含的思想方法。

真题面对面

[2018 统考，案例分析，5 分]（节选）某小学教材中，学习小数乘法选择了以下五个例题：

例 1. 一个风筝 3.5 元，买 3 个风筝多少钱？

例 2. 0.72 ×5 = ________。

例 3. 给一个长 2.4m、宽 0.8m 的长方形宣传栏刷油漆，每平方米要用油漆 0.9kg，一共需要多少千克油漆？

例 4. 0.56 ×0.04 = ________。

例 5. 非洲野狗的最高速度是 56 千米/时，鸵鸟的最高速度是非洲野狗的 1.3 倍，鸵鸟的最高速度是多少千米/时？

请说出每个例题的编写意图。

参考答案：例 1 从实际生活中的应用出发，让学生体会小数乘法的应用，引起学生学习兴趣。例 2 引导学生用转化的方法，将小数乘法转化为整数乘法，用对比的方法，处理积中小数点的位置问题，再学习整数与小数的乘法计算。例 3 应用题综合考查学生的理解与应用能力，并向学生展示小数连乘的算法及计算规律。例 4 小数相乘，让学生发现数位不够时怎样点小数点的问题，引导学生学习用 0 补足的方法，帮助学生总结思路和方法。例 5 巩固学习，帮助学生学会应用小数乘法解决综合的实际问题。

考点 2 教材分析的步骤

基本步骤：
- 研读课程标准，分析知识的地位与作用
- 分析教材内容
  - 教材结构分析
    - 教材知识结构
    - 教材教学结构
    - 教学重点、难点
  - 教学内容分析
    - 顺向往后，以某一知识为起点，理清由此以后相关知识的头绪
    - 逆向往前，以某一知识为终点，找出前面相关基础知识的联系
  - 教材习题分析
- 借鉴参考资料

考点 3 学情分析

学生是学习的主体，要有针对性地进行教学设计，必须进行学情分析。

学情分析的几个方面如下：

(1)分析学生原有的认知基础；

(2)分析学生的个体差异；

(3)了解学生的生理、心理；

(4)了解学生对本学科学习方法的掌握情况；

(5)分析学生学习知识时可能遇到的困难。

二、教学目标设计 【简述、案例分析】 ★★★

考点 1 教学目标的制定标准

教学目标是关于教学将使学生发生何种变化的明确表述，是指在教学活动中所期待得到的学生的学习结果。

教学目标在制定的过程中应该依据以下三个方面：

①在教学活动中，学生需要学习哪些知识与技能，学习到什么程度；

②在教学活动中，学生需要体验什么样的学习过程，提升什么能力；

③在一节课或一个单元教学活动中，学生需要形成或逐渐形成什么样的情感态度与价值观。

考点 2 教学目标的陈述技巧

教学目标的表述包括“四要素”：行为主体(学生)、行为动词(可观察、可测量的具体行为)、行为条件(产生学习结果的特定的限制或范围)、表现程度(目标所应达到的最低表现水准)。行为动词通常可以省略。

目标	陈述技巧
目标①	知道(了解/掌握)……(概念、定理、公理、性质等)是什么；证明……(性质)；理解……是如何推导形成的；应用……解决实际问题

续表

目标	陈述技巧
目标②	(学生)通过……(观察、猜想、操作、探究、归纳、类比、讨论交流等)活动,提高……能力(如空间想象、抽象概括、推理论证、运算求解、数据处理,发现、提出、分析和解决问题)
目标③	通过这节课,感受到……(知识点)既来源于生活,又能解决生活中的实际问题

注:教学目标应集中在学生能做什么,说明的是教学结果而不是教学过程,应体现学生的主体性。如可以用“能解释……”“能设计……”“能写出……”“对……做出评价”等,而不能用教师的教学行为,如“让/使学生……”“提高/培养学生……”等描述。目标的设立应适当,陈述要明确,具有可操作性。

考点 3 教学目标的确定

1. 基于“四基”确定教学目标

(1)课堂生成,落实基本数学知识

课堂教学的过程是学生和教师相互交往共同发展的动态生成过程,教师在课前进行精心的设计是课堂高效性的保障,教师对教学资源的有效运用是保障课堂教学灵动性的重要手段。

通过高效灵动的课堂把握,将课本数学知识进行落实。在数学课堂教学中,学生的语言和思维方式是学生对数学知识进行深入研究的基础,在思维拓展的过程中,掌握数学的基本知识。比如在学习“圆的周长”这一部分内容时,为了让学生掌握圆的周长概念和计算方法等基本数学知识,教师可以设计以下问题:“有两只蚂蚁分别沿着下列两条曲线从 A 地爬到 B 地,如果它们的速度一样,谁先到达目的地?”学生大多数都是通过平移变换,对比大圆弧长的一半与小圆周长的关系,从而推出路程相等,时间也相等。而有一位同学提出了不同想法:O 点是线段 AB 上的任意一点,如果 O 点一直移动,直到 B 点的位置,那么两只蚂蚁走的路线就重合了,所以时间相等。接下来,教师可以带领学生归纳和探讨这种思路。这位同学用特殊的情形思考一般化的问题,思维方式简单明了,很容易被学生理解和掌握,这种找特例的思维方式也被广泛地应用到数学解题中。

(2)学科开发,落实数学基本技能

数学学科具有较强的抽象性和逻辑性,为了保证数学知识结构的完整性,强化学生的思维训练,开发学生的数学基本技能。学生在学习中通过自我尝试和修正可获得数学技能,学习中难免出现错误现象,这主要是因为学生的新旧知识衔接出现了故障,也展示了学生最真实的学习情况,学生出现的错误成为教师课堂教学调整的重要基础依据。作为一名数学教师在教学过程中要采用包容的态度对待学生的错误,深入分析产生错误的原因,利用错误来开展后续的教学服务。

以“小数除法”这一内容为例,教师可以在讲解基础方法后选择几名同学到黑板上进行板演,假如有一

名同学在计算时没有把除数变成整数，得数小了十分之一。教师可以利用这名同学出现的错误，再次巩固小数除法的算理。引导学生借助乘法进行结果的检验，通过这样的方式逐渐培养学生检查的习惯，教会学生检查的技巧。

（3）人文渗透，落实数学基本思想

数学是在人们探索和实践中逐渐生成的，反映了人们对客观世界的认知和思考，表达了人们认知世界的渴望和对真理追求的意愿。数学属于自然科学，在发展过程中不断地体现出人文性。基于此，教师可以在数学教学中实施人文教育，从而落实数学基本思想。比如通过介绍数学知识产生的背景、相关历史事件等，促使学生全面掌握数学知识。人文教育还能够调动学生的情感因素，让学生能够更加立体地认识和掌握数学知识。比如在学习圆周率时，通过介绍祖冲之的圆周率的推算方法以及学习割圆法，让学生认识到我国古代先贤的伟大智慧，打破学生对圆周率的认识限制，让学生感受到圆周率不仅是“周长与直径的比值”这一“冰冷”的关系式，而且使学生的记忆更加完整立体。

（4）生活数学，落实数学基本活动经验

数学知识来源于现实生活，描述的是客观世界的数量关系与空间形式，最终又将其应用到现实生活中。学生对数学知识的理解和运用以自身的知识经验和生活背景为基础。小学生正处于形象思维发展时期，接触到的数学知识多与生活相关，教师要充分认识到这一点。为学生提供丰富的生活数学素材，调动学生的生活经验进行数学知识的学习和问题的解决，实现数学学习生活化，并且要引导学生善于观察生活，善于利用数学思维来分析和解决生活中的问题。数学在生活中的运用相当广泛，生活中存在众多的数学资源。

比如在一年级的教学中，以常见的火车票为素材，带领学生观察火车票，学会位置的表示方法、时间的认识等。在教学中建立郊游租车的情境，让学生掌握估算的思想。像日常生活中的物体、食物、购物票、标签、存款利率等都可以成为数学课堂教学的重要资源。教学实践证明，这些素材可以有效提高学生对数学的探究兴趣，是帮助学生理解数学的重要手段。

2. 基于“核心素养”制定教学目标

教学目标的确定要充分考虑核心素养在数学教学中的达成。每一个特定的学习内容都具有培养相关核心素养的作用，要注重建立具体内容与核心素养主要表现的关联，在制定教学目标时将核心素养的主要表现体现在教学要求中。核心素养对“四基”“四能”教学目标提出了更高的要求。例如，要引导学生在发现问题、提出问题的同时，会用数学的眼光观察现实世界；在分析问题的同时，会用数学的思维思考现实世界；在用数学方法解决问题的过程中，会用数学的语言表达现实世界。在教学中，应重视教学目标的制定，为培养学生的核心素养服务。

三、教学重难点设计 【教学设计】★★★

教学重点是课堂教学内容中基本的、主要的、中心内容。要在全方位分析小学阶段的学习内容和学情的基础上，找出教学重点。课时(一堂课)教学重点的制定是常考内容，要注意重点除了基本的、主要的、中心的知识技能之外，概念形成的过程，公式、定理、法则的探究过程等也可确定为不同课程的重点。

教学难点是指学生接受起来比较困难的知识点。

	教学重点	教学难点
确定的依据	教学内容是教材的核心	新知学习易受已有知识的干扰
	教学内容是今后学习其他内容的基础，或者有广泛的应用	在学习新的概念、原理时，缺少相应的已知概念、原理作基础
		教学内容本身较为复杂、过分抽象、综合性较强等
确定的范围	通常教材中的定义、定理、公式、法则、数学思想方法等都是教学的重点	在数学中，概念课的难点通常是“对定义的理解”；定理课的难点通常是相应定理的证明(推导)或定理的形成过程及其运用；应用题的教学难点是分析应用题的数量关系，掌握正确解法
答题模板	掌握……的技能，培养……能力	能够运用……方法解决实际问题，体验……，感受……

真题面对面

[2020 年 1 月杭州(中学)，简述，10 分]指数函数是基本初等函数之一，请你针对高中教材人教 A 版数学必修 1 中 2.1.2 节“指数函数及其性质(第一课时)”这一教学内容，写出教学设计中的教学目标、重点、难点和引入部分(不需整堂课的设计)。

参考答案：教学目标：①引导学生从具体实例中概括典型特征，形成指数函数的概念，并用数学符号表示。②通过本节课的学习，在解决简单实际问题的过程中，体会指数函数是一类重要的函数模型。③运用数形结合的思想，经历由特殊到一般、具体到抽象的研究过程，体验研究函数的一般方法，掌握指数函数的图象特征与性质。④能够利用指数函数的性质比较两个幂的大小。

教学重点：理解指数函数的概念，掌握指数函数的图象及其性质。

难点：根据具体指数函数图象与性质归纳一般的指数函数图象与性质，体会指数函数是一种重要的函数模型。

教学过程引入(问题引入)：

问题 1. 某细胞分裂时，由一个分裂成 2 个，2 个分裂成 4 个，4 个分裂成 8 个……如果细胞分裂 n 次，相应的细胞个数为 m，如何描述这两个变量的关系？

问题 2. 把长为 1 的尺子第一次截去它的一半，第二次截去剩余部分的一半，第三次截去第二次剩余部分的一半，依次截下去，问截的次数与剩下的尺子长度之间的关系？

问题 3. 某种放射性物质不断变化为其他物质，每经过一年，这种物质剩余的质量是原来的一半，如果经过 n 年，该物质剩余的质量为 m，如何描述这两个变量的关系？ 师：通过解决上面几个问题，我们今天来探究关于指数函数的相关内容。

四、教学过程的设计 【解答、简述、案例分析、教学设计】 ★★★

考点 1 不同课型的主要教学环节

依据每节课的教学目的和任务，数学课分为以下几种：

1. 新授课

新授课的主要任务是组织引导学生学习新知识，在传授基础知识的过程中促进学生思维的发展，培养学生的能力。这是数学课最常用，也是最重要的一种课型。

(1)复习，导入新课

通过提问、练习等方式，使学生回忆旧知，把学生的注意力和思维集中到新授课题上来。

(2)讲授新课

师生双边协调进行的教学活动是学生进行新的基础知识与技能学习、各方面能力得以发展的主要过程。

(3)巩固新知

通过多种形式(口答、板演、阅读、练习)的课堂练习，巩固新学知识。

(4)总结和布置作业

对讲授学习的内容做提纲挈领式的概括，给学生目的明确、分量适当的家庭作业。

2. 练习课

练习课的主要目的是巩固、运用所学知识，形成一定的技能、技巧，初步培养学生的数学基本能力。它的基本结构是：复习回顾、课堂练习、小结、布置作业。

3. 复习课

复习课的主要任务是巩固和加深学生已学的基础知识，并使之系统化；熟悉已有的技能和方法，提高学生运用知识的能力。复习课一般有单元复习、期末复习和学年复习、学科总复习四种形式。复习课的基本结构是：系统复习基础知识、典型例题示范、总结、布置作业。

复习课不同于练习课，复习课虽然要继续训练解题的技能技巧，但更重要的任务是把所学的知识进行归纳、整理，把原来分散学习的知识有机地联系起来，使它形成一个完整的知识系统。这样做的目的是使学生获得稳定、清晰的核心概念，形成良好的认知结构，便于对知识的理解和记忆，也为以后学习新概念打下良好的知识基础。

4. 讲评课

讲评课的主要任务是对某一阶段的课外作业情况或测验结果进行总结和分析。其目的在于总结情况，指出问题和不足，纠正缺点和错误。同时，介绍优秀解答方法，帮助学生积累解题经验，调整学习方法。基本结构是：讲评、分析评议、总结、布置作业。

5. 测验课

测验课的主要任务是系统检查学生的学习是否达到课程标准的要求，了解学生学习中存在的问题，促进学生的学习和教师的教学不断提高。

6. 实践活动课

实践活动课的主要任务是让学生通过综合运用所学数学知识或方法进行一定的实践活动，如实地考察、测量、统计等，既巩固所学，又培养学生分析问题、解决问题的能力。

应该指出，上述介绍的几种课型只要求教师有个大体了解，并不是严格的程序。因此，这些并不妨碍教师在教学实践中创造性地劳动，而是更有助于教师去创造各具特色、各有风格的教学形式。

真题面对面

[2022 年 6 月杭州（中小学），解答，12 分］下面是人教版五年级下册第六单元“异分母分数加、减法”的教学内容，完成本节课的教学设计（必须有教学目标、重难点和简要教学过程部分）。

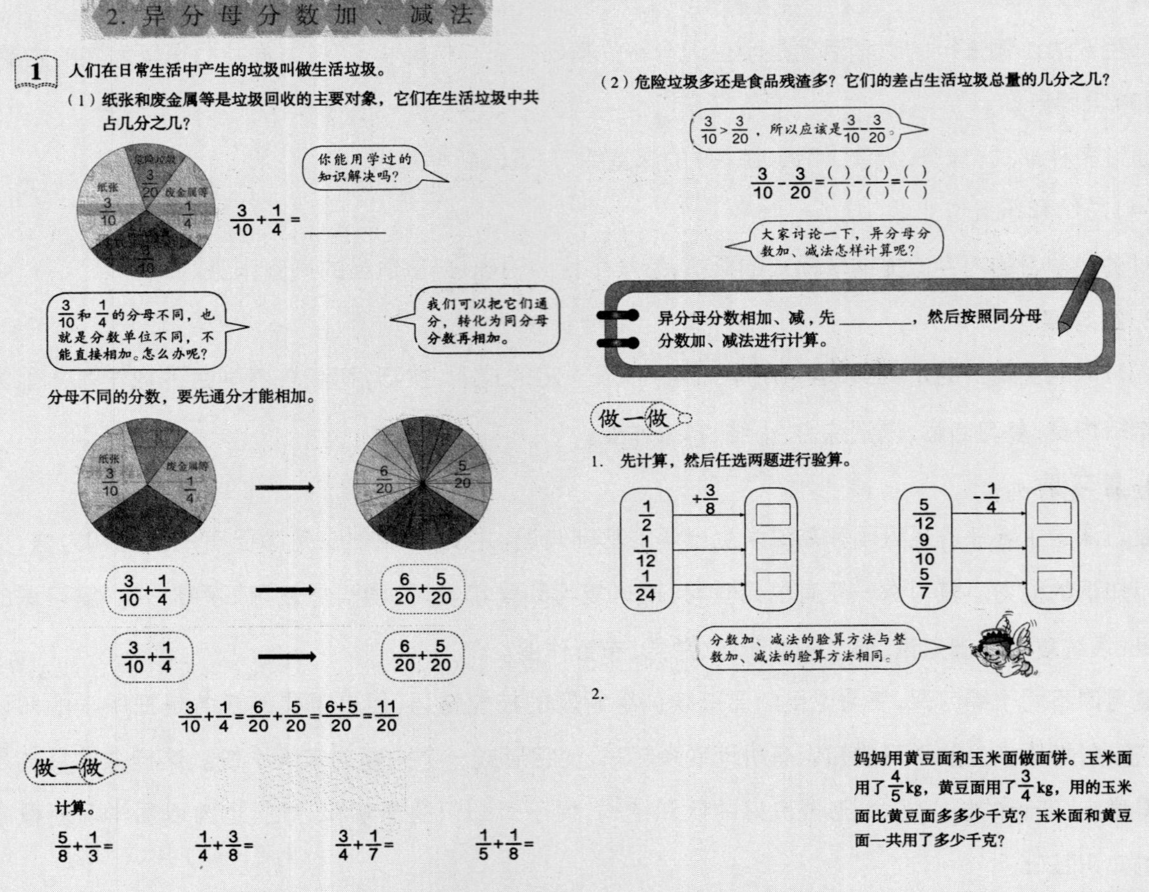
2. 异分母分数加、减法

1 人们在日常生活中产生的垃圾叫做生活垃圾。

（1）纸张和废金属等是垃圾回收的主要对象，它们在生活垃圾中共占几分之几？

$\frac{3}{10}+\frac{1}{4}=$ ______

$\frac{3}{10}$和$\frac{1}{4}$的分母不同，也就是分数单位不同，不能直接相加。怎么办呢？

我们可以把它们通分，转化为同分母分数再相加。

分母不同的分数，要先通分才能相加。

$\frac{3}{10}+\frac{1}{4}$ → $\frac{6}{20}+\frac{5}{20}$

$\frac{3}{10}+\frac{1}{4}$ → $\frac{6}{20}+\frac{5}{20}$

$\frac{3}{10}+\frac{1}{4}=\frac{6}{20}+\frac{5}{20}=\frac{6+5}{20}=\frac{11}{20}$

做一做

计算。

$\frac{5}{8}+\frac{1}{3}=$　　$\frac{1}{4}+\frac{3}{8}=$　　$\frac{3}{4}+\frac{1}{7}=$　　$\frac{1}{5}+\frac{1}{8}=$

（2）危险垃圾多还是食品残渣多？它们的差占生活垃圾总量的几分之几？

$\frac{3}{10}>\frac{3}{20}$，所以应该是$\frac{3}{10}-\frac{3}{20}$。

$\frac{3}{10}-\frac{3}{20}=\frac{(\ )}{(\ )}-\frac{(\ )}{(\ )}=\frac{(\ )}{(\ )}$

大家讨论一下，异分母分数加、减法怎样计算呢？

异分母分数相加、减，先______，然后按照同分母分数加、减法进行计算。

做一做

1. 先计算，然后任选两题进行验算。

$\frac{1}{2}$，$\frac{1}{12}$，$\frac{1}{24}$　$+\frac{3}{8}$ → □ □ □

$\frac{5}{12}$，$\frac{9}{10}$，$\frac{5}{7}$　$-\frac{1}{4}$ → □ □ □

分数加、减法的验算方法与整数加、减法的验算方法相同。

2. 妈妈用黄豆面和玉米面做面饼。玉米面用了$\frac{4}{5}$kg，黄豆面用了$\frac{3}{4}$kg，用的玉米面比黄豆面多多少千克？玉米面和黄豆面一共用了多少千克？

参考答案：教学目标：①掌握异分母分数加、减法的一般计算方法和验算方法，会正确地进行计算和验算。

②经历异分母分数加、减法计算方法的探究过程，感悟运用知识间的转换是获取新知识的重要途径。

③学习“回收有用垃圾”的计算问题，唤起环保意识。

教学重点：异分母分数加减法的计算法则。

教学难点：运用通分的方法解决异分母分数不能直接相加减的问题。

教学过程：

一、复习导入

1. 教师提问：前几节我们学习了什么？（通分、同分母分数加减法）

通分方法是什么？（先求原来几个分母的最小公倍数，然后把各分数分别化成用这个最小公倍数作分母的分数）

同分母分数加减法的法则是什么？（同分母分数相加减，分母不变，只把分子相加减）

2. 出示一组数：$\frac{1}{2}$、$\frac{7}{24}$、$\frac{11}{24}$、$\frac{1}{3}$、$\frac{5}{6}$、$\frac{7}{9}$、$\frac{3}{4}$、$\frac{4}{25}$。

（1）自己任选两个数组成加法算式和减法算式；

（2）学生可能出现的算式：

$\frac{11}{24}-\frac{7}{24}$、$\frac{1}{2}+\frac{1}{3}$、$\frac{7}{24}+\frac{4}{25}$、$\frac{5}{6}-\frac{1}{2}$、$\frac{11}{24}-\frac{4}{25}$、$\frac{1}{3}+\frac{5}{6}$、$\frac{7}{9}+\frac{1}{3}$、$\frac{3}{4}-\frac{1}{3}$、$\frac{1}{3}+\frac{3}{4}$、…

（3）引导学生把上面算式分成两类，一类为同分母分数加减法，一类为分母不同的分数加减法。

教师引入：分母相同的分数加减法我们已会做，那分母不同的分数加减法又该怎样计算呢？这节课同学们自己解决这个问题，好不好？（板书：异分母分数加、减法）

二、探究新知

（一）异分母分数加法（学生任选一个分母不同的加法算式）

1. 教师提示：你们学过了同分母分数加减法，又学过了通分，请你们用学过的知识把分母不同的分数相加，能行吗？

2. 学生先独立计算后分组讨论。

3. 汇报结果：你们是怎么做出来的？把思路说出来。

引导学生明确：以$\frac{1}{2}+\frac{1}{3}$为例，$\frac{1}{2}$与$\frac{1}{3}$分母不同，不能直接相加，用通分的方法使它们分母相同，找分母2和3的最小公倍数，用最小公倍数6作分母，$\frac{1}{2}$就是$\frac{3}{6}$，$\frac{1}{3}$就是$\frac{2}{6}$，$\frac{1}{2}$加$\frac{1}{3}$就等于$\frac{3}{6}$加$\frac{2}{6}$，然后按照同分母分数加法的法则计算。

板书：$\frac{1}{2}+\frac{1}{3}=\frac{3}{6}+\frac{2}{6}=\frac{5}{6}$。

4. 你们认为最关键的地方是什么？

运用通分把不同分母的分数转化为同分母分数。

5. 反馈练习：$\frac{3}{4}+\frac{1}{5}$。

（二）异分母分数减法（学生任选一个分母不同的减法算式）

1. 教师提示：请你依照异分母分数加法的计算方法解决异分母分数减法的计算问题。

2. 汇报结果。

3. 填空,并说明理由。

$\frac{5}{6}-\frac{3}{4}=\frac{(10)}{12}-\frac{(9)}{12}=\frac{(1)}{(12)}$

4. 反馈练习:$\frac{5}{8}-\frac{1}{6}$。

(三)整理法则

1. 学生独立思考后小组讨论:根据上面的做题过程,怎样把异分母分数加法法则和异分母分数减法法则合并成一个法则?

2. 学生汇报讨论结果,教师板书。

异分母分数相加、减,先通分,然后按照同分母分数加、减法的法则进行计算。

3. 反馈练习:$\frac{2}{3}+\frac{5}{6}$,$\frac{9}{10}-\frac{11}{15}$。

①学生独立完成。

②说说应用什么法则及计算过程。

③验算。

引导学生明确:分数加减的验算方法,与整数加减的验算方法相同,都是用交换加数的位置再算一遍的方法验算加法,用差加减数的方法来验算减法。

三、全课小结

通过今天的学习你有什么收获?异分母分数加减法与同分母分数加减法有什么联系?

四、课后作业,巩固知识

对不同层次的学生分层次布置作业。

考点 2 课堂导入的设计

课堂导入方法

1. 以旧引新

以旧引新就是教师在上课时利用知识的迁移规律,把与本节课相关的旧知识呈现出来,让学生从已知的内容出发,恰当而又自然地让学生进入新知识的学习。

[例]“万以内的加减法”课堂导入

板书几道“百以内的加减法”的练习题,通过复习回忆其计算法则,引入新的教学内容,这样就降低了新知识的学习难度。

2. 创设情境导入

创设情境导入就是教师恰当、巧妙地利用音乐、幻灯、录音、录像等电教手段，来渲染课堂气氛，为学生提供贴近实际生活的特定情境，在情境中可巧设机关、制造冲突、诱发思维，使学生的心理处于兴奋状态，产生学习动机。

[例]“秒的认识”课堂导入

师：同学们，喜欢过节吗？咱们中国有一个重要的传统节日，节日里你们都会得到压岁钱，这是什么节日？（春节）

师：（课件放映春节联欢晚会倒计时）新年的钟声马上就要敲响，开始倒计时了，一起来。（师生一起倒计时）

师：过年真好！我们又一次听到了新年的钟声。谁知道，刚才咱们倒数的5，4，3，2，1是用的什么时间单位？（秒）

师：我们以前学过的时间单位是时、分。要计量更短的时间，就要用比分更小的单位——秒，今天我们就一起来认识秒。（揭示课题：秒的认识）

3. 趣味导入法

在进行课堂导入设计时，教师还应当考虑到小学生的年龄特点，通过给小学生讲故事、做游戏等趣味方式导入新课，这种方式能够迅速地吸引学生的注意力，让他们对即将学习的新知识产生浓厚的兴趣。

[例]教学“体积与容积”一课时，某教师这样引入：

师：同学们还记得乌鸦喝水这个故事吗？谁能给大家讲讲这个故事呢？

学生讲述故事。

师：聪明的乌鸦是怎么喝到水的？

生1：往瓶子里放入小石子，水面升高乌鸦就喝到水了。

师：把石子放入水中，水面为什么会上升呢？

生2：石头占了水的位置。

生3：石头把水挤出来了。

生4：石头占了水的空间。

在交流中，让学生感受物体占据空间，老师板书：空间。

4. 开门见山导入

当新的课题学生容易理解或课题与前面所学内容有直接关联时，教师可以简洁明了地说明学习内容、学习目的或要求，引起学生的有意注意，最大优点是节省时间，使学生明了学习的内容与要求。

[例]“多位数的读法与写法”一课，一上课教师直接在黑板上写了两个很大的数，如69 278 000、六千九百二十七万八千，然后指出：这种数的位数有很多，读好和写准这种数对今后学习与生活有很大帮助，今天我们就来学习“多位数的读法与写法”。

5. 实物或教具演示法

实物、教具或投影比语言更具有说服力和真切感，能够激发学生学习兴趣，培养观察能力和应用数学能力，有助于化抽象为具体，为学生提供丰富的感性经验，直观鲜明地揭示客观事物的关系。

[例]教学“圆柱与圆锥”这节课时,向学生展示若干个圆柱与圆锥的实物,如饮料罐、茶叶筒、漏斗、喇叭等,随后带领学生进行摸一摸、看一看、猜一猜的活动,鼓励学生在认真观察、分析这些实物模型的基础上尝试说出圆柱、圆锥这两者的主要特征。

6. 设疑式导入

设疑式导入是根据学生喜欢追根求源的心理特点,一上课就给学生创设一些疑问,创设矛盾,设置悬念,引起思考,使学生产生迫切学习的愿望,诱导学生由疑到思,由思到知的一种导入方法。

[例]教学“年、月、日”一课时,结合教学内容设计如下情境:同学们都知道自己的生日对吧?那你们喜欢过生日吗?学生都高兴地回答“喜欢”。教师接着深入:“小红今年8岁,哥哥从她出生到现在只过了三个生日,她哥哥多大了?”问题一出,全班顿时沸腾起来,大家都议论纷纷,有的说3岁,立刻遭到大家的反对,他妹妹都8岁了,怎么可能比他妹妹还小呢?师:“是啊,过了三个生日,应该是三岁啊。这样就有意思了,妹妹8岁,哥哥却只有3岁,岂不是怪事啊?”短短数语,学生探求其中奥秘的欲望油然而生,学习主动性被激发,思维门户也随之打开。

考点再拔高

▼ 课前谈话

所谓课前谈话,就是指教师利用课前几分钟时间为沟通师生情感、了解学生基础、活跃课堂气氛等而设计的即兴式谈话。课前谈话这短短的几分钟,不仅是教师机智的体现,还是教师知识储备和人格魅力的体现。通过课前谈话,交流沟通,能够拉近师生的心理距离;通过幽默风趣的课前谈话,放松学生紧张情绪;通过课前谈话,激励鼓舞学生,树立学习的自信心;通过联系生活的课前谈话,孕伏新课教学内容;通过课前谈话,抛砖引玉,渗透数学思想方法。有些时候,通过课前谈话还可以渗透教学重难点,这样的谈话和教学有着密切的关系,它能使学生迅速进入特定的学习情境中,为一堂课的成功奠定坚实的基础。

真题面对面

[2019 统考,案例分析,5 分]阅读材料1:“比的意义”的访谈对话。

“比的意义”课堂教学的课前对话。

师:喜欢数学还是喜欢语文?

生:喜欢数学。

师:为什么?

生:数学简单。

师:对今天的学习有信心吗?

生:有。

师:等“比的意义”这节课上完后,老师与你探讨一些问题,好不好?

生:好。

"比的意义"课堂教学的课后访谈。

师:今天学习了"比","两个数相除就叫作两个数的比"。

生:对。

师:"3∶0"是比吗?

生:不是。

师:为什么?

生:因为3∶0=3÷0,除法算式中除数不能为0,也就是说,商不存在。

师:"0÷3"是比吗?

生:是。

师:足球比赛,两队的比分3∶0,是比吗?

生:不是。

师:足球比赛,两队的比分0∶3,是比吗?

生:是。

师:两个足球队的比分3∶0不是比,0∶3是比,调换一下前后顺序,就出现了是比与不是比!

生惊讶的样子。

旁边学生:好神奇呀!

阅读材料1分析"比的意义"和"课前对话与课后访谈"的作用。

参考答案:"比的意义"的作用:①"比的意义"是小学六年级教材中比和比的应用的起点,是"比和比例"这部分知识的核心,在教材中起着承上启下的作用;②通过学习"比的意义",不仅可以使学生丰富对现实生活中数量关系的认识,进一步完善学生的认知结构,体会数学知识间的内在联系,而且也为学生进一步学习比的性质、比的应用和比例的相关知识打下坚实的基础。

课前对话的作用:

①通过课前谈话,交流沟通,能够拉近师生间的心理距离;②通过幽默风趣的课前谈话,放松学生紧张情绪;③通过课前谈话,激励鼓舞学生,树立学习的自信心;④通过联系生活的课前谈话,孕伏新课教学内容;⑤通过课前谈话,抛砖引玉,渗透数学思想方法。有些时候,通过课前谈话还可以渗透教学重难点,这样的谈话和教学有着密切的关系,它能使学生迅速进入特定的学习情境中,为一堂课的成功奠定坚实的基础。

课后访谈的作用:

通过课后访谈,我们可以知道学生是如何想的和为什么会这么想,可以知道教学过程中存在的问题,可以督促教师反思教学设计及教学过程。通过课后访谈,不仅能了解学生对新知识的理解程度、学生的真实感受和体验,而且为教师反思提供了鲜活的素材。

考点 3 教学内容的处理

1. 教材的内容情境化

创设良好的情境是激发学生学习兴趣的前提条件。新版教材最大的特点之一是设计了大量活泼生动的情境图。这些图画的风格和色彩符合学生的年龄特点，富有很浓的儿童情趣。像这种现实的、有趣的、具有挑战性的问题情境，容易激发学生已有的生活经验和数学知识，激发学生学习的欲望。在课程内容的选择上关注数学学科发展前沿与数学文化，继承和弘扬中华优秀传统文化。

2. 静态的知识动态化

一般的教材不可能把现有的教材内容讲得十分详尽。因此，教师应根据教学需要，从学生的实际出发，把教材中的主题图处理加工成可操作的课件。例如，教“几和第几”这节课时，让学生上讲台做模拟排队购票的游戏，学生在模拟的情境中，体验理解“几”和“第几”的联系和区别。在课程内容呈现上，适当增加跨学科主题学习、选择性学习内容适应学生发展需求。

3. 教学的内容生活化

教学时，应使数学教学联系学生生活实际，让学生了解现实生活中的数学，感受数学与日常生活的密切联系，体验数学的乐趣。例如，教学“认识钟表”，课前应开展“我是小小调查员”的活动，走向实际了解钟表的有关知识，并从家中带来不同形状、类型的钟表进行认识。通过活动，学生对钟面上时针、分针、秒针等有了感性认识。在课程内容组织上强调对内容进行结构化融合，探索发展核心素养的路径。重视数学结果的形成过程，处理好过程与结果的关系。

考点 4 习题设计

这里的习题是指教学中用到的例题、练习题等。习题是整个教材内容的一部分，习题在数学教学中占有特殊的地位和作用，没有必要的、恰当的例题讲解和练习，学生就不可能巩固所学的知识、掌握有关的基本技能和进一步培养能力。因此，教师必须对例题和练习题精心设计和选择，细心安排处理，才能收到好的教学效果。

例题的选择要有典型性、代表性、思维性。特别要注意例题的一题多变、一题多解和一图多用。有效的课堂练习设计，应该指向明确，富有基础性和灵活性。既要重视考查学生的基本运算能力，又要注重考查学生灵活运用数学知识分析和解决问题的能力，只有这样，才能使练习富有成效，才能使老师及时掌握学生课堂学习的反馈信息。学生的课内训练题和课外作业题要避免大量的机械模仿；要紧扣重点，有利于对基础知识的巩固和规律的掌握；要注意题型的多样性，重视变式训练和探索性的训练，以培养学生的能力，发展智力。对于课外作业，可布置适量的选做题，以体现因材施教的原则。

练习要有目的性、层次性，要由易到难，由浅入深，由单一到综合，要有一定的坡度，要多样化，要有反馈调节性，要面向全体学生，分量要适中，做到质与量的兼顾，要有弹性，要加强知识的应用性和开放性。

考点 5 数学课堂活动的设计

数学课堂活动是指学习主体在课堂教学中的思维活动和操作活动，是学生解决数学问题、进行数学思考、形成数学态度和价值观以及获得数学知识和技能的有效途径。一般来讲，教师在进行小学数学课堂活

动设计时，要关注以下几个方面：

1. 围绕课堂教学目标设计真实有效的数学活动

数学课堂活动的设计要避免流于形式，要真实有效。设计真实有效的数学课堂活动，可以从以下几方面着手。

(1)教学目标向活动步骤转化

数学课堂活动最忌讳的就是盲目性。数学活动的设计要围绕教学目标展开，将教学目标具体化，转化为可操作的活动实施步骤。

(2)给予充足的数学活动时间

在课堂上开展数学活动，不仅包括外显操作活动，还包括内隐思维活动。特别是数学思维活动，它是数学课堂活动的主要内容。数学思维是需要时间的，只有给予充分的时间，学生才有可能达到真正的思维状态，才有可能思考得充分，想得明白，教师才有可能了解到内隐活动的真实情况。

(3)给予及时点拨和引导

教师要充分发挥自身在数学活动中的主导作用，对学生的探究、交流等活动做出适时的、富有针对性的指导，引导学生积累科学的数学活动经验。特别是对于学生在活动过程中出现的问题、碰到的困难要及时给予帮助。对于数学活动中的一些不良问题要及时发现、纠正，并给予正确的引导。

2. 重视学生数学思维活动的设计

小学数学课堂活动要重视内隐思维活动的设计，激发学生进行数学思考，发展数学思维，这是数学课堂教学的主旨所在。在设计数学活动时，应在知识的疑难处、重点处、转折处、衔接处、拓展延伸处让学生去“思”“议”“评”“操作”。

3. 追求数学内隐思维活动和外显操作活动的统一

我们说数学课堂活动既包含外显操作活动，也包含内隐思维活动，它们是同一个活动的两个方面，是统一于同一个活动之中的。追求二者的统一，是为了避免小学数学课堂活动流于形式的现象，杜绝数学活动失去其本质意义的可能性。数学活动应该激发学生的数学思考，发展其数学思维品质和能力。

考点 再拔高

▼ 课间访谈

1. 课间访谈的作用

①可以帮助学生系统地掌握基础知识、拓宽知识面；②发展学生的提问能力；③及时发现学生对知识的掌握情况，能够有效地进行指导；④有助于培养和谐融洽的师生关系。

2. 课间访谈注意的问题

①教师对谈话内容要有充分的准备。教师作为课堂的带领者，在谈话前，要熟悉数学教材，对谈话内容有一定的认识与掌握，了解新授知识与已有知识之间的联系，了解学生的认知水平。②谈话要有一定的目的性。数学课堂不仅要向小学生传授知识，还要帮助他们获得情感态度与价值观等方面的提升，因此谈话内容要与数学教材相联系，要有目的性。③问题要向全班同学提出。谈话是针对全班同学，教师要对所有的学生都一视同仁，考虑学生的整体水平。

考点 6 课堂小结的设计

小结是指完成一个教学内容或活动时，教师对知识进行归纳总结，使学生对所学知识系统化，从而巩固和掌握教学内容的教学行为方式，它也是教学过程中的重要环节。

类型	特点
总结概括式小结	由教师或学生完成，概括本节课内容，强调重点，指明关键，提出要求。可用叙述、图表、图示等多种方法总结概括
比较异同式小结	比较新知与原有知识的异同，加深、扩展学生对知识的理解，知识间可能是并列的或是对立的，也可能是近似的、易混的，通过比较分析，找出它们各自本质特性的不同点，找出内在联系的相同点，使学生对概念理解得更加准确、深刻，记得更牢固
揭示规律式小结	这种小结是对教学中的性质、公式、规律等数学事实以及解决问题的方法、步骤进行总结，促使学生思维得到完善和发展
延伸发展式小结	将课内知识延伸到后续内容或课外，通过这样的延伸架起知识和兴趣的桥梁，引导学生对课外学习产生兴趣

考点 7 板书设计

板书是指教师为辅助课堂口语的表达而写在黑板上的文字或其他符号。板书包括两个基本的组成部分，即**主体板书**和**辅助板书**。主体板书是教师在对教学内容进行概括的基础上，提纲挈领地反映教学内容的书面语言，可以是讲授要点、层次分析、论点论据、概括总结，要求写在黑板的左半部和中部。主体板书是教师在备课过程中就已经精心准备好的。辅助板书是在教学过程中教师为了引起学生的注意或是为了解释一些学生难以理解的字、词、符号时，随机写在黑板右侧的书面语言。如教师在讲课中遇到的一些关键词、引用的一些公式、学生没有听懂的一些字、词，随手写在黑板的右侧，这些都是辅助板书。辅助板书没有必要保留很长时间，往往是只要起到了辅助口语表达的效果，就可以随即擦掉。而主体板书作为教材内容的框架应保留下来。一般来说，一节课应有一个完整的板书计划，讲课结束后，黑板上应留下一个完整、美观的板书。

设计板书时应注意：①重点突出，布局合理；②语言准确，富于启发；③层次分明，重视逻辑；④形式多样，增强趣味；⑤图文并茂，生动醒目。

考点 8 教学反思

教学反思主要反思的问题是：是否达到预期目标，没有达到的话，分析原因，提供改进的方案；有哪些突发的灵感，印象最深的讨论，学生独特的想法；哪些地方与设计的教学过程不一样，学生提出了哪些没有想到的问题，为什么会提出这些问题；等等。

五、数学教案编写 【解答】 ★★

教案是课堂教学的书面计划与方案，它应包括课堂教学的主要过程、主要内容以及主要措施。

考点 1 教案的内容

教案有详略之分，但一般都包括说明、教学过程、注记三部分。

1. 说明部分

教案的说明部分主要包括以下内容：

授课班级、授课时间；

课题——即本节课的名称，必要时说明是什么内容的第几课时；

教学目标——说明通过本节课的教学，学生必须达到的过程性目标与结果性目标；

课型——说明本节课是新授课还是练习课、复习课、讲评课等；

教材分析——分析本节课的教学重点、教学难点等；

教学方法及教学媒体——说明教学中使用的主要的教学方法（如讲解法、谈话法等），以及教学用具（如实物、模型、多媒体等）。

以上内容中，有些可以省略，但课题、教学目标、教材分析、课型必不可少。教案中说明部分的语言表述，要求简明扼要，一目了然。

2. 教学过程

教学过程是教案的主要内容，包括教学内容及其呈现顺序、师生双方的教学活动等。不同的课型有不同的教学过程。对于教学经验还不太丰富的年轻教师，在教学过程设计中还应配有相应的板书设计。

3. 注记

注记包括两方面：一是对教学过程中可能出现的具体问题的补充说明，例如，设计出的教学过程不一定适合学生的实际情况，如何修正；学生回答问题或练习时，可能会出现什么情况，如何解决；倘若时间多余，可以补充哪些教学内容，等等。二是课后教师对教学设计、教学活动的安排以及教学效果的总结与反思，包括教案实施情况、教学中的优缺点、课堂教学的效果安排、学生存在的学习困难、解题中的特殊解法或普遍错误以及教师的体会与感受等。

考点2 教案的格式

教案是个人化、情境化的产物，它随教师、学科、目标以及情境的不同而有所不同，因此教案的格式并不是固定不变的。一般情况下，教案的格式可以分为两大类。一类是文本式，即把教案的内容依次写出；一种是表格式，即用表格的形式来反映教案的主要内容。

表格式教案的一个基本格式可参考下表：

课题：	
教学目标（目的要求）：	
学情分析：	
课型：	教学方法：
教具、学具：	
教材（教学内容）分析：主要涉及重点、难点及关键内容	
教后反思：	

第四部分

真题面对面

[2022年6月杭州(中小学),解答,10分]《普通高中数学课程标准》(2017年版2020年修订)将"二次函数与一元二次方程、不等式"作为高中数学预备知识,旨在帮助学生用一元二次函数认识一元二次方程和一元二次不等式,理解函数、方程和不等式之间的联系,体会数学的整体性。

请你针对高中教科书人教A版,数学必修第一册(2019版)中"2.3 二次函数与一元二次方程、不等式"第一课时的教学内容,写出该节课的教学设计。(教学设计必须有教学目标、重难点和简要教学过程部分)

参考答案:教学目标:

①熟练掌握一元二次不等式解法,理解三个"二次"之间的关系。

②借助二次函数图象,数形结合地理解三个"二次"之间的关系,学会借助已有经验,有意识地进行降维处理(将解一元二次不等式问题转化为一元一次不等式组问题)。

③通过一元二次函数、一元二次方程、不等式三者关系的探究过程,提升学生数学抽象、数学运算与直观想象的核心素养。

教学重点:一元二次函数与一元二次方程的关系,利用二次函数图象求一元二次方程的实数根和不等式的解集。

教学难点:一元二次方程根的情况和二次函数图象与 x 轴位置关系的联系,数形结合思想的应用。

教学过程:

一、导入

师:在初中,我们从一次函数的角度看一元一次方程、一元一次不等式,发现了三者之间的内在联系,可以利用函数观点把它们统一起来,而且利用这种联系可以很好地解决相关问题。对于二次函数、一元二次方程和一元二次不等式,是否也有这样的联系呢?

二、新知探究

(一)一元二次不等式的定义

问题1:园艺师打算在绿地上用栅栏围一个矩形区域种植花卉。若栅栏的长度是24 m,围成的矩形区域的面积要大于20 m^2,则这个矩形的边长为多少米?

答案:①设矩形的一边长为 x m,另一边长为 y m,可以得到 $x+y=12$,$xy>20$,消元可得 $(12-x)x>20$,其中 $0<x<12$。

师:(追问1)同学们看我们刚才计算得出的这个式子 $(12-x)x>20$,即 $x^2-12x+20<0$,与一元一次不等式相比,有什么相同点和不同点?你能再举出一些类似的不等式吗?

生:相同点是都只含有一个未知数,不同点是一元一次不等式中未知数的最高次数是1,而不等式 $x^2-12x+20<0$ 中未知数的最高次数是2。

师:(追问2)类比一元一次不等式的定义,你能给这类不等式起个名字吗?并试着给出它的定义及其一般形式。

师生共同总结：含有一个未知数，并且未知数的最高次数为2的不等式叫作一元二次不等式。

师：一元二次不等式的一般形式：$ax^2+bx+c>0$ 或者 $ax^2+bx+c<0$，其中 a,b,c 为常数，且$a\neq0$。

（二）探究一元二次不等式的解法

问题2：在初中，我们学习了从一次函数的观点看一元一次方程、一元一次不等式的思想方法，那么这三者之间的关系是什么？（PPT出示一次函数、一元一次方程与一元一次不等式的关系图）

问题3：类似地，能否从二次函数的观点看一元二次不等式，进而得到一元二次不等式的求解方法呢？以函数 $y=x^2-12x+20$ 为例。

追问1：点 P 为函数 $y=x^2-12x+20$ 图象上的一点，当点 P 的纵坐标为0时，如何求点 P 的横坐标？

师生归纳：解方程 $x^2-12x+20=0$ 方程的实数根就是点 P 的横坐标。

追问2：一元二次方程 $x^2-12x+20=0$ 的实数根与二次函数 $y=x^2-12x+20$ 有什么关系？这个结论推广到一般的二次函数，该怎么叙述？（提示：自己先尝试叙述，然后阅读教科书第50页最后一段，进行修正）

师生归纳：一元二次方程 $x^2-12x+20=0$ 的实数根就是二次函数 $y=x^2-12x+20$ 图象与 x 轴交点的横坐标。

师生共同总结得出：一般地，一元二次方程 $ax^2+bx+c=0(a\neq0)$ 的实数根就是二次函数 $y=ax^2+bx+c(a\neq0)$ 图象与 x 轴交点的横坐标。

对于二次函数 $y=ax^2+bx+c(a\neq0)$，我们把使 $ax^2+bx+c=0(a\neq0)$ 的实数 x 叫作二次函数 $y=ax^2+bx+c(a\neq0)$ 的零点，即二次函数 $y=x^2-12x+20$ 的两个零点为$x_1=2,x_2=10$。

追问3：二次函数 $y=x^2-12x+20$ 的两个零点将 x 轴分成三段，每一段（零点除外）对应的函数图象有什么特点？函数值有什么特点？

学生回答后，教师归纳总结。

追问4：根据二次函数 $y=x^2-12x+20$ 的图象，不等式 $x^2-12x+20<0$ 与 $x^2-12x+20>0$ 的解集分别是什么？

追问5："问题1"中矩形的边长应该是多少米？

问题4：求解一元二次不等式 $x^2-12x+20<0$ 与 $x^2-12x+20>0$ 的方法，可以推广到求一般的一元二次不等式 $ax^2+bx+c>0(a>0)$ 和 $ax^2+bx+c<0(a>0)$ 的解集吗？

对于一般的一元二次方程 $ax^2+bx+c=0(a>0)$、一元二次不等式 $ax^2+bx+c>0(a>0)$ 与相应的函数 $y=ax^2+bx+c(a>0)$ 之间是否也具有类似的关系？请完成表格。（PPT出示表格内容）

（三）应用举例

例1. 求下列不等式的解集。

(1)$x^2-5x+6>0$；(2)$9x^2-6x+1>0$；(3)$-x^2+2x-3>0$。

第四部分

追问 1：求解不等式 $ax^2+bx+c>0(a>0)$ 或 $ax^2+bx+c<0(a>0)$ 的依据是什么？步骤是什么？第(3)题与(1)(2)题有何不同？如何转化为(1)(2)题。

例 2. 已知一元二次不等式 $ax^2+bx+c<0$ 的解集 $\{x|x<-3$ 或 $x>5\}$，则 $ax^2+bx+c>0$ 的解集为________。

追问 2：如何利用“三个二次”的关系求解？你能画出不等式对应的函数简图吗？

三、归纳小结

问题 5：这节课我们学习了一元二次不等式，回答下列问题，总结本节课的学习。

(1)我们是如何研究解一元二次不等式的？在这个过程中体现了哪些数学思想方法？

(2)解一元二次不等式 $ax^2+bx+c>0(a\neq0)$ 的步骤是什么？

四、课后作业，巩固知识

对不同层次的学生分层次布置作业。

达标测评

建议用时	实际用时	测评总分	实际得分
45 分钟	______分钟	78 分	______分

一、案例分析和案例设计题（每小题 23 分，共 46 分）

1. 以下是“平行四边形的面积”的部分教学内容，请根据所给内容回答问题。

平行四边形的面积

下面两个花坛的面积哪个大？

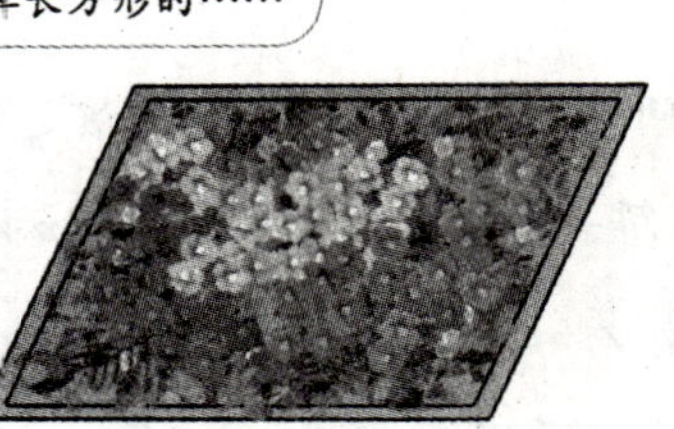

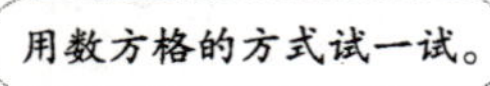

在方格纸上数一数，然后填写下表。（一个方格代表 1 m^2，不满一格的都按半格计算。）

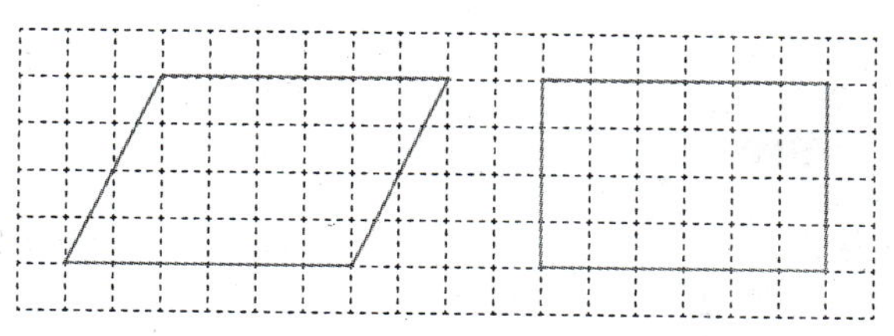

平行四边形	底	高	面积
长方形	长	宽	面积

你发现了什么？

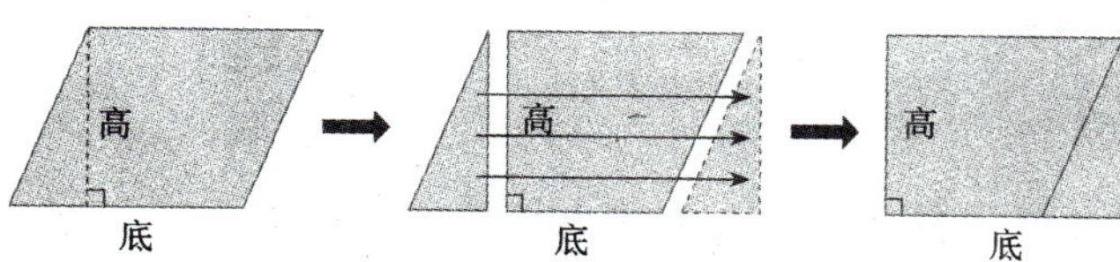

观察原来的平行四边形和转化后的长方形，你发现了什么？

长方形的长相当于平行四边形的（　　　），
长方形的宽相当于平行四边形的（　　　）。

平行四边形的面积=________________

如果用S表示平行四边形的面积，用a表示平行四边形的底，用h表示平行四边形的高，那么平行四边形的面积计算公式可以写成：

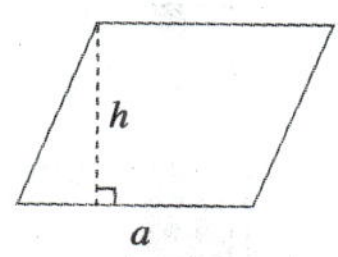

$$S=ah$$

第四部分

(1)本内容蕴含了什么数学思想?

(2)写出本节课的教学目标及教学重难点;

(3)根据教学目标写出本节课的教学过程。

2. "分数的意义"第一课时,某教师的部分教学情境如下:

课前,教师发给学生各种学具,在探索新知环节要求学生按要求操作"$\frac{1}{4}$",自己下去巡视,发现:几乎所有的学生都先把学具平均分成4份,取其中的一份,这一份就占整个学具的$\frac{1}{4}$,他们也能表述这个过程。仅有一个孩子"与众不同",他用学具摆出了一个"$\frac{1}{4}$模型",即将3个圆片排成一排作分数线,1个圆片置于分数线上方作分子,另4个圆片置于分数线下方作分母。便把这个孩子叫到讲台上,问:为什么没有按照我们事先规定的要求,请你解释一下。

学生顿时觉得自己犯了错误,有一些不好意思。教师"哼"了两声,表现出一种鄙视的神情,下面的学生哈哈大笑。

问题:

(1)请说明案例中教师教学中存在的问题;

(2)请以"分数的意义"为课题设计教学过程。

二、教学设计题(每小题16分,共32分)

3. 请根据教材内容设计一份教学简案。

体积单位

说一说,常见的体积单位有哪些?认一认。

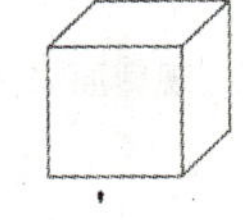

1厘米 (长度单位)	1平方厘米 (面积单位)	1立方厘米 (体积单位)

棱长为1厘米的正方体,体积是1立方厘米,记作1厘米^3(cm^3);

棱长为1分米的正方体,体积是1立方分米,记作1分米^3(dm^3);

棱长为1米的正方体,体积是1立方米,记作1米^3(m^3)。

做一做,看一看。

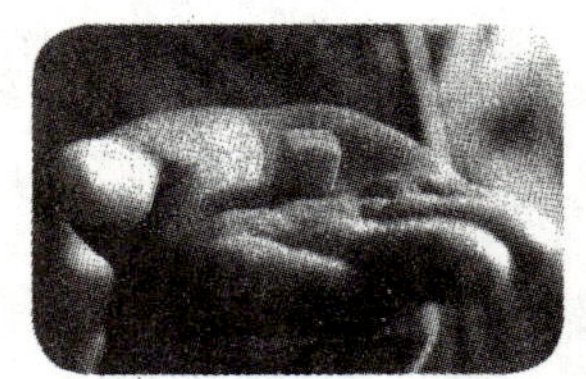

用橡皮泥切出一个1 cm^3的正方体。

用硬纸板做一个1 dm^3的正方体盒子。

第四部分

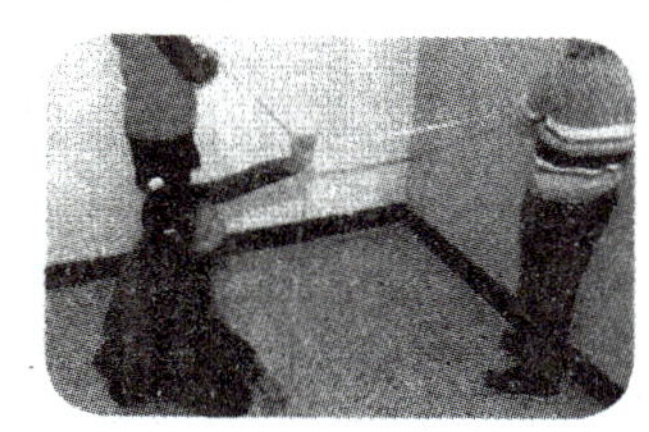

用米尺搭出一个 1 m^3 的空间。

1 m^3 的空间大约能站 13 名幼儿园的小朋友。

生活中还有哪些物体的体积大约是 1 cm^3，1 dm^3，1 m^3？与同伴交流。

1 粒花生米的体积约 1 cm^3

1 个粉笔盒的体积约 1 dm^3

1 个 29 英寸电视机包装箱的体积约 1 m^3

4. 以下是某中学数学教材的部分内容，请据此设计相应的教学过程。

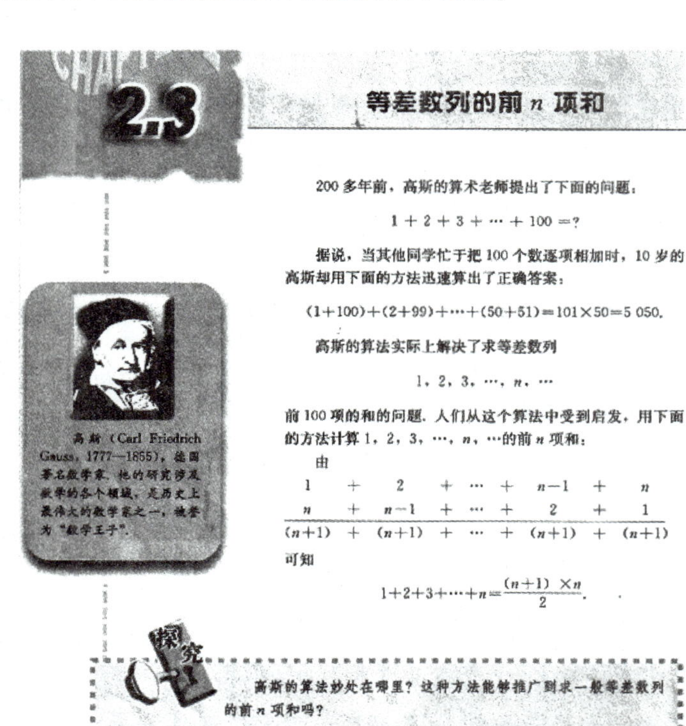

2.3 等差数列的前 n 项和

200 多年前，高斯的算术老师提出了下面的问题：

$$1+2+3+\cdots+100=?$$

据说，当其他同学忙于把 100 个数逐项相加时，10 岁的高斯却用下面的方法迅速算出了正确答案：

$$(1+100)+(2+99)+\cdots+(50+51)=101\times 50=5\ 050.$$

高斯的算法实际上解决了求等差数列

$$1,\ 2,\ 3,\ \cdots,\ n,\ \cdots$$

前 100 项的和的问题. 人们从这个算法中受到启发，用下面的方法计算 1，2，3，…，n，…的前 n 项和：

由

$$\begin{array}{ccccccccccc} 1 & + & 2 & + & \cdots & + & n-1 & + & n \\ n & + & n-1 & + & \cdots & + & 2 & + & 1 \\ \hline (n+1) & + & (n+1) & + & \cdots & + & (n+1) & + & (n+1) \end{array}$$

可知

$$1+2+3+\cdots+n=\frac{(n+1)\times n}{2}.$$

高斯（Carl Friedrich Gauss，1777—1855），德国著名数学家. 他的研究涉及数学的各个领域，是历史上最伟大的数学家之一，被誉为“数学王子”.

探究

高斯的算法妙处在哪里？这种方法能够推广到求一般等差数列的前 n 项和吗？

第四部分

参考答案及解析

一、案例分析和案例设计题

1. [参考答案](1)转化的数学思想。

(2)教学目标：

①尝试探索、动手实践推导出平行四边形面积计算公式；能正确求出平行四边形的面积。

②通过数、画、剪、拼等动手操作活动，探索平行四边形面积计算公式的推导过程，渗透转化的数学思想，发展几何直观与空间观念的核心素养。

③感受数学源于生活，生活需要数学，体会尝试学习的快感；培养分析、综合、抽象、概括和解决实际问题的能力，增强学习数学的积极性，感受学习数学的快乐。

教学重点：探索平行四边形面积计算公式的推导过程，运用平行四边形面积公式解决日常生活中简单的实际问题。

教学难点：探究平行四边形面积计算公式的推导过程。

(3)教学过程：

一、情境导入，揭示课题

同学们，几何图形是小学数学中最有趣的知识，你都知道哪些平面图形呢？(长方形、正方形、平行四边形、三角形、梯形、菱形、圆形，课件出示学生说的图形)

(课件出示)某校门口有两个花坛，请同学们看看是什么图形？这两个花坛哪一个大呢？我们需要知道它们的什么？(面积)

我们已经学过了长方形面积的计算方法，谁知道它的面积公式是什么？(长乘宽)

公式是怎样推导出来的？(用数方格的方法)

今天我们就来研究平行四边形的面积。

二、主动探索，推导公式

1. 用面积单位测量平行四边形的面积。

(1)提问：要知道这个平行四边形的面积，怎么办？(PPT课件演示)

引导学生回顾用面积单位测量图形面积的方法。

(2)操作：现在把它们放在方格纸上，一个方格代表 1 m^2，不满一格的都按半格计算。平行四边形的面积是多少，你能数出来吗？长方形的面积呢？(教师适时用PPT课件演示)

(3)学生先独立数出平行四边形的面积，再互相交流。

预设平行四边形的面积：

方法一：从左往右数，每行6个，有4行，平行四边形的面积是24平方米。

方法二：先数整格有20个，再数半格有8个，相当于4个整格，合起来一共是24平方米。

长方形的面积：长6米，宽4米，面积是 $6\times4=24$(平方米)。

(4)教师小结:虽然大家数的方法不一样,但同学们都是在用单位面积进行测量。

(5)填写表格。

①师生共同完成表格:平行四边形的面积是多少?它的底和高分别是多少?长方形呢?(PPT课件演示)

<table>
<tr><td rowspan="2">平行四边形</td><td>底</td><td>高</td><td>面积</td></tr>
<tr><td></td><td></td><td></td></tr>
<tr><td rowspan="2">长方形</td><td>长</td><td>宽</td><td>面积</td></tr>
<tr><td></td><td></td><td></td></tr>
</table>

②引导学生观察:观察这个表格,你发现了什么?

③交流汇报,小结:有的同学发现了这个平行四边形的底与长方形的长相等,平行四边形的高和长方形的宽相等,平行四边形的面积与长方形的面积相等。还有同学发现,这个平行四边形的底乘高正好等于它的面积,由此猜测平行四边形的面积=底×高。

2. 操作思考,推导公式。

(1)教师:看来,数方格的确能让我们知道平行四边形的面积。但是,如果有很大一块草坪,数方格方便吗?显然是不方便的。如果不数方格,怎样计算平行四边形的面积呢?

这个平行四边形的面积恰好等于底乘高,那是不是所有的平行四边形的面积都等于底乘高呢?看来,还需进一步研究哦!(PPT课件演示)

(2)确定探究方向:我们已经学过某些图形的面积计算方法,能否将平行四边形转化成它们来计算面积呢?请大家借助手中的平行四边形卡纸,先独立思考、动手操作,找到答案后在小组内交流。

(3)操作转化,推导公式。

①操作转化。

a. 学生独立思考,动手剪拼平行四边形,将它转化成长方形后组内交流。

b. 学生展示汇报。(PPT课件演示)

c. 大家发现它们有什么相同之处?为什么要沿着平行四边形的高来剪开?有多少种不同的剪法?为什么?

②观察思考。

a. 观察:原来的平行四边形和转化后的长方形,你发现它们之间有哪些等量关系?(PPT课件演示)

b. 思考:平行四边形的底和长方形的(　　)相等,平行四边形的(　　)和长方形的(　　)相等,这两个图形的面积(　　)。(PPT课件演示)

c. 学生汇报。(教师板书)

③概括公式。

你能根据长方形的面积计算公式推导出平行四边形的面积计算公式吗?会用字母表示吗?(PPT课件演示,板书公式)

(4)回顾与小结。

①我们已经知道平行四边形的面积等于底乘高,回顾一下,它是怎样推导出来的?

第四部分

②小结：首先把一个平行四边形沿高剪开后平移拼成一个长方形，再观察原来的平行四边形和拼接后得到的长方形，发现等量关系：平行四边形的底和长方形的长相等，平行四边形的高和长方形的宽相等，两个图形的面积也相等。因为长方形的面积等于长乘宽，所以平行四边形的面积等于底乘高。

像这样把未知的平行四边形的面积转化成已学的长方形的面积来研究的方法，我们在数学学习中经常用到。如果同学们在后面的学习中碰到类似的问题，也可以用它来解决问题。

三、巩固运用，解决问题

1. 教学教材例 1。

(1)出示例题，呈现问题情境。(PPT 课件演示)

(2)理解题意，叙述题目内容。

①用自己的话说一说题目的意思是什么？

②学生根据图文叙述：知道平行四边形花坛的底是 6 米，高是 4 米，求花坛的面积是多少平方米。

(3)收集信息，明确问题。

①提问：从题目中你获得了哪些数学信息？要求什么？

②思考：要求花坛的面积，其实就是求什么？

③归纳：要求花坛的面积，其实就是求底是 6 米、高是 4 米的平行四边形的面积。

(4)学生独立解答。

(5)学生汇报，教师板书，规范书写。

2. 课堂练习。

完成教材练习题第 1 题。

(1)学生独立完成。

(2)同桌互相说说自己是怎样做的。

(3)全班集体交流：这个问题你是怎样解决的？

四、变式练习，内化提高

1. 基本练习。

完成教材练习题第 2 题。(PPT 课件演示)

(1)学生独立完成。

(2)同桌互相说一说自己是怎样算的。

(3)全班集体交流第 3 个图形的面积计算。(注意选择平行四边形中对应的底和高来计算面积)

2. 提高练习。

完成教材练习题第 4 题。(PPT 课件演示)

(1)理解题意：怎样计算出这两个平行四边形的面积？需要知道什么？(先测量出平行四边形中对应的底和高，再利用公式计算)

(2)学生独立完成。

(3)全班集体交流：两个平行四边形的底和高分别是多少？怎样计算面积？

3. 拓展延伸。

等底等高的平行四边形的面积一定相等吗？面积相等的平行四边形一定等底等高吗？(PPT 课件演示)

五、全课总结，畅谈收获

今天这节课学习了什么？怎样学的？

2. [参考答案](1)上述案例中教师存在两点问题，一是把教学预设看作绝对标准，认为学生都应该听从教师的安排和要求。二是一旦学生出现与预设不相符的表现，教师立即心生反感。前者说明教师尚未真正了解课堂中生成的存在，以为好的教学就是严格按照预设进行。后者是前者的延续，正因为不了解课堂生成的存在是正常的，所以并无开放的心态对待学生行为中的"另类"(预设中并未涉及的部分)，也因此多以"敌对"的心态应对课堂中可能的"生成点"。

事实上，该案例中，学生摆出$\frac{1}{4}$，虽然不能说有多大创意，但至少是独特的，教师应该给予恰当鼓励，以保护学生的自尊心和解决问题的积极性，要意识到学生的学习起点也包含情感态度因素。

另外，教师首先要充实预设与生成及其相互关系的知识。如果教师具备了相关知识，再遇到课堂中的突发事件，就会以开放的心态面对，也能生成精彩的课堂瞬间。

(2)教学过程：

一、谈话导入

通过师生之间的谈话引出分数。

师：关于分数，你已经知道了什么？

师：你知道古人是怎样表示分数的吗？让我们一起来看一看。(课件出示)

接下来我们一起来继续学习分数的有关内容。

二、理解分数的意义

(课件出示$\frac{1}{4}$)师：看到这个分数你想到了什么？(让学生自由回答)

1. 理解一个物体的四分之一。

师：同学们刚才说得很好，课前老师给同学们准备了一些学具圆片、正方形纸和练习册等，利用这些材料折一折、分一分、画一画，找出四分之一。

可引导学生想想：是把什么看作一个整体单位"1"的？分成了几份？其中的几份就是四分之一？

学生可能会有以下的想法：

生1：把一个圆片平均分成4份，取其中的一份就是这个圆片的四分之一。

生2：把一张正方形纸片平均分成4份，其中的一份就是这张正方形纸片的四分之一。

生3：把一条线段平均分成4份，其中的一份就是这条线段的四分之一。

……

师：应该怎样分才合理？你找到的四分之一是把什么看作单位"1"？是谁的四分之一？

2. 理解一个整体的四分之一。

(课件出示一些物体)师：你能不能从这些物体中找出四分之一呢？

让同学们先交流交流，在练习纸上分一分、画一画，找出四分之一，小组交流后汇报。

在学生找的同时，引导他们思考：你是把什么看作单位“1”的？平均分成了几份？取其中的几份就是单位“1”的四分之一？

生4：把4个苹果平均分成4份，一份就是这4个苹果的四分之一。

生5：把8个正方体看作单位“1”，平均分成4份，1份就是这8个正方体的四分之一。

生6：把12个五角星看作单位“1”，平均分成4份，1份就是这12个五角星的四分之一。

师：这个四分之一是把谁看作单位“1”呢？怎样才能把这四个苹果看作单位“1”呢？（课件展示$\frac{1}{4}$的形成过程）

3. 对比总结。

师：我们找到了这么多的四分之一，这些四分之一的单位“1”相同吗？各是把谁看作单位“1”？可为什么都用四分之一来表示呢？

引导学生理解：虽然它们的单位“1”不相同，但它们都是把单位“1”平均分成四份，取了其中的1份。

4. 寻找分母是4的其他分数。

课件出示刚刚同学们的操作材料，提问：除了$\frac{1}{4}$你还能找到其他分母是4的分数吗？说说你是怎么找到的？

5. 创造分数。

师：拿出学具中的12根小棒，利用这些小棒摆一摆、分一分，看看你能从小棒中发现哪些分数。思考：你把这些小棒分成了几份，其中的几份就是这12根小棒的几分之几？

生7：我把这些小棒分成了6份，我找到了六分之一、六分之二，等等。

生8：我把这些小棒分成了3份，我找到了三分之一、三分之二，等等。

教师顺势板书学生找到的分数。

6. 总结分数的意义。

在前面观察、操作、交流的基础上我们可以总结出分数的意义：把单位“1”平均分成若干份，其中的一份或几份都可以用分数来表示。

三、认识分数单位

师：分数和整数一样，也有它的计数单位。在分数中把单位“1”平均分成若干份，表示其中一份的数就是分数单位。如四分之一、六分之一、三分之一、十二分之一都是分数单位。

让学生说说都是哪些分数的分数单位。如六分之一是六分之五的分数单位，等等。

练习：老师报数，学生说出这个分数的分数单位，并说说有几个这样的分数单位。

四、巩固练习

1. 请同学们在横线上填上你们的答案。

(1)说说$\frac{3}{5}$的意义：________。

(2) $\frac{3}{8}$的分数单位是________，有________个这样的分数单位。

2. 哪位同学愿意来读一读，并说说其中分数的意义？

(1) 我校五年级学生约占全校学生的$\frac{1}{6}$。

(2) 长江约$\frac{3}{5}$的水体受到不同程度的污染。

师：还有几分之几的水体没受污染呢？受污染的水体多还是没受污染的水体多？有什么想说的？

(3) 姚明的头部长度约占他身高的$\frac{1}{8}$。

师：我们的身体中还蕴藏着很多分数，有兴趣的同学课后可以去查一查资料。

3. 深层巩固。

这里有三盒巧克力，老师要求只能拿走每盒巧克力的$\frac{1}{5}$，可是小玲却从第一盒中拿走了 1 颗，从第二盒中拿走了 2 颗，从第三盒中拿走了 3 颗，这是为什么？

五、总结全课

师：这节课我们学习了什么？你有什么收获？还有什么问题？

二、教学设计题

3. [参考答案]教学目标：

①了解常见的体积单位，对体积单位的大小形成比较明确的表象。

②通过猜想、验证等方法培养实验能力、观察能力以及合作学习的能力，发展量感与几何直观的素养。

③感受数学与现实生活的联系，体验数学知识在生活中处处都有。

教学重点：认识体积单位，建立表象。

教学难点：建立体积是 1 立方米、1 立方分米、1 立方厘米的空间观念，能正确应用体积单位估算常见物体的体积。

教学过程：

一、引出体积单位

有的物体可以通过观察来比较它们的体积大小，那下面两个长方体，你们能比较出它们的大小吗？

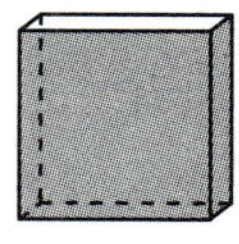

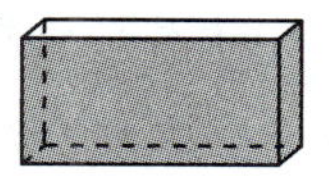

(不好比较)

用多媒体将它们分成若干个大小相同的小正方体(如下图)。

师：现在你们能比较出它们的大小吗？为什么？

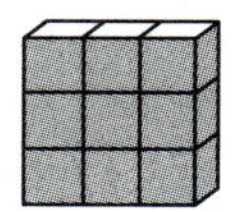

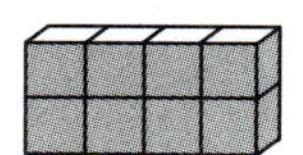

第四部分

(出示1个魔方)师:它有27个小正方体,和上面的几何体比较,谁的体积大?怎么得到含27个小正方体的几何体体积就大呢?

师:所以要比较物体的体积大小,需要有一个统一的体积单位。在学习体积单位前,我们先回想一下,长度单位是用什么来表示的?面积单位是用什么来表示的?

引导学生说出:长度单位是用线段来表示的,面积单位是用正方形来表示的。

师:那么,体积单位应该用什么来表示呢?

学生讨论后,回答:应该用正方体来表示。

师:体积单位是用正方体来表示的。常用的体积单位有立方厘米、立方分米、立方米,用字母表示是cm^3、dm^3、m^3。(板书:cm^3、dm^3、m^3)

二、认识体积单位

在研究体积单位之前,我们先回想一下长度单位。1厘米有多长呢?1分米呢?面积单位是怎样定义的呢?1平方厘米、1平方分米呢?

1. 感受1立方厘米。

(1)1立方厘米究竟有多大呢?数学上规定棱长是1厘米的正方体的体积就是1立方厘米。

(2)请你从学具袋里拿出一个1立方厘米的小正方体,摸一摸,感觉一下它的大小。也可以用手比划比划。

(3)想一想,在咱们的生活中,哪些物品的体积大约是1立方厘米?

(4)请你估计一下口香糖的体积大约是多少立方厘米?

(5)现在请你再估计一下这个白花油瓶(课件出示)的体积?用什么方法?

2. 感受1立方分米。

(1)如果让你用1立方厘米的小正方体再摆一摆,估计下这个鞋盒的体积,你觉得合适吗?看来我们需要大一些的体积单位来估计!

(2)怎样的一个正方体,它的体积是1立方分米呢?

(3)请你闭上眼睛,想象一下,棱长是1分米的正方体大概是多大。

(4)每位同学已经制作了一个1立方分米的正方体,现在请你摸一摸,真实地感觉一下它的大小。

(5)在咱们生活中,哪些物体的体积大约是1立方分米呢?

(6)你看这个餐巾纸盒是不是1立方分米?巧克力盒呢?

(7)现在你能估计这个鞋盒大约是多少立方分米吗?

3. 感受1立方米。

(1)同学们,如果要你估计咱们教室的大小,你觉得用立方分米合适吗?需要更大的单位,那就是立方米。

(2)1立方米有多大呢?(让学生说)

(3)请你再闭上眼睛想象一下棱长是1米的正方体。

(4)看一看:你想象的是这么大吗?

(5)哪位同学想来感受下1立方米的大小?

(6)在咱们生活中有没有哪些物体的体积大约是1立方米呢？（柜台）

总结：同学们，只要你仔细留心，在生活中还有很多物体的体积大约是1立方厘米、1立方分米、1立方米。立方厘米、立方分米、立方米就是生活中常用的体积单位。

三、巩固应用

1. 用体积单位去“估计”身边物体的体积。如两个粉笔盒、一块橡皮、老师的讲台。

2. 用适当的体积单位填空。

(1)常用的体积单位有：(　　)(　　)(　　)，用字母可以分别写成(　　)(　　)(　　)。

(2)一块橡皮的体积大约是6(　　)。

(3)一台电视机的体积大约是120(　　)。

(4)运货集装箱的体积大约是40(　　)。

(5)一个书包的体积大约是165(　　)。

(6)一本书的体积大约是300(　　)。

四、引导反思，总结收获

谁能说说你有什么收获？还有什么问题？

五、布置作业

用若干个1立方厘米的小正方体拼成一个1立方米的正方体，需要几个？

4. [参考答案](一)创设情境，导入新课

1.（播放媒体资料）上面是传说中的宝石镶嵌的三角形图案，你能算出一共有多少宝石？

2. $1+2+3+\cdots+100=?$

3. 你知道高斯是如何计算的吗？

4. 如果把三角形宝石倒置，两个三角形拼成一个平行四边形，一共有多少宝石？采用什么方法？

学生讨论，解决问题，尤其是问题4。

设计意图：利用多媒体呈现图片，激发学生的兴趣；带着问题学习，使学生学习更有目的性。

(二)推进新课

1. 探究利用高斯的方法计算$1+2+3+\cdots+n=?$

2. 探究利用倒序相加法又如何算。

3. 探究对于一般的等差数列能否采用2中的方法。

4. 得出公式。

小组合作，学生代表在讲台上展示合作结果。

设计意图：让学生掌握倒序相加法求等差数列前n项的和，体会从特殊到一般的思想，培养学生的探究意识。

(三)公式变形及加深理解

1. 利用图形即梯形面积公式的推导(两个梯形拼成平行四边形和把梯形分割成平行四边形和三角形)来理解求和公式。

2. 探究出公式的两种表达形式。使学生加深理解和记忆。

设计意图：通过图形探究培养学生的数形结合思想，渗透一般到特殊的思想。

（四）公式应用

1. 课本例题。（略）

学生练习并在讲台上展示。

2. 练习题。（略）

学生发现问题，并解决问题。

设计意图：使学生熟练应用公式，知三求二，熟练应用列方程组解题的方法。

（五）小结

以学生总结为主，老师补充。

设计意图：培养学生的概括能力。

（六）拓展延伸及作业

加深题型难度，使学生能灵活应用公式及等差数列的性质。

设计意图：让学生灵活应用公式及理解等差数列的性质，体会成就感。

第六章　数学教学评价

思维导图

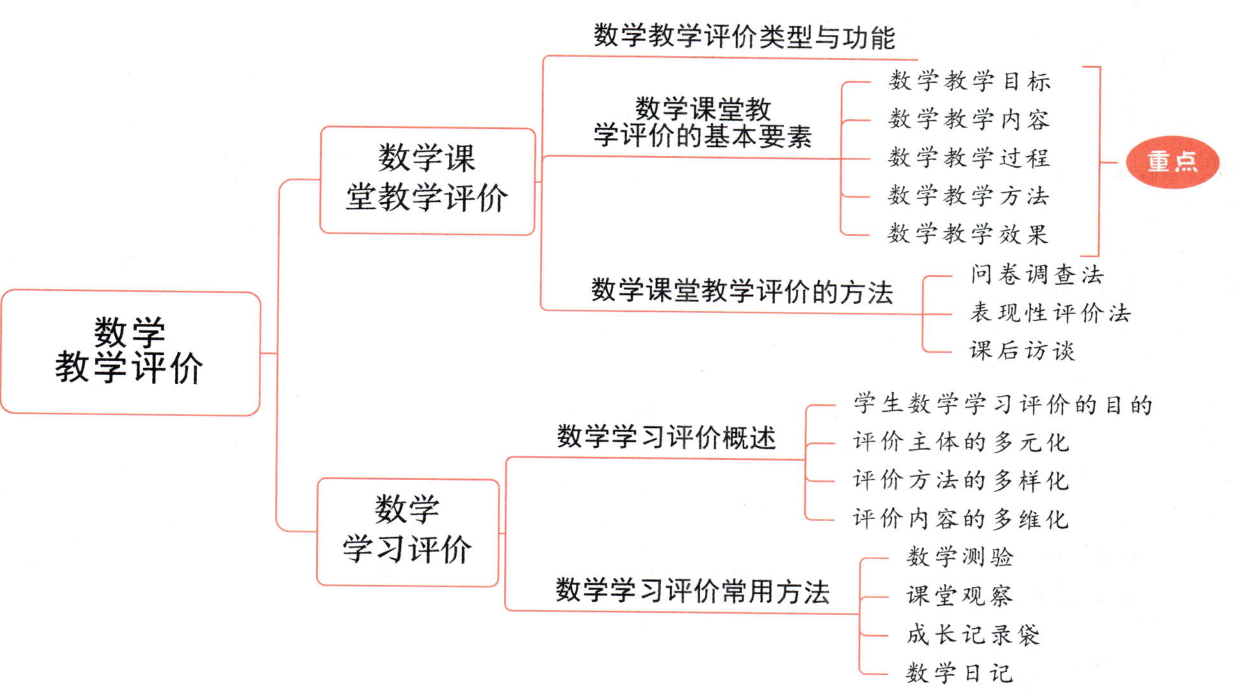

第四部分

浙江考向

本章属于数学教学理论与技能的重要章节，也是浙江省教师招聘考试中的重点内容，需要识记与应用性知识较多。在考试中常以解答题的形式考查。现对本章浙江考向分析如下：

高频考点	常考题型	能力要求	考查热度
错因分析	解答	识记与应用	★★★

核心考点

一、数学课堂教学评价 【解答】 ★★★

考点 1 数学教学评价类型与功能

数学教学评价是教学活动的重要有机组成部分，应贯穿于教学活动中的每一个环节中，并通过同步反馈及时地提供改进教学的信息。

<table>
<tr><td colspan="2" rowspan="3">评价功能</td><td>导向功能</td></tr>
<tr><td>调控功能</td></tr>
<tr><td>激励功能</td></tr>
<tr><td rowspan="5">评价类型</td><td rowspan="3">按照评价的目的、作用和时间的不同分类</td><td>诊断性评价：一般是在学年、学期开学前或开学时实行，其目的是了解学生是否达到新的数学教学目标</td></tr>
<tr><td>形成性评价：又称过程性评价，是指在小学数学教学过程中，对学生的学习情况和教师的教学情况进行的评价，它一般采用课堂提问和练习、课堂测验或调查、小操作或小实验，以及课外作业或面试等方式</td></tr>
<tr><td>终结性评价：又称总结性评价，是指在小学数学教学活动结束之后，对教与学的结果所做出的较为全面的评价。终结性评价的次数较少，一般在一个较大的教学单元结束之后，如期中、期末或毕业时进行</td></tr>
<tr><td rowspan="2">按照评价的表达方式不同分类</td><td>定性评价：指在小学数学教学评价中，对评价的资料作“质”的分析，运用分析与综合、比较和分类、归纳和演绎等逻辑方法，对所获得的信息做出定性描述的评价</td></tr>
<tr><td>定量评价：指在小学数学教学评价中，对评价的资料作“量”的分析，运用统计分析、多元分析等数学方法，对所获得的数据和资料做出定量的评价</td></tr>
</table>

考点 2 数学课堂教学评价的基本要素

1. 数学教学目标

数学教学目标既是教学的出发点又是教学的归宿，它对整个数学教学过程具有重要的导向作用，直接

决定着数学教学过程的发展方向和价值取向。因此，数学教学目标是数学课堂教学评价中不可缺少的重要因素之一，评价数学课堂教学目标，主要从以下几方面进行。

第一，教学目标是否明确、具体。在一节具体的数学课堂教学中，对学生要切实掌握哪些数学知识和技能，发展哪些能力、情感、态度，分别要达到何种水平层次，都需要明确地加以规定。

第二，教学目标是否合理。首先，要看教学目标能不能为学生所理解和接受，是否有利于他们的数学学习，有没有超出学生的“最近发展区”；其次，要看所定的教学目标能否顺利地实现。合理的教学目标既要使学生能够通过一定的努力而实现，还要能够促进学生的最佳发展。

第三，教学目标的落脚点是否科学。教学目标既要重视结果知识的获取，又要重视数学活动过程知识的获取，要明确表述让学生经历哪些数学知识的形成过程，参与探究哪些活动，获得哪些体验与感悟，等等。

2. 数学教学内容

数学教学内容既是教师教学的重要资源，也是学生学习的主要对象和线索。教学中，教师应当深入地挖掘数学教材内容，灵活地呈现数学学习素材，以利于学生主动参与、自主建构地学习。评价数学教学内容的质量和效力时，可从以下几个方面进行：

第一，教师呈现和讲解的数学教学内容是否准确无误，学生的理解是否正确。数学教学内容的科学性、准确性是有效数学学习的基本保障，要求教师务必深谙数学教学内容及相关知识的内涵。所谓“要给学生一杯水，教师要有一桶水”，不仅在于教师的知识量要比学生多，更重要的是指教师对数学教学内容理解的程度要比学生深刻得多，这样才能有效地避免学生对知识形成错误的理解。

第二，有没有充分挖掘数学知识的背景材料，是否体现了“数学学习内容应当是现实的、有意义的、富有挑战性的”新课程教学理念。数学知识的呈现是否有利于学生主动地进行观察、实验、猜想、推理与交流等数学活动，教学中对数学知识背景材料的适当挖掘，不仅有利于增进学生对知识理解的深广度，还能使数学课堂教学变得丰富多彩。

第三，教学内容的安排是否恰当。教学内容的组织设计是否突出了重点，分散了难点；容量和难度是否符合学生的现有发展水平，有没有超出学生的最近发展区；呈现形式是否有利于学生对数学知识的“再发现”学习；是否为学生主动建构学习提供了必要的“脚手架”，等等。

评价中对这些指标的考查能够全面地把握数学教学内容的贯彻程度。

3. 数学教学过程

教学活动应注重启发式，激发学生学习兴趣，引发学生积极思考，鼓励学生质疑问难，引导学生在真实情境中发现问题和提出问题，利用观察、猜测、实验、计算、推理、验证、数据分析、直观想象等方法分析问题和解决问题；促进学生理解和掌握数学的基础知识和基本技能，体会和运用数学的思想与方法，获得数学的基本活动经验；培养学生良好的学习习惯，形成积极的情感、态度和价值观，逐步形成核心素养。可从以下几个方面加以考查：

第一，教学过程的各环节安排是否得当，各要素之间的关系处理得是否合理。例如，教师与学生在课堂

第四部分

教学中的角色定位及其关系是否理顺，教学目标、教学内容、教学方法的功能是否得到充分发挥，教学各环节的时间分配是否科学、合理。考查时，不仅要注意每一个教学环节在课堂教学中所产生的部分功能，还要关注各环节之间的配合与过渡，看它们有机组合起来所产生的整体功能。

第二，教学过程的组织是否有利于学生对数学知识的自主建构，有没有为学生的建构学习提供环境条件及时间和空间上的保障，学生的参与水平如何，是否在教师的指导下积极主动地投入到学习中去，有没有为学生创造自主探究与发现的空间。这是考查数学教学过程是重在“预设”还是重在“生成”的主要指标。

第三，教师与学生、学生与学生多边互动的关系是否有效，信息交流是否流畅，信息反馈是否及时，教师有没有根据反馈的信息灵活、有效地调控教学，对教学过程的整体驾驭能力如何，这些指标能够反映出数学课堂教学过程发展的整体效果，是对教学效率的动态认识和判断。

第四，教学过程中是否“以学生为本”，是否体现“学生是数学学习的主体，教师是数学学习的组织者、引导者与合作者”的新课程理念，好的教学活动，应是学生主体地位和教师主导作用的和谐统一。

4. 数学教学方法

数学教学方法是数学课堂教学的重要构成要素，是促成数学教学过程各环节顺利发展的基本工具。对数学课堂教学方法的评价，主要涉及以下几个方面：

第一，所选用的教学方法应当具有良好的实效性。任何一种教学方法都是为教学内容、教学目标服务的，教学方法的选择不仅要与具体的数学教学内容相适应，而且要能够推动数学教学目标的顺利实现，特别是教学方法的使用要有利于学生学习方式的转变，有利于引导学生开展自主学习、合作学习和探究学习。

第二，教学方法是否与学生的年龄特征及现有发展水平相适应。有效的教学方法要服从于学生认知发展的心理需要，具有较强的针对性，能很好地促进学生数学素质的发展，这就是教学方法使用的针对性问题。

第三，教学方法是否具有良好的启发性。教学方法要能启发学生积极主动地思考问题，激发学生的求知欲，使学生带有明确的学习目标和强烈的学习动机，在良好内驱力的支配下主动参与、积极探究。

第四，教学方法的使用中，是否与现代化的教学手段有机整合，是否注意到了各种教学方法的优化组合，这是实现数学课堂教学方法有效性的关键。评价中，要注重从总体上衡量各种数学教学方法遴选和使用的质量，避免对单一数学教学方法的效果评价。

5. 数学教学效果

教学效果本身不仅是数学课堂教学评价的一项基本要素，而且其他要素的评价最终也要通过它反映出来，评价一堂数学课的教学效果，要从以下几个方面加以考查：

第一，检查是否完成了本节课的教学任务，是否实现了课堂教学目标。检查教学目标达到的程度要从学生知识的掌握、能力的培养、数学思考的层次、个性心理品质及情感的发展等方面整体考虑。

第二，看学生除了获得显在的结果知识外，还获得了哪些过程知识，学生是否积极主动地参与到数学学习的过程，例如，思考问题是否积极主动，对教师提出的问题能回答到什么程度，学生自己是否主动地提出问题和解决问题，后进生的思维活动情况如何，他们在教学过程中处于什么位置，能否较为顺利地完成课堂的基本任务，等等。

第三，注意考查学生的学习负担情况。看学生是否愉快地投入到学习中，是否感到轻松、自如，教师和学生应以最少的时间和精力耗费去获得尽可能优的教学效果，向课堂要效益。同时，还要注意考查是否所有的学生都得到了发展，而不能以少数学生的学习效果来代替全班学生的学习效果。

以上仅对数学课堂教学评价的五个主要因素进行了定性分析。但数学课堂教学是一个多因素组成的完整系统，需要考虑的评价因素还有许多。例如，教师的教学技能，就是通常说的教师的教学基本功，这是教师的组织调控能力、语言表达能力、板书能力、交流沟通能力、解题应变能力等多方面能力的反映，可以作为一个独立的评价指标加以考查。此外，由于数学课堂教学是一个动态过程，各因素的考查没有一个固定的模式可以套用，评价时关注的焦点应当根据具体情况灵活掌握和变化，并注意使用定性和定量相结合的方法，尽量提高评价的科学性和准确性。

考点 3 数学课堂教学评价的方法

1. 问卷调查法

问卷调查法又称问题表格法，是以书面提出问题的方式搜集资料的一种研究方法。研究者将所要研究的问题编制成问题表格，以邮寄、当面作答或追踪访问方式填答，从而了解被试者对某一现象或问题的看法和意见。问卷调查法主要调查人们的情感、动机、态度、成就以及经历等。

2. 表现性评价法

表现性评价是通过学生完成具有一定真实性的任务来反映学业成就的评价。表现性评价中的任务是具有一定情境的，不能简单地给出一个具体且答案固定的问题。表现性任务的核心是真实生活中的实例和应用，是“具体的、巧妙设计情境的任务或活动，以一个主题任务为样品，通常要求概念理解和技能运用能力的结合。评价中要求反应与个人执行的任务的产品相似”。通过对学生表现性任务完成过程的考查，可以评价学生多方面的表现，包括相关的知识与技能，对实际问题的理解水平，在完成任务时所采取的策略，表现出来的态度与信心，以及广泛利用各种知识解决问题的能力等。与传统意义的评价相比，由于表现性任务更接近现实生活中的情境，因此它能提供更多的学生能做什么和他们是怎样做的等多侧面的更接近真实的信息，故也被称为“真实评价”。

3. 课后访谈

(1)课后访谈的意义

所谓课后访谈，就是在课堂教学结束后，由听课教师对学生进行访问、谈话。针对课堂中教师的教与学生的学，提出若干问题。课后访谈为我们评价教学提供了新的视角，既关注了学生的学，又关注了教师的教，达到激励学生的学习和改进教师的教学的双重目的，具有很高的现场性、真实性。

(2)课后访谈的作用

通过课后访谈，我们可以知道学生是如何想的？为什么会这么想？可以知道教学过程中存在的问题，可以督促教师反思教学设计及教学过程。通过课后访谈，不仅能了解学生对新知识的理解程度、学生的真实感受和体验，而且为教师反思提供了鲜活的素材。

(3)课后访谈的几个策略

访谈者要认真观摩课堂，既要熟悉课堂所讲授的教学内容，理清教师的设计思路，又要关注动态的生成（师生两个方面）。同时精心设计好所提出的问题，确定访谈对象，对访谈进行梳理和整理。

①精心设计提出的问题。可以从以下几个方面入手。

a. 为了检测学生对知识的掌握情况，提出知识性的问题。可以结合本节课的重点、难点进行设计。

例如，在“圆的认识”教学中让学生经历了在圆中画半径、直径，然后让学生根据自己画的直径，说一说什么是直径。对此可以提问：“如果让大家在圆上画一条直径，你们会画吗？”“我在这个圆上画了许多条线段，只有一条是直径，你们能准确地选择出来吗？”……

b. 设计比较开放和综合的问题，从而关注到学生独特的活动体验。例如，这节课你学会了什么知识？在这节课的学习中，你印象最深的是什么？

c. 由反馈教师的教学设计和生成性资源，把握情况来设计问题。

例如，在教学“两位数乘两位数的乘法”时，教师利用数形结合法，分步把“14×12”讲述得很明白了。可以提问：“这节课明明学习的是乘法，为什么在竖式中做加法呢？”通过分析学生对算理是否理解，是否做到“知其然，也知其所以然”，从而引发教师的反思。

d. 设计从学生的角度来审视教师的教学方式的问题。

②理性的筛选访谈对象。依据不同的访谈目的，确定不同的访谈对象。如果以考查学生对知识的理解和掌握情况为目的，全班学生都是访谈的对象，尽量做到优、中、差的全面性。如果是生成性问题，就要以注意观察学生的表现为目的，对生成问题的那个学生进行访谈。如果以考查教师教学方式或效果为目的，每一名学生都会有自己独特的感受和体验，所有学生都可以谈自己的真实想法。

③访谈者创设宽松和谐的访谈氛围。

设计的问题要用学生听得懂的语言去提出，要进入儿童的话语系统，避免访谈语言的过度专业和模糊。和学生交流时，语言要富有感染力，态度和蔼，使学生感受到是在进行平等的交流和对话，这样才能说出自己最真实的想法和感受。

④访谈者及时对访谈情况进行梳理和整理。

访谈者要及时、准确记录学生的不假思索脱口而出的语言。合理掌控访谈的方向和导向。最重要的是从学生那里收集便于引发反思、改进教学的素材。因为“学生会告诉你怎样做教师”，我们的教学才逐渐实现“教是为了不教”。

二、数学学习评价

考点 1 数学学习评价概述

1. 学生数学学习评价的目的

对学生数学学习进行评价的主要目的在于：①改善教师的教和学生的学；②对数学上取得的成就和进步进行评价；③提供反馈信息，帮助学生发现解题策略、思维或习惯上的不足；④使学生明确学习后欲达到的标准，形成正确的学习预期；⑤改善学生对数学的情感、态度和价值观。

2. 评价主体的多元化

评价主体的多元化是指教师、家长、同学及学生本人都可以作为评价者，可以综合运用教师评价、学生自我评价、家长评价等方式，对学生的学习情况和教师的教学情况进行全面的考查。

3. 评价方法的多样化

数学学习评价方法多样化体现在多种评价方法的运用，包括书面测试、口头测验、开放式问题、活动报告、课堂观察、课后访谈、课内外作业、成长记录等。在条件允许的地方，也可以采用网上交流的方式进行评价。每种评价方式都具有各自的特点，教师应结合学习内容及学生的学习特点，选择适当的评价方式。

4. 评价内容的多维化

评价主要从知识技能、数学思考、问题解决、情感态度四个方面的具体内容展开，形成**多维度、全面的**评价内容体系。知识技能方面的评价，包括对数与代数、图形与几何、统计与概率等领域的事实、过程与技能的评价；数学思考的评价包括对抽象思维能力、形象思维能力、统计观念和推理能力等方面的评价；问题解决的评价包括对提出和解决问题的能力、解决问题的策略、创新和实践能力以及合作与交流等的评价；情感态度的评价包括对学生参与学习活动情况、学习的习惯与态度以及学习兴趣与自信心等方面的评价。

(1) 知识技能的评价。新课程强调数学教学要关注知识技能的形成过程，让学生亲身经历将实际问题抽象成数学模型并进行解释与应用的过程。因此，在新课程教学评价过程中，应关注数学知识的形成过程、学习方式的运用、数学思维的发展、策略意识的培养。

(2) 情感态度的评价。课程改革强调学生情感态度与价值观的培养。在具体教学评价过程中，应突出关注数学学习活动环境的创设，它是否符合本课堂学习目标和学习内容的需要，是否营造出一个平等、民主、和谐的学习氛围，是否有利于教师与学生之间、学生与学生之间的情绪体验和情感交流。活动中，教师是否鼓励学生发现问题、提出问题和解决问题，学生是否敢于大胆质疑、积极尝试、勇于探索、乐于交流和团结协作，以考查学生学习数学的情绪情感的变化。例如，1～3 年级要求学生感受数学与日常生活的密切联系；4～6 年级要求学生体验数学问题的探索性和挑战性，感受数学思考过程的合理性。

(3) 问题解决能力的评价。对学生发现问题和问题解决能力的评价，主要考查学生能否在教师的指导下，从日常生活中发现并提出问题；能否探索出解决问题的有效方法，并试图寻找其他方法；能否与他人合作；能否清楚地表达解决问题的过程，并尝试解释所得的结果；能否具有回顾与分析问题解决过程的意识。

【案例】问题解决能力的评价

用一根长为 50 厘米的细绳围成一个长方形，怎样才能使它的面积最大？针对这个问题，教师首先考查学生能否围出不同的长方形，并按照一定的规律将这些长方形排列，是否能发现面积与长和宽的关系，从而进一步猜测到当围成一个正方形时，它的面积最大。

(4) 实践能力的评价。组织学生进行必要的实践活动，是《义务教育数学课程标准》(2022 年版) 的规定和教材内容的具体体现。教学时应充分挖掘教材中的实践活动因素，创设良好的实践环境。同时，加强对学生实践能力的评价，切实提高学生的实践能力。可以从学生参与教学安排、参与学具制作、参与操作过程、参与练习设计、参与社会活动的情况等方面评价学生的实践能力。

考点 2 数学学习评价常用方法

1. 数学测验

数学测验是根据评价的内容和目的，拟订一些题目、作业或操作性练习，让学生做出书面、口头回答或实际操作，旨在了解学生对教学内容的掌握情况，在知识、技能、能力等方面所达到的水平。数学测验一直是评价学生数学学习水平的重要手段，也是一种相对较为客观、准确地反映学生的知识掌握水平、能力发展情况的有效方法，属于形成性评价，但它不同于对学生进行的阶段性的形成性评价和总结性评价。

数学测验有多种不同的类型，例如，**按照测验参照标准可分为常模参照测验和目标参照测验，按照测验的作用可分为诊断性测验、形成性测验和终结性测验，按试题的主客观类型又可分为主观型测验和客观型测验**。

①**效度**表示的是一个测验有效性的指标，也是该测验正确性的反映，它说明测验的结果在多大程度上反映了该测验所要达到的测验目的。

②**信度**是描述测试结果稳定性和可靠性的数量指标，也就是测试对象所得分数与其真实水平的接近程度。显然，测试中偶然因素越大，稳定性和可靠性越差，信度也就降低，测试就不可靠，反之，如果测试受偶然因素影响较小，则信度较大。像中考、高考这样正规的大型考试，信度一般都要求达到 0.9 以上。

③**难度**即试题对被试者的难易程度的数量指标，一般记为 P。需要说明的是，上述难度 P 的值越大，表示试题越容易；P 值越小，表明试题越难，这和通常意义下的“难度”正相反。一般考试的难度选取以 0.6～0.8 为宜。

④**区分度**是反映试题对于学生实际学习水平的区别程度的指标。区分度高的试题，能把分数拉开；而区分度低的试题，分数都很接近，不能准确反映学生的学习水平。记区分度为 r_D，区分度一般用于常模参照测验，在常模测验中，区分度与试卷质量的关系如下：

r_D	0.4～1.0	0.3～0.4	0.2～0.3	<0.2
程度	好（优）	较好（良）	尚可（合格）	差

需要说明的是区分度低于 0.3 的试题都应当改进或淘汰。

2. 课堂观察

课堂观察是评价学生学习过程的一条有效途径。观察可以是非正式的，也可以是正式的。非正式的观察是在课堂教学中随时进行的，教师可以有意识地了解学生在学习活动中表现出来的特点并进行记录，到一定时间加以整理分析。正式的课堂观察可以运用课堂观察记录表，及时分项填写。在课堂观察时，教师不仅要关注学生知识、技能的掌握情况，而且要关注学生其他方面的表现。

3. 成长记录袋

成长记录袋评价是将显示学生学习成就信息的一系列表现、作品、评价结果以及其他相关记录和资料汇集起来，以了解学生学习和成长过程的评价方式。成长记录袋中主要是学生自己选定的资料的汇编，其基本成分是学生作品，同时包括学生对完成作品过程的描述或记录，还包括学生本人、教师、同伴和家长对作品的评价。

4. 数学日记

数学日记评价是通过学生记录自己学习数学的过程和体会，了解和评价学生数学学习方面的表现的一种评价方式。利用数学日记不仅可以评价学生对知识的理解，而且可以评价学生的思维方式。通过日记的方式，学生可以对自己所学的数学内容进行总结，可以像和自己谈心一样写出自己的情感态度、困难之处或感兴趣之处。新课程强调发展学生数学交流的能力，而写数学日记无疑提供了一个让学生用数学的语言或自己的语言表达数学思想方法和情感的机会。而且，数学日记还可以发展成为一个自我报告，用于评价自己的能力或反思自己的问题解决策略。从这个意义上说，数学日记有助于数学教师培养和评价学生的反省能力。

达标测评

建议用时	实际用时	测评总分	实际得分
15 分钟	______分钟	29 分	______分

一、单项选择题（每小题 3 分，共 9 分）

1. 指测试对象所得分数与其真实水平的接近程度的指标是（　　）

A. 效度　　B. 信度　　C. 区分度　　D. 难度

2. 以下关于小学数学学习评价说法错误的是（　　）

A. 评价主体可以是教师，也可以是学生本人及家长等

B. 评价方法要多样化，包括口头测验、课堂观察等形式

C. 只需对知识技能、问题解决、情感态度方面进行评价即可

D. 成长记录袋中的内容可以是学生自己选定的资料

3. 学年末时以覆盖面较大的数学考试方法进行的评价是（　　）

A. 诊断性评价　　B. 形成性评价　　C. 总结性评价　　D. 过程性评价

二、案例分析题（每小题 10 分，共 20 分）

4. 阅读以下材料，回答问题。

案例一：课堂中某教师经常在学生回答问题正确后，就说："你说得真好！""你真棒！"更有夸大其词的："你是我们班最聪明的！""没有人比你更厉害了！"。或者课堂上学生回答错误后，教师就说："说的不对，请坐下。""错了，谁再来？"……

案例二：在某学校家长开放日的一节小学一年级数学课堂上，教师提问："4 + 5 = ?"，一位学生高举小手，大声地说："4 加 5 等于 8。"这位教师用了三句话这样评价："很好！很接近！谁还有不同意见？"

问题：（1）请对以上案例中两教师对学生回答的评价反馈进行分析；

（2）请对课堂教学中教师口头评价时常出现的问题进行分析。

第四部分

5. 阅读材料并回答问题。

材料:某学生的作业

题目:在边长为 6 的等边三角形 ABC 中,点 D,E 分别在边 BC,CA 上,且满足 $\overrightarrow{BD}=\overrightarrow{DC}$,$\overrightarrow{AE}=2\overrightarrow{EC}$,求 $\overrightarrow{DE}\cdot\overrightarrow{AB}$。

解法:由于 $\overrightarrow{DE}=\frac{1}{2}\overrightarrow{BC}+\frac{2}{3}\overrightarrow{CA}$,所以 $\overrightarrow{DE}\cdot\overrightarrow{AB}=\frac{1}{2}\overrightarrow{BC}\cdot\overrightarrow{AB}+\frac{2}{3}\overrightarrow{CA}\cdot\overrightarrow{AB}=\frac{1}{2}|\overrightarrow{BC}|\cdot|\overrightarrow{AB}|\cdot\cos 60^\circ+\frac{2}{3}|\overrightarrow{CA}|\cdot|\overrightarrow{AB}|\cos 60^\circ=21$。

问题:

(1)指出材料中学生解法的错误之处,并分析错误产生的原因;

(2)给出材料中题目的正确解法;

(3)针对材料中学生解法的错误,简述帮助学生规避类似问题错误的教学策略。

参考答案及解析

一、单项选择题

1. B [解析]信度是描述测试结果稳定性和可靠性的数量指标,也就是测试对象所得分数与其真实水平的接近程度。

2. C [解析]要对学生的知识技能、数学思考、问题解决、情感态度四个方面进行综合评价。

3. C [解析]总结性评价通常是在计划完成后,并在一定范围内实施后进行的。题干所述属于总结性评价。

二、案例分析题

4. [参考答案](1)案例一中的教师只给予"你真棒!""你说得真好!"等简单赞扬的话语,这样的评价当然能激发学生的学习兴趣。然而,"你真棒!"棒在哪儿?"你真好!"好在何处?这样简单的赞扬,评价导向不明确,导致学生求知不深入,浅尝辄止。或给予言过其实的评价让学生滋生自满情绪,变得心浮气躁。要么,给予"说得不对,坐下"等简单定论,打击了学生的积极性,课上到最后没人想举手了。

案例二中的教师的三句评价非常巧妙。第一句"很好",充分肯定了学生爱思考爱发言的态度;第二句"很接近",既给予了学生希望又婉转说明了不正确;第三句"谁还有不同意见",把思考留给大家,给学生更多的表现机会。课上到最后,学生们都高举小手,踊跃表达自己的想法。

(2)在目前,课堂口头评价主要存在以下几方面的问题:

①评价语言和标准单一、僵化。在口头评价中,语言单调、笼统、含糊不清,不能对学生产生足够的影响。表现在评价标准上,有三种心理定势:一是以教师自我为中心的评价定势;二是以优秀生为中心的评价定势;三是以整齐划一的答案为中心的评价定势。

②评价侧重于学业成绩,忽视不同学生的不同需要。《义务教育数学课程标准》(2011 年版)提出了知识与技能、过程与方法、情感态度与价值观三个维度的课程目标。然而,现实中一部分教师由于没有将情感

态度与价值观这些非学业评价目标与学科教学目标很好地结合起来，因而评价的范围很窄，以知识与技能为中心进行评价的现象仍十分普遍，而对学科教学中丰富的培养目标，如对自信心、创新习惯、思维推理、实践能力、表达能力、合作与分享等，还没有予以足够的重视。

③评价主体单一，自评、互评流于形式。口头评价时以教师为主体的评价现象十分普遍，而忽视学生的参与与主体性的发挥。有时组织一些学生自评和互评，但这些评价模式还很不成熟，一部分流于形式，缺乏实效性、明确的评价目标与标准，忽视对学生的反思、比较、观察能力的培养等。

5. [参考答案]（1）第一步中 $\overrightarrow{DE}=\frac{1}{2}\overrightarrow{BC}+\frac{2}{3}\overrightarrow{CA}$ 错误，错误原因：没有搞清楚点 E 的具体位置在哪里；最后一步中角度错误，正确角度应为 $120°$，错误原因：没有掌握两个向量夹角的意义。

（2）$\overrightarrow{DE}\cdot\overrightarrow{AB}=\left(\frac{1}{2}\overrightarrow{BC}+\frac{1}{3}\overrightarrow{CA}\right)\cdot\overrightarrow{AB}=\frac{1}{2}\overrightarrow{BC}\cdot\overrightarrow{AB}+\frac{1}{3}\overrightarrow{CA}\cdot\overrightarrow{AB}=\frac{1}{2}|\overrightarrow{BC}|\cdot|\overrightarrow{AB}|\cdot\cos 120°+\frac{1}{3}|\overrightarrow{CA}|\cdot|\overrightarrow{AB}|\cdot\cos 120°=-15$。

（3）针对第一个错误，教师可以提醒学生做题的时候要数形结合，根据已知条件 $\overrightarrow{BD}=\overrightarrow{DC}$，$\overrightarrow{AE}=2\overrightarrow{EC}$，在图上具体标出点 D,E 的位置，然后进行计算；针对第二个错误，要强调两个向量的夹角的大小，必须是两个向量平移到同一个始点时所成的角度，这样就避免题干中的错误发生。

第四部分

图书反馈

重磅！真题重奖征集！

「**凡提供当年度考试真题者，根据真题完整度，可获得0~500元现金奖励。**」

具体请联系QQ:1831595423

(温馨提示：所提供真题须是当年度考试真题，且真实有效。最终解释权归山香教育所有)

亲爱的考生：

感谢您对山香教育的信任和支持，您的建议是我们前进的动力！为进一步提高图书质量，我们特向全国各地的考生开展有奖反馈活动。

1. **凡通过研发部QQ提供山香图书错题反馈者，均能获得价值99元的山香网课《高频考点》(基础版)大礼包1份。**
2. **凡通过图书反馈链接提供山香图书意见反馈者，可获得价值299元的山香网课《高频考点》(豪华版)超级大礼包1份。**

联系方式：400-600-3363　　研发部QQ：1831595423

招教网
招考资讯抢先知晓

山香官网
一站式考编服务平台

山香网校
线上学习方便快捷

图书订正链接
全面勘误及时更新